SQ 천재독서플랜

2016년 1월 5일 초판 인쇄
2016년 1월 10일 초판 발행

지은이 | 김주수
펴낸이 | 이찬규
펴낸곳 | 북코리아
등록번호 | 제03-01240호
주소 | 13209 경기도 성남시 중원구 사기막골로 45번길 14
       우림라이온스밸리2차 A동 1007호
전화 | 02-704-7840
팩스 | 02-704-7848
이메일 | sunhaksa@korea.com
홈페이지 | www.북코리아.kr
ISBN | 978-89-6324-461-7 03300

값 20,000원

SQ
천재
독서
플랜

김주수

SQ
Spiritual Quotient
영성지능

북코리아

PROLOGUE
프롤로그

1

그는 인문계 고등학교를 거의 꼴찌 수준으로 졸업했습니다. 그는 당연히 대학에 떨어졌고 마땅히 할 일도 없고 해서 아버지의 권유대로 군대부터 다녀오자는 심정으로 입대를 신청했습니다. 하지만 입영 날짜까지는 몇 달이 남았고 해서, 그는 입대 전에 잠시 막노동을 했습니다.

막노동을 시작한 지 며칠이 되던 날 그는 바닥에 있는 모래를 삽으로 퍼서 옮기는 일을 하게 되었는데, 잔 돌멩이 때문에 삽이 걸려서 삽질이 여의치 않았습니다. 삽이 걸릴 때마다 팔에도 충격이 왔고, 그 때문에 일의 진척도 늦었고 모래를 퍼서 옮기는 일이 힘겹게 느껴졌습니다. 그렇게 작업이 쉽지 않아 힘들어할 때쯤 옆에서 이를 본 동료 아저씨 한 분이 그에게 삽질하는 요령을 일러 주었습니다. 그 방법은 아주 간단했습니다. 단지 삽자루를 쥐고 있는 오른손을 오른쪽 무릎 안쪽에 대고 다리 힘으로 삽을 미는 것이었습니다. 그랬더니 삽이 모래 속으로 쑥쑥 들어가는 것이었습니다. 잔 돌멩이조차 뚫고 들어가서 삽질하는 데 전혀 걸림이 없을 정도였습니다. 갑자기 일이 수월해졌고 힘도 훨씬 적게 들었습니다.

그렇게 삽질하는 요령을 배운 후와 삽질하는 요령을 배우기 전을 비교해 보면, 정말 힘듦의 정도는 물론이요 일의 효율 면에서 너무 큰 차이가 났습니다. 그것은 깜짝 놀랄 만한 차이였고, 그에겐 충격적인 경험이었습니다. 그래서 그는 그 일을 통해서 하나의 소중한 교훈을 얻게 되었습니다. '무슨 일을 하든 그 일에는 요령, 즉 효과적인 방법이나 노하우가 있구나.' 하는 사실이었습니다. 그래서 그 후부터 그에겐 그것이 일종의 화두가 되었습니다.

그는 군대에서 취사병으로 복무했는데, 많은 음식을 만들면서 음식을 만드는 일에도 음식을 잘하는 다양한 요령이 있음을 확실히 경험으로 알게 되었습니다. 아울러 그는 복무 기간 동안 잠시 전문 요리사로부터 몇 가지 요리법을 배울 기회가 있었는데, 그 방법을 배운 것은 배우지 못한 것에 비할 바가 못 되었습니다. 소위 요리법에도 노하우나 비법이 있으니, 이를 아느냐 모르냐는 단시간에 실로 큰 차이를 만들어 내었습니다. '어떤 일에든 더 나은 방식이나 노하우가 있다'는 사실을 두 번째로 체험하게 된 일이었습니다.

그는 취사병에 복무하면서 언젠가부터 한자 공부를 하기 시작했습니다. 같은 책을 고참과 함께 사서 외우기 시작했는데, 그의 고참은 몇 달 만에 그 책의 한자를 다 외웠습니다. 반면 그는 여러 달 동안 두꺼운 노트가 빽빽할 정도로 한자를 쓰면서 외웠는데도 책을 다 외우지 못했습니다.(그런 노트가 두세 권이 되었습니다.) 새로운 글자를 외우면 앞서 외운 것을 까먹고, 앞서 외운 것을 외우고 있으면 뒤쪽에 있는 것을 까먹고……. 그러다가 너무 속상했던 그는 자신의 나쁜 머리를 한탄하고 또 한탄했습니다. '아휴~ 나는 왜 이렇게 머리가 나쁜 것일까!' 그는 자신의 머리를 쥐어박으며 매우 속상해했지만 끝내 그 책을 다 외우지도 못하고, 어영부영하다 그냥 포기하고 말았습니다.

그는 제대 후 다른 일을 좀 하다가 25살의 나이로 뒤늦게 대학에 들어

가게 되었는데 대학에서 다시 한자 공부를 하게 되었습니다. 군대 시절의 무거운 실패감이 있었기에 그는 어떻게 하면 한자 공부를 쉽고 효과적으로 할 수 있을까를 먼저 고민하게 되었습니다. '나같이 머리 나쁜 사람도 쉽고 효과적으로 한자를 외울 방법이 없을까?' 고민하고 또 고민했지만 답이 쉽게 찾아지지 않았습니다. 그러던 중에 2학년 여름 방학이 시작하고서 얼마 되지 않았을 때쯤 그는 문득 그 방법을 찾아냈습니다.

한자를 쉽게 외울 수 있는 기적의 방법, 그 방법을 찾아내고서 그는 1시간 남짓한 시간에 한자 100자를 외울 수 있었습니다. 한자를 읽는 것은 물론이요, 정확히 쓸 수도 있었습니다. 그래서 그는 그 방법으로 많은 한자를 쉽게 외울 수 있었고, 당시 한자 급수증이 신설되어 인기가 있었던 터라 한자 자격증 1급 시험에 응시해서 한번에 무난히 합격하였습니다. 그는 1급 시험을 칠 때 고작 15분 만에 문제를 다 풀고 나왔습니다. 아울러 그 방법을 친한 동기에게도 알려 주었는데, 그 방법을 배운 이들도 1시간 남짓한 시간에 100자를 외울 수 있었습니다. '어떤 일에든 더 효과적인 방법이 있다, 한자를 보다 쉽게 외울 수 있는 방법이 분명히 있을 것이다.'라는 그의 믿음이 현실로 확인된 것입니다.

이 일로 인해 '어떤 일에든 더 나은 방식이나 노하우가 있다'는 것은 그에게 또 한 번 확고한 믿음이 되었습니다. 그 후 그는 대학원에 진학해 박사학위까지 받게 됩니다. 박사 공부의 경험을 통해 그는 공부를 하거나 논문을 쓰는 데도 분명 더 나은 방식이나 효과적인 방법이 있음을 절감했습니다.[*] 문제는 그것을 제때 터득하거나 배워서 잘 활용하는 일이었습니다.

그에 대해서 그리고 그 방법에 대해서 저는 누구보다 상세하게 설명해

---

[*] 대학원 박사 졸업 때까지 그가 등재지에 발표한 논문은 11편이었는데, 논문 실적이 학교 전체 졸업생 중에서 가장 많았습니다.

줄 자신이 있습니다. 왜냐하면 그가 바로 이 이야기를 하고 있는 저 자신이기 때문입니다. 요는 스스로 연구해서 찾아내든 아니면 타인에게 배우든 '효과적인 방법', 즉 노하우를 얻는 일일 것입니다. 걸어가는 것과 자전거를 타고 가는 것이 같을 수 없듯, 노하우를 아는 것과 모르는 것은 결코 같은 수준일 수 없으니까요!

　　내가 다른 사람들보다 더 먼 곳을 볼 수 있었던 이유는 거인의 어깨 위에 서
　　있었기 때문이다. ─뉴턴

거인의 어깨란 다른 사람들(천재)이 이미 이루어 낸 성취와 노하우를 의미합니다. 인류의 문명이 지금의 수준에 도달할 수 있었던 것은 모두 앞세대가 이루어 놓은 성취의 토대 덕분이었습니다. 때문에 가장 앞서가는 이들은 그 어깨에 먼저 올라가는 이들일 것입니다.

2

대학원을 졸업한 후 얼마 지나지 않았을 때 저는 이지성 씨의 《성공하는 아이에게는 미래형 커리큘럼이 있다》라는 책을 통해 '시카고 플랜'이라는 것을 접하게 되었습니다. 시카고 플랜과의 만남은 제게 충격과 환희 그 자체였습니다. 제 가슴을 뛰게 했던 그 책의 내용을 그대로 옮겨 봅니다.

　　미국의 대부호 존 데이비슨 록펠러에 의해 일리노이 주 시카고에 세워진 시
카고 대학은 설립연도인 1892년부터 1929년까지 대략 40여 년 동안 소문난 삼
류 학교였다. 그런데 1929년을 기점으로 이 대학은 놀랍게 변하기 시작했다. 노
벨상 수상자들이 폭주하기 시작한 것이다. 놀랍게도 1929년부터 2000년까지

이 대학 졸업생들이 받은 노벨상만 73개에 이른다. 1929년의 시카고 대학에서는 대체 어떤 일이 있었을까?

1929년 시카고 대학의 제5대 총장으로 취임한 로버트 허친스는 '시카고 플랜'을 추진했다. 로버트 총장이 실시한 '시카고 플랜'은 '철학 고전을 비롯한 세계의 위대한 고전 100권을 달달 외울 정도로 읽지 않은 학생은 졸업시키지 않는다.'라는 고전 독서 교육이다.

허친스 박사가 총장이 되기 전에는 별로 책을 읽지 않았던 시카고 대학생들은, '시카고 플랜'이 발표되자 울며 겨자 먹기 식으로 에디슨, 처칠, 아인슈타인의 어머니들이 아들에게 읽혔던 것과 같은 수준의 책을 100권씩 달달 외울 정도로 읽었다. 머리에 인이 박히도록, 100권의 책을 읽어 나가는 동안 그들의 두뇌는 초특급 두뇌로 서서히 변하기 시작했다. 노벨상의 역사는 그때부터 시작했다. 시카고 대학의 '시카고 플랜'은 오늘날까지도 그대로 이어져 온다.

시카고 플랜은 우리에게 20대 이후의 평범한 사람도 독서를 통해 천재로 거듭날 수 있음을 생생하게 보여 줍니다. 아울러 시카고 플랜은 한 개인 차원만의 일이 아니라 국가 전체에도 영향을 미칠 수 있는 '커다란 독서 효과'를 보여 주었다는 점에서 더욱 인상적입니다.

시카고 플랜의 사례를 접하고서, 제가 흥분했던 이유는 독서가 가진 엄청난 위력과 함께 독서를 통해 20대 이후의 평범한 사람도 천재가 될 수 있다는 거대한 희망과 가능성을 보았기 때문입니다. 흔히 천재는 어려서부터 타고나는 것이요, 일찍부터 두각을 나타내지 않으면 천재가 되기 어렵다는 막역한 편견이 있지만, 시카고 플랜은 그러한 우리의 통념을 확실하게 깨어 주고 있습니다.

당신의 인생을 가장 짧은 시간에 가장 위대하게 바꿔 줄 방법은 무엇인가? 만약 당신이 독서보다 더 좋은 방법을 알고 있다면 그 방법을 따르기 바란다. 그러나 인류가 현재까지 발견한 방법 가운데서만 찾는다면 당신은 결코 독서보다 더 좋은 방법을 찾을 수 없을 것이다. - 워런 버핏

시카고 플랜을 접했던 순간 놀라운 '독서 효과'에 대한 인상 깊은 감흥과 함께 제 마음속에는 새로운 비전이 떠올랐습니다. 그것은 시카고 플랜이라는 '천재 독서 프로그램'을 능가하는 독서 프로그램을 만들 수 있겠구나 하는 판단 때문이었습니다.

시카고 플랜은 학생들에게 '뛰어난 사고력과 독서력(공부습관)'을 길러, 분명 놀라운 성과를 이루었지만 여기엔 태생적인 한계가 있습니다. 즉 저는 시카고 플랜을 알게 된 그 순간부터 시카고 플랜의 성과와 한계를 동시에 보았고, 그랬기에 그 성과는 잘 살리고 한계는 극복할 수 있는 좋은 방안이 머릿속에 떠올랐습니다. 그러한 비전과 확신이 있었기에 그 후부터 저는 제 전공 공부를 접고, 줄곧 천재독서법 연구에 매진하게 되었습니다.

천재독서법이라는 말이 제 마음의 북극성이 된 이후부터, 제 마음은 오로지 이쪽으로 기울었으니 천재독서법이라는 새로운 화두가 제 인생의 방향을 바꿔놓은 셈입니다. 그렇게 된 것은 명확한 한 가지 이유 때문입니다. 시카고 플랜을 능가하는 더 뛰어난 천재독서법을 만들어 낸다면 한국을 천재의 나라로 만들 수 있을 것이니, 내 전공 공부를 열심히 하는 것보다 천재독서법을 연구하는 것이 우리나라에 훨씬 더 유익함을 줄 수 있겠구나 하는 확신이 들었기 때문입니다.

앞서 언급했듯, '어떤 일에든 그 일에는 더 나은 방식이나 효과적인 노하우가 있다'는 제 신념은 '천재독서법'에 대한 이상과도 직결되는 것입니다. 한자를 잘 외우는 기적의 방법이 있듯이 독서로 천재를 만드는 기적의 방법 또한 존재할 것이기 때문입니다. 문제는 그러한 기적의 방법을 찾아

내는 것이요, 제대로 실행하는 일뿐입니다.

> 우리는 자기 삶의 4분의 1밖에 못 살고 있다. 왜 우리는 시시하고 하찮은 것들에 코가 꿰인 채 자신의 감각과 잠재력을 녹슬게 하고 있는가? 들을 귀가 있는 자는 들어라. 그대의 감각을 총동원하라. - 헨리 데이비드 소로

시카고 플랜을 접하고서 우리도 시카고 플랜처럼 똑같이 하면 미국처럼 큰 효과를 볼 수 있을 거라고 기대하는 이들이 많습니다. 허나 이는 중요한 요소를 간과한 지나친 기대일 것입니다. 시카고 플랜을 똑같이 실시해도 우리는 결코 미국처럼 큰 성과를 얻기는 어렵습니다. 그 이유는 크게 다음의 세 가지 때문입니다.

- 미국은 세계 최고의 학문 선진국이다.
- 세계 학문의 중심 언어는 영어다.
- 철학책은 번역에 오역이 많다.

미국은 세계 최고의 강국일 뿐 아니라 '학문의 세계'에서도 세계 최고의 선진국입니다. 그래서 미국에서 뛰어난 학자가 된다는 것은 곧 세계적인 학자의 반열에 들어가는 것이나 다름이 없을 정도입니다. 미국에서 훌륭한 저서나 이론이 나오면 곧 전 세계로 번역되어 알려집니다. 미국은 아직까지 전 세계 학문을 이끌고 있는 중심 국가입니다. 미국의 학문적 역량이나 토대는 우리와는 비교도 안 될 만큼 뛰어나고 폭넓은 것입니다. 시카고 플랜의 효과도 이러한 배경과 결코 무관할 수는 없습니다.

게다가 세계 학문의 중심 언어는 한국어가 아니라 '영어'입니다. 이는 마치 모든 경기를 홈그라운드에서 하는 것 그 이상으로 훨씬 더 유리한

일입니다. 어떤 면에서 보면, 세계 학문의 총화가 영어로 되어 있으며, 그것의 종주국 노릇을 하고 있는 나라가 바로 미국입니다. 영어가 가진 영향력과 한국어가 가진 영향력은 애초에 비교 대상이 되지 못할 정도입니다. 우리는 처음부터 미국보다 훨씬 불리한 조건에서 출발하는 것입니다.

이와 아울러 번역서의 문제점도 고려해야 합니다. 외국 번역서 중에서 가장 오역과 어색한 번역이 많은 책이 바로 철학책 특히 철학 고전입니다. 철학 고전은 원서로도 보기 힘든 경우가 많은데, 번역 과정에서 오류나 난삽함이 더해져서 읽는 데 매우 큰 어려움이 따르는 경우가 많습니다. 영어가 원서인 미국보다 독서 효율이 떨어지는 것은 당연한 일입니다.

시카고 대학은 세계 최고의 학문 선진국인 미국의 역량을 바탕으로 '시카고 플랜'을 통해 곧장 최고 수준의 학문 영역에 도달할 수 있었지만, 우리나라의 경우는 이와는 비교도 안 될 정도로 학문 수준이나 국력 수준이 낮기 때문에 '시카고 플랜'보다 훨씬 뛰어난 '천재독서플랜'이 있어야만 할 것입니다. 설사 시카고 플랜보다 월등히 뛰어난 천재독서플랜이 나와도 미국의 학문 수준을 한두 세기 내에 따라잡는다는 것은 결코 쉽지 않은 일입니다.

이러한 점을 전혀 고려하지 않고 시카고 플랜처럼 똑같이 따라만 하면 우리나라에도 놀라운 성과가 있으리라고 생각하는 것은 식견 없는 지나친 기대에 지나지 않을 것입니다. 최초로 개발된 자동차보다 지금의 자동차 성능이 훨씬 더 뛰어난 것처럼, 시카고 플랜보다 더 뛰어난 천재독서법 또한 분명히 존재할 것이며, 우리는 바로 그와 같은 기적의 천재독서법을 계속 연구하고 개발해야만 할 것입니다. 저의 'SQ 천재독서플랜'은 오직 그와 같은 바람과 취지에서 만들어진 것입니다.*

---

* 이지성 씨는 이후 《리딩으로 리드하라》라는 책으로 철학 고전 천재독서법을 계속 강조하고 있

3

알베르트 아인슈타인이 선천적으로 출중한 사고 능력을 가지고 태어난 것은
절대 아니었다. 이 세계적인 천재조차도 제일 먼저 거인의 어깨에 올라타는 것,
즉 스스로 원하는 삶이나 목표를 이미 성취한 사람들을 따라 배우는 것부터 시
작해야 했다. 일찍부터 그러기 시작한 아인슈타인은 자신한테 필요하다고 생각
되는 곳에 시간을 할애했다.

- 베르너 지퍼, 송경은 역, 《재능의 탄생》에서

동서고금의 거의 모든 천재들은 독서광이었습니다. 학자들이 인류 최
고의 창의력 천재로 첫손을 꼽는 레오나르도 다 빈치도 엄청난 독서광이
었고, 발명왕 에디슨도, 2차 대전을 승리로 이끈 처칠도, 벤저민 프랭클린
도, 제갈공명도, 세종대왕도 다 독서광이었습니다. 천재들뿐 아니라 한 시
대를 이끈 뛰어난 리더들 또한 거의 다 독서광이었습니다.

이러한 엄연한 역사적 진실은 우리에게 독서가 얼마나 중요한 것인지
거듭 자각하게 합니다. 정녕 독서 없이는 한 시대의 천재도, 뛰어난 리더
도 될 수 없을 것입니다. 그렇다면 독서만 열심히 하면, 즉 독서광만 되면
누구나 다 천재가 되고 뛰어난 리더가 되는 것일까요?

이 또한 역사의 면모를 살펴보면 그 답을 쉽게 얻을 수 있습니다. 요컨
대 독서광이 된다고 해서 누구나 다 천재가 되거나 뛰어난 리더가 되지는
않습니다. 왜냐하면 그냥 책 읽기 좋아하는 평범한 독서광으로 끝나는 삶

지만, 제가 보기에 그 책은 여전히 시카고 플랜 수준에서 별다른 진전이 없으며 되레 적지 않은
오류를 가지고 있습니다. 하지만 이 책에서 굳이 그 책에 대한 상세한 비판을 하고 싶지는 않습
니다. 다만 존 스튜어트 밀의 천재독서법으로 알려져 있는 철학 고전 천재독서법과 시카고 플랜
의 한계와 문제점에 대한 상세한 논의는 이 책의 8장을 통해 다루고자 합니다.

또한 너무나 많기 때문입니다.

그렇다면 어떻게 해야 할까요? 누구나 독서만으로 자신의 재능을 크게 신장시켜 천재로 거듭나거나, 혹은 천재 비슷한 사람이나 뛰어난 인재가 될 수는 없는 것일까요?

근래에 우리나라에 존 스튜어트 밀의 독서법과 시카고 플랜이 알려지면서 '인문 고전 독서법'이 유행하고 있습니다. 철학 고전을 읽으면 천재가 된다고 합니다. 그 주장 때문에 아무런 식견이나 통찰 없이 많은 이들이 무턱대고 고전 읽기를 신봉하고 있습니다. 하지만 이런 주장은 빛 좋은 허구에 지나지 않습니다.

만약 철학 고전을 읽어서 천재가 된다면, 평생 철학 고전만 읽고 사는 철학 교수들은 다 천재가 되어야 할 것이요, 철학을 전공한 석·박사들 또한 거의 대부분 천재가 되어야 할 것입니다. 하지만 현실은 정말, 전혀 그렇지가 않습니다. 게다가 철학과 출신들은 오히려 취직조차 어려운 게 현실입니다.

그렇다면 정말로 신뢰할 수 있는 '천재독서법'은 없는 것일까요?

에디슨은 "천재는 1%의 영감과 99%의 노력으로 만들어진다."고 했습니다. 이는 노력의 가치를 일깨워 주는 좋은 말이지만, 절대적으로 신봉할 말은 아닙니다. 노력을 정말 열심히 했는데도 뜻을 이루지 못한 사람들이 너무나 많기 때문입니다. 오히려 우리가 천재가 되기 위해선 그가 한 이 말을 기억해야 할 것입니다.

"어떤 일이든 더 나은 방식이 있다."

참으로 천재 발명가다운 말이 아닐 수 없습니다. 램프가 전등으로 대체되고, 전보가 전화기로 대체되고, 말과 수레가 자동차로 대체되고, 만년필이 타자기와 컴퓨터로 대체된 것은 모두 더 나은 방식을 찾아서 이루어진 결과입니다.

인류 문명의 모든 발전이 그러하듯 그 어떤 일이든 더 나은 방식이 있게 마련입니다. 고작 라면 하나를 끓이는 데도 더 맛있게 끓이는 방법이 있고, 공부를 하거나 운동을 하는 데도 더 효과적인 방법이 있습니다. 세상 모든 일에는 우리가 모르는 더 나은 방식이나 노하우가 있고, 최고의 방식이 혹은 최고의 노하우가 존재합니다. 마찬가지로 독서를 하는 데도 더 나은 방식 혹은 최고의 방식이 있을 것입니다.

그린 까닭에 '천재를 만드는 더 나은 독서법'은 반드시 존재한다는 믿음 아래, 철학 고전 천재독서법의 허구성을 극복하고 진정으로 믿을 만한 '천재독서법'을 만들고자 6년간의 연구 끝에 저는 새로운 천재독서법을 만들었습니다. 그 결과물이 영성지능과 성공지능에 초점을 맞춘 'SQ 천재독서플랜'이며, 그 내용을 담은 것이 바로 이 책입니다.

독서는 많이 하면 많이 할수록 더 많은 지식과 지혜가 쌓이는 것이지만, 천재독서법은 덧셈의 방식에 더하여 곱셈의 방식을 지향합니다. 인간 내면의 무한한 지혜와 잠재력을 깨울 수 있는 좋은 책들을 집중적으로 읽으면 누구나 단기간에 비약적인 정신적 상승을 할 수 있습니다. 이 독서법을 충실히 이행하면 이전의 자신보다 월등이 뛰어난, 차원이 다른 '나'를 만날 수 있을 것입니다.

천재가 되는 것은 그 누구도 기필할 수가 없는 것입니다. 그래서 이 책의 천재독서법 또한 누구나 천재가 된다고 보장할 수는 없습니다. 하지만 이 책이 제시하는 '천재독서법'은 '인문 고전 천재독서법'보다는 접근하기 쉬울 뿐 아니라 훨씬 효과적이고 뛰어나다는 것, 그래서 천재를 만들 가능성이 훨씬 높다는 것은 보장할 수 있습니다. 그리고 비록 천재가 되지 않더라도 누구나 자신의 천분을 최대한 키워 '최고의 나'를 만들거나 천재에 가까운 사람쯤은 될 수 있으리라 믿습니다. 무릇 어떠한 원리나 법칙이란 어긋남이 없기 때문입니다.

모든 아이들은 다 천재로 태어난다. 그러나 불행하게도 그중 99.9%의 아이들은 태어나자마자 부모와 주위 환경으로부터 자신의 천재성을 박탈당하기 시작한다. - 버크민스터 풀러

이 책을 쓴 저의 이상과 비전은 우리나라를 천재의 나라로 만드는 것입니다. 단지 각 분야에서 세계적 수준의 뛰어난 인물이 몇 명만 나와 준다면 우리나라는 인류의 문화를 선도하는 천재의 나라가 될 것입니다. 저는 진정 한국이 인류의 빛과 같은 나라가 되기를 소망합니다.

요컨대 인류의 정신적 스승이 되는 예수나 붓다 같은 성자가 서너 명 이상 나온다면 어떻게 될까요? 정치 쪽에 간디와 같은 위대한 인물이 서너 명만 나온다면, 기업 쪽에 빌 게이츠나 스티브 잡스 같은 이가 서너 명만 나온다면, 학문 쪽에 아인슈타인 같은 이가 서너 명만 나온다면, 문학 쪽에 톨스토이 같은 대문호가 서너 명만 나온다면…… 그렇게 각 분야에서 뛰어난 인재들이 속출한다면 한국이 세계를 제패하는 천재의 나라가 되는 것은 시간문제일 것입니다.

저는 그러한 비전을 목표로 SQ 천재독서플랜을 만들었습니다. 이것은 단순히 저의 이상에서 그치는 것이 아니라, SQ 천재독서플랜이 담고 있는 원대하지만 실현 가능한 비전이요, 우리가 찾아야 할 찬란한 미래일 터입니다. 이에 대한 상세한 이야기는 이 책 전체가 답할 것입니다.

축복받은 삶은 내가 가진 능력을 마음껏 발휘해서 뒤돌아보면 한 치의 후회가 없는 삶이다. 자신의 능력으로는 도저히 불가능해 보이는 목표에 도전하고

마침내 그것을 성취했을 때 희열을 느끼면서 발전하는, 하루하루 감동하는 삶이다.

물론 도전을 하다 보면 필연적으로 실패와 좌절도 경험하기 마련이다. 그러나 뼈아픈 실패를 경험하다 보면 삶의 깊이가 더해져 나날이 성장하고 성숙해 가는 자신을 발견할 수 있다. 그 결과 다른 사람의 인생에도 좋은 영향을 미치고, 인생의 마지막 날에 "한 치의 후회도 없는 가장 삶다운 삶, 최선의 삶을 살았다."고 자신 있게 이야기할 수 있게 된다. 나는 몰입을 통해 그런 삶을 경험했다.

— 황농문, 《몰입 두 번째 이야기》에서

칼릴 지브란은 이렇게 말했지요. "내가 만약 어떤 이의 마음속에 새로운 세계를 열어 줄 수 있다면, 그에게 나의 삶은 결코 헛되지 않은 것입니다." 좋은 책이란 자신에게 새로운 세계를 열어 주는 책일 것입니다. 그런 책을 쓰고 싶은 것은 모든 저자의 공통된 바람이겠지요.

뜻이 있는 곳에 길이 있다고 하였고, 하늘은 스스로 돕는 자를 돕는다고 하였습니다. 뜻이 있는 이는 끝내 자신의 길을 찾을 것이요, 그 길 끝에서 같은 뜻을 지닌 이와 조우할 것입니다. 아무쪼록 우리나라에 이 천재독서법이 널리 전해져서 뛰어난 인재들이 많이 나올 수 있기를, 그리하여 한국이 천재의 나라로 거듭날 수 있기를 기도하고 또 축원합니다.

취루재에서 김주수 드림

CONTENTS

차 례

차 례

CONTENTS

차 례

CONTENTS

차 례

9

**깨달음과 영성사회에
대하여**

10

**SQ 천재독서플랜의
미래와 성취**

천재가 **되기** 위한
기본 조건

"진정한 시각 장애인은
시력이 없는 사람이 아니라, 비전이 없는 사람이다."
- 헬렌 켈러

"누구나 세상을 바꿀 생각을 하지만,
자신을 바꿀 생각을 하는 사람은 없다."
- 톨스토이

"세상을 바꿀 수 있다고 생각할 만큼
미친 사람들이 결국 세상을 바꾸는 사람들이다."
- 스티브 잡스

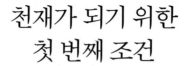

천재가 되기 위한
첫 번째 조건

천재가 되기 위해서는 무엇보다

천재 수준의 원대한 꿈과 목표, 비전을 가지는 것이 가장 중요하다.

꿈과 목표는 나를 끌어올리는 지렛대와 같다.

꿈에 대한 목표의식이 강렬한 이는

항상 그 꿈의 기준으로 세상을 바라보고 생각한다.

천재는 꿈꾸는 것부터 천재적이다.

이것이 천재 교육을 위해 던지는 저의 첫 번째 전언입니다.

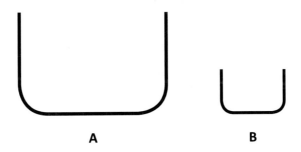

A   B

큰 그릇과 작은 그릇 중에 어느 쪽에 물이 많이 담길까요? 당연히 큰 그릇에 더 많이 담길 것입니다. 물을 아무리 많이 부어 주어도, 그릇은 오직 자신의 부피만큼만 담을 수 있습니다. 이것을 저는 '그릇의 법칙'이라 부르고자 합니다.

그런데 이처럼 사람도 오직 자신의 그릇만큼만 담을 수 있습니다. 그래서 사람은 오직 자신의 그릇만큼만 성장할 수 있습니다. 어디서 무엇을 배워도 사람은 자신의 그릇 이상을 담지 못하기 때문입니다.

비전의 한계는 이해의 한계이기도 하다. - 레오나르도 다 빈치

마음의 그릇이 크다는 것은 '꿈'과 '사랑'이 크다는 것입니다. 그러므로 천재가 되기 위한 첫 번째 조건은 '**원대한 꿈과 비전**'을 가지는 것입니다. 천재가 되려면 무엇보다 '세상을 널리 이롭게 하고자' 하는 원대한 이상의 '높고 큰 정신(사랑)'을 가져야 합니다. 위대한 성취를 이룬 이들은 모두 '위대한 정신과 뜻'을 가진 이들이었습니다.

한 사람의 그릇은 곧 그 사람의 성장 가능성의 지표이기에, 그릇을 보면 그 사람의 사람됨은 물론이요, 그의 가능성 즉 미래까지 점칠 수 있습니다. 그릇이 작으면 큰 것을 담을 수 없습니다. 위대한 비전과 큰 사랑이

위대한 생각을 낳고, 위대한 생각이 위대한 인물을 만듭니다. 반대로 재주가 있어도 그릇이 작은 이는 절대로 큰 인물이 되지 못합니다. 무릇 '법칙'이란 속일 수 없는 것이며 또 절대적인 것이기 때문입니다.

> 좋은 것good은 큰 것great, 즉 거대하고 위대한 것의 적이다.
>
> 거대하고 위대해지는 것이 그토록 드문 이유도 대개는 바로 그 때문이다. 거대하고 위대한 학교는 없다. 대개의 경우 좋은 학교들이 있기 때문이다. 거대하고 위대한 정부는 없다. 대개의 경우 좋은 정부가 있기 때문이다. 위대한 삶을 사는 사람은 아주 드물다. 대개의 경우 좋은 삶을 사는 것으로 족하기 때문이다. 대다수의 회사들은 위대해지지 않는다. 바로 대부분의 회사들이 제법 좋기 때문이다. 그리고 그것이 그들의 주된 문제점이다.
>
> – 짐 콜린스, 이무열 역, 《좋은 기업을 넘어 위대한 기업으로》에서

경영의 구루 피터 드러커는 "조금밖에 바라지 않으면 성장도 없다. 많은 것을 추구하면 같은 노력으로 거인으로 성장할 수 있다."고 했으며, 짐 콜린스는 "우리의 삶을 위대한 삶으로 바꾸는 것은 재능이나 능력이 아니라 담대한 목표다."라고 하였습니다.

꿈을 크게 가질 수 있는 것 자체가 하나의 능력이며, 재능입니다. 그만큼 뜻이 높고 시야가 넓으며, 큰 이상과 담대한 기상을 가졌다는 뜻이기 때문입니다. 꿈과 목표는 생각의 폭을 조절하고, 노력의 정도를 결정합니다.

예컨대 위대한 대통령이 되는 게 꿈인 사람과 9급 공무원이 되고자 하는 사람의 생각은 같을 수 없습니다. 세계적인 대기업의 총수가 되고자 하는 사람과 그 기업에 사원이 되고자 하는 사람의 생각은 같을 수 없습니다. 세계적인 대문호를 꿈꾸는 사람과 밥벌이로 글을 쓰는 사람의 시각과 생각의 폭은 처음부터 완전히 다른 것입니다.

우리는 자기 계발이 무엇인지에 대해 별로 아는 것이 없다. 그러나 한 가지만은 알고 있다. 일반적으로 사람, 특히 지식근로자는 스스로가 설정한 기준에 따라 성장한다는 것이다.

사람은 스스로 성취하고 획득할 수 있다고 생각하는 바에 따라 성장한다. 만약 자신이 되고자 하는 기준을 낮게 잡으면 그 사람은 점점 더 이상 성장하지 못한다. 만약 자신이 되고자 하는 목표를 높게 잡으면 그 사람은 위대한 존재로 성장할 것이다. 일반 사람이 하는 보통의 노력만으로도 말이다.

– 피터 드러커, 이재규 역, 《프로페셔널의 조건》에서

'꿈 기준의 법칙(혹은 꿈 지향의 법칙)'이라는 것이 있습니다. 누구나 자신의 관점으로 세상을 보듯, 사람은 항상 자신의 꿈을 기준으로 모든 것을 바라보고 생각한다는 뜻입니다. 사람은 누구나 자신이 관심 가지는 것에 주의를 기울이게 마련이고, 그 맥락에서 삶을 이해하고 받아들이게 됩니다. 때문에 꿈의 기준이 높아야 생각의 기준이 높아집니다.

꿈을 지닌 이는 언제 어디서 무엇을 접하든 자신의 꿈의 기준과 관점으로 세상을 바라봅니다. 정치인이 되고자 하는 이는 어디서 무엇을 접하든 정치적 관점으로 대상을 이해합니다. 또 사업가가 꿈인 사람은 어디서 무엇을 보든 그 맥락에서 대상을 봅니다. 반면 과학자는 어디서 무엇을 보든 과학의 맥락에서 사물을 보고, 화가는 어디서 무엇을 보든 그림의 맥락에서 대상을 봅니다. 이처럼 사람은 제각기 자신의 꿈이라는 렌즈로 세상을

바라봅니다.

어떤 사람이 일하고 있는 세 사람에게 물었다.

"무엇을 하고 있습니까?"

첫 번째 벽돌공이 이렇게 대답했다.

"벽돌을 쌓고 있어요."

두 번째 벽돌공이 대답했다.

"시간당 9달러 30센트짜리 일을 하고 있소."

세 번째 벽돌공은 이렇게 대답했다.

"나요? 나는 지금 세계 최대의 성당을 짓고 있어요."

이 세 사람 중 누가 가장 즐겁게 일을 할까요? 또 누가 가장 뛰어나게 될까요? 심지어 이처럼 같은 분야의 일이라도 그것에 대한 기준이나 기대치가 다를 때엔 시각과 생각과 노력 등 모든 접근 방식이 달라집니다. 예를 들어 자신의 직업을 단지 돈을 벌기 위한 수단으로 여기며 사는 사람과, 그 분야에서 세계 최고를 꿈꾸는 사람의 생각과 입장은 결코 같을 수가 없습니다.

때문에 꿈과 비전이 커야 큰 생각을 할 수 있고, 큰 시야를 가질 수 있으며, 더 치열하게 노력하고 더 열정적으로 매진할 수 있습니다. 꿈은 사람을 분발하게 하고, 꿈으로 세상을 이해하고 바라보게 하며, 꿈의 지점까지 끌어올리는 힘이 있습니다. 강렬한 꿈은 사람을 끌어올리는 지렛대와 같습니다.

만일 김연아가 세계 최고를 꿈꾸지 않았더라면 지금의 김연아는 우리 곁에 없었을 것입니다. 국가 대표가 되는 것보다 세계 챔피언이 되는 쪽이 훨씬 더 어렵고, 훨씬 더 많은 노력을 요합니다. 꿈의 크기가 다르다는 것은 곧 내가 해야 할 모든 것, 내가 도달하거나 이루어야 할 모든 기준이 달라진다는 뜻입니다.

그런 점에서 꿈은 영혼의 사다리와 같습니다. 사다리의 높이는 내가 도달할 수 있는 높이와 같으니까요. 설사 꿈을 다 이루지 못한다 하더라도 사다리가 높은 사람은 더 많이 발전할 가능성이 높습니다. 반면 만약 처음부터 사다리가 짧으면 어떻게 될까요. 목표를 다 이룬다 하여도 그 경지는 그리 높지 않을 것입니다.

영국이 낳은 위대한 정치인 벤저민 디즈레일리는 이렇게 단언했다.

"위대한 생각을 키워라. 사람은 자신의 생각보다 더 위대해질 수는 없기 때문이다."

상대방에게 원대한 비전을 심어 주어라. 그러면 그는 그 비전에 맞는 삶을 살기 시작할 것이다.

– 존 맥스웰, 정성묵 역, 《위대한 영향력》에서

사람은 자신의 꿈보다 더 위대해질 수는 없습니다. 꿈은 자신의 생각과 행동을 조절하는 하나의 기준점이며, 사람은 누구나 자신의 꿈과 비전에 맞는 삶을 살고자 하기 때문입니다. 앙드레 지드는 "오랫동안 꿈을 그리는 사람은 마침내 그 꿈을 닮아 간다."고 했으니 이는 지극히 자연스러운 이치일 것입니다. 우리는 오직 꿈이라는 지도를 보고 자신의 꿈 쪽으로 걸어갈 테니까요.

당신 안에 있는 비전의 위대함이, 당신이 보는 세상의 넓이와 당신이 끌어당기는 자원의 질과 양을 결정짓습니다. 당신 안에 있는 이유의 크기가 당신이 현실 세계에 남기는 결과를 결정하는 법입니다. – 존 디마티니

존 디마티니의 이 말 또한 '꿈 기준의 법칙'을 아주 멋지게 설명해 주고 있습니다. 앞서 말했듯 지상에 존재했던 천재들이나 탁월한 인물들 모두 꿈꾸는 것부터 천재적이었습니다. 그들은 위대한 꿈과 비전 속에서 하루하루 산 사람들입니다. 삶의 모든 굽이에서 모든 일을 자신의 꿈과 연결하면서 그 꿈에 도달하기 위해 한발 한발 나아가 꿈에 도달한 사람들입니다.

> 우리의 가장 큰 위험은 목표를 너무 높게 잡았다가 실패하는 것이 아니라 너무 낮게 잡고서 성공하는 것이다. - 미켈란젤로

미켈란젤로의 시각은 일반적인 시각을 완전히 전복시킵니다. 그의 시각 속엔 가장 큰 위험이 높은 목표에 도달하지 못해 실패한 게 아니라, 목표를 낮게 잡고서 성공한 것입니다. 그는 목표가 높지 않은 것 자체를 실패로 본 것입니다.

이 말이 우리에게 주는 충격은 그가 얼마나 큰 기상과 포부를 지녔는지를 짐작하게 합니다. 이처럼 천재들은 시각 자체가 보통 사람들과 확연히 다릅니다. 천재들은 무엇보다 꿈꾸는 일에 용감한 사람들입니다. 그러한 꿈과 용기 속에서 뜨거운 열정과 치열한 노력이 배태됩니다.

> 무언가를 이룬 사람들의 공통점은 남이 감히 상상하지 않은 블루오션을 꿈꾼다는 점이다. - 장석주

장석주 시인은 천재성의 본질을 정확히 짚어 주고 있습니다. 남이 감히 상상하지 못하는 블루오션을 꿈꾸는 사람, 그들이 바로 천재들이거나 천재가 될 가능성을 지닌 인물일 것입니다. 스스로에게 물어보십시오. 나에

게 그 정도 수준의 원대한 꿈과 비전이 있는지를, 내 가슴에 죽어도 꺼지지 않을 만큼의 뜨거운 꿈의 열망이 있는지를!

프랑스가 존경하는 대통령 샤를 드골은 이렇게 말했습니다. "위대해지려고 각오한 자만이 위인이 될 수 있다." 그렇습니다. 지상의 존재했던 위대한 인물들은 모두 그런 존재가 되기를 결심했던 이들입니다.

"성공이란 가치 있는 이상을 점진적으로 실현시키는 것이다."(얼 나이팅게일) 그들은 위대한 꿈을 꾸고서 점진적으로 자신의 이상을 실현시킨 사람들일 뿐입니다. 때문에 애초에 그들의 꿈이 작았다면 그들은 결코 위대한 존재가 될 수 없었을 것입니다.

최고 지향의 법칙

평범한 것, 흔한 것, 궁핍한 것, 때 묻고 천한 것에 관심을 집중하라. 그렇다면 평범한 것, 흔한 것, 궁핍한 것, 때 묻고 천한 것이 당신에게 올 것이다. 최상의 것에 관심을 집중하라. 그러면 주위가 최상의 것으로 채워질 것이며, 당신은 최고가 될 것이다. - 와틀스

천재란 일류가 된 사람입니다. '최고가 되려면 최고를 지향해야 한다.' 이것은 하나의 공식과 같습니다. 챔피언을 꿈꾸지 않은 사람이 챔피언이 될 수 없는 것처럼, 최고를 꿈꾸지 않는 사람이 최고가 될 수는 없습니다. 어떤 분야든 최고들은 언제나 최고를 꿈꾼 사람들이었습니다.

최고가 되려면 최고의 꿈을 가지고, 최고의 생각을 하고, 최고의 책을 읽고, 최고의 것을 배우며, 최고의 전략과 행동으로, 최고의 결과를 지향해야 합니다. 이를 일러 저는 '최고 지향의 법칙'이라 부릅니다. 최고가 되

기 위해선 모든 면에서 최고를 지향해야 하지만, 최고 지향의 법칙에 순서 상 언제나 첫머리에 놓여야 할 것은 '최고의 꿈'을 가지는 것입니다. 모든 것이 여기서부터 시작되니까요.

산 정상으로 가고자 하는 이의 시선은 늘 정상을 향합니다. 최고를 지향하지 않는 사람은 아류나 이류, 삼류에 머물 수밖에 없습니다. 이류나 삼류를 과감히 거부하는 사람, 오로지 최고를 지향하면서 자신을 끊임없이 갱신하는 이만이 최고에 도달할 수 있습니다.

> 올려다보지 않는 사람은 내려다보게 될 것이요, 하늘 높이 비상하기를 소망 하지 않는 영혼은 땅을 기어가게 될 것이다. - 비콘스필드

천재가 되려면 세계적인 대가를 꿈꾸어야 합니다. 세계 정상 수준이 아닌 사람을 천재라고 하는 경우는 드무니까요. '높이 나는 새가 멀리 본다'고 하였지요. 높은 꿈을 가진 사람이라야 멀리 볼 수 있는 시야를 얻습니다. 포부와 배짱이 작아 꿈조차 크게 가지지 못하는 것은 처음부터 높이 날기를 포기하는 것과 같습니다.

> 목표를 아주 아주 높게 잡아라. 변화에 걸리는 시간은 기본적으로 생각하는 만큼 된다. 리더가 변화에 2년이 걸릴 것으로 생각하면 실제로 2년 정도 걸리게 되고, 2주 만에 변화할 수 있다고 생각하면 실제로 변화가 2주 만에 이루어질 수도 있다. 그러므로 목표를 '높게' 잡지 말라. '아주 아주 높게' 잡아라.
> - 짐 콜린스

남다른 삶을 살고 싶다면 먼저 '남다른 꿈'을 꾸어야 합니다. 천재가 되고 싶다면 제일 먼저 천재 수준의 꿈을 가져야 합니다. 저는 이 책의 'SQ

천재독서플랜'을 실행하는 모든 이들이 '세상을 바꿀 위대한 천재'가 되는 것을 기본 목표로 삼았으면 좋겠습니다. 진정 그러한 포부를 가진다면 삶의 시각과 태도가, 즉 모든 기준이 달라질 수밖에 없습니다.

'어떻게 하면 내가 세상을 바꿀 위대한 천재가 될 수 있을까?' 이런 생각을 하는 사람은 이런 맥락에서 모든 것을 접하게 됩니다. 사람은 항상 자신의 '꿈을 기준'으로 모든 것을 바라보고 생각하기 때문에, 꿈이 크고 아름다울수록 생각 또한 그만큼 크고 아름다워집니다. 이것은 하나의 법칙이기에 필연적으로 그렇게 움직입니다.

> 우리가 위대한 삶을 살고자 담대한 목표를 가지고 의식적인 노력을 지속한다면 우리의 삶은 그 자체로도 훌륭한 삶이 된다. 하지만 그러한 담대한 목표를 가지고 있는 사람은 마치 소가 수레를 이끌듯 우리를 높은 곳으로 이끌어가게 되어 있다. 높고 담대한 목표에는 사람으로 하여금 피를 끓게 하고 포기하지 않고 도전하고, 지속적으로 노력하고 행동하게 하는 마법이 숨어 있기 때문이다. (…) 전대미문의 성과는 전대미문의 목표에서 비롯된다. 남들이 도저히 엄두도 내지 못하는 높은 기준과 목표를 가지는 것이 천재로 도약하는 천 번째 길이다.
>
> – 김병완, 《누구나 천재가 될 수 있는 한 가지 법칙》에서

뭔가를 주장하거나 뭔가를 가르치는 사람은 먼저 그 자신부터 그러한 주장이나 가르침을 실천하는 실천가여야 합니다. 그래야 그 말에 힘과 신뢰가 실릴 테니까요. 그러니 원대한 꿈과 이상을 가지라고 말하는 저부터 그러한 꿈과 비전을 가지고 모범의 준칙을 보여야겠지요.

제 꿈 중 하나는 '한국을 천재의 나라로 만드는 것'입니다. '어떻게 하면 우리나라가 천재의 나라, 전 세계를 선도하는 인류 최고의 나라가 될 수 있을까?' 이것은 제 꿈의 기준에서 나온 질문입니다. 저는 이미 이에 대한

1 천재가 되기 위한 기본 조건

기본적인 답을 얻었고, 그 첫 번째 발걸음으로 이 책을 썼습니다. 제게 그런 꿈이 없었다면 그에 대한 깊은 생각이나 연구도 하지 못했을 것이요, 그 첫걸음인 이 책 또한 쓸 수 없었을 것입니다.

만일 저와 같은 꿈을 가지는 이가 우리나라에 100명이 넘고 1,000명이 넘는다면, 그 꿈은 우리의 꿈이 되어 더 빨리 현실화될 것입니다. 박세리 선수가 여자 골프에서 세계를 제패한 후 한국 여성 골퍼가 숱하게 세계를 제패한 것처럼, 한 사람의 꿈의 성취는 강한 전염성이 있으니까요.

성공하지 못하는 최고의 방법은 적당히 사는 것이다. 적당히 사는 사람에게는 적당한 대우와 적당한 봉급과 적당한 평가와 적당한 인생이 기다리고 있다. 그렇기 때문에 당신은 평범함을 단호히 거부해야 한다. 탁월해지고 싶다면 적당히 사는 것에서 벗어나야 한다. 모든 천재들은 적당히 살아가는 삶에서 벗어났다. - 김병완

천재란 남이 꿈꾸지 못하는 것을 꿈꾸는 사람이요, 새로운 세계를 제일 먼저 꿈꾸는 사람이요, 그 꿈으로 앞서가는 사람이니 그것이 바로 천재성의 시작일 것입니다.

천재가 되고자 하는 이는 부디 그 누구도 꿈꾸지 못한 원대한 꿈과 비전을 가지시기 바랍니다. 천재란 세상에서 꿈의 그릇이 가장 큰 사람입니다. 오직 자신의 꿈만큼만 도달할 수 있다는 것, 오직 자신의 꿈의 사다리만큼만 오를 수 있다는 것을 명심하시기 바랍니다. 무엇보다 천재적인 위대한 꿈을 가지십시오. 설사 자신의 원대한 꿈을 다 이루지 못한다 할지라도, 그것은 실패가 아니라 아름답고 값진 도전일 테니까요. 그 아름답고 값진 도전만큼 자신이 더 성장하게 될 테니까요.

천재는 자기 시대를 마치 혜성처럼 가로지른다. 그러기에 우리는 천재의 재능을 알아볼 수 있어야 한다. 그들은 사람들이 감히 손도 대지 못할 목표를 거머쥔다. 다른 사람들은 볼 수조차 없는 목표에 도달하는 것이다. - **쇼펜하우어**

그릇이 커야 큰 인물이 될 수 있다. 그릇이 크다는 것은 세상을 향한 꿈과 사랑이 크다는 것이다.

큰 그릇을 키우는
핵심 비결

마틴 루터 킹의 설명에 따르면, 그냥 지나쳐 버린 사람들은 이렇게 생각한 것이다. "이 사람을 돕는다면, '내게' 무슨 일이 일어날 것인가?" 하지만 착한 사마리아인은 반대로 생각했다. "이 사람을 돕지 않는다면 '그에게' 무슨 일이 일어날 것인가?"

동정을 위해서는 공감이 필요하고, 공감을 위해서는 다른 사람에 대한 집중이 필요하다. 자기 자신에게 집중하고 있으면, 다른 사람들을 볼 수 없다. 그렇게 우리는 어려움에 처한 사람들을 무심히 지나친다. 그러나 다른 사람에게 주의를 기울이는 순간, 우리는 그들의 감정과 상황에 주목하게 됨으로써 그들과 그들의 상황을 이해하게 되어 그러한 관심을 행동으로 표현한다.

– 대니얼 골먼, 박세연 역, 《포커스》에서

앞서 천재가 되려면 무엇보다 그릇이 커야 하고, 그릇이 크다는 것은 큰 꿈을 가지는 것이라고 말했습니다. 그렇다면 '큰 꿈'이란 어떤 것일까요? 한 개인의 꿈일지라도 그 꿈이 커다란 꿈이 될 때는 반드시 개인 차원의 일에서 벗어나게 됩니다.

예를 들어 '위대한 대통령'이 되는 것이 꿈이라면, 그것은 결코 개인적 차원의 일에서 그치지는 않을 것입니다. 온 국민과 한 나라 전체, 심지어 다른 나라에까지 영향을 끼치는 일이지요. 세계적인 예술가나, 세계적인 학자, 세계적인 기업가가 되는 것은 어떤가요? 이 또한 마찬가지일 것입니다. 이처럼 큰 꿈을 가진다는 것은 나의 영역을 넘어서는 속성이 있으며, 반드시 공동체와 관련이 될 수밖에 없습니다.

그래서 큰 꿈이나 원대한 비전은 반드시 세상의 번영과 관련되는 것이며, 이는 달리 말하면 나를 이롭게 할 뿐 아니라 '세상을 널리 이롭게 하는 것'과 직결됩니다. 그런 점에서 큰 꿈을 가진다는 것은 높고 큰 사랑의 정신을 가지는 것과 무관하지 않습니다. 간단히 말해 큰 꿈이란 '세상을 널리 이롭게 하는 마음'과 관련된 것입니다.

천재나 위인들은 모두 세상에 큰 혜택이나 유익함을 준 사람들입니다. 즉 세상을 크게 이롭게 한 사람들입니다. 그릇이 크다는 것은 바로 그러한 마음과 정신이 크다는 것을 의미합니다. 큰 사랑의 마음을 가지는 것 그것이 곧 그릇이 큰 사람의 본질입니다. 하여 그 누구든 그릇이 커지려면 '큰 사랑의 마음과 정신'을 가져야 합니다. 이것이 대인의 기본 마인드이니, 천재는 소인의 마음이 아니라 대인의 마음을 가진 이들이라 하겠습니다.

때문에 천재나 큰 인물이 되고자 하는 이는 반드시 그런 대인의 마음을 가지고, 베풂의 정신으로 자신의 그릇을 크게 신장시켜야 합니다. 천재들은 어떠한 면으로든 인류에 크게 공헌한 사람이니까요!

진정으로 성공하는 사람들은 "이 일을 통해 인류에게 그리고 세계에 공헌하자!"라는 자세를 반드시 지니고 있다. 그 결과, 우주은행에 쌓이는 예금이 점점 불어나 만기가 되면, '행운', '소원성취', '성공', '비약적인 발전' 같은 형태로 자신의 소망에 맞게 예금을 인출하게 된다. - 우에니시 아키라

개개인의 사사로운 꿈은 큰 꿈이 아닙니다. 큰 꿈이란 인류와 세계에 공헌하는 꿈이며, 그것으로 자신과 타인이 함께 번영하는 꿈입니다. 우에니시 아키라의 《우주은행》이라는 책에선 작은 꿈과 큰 꿈의 차이가 무엇인지, 큰 꿈의 가치가 무엇이며 왜 큰 꿈을 가져야 하는지를 아주 잘 설명해 주고 있습니다.

거의 10년 전의 일이다. 한 경영 컨설턴트가 자신이 주최한 세미나가 끝난 후, 참석했던 100명의 수강생들에게 간단한 설문조사를 했다. 그 질문 중에, "당신은 왜 지금의 일을 선택했습니까? 왜 이 일에 종사하고 있습니까?"라는 항목이 있었다.

그에 대한 수강생들의 답변은 각양각색이었다.

"이 직종에서 장래성을 느꼈기 때문에."

"이 일에 종사하면 굶어 죽을 걱정은 없을 것 같아서."

"학생 시절부터 꿈꿔 왔던 직종이므로."

"급여나 근무 조건이 좋았으니까."

그런데 그 100명 중에서 단 8명, 애타심이 엿보이는 답변을 쓴 사람들이 있었다. 그리고 10년이 지난 지금, 그들은 모두 자신들의 분야에서 성공하고, 제1선에서 크게 활약하고 있다.

그 8명은 대체 어떤 답변을 썼던 것일까? 그들의 답변은 이것이었다. "이 일을 통해서 사람들에게 도움이 되고 싶고, 사회에 공헌하고 싶다고 생각했기 때문에."

실제로, 자신의 사명을 자각하고 일을 하는 사람과 그렇지 않은 사람은 스타트라인이 같다 하더라도 그 후에 전개되는 양상은 크게 차이가 난다.

같은 의사라도 "병으로 고통받는 사람들을 한 사람이라도 더 구하고 싶다."라는 자세로 환자를 돌보는 의사는 명의名醫로 불리며 수많은 환자들로부터 감사받는다.

같은 운동선수라도 "많은 사람들에게 기쁨과 흥분과 감동을 주고 싶다."라는 마음으로 플레이를 하는 선수는 계속해서 신기록을 수립해 나간다.

같은 경영자라도 "이 상품을 제공함으로써 사람들의 생활을 더욱 풍요롭게 하고 싶다."라는 경영이념을 가진 경영자는 회사를 크게 발전시킨다.

그럼 이번에는 당신에게 같은 질문을 해 보겠다. 당신은 왜 지금의 일을 선택했는가? 왜 그 일을 하고 있는가?

새로운 패션 상품을 개발하는 일을 통해서 에콜로지의 일익을 담당하기 위해서인가?

간호하는 일을 통해서 노인들에게 사는 보람과 희망을 주기 위해서인가?

그렇지 않으면……?

그릇이 작으면 적게 담길 수밖에 없듯이, 작은 꿈을 가진 사람은 그 작은 꿈만큼밖에 성장하지 못합니다. 모든 생각과 행동이 그 꿈의 테두리 안에 머물 테니까요. 반면 큰 꿈을 가진 사람은 작은 꿈을 가진 사람보다 훨씬 더 크게 발전합니다. 그들은 큰 꿈을 따라 큰 생각을 하고, 큰 행동을 하기 때문입니다. 그런 사람이 대인大人일 것이니, 이를 저는 '대인 지향의 법칙'이라 부르고자 합니다.

그런데 놀라운 것은 이러한 '대인 지향의 법칙'은 반드시 베풂의 법칙과 연결됩니다. 베풂의 법칙이란 내가 남을 이롭게 하면 할수록 나 또한 이로움을 얻게 됨을 말합니다. 이는 모든 사람에게 적용되는 법칙입니다. 법칙이란 그것이 만인에게 모두 적용되는 속일 수 없고 변할 수 없는 하나의 원리요 섭리라는 뜻입니다.

1 천재가 되기 위한 기본 조건

〈베풂의 법칙〉

- 내가 타인의 성공과 행복을 도우면, 하늘(우주)도 나의 성공과 행복을 돕는다.
- 세상에 이로운 것을 많이 주면 줄수록 내게도 이로운 것이 더 많이 돌아온다.

'베풂의 법칙'을 간단히 정리하면 이런데요, 이를 보다 상세하고 멋지게 설명한다면 이렇게 말할 수 있겠지요.

성공하고 싶다면, 다른 이들이 성공하도록 하라. 권력을 경험하고 싶다면, 다른 이들이 힘이 있도록 하라. 용서를 경험하고 싶다면, 다른 이들이 용서받도록 하라. 완벽한 짝을 원한다면, 다른 이들이 완벽하게 짝을 이루도록 하라. 평화를 경험하고 싶다면, 다른 이들이 평화롭도록 하라. 내가 여기에서 의미하는 바는 개인 창조는 다른 사람들과 함께 최고로 시작할 수 있다는 것이다.

언제나 자신이 아니라 다른 이들에게 먼저 집중하라. 그리하면 자신이 경험하길 원하는 것이 7배로 실현될 것이다. 그대 자신을 위해 창조하길 원하는 어떤 것도, 기꺼이 다른 이를 위해 창조하라. 이것이 '끌어당김의 에너지'가 최고로 강력한 때이다.

왜 그런가? 당신이 다른 이들에게 가져오는 것은 곧 자신에게 가져오는 것이다. 왜냐하면 궁극의 현실에서는 다른 이란 없기 때문이다. 오직 자신(진정한 존재)만이 있다. 이것을 이해하면, 어떻게 신보다 행복해질 수 있는지에 대해 모든 것을 아는 것이다.

– 닐 도널드 월시, 《Happier Than God》에서

베풂의 법칙은 우리 삶 속에 숨겨져 있는 위대한 사랑의 법칙입니다. 타인을 행복하고 번영케 하면서 나 또한 행복과 번영을 얻는 법칙입니다. 때문에 행운을 부르는 법칙이라 해도 맞을 것입니다.

진정한 베풂 속에서는 너와 나의 경계가 무너지고, 서로 하나의 사랑으로 어우러지게 됩니다. 함께 행복해지고 함께 번영하는 지혜가 이 속에 있습니다. 너의 행복과 성공이 곧 나의 행복과 성공이 되는 것이 바로 베풂의 법칙 속에 담긴 궁극의 정신입니다.

성공하면 나누겠다는 생각을 버려라. 없으면 없는 대로 있으면 있는 대로 남을 배려하고 나누어라. 이 세상의 모든 생명의 본질은 '관계'이다. (…)

우주의 본질은 순환하는 관계이다. 끊임없이 변화하고 순환하는 과정이다. 그래서 정체는 질병을 일으킨다. 베풂은 순환이다. 우리는 단지 에너지의 흐름이라는 우주 질서 속의 하나의 통로이다. 우리가 남을 배려하지 못하고 나눔을 거절하는 행동은 이 흐름에 저항하는 것이다. 이러한 저항의 본질은 '이 세상은 부족한 것들로 가득 차 있어 내가 가진 것을 남들에게 주면 나는 결핍에 시달릴 것'이라는 두려움이다. 그러나 이것은 망상이다. 우주는 풍만으로 가득 차 있다. 베풂은 에너지를 순환시켜 우주의 파동과 나의 파동을 일치시켜 베푼 것보다 훨씬 큰 대가를 가져다준다.

베풂은 우주에 가득 차 있는 사랑과 자비의 주파수에 나의 주파수를 맞추는 행동인 것이다. 자비심을 연습하라. 그러면 보다 빨리 깊은 명상에 들어가 우주 법계와 합일할 것이다.

그래서 남을 배려하고 함께 나누는 생활이 습관화되면 몸과 마음에 에너지가 충만함을 느끼게 되고, 자신감과 확신이 온몸을 휘감아 피로감이 사라지고 활력이 솟으며 자기도 모르는 사이에 소망하는 바가 이루어진다. 이렇게 한번 이루어지기 시작하면 그 다음부터는 추후의 의심도 없어지고 원하는 바가 이루어지는 것을 경험하게 된다. 그러나 이때 자만하면 절대로 안 된다. 자만하지 말고 조물주에게 이루어주셨음에 진심으로 감사하고 받은 만큼 타인에 대한 너그러운 마음을 갖고 배려와 베풂을 실행하라.

남에게 받으려는 것은 한계 지음으로 나아가는 길인 반면, 남에게 주려는 행위는 한계 지음에서 벗어나 신과의 합일로 가는 길이다. 받는다는 것은 무한한 능력의 백지 위에 어떤 그림을 그려 넣어 더 이상 다른 그림을 그릴 수 없도록 한계를 지우는 행동인 데 반하여, 베푼다는 것은 채워진 종이 위의 그림을 지워 백지로 만들어 어떠한 가능성도 받아들일 준비를 하는 행위이다.

이제야 알겠는가? 왜 주어야 더 많은 것을 받을 수 있는지를.

받으려는 의도를 거부하고 주려는 의도로 바꿔라. 그러면 세상이 두 팔 벌려 당신을 마중 나올 것이다.

- 남경흥, 《허공의 놀라운 비밀》에서

배려와 베풂은 인생을 가장 잘 사는 최고의 지혜입니다. 타인에게 사랑을 주면 사랑을 받을 것이요, 미움을 주면 미움을 받을 것입니다. 괴로움을 주면 자신이 다시 괴로움을 받을 것이요, 이로움을 주면 자신이 다시 이로움을 받을 것입니다. 자신이 주는 대로 자신이 고스란히 다 받습니다. 이러한 섭리를 옛 사람들은 '자업자득自業自得'이라고 불렀습니다. 눈에 잘 보이지 않을 뿐, 삶의 모든 것은 내가 지은 대로의 결과일 뿐입니다.

우리는 우리에게 일어나는 모든 일에 책임을 진다. 우리는 이렇게 생각한다. "나의 삶은 과거의 내 모든 생각과 행동의 결과이다." "나 자신이야말로 모든 문제의 열쇠이며, 행복으로 가는 열쇠이다." "모든 것은 내 손에 달렸다."

- 비탈리 기베르트, 박인수 역, 《미래 모델링》에서

타인과 세상에게 나쁜 것을 주면 나쁜 것을 받을 것이고, 좋은 것을 주면 좋은 것을 받을 것이니, 좋은 것을 받고자 하면 오로지 좋은 것만 주어야 합니다. 사랑과 행복을 받고 싶으면 타인에게 사랑과 행복만을 주면 됩니다. 이처럼 복은 누가 주는 것이 아니라 오직 내 스스로가 만드는 것입니다. 이는 사랑의 섭리를 깨닫게 하기 위해 조물주가 만들어 놓은 고귀한 법칙입니다.

그래서 가장 지혜로운 사람, 가장 잘 사는 사람은 이 절대적인 인생 법칙을 잘 따라 사는 사람입니다. 그들은 어떤 길을 가야 하고 어떤 길을 가지 말아야 할지를 분명히 아는 사람이며, 무엇이 성공이고 무엇이 성공이 아닌지를 명확히 아는 사람입니다. 행복과 풍요를 얻는 지혜를 아는 사람이며, 불행과 죄업을 피하는 법을 아는 사람들입니다.

우리는 이웃에 대한 봉사 속에서만 행복을 발견할 수 있다. 그리고 그 봉사에 의해 인간은 비로소 전 세계의 생명의 근원과 하나가 될 수 있다. - **톨스토이**

지상에 존재했던 모든 현자들은 한결같이 이와 같은 진리를 설파했습니다. 사람들이 자기 욕심에 어두워 이 말을 잘 귀담아 듣지 않았을 뿐이지요. 삶의 섭리를 아는 사람과 그렇지 못한 사람의 '삶의 수준과 질'은 달라질 수밖에 없습니다. 계속해서 이러한 삶의 이치에 눈감고서 무지하게 살고 싶은 사람이라면 상관없겠지만, 자신의 운명을 바꾸고 싶은 사람이나 남다른 인생을 살고 싶거나 천재가 되고 싶은 사람은 이 법칙을 가슴 깊이 새기고 또 새겨야 할 것입니다.

이타주의와 성공의 새로운 기준

진심으로 남을 도우면 결국 자신에게도 도움이 된다. 이것은 생애에서 가장 아름다운 보상의 하나이다. - 에머슨

　　　　　　　　　　　　　1 천재가 되기 위한 기본 조건

이러한 삶의 이치는 학자들에 의해서도 점점 더 명확히 밝혀지고 있습니다. 심리학자 애덤 그랜트는 어떤 사람, 어떤 기업이 성공하는지를 '타인과의 상호작용' 측면에서 연구했습니다. "성공의 오랜 미신을 뒤집는 혁명적 보고서이자, 인간 본연의 고결한 본능을 따르는 마음씨 착한 영혼들을 위한 열정적인 응원가"라는 찬사를 들은 그의 책《기브 앤 테이크》를 보면 '세 가지 유형의 사람'에 대해 이야기하고 있습니다.

- 주는 것보다 더 많은 이익을 챙기려는 사람 – 테이커(taker)
- 받는 만큼 주는 사람 – 매처(matcher)
- 자신의 이익 못지않게 더 돌려주고자 하는 사람 – 기버(giver)

이 중 어떤 사람이 가장 사회적으로 성공할까요? 자기 이익을 잘 챙기는 데 기민한 테이커가 가장 성공을 많이 했을 것 같지만 실상 연구 결과는 그와 정반대였습니다. 이러한 연구 결과는 하버드에서 이루어진 성인 발달 연구에서의 결과와도 일치합니다.

가장 큰 성공을 이루는 사람들은 거의 대부분 '기버'들이었습니다. 애덤 그랜트는 다방면의 매우 방대한 자료 검증과 세밀한 분석을 통해 '기버'가 가장 성공하는 사람들임을 아주 상세하게 밝혀 주고 있습니다. 심지어 가장 롱런 하는 이들도 기버였고, 가장 행복한 이들도 기버였습니다.(상세한 내용은 책으로 직접 확인해 보시기 바랍니다.)

테이커와 매처는 계산적인 사람들이요, 기버는 이타적인 사람입니다. 만일 저 세 유형의 사람 중에서, 한 사람에게 투자를 한다면 어느 쪽에 하시겠습니까? 그들의 속내를 안다면 누구나 기버에게 투자를 할 것입니다. 마찬가지로 세 유형의 사람 중 누군가와 함께 일을 해야 한다면 어떤 사람과 일을 하시겠습니까? 그 또한 당연히 기버이겠지요. 당장 여기서 바로 검증이 되었듯, 바로 그러한 이유 때문에 테이커나 매처가 아니라 '기버'가 가장 성공하는 사람이 된다고 합니다. 생각해 보면 이는 너무나 자연스런 결과일 것입니다.

화장품업계의 여왕은 간디가 말하던 원칙이 성공을 이루는 촉진제였음을 인정한다. "우리가 무엇이든 함께 나누면, 신은 우리에게 다시 되돌려 줍니다." 간디의 철학에 깊이 감명받은 로더는 "하나를 구매하면 덤으로 또 하나를 선물로 드립니다."란 판매 촉진책을 내세웠다. 에스티 로더 이전의 화장품업계는 제품의 홍보를 위해 미디어에만 모든 돈을 쏟아부었다. 로더는 화장품업계 사상 가장 성공적인 프로모션 방식을 도입해 화장품업계의 판도를 바꾸었다. 지금까지도 전 세계의 에스티 로더 판매점에 적용하고 있다. 처음 그녀가 이런 홍보방식을 채택하자 라이벌이던 리츠 그룹의 찰스는 "결코 성공할 수 없는 방식이다. 아마도 전체 시장을 거저 내주려고 작정한 모양이다."라며 비웃었다. 찰스는 이제 한물간 인물이 되었지만 에스티는 아직도 여왕의 자리를 굳건히 지키고 있다.

– 진 랜드럼, 김미형 역, 《열정 능력자》에서

세계 향수 업계의 여제였던 에스티 로더 또한 기버였던 것 같습니다. 세상에 그 누구도 자신에게 손해를 끼치는 사람을 좋아하지는 않습니다. 사람들이 좋아하는 존재는 자신에게 사랑이나 기쁨을 주는 사람, 이익이나 혜택을 주는 사람입니다. 물고기가 먹이 쪽으로 모이듯 사람들은 그러한 사람 쪽으로 모이게 마련입니다. 맛집이 대박이 나는 것도 그러한 이치 때문이요, 좋은 상품이 오래 사랑받는 것도 그 때문입니다.

사람들은 자기의 입장만을 생각하는 이기적인 사람들에게 매력을 느끼지 못한다. 반대로 상대방의 입장을 배려하고 항상 밝고 희망에 찬 표정을 짓는 낙관

1 천재가 되기 위한 기본 조건

적인 성격을 지닌 사람에게는 매력을 느낀다. 이 세상에서 나라는 존재를 다른 사람들이 느낄 수 있게 하는 것은 바로 인격이라는 힘이다. 특별한 능력도 없고 사회적인 지위도 없지만 고결한 인품을 갖추고 있다면 그는 다른 사람들에게 영향력을 미치게 되고 사람들로부터 존경을 받게 된다.

"우리가 가족이나 친척, 직장 동료, 친구 또는 모르는 사람들과의 관계에서 '자기가 대접받고 싶은 대로 먼저 그들을 대접하라'는 황금률을 매일같이 실천하다 보면 마음의 평화와 건전한 정신, 행복, 성공 그리고 부를 얻을 수 있게 된다. 다른 사람들이 여러분을 괴롭히거나 비난하거나 또는 배신하는 것을 원하지 않는다면 여러분이 먼저 황금률에 따라서 행동해야 한다. 이 황금률에서 비롯되는 성실이 바로 신용의 기초가 되며 리더십에서 없어서는 안 될 필수 요소이다."(클리멘트 스톤)

– 켄 셸턴, 신동기 역, 《성공한 사람들의 10가지 공통법칙》에서

제가 말씀드린 베풂의 법칙을 서양에선 오랫동안 '황금률'이라고 불렀습니다. 이는 황금과 같은 위대한 법칙이란 뜻입니다. 존중받고 싶으면 내가 먼저 존중할 것이요, 이해받고 싶으면 내가 먼저 이해하라. 오직 내가 받고 싶은 대로 먼저 상대방에게 주어라! 이 법칙을 성공에 연결시키면 이렇게 됩니다. 크게 성공하고 싶으면 타인에게 큰 혜택과 이로움을 주어라.

지난 60년간 하버드대를 졸업한 사람들을 추적한 결과 학교 성적과 성공은 아무런 상관관계가 없다는 사실이 밝혀졌다. 사회적으로 성공한 사람들의 면면을 살펴보니 남을 배려하는 사람, 친절한 사람, 옳고 그름을 잘 판단하는 사람, 유머가 풍부한 사람 등이었다고 한다. 성공한 사람들은 모두 도덕성이 높은 사람들이었던 것이다.

– 문용린, 《열살 전에 사람됨을 가르쳐라》에서

인용문에서 지적한 사회적으로 성공한 이들의 네 가지 사항은 모두 정서지능과 관련된 것입니다. 정서지능이 높은 사람이 더 성공하고 행복하다는 것은 우리 시대에 이미 상식이 된 이야기입니다. 여러 연구에 따르면 사회적 성공에서 가장 중요한 요소가 '인간관계'에 있다고 합니다. 황금률은 모든 인간관계의 연금술입니다. 좋은 성품으로 타인에게 신뢰와 사랑받는 이들은 모두 이러한 미덕을 지닌 사람들입니다. 기버가 성공할 수밖에 없고 행복할 수밖에 없는 확실한 이유일 것입니다.

현대 의학의 각종 연구 결과에 따르면 선행을 하면 사람의 몸 속에서 사랑의 호르몬인 옥시토신이 분비된다고 합니다. 옥시토신은 심장 기능을 좋게 하고, 두뇌를 활성화시키며 심지어 뼈까지 튼튼하게 한다고 합니다. 실례로 봉사활동을 하는 노인들과 그렇지 않은 노인들을 비교해 보면, 봉사활동을 하는 노인들이 더 장수할 뿐 아니라 질병 발생 수도 훨씬 더 적다고 합니다.

자신이 직접 선행을 해도 좋은 호르몬이 분비가 되지만, 단지 타인의 선행을 보는 것만으로도 그렇게 된다고 합니다. 타인의 선행에 거울처럼 반응하는 이러한 현상을 학자들은 '테레사 효과'라고 부릅니다.* 사람은 본디 사랑의 존재입니다. 사랑으로 더 다가갈수록 우리는 더 건강해지고 더 행복해지고 더 지혜로워집니다. 이는 생의 가장 소중한 섭리일 것입니다.

---

* 다음의 내용은 '테레사 효과'를 좀 더 이해하는 데 다소 도움이 될 것입니다.

"감정(그리고 행동)의 전염이 일어나게 하는 한 가지 생물학적 메커니즘은 우리 뇌 속에 있는 거울 신경 체계mirror neuron system이다. 뇌는 다른 사람에게서 본 행동을 마치 우리가 그것을 직접 하는 것처럼 따라하는 연습을 한다. 스포츠 경기를 관람하는 열렬한 팬을 본 적이 있다면, 이게 무슨 말인지 이해가 갈 것이다. 자기 편 선수가 실수를 할 때마다 몸을 씰룩이고, 자신의 몸동작이 경기장의 선수들에게 그대로 전해지길 바라듯이 열심히 몸을 움직인다. 선수들이 달리거나 점프를 하거나 공을 차는 모습을 볼 때, 우리 뇌에서 활성화되는 부위는 시각 피질이나 시각 관련 뇌 부위뿐만이 아니다. 우리 자신이 직접 달리거나 점프를 하거나 공을 찰 때 활성화되는 뇌 부위들까지도 활성화된다."
(니컬러스 크리스태키스 · 제임스 파울러, 이충호 역, 《행복은 전염된다》에서)

1 천재가 되기 위한 기본 조건

마음이 없는 재주만으로 어떻게 다른 사람들을 진정으로 도울 수 있겠습니까? 마음이 없는 재주는 공허하며, 아무것도 이룰 수 없습니다. 우리는 우리가 하는 일에 마음을 담아야 합니다. 순수하고 텅 빈 마음이 되어야 그 속에서 영감이 솟고, 더불어 그 영감에 따르는 일이 곧 기쁨과 보람을 가져다 줍니다. 그것이야말로 지식과 재주를 가장 유용하게 쓸 수 있는 최상의 길입니다.

– 갈왕 드룹파, 유영일 역,《발밑에 꽃핀 줄도 모르고》에서

우리 사회의 통념 속에선, 더 많이 가지는 것을 성공이라고 생각합니다. 또 더 높은 지위를 얻는 것을 성공이라고 생각합니다. 하지만 이것이 정말 성공일까요? 아니면 그 반대일까요?

예컨대 한 사람이 우리나라의 모든 땅을 다 가지면 어떻게 될까요. 그러면 다른 사람은 살 곳이 없어지겠지요. 많이 가졌으니 이를 성공이라고 해야 할까요, 아니면 아주 심각한 사회악이라고 해야 할까요? 우리는 당연히 그것은 사회악이라고 할 것입니다.

무능하고 사악한 사람이 자기 분수도 모르고 높은 지위에 올라가면 어떻게 될까요? 그럼 그 아래에 있는 모든 사람들이 피해를 입겠지요. 만일 그가 한 나라의 지도자라면 나라 전체가 큰 피해를 입을 것입니다. 지위가 높으니 이를 성공이라고 해야 할까요, 아니면 세상에 큰 해로움을 주는 심각한 사회악이라고 해야 할까요? 정상적인 사람이라면 이런 것을 당연히 사회악이라고 할 것입니다.

비록 단적인 예를 들었을 뿐이지만 이처럼 더 많이 가지는 것, 더 높은 지위를 얻는 것은 결코 우리가 동의할 수 있는 사회적 '성공'일 수 없습니다. 오히려 '더 많이 가지는 것, 더 높은 자리를 얻는 것'을 성공이라고 생각하는 잘못된 사회적 통념 때문에 우리 사회가 심각하게 병들어 있습니다. 세상을 오로지 경쟁의 아수라장으로 몰아넣는 길, 이것은 세상을 망가

뜨리는 매우 위험하고 잘못된 발상에 지나지 않습니다.

100만 원을 버는 노동자가 한국 최고 부자의 재산인 8조 원 정도를 벌려면 자그마치 80만 년이나 걸립니다. 우리는 80만 년의 빈부 격차를 지닌 자본주의 사회 구조 속에서 살고 있는 것입니다. 이것이 과연 정상적이거나 바람직한 현상일까요? 아니면 아주 심각한 부조화일까요?

건강한 아이를 낳든 한 뙈기의 정원을 가꾸든 사회 환경을 개선하든 자기가 태어나기 전보다 세상을 조금이라도 살기 좋은 곳으로 만들어 놓고 떠나는 것, 자신이 한때 이곳에 살았음으로 해서 단 한 사람의 인생이라도 행복해지는 것, 이것이 진정한 성공이다. - 에머슨

우리는 성공에 대한 잘못된 사회적 통념을 올바른 것으로 완전히 교체해야 합니다. 가치기준의 변화가 있어야만, 의식 수준의 변화와 함께 진정한 삶의 변화가 가능해집니다.

진정한 성공이란 더 많이 가지는 것이 아니라 더 많이 나누고 베푸는 것, 자신이 지닌 능력으로 공동체의 선에 더 많이 기여하는 데서 찾아야 합니다. 이것이 우리가 진정으로 추구해야 할 성공의 기준이자, 함께 행복해질 수 있는 삶의 준칙입니다.

나는 나누어 줄 게 없는 사람을 본 적이 없다. 그대가 나누어 주기를 원한다면 그대는 나누어 주기에 충분할 만큼 많이 가진 것이다. 그러나 나누어 주기를 원치 않는다면 아무리 많이 가졌다 해도 그대는 가난뱅이이다. 그대는 아무것도 가지지 못한 것이다. - 오쇼

때문에 가장 성공한 사람이란 가장 많이 가진 사람이 아니라 가장 많이

1 천재가 되기 위한 기본 조건

나눈 사람이며, 가장 높은 자리에 있는 사람이 아니라 그 무엇으로든 세상을 가장 이롭게 한 사람입니다. 우리는 그런 사람을 일러 위인이라고 합니다. 그런 성공은 한 사람의 성공이 모든 사람의 성공이 됩니다. 우리가 위인을 존경하고 기리는 것은 바로 이 때문이 아닌지요. 나의 성공이 곧 모든 이의 성공일 수 있는 것, 이런 성공이야말로 가장 위대하고 참된 성공입니다.

> 우리는 우리가 얻는 것으로 살아가고, 우리가 베푸는 것으로 삶을 완성한다.
> - 처칠

아프리카 속담에 이런 말이 있습니다. "빨리 가고 싶으면 혼자 가라. 그러나 멀리 가고 싶으면 함께 가라." 소인은 자신의 행복과 번영만을 생각하지만, 대인은 타인의 행복과 번영까지 생각합니다. 소인이 소인이 되고, 대인이 대인이 되는 까닭은 오직 이 때문입니다.

천재란 한 시대의 대인이요 위인입니다. 큰 사랑의 정신이 없다면 그에겐 큰 지혜도 위대한 비전도 없을 것이니, 그는 끝내 천재가 될 만한 그릇을 얻지 못할 것입니다. 위대한 인물은 오직 큰 그릇을 지닌 이들에게서만 나온다는 것을, 그 속일 수 없는 법칙을 이제 누구도 의심하지 않겠지요.

꽃은 바람에게 자신의 향기를 나누어 준다. 그것은 자연적인 현상이다. 그것은 장삿속이나 사업이 아니다. 꽃은 가득 향기를 머금고 있다. 이제 그 향기를 갖고 무엇을 할 것인가? 꽃이 향기를 자기 안에 가두고 있다면 꽃은 극심한 고통과 긴장을 느낄 것이다.

다른 존재와 소통이 단절되고 아무것도 나누어 줄 수 없는 것, 이것이 삶에서 가장 큰 고통이다. 세상에서 가장 가난한 사람은 아무것도 나누어 줄 게 없는 사람이다.

또 나누어 줄 것을 가졌다 해도 그것을 나누어 줄 줄 모르는 사람, 그는 세상에서 가장 가난한 사람이다.

– 오쇼, 손민규 역,《자비의 서》에서

세상에 널리 이로움을 더하는 사람만이 위대하고 아름다운 성공을 이룰 수 있다.

1 천재가 되기 위한 기본 조건

천재를 만드는 자녀교육

"교육은 사회학적인 공학입니다."

– 몬테소리

"교사가 지닌 최고의 기술은
학생 개개인에게
창조적 표현과 배움의 즐거움을 깨우쳐 주는 것이다."

– 아인슈타인

"인생의 어떤 것도 두려움의 대상이 아니다.
단지 이해해야 할 대상이다."

– 마리 퀴리

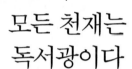

모든 천재는
독서광이다

책 읽기는 단순한 행위가 아니다. 신비로운 마법이다. 둔재가 천재로 변하고
교만한 자가 겸손한 자로 변하고 약한 자가 강한 자로 변하고 무식한 자가 유식
한 자로 변한다. - 김병완

서론에서도 언급했듯 (운동 분야를 제외하고) 동서고금의 거의 모든 천재
들은 독서광이었습니다. 우리 역사의 위대한 군주였던 세종대왕도, 시대
를 앞서갔던 허균과 박지원도, 수백 권의 저서를 남긴 정약용과 최한기도,
우리 시대의 천재 이어령 선생도 모두 독서광이었습니다.

삼국시대의 영웅 제갈공명과 조조도, 정관靜觀의 치로 유명한 당 태종
도, 청나라의 전성기를 이끌었던 강희제도 건륭제도 모두 독서광이었습
니다. 현경병 저자의 《중국을 만든 사람들》에 나오는 모든 인물들의 공통
점 또한 독서광이었습니다. 김명호 교수의 《중국인 이야기》를 보면 쑨원,
장제스 등 중국 현대사에 큰 족적을 남긴 인물들도 대부분 독서광이었음

을 밝히고 있습니다.

학자들이 인류 역사상 최고의 천재로 꼽는 레오나르도 다 빈치도, 노벨상을 두 번이나 탄 마리 퀴리도, 벤저민 프랭클린도, 라이프니츠도, 링컨도, 처칠도, 아인슈타인도, 발명왕 에디슨도, 우리 시대 최고 부자인 빌 게이츠와 워런 버핏도, 일본 최고 부자 사이토 히토리와 손정희도 모두 독서광이었습니다.

"미국 작가 해럴드 에번스의 조사에 따르면 미국 역대 대통령 중 독서광으로는 링컨, 워싱턴, 제퍼슨, 시어도어 루스벨트, 아이젠하워, 케네디 등이 포함돼 있다. 그가 독서광으로 선정한 22명의 대통령 중에 미국인이 뽑은 훌륭한 대통령 상위 10명이 모두 포함되어 있다는 것이다."(최효찬)

동서고금을 막론하고 뛰어난 리더나 명사들 중에 독서광이 아니었던 적은 드물었습니다. 역사의 위대한 인물들은 거의 대부분 독서가 만들었다고 해도 과언이 아닐 것입니다. 사람이 책을 만들지만, 책이 다시 사람을 만들며, 더 나아가 문화와 역사를 만듭니다. 이것이 역사가 우리에게 보여 주는 '책의 진실'입니다.

천재는 따로 없어요. 두 가지 요건이 충족되어야 천재입니다. 첫째, 머리가 좋은 사람이 아니라 무한히 책을 많이 읽은 사람. 둘째, 끝없이 노력하는 열정을 잃지 않는 사람. 저는 타고난 재능보다는 노력을 믿으려 했어요. 그래서 제가 이런 말을 한 적이 있어요. '노력을 이기는 재능은 없고, 노력 없는 재능은 열매를 맺지 못하는 꽃과 같다.' - 조정래

한국 대하소설의 거장 조정래 작가가 어느 인터뷰에서 한 말입니다. 이분의 말씀 속에 이미 천재를 만드는 기본 공식은 나와 있는 듯합니다. 끝없이 독서하고 끝없이 노력하는 열정가가 되어라! 끝없이 노력하는 이들

은 확고한 비전과 목표가 있는 사람들입니다. 그래서 저는 여기에 원대한 꿈을 가지는 것을 기본 전제로 더하고 싶습니다.

영재들의 두드러진 특징 중 하나는 책 읽기를 아주 좋아한다는 것이다. 노벨상 수상자인 호주의 병리학자 피터 도허티 교수는 "내가 노벨상을 수상한 가장 큰 원동력은 독서이다. 어렸을 때부터 아버지와 할머니가 책을 많이 읽어 주셨다. 책은 새로운 아이디어를 얻는 데도 도움을 준다. TV에서도 정보를 얻을 수 있지만, 책만큼 깊이 있는 내용을 전달해 주지는 못한다."라고 말하면서 독서의 중요성을 강조했다.

– EBS 제작팀, 《아이의 정서지능》에서

최효찬 저자의 《세계 명문가의 자녀교육》을 살펴보면 명문가들 교육법의 중심엔 언제나 독서가 있음을 알 수 있습니다. 《명심보감》에 나오는 "독서는 집안을 일으키는 근본讀書起家之本"이라는 말은 동서고금에 고루 적용되는 말일 것입니다. 인류의 역사를 살펴보면 문화가 번성했던 곳은 언제나 책과 독서가 있었습니다. 독서는 단지 집안을 일으키는 근본일 뿐 아니라 나라를 일으키는 근본이기도 한 것입니다.

그래서 저는 자녀교육에 있어 가장 중요한 사항 중 하나를 '책 읽는 사람', '책 읽기의 가치와 즐거움을 아는 사람'으로 만드는 데 두고자 합니다. 특히 자녀를 보통의 평범한 사람이 아니라, 한 시대에 빛나는 천재나 탁월한 인물로 키우고자 하는 분들은 자녀를 '독서광으로 만드는 것'을 제1과제로 여겨야 할 것입니다. 독서광이 안 되고서는 그런 인물이 될 가능성이 극히 적으니까요.

"가까이 하는 것에 물듭니다. 자주 만나는 사람을 닮습니다. 누가 그래요. '제가 공부 잘해서 교수된 게 아니고 교수들 가까이 있다 교수가 되었습니다.' 쇠가 쇠를 날카롭게 하듯 친구가 친구를 빚습니다."(조정민) 사람은 누구나 주위 환경에 영향을 받기 마련이고, 자신이 가까이 하는 사람의 영향을 면하기 어렵습니다. 좋은 책은 좋은 친구나 좋은 스승을 접하는 것과 같아서, 좋은 책을 꾸준히 읽는 것은 정신적 환경을 좋게 만드는 최적의 방편이 됩니다.

아들의 교육을 위해 학교 쪽으로 이사를 간 맹자 어머니의 삼천지교三遷之敎는 널리 알려진 이야기입니다. '왕대밭에서 왕대 나고, 쑥대밭에서 쑥대 난다'는 말이 있지요. 순자는 말하길 "쑥대가 삼대밭 속에서 자라게 되면 부축해 주지 않더라도 곧게 자라고, 흰 모래가 개흙 속에 있으면 모두 검게 된다."고 하였습니다. 옛말에 좋은 스승이나 벗 없이 이룸을 얻는 이는 드물다 했으니, 이는 결코 허언이 아닐 것입니다.

생각을 키우려면 생각이 깊고 큰 사람을 만나야 하고, 높고 바른 기상을 얻으려면 높고 바른 기상을 가진 사람을 접해 보아야 합니다. 마찬가지로 위대한 인물이 되려면 위대한 인물과 자주 만나고 교류해야 합니다. 하지만 현실에서 위대한 인물을 만나기는 결코 쉽지 않은 일입니다. 그래서 톨스토이는 이렇게 말했습니다. "위대한 인물을 만날 수 있는 최고의 방법은 좋은 책을 읽는 것이다." 이 간단한 말 속에 실은 위대한 인물이 되는 방법의 정수가 담겨 있습니다.

대개 천하의 눈으로써 눈 삼으면 밝아서 보지 못함이 없고, 천하의 귀로써 귀를 삼으면 총명하여 듣지 못함이 없으며, 천하의 마음으로써 마음을 삼으면 지혜로워 생각하지 못함이 없습니다. 이는 역대 성왕들께서 천하를 고무하고도 심신이 수고롭지 않을 수 있었던 까닭입니다.(蓋以天下之目爲目, 則明無不見, 以天下之耳爲耳, 則聰無不聞, 以天下之心爲心, 則睿無不思, 此聖帝明王所以鼓舞天下, 而不勞心力者也.)

2 천재를 만드는 자녀교육

이 구절은 율곡 이이가 임금께 올렸던 《성학집요》에 나오는 글입니다. 뭇 신하들의 조언을 잘 받아들여야 좋은 정치를 할 수 있다는 뜻에서 올린 글이지만, 이 글은 정치뿐 아니라 독서에도 그대로 적용되는 말입니다. 독서야말로 천하의 눈과 천하의 귀와 천하의 마음을 얻어 배울 수 있는 최고 최선의 길이기 때문입니다. 천하 만인의 지혜를 얻을 수 있는 길이 바로 책에 있다는 뜻입니다.

제가 사람들에게 하늘 아래 가장 좋은 최고의 대학이 무슨 대학이냐고 물으면 대부분 '하버드 대학'을 말합니다. 하지만 제가 말하는 하늘 아래 최고의 대학은 하버드 대학도 아니요, 예일 대학도 아니요, 옥스퍼드나 캠브리지 대학도 아니요, 바로 글을 읽을 수 있으면 누구나 재학생이 될 수 있는 '독서 대학'입니다. 존스 홉킨스는 이렇게 말했습니다. "최상의 균형 잡힌 교육은 좋은 책들을 모으는 것이다."

독서 대학은 하늘 아래 최대 최고의 대학이며, 수업료가 거의 무료요, 입학과 수강이 자유로우며 또 평생 다닐 수 있는 무졸업 대학입니다. 인류 동서고금의 가장 뛰어난 스승을 마음대로 만날 수 있는 대학이며, 학생 수가 아무리 많아도 모든 교육이 일대일로 이루어지는 대학입니다. 과연 하늘 아래 어떤 대학이 이런 독서 대학과 같은지요?

빌 게이츠는 "지금의 나를 만든 것은 마을 도서관이다."라고 하였습니다. 그리고 대학생들에게 한 연설에서 "하버드 졸업장보다 더 중요한 것은 '독서 습관'이다."라고 했습니다. 이 말은 하버드 출신인 그가 하버드 대학보다 독서 대학이 더 우위에 있음을 직접 말해 준 것이나 다름없습니다. 그러니 자녀를 명문대에 보내려 할 게 아니라, 무엇보다 독서 대학에 보내서 하늘 아래 최고의 교육을 받게 하는 것이 부모의 도리일 것입니다.

명문대 출신이라는 조건은 중요한 문을 여럿 열게 해 주지만, 일단 그 문 안으로 들어서면 수많은 문제들이 성공과 실패를 결정하는 요인이 된다. 우리는 학교 교육에 성공하기만 하면 그것으로 세상을 살아가는 데 별 문제가 없다고 믿지만, 그건 사실이 아니다. 학위를 받는 것은 일생일대의 중요한 사건 가운데 일차적인 일에 지나지 않는다. 마르크스의 예를 보더라도, 그는 철학박사 학위를 받기 위해 그토록 고군분투를 했지만 오히려 정치학 분야에서 큰 족적을 남겼다. 다윈은 신학 학위를 받았지만 생물학과 인류학에서 명성을 얻었다. 프로이트는 의학박사였지만 심리학에서 성공을 거두었다. 로브슨은 변호사 자격이 있었지만 배우로 성공했다. 마리아 몬테소리는 의대를 졸업했지만 교육학계에 중대한 공헌을 했다.

- 진 랜드럼, 김미형 역, 《열정 능력자》에서

성공학의 세계적인 대가인 앤서니 라빈스는 어떤 대학을 나왔을까요? 그는 어떤 대학도 다니지 않았습니다. 그는 고졸 출신의 빌딩 청소부였지만 1,000권이 넘는 변화심리학 책을 읽고서 스스로 세계적인 대가가 되었습니다. 1회 강연료가 1억이 넘는 브라이언 트레이시 또한 고졸 출신이지만 독서를 통해서 자신에게 필요한 모든 지식과 지혜를 얻어 만인의 멘토로 세계에 우뚝 섰습니다. 사이토 히토리는 중졸 출신이지만 엄청난 독서를 통해 삶의 이치에 통달한 일본 최고 갑부로 거듭났고, 일본의 전설적인 기업인 마쓰시타 고노스케 또한 초등학교밖에 나오지 않았지만 끊임없는 독학으로 한 시대의 거장이 되었습니다.

단언컨대 뛰어난 인물은 일생 '자기 교육'을 지속할 수 있는 능력이 만듭니다. 그것이 곧 진정한 배움의 길이며 이는 독서가 아니고서는 불가능합니다. 어떤 천재나 뛰어난 인물을 살펴보아도, 그들이 어떠한 도약을 이룬 것은 학교 졸업 이후의 줄기찬 배움을 통해서입니다. 학교에서 배울 수 있는 것은 평생 독서 대학에서 배울 수 있는 것에 비하면 태산 앞에 흙 한

삽에 지나지 않을 것입니다. 이것이 아이를 천재로 만들고 싶으면 무엇보다 독서광으로 만들어야 하는 이유입니다.

제가 자녀교육에 있어 꼭 당부하고 싶은 지침은 다음의 세 가지입니다.

〈자녀교육 3가지 지침〉

- 독서광으로 만들어라.
- 확고한 꿈과 비전을 가지게 하라.
- 선행을 삶의 기본 자세로 가르쳐라.

저는 감히, 이 세 가지만 잘 지켜져도 자녀교육에 있어 대단한 성과를 얻으리라는 것을 믿어 의심치 않습니다. 천재를 키우는 자녀교육의 핵심 사안이 이 세 가지 안에 다 들어 있기 때문입니다. 게다가 이는 자녀교육에만 적용되는 내용이 아니라, 모든 사람에게 적용되는 삶의 성공 원리이기도 합니다.(이에 대해선 이 책 전체 내용이 상세한 설명이 될 듯합니다.)

> 아이들이 말을 안 듣는다고 걱정하지 말고, 아이들이 항상 당신을 지켜보고 있다는 것을 걱정하라. - 로버트 풀검

우리 시대의 천재 소년으로 알려져 있는 송유근이나 사유리 야노는 모두 부모의 영향으로 어려서부터 책 읽기를 좋아했던 이들입니다. 자녀가 책 읽기를 바란다면 부모가 먼저 그런 삶의 모습을 보여 주어야 합니다. 진정 자식 교육에 깊은 뜻이 있는 부모라면, 자녀를 교육하기 이전에 자신부터 스스로를 교육의 참된 거울로 만들 것입니다. 삶에 있어 모든 변화의 주체는 언제나 자기 자신이니까요.

한 번 받기도 어려운 노벨상을 가족이 함께 받는 경우가 있습니다. 부

자 수상은 아버지와 아들이 한 세대(약 30년)를 건너 수상한 것이 대부분이었는데, 조셉 톰슨(1906년 물리학상)과 아들인 조지 P. 톰슨(1937년 물리학상), 닐스 보어(1922년 물리학상)와 아들인 아게 보어(1975년 물리학상), 만네 시그반(1924년 물리학상)과 아들인 카이 시그반(1981년 물리학상), 폰 오일러 켈핀(1929년 화학상)과 아들인 폰 오일러(1970년 생리의학상)가 부자 수상의 대열을 이었고, 윌리엄 헨리 브래그(아버지)와 윌리엄 로렌스 브래그(아들)는 X선 결정학으로 1915년 물리학상을 공동 수상하였습니다.

그리고 여성 최초의 노벨상 수상자인 마리 퀴리는 방사성 원소인 폴로늄과 라듐을 발견하여 남편 피에르 퀴리와 함께 1903년 물리학상을 수상했고, 8년 후에는 화학상까지 수상하며 노벨상을 두 번이나 수상하는 영예를 얻었습니다. 아울러 그녀도 딸 이렌 퀴리도 남편 졸리오와 함께 1935년 인공방사성 원소를 최초로 발견해 노벨 화학상을 수상했습니다. 33년 동안 2대에 걸쳐 한 집안에서 3개의 노벨상을 받은 전무후무한 기록을 남겼습니다.

이러한 역사의 면면은 우리에게 무엇을 시사할까요? 공부하는 부모 밑에서 공부하는 자식이 나오고, 독서하는 부모 밑에서 독서하는 자녀가 나옵니다. 자녀를 천재나 뛰어난 인재로 만들고 싶으신 분은 부모와 자식이 함께 독서하는 것을 소중한 전통으로 만들어야 할 것입니다. 우리나라 모든 가정에 그러한 아름다운 가풍이 깃들기를 기원합니다.

자녀를 천재로 만들려면 부모가 아이가 함께 독서광이 되는 것이 좋다.

부모가
자녀의 거울이 되어라

가수 이적의 어머니는 여성학자 박혜란 씨로, 젊은 시절엔 일간지 기자로 일했지만 아이들이 공부를 할 시기가 되었을 무렵인 39세에 당시 새로 생긴 학문인 '여성학'을 공부하기 시작했던 만학도였습니다. 그녀의 교육 방법이 세간에 화제가 되기도 했는데요, 그녀는 과외 한 번 시키지 않고 세 아들을 서울대에 입학시킨 경험담을 담아 《믿는 만큼 자라는 아이들》이란 책을 펴내기도 했습니다.(둘째 아들인 가수 이적 외에도 건축학과 교수인 큰아들과, MBC PD인 셋째 아들이 있음.)

이적은 방송에서 어머니에 교육에 대해 이렇게 말했습니다. "어머니가 공부를 하시니 큰 책상을 사셨다. 아버지는 노래 좋아하시고 술 좋아하시고, 잘 안 들어오셨다. 그러니 삼형제들이 어머니 옆에 있고 싶어 했는데, 어머니가 책을 보시니까 같이 보게 됐다. 어머니는 공부하라는 소리를 안 했다."

그가 어머니에게 공부 잘하면 뭘 해 줄거냐고 물으면 "네가 좋은 거지 내가 좋은 거니? 공부는 너를 위한 거지 엄마를 위한 것이 아니란다."라고 말씀하셔서 일찍부터 '내 인생은 내가 책임져야 한다'는 빠른 상황 판단이 가능했다고 말했습니다.

어머니가 공부에 대해 한 가지 강조하신 것은 집에서는 공부 안 해도 좋으니 수업시간에 선생님 눈만 쳐다보고 있으라는 것이었다면서 "의외로 선생님 눈을 쳐다보는 사람이 많지 않다. 제가 아리송해 하면 선생님이 다시 설명하시고, 마치 개인 교습처럼 되더라. 책 글씨로만 공부하면 기억이 잘 안 나는데 시청각의 힘으로 도움이 된다. 지겨운 수업이 대부분이지만, 수업 때 그 장면이 비슷하게 생각나며 기억이 난다."고 공부 비결을 전했습니다.

이 내용을 정리해 보면, 이적 어머니의 자녀교육의 비결은 '모범'과 '자기 주도'와 '기본에 충실함(수업 집중)'에 있음을 알 수 있습니다.

어머니가 공부하라는 소리를 안 했지만, 어머니가 책을 읽고 공부를 하니 아이들이 함께 책을 읽고 공부를 하게 되었습니다. 진정한 공부는 누가 시켜서가 아니라, 자기가 필요해서 자기가 하고 싶어서 하는 공부입니다. 공부는 오직 자기 자신을 위한 것임을 어려서부터 인지시켜 주었으니 그 결과로 자기 주도의 공부를 하게 된 것은 당연한 결과일 것입니다. 무엇보다 이적의 어머니는 스스로 공부하는 모습을 보여 주었고, 또 스스로 공부하는 것의 가치를 일깨워 주었습니다.

이 점이 바로 모든 부모님들이 가장 가슴에 새겨야 할 부분이 아닐까 합니다. 부모가 먼저 스스로 모범을 보이고, 스스로가 공부의 가치를 아는 사람이 되어야 할 것입니다. 부모는 자식의 삶의 기강이요, 언제나 아이가 인생에서 만나는 첫 번째 스승입니다. 자식은 부모의 빛을 따라가는 그림자와 같을 것입니다.

우리나라 부모들은 죄다 아이들 공부 잘하는 게 소원이라고 말하면서도 실제로는 어떻게 하면 그렇게 할 수 있을지를 적극적으로 탐구하거나 공부하지 않는 경우가 많습니다. 정말로 그런 바람이 있다면 그러한 길을 적극적으로 찾아보는 것이 정상이 아닐까요.

제가 공무원 교육원에서 강연을 했을 때, 청중의 어떤 분이 제게 이런 이야기를 전해 주었습니다. 자녀교육에 관심이 많아 '자녀교육'과 '공부 잘하는 법'에 대한 책 100여 권을 읽고서, 그 가르침을 따라 자녀들을 지도했고 배운 공부들을 아이들에게 알려 주었더니 정말 아이의 성적이 급성장했다고! 저는 그분께 기꺼이 박수를 쳐 드렸습니다. 그렇게 '어떤 뜻'을 가지고 열심히 책을 읽는 어머니나 아버지를 보고서 자식이 무엇을 배우게 될까요? 낭연히 그와 같은 모습일 것입니다.

> 글 쓰는 게 직업이 된 것은 모두 어머니 덕분입니다. 어머니는 틈만 나면 《철가면》, 《몬테크리스토 백작》, 《천로역정》 등의 명작을 비롯한 책을 읽으셨어요. 어머니의 등 너머로 독서가 시작되었습니다. 벽장이나 다락, 헛간에서 시간이 가는 줄도 모르고 책을 읽었습니다. 거의 광적으로 남독濫讀하는 수준이었습니다.
> 저는 20대부터 술을 마시지 않고 그 시간에 책을 읽었어요. 50년 세월이니 엄청난 차이가 나겠죠. 대부분 '책 읽을 시간이 없다'고 하는데, 저는 그들에게 'TV를 꺼라'라고 말합니다. 초저녁이든, 잠자기 전이든 TV를 끄고 책을 읽는 시간을 가져 보세요. - 이어령

도서관이나 서점에 가 보면 '자녀교육에 대한 책'도 수없이 많고 '공부 잘하는 법에 대한 책'도 수없이 많습니다. 사람들과 어울려 술 마실 시간에, 정신 놓고 드라마 볼 시간에 그것 대신 그런 책 몇 권이라도 제대로 읽어 보면 어떨까요? 자신은 정작 그런 노력도 조금 하지 않고, 평소에 어떤 공부나 독서도 잘 하지 않으면서 자녀들에겐 무작정 공부 잘하기를 강요

하는 부모들이 너무나 많은 것 같습니다.

저는 그런 분들이 정말 이해가 안 됩니다. 나무의 가지가 굽으면 그 그림자도 굽을 것이니, 그런 모습은 연목구어緣木求魚와 다를 바 없기 때문입니다. 리더십의 핵심은 솔선수범에 있습니다. 훌륭한 리더들은 말이 앞서는 가르침이 아니라, 행동이 앞서는 가르침을 몸소 보여 주는 이들입니다. 부모의 삶의 모습과 행동이 '말의 메시지'와 일치하지 않으면 그 말은 큰 힘을 발휘하기 어려울 것입니다.

토머스 해리스가 쓴 교류심리학의 명저인 《마음의 해부학》에 자녀교육과 관련된 인상적인 내용이 있어 소개할까 합니다.

아이가 어른이 되어서 유일하게 꿈꿀 수 있는 것이 '(자신 같은) 말썽쟁이를 돌보는 것'이 전부라면, 좋은 어른이 되기 위해 노력할 필요가 무엇이 있겠는가? 따라서 부모는 "내가 어떤 부모가 되어야 할까?"라는 질문 대신 "내가 아이에게 어떤 인간의 모습을 보여야 할까?"라는 질문을 던져야 한다.

나는 아이가 행복해지길 원해. 우린 집에 활기가 넘치는가? 나는 아이가 창의적이길 원해. 나는 새로운 것에 관심을 보이는가? 아이가 무언가를 배우길 원해. 나는 지난달, 또는 지난해에 책을 얼마나 읽었지? 아이가 친구가 많기를 원해. 나는 친구가 얼마나 되지? 아이가 이상이 있으면 좋겠어. 나에게도 꿈이 있는가? 그런 이상이 내가 하는 일에도 드러날 만큼 충분히 중요한 것일까? 아이에게 내 신념에 대해 말한 적이 있는가? 아이가 관대해졌으면 좋겠어. 나는 곤경에 처한 이웃에게 인정을 베풀고 있는가?

인간은 가까워지고 싶은 사람이 아니라 자신과 비슷한 사람에게 끌리게 마련이다. 또한 인간은 자신들이 원하는 모습으로 아이를 키우는 것이 아니라, 부모인 자신들과 똑같은 모습으로 아이를 키우게 마련이다. 부모가 '긍정적이고 쾌활한' 모습을 보여 줄 때 아이는 자신이 사로잡힌 부정적인 감정을 떨치고 새로운 길을 밟기 시작할 수 있다.

아이는 어른의 거울이라고 했으니, 부모가 먼저 자식에게 삶의 거울이 되어 주어야 할 것입니다. 술 마시거나 TV 보는 데 자신을 매몰시키는 게 아니라, 부모가 스스로 공부의 가치와 기쁨을 알고 끊임없이 독서하는 이가 된다면, 자식은 당연히 그런 부모를 존경할 것이요, 또 그 모습을 본받아 따르고 배울 것입니다.

이런 뜻에서 자녀교육에 관련된 몇 권의 좋은 책을 추천하고 싶습니다. 이와 관련된 무수히 많은 책들이 있지만 이 몇 권의 책만 읽어도 자녀교육에 대한 기본적인 교훈과 지침을 얻을 수 있으리라 생각합니다.

〈자녀교육 추천도서〉
- EBS 제작팀, 《아이의 정서지능》
- 존 가트맨 · 최성애 · 조벽, 《내 아이를 위한 감정코칭》
- 이정숙, 《좋은 엄마로 생각 리셋》
- 전성수 · 양동일, 《질문하는 공부법, 하브루타》
- 문용린, 《부모들이 반드시 기억해야 할 쓴소리》

'가르침은 배움의 반이다'라고 했으니, 자식을 가르치기 위해 배우다 보면 자신 또한 그 배움을 통해 성장하게 될 것입니다. 교학상장敎學相長! 이는 하나의 법칙과 같으니 반드시 그러할 것입니다.

그리고 지금 당장의 학교 성적이나 시험 점수를 높이고 싶으신 분들께는 공부 잘하는 법에 대한 책을 몇 권 추천해 드리고 싶습니다.

- EBS 제작팀, 《공부의 왕도》

- EBS 제작팀,《기억력의 비밀》
- 권혁도,《꿈을 이루는 공부습관》
- 조승연,《뉴공부기술》
- 무쿠노키 오사미, 민혜홍 역,《아침형 인간의 초고속 공부법》

만약 이 책들을 두 번씩 정독한다면 반드시 성적 향상에 크게 도움이 될 것입니다. 이 외에도 좋은 책이 많으니 스스로 마음에 드는 책을 살펴 보는 것도 좋겠습니다.(공부 잘하는 학생들에겐 절대적인 공통점 세 가지가 있습니다. 첫째 뚜렷한 목표의식 때문에 집중도가 높습니다. 둘째 자기 나름의 공부법이나 노하우가 있습니다. 셋째 시간을 아껴서 공부하기에 공부량이 많습니다. 성적을 올리고 싶은 이는 이 세 가지 사항을 명심해야 할 것입니다.)

예전에 TV 프로 〈아침마당〉에 고3 초반까지 꼴찌를 하다 공부 잘하는 법에 대한 책을 섭렵하고서 1년 만에 성적이 급상승해서 서울대에 입학한 분이 나와 자기 체험담을 이야기하는 것을 본 적이 있습니다. 친구들에게 "쟤는 공부는 안 하고, 맨날 공부법에 대한 책만 읽는다."는 핀잔을 들었던 그는 끝내 그 실효성을 만인에게 보여 주었다 하겠습니다.

이와 함께 공부와 배움의 참된 가치를 알게 해 주는 책들도 꼭 추천하고 싶습니다.

- 고미숙,《공부의 달인, 호모 쿵푸스》
- 켄 베인, 이영아 역,《최고의 공부》
- 조승연,《그물망 공부법》
- 전성수,《최고의 공부법》

우리나라에선 '공부'의 의미가 너무나 심각하게 축소-왜곡되어 있습니다. 다들 공부가 무엇인지도 모르고, 단지 성적과 시험만을 위해(혹은 출세영달을 위해) 무작정 공부를 하고 있는 셈입니다. 그런 점에서 모든 청소년과 대학생, 그리고 모든 학부모와 교사들께 이 책들을 필독서로 권하고 싶습니다. 이 책들을 찬찬히 읽어 본다면 공부에 대한 근본 인식부터가 완전히 달라질 것이며, 많은 개안開眼과 깨우침을 함께 얻을 수 있으리라 믿어 의심치 않습니다. 만일 부모와 자녀가 혹은 학생과 선생님이 이 책들을 읽고 진솔하게 이야기를 나누어 본다면 더 좋겠지요. 서로의 공감대와 이해가 모여 더 많은 생각을 해볼 수 있을 테니까요.

격려와 믿음의 교육

스타벅스로 세계적인 성공을 거둔 하워드 슐츠는 현재 10억 달러(약 1조 원) 이상의 재산을 가진 억만장자이며, 20세기의 가장 위대한 최고경영자 중 한 명으로 선정되었습니다. 저소득층 주택단지에서 살았던 그는 지금 개인 제트기를 지닌 부자로 전 세계를 누비고 있습니다.

슐츠의 어머니는 어린 시절 그에게 항상 이렇게 말했다고 합니다. "너는 우리 집안에서 대학에 진학하는 첫 번째 사람이 될 거다. 너는 전문직에서 일하게 될 거다. 네가 우리 모두를 자랑스럽게 해 줄 거다." 또 어머니는 이런 질문을 자주 했다고 합니다. "오늘 밤에는 어떻게 공부할 거니? 내일은 무엇을 할 거니? 시험 준비는 다 했니?"

그런 독려와 질문 때문에 그는 습관적으로 목표를 세우게 됐다고 말했습니다. "그런 점에서 나는 정말 운이 좋았습니다. 만약 당신이 누군가에게 성공하는 데 필요한 것을 갖고 있다고 말해 주면, 당신 말이 맞다는 걸 그 사람이 입증해 보일 거라고 나는 정말 진심으로 믿습니다."

"칼, 넌 최고야. 아빠는 언제나 네가 할 수 있다고 믿는단다. 이깟 어려움쯤은 얼마든지 이겨낼 수 있을 거야." 사람이 어려움에 처했을 때, 물질적인 도움은 아주 미약한 것에 불과하다. 그것은 그 순간이 지나면 금세 사라지고 만다. 오직 자녀의 마음 깊은 곳까지 헤아려줄 수 있는 정신적인 격려만이 자신감을 회복시킬 수 있는 명약이다. 이것이 진정한 도움의 의미이다.

– 칼 비테, 김락준 역, 《공부의 즐거움》에서

자녀교육에 있어 아주 중요한 점 하나는 아이를 믿어주고 격려하는 것이라고 합니다. 한 심리학자에 의하면 아이가 태어나 다섯 살이 될 때까지 부모에게 최소 4만 번 이상 야단을 맞는다고 합니다. 한 달이면 평균 666번, 하루에 최소 22번 정도 혼나는 셈입니다. 이것은 무의식에 남아 지속적으로 나쁜 영향을 미치게 됩니다. 그렇기에 설사 야단을 치더라도 아이의 자존감을 훼손하지 않도록 더 유의해야 하는 이유이기도 합니다.

"무엇을 할지라도 성공할 가능성이 희박하다." 이 말은 아인슈타인이 초등학교 선생님으로부터 들은 말이라고 합니다. 에디슨도 아마 이와 비슷한 말을 들었겠지요. 하지만 괴테는 우리에게 이런 메시지를 남겨주었습니다.

우리가 사람을 있는 그대로 대할 때, 우리는 있는 그대로의 그보다 그를 안 좋게 만드는 것이다. 그가 될 가능성대로 이미 된 것처럼 대할 때 우리는 그가 되어야 할 모습대로 만들 수 있다.

아인슈타인이나 에디슨의 아이 때의 모습은 다른 사람의 눈엔 자질이 턱없이 부족한 아이였겠지요. 하지만 아인슈타인과 에디슨에겐 그들을 변함없이 믿고 지지해 준 어머니가 있었습니다. 그분들은 괴테가 말했듯

2 천재를 만드는 자녀교육

그들의 더 나은 미래와 가능성을 보고 오직 그것으로 그들의 숨겨진 미래를 현실로 만들어 주는 조력자가 되었습니다. 우리는 누구나 한 사람의 미래를 섣불리 예단하기보다는, 그의 빛나는 미래를 돕는 따뜻한 조력자가 되어야 할 것입니다.

어려운 환경 속에서도 꿋꿋이 제대로 성장해 나가는 힘을 발휘한 아이들이 예외 없이 지니고 있던 공통점이 하나 발견되었다. 그것은 그 아이의 입장을 무조건적으로 이해해 주고 받아 주는 어른이 적어도 그 아이의 인생 중에 한 명은 있었다는 것이다. 그 사람이 엄마였든 아빠였든 혹은 할머니, 할아버지, 삼촌, 이모이든 간에 그 아이를 가까이서 지켜봐 주고 무조건적인 사랑을 베풀어서 아이가 언제든 기댈 언덕이 되어 주었던 사람이 적어도 한 사람은 있었던 것이다.

– 김주환, 《회복탄력성》에서

변함없이 나를 믿어 주고 응원해 주는 사람이 있다면 얼마나 좋을까요. 누구나 그런 사람이 한 사람쯤 자기 곁에 있기를 바랄 것입니다. 누군가 그를 깊이 믿어 준다면, 그 자체로 그에게 줄 수 있는 최고의 선물을 준 것인지도 모릅니다. 누군가의 흔들리지 않는 믿음과 사랑이 한 사람의 영혼에 삶의 언덕이 되어 희망을 낳고 행복을 낳습니다. 모든 교육의 근원지는 깊은 이해와 사랑임을 우리는 잊지 말아야 할 것입니다.

풍성한 대숲을 이루기 위해 대나무의 뿌리는 5년이라는 긴 시간 동안 보이지 않는 땅속에서 힘을 기른다. 마침내 때가 되어 땅 위로 모습을 드러낸 죽순은 긴 기다림의 시간을 보상이라도 받으려는 듯 하늘로 치솟아 올라 그 누구도 범접할 수 없을 만큼 빽빽하고 풍성한 대숲을 이룬다. 묵묵히 때를 기다릴 줄 아는 대나무.

나는 그런 대나무에게서 현명한 부모의 모습을 본다. 5년이 지나서야 제 모습을 드러내는 죽순처럼, 우리 아이 하나하나가 모두 미래를 기다리는 결정체들이다. 다만 우리 어른들이 아이 안의 숨은 보석을 과소평가하고 못 미더워할 뿐이다. 대나무가 하루에 한 자씩 자라기 위해 때를 기다리는 것처럼 지금 내 아이의 모습이 행여 만족스럽지 못하더라도 때를 기다리며 숨을 고를 줄 아는 부모가 되어야 한다.

– 문용린, 《부모들이 반드시 기억해야 할 쓴소리》에서

> 자녀교육의 최선은 부모가 모범적인 삶의 모습으로 가르치는 것이다.

무엇이
진정한 1등인가?

가수 션은 매달 3천만 원 정도를 기부한다고 합니다. 지금까지 기부한 누적 금액이 이미 35억 원 가량이나 된다고 합니다. 기부 천사이자 선행에 천재인 그는 어떤 방송 프로에 나와 이런 말을 했습니다.

"세상에서 나 하나 행복한 게 진짜 행복한 걸까요, 아니면 나 때문에 세상이 함께 행복해지는 게 진짜 행복인 걸까요?"

저는 이 말을 듣는 순간 감탄했습니다. '세상에 저런 생각을 하는 사람이 있구나, 저런 생각을 가지고 사니까 저렇게 살 수 있구나!'

저는 이 말을 만인에게 전할 만한 위대한 말이라고 생각합니다. 그가 얼마나 놀라운 정신의 소유자인지 제대로 알고 싶으신 분은 매달 자신의 수입에서 절반 이상을 망설임 없이 기부해 보시기 바랍니다. 그저 단 한 번이라도 그러기가 쉽지 않을 것입니다. 그러면 그가 얼마나 남다르게 숭고한 영혼을 가진 사람인지 금방 느끼실 수 있을 것입니다.

자기 수입의 10%를 기부하기도 쉽지 않은데, 그는 매달 수입의 70~90% 내외를 기부하고 있습니다. 수도자나 성직자가 아니라, 처자식을 건사하고 있는 세상의 가장이 이렇게 살 수 있다는 것은 거의 기적에 가까운 일입니다. 그런데 그런 사람들 중에는 한 나라의 대통령도 있습니다. 우루과이 대통령 호세 무히카도 자기 수입의 90%를 언제나 꼬박꼬박 기부했습니다. 과연 우리나라에서도 그런 대통령이나 국회의원이 나올 수 있을까요?

저는 '이러한 분들의 행적은 실로 숭고한 것이며, 세상의 빛이 되는 영웅과 같은 일'이라 생각합니다. 경쟁과 이기주의로 점철된 세상에서 이렇게 산다는 것은 정말 드물고도 어려운 일이기 때문입니다.

우리는 삶을 살아감에 있어, 우리가 세상에서 무엇을 보고 있는지, 어디에 가치를 두고 있는지를 잘 확인해야 할 것입니다. 그렇지 않으면 오로지 세상의 통념만 정신없이 따라가는 무지한 삶을 살게 될지도 모르니까요.

많은 사람들은 선과 같은 삶에 조금의 관심도 없겠지만, 저는 오히려 우리 모두가 그런 삶에 대해 탐구해 보아야 한다고 생각합니다. 우리가 그런 삶을, 즉 더 많이 나누고 봉사하는 데서 행복을 찾는 삶을 진정한 성공이라고 여길 수 있을 때, 우리가 사는 세상은 지금과는 확연히 다른 사회, 아름답고 건강한 사회로 변모해 갈 것이기 때문입니다.

우리에게 진정 필요한 것은 공부 잘하는 사람이 아니라 이렇게 마음이 따뜻하고 그릇이 큰 사람입니다. 공부 잘하는 사람, 명문대를 나온 사람은 이미 숱하게 존재하지만, 우리 사회는 갈수록 더 각박해지고 있고 생존경쟁의 쳇바퀴 속에서 세상의 온갖 갈등과 문제는 여전히 해결되지 않고 있습니다.

이런 세상에서 우리는 1등의 가치가 어디에 있는가를 진지하게 고민해

2 천재를 만드는 자녀교육

보아야 합니다. 1등이 오직 자기 일신의 부귀영화에 국한된 것이라면, 누가 1등을 하든 그것은 그 자신에게만 중요한 것일 뿐, 다른 사람들에겐 아무런 가치도 없는 일에 지나지 않습니다. 즉 공동체의 입장에서 보면 누가 1등을 하든 대단할 게 전혀 없다는 뜻입니다.

우리나라 부모님들은 1등을 정말 좋아하는데요, 굳이 어떤 것에서 꼭 1등을 해야 한다면 그 무엇보다 '선행에 1등을 하는 사람'이 되어야 할 것입니다. 그것이 큰 사람이 되는 지름길이자 세상을 아름답게 바꾸는 가장 빠른 길이며 가장 근본적인 토대니까요.

세상에 성적 1등을 바라는 부모는 많아도 선행 1등을 바라는 부모는 극히 드뭅니다. 하지만 자식을 성적 1등이 아니라, 선행에 1등 하는 자녀로 키우는 부모는 이 세상을 바꾸는 위대한 씨앗을 심는 부모일 것입니다. 단언컨대 그런 '깨인 부모'가 많아질 때 우리나라는 급속히 더 살기 좋은 나라로 확실히 변모해 갈 것입니다. 학교에서도 성적 1등이 아니라 선행 1등을 최상의 가치로 여기는 교육이 이루어진다면, 공부는 물론이요 좋은 인성까지 함께 기르는 최고의 교육이 이루어질 것입니다.

사람들은 비합리적이고 비논리적이고 자기중심적일 때가 많습니다.

그렇더라도 그들을 용서하십시오.

당신은 친절한데 사람들은 당신이 이기적인 다른 동기를 가지고 있을지 모른다고 비난할 수 있습니다.

그렇더라도 친절을 베푸십시오.

당신은 거짓 친구들과 진실된 친구들을 이겨서 성공할지 모릅니다.

그렇더라도 성공하십시오.

당신은 정직하고 솔직한데 사람들이 당신을 속일 수 있습니다.

그렇더라도 정직하고 솔직해지십시오.

당신이 몇 년간 쌓아올린 것을 누군가 하룻밤에 무너뜨릴 수 있습니다.

그렇더라도 쌓아올리십시오.

당신이 평온함과 행복을 찾는데 사람들이 시기할 수도 있습니다.

그렇더라도 행복해지십시오.

당신이 오늘 하는 선행을 사람들이 내일 잊어버릴 수 있습니다.

그렇더라도 선행을 베푸십시오.

세상에 당신이 갖고 있는 가장 좋은 것을 주십시오.

당신은 결국 그것이 당신과 그들 사이의 문제가 아니라

당신과 하느님 사이의 문제라는 사실을 알게 될 것입니다.

테레사 수녀가 쓴 이 글을 보고 있으면 마치 그분의 영혼 속을 들여다보고 있는 느낌이 듭니다. 요컨대 테레사 수녀가 받은 노벨평화상을 떠올려 보십시오. 그것은 평생 이루어진 그녀의 숭고한 선행에 바쳐진 상일 것입니다. 테레사 수녀 같은 분이 우리나라에 수백 명이 있다면 어떨까요? 그런 분이 만일 전 세계에 수천 명이 된다면 어떨까요? 그러면 세상이 어떻게 달라질까요? 단지 그런 일이 펼쳐질 상황을 상상만 해봐도 마음이 흐뭇해지거나 밝아지지 않는지요?

나는 당신이 할 수 없는 일을 할 수 있고, 당신은 내가 할 수 없는 일을 할 수 있습니다. 따라서 우리는 함께 큰일을 할 수 있습니다. 위대한 일을 할 수 있는 사람은 많지 않지만, 우리 모두는 큰 사랑으로 작은 일은 할 수 있습니다.

- 테레사 수녀

이 세상에 진정으로 필요한 사람이 어떤 사람인지 우리는 제대로 자각을 못하고 있습니다. 그것은 공부 잘하는 사람이 아니라, 마음이 크고 따

2 천재를 만드는 자녀교육

뜻한 사람입니다. 위대한 일을 할 수 있는 사람은 오직 그런 사람들 속에서 나오며, 그런 사람이라야 지식 또한 자신과 타인을 위해서 올바르게 잘 사용할 수 있을 것이기 때문입니다.

옛날 선비들이 초학들을 가르쳤던 교재인《명심보감》의 첫째 장 〈계선편〉엔 이런 구절이 있습니다. "종신토록 선을 행하여도 선은 오히려 부족하나, 하루라도 악을 행하면 악은 절로 남음이 있다.(終身行善 善猶不足, 一日行惡 惡自有餘.)" 이 말은 사실《명심보감》전체의 종지를 압축하고 있는 말이기도 합니다.《명심보감》은 시종일관 선행을 배움과 삶의 궁극적 가치로 여기고 있기 때문입니다. 옛날 선비들은 이처럼 모든 공부에 있어 '선행善行'을 제일 먼저 가르쳤고, 제일 중요하게 여겼습니다.

《명심보감》엔 또 이런 구절이 있습니다. "타인의 불행을 가엽게 여기고, 타인의 선행을 기뻐하며, 타인의 급한 일을 도와주고, 타인의 어려움을 구제하라.(悶人之凶 樂人之善, 濟人之急 救人之危.)" 이 말 속엔 서로에 대한 구원법과 '너의 아픔이 곧 나의 아픔이요, 너의 선이 곧 나의 기쁨이다.'라는 숭고한 정신이 담겨 있는 듯합니다.

하지만 이런 말을 정말 잘 실천하는 이가 얼마나 될까요? 거의 모든 사람이 이렇게 실천을 한다면 우리는 어떤 사회를 만들게 될까요? 제임스 파울러가《행복은 전염된다》에서 말한 '하나는 모두를 위하고 모두는 하나를 위하는 사회', 선행의 손길이 서로에게 선순환되는 사회가 되지 않을까요? 만일 세상을 바꿀 위대한 천재가 있다면, 우리가 정녕 먼저 바라야 할 천재란 그러한 세상을 만들어 낼 수 있는 사람이 아닐까요?

테레사 수녀가 말한 것처럼 위대한 일은 작은 일을 큰 사랑으로 할 수 있는 사람들이 많아질 때 이루어질 것입니다. '이 세상에 밥 굶는 사람이 있다면, 나 혼자 배부르게 먹는 것은 부끄러운 일이다.' 이런 마음을 가지는 것이 인류의 상식이 될 때, 굶주려 쓰러지거나 굶어 죽는 사람은 지구

상에서 사라질 것입니다. 우리가 만들어 가야 할 세상은 과학의 발전보다
이러한 의식 발전이 먼저여야 할 것입니다.

　자신의 아이가 다른 아이들에게 뒤쳐질까 두려워 학원이나 과외를 보
낸다는 부모님들이 많습니다. 하지만 저는 그런 강박관념을 속 좁고 무지
한 생각이라고 여깁니다. 교육이란 타인과 비교하거나 타인을 이기기 위
한 것이 아니기 때문입니다. 교육이란 오직 자신의 성장을 위한 것일 뿐
입니다. 아울러 그것을 바탕으로 다른 이들과 더불어 살아갈 수 있는 사람
이 되는 데 있습니다. 타인을 이기기 위한 것이 아니라, 자아실현과 함께
공동체의 번영을 위해 서로 조화하고 협력할 수 있는 사람을 만드는 것이
교육의 본질입니다.

　대다수의 부모님이 자기 자녀가 1등 하기를 바라지만, 정작 꼴찌 하는
아이들이 얼마나 많은 스트레스와 상처를 받을지, 또 그들의 부모는 얼마
나 많은 스트레스와 상처에 시달릴지 조금도 생각해 보지 않습니다. 성적
서열 구조에선 1등과 꼴찌는 필연적이기 때문에, 내 아이가 1등 하기를
바라는 것은, 누군가의 아이가 꼴찌 하기를 바라는 것과 별반 다를 바 없
습니다. 그것은 내 아이가 1등을 한다면, 다른 아이가 꼴찌를 하는 건 아
무 상관 없다는 마음이 전제되어 있습니다.

　왜 하필 내 아이가 잘되어야 하나요? 다른 아이가 잘되면 안 되나요?
우리의 모든 아이들이 잘되면 안 되나요? 내 아이가 다른 아이보다 뒤쳐
질까 두렵다는 것은, 다른 아이들이 내 아이보다 잘되는 것을 시기하는 마
음과 다르지 않습니다. 내 아이만 잘되기를 바라는 이기적인 마음 때문에,
극심한 비교경쟁 속에서 갈수록 온갖 부조화는 심해지고 사회는 더더욱
각박하고 삭막해지고 있습니다. 이는 극소수의 승자를 만들기 위해 다대
수의 생명력을 죽이는 일과 같습니다. 결국 사회 전체가 자멸하는 길인 것

2 천재를 만드는 자녀교육

입니다.

진정한 교육이라면 서로를 사랑하고 다 함께 잘살 수 있는 지혜를 기르
도록 이끄는 것이어야지, 타인과의 경쟁에서 이겨 나 혼자 잘사는 길을 추
구하도록 하는 게 아닐 것입니다. 후자는 비교우열의 끝없는 무시, 차별과
승자독식의 행포로 이끄는, 모두의 불행이 불가피한 교육입니다. 그런데
우리의 교육 현실은 오로지 후자만을 지향하고 있습니다.

미국에서 이런 조사를 했다. 세계적인 엘리트들의 집합체인 하버드 대학을
우수한 성적으로 졸업한 90명을 대상으로 이들이 20년 후 어떠한 모습으로 살
고 있는지 추적해 보았다. 조사 결과 하버드 대학을 졸업할 당시 받았던 1, 2등
의 성적표와 사회적인 성공과 전혀 무관하다는 사실이 밝혀졌다. 우리나라라고
예외일 수는 없다. IQ가 높다고 해서 사회에서 성공하고 행복한 삶을 살아가느
냐 하면 그렇지 않다.

그렇다면 무엇이 더 필요하다는 것인가? 요컨대 정서 능력이 가르쳐져야 하
고 길러져야 한다는 것이다. 불행하게도 우리 사회는 이성, 지적인 능력에는 큰
강조를 두어 왔지만, 정서 능력에는 별로 큰 관심을 쏟지 못했다.

– 문용린,《내 아이 크게 멀리 보고 가르쳐라》에서

명문대를 나왔지만 불행하게 사는 이들이 있고, 대학을 안 나왔지만 행
복하게 잘 사는 이들도 있습니다. 인생은 그 누구도 기필할 수가 없습니
다. 학교 성적 1등은 결코 삶의 1등일 수 없으며, 심지어 공부나 배움에서
의 1등도 아닙니다. 그것은 제도권 교육에서 이루어지는 부분적이고 한시
적인 하나의 평가일 뿐입니다. 세상의 천재들 중엔 학교에서 1등 하지 않
은 사람이 1등 한 사람들보다 훨씬 더 많습니다.

내 아들 딸만 내 아들 딸이 아니라,

세상의 모든 아들 딸들이 모두 내 아들 딸들이다.

세상의 모든 아들 딸들이 내 아들 딸들이 될 때,

실제 내 아들 딸들도 보다 평화롭고 행복한 세상에서 살게 된다.

이처럼 내 아버지 어머니만

내 아버지 어머니가 아니라,

세상의 모든 아버지 어머니가 내 아버지 어머니가 될 때,

그때 세상은 한 가족처럼

서로를 믿고 사랑하고 보호할 수 있는 아름다운 세상이 될 것이다.

결국 우리가 보낸 사랑은 더 큰 사랑이 되어

빠짐없이 우리 모두에게로 돌아오는 것이다.

    - 졸고, 〈세상이라는 가족〉

경쟁만 부추기는 교육은 이기적인 속인만 양산할 뿐 큰 인물들을 만들어 내지 못합니다. 왜냐하면 큰 인물은 반드시 마음의 그릇이 큰 사람과 크게 의로운 사람에게서만 나오기 때문입니다. 자기 자식만 잘되기를 바라는 속 좁은 부모보다, 모든 자녀들이 잘되기를 바라는 큰 마음을 가진 부모에게서 더 훌륭한 인재들이 나올 것임은 자명한 일입니다.

카메라와 필름을 제조하는 코닥 회사 창업자인 조지 이스트먼의 어머니는 가난한 파출부였습니다. 일찍 남편을 여읜 그녀는 세 자녀를 키우기 위해 종일 남의 집에서 힘들게 일했지만, 아들에게 항상 이렇게 말했다고 합니다. "나는 너희들을 위해 일한단다. 너희들도 장성하면 남을 위해 일하거라." 그는 자라서 노블레스 오블리주를 적극 실천하며 사회적 공헌에 앞장섰던 대부호가 되었습니다. 어머니의 끊임없는 격려와 일관된 좋은

교육이 가난한 소년을 큰 인물로 만든 것입니다.*

> 우리에게 가장 영향을 미치는 사람은 우리를 가장 믿어 주는 사람이다. 그 반대도 마찬가지다. - 프랭크 티볼트

정녕 자식을 1등 하는 사람으로 키우고 싶다면, 가장 마음이 따뜻하고 지혜로운 사람으로, 자신의 꿈을 실현하며 자신의 최고선을 실현하는 데 1등을 하는 사람으로 키우시기 바랍니다. 이것이 우리 삶의 목적이자, 가장 잘사는 길이며 세상에 조금이라도 보탬이 되는 길이니까요. 무릇 1등이란 일류가 된다는 뜻이니, 세상에 크게 보탬이 되는 인재가 아니라면 그를 어찌 1등이나 천재라 할 수 있겠습니까!

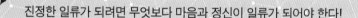

진정한 일류가 되려면 무엇보다 마음과 정신이 일류가 되어야 한다!

---

* 그는 회사가 직원을 행복하게 해주면 직원들이 애사심을 가지게 되고, 결국 생산력이 증대한다며 100년도 더 전에 회사 이익을 사원들에게도 배분했고, 1899년엔 그가 가진 주식의 3분의 1을 종업원들에게 나눠 주어서 종업원 지주제를 도입했으며 연금 및 각종 복지정책 등을 만들었습니다. 그는 평생 다양한 기부 활동을 했는데 그가 평생 기부한 금액이 총 1억 달러 (현재가로 2조 원 정도)나 된다고 합니다. 그에 대해 자세히 알고 싶으신 분은 칼 액커먼이 쓴 그의 평전 《조지 이스트먼》을 읽어 보시기 바랍니다. 시대를 앞서간 위인 수준의 훌륭한 기업가를 만나실 수 있을 것입니다.

행복과 성공의 절대공식

"인간의 정신은
제각기 고유한 자신만의 거처를 가지고 있으며,
그 속에서 지옥을 천국으로 또 천국을 지옥으로 바꿀 수 있다."

– 존 밀턴

"삶은 우리가 집중한 대상들의 합이다.
어떤 대상에 주목하고 주목하지 않았느냐가
현재의 삶을 형성했음을 알 수 있게 될 것이다."

– 위니프레드 갤러거

긍정과 적극성이라는
마스터키

삶에서 구체적으로 무엇을 추구하느냐 하는 것은 흔히 사람들마다 크게 다르다. 하지만 하루하루의 생활에서 행복과 사랑을 더해가는 삶, 그것이 바로 성공이다. - 나폴레온 힐

성공학의 대가 나폴레온 힐이 78세에 쓴 그의 마지막 저서《행동하라! 부자가 되리라》에는 성공하는 데 가장 중요한 요소로 '긍정적인 사고방식'과 '적극적인 자세'를 이야기합니다.

"인생에서 뭔가 가치 있는 것을 얻으려면, 어떤 성공 원리를 사용하든지 간에 반드시 '긍정적인 사고방식과 적극적인 자세'와 함께 해야 한다. 여러 성공 원리들을 서로 결합시켜 가치 있는 목표를 얻을 수 있도록 해주는 촉매 같은 것이기 때문이다."

저는 그 책을 보면서, 일생 동안 '성공 원리'를 연구한 세계적 거장이 내린 '이 결론적 메시지가 분명 핵심과 본질을 꿰뚫고 있구나' 하는 느낌을

강하게 받았습니다. 그래서 이 기준으로 내 삶을 되돌아보고 또 타인의 삶도 함께 살펴보면서 이 원리가 정말 맞는지를 생각해 보았는데, 어떤 경우에 대입을 해보아도 이것이 확고한 진실임을 거듭 느낄 수 있었습니다.

아울러 이와 함께 실패의 원리도 명확하게 인지할 수 있었습니다. '긍정적인 사고방식과 적극적인 자세'의 반대는 '부정적인 사고방식과 소극적인 자세'인데 이 또한 실패의 원리를 명확하게 제시하고 있는 듯했습니다. 어떤 경우든 이 원리에 크게 벗어나는 사례를 보지 못했기 때문입니다.

몇 해 동안 대학생들과 수업을 하다 보니, 수업에서 A⁺나 A를 받는 학생들의 공통점이 명확하게 눈에 보였습니다. 마찬가지로 F나 D를 받는 학생들의 공통점도 명확하게 눈에 보였습니다.

수업에서 A⁺나 A를 받는 학생들은 예외 없이 그 수업에 가장 긍정적이고 또 가장 적극적인 학생들이었습니다. 반면 F나 D를 받는 학생들은 예외 없이 그 수업에 가장 부정적이고 또 가장 소극적인 학생들이었습니다. 찬찬히 살펴보면 어떤 반이든 예외가 없었고 어느 학기든 다를 바가 없었습니다. 지금의 학생들도 그러하고, 제 세대가 학생이었을 때도 그러했고, 제 선배 세대들 또한 그러했을 것입니다. 이는 틀림없는 하나의 법칙이기 때문입니다.

이를 공식으로 정리해 보면 다음과 같습니다.

성공 원리

긍정 + 적극성 + 능동 + 자율

실패 원리

부정 + 소극성 + 수동 + 타율

모든 성공에는 이유와 법칙이 있습니다. 긍정적이고 적극적이기 때문에 능동적일 수 있고, 능동적이기 때문에 자기 주도가 가능해집니다. 반면 부정적이고 소극적이면 수동적일 수밖에 없고, 수동적이면 타율적일 수밖에 없습니다. 이 차이는 너무나 분명한 것이며, 원인에 의한 결과 또한 너무나 분명한 것입니다. 이것은 이렇듯 '하나의 마인드세트'로 늘 함께 동시에 작동합니다.

공부를 정말 잘하는 학생들은 자기 주도로 공부를 하는 이들이어서 스스로가 알아서 능동적으로 잘 움직이지만, 공부를 못하는 학생들은 너무 수동적이고 게을러서 시켜도 잘 하지 않습니다. 이런 차이는 그들이 가진 능력이나 재능의 차이가 아니라 오직 그들의 정신 자세와 태도가 결정하는 것입니다.

> 삶에 대한 우리의 태도가 삶이 우리를 대하는 태도를 결정한다. - 얼 나이팅게일

'태도가 삶의 모든 것을 결정한다'는 말은 제가 학생들에게 종종 강조해서 하는 말인데, 정작 이렇게 구체적인 원리를 인식하고 보니 '정말로 태도가 삶의 모든 것을 결정하는구나!' 하는 더 강한 확신이 들었습니다.

> 힘겨운 일이 닥쳤을 때 사람들은 고난의 의미를 해석한다. 대부분의 해석이 자기 자신에 대한 내러티브narrative(세상과 현상을 해석하는 방식)에 뿌리를 두고 있

다. 이 내러티브가 긍정적인 사람이 있고 부정적인 사람도 있다.

예를 들어 대학교 신입생 A군과 B양은 경영수학 시험에서 D학점을 받았다. A군은 "나는 정말 이 과목에 재능이 없나 봐. 경영학과에 괜히 왔어."라고 생각하면서 수업도 종종 빼먹고 기말고사 준비도 하지 않았다. 경영수학을 포기해 버린 것이다. 반면 B양은 "더 이상 고등학교 때처럼 공부해서는 안 되겠네. 다음 시험을 위해 철저하게 기초부터 점검해야겠어."라고 결심했다. B양은 수업도 꼬박꼬박 출석하고 강의 내용을 꼼꼼히 메모했다. A군은 자기 파괴적 순환 고리에 갇혔고, B양은 자기 향상적 순환 고리에 진입했다고 할 수 있다. A군처럼 부정적 내러티브 징후가 강한 사람은 인간관계에서도 회피적·피동적 해석을 할 가능성이 크다.

– 김용길, 《편집의 힘》에서

우리가 깊이 유념해 보아야 할 것은 이 원리가 공부뿐 아니라 삶의 모든 것에 적용된다는 점입니다. 자기 일에 부정적이고 소극적이고 수동적인 사람이 어떻게 성공할 것이며, 누가 그런 사람과 함께 일하기를 바라겠습니까. 어디를 가든 실패의 그림자가 그를 따라다닐 것은 매우 자명한 일입니다.

심지어 남녀 간의 사랑도 부정적이고 소극적이고 수동적인 사람은 '사랑의 성공'을 이룰 수가 없습니다. 제 지인 중에 좋아하는 이성에게 고백했다가 보기 좋게 퇴자를 맞은 분이 있었습니다. 그 여자 분이 '너무 싫으니까 아는 척도 하지 말라'고 할 정도였습니다. 하지만 남자 분의 일편단심의 구애로 결국 두 사람은 연인으로 발전했고 급기야 결혼까지 하게 되었습니다. 그분이 만약 고작 한 번 고백한 것으로 그쳤다면 자신의 뜻을 조금도 얻지 못했을 것이며, 그의 사랑은 아픈 상처로만 남았을 것입니다. "용감한 자가 미인을 얻는다"는 속설도 이러한 원리를 보여 주는 말일 것입니다. 특정 이성에게 가장 긍정적이고 적극적인 사람에게 가장 많은 기회가 갈 테니까요!

겉으로 드러나는 모든 것은 내면에 있던 생각이 표현된 결과물이다. 훌륭하게 행동하려면 무엇보다 명료하고 진실하게 생각해야 한다. 고결하게 행동하기 바란다면 고결한 생각을 해야 한다. – 윌리엄 엘러리 채닝

우리는 이러한 성공 원리에서 '확실한 행복 원리' 또한 발견할 수 있습니다. 행복한 사람들이란 삶에 부정적인 사고방식과 소극적인 자세를 가진 사람들이 아니라, 삶에 긍정적인 사고방식과 적극적인 자세를 가진 사람들이기 때문입니다. 삶을 부정하는 사람이 어찌 행복해질 수가 있겠습니까? 예컨대 행복한 사람들은 표정과 마음이 밝고 활기로 가득한 사람들인 반면, 우울증에 걸린 사람들은 세상에서 가장 부정적이고 무기력한 사람들입니다. 이 또한 거의 예외가 없는 절대적 공통점입니다. 이는 또한 많은 심리학자들에 의해 이미 명확히 밝혀진 진실이기도 합니다.

긍정성 비율이 일정 수준보다 낮을 때 사람들은 부정성에 떠밀려 하강곡선을 탄다. 경직된 행동은 뻔히 예측이 가능하고, 마음의 부담으로 축 처져 있는 경우가 많다. 그러나 긍정성 비율이 일정 수준을 넘어서면 사람들은 긍정성의 날개를 달고 상승곡선을 탄다. 그들의 행동은 창의적이라 좀처럼 쉽게 예측할 수 없으며 생기가 넘치고 사기가 충만하다.

상승곡선을 탈 것이냐 하강곡선을 탈 것이냐는 당신의 선택에 달려 있다. 아무리 인정하고 싶지 않아도, 인간은 한자리에 머물러 있을 수 없다. 우리는 긍정적 혹은 부정적 궤도에 속해서 움직인다. 즉, 선량함 속에서 성장하며 더욱 창의적이고 높은 회복력을 지니거나, 나쁜 습관이 굳어져 정체되고 경직되거나 둘

중의 하나이다. 우리가 아무리 지금 그대로의 모습을 유지하길 바란다 해도, 혹은 인생의 목표를 액자에 넣어 걸어 둘 수 있는 사진처럼 완벽하게 계획하려 해도, 시간은 한자리에 머물러 주지 않는다. 시간에 따라 어떻게 움직일 것인가는 당신에게 달려 있다. 여기에서 긍정성 비율이 큰 차이를 만들 수 있다. 그것은 당신의 인생 경로가 번영으로 나아갈지 쇠퇴로 나아갈지의 전조가 된다.

— 바버라 프레드릭슨, 최소영 역, 《긍정의 발견》에서

심리학자 바버라 프레드릭슨은 '긍정 심리학'의 핵심 연구결과로 행복한 사람들의 공통점이 '긍정성'에 있다고 이야기합니다. 누구나 삶의 희로애락과 수많은 인생사 앞에서 긍정의 상승곡선과 부정의 하강곡선 사이를 오갑니다. 허나 분명한 사실은 인생이 상승곡선을 타는 경우는 내면에 긍정성이 많을 때라는 것입니다. 긍정성은 자신의 삶을 끌어올리는 하나의 힘이나 밧줄과 같습니다.

그는 긍정성과 부정성을 비율로 따져 정도의 차이를 명시적으로 정확히 짚어 주고 있습니다.

최소한 긍정성 비율이 3 대 1은 넘어야 비로소 발전을 기대할 수 있다. 이 범주에 속하는 사람들은 생기와 창의력, 회복력을 느낄 뿐만 아니라, 개인적 성장과 긍정적 변화를 확실히 감지한다. 이것이 바로 번영이며, 그로써 당신은 전혀 새로운 인생의 경지에 올라설 수 있다. (…) 개인이든 부부든 사업팀들이든, 번영하는 사람들은 모두 3 대 1 이상의 긍정성 비율을 지니고 있었다. 반대로 우울증을 극복하지 못한 사람들이나 결혼 생활에 실패한 부부들, 평판이 좋지 않거나 수익을 내지 못한 사업팀들은 모두 긍정성 비율이 1 대 1에도 미치지 못했다.

그의 결론은 간단하고 명쾌합니다. 행복한 사람, 번영하는 사람은 모두

3 대 1 이상의 긍정성 비율을 지니고 있다는 것입니다. 방 안이 환해지려면 어둠보다 빛이 훨씬 더 많아야 하는 것처럼, 삶이 밝아지려면 내면에 긍정의 빛이 부정의 어둠보다 3 대 1 이상은 되어야 한다는 뜻입니다.

여기서 우리는 인생의 명확한 답 하나를 얻을 수 있습니다. 부정적인 사람은 결코 행복해질 수도 번영할 수도 없다는 사실입니다. 누구든 진정 행복해지려면 또 번영하고 성공하려면 무엇보다 반드시 높은 긍정 에너지를 갖춰야 합니다. 긍정성은 삶의 햇빛과 같으며, 그 햇빛이 없이는 그 누구도 삶을 행복하게 살 수 없으며, 또 번영할 수도 없을 테니까요!

하버드 대학이 설립되던 무렵, 존 밀턴은 《실락원》에서 이렇게 썼다.

"마음은 하나의 세상이다. 마음은 지옥 속에서 천당을 만들어 내기도, 천당 속에서 지옥을 만들어 내기도 한다."

나는 그로부터 300년의 세월이 흘러 이 말이 실현되는 장면을 목격했다. 하버드에 다닌다는 사실을 대단한 특권으로 여기는 학생들이 있는 반면, 오래지 않아 그러한 자부심을 모두 잃어버리고, 무거운 과제와 경쟁 그리고 스트레스 속에 파묻혀 살아가는 학생들도 많았다.

하버드 졸업장이라는 빛나는 선물이 기다리고 있는데도 그들은 자신의 미래를 끊임없이 어둡게만 바라보았다. 자신의 내면에 잠재된 무한한 가능성을 간과한 채 아주 사소한 실패에도 크게 좌절했다. 나는 기숙사 학생감으로 오랫동안 많은 젊은이들을 만나면서 한 가지 중요한 사실을 깨달았다. 그것은 부정적인 감정에 빠진 학생들은 스트레스와 우울증으로 많은 고통을 받으며, 학점 및 연구 과정에서도 좋은 성적을 올리지 못한다는 것이다.

- 숀 아처, 박세연 역, 《행복의 특권》에서

우리는 여기서도 놀라운 사실을 목도하게 됩니다. 아무리 머리 좋은 하버드 대학생일지라도 부정적인 감정에 빠지면 자신의 능력을 제대로 실현할 수 없다는 것을! 그들 또한 자신의 사고방식과 삶의 태도가 그들의 행복과 삶의 성취를 결정짓고 있다는 사실을!

감성코칭의 전문가 최성애 교수는 자신의 저서에서 이렇게 지적한 바 있습니다. "최근 심리학계에서는 전 생애적인 발달과 변화를 장기간 동안 추적하는 종단 연구를 통해 IQ보다 EQ, 즉 지능보다 정서지능이 장기간의 직업적 성공, 건강, 인간관계, 삶의 질, 행복 등에 훨씬 더 중요한 역할을 하는 것으로 밝혀졌습니다."

이러한 지적은 심리학자 숀 아처가 이야기한 위의 내용을 더 깊게 이해할 수 있는 바탕이 되어 주는 듯합니다. 정서지능의 본질은 자신을 컨트롤할 수 있는 능력 곧 '자기조절력'입니다. 정서지능이 높다는 것은 우리가 앞서 본 '긍정성 비율'이 높다는 것과 상통합니다. 긍정성이 높아야만 자신의 마음을 잘 조절할 수 있을 테니까요. 다시 말해, 자신의 감정을 조절할 수 있는 사람, 즉 긍정성으로 내면을 잘 조율할 수 있는 사람이라야 행복과 번영이라는 두 마리 토끼를 잡을 수 있다는 뜻입니다.

최근에 심리학 및 신경과학 분야에서 나온 획기적인 연구 성과들은 성공과 행복이 지금까지 우리가 믿어 온 방식대로 움직이지 않는다는 사실을 분명하게 보여 준다. 오늘날 긍정 심리학자들은 행복감으로 충만한 사람들이 성공을 거둔다고 말한다.

한 실험은 긍정적인 감정 상태를 꾸준히 유지하는 의사들이 그렇지 않은 집단에 비해 합리성과 창조성 항목에서 3배 정도 점수가 높으며, 진단 속도와 정확성 항목에서도 19%나 점수가 높다는 사실을 보여주고 있다. 또 긍정적인 영업사원들이 비관적인 영업사원들보다 56%나 실적이 더 좋다는 연구 결과도 있다. 마찬가지로 긍정적인 학생들이 부정적인 학생들보다 수학 성적이 훨씬 높다.

결론적으로 말하자면 우리의 뇌는 부정적이거나 중립적일 때보다 긍정적일 때 훨씬 더 놀라운 힘을 발휘한다.

그런데도 여전히 많은 사람들이 성공을 위해 행복을 기꺼이 헌납한다. 이러한 태도가 오히려 성공 가능성을 더 위축시키는데도 말이다. 상황이 어려워질수록 살아남기 위해 행복을 포기하고, 이것이 상황을 더욱 악화시키는 악순환이 계속되는 현실이다.

－ 숀 아처, 박세연 역, 《행복의 특권》에서

나폴레온 힐이 천명한 '성공의 원리'가 이제 심리학자들에 의해서도 명백히 진실임이 밝혀졌습니다. '긍정적인 감정 상태'를 잘 유지한다는 것은 상승곡선의 긍정성 비율인 '3 대 1 이상'을 잘 유지한다는 뜻이요, 자기조절력인 정서지능이 뛰어나다는 것을 의미합니다. 요는 그런 사람이 일도 잘하고 공부도 잘하고 더 성공한다는 것입니다. 이 속에는 분명 그럴 수밖에 없는 이치가 있으니, 이는 지극히 자연스러운 결과일 것입니다.

태도는 마음의 지도와 같은 것이다. 부정적 태도는 불행의 길로 인도하며, 이를 피할 수가 없다. － 닐 도널드 월시

긍정이 없는 곳에는 행복이 없고 성공 또한 없습니다. 행복과 성공은 긍정이라는 나무에서 자라는 꽃과 열매와 같습니다. 우리가 성공하려는 까닭은 행복해지기 위해서입니다. 때문에 모든 성공의 정점은 '행복'입니다. 그런 점에서 '행복하다면 곧 성공한 것이고, 불행하다면 곧 실패한 것'입니다. 긍정은 시작부터 성공이요 행복에 가까운 반면, 부정은 시작부터 실패요 불행에 가깝다는 뜻입니다.

숀 아처는 《행복의 특권》에서 이런 지적도 하고 있습니다. "다른 사람

들과 마찬가지로 하버드생들 역시 인생 최고의 기회인 학창시절에 많은 실수를 범한다. 미적분학과 화학을 배우고, 수준 높은 문학작품을 읽고, 역사와 외국어를 공부하지만, 안타깝게도 그것보다 더 중요한 자신의 가능성을 발견하고 이를 실현하면서 행복과 성공을 이루는 방법에 대해서는 전혀 연구하지 않는다."

그가 지적한 대로, 우리가 가장 먼저 배워야 할 것, 가장 중요하게 여겨야 할 것은 각종 지식이 아니라, 스스로를 행복하게 만들 수 있는 참된 지혜일 것입니다.

행복이란 스스로 경험하기 전에는 나눌 수 없는 향기 같은 것이다. - 에머슨

긍정적인 사람만이 행복할 수 있고, 긍정적이고 행복한 사람만이 성공할 수 있다.

3 행복과 성공의 절대공식

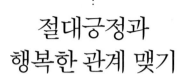

절대긍정과
행복한 관계 맺기

자기긍정과 타인긍정

우리 세대의 가장 위대한 발견은 태도를 바꾸면 인생도 바꿀 수 있다는 것을
알게 된 점이다. - 윌리엄 제임스

이제 우리는 긍정의 본질이 무엇인지에 대해서 그리고 어떻게 하면 긍
정할 수 있는지에 대해서 고찰해 보아야 할 것입니다.

심리학자 토머스 해리스의 저서 《마음의 해부학》의 교류분석 이론에
따르면 개인은 누구나 '네 가지 삶의 태도 중 하나'에 머무르면서 자신과
타인의 관계를 결정한다고 합니다. 그 네 가지는 다음과 같습니다.

1. 자기부정 – 타인부정
2. 자기부정 – 타인긍정

3. 자기긍정－타인부정

4. 자기긍정－타인긍정

이 중에서 가장 좋은 관계 설정 방식은 무엇일까요? 어떤 방식이 가장 좋은 관계를 만들어 내며 자신의 행복 또한 증진시킬까요? 다들 예상하시겠지만 네 번째 유형인 '자기긍정－타인긍정'의 방식입니다. 저자는 이것이 진정으로 건강한 관계 설정 방식이라고 합니다. 나머지 세 유형은 모두 다소의 문제점을 가지고 있는 방식이며, 이 유형들은 내면의 상처와 방어기제의 테두리 안에서 움직이는 방식들입니다.

누구도 자신을 부정하거나 무시하는 이를 좋아하지는 않을 것입니다. 타인부정은 관계를 해치는 독과 같습니다. 마찬가지로 자신이 스스로를 부정한다면 자신을 온전히 받아들이거나 사랑할 수 없을 것입니다. 자기부정은 곧 자신과의 관계를 망치는 독과 같습니다. 자기긍정이 없는 이는 내면에 빛이 없는 상태와 다를 바 없습니다. 불씨가 없는 사람은 타인에게 불씨를 전할 수 없는 것처럼, 자신을 온전히 사랑하지 못하는 사람은 타인 또한 온전히 사랑할 수 없습니다. ── 모든 일에는 순서가 있으니, 이해와 수용과 사랑은 자신이 자기 스스로에게 제일 먼저 주어야 할 것입니다. 내 안에 사랑이 가득 차고 넘쳐야 다른 사람에게도 그 넉넉한 사랑을 전할 수 있을 테니까요.

나는 인간이다. 당신도 인간이다. 당신이 없으면 나는 인간이 아니다. 당신이 있어야 언어 전달이 가능하고 언어 전달이 있어야 생각의 전달이 가능하고 생각의 전달이 있어야 나라는 사람이 존재할 수 있다. 당신이 있기에 나는 중요한 사람이다. 따라서 나도 중요하고 당신도 중요하다. 내가 당신의 가치를 인정하지 않는다면 나 자신의 가치도 인정하지 않는 것이다. 이것이 바로 자기긍정－

　　　　　　　　　　　　　　　　　　　3 행복과 성공의 절대공식

타인긍정의 태도를 취해야 하는 합리적 근거이다. 이러한 태도를 취할 때 우리는 비로소 하나의 물건이 아니라 인간으로 존재할 수 있다.

– 토머스 해리스, 조성숙 역, 《마음의 해부학》에서

무릇 삶이란 자신과 관계 맺기이자, 타인과 관계 맺기이며, 세상과 관계 맺기입니다. 만일 부부가 서로 부정한다면 어떻게 될까요? 회사의 노사나 직장 동료가 서로 부정한다면 어떻게 될까요? 또한 내가 늘 나 자신을 부정한다면 어떻게 될까요?(자살하는 이들은 죄다 자신과 자신의 삶을 심하게 부정하는 이들입니다.) 부정에는 이해와 사랑이 없습니다. 하여 오직 긍정의 관계만이 건상하고 행복할 수 있습니다. 관계 설정 방식에서 명확히 드러나듯, 무엇을 긍정한다는 것은 그것에 대한 인정과 사랑을 전제한 것입니다.

긍정이라는 심리적 기제는 수용과 사랑에서 배태되는 마음의 밝은 에너지입니다. 때문에 부정이 많을수록 마음이 어두워지고, 긍정이 많을수록 마음이 밝아집니다. 긍정 에너지는 이처럼 이해와 수용과 사랑으로 내면을 밝히는 빛과 같습니다. 부정적인 사람은 이 빛이 부족하기 때문에 밝은 마음 상태를 유지하지 못하는 것이며, 이는 부정적인 사람들 중에는 행복한 사람이 없는 이유이기도 합니다.

세상 그 어느 곳이든 행복한 사람들에겐 분명 명확한 공통점이 있습니다. 그들은 다름 아니라 긍정성을 깊이 체득한 사람들입니다. 긍정의 울타리 안에서 삶을 잘 가꿀 줄 아는 사람들입니다. 그들은 행복을 위한 '네 가지 긍정'을 잘 실천하는 이들입니다.

불행한 사람들은 죄다 이 네 가지를 반대로 하는 이들입니다. 그들은 자신을 부정하고, 타인을 부정하고, 세상을 부정하고, 삶을 부정합니다. 불행한 사람들은 마음이 온통 부정으로 가득한 사람에 지나지 않습니다. 그들에겐 삶의 빛과 에너지가 없고, 의미와 믿음이 없고, 비전과 도전이

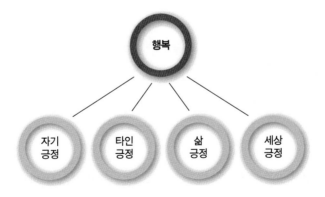

없고, 성찰과 탐구가 없고, 미소와 웃음이 없으며, 여유와 낭만이 없고, 따뜻한 관계와 사랑 또한 없습니다. 그러니 불행이 그림자처럼 그들을 따라다니는 것은 당연지사이겠지요.

반면 진정 행복한 사람들은 자신을 긍정하고 타인을 긍정할 줄 아는 사람입니다. 아울러 삶을 긍정하고 세상을 긍정할 줄 아는 사람입니다. 오직 나와 타인, 삶과 세상을 긍정할 줄 아는 사람만이 진정으로 행복을 누릴 수 있습니다. 긍정이 없이는 우리는 그 무엇도 온전히 이해하거나 인정할 수도, 온전히 사랑할 수도 없기 때문입니다. 긍정은 우리 삶에 이해와 수용과 사랑을 여는 문과 같습니다.

사람은 다른 사람을 사랑하지 않고서는 자신을 사랑할 수 없다. 또는 자신을 사랑하지 않고서는 다른 사람을 사랑할 수도 없다. 우리가 자신과 타인들에게 자비로운 마음을 지닐 때, 비로소 따뜻하고 자비로운 세상이 되는 것이다.

- 게리 주커브

3 행복과 성공의 절대공식

절대긍정의 지혜

그렇다면 어떻게 하는 것이 자신을 긍정하는 최선의 길일까요? 어떻게 하는 것이 타인을 긍정하고 삶을 긍정하고 세상을 긍정하는 최선의 길일까요?

가까운 사람들에게 요구하면서 스스로에게는 주지 않는 것, 바로 '사랑'이다. 세상은 당신이 내면에서 스스로를 대하는 그대로 당신을 대한다. ― 로베르트 베츠

자기를 긍정하는 최선의 길은 자신을 있는 그대로 받아들이고 사랑하는 것입니다. 타인을 긍정하는 최선의 길은 타인을 있는 그대로 받아들이고 사랑하는 것입니다. 마찬가지로 삶을 긍정하는 최선의 길은 삶을 있는 그대로 받아들이고 사랑하는 것이요, 세상을 긍정하는 최선의 길은 세상을 있는 그대로 받아들이고 사랑하는 것입니다.(요컨대 "죄는 미워해도 사람은 미워하지 말라."는 말도 이와 같은 맥락일 것입니다.)

이런 긍정을 일러 '절대긍정'이라고 합니다. 우리가 도달할 수 있는 궁극의 행복은 바로 이러한 절대긍정에서 나옵니다. 절대긍정은 오직 조건 없는 수용과 사랑에서 이루어집니다. 이는 그 누구도 부정할 수 없는 삶의 섭리이자 위대한 진리일 것입니다.

허나 이는 말처럼 쉬운 일이 아닙니다. 사실 아주아주 어려운 일이지요. 이러한 경지는 범인의 상태를 뛰어넘는 초범입성超凡入聖의 수준이니까요. 그래서 우리는 그 정점에 도달하기까지 끊임없이 연습하고 노력해야 합니다. 삶의 모든 영역에서 작은 것부터 하나하나 긍정하고 수용하고 사랑하는 법을 익혀야 합니다. 그것이 우리가 가야 할 유일한 행복의 길이니까요!

삶을 사는 데는 두 가지 방법이 있다. 한 가지는 그럼에도 불구하고 기적은 없다는 것이다. 다른 한 가지는 그럼에도 불구하고 모든 것이 기적이라는 것이다.

– 아인슈타인

'인생을 잘 살아가는 법'을 이야기하기 전에, 그보다 작은 단위의 삶을 먼저 살펴볼까 합니다. 예컨대 '군 생활'을 잘하는 사람과 못하는 사람은 어떤 차이점이 있을까요? 군 생활을 잘하는 이들은 군 생활 자체를 있는 그대로 받아들이고 긍정할 줄 아는 사람이며, 그 속에서 가치와 즐거움을 찾을 줄 아는 사람입니다. 이른바 '피할 수 없으면 즐겨라!'라는 말을 제대로 구현한 이들이지요. 반면 군 생활을 못하는 이들은 이와 정반대로 군 생활 자체를 내내 부정하며 매사 불만과 짜증으로 보내는 이들입니다. 누가 그 시간을 더 의미 있게, 더 행복하게 보낼지는 자명한 일입니다.

'그 일을 진짜 하기 싫지만, 만약 그 일을 한다면 나는 ~을 할 수 있게 될 것이다.' 그리고 '그걸 하고 나면 또 ~을 할 수 있게 될 것이다.' 그다음에는 '그걸 하면 또 ~을 할 수 있게 될 것이다.' 이런 식으로 서너 단계 정도 생각해 봅니다.

– 최성애, 《나와 우리 아이를 살리는 회복탄력성》에서

어떤 일이든 긍정은 또 다른 긍정을 낳지만, 부정은 또 다른 부정을 낳습니다. 공부든 일이든(혹은 사람이나 대상이든) 긍정할 수 있을 때 좋아할 수 있고, 좋아하고 즐길 수 있을 때 좋은 에너지의 선순환이 이루어집니다.

아마도 '인생을 잘 살아가는 법'도 이와 마찬가지일 것입니다. 인생을 잘 사는 이들은 삶 자체를 깊이 긍정할 줄 아는 사람이며, 인생을 있는 그대로 즐길 줄 아는 이들입니다. 반면 인생을 잘 못 사는 이들은 깊은 부정 속에서 시종일관 그 반대로 움직일 것입니다.

3 행복과 성공의 절대공식

"살아가야 하는 이유를 아는 사람은 어떠한 상황이라도 견뎌낼 수 있다."(니체) 누구든 자신과 삶을 긍정하지 못하면 삶의 의미를 잃게 됩니다. 인생을 포기하는 사람, 자살을 선택하는 사람은 인생에서 더 이상 어떤 의미를 찾지 못하기 때문입니다. 고통 속에서도 어떤 '삶의 의미'를 지닌 사람은 삶을 쉽게 포기하지 않습니다. 의미 없음 즉 '삶의 의미 상실'은 사람을 허무주의와 염세주의에 빠지게 만듭니다. 우울하고 무기력한 사람, 생을 포기하는 사람들은 죄다 이런 긍정 부재의 늪에 빠진 사람들 속에서 나옵니다. 긍정이 생의 길이라면, 부정은 불행과 죽음의 길인 셈입니다. 어떤 순간이든 긍정하는 법을 잊을 때 생의 불은 꺼져 버립니다.

> 밝은 생각이 빠르고 가벼운 물건이라면, 어두운 생각은 느리고 무거운 물건이다. 자연히 머릿속에 무겁고 느린 물건을 넣고 다니면 짜증도 잘 나고 머리도 빨리 돌아가지 않는다. - 김상운

행복하고 성공적인 삶을 살기 위해서는 우리는 어떡하든 '긍정하는 법'을 배워야 하고 또 익혀야 합니다. 심리학자 마틴 셀리그먼은 "낙천주의자들이 염세적인 사람들보다 높은 성취를 보인다. 낙천적인 야구팀과 농구팀들은 경기에 패배하더라도 염세적인 팀에 비해 다음 경기를 훨씬 더 잘해낸다."라고 했습니다. 이런 것을 두고 학자들은 '회복탄력성'이라고 하지요.

이 세상에, 삶에 문제가 없는 사람은 아무도 없습니다. 진짜 문제는 그 문제를 어떻게 극복하고 해결하느냐에 달려 있습니다.

> 만일 지금 당신이 처한 상황을 쉽게 바꿀 수 없다면 당신이 하는 일 속에 담긴 의미와 즐거움을 찾는 시도를 해보자. 예를 들어 A초등학교에 두 명의 수위

가 교대로 근무를 서고 있다고 치자. 한 사람은 해도 해도 끝이 없는 쓰레기 청소에 진절머리를 내는 반면, 다른 한 사람은 학생들을 위해 깨끗하고 안전한 학교를 만드는 일에 자신이 크게 기여한다는 자부심을 가지고 있다. 두 사람 중에서 누가 더 일을 잘할 것인지, 그리고 더 많은 만족감을 얻을 것인지 굳이 말하지 않아도 알 수 있을 것이다.

– 손 아처, 박세연 역,《행복의 특권》에서

김상운 저자의《왓칭》이라는 책을 보면 '똑같은 청소'를 해도 그것을 일이 아니라 운동이라고 여기면, 실제로 운동효과가 발생한다고 합니다. 양자역학에서 말하듯 에너지는 우리가 바라보는 대로, 우리의 마음이 가는 대로 반응합니다. 때문에 관점의 변화는 에너지의 변화이자 삶의 변화를 촉진시키는 촉매와 같을 것입니다.

생각해 보면, 큰 고통이나 상처는, 그것을 외면하지 않고 대면할 작은 용기만 있다면, 새로운 삶의 기회가 됩니다. 고통과 대결하면서 사람들의 삶은 크고 강해지지요. 삶의 크기란 넘어서야 할 고통의 크기에 비례하기 때문이지요. 반면 고통을 피하기 위한 일상의 근면함이 고통과 대면하지 않기 위한 꿈의 일부가 된다면, 삶은 작아져 가기 십상입니다. – 이진경

긍정은 그저 존재하는 것이 아니라 우리가 찾아내는 것이요 또 부여하는 것입니다. '컵에 물이 반밖에 없다와 물이 반이나 남았다의 차이'처럼 혹은 '이것으로 뭘 할 수 있겠느냐와 이것으로 무엇을 어떻게 해야 좋을까의 차이'처럼, 똑같은 상황인데도 긍정의 눈으로 보느냐 부정의 눈으로 보느냐에 따라 상황은 전혀 다른 측면과 느낌으로 다가옵니다. 실패와 없는 것에 집중하는 이는 계속 정체될 것이고, 가능성과 있는 것에 집중하는

3 행복과 성공의 절대공식

이는 계속 발전해 갈 것입니다.

당신이 내면에서 '좋다'고 인식한 일들에는 숨겨진 '좋지 않은' 면이 포함되어 있으며, '좋지 않다'고 인식한 일들에도 숨겨진 '좋은' 면이 포함되어 있을 것입니다.

평정 상태를 유지하는 것은 당신에게 기회를 끌어당기는 능력과 치유력을 가져다줍니다. 당신의 마음을 혼란스럽게 하는 것들로부터 당신을 지켜 주며, 우리가 균형 잡힌 중심에 있을 수 있도록 해줍니다.

    – 존 디마티니, 안양동 역, 《내 인생을 바꾸는 60가지 시크릿》에서

긍정하는 법의 핵심은 존 디마티니가 탁월한 통찰로 말해 주었듯 우리가 '좋지 않다'고 인식한 일들 속에서 '좋은' 면을 찾아내는 것입니다. 좋은 면이란 그 일의 의미와 교훈을 아는 것입니다. 그 의미를 알아낸다면 삶에서 의미가 없는 일은 단 하나도 없을 것입니다.

우리 자신이 미처 모를 뿐, 인생에 아무리 고통스러운 일이 일어날지라도, 그것에는 반드시 필연적인 이유가 있으며 우리가 미처 자각하지 못한 영적 의미와 삶의 메시지가 담겨 있습니다. 이는 그것을 통해 우리가 정신적으로 혹은 영적으로 더 성장하기 위한 것입니다.

만일 어떤 사람이 있는 그대로 현실을 바라보고 말할 수 있는 용기가 있다면, 나쁜 일은 일어나지 않을 것이다. 왜냐하면 현실 그 자체는 절대 나쁘지 않기 때문이다. 오직 현실을 바라보기를 두려워하는 마음만이 나쁜 것일 수 있다. 왜냐하면 두려워하는 순간, 우리 무의식 층에서 무언가가 억압되고 그것이 우리에게 악영향을 끼치기 때문이다.

    – 버트 헬링거, 《교환》에서

똑같은 일도 나의 관점에 따라 다른 느낌으로 접속됩니다. 모든 일은 내 마음에 비춰진 하나의 영상과 같습니다. 이해의 방식과 마음의 습관이 삶의 흐름을 결정합니다. 지인의 카톡에 이런 구절이 있더군요. "자, 시작해보는 거야. 두 가지만 생각해. 성공 아니면 경험이라고, 실패란 건 없어!"

이런 맥락에서 우리는 라이너 마리아 릴케가 《젊은 시인에게 보내는 편지》에서 말한 '슬픔'의 가치를 이해할 수 있을 것입니다. "우리의 시선이 지식의 한계 너머에까지 닿았더라면, 우리가 지각하는 부분보다 더 멀리까지 닿을 수 있었더라면, 아마도 우리는 기쁨보다는 슬픔을 더 믿음직한 것으로 받아들였을 것이다. …… 부디 이 크나큰 슬픔들이 그대 자신의 깊은 곳을 관통하지 않았는지, 그대 안에서 많은 것들을 변화시키지 않았는지, 그대 존재의 무언가가 심히 변모되지는 않았는지 스스로에게 물어보라."

그의 이런 말 속에는 슬픔에 대한 깊은 긍정이 깃들어 있습니다. 골이 깊어야 산세가 수려하다고 하지요. 슬픔의 골이 없이 인생이 어찌 숙성될 수 있겠습니까. 이처럼 정신적 성장은 슬픔의 거부가 아니라 슬픔의 수용에서 이루어질 터입니다.

내면 치유의 대가인 루이스 헤이는 이렇게 말합니다. "삶에는 매 순간마다 반드시 배워야 할 것, 알아야 할 과제들이 있습니다. …… 내가 지금 알아야 할 것이 무엇인지?" 삶의 모든 굽이에서 우리는 긍정의 렌즈로 우리가 깨우쳐야 할 것을 찾아내고 배워 가야 합니다. "우리 모두가 제자인 동시에 스승이라는 것을 알기에, 내게 삶이란 배우는 즐거움이 가득한 학교입니다. 우리는 저마다 무언가를 배우고, 또 가르치려고 이 세상에 왔습니다." 그녀가 말했듯 우리는 서로를 통해서 배워가는 존재들이니까요!

지난 삶을 되돌아보라. 그러면 어떤 대상에 주목하고 주목하지 않았느냐가

3 행복과 성공의 절대공식

현재의 삶을 형성했음을 알 수 있게 될 것이다. 우리 주변에는 수많은 대상, 소리, 생각, 감정 들이 있고, 우리는 그중 몇 가지를 선별적으로 택한다. 그것이 우리가 '현실'이라고 자신 있게 말하는 것의 정체이다. 만약 그중 한 가지라도 다른 것을 선택했다면 현실과 삶은 매우 달라졌을 것이다.

주목은 경험을 만들어 내고, 결정적으로 '자아'를 기억에 저장시킨다. 그러나 과거가 어떠하든, 현재 어떤 대상에 집중하느냐에 따라 '나'라는 사람과 '인생'을 바꿀 수 있다. 지그문트 프로이트 이래 심리학자들은 과거를 통해 개인의 삶을 설명하고 발전시켜 왔다. 그러나 과거가 아니라 현재와 미래라는 측면에서 삶을 설명하고자 한다면 우리는 마음 깊은 곳에 숨어 기다리고 있는 '직관'이라는 요소를 마주하게 될 것이다.

올바른 대상에 집중한다면 삶에서 불필요한 것들에 반응하지 않고 온전히 나 자신이 만들어 낸 삶을 살아갈 수 있다. 일련의 사건들이 모여서 이루어진 그저 그런 삶이 아니라 하나의 창조물로서의 삶을 말이다.

– 위니프레드 갤러거, 이한이 역, 《몰입, 생각의 재발견》에서

삶을 긍정하는 또 하나의 방법은 '주목'을 통한 생각 전환의 기술입니다. 우리는 각자 인생에서 무엇에 주목하면서 살아왔던가요? 우리가 자각하고 있든 아니든, 삶이란 우리가 가진 '선택 집중'의 연속이었습니다.

위니프레드는 '삶이란 우리가 집중한 대상들의 합'이라고 이야기합니다. "내가 보는 것이 나를 만들며 내가 집중한 것들의 총합이 나의 인생이다." 이 탁월한 통찰은 윌리엄 제임스가 "경험은 내가 주목하기로 결정한 것에 달려 있다."라고 말했던 것처럼, 선택 주목에 따라 우리의 인생 경험이 달라짐을 정확히 직시하고 있습니다. 심리학자 프레드 브라이언트는 "다른 사람들보다 탁월하게 경험을 즐길 수 있는 사람이 있다. 인생의 풍미란 인간의 정신이 지닌 엄청난 창조성을 보여 준다."고 했습니다. 같은

상황에서도, 언제나 더 좋은 것을 경험하고자 한다면 반드시 '주의 집중'에 절제가 필요합니다.

> 의식은 내가 원하는 방향으로 향할 수 있습니다. 세상의 부족함과 한계를 볼수도 있고, 우리의 무한한 일체성과 조화, 완전성을 볼 수도 있습니다. 하나의무한한 의식이 부정적인 관점으로도, 긍정적인 관점으로도 자리 잡을 수 있는것입니다. 나는 생명 전체와 하나이며, 마음만 먹는다면 세상의 사랑과 조화를,아름다움과 힘과 기쁨을, 그리고도 수많은 아름다운 것들을 마음껏 경험할 수있습니다. 나는 계속해서 배우고 성장하며, 의식을 변화시켜 나의 경험을 변화시킵니다.
>
> – 루이스 L. 헤이, 강나은 · 비하인드 역, 《나를 치유하는 생각》에서

우리가 사는 세상이란 언제나 양면적입니다. 세상엔 좋은 것 아름다운것도 수없이 많지만 또한 거짓과 위선, 온갖 부조리와 병폐 또한 가득합니다. 세상이란 언제나 선과 악이, 질서와 무질서가, 아름다움과 추함이 공존하는 곳입니다. 하지만 똑같은 세상 속에 살면서도 우리는 저마다 다른것을 보고 다른 것을 선택하고 또 경험합니다.

우리의 경험은 항상 선택적이고 항상 국소적입니다. 때문에 우리는 우리가 가장 중요하게 여기는 것으로, 우리 스스로가 감각하고자 하는 방향으로 내 지각을 이끌어야 합니다. 단호한 '주의 집중'으로 모든 주목을 조절해야 합니다. 선택 주목은 생각을 전환시키는 핵심 사안이며, 내가 어디에 주목하느냐에 따라 세상과의 접속 부분과 내 삶의 경험이 달라질 테니까요.

에밀리 디킨슨은 "정신이 환경을 선택한다."고 했고, 윌리엄 제임스는"스트레스에 대항할 최상의 무기는 다른 대상을 생각하기로 선택할 수 있

는 인간의 능력이다."고 했습니다. 우리는 이것 대신 저것을 선택할 수 있고, 이쪽 대신 저쪽에 집중할 수 있습니다. 잘 찾아보지 않아서 그렇지, 우리에게 선택지는 언제나 열려 있습니다. 실은 자신이 진정 주목해야 할 면면에 주목할 수 있는 것 자체가 하나의 대단한 정신적 힘입니다.

어찌 보면 삶이란 우리가 선택한 관점의 연속일지도 모릅니다. 있는 그대로를 보는 것이 아니라, 오로지 자신이 선택한 관점으로 자신이 주목한 것만을 접하는 것이지요. TV의 채널을 돌리듯, 삶은 결국 내가 세상에서 주목하고 집중한 것들의 결합일 뿐입니다. 내가 가진 감정들의 결합이요, 내가 가진 생각들의 결합이요, 내가 행하고 경험한 것들의 결합입니다. 이는 모두 내가 주의를 집중한 것들에서 시작되었습니다.

세상이 어떻게 돌아가든, 언제나 우리는 더 좋은 삶, 더 나은 사람이 되는 일에 집중해야 할 것입니다. 그것은 세상에 긍정을 더하고 더 좋은 세상을 만드는 데 도움을 주는 일이기도 합니다. 좋은 세상이란 긍정의 마음을 가진 사람들로 만들어질 테니까요! 그런 점에서는 저는 위니프레드 갤러거가 전하는 금언과 같은 이 메시지들을 함께 음미하고자 합니다.

- 경험과 세계, 나 자신은 우리가 집중한 대상들로 이루어진다. 걱정거리보다 희망에 집중하고, 과거보다 현재에 집중하는 것을 선택하라.
- 경험은 대부분 우리가 무엇에 집중하고, 무엇에 집중하지 않을지에 대해 선택한 물리적 · 정신적인 대상에 달려 있다.
- 우리는 단 한순간도 모든 경험을 취할 수 없고, 실제 세계보다 훨씬 작은 세계를 경험한다. 특정 대상에 주의를 집중하고 정보를 필터링함으로써 주목은 세계를 '나의 세계'로 함축시킨다.
- 우리는 스스로가 감각하고자 하는 방향으로 주목을 이끌어야 한다. 주목의 선택적인 특성을 이용하여 신중하게 내 · 외부 세계에서 목표 대상을

선정하여 주시하고, 그 외의 것들은 억제하여 자신만의 경험을 만들어 나가야 한다.

- 더럽고 오염된 세상에서 편안하게 살아갈 수 있는 능력은 단지 비생산적인 대상들에게서 마음을 돌리고, 자신만의 경험을 관리하고, 마음을 중요하게 다루는 능력을 키우고, 생각과 감정을 받아들이는 것이다.

- 경험을 선별하고 가려내는 능력은 혼돈 속에서 질서를 만들어 낸다. 사람마다 주목하는 대상은 다르며, 같은 대상에서 다른 측면을 바라보기도 한다. '사람들은 모두 다른 세계에서 살아간다'는 말은 명백한 진실이다.

- 멋진 삶을 사는 데 우리가 경험하는 일은 그 자체로 중요한 것이 아니라 우리가 그 경험에 반응하는 방식이 중요하다는 것이다. 경험에는 반드시 우리의 주관적 해석이 개입되며, 개인이 주의를 기울여 보는 측면이 주목하는 태도에 적용된다.

- 나는 삶이 내가 집중한 대상들과 집중하지 않기로 한 대상들의 결과물이라는 것을 확신하게 되었다. 항상 행복할 수는 없다. 그러나 더 나은 미래를 위해 의도적으로 현재의 '특정 대상'에 집중할 수 있다. 주목을 기술적으로 관리할 수 있게 된다면 긍정적이고 생산적인 방향에서 삶의 요소들을 조화롭게 조직할 수 있게 된다.

- 하루 종일 우리들은 어떤 대상에 시선을 줄지 선택한다. 이런 선택 과정을 의식적으로 유도하여 좋은 결과를 이끌어 내게 하는 것은 가능하다. 실제로 '이것'에 집중하고 '저것'을 무시하는 능력은 경험을 의도대로 관리하는 방법의 핵심 요소이며, 이를 통해 우리는 궁극적으로 더 나은 삶을 살 수 있게 된다.

- 일생의 과업보다 지금, 오늘, 이번 주, 올해, 어느 대상에 주목할지 결정하는 것은 우리가 인간이라는 존재이기에 가능하다. 삶의 질은 주목을 어떻게 다루느냐에 달려 있다고 해도 과언이 아니다.

　3 행복과 성공의 절대공식

- 몰두 상태에 주의력을 모으는 것은 개울가에서 송어낚시를 하든 소설을 읽든 조립기구를 만들고 있든, 집중력을 증진시키고 내면의 세계를 확장하고 영혼을 승화시킨다.

내가 보는 것이 곧 내 삶의 결과로 이어진다는 것, 이 엄청난 진실을 깊은 통찰로 잘 밝혀 준 글들입니다. 실로 내가 주목하는 것이 고스란히 내 삶을 채운다는 것은, 우리가 깊이 깨우쳐야 할 삶의 소중한 교훈일 것입니다.

나의 세계는 내가 주목한 것의 총합입니다! 여러분은 자신의 마음을 가지고 이 넓고 다양한 세상에서 무엇에 주목하고 있나요? 우리는 어쩜 많은 시간을 우리에게 가장 중요한 것이 아니라, 삶의 잡다한 것에 주목하느라 소중한 시간을 낭비하고 있을지도 모릅니다. 늘 깨어서 삶에서 경험할 수 있는 최상의 것에 주목하십시오. 그러면 그것이 당신 곁에 더 다가갈 것입니다.

마음을 모아, 내가 찾아야 할 것과 누려야 할 최상의 것에 주목하고 몰입하고 몰두하는 것은 삶을 긍정하는 최고의 기술일 것입니다. 아니 하나의 기술이 아니라 최상의 지혜일 것입니다!

내일이면 귀가 안 들릴 사람처럼 새들의 지저귐을 들어 보라.
내일이면 냄새를 맡을 수 없는 사람처럼 꽃향기를 맡아 보라.
내일이면 더 이상 볼 수 없는 사람처럼 세상을 보라.
내일이면 더 이상 할 수 없는 일임을 알게 되면
오늘 내가 할 수 있는 일들이
얼마나 소중하고 놀라운 기적 같은 일인지 깨달을 수 있을 것이다.
– 헬렌 켈러

행복의 오랜 비결

식물이 잘 자라기 위해서는 햇빛과 물과 좋은 토양이 필요하듯 인간에게는 사랑과 일, 그리고 자신보다 더 큰 어떤 것과의 접속이 필요한 것이다. 나와 다른 사람, 나 자신과 나의 일, 그리고 나 자신과 나 자신보다 더 큰 어떤 것 사이에 올바른 관계를 정립하는 것은 애쓰고 노력할 만한 가치가 있는 일이다. 스스로를 위해 이 정도의 통일성을 갖춘 인생을 만들어 내는 데 성공한다면, 행복과 의미는 자연히 뒤따를 것이다.

– 조너선 헤이트, 권오열 역, 《행복의 가설》에서

하버드 대학에서 사람의 일생을 따라가며 75년간 이루어진 세계 최장기 성인발달연구인 '그랜트 연구'. 이 연구의 결론을 연구자 조지 베일런트는 고대 로마 시인 베르길리우스의 "사랑은 모든 것을 이겨 낸다."는 말과 함께 다음의 이 한마디로 종결지었습니다.

"행복은 사랑을 통해서만 온다. 더 이상은 없다."

그에 따르면 행복한 인생을 구현하는 데 가장 결정적 영향을 끼치는 것은 사랑이 깃든 '따뜻하고 친밀한 관계'였습니다. 그가 《행복의 조건》에서 평생의 연구 성과를 요약한 행복한 사람들의 공통점, 즉 행복의 주요 비결은 다음과 같습니다.

- 다른 사람에 대한 이해
- 모순과 아이러니를 이해할 수 있는 능력과 참을성
- 감정과 이성의 조화
- 자기중심주의에서 벗어난 자기 인식
- 다른 사람의 말에 귀 기울일 줄 아는 능력

3 행복과 성공의 절대공식

- 균형 있는 시각, 삶에 대한 폭넓은 이해, 사물의 양면성에 대한 인식, 인내, 삶의 아이러니에 대한 깊은 이해
- 주변 사물과 사람에 대한 호기심
- 세상과의 연관성 인식

결국 우리 모두가 찾고 있는 행복의 비결은 긍정에서 시작해서 사랑으로 끝이 나는 것 같습니다. 오직 자신과 타인과 삶과 세상을 널리 긍정하는 이만이, 그 깊은 긍정으로 자신과 타인과 삶과 세상을 사랑하는 이만이 행복해질 수 있다는 것이, 우리가 모두 품어야 할 소중한 결론이니까요.

그러니 이것이 우리가 공유해야 할 최고의 유산이 되어야겠지요. "사랑에는 더 사랑하는 것 말고는 치료법이 없다."(소로) 아마도 세상을 널리 치유하는 길도 긍정과 사랑에 있지 않을까 합니다.

현대의 연구 결과를 살펴보면 행복한 사람은 불행한 사람들보다 훨씬 이타적이고 생산적일 뿐 아니라, 호감이 가고 창조적이며 융통성 있고 친근하고 건강하기까지 하다고 한다. 그뿐 아니라 행복한 사람은 더 좋은 친구, 더 좋은 동료, 그리고 더 좋은 시민이 된다고 한다. 나도 그런 사람들 중 하나가 되고 싶었다.

행복해지면 좋은 사람이 되기가 훨씬 쉬워지리라는 것은 짐작하기 어렵지 않았다. 참을성도 많아지고 활기 있고 쾌활하고 관대해질 것이다. 나의 행복을 위해 노력하는 것은 단지 나만 행복하게 해주는 것이 아니라 분명 내 주변 사람의 행복까지도 함께 고양시킬 것이다.

- 그레첸 루빈, 전행선 역, 《무조건 행복할 것》에서

천재나 뛰어난 인물들 중에는 스스로 생을 마감한 이들이 있습니다. 니체, 들뢰즈, 고흐, 헤밍웨이, 버지니아 울프와 같은 이들은 모두 자살로써

생을 마감했습니다. 이들보다 덜 유명한 사람들 중에서도 이런 사람은 숱하게 있습니다. 이런 사람들을 보면서 저는 간혹 이런 의문이 듭니다. '행복하지 못해 스스로 생을 마감한 사람을 천재라고 할 수 있을까? 그들을 과연 지혜로운 사람이라고 할 수 있을까? 스스로 행복하지 못한데 천재면 무슨 소용일까?' 저 또한 그들의 가치와 성과를 부정하는 것은 아니지만, 이것엔 분명 우리가 진지하게 생각해 살펴봐야 할 점이 담겨 있는 듯합니다.

사람들마다 견해야 분분하겠지만, 제가 제안하고 싶은 바는 이런 것입니다. "천재가 되기 전에 먼저 행복한 사람이 돼라. 아울러 불행한 천재가 되기보다는 행복한 천재가 돼라!"

불행한 인생이란 어떤 면에서 삶의 답을 찾지 못했다는 뜻이기도 합니다. 우선순위에 따라 우리는 삶의 답부터 찾아야 할 것입니다. '행복' 자체가 바로 지혜의 정수이며, 스스로 행복할 수 있는 지혜를 갖춘 사람이 천재적 성과를 이룰 가능성도 더 높을 테니까요.

> 나 자신을 행복하게 만드는 최고의 방법은 다른 사람을 행복하게 만드는 것이다. 다른 사람을 행복하게 만드는 최고의 방법은 나 자신이 행복해지는 것이다. - 그레첸 루빈

오직 이해와 긍정과 사랑을 지닌 이만이 행복의 나무를 키울 수 있다.

3 행복과 성공의 절대공식

자기성찰지능의
지혜

당신의 믿음은 당신의 생각이 되고, 당신의 생각은 당신의 말이 되고, 당신의
말은 당신의 행동이 되고, 당신의 행동은 당신의 습관이 되고, 당신의 습관은 당
신의 가치가 되고, 당신의 가치는 당신의 운명이 된다. - 마하트마 간디

긍정 심리학과 정서지능에 대한 연구에 따르면 행복한 사람과 성공한
사람들은 분야를 불문하고 모두 '자기성찰지능(자기이해지능)'이 뛰어나다
는 공통점을 지닌다고 합니다. 이 말은 자기성찰지능은 어떤 분야에 종사
하든 성공하기 위해 반드시 갖춰야 할 필수 덕목이라는 뜻이 됩니다.

정서지능의 시작은 자신의 내면을 이해하는 데서 시작된다. 자신을 이해하고
타인을 이해하며, 스스로의 감정을 조절하고 활용하는 능력, 이것이 정서지능
이다. 타고난 기질을 바꿀 순 없다. 하지만 정서지능을 통해, 자신이 가진 기질
을 좋은 기질로 활용할 수 있는 토대를 만들 수 있다.

《아이의 정서지능》에 나오는 이 내용은 자기성찰지능을 이해하는 데 좋은 지침이 됩니다. 자기성찰지능이란 쉽게 말해 '자신을 잘 아는 능력'입니다. 자신을 잘 안다는 것은 자신의 장단점과 자신이 처한 객관적 맥락을 잘 이해한다는 것이니, 무엇보다 자신을 잘 알아야 상황에 맞게 처신할 수 있으며, 문제점들 또한 계속해서 개선해 나갈 수 있을 것입니다.

> 우리는 자신에 대해 생각만큼 잘 알지 못한다. 이것이 최대의 적이다.
> – 배리 슈워츠

사람들은 대부분 자신을 잘 안다고 생각하지만 실상 자신을 잘 안다는 것은 쉽지 않은 일입니다. 우리의 내면은 의식과 무의식으로 이원화되어 있을 뿐 아니라, 주관적인 자신의 관점과 습관 때문에 객관적으로 자신을 바라보기가 쉽지 않기 때문입니다.

그래서 자기성찰지능을 높여 줄 수 있는 아주 좋은 지침을 소개할까 합니다. 그것은 여섯 가지 정서 유형에 대한 것입니다.

인간 저마다의 정서 유형은 회복탄력성, 관점, 사회적 직관, 자기 인식, 맥락 민감성, 주의 집중이라는 스펙트럼의 조합으로 이뤄진다. 이는 그 사람이 세상을 어떻게 인식하고, 그에 어떻게 반응하며, 타인과 어떻게 관계를 맺고, 삶의 여정에서 마주하는 장애물을 어떻게 빠져나가는지를 설명해 줄 수 있는 근거가 된다.

- 회복탄력성: 역경으로부터 얼마나 빨리 혹은 천천히 회복되는가? (빠른 회복자형/느린 회복자형)
- 관점: 긍정적인 정서를 얼마나 오랫동안 유지할 수 있는가? (긍정적 관점형/

부성적 관점형)

- 사회적 직관: 자신을 둘러싼 사람들이 보내는 사회적 신호를 감지하여 얼마나 잘 적응하는가? (사회적 민감형/사회적 혼돈형)
- 자기 인식: 자신의 정서를 반영하여 신체적으로 나타나는 감정을 얼마나 잘 이해하는가? (명확한 자기 인식형/불명확한 자기 인식형)
- 맥락 민감성: 자신이 속해 있는 사회적 맥락을 고려하는 정서적 반응을 얼마나 능숙하게 조절하는가? (맥락 눈치백단형/맥락 불협화음형)
- 주의 집중: 의식의 초점을 얼마나 정확하고 명확하게 맞추는가? (주의 집중형/주의 산만형)

— 리처드 J. 데이비드슨 · 샤론 베글리, 곽윤정 역,《너무 다른 사람들》에서

이 여섯 가지 기준으로 자신의 성향을 꼼꼼히 살펴본다면, 자신이 어떠한 모습으로 어떻게 살아가는 사람인지 비교적 쉽게 잘 파악될 것입니다. 저 또한 이 기준으로 제 자신을 돌아보고서 스스로 미처 살피지 못했던 많은 부분을 자각할 수 있었습니다. 누구든 이 기준으로 자신을 살펴보면, 자신에게 부족했던 부분이 무엇인지를 정확히 인지할 수 있을 것입니다.

벤저민 프랭클린이 자신이 인생 지침으로 삼고자 했던 '열세 가지 덕목(계율)'*을 매일 보면서 스스로를 성찰했다는 일화는 널리 알려진 이야기입니다. 프랭클린은 그러한 자기 성찰이 자신의 성공이나 행복에 크게 도

---

* 그 열세 가지 덕목은 다음과 같습니다. "절제Temperance, 침묵Silence, 질서Order, 결단Resolution, 절약Frugality, 근면Industry, 진실Sincerity, 정의Justice, 중용Moderation, 청결Cleanliness, 침착Tranquillity, 순결Chastity, 겸손Humility." 그는 이 항목들을 노트에 도표로 작성해서, 50년 동안이나 매일 저녁에 그날 하루의 행동을 생각하고 각 계율과 관련하여 잘못한 것이 있으면 해당란에 흑점을 찍어 늘 자신의 인격적 발전을 스스로 점검하며 좀 더 나아지도록 노력했다고 합니다.

움이 되었다고 말했습니다. 그는 분명 자기성찰지능이 매우 높은 인물이었으나, 그것은 타고난 것이 아니라 바로 이러한 효과적인 방법과 노력 때문이었습니다.

예외적인 성취를 일군 인물들은 자신의 강점과 약점을 파악하는 데 탁월한 재능을 지녔다. - 하워드 가드너

프랭클린처럼 매일 혹은 가끔씩이라도 이 여섯 가지 기준으로 자신을 되돌아보면, 자기이해지능을 높이는 데 매우 큰 도움이 되리라 생각합니다. 이 정서 유형의 장점은 자신의 부족한 부분을 쉽게 파악하게 하는 것은 물론이요, 어떤 쪽으로 자신을 보완·개선해야 하는지도 명확히 보여 준다는 점에 있습니다.

장점 유형만 꼽아 보면 다음과 같습니다. '빠른 회복자형, 긍정적 관점형, 사회적 민감형, 명확한 자기 인식형, 맥락 눈치백단형, 주의 집중형.' 이는 모두 높은 정서지능과 관련된 핵심 사안들이며, 자기성찰지능의 골자들이라고 할 수 있는 내용입니다. 거울을 보고서 우리가 얼굴을 살펴보듯이, 이 내용들을 거울삼아 나날이 자기 내면을 살펴보면 내면의 해상도가 점점 더 선명해질 것입니다. 아울러 그것은 자기 내면에 이해의 힘을 불어넣어 주고, 새로운 도약의 발판이 되어 줄 것입니다. 오직 자신을 정확히 진단하고 이해하는 이와 나아가야 할 방향을 제대로 아는 이만이 자신을 진정으로 변화시킬 추동력을 얻을 수 있을 테니까요.

이제 자기성찰지능을 높일 수 있는 또 하나의 자료를 살펴볼까 합니다. 앞서 살펴본 내용이 '정서 유형'에 초점이 맞춰진 것이라면, 이것은 '능력 수준'에 초점이 맞춰져 있습니다. 이 내용은 의식과 무의식 차원에서 자신의 능력 상태를 점검해 볼 수 있는 좋은 지침이 됩니다.

1단계. 무의식적 무능력: 자신의 장점이나 문제가 무엇이며, 어떻게 이를 확인하는지 모른다.

2단계. 의식적 무능력: 장점이나 문제를 확인할 능력은 있으나, 그것을 개선하거나 바로잡을 열망이나 지식이 없다.

3단계. 의식적 능력: 원하는 결과를 성취하기 위한 능력을 갖추었지만, 필요한 조처를 하는 프로세스에 의도적으로 초점을 맞출 필요가 있다.

4단계. 무의식적 능력: 프로세스에 대해 생각할 필요 없이 원하는 결과를 성취할 능력을 갖추고 있다.

－ 스티브 올셔, 이미숙·조병학 역,《무엇이 당신을 최고로 만드는가》에서

'무의식적 무능력'은 능력이 없을 뿐 아니라 자신의 장단점을 자각조차 못하는 상태이고, '의식적 무능력'은 비록 능력은 없으나 자신의 장단점을 자각하는 단계입니다. '의식적 능력'은 능력은 있지만 통달한 수준은 못되는 경지요, '무의식적 능력'은 달통해서 절로 이루어지는 능력 상태를 말합니다.

이 유형 분석은 의식과 무의식의 관계성 속에서 각 단계의 속성을 단순명쾌하게 설명해 주고 있습니다. 아마도 우리의 모든 능력은 기본적으로 이 네 단계를 함유하고 있을 것입니다. 요는 자신이 어떤 분야의 능력에서, 어느 상태에 있는가를 정확히 아는 것입니다.

'무의식 수준의 무능 상태'를 지나 '의식 수준의 자각 상태'에 이르는 것이 첫 번째 성장이라면, '의식 수준의 자각 상태'에서 '의식 수준의 능력 상태'에 이르는 것이 두 번째 성장이요, '의식 수준의 능력 상태'에서 '무의식적 능력 상태'에 이르는 것이기 세 번째 성장일 것입니다. 우리가 도달해야 할 최고의 능력 상태는 '절로 잘하는 상태', 즉 스티브 올셔가 말한 '무의식적 능력'입니다.

어느 경지든 수준이 높아지면 절로 잘하는 무의식적 능력 상태에 도달하게 됩니다. 이런 수준을 흔히 '능통하다'고 하지요. 이는 절로 잘하는 상태, 능력이 의식적인 노력을 벗어난 수준입니다. 초보자를 제외하고, 우리가 컴퓨터로 타이핑을 칠 때 일일이 어디에 어느 문자키가 있는지를 생각하지 않고도 능수능란하게 필요한 글자의 키를 누르면서 글을 작성할 수가 있습니다. 이런 경우가 바로 '무의식적 능력'입니다. 어느 분야든 그 분야의 달인이나 고수는 이런 상태에 있는 이들입니다.

무술 명인 극진 가라데의 창시자 최배달은 이런 말을 남긴 바 있습니다. "어떤 기술을 3백 번 연습하면 흉내를 낼 수 있고 다른 사람에게 그 기술을 보여 줄 수 있다. 3천 번 연습하면 실전에 쓸 수 있는 정도가 되고 평범한 무술인을 상대로 이길 수 있다. 마지막으로 3만 번 연습하면 자신도 모르는 사이에 그 기술로 상대방을 제압하게 된다." 자신도 모르게 절로 사용할 수 있는 능력이 바로 무의식 수준에 도달한 능력입니다.

힘들이지 않고 할 수 있으며 자신의 능력에 완전히 자신감을 가질 만큼, 적어도 삶의 한 영역을 완전히 정복하라. - 스티브 올셔

우리가 어디서 무엇을 하든 뛰어난 인재가 되려면 자신의 능력 상태를 잘 파악하고서, 지속적으로 자신의 능력을 개선해 나가는 자세를 갖춰야할 것입니다. 인생을 살아가려면 누구나 기본적으로 다양한 능력이 필요한 법입니다. 특히 자신이 능한 부분이 있을 것이요 그렇지 못한 부분도 있을 것입니다.

"내가 '무의식적 능력'에 도달한 것은 무엇이며, 아직 '무의식적 무능력' 수준에 있는 것은 무엇인가? 또 그 이유는 무엇인가?" 나의 상태란 내가 가진 능력들의 총합이니, 자신이 가진 모든 능력에 대해서 정확한 이해와

진단을 가지는 것은 분명 자신을 제대로 인지하고 향상시키는 데 많은 도움을 줄 것입니다.

나의 가치체계와 신념체계

끝으로 자기성찰지능을 높이기 위해 '가치관'에 대한 내용을 살펴볼까 합니다. 남경흥 저자는 《허공의 놀라운 비밀》에서 인간의 인지 능력에 대해 이렇게 지적하고 있습니다.

"인간은 오감을 통해 외부 사건이나 정보를 초당 200만 비트(5만 단어 정도) 이상 받아들이는데 단기기억을 담당하는 의식의 용량은 불과 초당 134비트만을 내부 표상체계에 임시 기억한다. 나머지 정보는 동기화된 망각 상태로 무의식으로 흘러간다고 한다. 따라서 인간의 오감은 이 세상에 존재하는 것 중 극히 일부만을 인식할 수 있을 뿐만 아니라 인식하는 것 중 대부분은 즉시 망각되어 무의식으로 흘러가는 것이다. 게다가 사람마다 자기중심성을 가지고 있어 사실fact과 지각perceive은 달라질 수밖에 없는 것이다. 따라서 세상을 제대로 인식하기 위해서는 나의 내부 표상체계(사고방식이라 할 수 있다)를 올바르게 정립하여야 한다."

제가 보기에 내부 표상체계의 핵심 내용이란 이런 것입니다.

- '나는 자신을 어떻게 보는가?'에 대한 자아상
- '나는 인간을 어떻게 바라보는가?'에 대한 인간관
- '나의 삶을 무엇이라고 생각하는가?'에 대한 인생관
- '나는 이 세상을 어떻게 보는가?'에 대한 세계관

이런 것을 일러 우리는 '가치관' 혹은 '세계관'이라고 합니다. 가치관은 한 사람이 세상을 이해하는 방식적 틀입니다. 이는 한 인간의 내면에 존재하는 관점의 구도이며 인식체계입니다. 그래서 사람마다 가치관이 다르다는 것은, 저마다 다른 인식체계를 가지고서 다른 세계를 보며 다른 세상에 살고 있다는 뜻이기도 합니다.

> 부정적인 인식체계를 갖고 외부 사건이나 정보를 받아들인다면 부정적인 측면만 나의 인식이 받아들일 것이고, 긍정적 인식체계를 갖고 외부 사건이나 정보를 받아들인다면 긍정적인 측면만 나의 인식이 받아들일 것이다. - 남경흥

우리가 앞서 살펴보았듯 '긍정과 부정에 의한 관계 맺기', '긍정성과 부정성의 비율', '주목 선택 능력' 등이 끊임없이 우리의 의식과 무의식 사이를 오가면서 우리의 가치관과 사고방식과 감정 상태를 형성하고 있습니다. 그런데 이러한 내부 표상체계의 뼈대 역할을 하는 것이 자신의 가치체계인 가치관입니다.

가치관이란 "인간이 자기를 포함한 세계나 어떤 대상에 대해 부여하는 가치나 의의에 관한 견해나 입장"이므로, 개인의 가치관은 삶에 대한 철학적 문제이기도 하기에 일률적으로 쉽게 이야기할 수 없는 측면들이 존재합니다. 하지만 우리는 행복과 성장으로 가는 사고방식이 어떠한 것과 관련되어 있는지에 대해서는 앞서 이미 명확히 확인을 한 바 있습니다.

> 세상에서 내 뜻대로 할 수 있는 단 한 가지는 현재 자신의 생각입니다. 지금 어떤 생각을 품을 것인지 당신만이 결정할 수 있습니다. - 루이스 L. 헤이

세르반테스는 《돈키호테》에서 이렇게 말했습니다. "너 자신을 아는 것

을 네 업으로 삼으라. 이것이 세상에서 가장 어려운 과업이다." 자신을 발견하기 위해 무엇보다 중요한 것은 '나의 가치관이 무엇인지, 나는 어떠한 세계관으로 어떤 행동을 하며 어떻게 살고 있는지, 또 그 결과는 어떠한지를 본인이 명확히 자각을 하고 있느냐 아니냐' 하는 점입니다. 이는 자신이 '인생'을 이해하는 근본적인 바탕이자, 삶을 살아가는 방식과도 직결된 문제니까요.

삶의 세계관은 이렇듯 자신의 삶의 철학이며, 자기 삶의 기준이자 좌표입니다. 그런데 이 가치관은 확고부동의 고정적인 것이 아니라 상당히 유동적인 것입니다. 자신이 20대 때 가졌던 생각과 40대 때 가지는 생각이 사뭇 다를 수 있습니다. 심지어 어제의 시각과 오늘의 시각이 다를 때도 있습니다. 이는 개인의 가치체계가 결코 절대적인 것이 아님을 의미합니다.

세계관은 '인생의 지도'와 같습니다. 누구나 자신의 세계관을 따라 삶을 살아가니까요. 때문에 세계관이 바뀐다는 것은 관점과 시야가 달라진다는 것이고, 이는 곧 다르게 보고 다르게 행동하고 또 체험한다는 뜻이 됩니다. 하여 우리는 늘 깨어서 자기 사고체계와 삶의 관련성을 잘 들여다보아야 합니다. 자신의 가치관에 오류가 있거나 자신에게 이롭지 못한 부분이 있을 때는 그 가치관을 과감하게 수정해야 하기 때문입니다.

가치관은 삶을 이해하는 자신의 가치체계인 동시에 신념체계입니다. 신념체계라는 뜻은 의식·무의식 차원에서 '이렇게 믿고 있다'는 뜻입니다. '나는 나를 이런 사람이라고 믿는다. 나는 인간이란 이런 존재라고 믿는다. 나는 삶을 이런 것이라고 믿는다. 나는 세계가 이런 것이라고 믿는다.' 이것이 바로 신념체계의 실상입니다. 때문에 우리는 세상을 있는 그대로 경험하기보다, 자신이 보는 대로 자신이 믿는 대로 경험할 가능성이 훨씬 높습니다. 내부 표상체계를 올바르게 정립하라는 것은 바로 이 때문입니다. 이는 실로 우리가 인생을 이해하는 데 있어 절대적으로 중요한 비밀이요 섭리일 것입니다.

　인간은 끊임없이 자신이 바보라고 자신에게 말함으로써 그것을 믿는 사람이 되었고, 또 자기 스스로에게 그것을 끊임없이 말함으로써 스스로가 그것을 믿게 만든다. 사람은 자기 자신과의 내적인 대화를 계속하고 있기 때문에 이 대화를 잘 조절하는 것이 필요하다. - 파스칼

'자신과의 내적 대화'가 바로 자신의 의식과 무의식 사이를 끊임없이 오가는 내부 표상체계의 내용물들입니다. 우리는 보다 나은 삶을 위해 그 내용을 제대로 인지해야 하고 또 조절하고 수정할 수 있어야 합니다. 자신의 행복과 성장을 위해 가치체계와 신념체계를 잘 조율해야 하는 것입니다. 그렇지 않으면 자신의 좁은 인식 속에 갇혀서 끝내 그것이 삶의 진실이요 전부라고 잘못 판단한 채 인생을 살아갈 수도 있으니까요!

　스스로를 정확하게 평가할 수 있다면 자신의 가장 큰 장점과 가장 큰 약점 모두를 분명하고 객관적으로 볼 수 있다. 또 자신의 가장 소중한 열망과 가장 어두운 욕망에 대해 스스로에게 정직해지며 가장 깊은 곳에 자리한 삶의 최우선순위와 무시해도 될 정도로 하찮은 것들이 무엇인지를 알게 된다. 결국 우리는 알몸 그대로의 자기 모습에 편안해지는 경지에 이르며 이때 자신이 모르는 수치스러운 비밀이 사라진다. 자신에 대한 문제 중 우리가 상대하지 못할 것은 아무것도 없게 된다. 이것이 자신감의 기초다.
　- 차드 멍 탄, 권오열 역, 《너의 내면을 검색하라》에서

　자기성찰지능을 높이는 것은 내면의 해상도를 최적화하고 자신과 자신의 삶을 깊이 이해하는 첩경입니다. 무엇이든 잘 모를 때는 자신감이 생기

지 않는 반면, 잘 알 때는 자신감이 생깁니다. 그것은 자기 자신에 대해서나 삶에 있어서도 마찬가지입니다. 차드 멍 탄은 이에 대해 이렇게 지적합니다. "지속 가능한 자신감의 유일한 원천은 깊은 자기 이해와 뻔뻔한 정직성에서 나온다. 깊은 자기 이해와 뻔뻔한 정직성은 자신에게 숨길 것이 전혀 없다는 것을 의미한다. 그것은 정확한 자기 평가에서 나온다."

삶의 변화는 생각의 변화에서 오고 그것은 내면 속 '세계 인식의 변화(신념체계의 변화)'에 기초합니다. 오직 자신을 성실히 되돌아볼 수 있는 사람만이, 즉 자기성찰지능이 뛰어난 사람만이 그러한 혜택을 얻을 수 있을 것입니다. 그렇지 않은 사람은 어쩜 자신이 만든 다양하고 화려한 편견과 고정관념 속에서 평생을 살아갈지도 모르니까요!

자신을 성찰하지 않는 사람은 자신을 잘 이해할 수도 없을뿐더러, 자기 진면목을 발견하지 못합니다. 자기 성찰이 없는 사람은 끝내 자신의 문제점을 자각할 수도, 개선할 수도 없습니다. 자기 성찰은 곧 인생을 성찰하는 일입니다. 모든 인생 앞에 놓여 있는 성장의 단단한 디딤돌인 것입니다.

우리에게는 내적 성찰이 필요하다. 우리는 자신의 내면을 들여다보아야 한다. 내적 성찰을 하는 건 더 나은 연주를 위해 악기 조율에 시간을 쓰는 것과 비슷하다. 우리들 가운데 주기적으로 자신의 마음을 조율하는 사람이 몇이나 되겠는가? - 크리스토프 앙드레

삶을 변화시키지 못한 이들은 자신을 변화시키지 못한 이들이고, 자신을 변화시키지 못한 이들은 내적 성찰이 부족했거나 자기를 제대로 만나지 못한 이들일 것입니다. "우리가 어느 날 마주칠 재난은 우리가 소홀히 보낸 어느 시간에 대한 보복이다." 나폴레옹의 이 말처럼, 우리가 소홀히 보낸 시간이 우리에게 보복하는 일이 없도록, 우리는 늘 깨어서 자신의 진

짜 모습을 잘 살펴야 할 것입니다.

본질적으로 완벽한 인간은 하나도 없다. 따라서 정확한 자기 평가는 우리가 가진 한계에도 불구하고 성공의 열매를 수확할 수 있게 해준다. - 차드 멍 탄

자기성찰지능은 삶을 항해하는 데 없어서는 안 될 방향키와 같다.

3 행복과 성공의 절대공식

습관,
자기 혁신의 관문

　이제 우리는 이상의 본의를 바탕으로 '삶을 변화시키는 법'에 대해 논의해 보아야 할 듯합니다.

> 누구나 자신의 세상에서 산다. 따라서 세계를 바꾸려는 사람은 자기 자신을 바꾸어야 한다. - 뤼디거 달케

　자기 자신도 못 바꾸면서 세상을 바꾸려는 어리석은 사람들이 있습니다. 저 또한 예전에 그런 사람이었습니다. 허나 세상을 바꾸는 가장 빠른 길은 자기 한 사람을 바꾸는 것입니다.

　마찬가지로 내 인생이 바뀌려면 무엇보다 '내'가 먼저 바뀌어야 합니다. 내 인생의 주체는 오직 '나'뿐이니까요. 그래서 '내'가 바뀌어야 내 인생이 바뀝니다. 이는 그 누구도 속일 수 없는 확고한 법칙입니다.

　인생을 바꾸고자 하는 이는 무엇보다 이에 대한 확고한 인식과 자각이

있어야 합니다. '왜 내 인생은 안 바뀌는 것일까?'가 아니라 늘 '내가 어떻게 바뀌었나, 무엇이 바뀌었나, 얼마나 바뀌었나?'와 같은 질문으로 스스로를 살필 수 있어야 합니다. 자신은 달라진 게 없는데 인생이 달라지기 바란다는 것은, 밭을 갈지도 씨를 뿌리지도 않고서 어떤 곡식이나 열매가 열리기를 바라는 것과 다를 바가 없습니다.

인생을 단기간에 바꾸고 싶으신 분은 매일 혹은 매주, 하루 전이나 일주일 전과 비교해 자신이 어떻게 달라졌는지를 확인해 보십시오. 내게 불필요한 나쁜 습관들을 줄이거나 고쳤는지, 좋은 습관을 늘리거나 더했는지, 시간을 가장 효율적으로 잘 사용했는지, 사고방식이나 마음가짐이, 말과 행동이 어떻게 달라졌는지 등을 꼼꼼히 살펴보십시오. 오직 내가 변한만큼만 내 인생에도 변화가 찾아올 것입니다. 나의 속성과 모습이 달라진 바가 없으면 분명 내 인생도 그대로 달라진 바가 없을 것입니다.

나는 나와 대립한다. 나는 크고 내 안에는 수많은 내가 들어 있으니까. - 월트

어떤 면으로든, 무엇으로든 예전의 나와 지금의 나 사이에 달라진 바가 있어야 그에 따라 내 인생도 달라질 수 있습니다. 때문에 삶에 획기적인 변화를 만들어 내고 싶은 사람은 자신의 속성부터 획기적으로 바꾸어야 합니다.

자신을 변화시키려면 무엇보다 자신에 대해 잘 알아야 합니다. 자신을 잘 이해하는 핵심 사항은 '자신의 성격과 습관'을 제대로 아는 것입니다. 내 성격의 장단점이 어떠어떠한지, 나는 어떤 습관들로 살아가고 있는지를, 아주 냉철하고 꼼꼼하게 따져 보아야 합니다.

그런데 성격과 습관은 따로 분리되어 있는 것이 아니라 하나로 맞물려 있는 경우가 많습니다. 성격이 습관을 만들고, 습관이 성격을 만듭니다.

그래서 습관을 보면 성격을 알 수 있고, 성격을 보면 습관을 알 수 있습니다. 이와 마찬가지로 습관을 바꾼다는 것은 성격의 변화를 동반한다는 뜻이기도 합니다. 하여 습관의 교정은 자기 성격의 문제점을 조율하고 교정하는 일이기도 합니다.

> 만약 비범함이 운명에 좌우되고, 운명이 성격에 좌우된다면 비범함과 운명, 성격 등 세 가지 용어를 바꿔 놓아도 좋다. - 제임스 힐먼

우리가 보통 '습관'이라고 하면 행동의 습관만을 떠올리는 경우가 많지만, 습관에는 크게 감정습관, 사고습관, 행동습관 이 세 가지 측면이 있습니다. 어떤 습관이든 이 세 가지 습관은 실은 긴밀하게 맞물려 있습니다.

앞서 '자신이 달라지지 않으면 내 삶도 달라지지 않는다'고 하였습니다. 허나 내가 달라지기 전에, 내 '내면'이 바뀌지 않으면 '나'는 결코 달라지지 않습니다. 내 행동을 지배하는 것은 나의 생각과 감정이기 때문입니다. 나의 내면에는 오랜 '나의 사고방식과 감정적 습관'이 공존하고 있습니다. 이 두 가지를 바꾸지 않으면 나의 '내면'이 바뀌지 않고, 내면이 바뀌지 않으면 곧 나의 행동이 바뀌지 않을 것이며, 행동이 바뀌지 않으면 그에 따라 내 삶에도 아무런 변화가 없을 것입니다.

> 자신감 넘치는 사람, 성공하는 사람은 언제나 좋은 습관을 유지한다. 인생에서의 성공과 삶의 질을 좌우하는 것은 습관이라고 해도 과언이 아니다.
> - 마리사 피어

진정 삶의 변화를 바란다면 또 자신의 꿈과 비전을 이루고자 한다면, 자신의 감정과 사고의 습관부터 잘 파악해서 모든 것을 좋은 쪽으로 바꾸

어야 합니다. 그 누구든 사람의 생각과 감정 상태가 달라지면 태도와 행동이 달라집니다. 삶의 변화는 이처럼 내면의 변화와 행동의 변화가 동시에 이루어질 때 나타납니다. 즉 나라는 사람의 내·외적 존재 상태가 달라져야 삶이 달라집니다.

여기 우리가 귀 기울여 들어야 할 말이 있습니다. "모든 사람들이 문제를 가지고 있다. 그러나 자신의 단점을 알고 그것을 개선할 방법을 아는 것, 이것이 인생을 바꾸는 트릭이다."(위니프레드 갤러거) 우리는 누구나 자신을 바꿀 수 있습니다. 다만 의사가 환자의 병을 고치려면 우선 질환을 정확히 진단하는 것이 급선무이듯, 우리는 자신의 감정습관과 사고습관부터 정확히 진단하고 파악해야 할 것입니다.

당신이 특정한 감정을 오래 경험할수록, 그 감정에 처해지기가 더 쉬운 경향이 있다. 이것은 마음속의 자석과도 같다. 그 자석은 생각, 감정, 기억을 끌어당기고 행동에 동기를 부여한다. 이러한 경향은 자연스럽게 일어날 수 있으며 거기서 벗어나려는 노력을 하지 않으면 통제력을 잃고 조종 불능 상태가 될 수 있다.

- 존 아덴, 김관엽 외 역, 《당신의 뇌를 리셋하라!》에서

부정적인 감정은 마음의 늪과 같습니다. 그런데 이런 감정은 대부분 부정적인 생각에서 기인합니다. 즉 감정과 생각이란 서로 맞물려 있는 것입니다. 나의 사고방식이 나의 감정 패턴을 만들어 냅니다. 이 두 가지가 맞물려 하나의 관성을 이루고 나면, 이것은 이제 의식 차원이 아니라 무의식 차원에서 절로 그렇게 되는 상태를 만듭니다. 때문에 뭇 습관의 근원지인 '사고방식'을 교정하는 것이 습관 방정식을 푸는 첫 단추라 하겠습니다.

어떤 분야의 고수가 아닐지라도 우리는 누구나 자기만의 고유한 '무의

식적 능력'을 가지고 있습니다. 그것이 무엇인고 하니, 바로 무의식적으로 자신이 오랫동안 익히고 단련한 '습관'입니다. 습관은 오래 반복되어 저절로 이루어지는 상태의 능력입니다. 다만 그 습관이 자신에게 좋은 습관이냐 나쁜 습관이냐가 문제일 뿐입니다. 때문에 습관은 우리에게 독이 될 수도, 약이 될 수도 있습니다.

지금까지의 당신의 인생은 과거 오랜 세월 동안 당신이 지녀왔던 사고와 믿음의 결과물이다. 과거 경험에 대한 기억들이야말로 당신이 가진 모든 것이다. 현재의 믿음과 생각이 미래를 창조할 것이다. 우리가 앞으로 삶에서 어떤 경험을 할지 결정하는 것은 현재 우리가 갖고 있는 마인드 파워에 달렸다. (…) 과거에 대한 당신의 생각을 바꿔라. 과거의 당신을 용서하라. 이미 지나가 버린 일과 그 일에 대해 당신이 갖고 있던 오래된 사고방식을 분석하라. 이들을 직시하고 오래된 사고의 '필터'를 버리자. 그리고 새로운 두 눈으로 과거에 있었던 몇몇 사건들의 원인이 당시 당신이 갖고 있던 '부정적인' 사고방식 중 어떤 것에 있는지 똑바로 바라보고 기억하자.

- 제임스 보그, 정향 역, 《마음의 힘》에서

우리가 생각하는 것이나 믿는 것은 감정이나 정서를 낳고 그것은 결국 행동이나 관성을 낳습니다. 때문에 우리가 가지고 있는 어떤 행동 습관의 뿌리를 파헤쳐 보면 그것은 필히 어떠한 '생각이나 감정의 습習'과 연결되어 있습니다. 습이란 반복되어 관성을 지닌다는 뜻입니다. 내가 만들어 낸 관성이, 습이 된 이후부터는 오히려 나를 지배합니다. 나쁜 습관일 경우, 그 관성의 고리를 끊어 내기 전까지 나는 그 관성의 노예가 되는 셈입니다. 반면 좋은 습관일 경우는 그 관성이 나의 좋은 심복이 될 것입니다.

아리스토텔레스가 말했듯 현상은 복잡하지만 본질은 단순합니다. 우리의 모든 행동은 자신의 신념체계에 따른 생각과 감정에서 나온 것입니다. 때문에 행동을 좋은 쪽으로 변화시키고자 한다면, 필히 사고방식과 감정의 습을 컨트롤해야 할 것이며, 이왕이면 최상의 것들로 내면을 채워야 할 것입니다.

우리는 앞서 마음의 빛을 만드는 긍정의 기술들을 배웠습니다.(차후 명상의 기술에서도 마음의 빛을 만드는 법을 또 배울 것입니다.) 그런 지혜들을 바탕으로 기존의 감정습관과 사고습관을 과감하게 고쳐 나가야 할 것입니다. 눈에 보이지 않는 그 습관들이 실은 우리 인생을 찍어 내는 도안이나 다름없으니까요!

'나의 감정과 사고를 지배하는 것이 무엇인가? 나의 행동을 지배하는 사고방식과 감정습관 또 그것을 지배하는 심리적 기제는 무엇인가? 나는 어떤 내면세계에 살고 있는가?' 자신의 사고방식과 감정적 습관을 파악하는 것은 자기 이해의 첫걸음입니다. 자신의 사고방식과 감정적 습관이 어떻게 연결되어 작동하는지 또 그것이 또 행동과는 어떻게 연관되는지를 살펴본다면, 분명 자기이해지능과 자기 통제력은 급격히 높아질 것입니다.

정서지능의 핵심은 자기 마음을 성찰하고 그 마음을 다스릴 수 있는 능력입니다. 자신의 마음을 다스릴 수 있는 능력이 곧 행복의 양과 질을 결정합니다. 행복은 심리적인 것이기에 마음의 문제가 해결되지 않으면, 물질이나 외형적인 것만으론 끝내 다 충족될 수 없는 특성이 있습니다. 참된 행복은 자기 마음을 잘 다스릴 수 있는 데서 나옵니다. 행복은 하나의 지혜이자 능력입니다.

길을 떠나는 자가 가장 먼저 할 일은 불필요한 짐을 내려놓는 것이듯, 우리도 나쁜 습관을 하나씩 내려놓아야 한다. – 박경철

간니는 말하길 "삶의 한 부서에서 여전히 잘못을 저지르고 있으면서 다른 부서에서 일을 잘할 수는 없다. 삶은 보이지 않는 전체로 이루어져 있다."라 하였습니다. 작은 단점 하나가 자기 삶에 큰 화를 불러올 수도 있고, 나쁜 습관 하나가 많은 일들을 그르치게 할 수도 있습니다. 작은 차이가 반복되면 그것은 반드시 큰 차이가 됩니다. 자기 마음을 잘 다스려 습관들을 조율하는 것은 우리가 긴 인생길을 떠나기 전에 반드시 먼저 해야 할 일이요, 생의 여정에서 지속적으로 이루어져야 할 일일 것입니다.

내가 나를 믿으면 다른 사람들도 나를 믿는다. 놀라운 사실이다! 일단 모든 변화가 다른 사람이 아닌 나 자신으로부터 나온다는 사실을 깨달으면 다른 사람들로부터 부정적인 영향을 받지 않게 된다. 자기 내면의 힘을 믿는 사람들은 서로를 끌어당긴다. 내면의 힘을 믿는 자기 주도적인 사람들의 긍정과 믿음의 에너지가 한데 합쳐지면 새로운 사랑의 시대가 우리 앞에 펼쳐질 것이다.

– 리즈 부르보, 이현경 역, 《몸의 지능》에서

세상엔 분명 행복할 수밖에 없는 사람, 성공할 수밖에 없는 사람, 매력적일 수밖에 없는 사람, 사랑받고 존경받을 수밖에 없는 사람들이 있습니다. 그들에겐 분명 그들의 장점을 만들어 낸 좋은 습관들이 있을 것입니다. 그 습관들이 무엇인지, 어떻게 하면 그 습관을 내 것으로 만들 수 있을지를 배우고 익히는 것은 좋은 습관을 체득하는 한 방법이 될 것입니다. 이처럼 자신이 원하는 삶의 모습으로 자신을 변화시키려면, 어떻게 자신을 변화시키고 성장시켜야 하는지를 냉철하게 살펴보고 탐구해서 확고한 기준점을 마련해야 할 것입니다.

당신에게 살아 있는 기분을 느끼게 해 주는 특별한 마음가짐, '이것이 진짜

나'라고 속삭여 주는 마음가짐을 찾아라. 그 마음가짐을 찾았다면, 그것을 따르라. - 윌리엄 제임스

하늘 아래 그 누구도 예외일 수 없습니다. 우리의 생각이나 바람이 우리 삶을 지배하는 것이 아니라, 오직 습관이 우리의 삶을 지배합니다. 그래서 인생의 변화를 꿈꾸는 이나 남다른 삶을 살고 싶은 이는 '좋은 습관'을 약초나 보석처럼 삶에서 캐내어야 합니다. 무엇보다 '나에게 활기를 불어넣고, 고무시키며, 새로 태어난 듯한 느낌을 주고, 삶을 바로잡는 듯하고, 깨달음을 주는 경험'들을 소중한 나의 습관으로 축적해 나가야 합니다.

습관을 고치는 법

세상엔 자기 삶에 즉각적인 변화가 일어났으면 하고 바라는 분들이 많습니다. 그 가장 빠르고 확실한 비결은 '습관'을 바꾸는 것입니다. 기존의 사고와 감정과 행동의 습관을 보다 밝고 가치 있고 에너지 넘치는 것으로, 새로운 '무의식적 능력의 수준'으로까지 확실하게 대체하는 것입니다.

허나 오랜 관성 때문에 이는 결코 쉽지 않은 일입니다. 그러하니 뜻을 세우고 다른 인생을 살 확고한 결심부터 해야 합니다. 결심에, 결심에, 결심을 거듭하여 결심의 심지를 단단히 하는 것이 승리의 첫 관건이 될 것입니다. 무슨 일이 있어도 바꾸겠다는 굳은 결의가 있으면 이미 승리한 것이나 다름없습니다.

습관을 바꿀 좋은 방법을 하나 소개할까 합니다. 자신이 '꼭 고쳐야 할 나쁜 습관 다섯 가지' 정도를 종이에 써서 매일 아침저녁으로 한 번씩 확인하면, 또렷한 자각과 함께 실행력을 높여 주기에 습관을 고치기가 한결

쉬워질 것입니다. 흔히 작심삼일이라고 하지만, 작심삼일도 습관적으로 10번만 반복하면 30일이 됩니다. 30일 이상 지속하면 새로운 관성이 생겨서 그 다음부터는 훨씬 쉬워질 것이니, 이를 지속해 100일을 채우면 더 확실해질 것입니다.

```
〈꼭 고쳐야 할 나쁜 습관〉

1. _____

2. _____

3. _____

4. _____

5. _____
```

눈에 보이도록 이렇게 기술된 것은 그냥 마음속을 막연히 생각하는 것보다 훨씬 효과적입니다. 이런 식으로 문제점을 명확하게 자각하는 것만으로도 변화는 시작됩니다. 이렇게 해서 매일 점검해 보면 잘 고쳐지는 게 있고, 잘 안 고쳐지는 게 나올 텐데요, 잘 안 고쳐지는 습관은 왜 안 고쳐지는지를 그 원인을 알아내서, '대안'을 생각해서 함께 적어 두면 더 효과적입니다. 머릿속에 가능성에 대한 자각이 더 많이 될수록 행동의 변화가더 용이해질 테니까요. 이런 작업 자체가 자기 삶에 대한 통찰력을 높여줄 것입니다. 습관은 대개 환경이나 주위 영향과 매우 밀접한 관련이 있으니, 그 점도 잘 살펴보시기 바랍니다.

아울러 이와 똑같은 방법으로 내 삶이 좋아지기 위해서나, 내 꿈을 이루기 위해서 '내가 꼭 지켜야 할 좋은 습관'도 5~10가지 정도 노트에 써서, 아침저녁으로 확인하면서 잘 지켜지고 있는지를 점검해 보면 좋은 습관을 만드는 데 크게 도움이 될 것입니다. 지금 이 순간 내가 가진 좋은 습관이 얼마나 되는지, 어떤 좋은 습관들을 더해야 할지를 떠올려 보십시오. 내 삶을 떠받치고 있는 작은 습관들이 변하면, 내 존재 상태가 변할 뿐 아니라 분명 내 삶의 내용과 질도 따라서 변할 것입니다.

《성공하는 한국인의 7가지 습관》의 저자 조신영 씨는 실직이라는 충격을 경험한 후, 삶을 새롭게 살기로 결심하고 스스로 일곱 가지 습관을 정해서 열심히 실천했다고 합니다.

1. 규칙적인 기상: 성공하는 습관의 킹 핀
2. 아침 묵상: 플러스 사고력 키우기
3. 효율적 시간 관리: 목표 중심의 인생 관리능력 함양
4. 뿌리 깊은 독서: 인생의 근본 토양을 갈아엎는 힘
5. 꾸준한 건강 관리: 인생의 목적을 이루는 강건한 체력 유지
6. 감사 일기: 자기 성찰적 사고의 선순환 완성
7. 공감적 대화: 타인을 진정으로 이해하는 태도

그는 이 일곱 가지 습관을 매일 체크하며 열심히 이행한 결과 삶의 놀라운 변화들을 경험했다고 합니다. 내용과 질 양 측면에서 그 전과는 확연히 다른 삶을 살 수 있게 되었고, 자신의 일에서도 성공을 이루는 데 큰 힘이 되었다고 이야기합니다. 그는 습관에 대한 그 성공 체험을 담아 책으로 쓰기까지 했습니다.

3 행복과 성공의 절대공식

매일매일 도전하지 않고서 인생에서 얻을 수 있는 것은 아무것도 없다.

– 헬렌 켈러

'꼭 지켜야 할 좋은 습관' 베스트 목록은 자신이 원하는 삶으로 이끌어 주는 정신적 나침반이나 네비게이션과 같습니다. 목록으로 간략하게 써 두면, 눈으로 매번 확인하고 체크할 수 있기 때문에 실행력이 훨씬 높아집 니다. 꼭 실행해 보시기 바랍니다. 그러면 그 자체로 자기성찰지능과 자기 통제력을 높일 수 있을 뿐 아니라, 분명 그 효과를 직접 확인해 볼 수 있을 것입니다.

내일을 위한 최고의 준비는 오늘 할 일을 최대한 잘해 내는 것이다.

– 프랭크 티볼트

습관을 바꾸는 또 하나의 좋은 방법은 '자신이 바라는 좋은 습관을 이 미 가지고 있는 이들'과 함께 어울리는 것입니다. 예컨대 공부하는 습관을 들이고 싶으면 이미 공부를 열심히 하는 이들과 어울리면 되고, 등산하는 습관을 만들고 싶으면 이미 등산을 좋아하고 익숙한 이들과 어울리면 됩 니다. 또 독서를 잘하고 싶으면 독서 스터디에 가입해서 독서를 좋아하는 이들과 어울리는 것이 좋겠지요.

1994년 하버드 대학교 연구진은 삶의 방식을 철저하게 뜯어고친 사람 들의 특징을 연구했다고 합니다. 그 결과에 따르면, 삶의 습관을 혁신적 으로 바꾼 이들은 대부분 자신의 변화를 상대적으로 쉽게 도모할 수 있는 사회 집단과 함께한 덕분이었다고 합니다.

한 여자는 심리학 강의에 등록하고 훌륭한 사람들을 만난 덕에 완전히 다른 삶을 살게 되었다며 이렇게 말했다. "판도라의 상자가 열린 기분이었습니다. 나 자신이 더 이상 똑같은 삶을 용납할 수 없었습니다. 나는 철저하게 변했습니다." 어떤 남자는 "소극적인 성격을 고치려고 노력해 보았지만, 내가 진심으로 그렇게 행동하는 건 아니라는 기분이었습니다. 다른 사람에게 떠밀려 그렇게 행동하는 기분이었지만, 함께 어울려 운동할 수 있는 친구들을 만나면서 그런 기분을 떨쳐낼 수 있었습니다."라고 말했다. 새 친구들과 함께 운동하면서 그는 자신이 숫기 없는 남자가 아니라고 믿기 시작했고, 결국에는 활달한 사람으로 변했다.

이처럼 어떤 변화가 가능한 듯한 모임에 가입할 때 변화 가능성이 훨씬 높아진다. 삶의 방식을 철저하게 바꾼 사람들 대부분은 중대한 순간이나 삶을 송두리째 바꿔 놓을 재앙을 겪지 않았다. 그들에게 변화가 가능하다고 믿게 만든 공동체, 혹은 개인이 주변에 있었을 뿐이다. (…) 심리학자 토드 헤더턴Todd Hearther-ton은 나에게 이렇게 말했다. "변화는 다른 사람들과 어울릴 때 일어납니다. 다른 사람의 눈으로 변화를 볼 수 있을 때 정말로 변한 것이란 느낌이 듭니다."

– 찰스 두히그, 강주헌 역, 《습관의 힘》에서

친구 따라 강남 간다는 말이 있지요. 친구 따라 좋은 습관을 배울 수도 있고, 나쁜 습관을 익힐 수도 있습니다. 만일 그 친구가 한 명이 아니라 무리일 때는 그 영향력이 더 강할 것입니다. 습관을 고치기 위해서는 변화가 가능하다는 믿음이 있어야 하는데, 이미 내가 원하는 습관을 가지고 있는 사람들과 어울리면 그 믿음은 더 강화될 것이요, 주위의 분위기와 에너지 때문에 그 믿음은 보다 쉽게 실현될 것입니다. "공동체와 함께할 때 더 쉽게 믿음을 받아들일 수 있다."는 연구 결과는 이미 이러한 진실을 증명하고 있습니다.

> 존재한다는 것은 변화한다는 것이고, 변화한다는 것은 성숙해진다는 것이며, 성숙해진다는 것은 자기 자신을 끊임없이 창조한다는 것이다. - 헨리 베르그송

인생에서 승리를 거둔 사람들은 모두 '나를 이기는 습관'을 가졌던 이들입니다. 내가 습관을 만들지만 또 습관이 나를 만듭니다. '나를 이기는 습관'을 체득하는 것은 인생의 승리로 가는 티켓을 얻은 것이나 다름없습니다. 헉슬리 이렇게 말했습니다. "가장 소중한 교육은 우리의 마음이 내키든 내키지 않든, 꼭 해야 할 일을 꼭 해야 할 시기에 할 수 있도록 훈련시키는 것이다." 좋은 습관이 바로 그러한 훈련의 일환이며, 가장 소중한 교육의 기본 토대일 것입니다.

인생이라는 기다란 성벽은 오로지 습관이라는 작은 벽돌로 만들어져 있습니다. 사실 세상에 존재하는 거대한 것들은 모두 작은 것이 모여서 그렇게 된 것입니다. 물방울이 모이고 모이면 호수가 되고 강이 되고 또 바다가 되듯이, 작은 노력이 모이고 모여서 위대한 성과가 되고 세상에 빛나는 기적이 됩니다.

> 미래를 바꿀 수 있는 힘은 오직 지금 이 순간에 있습니다. 매 순간이 인생의 새로운 시작입니다. - 루이스 L. 헤이

하루하루의 작은 성장이 내일의 성장을 또 그다음 성장을 예비합니다. 모든 인생은 시간과 습관의 축적입니다. 하여 삶이라는 시간 속에, 좋은 습관을 얼마나 많이 가졌느냐 따라 인생이 승패가 좌우됩니다. 인생을 잘 사는 법, 내 삶을 성공하게 하는 법은 단지 '마이너스 습관'은 줄이고 '플러스 습관'을 늘리는 데 있습니다. 하루하루가 모여 한 사람의 일생이 되는 것처럼, 작은 습관의 벽돌이 쌓이고 쌓여서 돌이킬 수 없는 만큼 큰 차

이를 만듭니다. 삶의 크나큰 차이는 오직 작은 습관 하나로부터 시작된다는 것을 잊지 마시기 바랍니다.

"어떤 일이든 일단 시작해서 계속 해나간다면 이미 시작했다는 사실에서 오는 심리적 영향력으로 인해 내가 느끼는 어려움의 정도는 훨씬 낮아진다."《습관의 재발견》의 저자 스티븐 기즈가 한 이 말은 아마도 우리 모두에게 힘과 용기를 불어넣어 줄 것입니다. 자고로 시작이 반이라 했거니!

행운을 바란다면, 행운이 좋아하는 습관을 익혀라. 행운은 독창성과 끈기와 성실성과 날카로운 관찰력과 건강과 제대로 된 교육과 옳은 계획과 올바른 인간관계, 가치 있는 목표와 같은 것들을 좋아한다. - 프랭크 티볼트

좋은 습관이 곧 좋은 인생을 만든다.(좋은 습관 = 좋은 인생)

3 행복과 성공의 절대공식

비전 실현의 사다리,
소망 목록

소망 목록을 작성하는 것은 자신의 꿈을 이루는 데 크게 도움이 됩니다. 소망 목록은 꿈을 이루는 설계도이자 청사진이며, 자기 인생의 밑그림입니다. 자신의 꿈을 막연히 생각하는 것과, 그것을 종이에 써서 눈으로 확인하는 것은 실로 엄청난 차이가 있습니다. 글은 가시적이어서 명확하게 자각하는 힘을 줄 뿐 아니라, 그쪽으로 생각을 모을 수 있게 하는 힘을 가지기 때문입니다.

마음을 일정하게 유지하기 위해서는 상당히 강한 의지가 필요하다. 그런데 이런 마음의 흔들림을 최소한으로 할 수 있는 간단한 방법이 있다. 자신의 목표를 종이에 써서 책상 앞에 붙이는 것이다. 이것은 앞으로 나가야 할 길을 시각화하여 흔들리는 마음을 다잡을 수 있게 한다. - 무쿠노키 오사미

프랭크 티볼트는 자기 계발의 최고의 기술로 '목록 작성하기'를 강조합

니다.《직장인 리더십》에서 그는 이렇게 적고 있습니다. "'중요한 일' 리스트를 만들려면 어쩔 수 없이 생각을 해야 했고, 매일매일 기록하다 보니 저절로 사고력이 개발되었다. 리스트 작성은 그에게 생각의 촉진제이자 정신활동의 촉매제이며 자극제였다. 리스트를 만듦으로 인해서 관찰력과 집중력, 판단력, 의지력, 기억력, 독창성, 상상력과 지적인 능력들이 개발되었다. 게다가 야망과 인생의 비전까지 갖게 되었다."

헨리에트 앤 클라우저의《종이 위의 기적, 쓰면 이루어진다》엔 이런 내용이 소개되어 있습니다. 1953년 예일 대학교에서 졸업반 학생들을 대상으로 목표 설정에 관한 설문조사를 하였는데, 오직 3%의 학생만이 글로 쓴 구체적인 목표를 가지고 있었습니다. 그 후 20년이 지나서 예전의 졸업반 학생들을 대상으로 그들이 어느 정도의 성공을 거두었는지에 대해 설문조사를 실시하였습니다. 그 결과는 20년 전 글로 쓴 목표를 지니고 있었던 3%의 학생이 그렇지 못한 97%의 학생들보다 훨씬 월등한 사회적 성공을 거두었다는 것입니다.

가장 큰 성공을 이룬 3%의 상류층에 속하는 사람들은 글로 쓴 구체적인 목표를 가지고 있었던 반면, 잘사는 중산층 10% 그룹은 구체적인 목표를 간직하고는 있었으나 글로 쓰지는 않고 마음속에만 품고 있었다고 합니다. 그리고 나머지는 거의 목표를 갖고 있지 않았습니다. 상류층과 중산층 그룹 사이에는 학력, 재능, 지능 면에서 별다른 차이도 없었으며, 두 그룹 사이의 단 한 가지 차이는 상류층은 그들의 목표를 글로 쓴 반면에 중산층은 그렇게 하지 않았다는 것뿐입니다. 놀라운 사실은 상류층은 중산층 그룹보다 10배 이상의 탁월한 능력을 발휘했다는 점입니다.

이는 학창 시절부터 명확한 목표를 설정하고 리스트를 작성하는 일이 얼마나 중요한 일인지를 잘 보여 줍니다. 우리가 예일대의 연구에서 얻을 수 있는 교훈은 '장기적이고 명확한 목표를 일찍부터 가지는 것'과 '목표를 구체적으로 종이에 쓰라'는 두 가지입니다. 인생을 성공으로 이끄는 이들은 목표지향적인 사람들입니다. 그런 사람들은 미래를 내다보면서 지금 현재 어떻게 행동해야 될지를 진지하게 생각하는 이들입니다.

하버드 대학 에드워드 밴필드 박사 역시 "우리 사회에서 가장 성공적인 사람은 10년, 20년 후의 미래를 생각하는 장기적 시각을 가진 사람들이었다."는 연구결과를 발표한 적이 있습니다. 그들은 당장의 편의나 이익만을 생각하는 것이 아니라, 먼 미래적 관점에서 오늘 미리 무엇을 준비해야 할지를 바라보고 행동하는 지혜를 갖춘 이들일 것입니다.

당신의 모든 경험은 당신이 가장 두드러지게 하는 생각이 세상이라는 거울 속에 비춰진 이미지입니다. 소망은 당신이 가고자 하는 목적지로 갈 수 있는 디딤돌입니다. - 틸 스캇

오늘 하루 당신은 어디를 향해 가고 있습니까? 당신 인생에 있어서 최종 목적지는 어디입니까? 그것에 대한 세부적인 로드맵은 있는지요?

삶에서 큰 성공을 거둔 사람들의 공통적인 특징은 첫째 명확한 목표 설정이 있었고, 둘째 그것에 계속 집중했다는 점입니다. 비전의 청사진과 그것에 대한 집중력만 있다면 성공할 가능성은 그만큼 더 높아질 것입니다.

우리는 왜 장기적이고 명확한 목표를 설정해야 할까요? 진정으로 내가 원하는 쪽으로 나를 계속 이끌기 위해서입니다. 로마 속담에 이런 말이 있습니다. "사람도 세상도 때로는 무덤까지도 자신이 가는 곳을 아는 사람에게는 길을 비켜 준다. 하지만 정처 없는 방랑자는 옆으로 밀쳐 낼 뿐이다." 성공의 비결 혹은 원하는 삶을 살 수 있는 비결은 목표 설정이라는 이정표를 세우고 그것에 계속 집중하는 데에서 비롯됩니다.

목록 작성의 마법 원리

1. 원하는 것의 목록을 작성하여 날마다 아침, 점심, 저녁 세 차례 읽는다.
2. 원하는 대상을 가급적 자주 생각한다.
3. 이 플랜은 남에게 절대 비밀로 하고 마음속의 위대한 능력에게만 이야기한다. 그러면 이 능력이 자신의 객관적 의식에게 소원 성취의 비결을 제시해 줄 것이다.

– RHJ, 서재경 역,《It Works: 꿈을 실현시키는 빨간 책》에서

세상에 존재하는 수많은 자기계발서들에 공통적으로 이러한 방법들이 소개되어 있습니다. 다소의 차이는 있지만, 이 방법의 요지는 '구체적인 목표를 종이에 쓰고 반복해서 보라'는 것입니다. 이런 방법들이 실제로 일정 이상의 효과를 발휘하는 이유는 크게 세 가지로 요약할 수 있습니다.

첫째, 종이에 쓰면 생각이 명확해지며 '목표에 대한 자각'이 또렷해진다.

둘째, 반복 자각으로 목표에 대한 집중력이 훨씬 높아질 뿐 아니라, 그에 대한 아이디어나 사고(상상)를 구체화시키고 또 증폭시킨다.

셋째, 반복을 통해 의식과 무의식에 계속 자극을 주어, 행동으로 이행할 가능성이 높아진다.

단지 우리 마음속이나 상념 속에 있는 목표는 눈에 보이지도 않으며 또 잘 인지되지도 않습니다. 우리의 마음이나 생각은 끊임없이 유동적인 것이어서, 쉽게 잊히고 또 쉽게 흔들립니다. 하지만 종이에 써둔 목표는 잊히지도 전혀 흔들리지도 않습니다. 오히려 마음의 안개를 걷어 내고 생각을 또렷하게 만들어 줍니다. 하여 목표를 적어 두는 것은, 목표가 흔들리

3 행복과 성공의 절대공식

거나 잊히지 않게 꽂아 두는 정신적 압핀과 같습니다.

이런 이유 때문에 같은 목표일지라도, 그 목표를 그냥 마음속에서 간직하고 있는 것보다 글로써 구체적으로 적어 두고 보는 것이 훨씬 꿈의 성취를 위해 도움이 됩니다. 이 차이는 너무나 큰 것이며, 이미 세상에 수없이 많은 이들이 체험하고 검증한 노하우라 할 것입니다.

목록 쓰기의 예찬자인 프랭크 티볼트는 《직장인 리더십》에서 이렇게 쓰고 있습니다. "목표를 글로 쓰는 것은 씨앗을 뿌리는 것과 같다. 목표를 글로 쓰면 가속도와 생명력이 생긴다. 종이에 적어 놓은 목표는 무의식에 기록하는 것과 같다. 무의식의 세계로 메시지를 전달하고 나면 낭신의 문제는 반 이상 해결된다. 당신의 무의식은 당신에게 놀라운 효과를 발휘한다."

브라이언 트레이시는 이러한 원리와 속성을 좀 더 상세하게 이야기해 줍니다.

목표를 꼭 이룰 수 있다고 강하게 믿고 그것과 일치하는 행동을 선택함으로써 신념의 법칙을 작동시킨다. 이것이 믿음과 자신감의 원천이다. 그리고 지금 일어나는 모든 일은 긍정적인 일이든 부정적인 일이든 간에 목표를 성취하는데 결국 도움이 된다는 것을 확신하면 기대의 법칙이 작동하기 시작한다. 항상 자신이 하는 모든 일에서 유용하고 가치 있고 스스로에게 유리한 무언가를 찾아낼 수 있다.

계속해서 목표를 생각함으로써 인력의 법칙을 작동시킨다. 항상 머릿속에서 목표를 생각하고 있으면 틀림없이 주위에 목표와 어울리는 사람과 상황이 나타나기 시작한다. 우리에게 도움이 될 수 있는 아이디어와 기회, 자원이 나타나는 것이다.

외부 세계는 내부 세계와 일치하려고 하는데, 이때 상응의 법칙이 작동된다.

내부 세계가 목표를 성취하려는 계획과 생각으로 가득 차 있으면 외부 세계에서 나타나는 결과는 곧 내부 세계의 희망과 열망을 반영하기 마련이다.

– 브라이언 트레이시, 홍성화 역, 《잠들어 있는 성공시스템을 깨워라》에서

성공의 비밀을 함축하고 있는 이 글은 우리에게 네 가지 법칙에 대해서 이야기해 주고 있습니다. 간명하지만 이 안에 분명 놀라운 이치들이 담겨 있는 듯합니다. 목표를 향한 신념(생각)과 행동의 일치, 모든 상황에 대한 긍정적 수용과 탐구, 생각 에너지 증폭에 의한 끌어당김, 내면 세계와 외부 세계의 조응! 정녕 이 네 가지를 제대로 실천만 할 수 있다면 누구나 성취의 문에 훨씬 더 가까워질 것입니다.

그런데 그가 말한 '신념의 법칙, 기대의 법칙, 인력의 법칙, 상응의 법칙' 이 네 가지 법칙을 추동하는 힘이 소망 목록에 모두 담겨 있습니다. 꿈 목록을 작성하는 것 자체가 인생에 대한 하나의 긍정적 탐구이며, 그것을 반복해서 보는 것은 마음과 행동을 조율하기 때문에 믿음과 기대를 가지게 만듭니다. 아울러 내면에 그 내용들이 가득하게 할 뿐 아니라, 외부 세계에서 그 접속점을 계속 찾게 만들고 행동을 이끌도록 자극시킵니다. 이렇듯 소망 목록 안에는 성공의 원리가 함축되어 있는 것입니다.

아울러 소망 목록에는 한 가지 법칙이 더 담겨 있습니다. 그것은 주의를 한곳으로 집중하게 하는 '초점의 법칙'입니다. 산만하게 흩어져 있는 정신을 '꿈'이라는 한 지점으로 모아 주는 역할을 하는 것입니다. "위대해지고자 한다면 정신을 집중하라."라는 말이 있지요. 소망 목록은 선택적 주목과 몰입 몰두를 낳는 좋은 과녁과 같습니다.

때문에 소망 목록 사용법에서 가장 중요한 것은, 단지 목록을 작성하는 것에서 끝나는 게 아니라 그 내용을 꾸준히 반복해서 보면서 집중하는 것입니다. 반복해서 보면서 '어떻게 하면 이걸 이룰 수 있을지'를 떠올려 보

는 것입니다. 꿈을 이루려면 항상 자기 꿈과 일치하는 생각과 행동을 해야 합니다. 이른바 표사행일치標思行─致라 하겠습니다!

101가지 소망 목록 쓰기

> 하고 싶은 일은 지금 당장 시작하라. 우리의 삶은 영원하지 않다. 우리에겐 오직 지금 이 순간이 있을 뿐이다. 우리의 손안에서 별처럼 반짝이다가 이내 눈송이처럼 녹아 버리는 지금 이 순간만이……. ─ 마리 베이론 레이

'목표를 종이에 쓰기'에는 다양한 것들이 있는데요, 특히 인상적인 것 중 하나로 '101가지 소망 목록 쓰기'라는 것이 있습니다. 예컨대 세계적인 모험가인 존 고다드는 열다섯 살에 자신이 죽기 전에 이루고 싶은 127가지 목표를 작성했다고 합니다. 그것엔 이집트의 피라미드 탐사, 스쿠버 다이빙 배우기, 중국의 만리장성 여행, 킬리만자로 등정, 브리태니커 백과사전 독파 등이 포함되어 있었습니다. 그는 70대가 되었을 때 자신의 목표 중 109가지를 달성했다고 합니다.

유명한 풋볼 코치였던 루 홀츠는 실직 상태였을 때 데이비드 슈워츠의 《크게 생각할수록 크게 이룬다》를 읽고서 20대 후반에 자신이 이루고 싶은 108가지 목표를 작성했고, 여기에는 세계 챔피언이 되는 것과 백악관에서의 저녁식사, 교황 알현, 항공모함에 비행기로 착륙하기 등이 포함되어 있었습니다. 그 역시 70대까지 자신의 목표 중 102가지를 달성했다고 합니다. 그의 성공을 만든 것은 자신을 고무시킨 구절 "성취하고 싶은 것들을 목록으로 작성하라."에 따라 행동한 것에서 시작되었습니다. 그는 "오래전 한 권의 책에서 '마법'을 발견했고, 그것이 내 인생을 송두리째 바

꿔놓았다."라고 회고했습니다.

　두 사람의 이야기에 고무된 나(잭 캔필드)는 17년 전 109가지 목표를 작성했다. 지금까지 나는 이 중 63가지를 달성했다. 내가 이미 달성한 목표 중에는 1분에 50단어 타이핑하기, 영화에 출연하기, 스키와 윈드서핑 배우기, 베스트셀러 집필하기, 세계 여행, 아름다운 전원주택 장만하기, 신문 칼럼니스트 되기 등이 망라되어 있다. 이제는 당신 자신의 101가지 목표를 작성하자. 이를 꾸준히 들여다보고 음미하는 일은 목표 달성에 긍정적인 분위기를 조성하여 끌어당김의 법칙을 활성화시켜 줄 것이며, 그에 따라 당신의 삶에서 기적과 같은 일들이 일어나기 시작할 것이다.

– 잭 캔필드, 유영일 역, 《Key》에서

　한 사람의 성공은 다른 사람의 성공을 자극하고 고무시킵니다. '101가지 소망 목록의 마법'이 알려지면서 이에 대한 추종자가 점점 더 늘어나고 있는 추세입니다. 브라이언 트레이시는 《목표 그 성취의 기술》에서 이와 관련하여 이렇게 말하고 있습니다.

　"《영혼을 위한 닭고기 수프》의 공동 저자 마크 빅터 한센은 종이를 놓고 자리에 앉아서 평생 성취하고 싶은 최소 100개의 목표를 목록으로 작성해 보라고 조언한다. 이런 목표들을 성취하는 데 필요한 시간, 돈, 친구, 능력 재원이 모자라지 않다고 상상하라. 자유롭게 꿈꾸고 환상을 가져라. 그러고 나면 놀라운 일이 일어날 것이다. 100개의 꿈을 적은 후 30일 안에 인생에서 엄청난 일이 벌어지기 시작한다. 지금은 상상조차 할 수 없는 빠른 속도로 목표가 성취되기 시작한다. 100개 이상의 목표를 적기만 하면 이런 일이 일어난다. 한번 시도해 보라. 그 결과에 크게 놀라게 될 것이다."

　허나 브라이언 트레이시의 말처럼 단지 100가지 이상의 꿈의 목록을 적는 것만으로는 결코 엄청난 일들이 일어나지 않습니다. 그의 말은 지나친 과장일 뿐입니다. 하지만 이렇게 꿈을 적는 것만으로 우리에겐 큰 소득이 있습니다. 이런 작업을 해보면, 자신이 인생에서 진정 무엇을 원하는지에 대해 또 자신이 진정 살고 싶은 삶의 모습과 인생의 가능성에 대해 폭넓고 구체적으로 생각해 볼 수 있게 된다는 점입니다.

요컨대 '101가지 소망 목록'은 삶의 시야를 바꾸어 놓습니다. 삶의 무수한 가능성들에 눈뜨게 할 뿐 아니라, 보다 높은 삶의 이상으로 보다 풍부한 삶의 의미를 찾도록 자신의 마음을 이끌어 줍니다.

우리의 마음속을 떠다니는 소망들을 글로 적는 것은 우리 인식의 한가운데에 그 소망을 각인시킬 수 있는 좋은 기회이다. 이제 그것들을 자주 읽어 보라. 적혀 있는 꿈과 소망을 진지하게 대해야 한다. 만약 아직도 자신의 진짜 소망이 무엇인지 모르겠다면, 가고자 하는 방향이라도 잡아 두라. 소망 목록을 쓰는 것은 자신의 소망에 집중하게 만드는 힘이 있다. 우리는 자신이 지닌 꿈에 관심이 쏠리게 될 뿐만 아니라 바로 그 꿈에 의해 언젠가는 행동을 하게 된다. 그렇다. 꿈은 우리가 삶 속으로 관통해 들어가게 만드는 하나의 방법이다.

– 나탈리 골드버그, 《뼛속까지 내려가 써라》에서

우리는 흔히 꿈이 뭐냐고 물으면, 단지 직업과 관련된 한 가지 꿈만을 대답합니다. 허나 우리가 긴 인생 동안 꿈꿀 수 있는 것들은 너무나 많습니다. 가지고 싶은 것, 하고 싶은 것, 되고 싶은 것 등 그 다양한 크고 작은 꿈들이 우리의 삶을 더 풍요롭게 만들어 줍니다.

특히나, 일찍이 지구 역사상 인류가 지금처럼 다양한 꿈을 이룰 수 있는 시기는 정녕 없었습니다. 뜻만 있다면 거의 지구 어느 곳이라도 갈 수 있고, 옛날 사람들은 상상조차 할 수 없었던 수없이 다양한 일들을 체험해 볼 수 있습니다. 우리는 문명이 이룬 기적의 시대를 살고 있습니다. 마음 껏 꿈꿀 수 있고, 그 꿈을 향해 도전할 수 있는 축복 같은 시대에 살고 있 는 것입니다.

매튜 캘리는 《위대한 나》에서 이렇게 적고 있습니다. "나는 자칭 '꿈 노 트'라고 부르는 공책을 갖고 있다. 그냥 보통 공책인데, 거기에다 내 희망 과 꿈과 나를 고무하는 말과 생각들을 기록한다. 가끔 한적한 시간에 꿈 노트를 뒤적거리며 3년, 4년, 5년 전에 써놓은 것들을 들여다본다. 어떤 것들은 당시엔 불가능한 듯 여겨졌지만 요즘은 오히려 시시할 정도다. 왜 냐하면 나는 계속 꿈을 이루며 전진하고 있기 때문이다."

노트와 펜만 있으면 이러한 꿈 성취의 노하우는 누구나 쉽게 배울 수 있고 또 쉽게 실행할 수 있습니다. 진정 가슴 속에 이루고 싶은 꿈이 있는 이들, 자신만의 다양한 꿈을 가진 이라면 안 할 이유가 없고 못할 이유가 없을 것입니다.

자기계발서의 저자인 김태광도 '나의 버킷리스트'를 통해 '베스트셀러 작가 되기, 대한민국 최고의 성공학 강사 되기, TV·라디오에 출연하기, 해외에 저작권 수출하기, 내가 쓴 글이 교과서에 실리기, 대기업 등에 칼 럼 쓰기, 책 100권 쓰기, 대형 서점에서 사인회 하기' 등의 다양한 소망을 이루었다고 합니다.* 또 《멈추지마, 다시 꿈부터 써봐》의 저자 김수영도 이와 같은 방법을 사용한 이후부터 자신의 여러 가지 꿈들을 이루었고,

---

* "나는 '작가'의 꿈을 이룬 후 '베스트셀러 작가'라는 꿈을 꾸기 시작했다. 그리고 다시 치열하게 노력했다. 그 후에도 또 다른 꿈들이 새록새록 생겼다. 나는 실현하고자 하는 것들을 적은 종이 를 지갑과 가방에 넣어 다니며 수시로 들여다보며 꿈을 실현한 모습을 상생했다. 당시 내가 습 관적으로 했던 것이 있는데 바로 시각화, 즉 자기암시이다. 아직 원하는 것들을 이루지 못했지 만 마치 이룬 것처럼 생각하고 말하고 행동하면서 성공자의 사고를 갖출 수 있었다. 그리고 내 가 바라는 것들을 실현하기 위해 최선을 다해 노력했다. 그 후 믿을 수 없는 기회들이 찾아왔고, 조금씩 나의 잠재력과 가능성의 날개를 펼칠 수 있었다." -김태광, 《36세 억대 수입의 비결, 새벽에 있다》에서

3 행복과 성공의 절대공식

《프린세스 마법의 주문》의 저자 아녜스 안도 카드에 자신의 꿈들을 쓰고 반복해서 보는 방법으로 자신의 다양한 꿈들을 이루었습니다.(특히 이 두 책은 청소년들과 여성들에게 적극 추천하고 싶습니다.)

> 두 개의 전선이 만나야 전기를 만들어 낼 수 있듯이, 종이와 연필이 만나야만 아이디어의 스위치를 켤 수 있다. - 프랭크 티볼트

무릇 아이디어의 발화와 정착은 메모로부터 시작됩니다.《독서천재 홍대리》엔 이런 구절이 있습니다. "해야 할 일은 무조건 적어 본다.' 할 일이 무엇인지 아는 것만으로 일의 진행 속도가 놀라울 정도로 빨라진다." 이는 결코 빈 말이 아니니, 우리가 세부적인 꿈들을 종이에 적는 순간부터 아이디어의 스위치는 켜지게 됩니다.

목록 작성의 예찬가 프랭크 티볼트는 그 효과를 이렇게 이야기합니다. "기적 같은 일이 일어나기 시작한다. 목표를 이루기 위한 아이디어들이 난데없이 떠오르고, 희망이 샘처럼 솟아오른다. 당신은 방황하던 상태에서 추진력 있는 상태로 변화해 간다. 낙관주의가 비관주의를 대체하고 긍정적인 사고가 부정적인 사고를 앞지른다. 희망이 꽃을 피우며 절망은 저 멀리 달아난다. 자신감이 모든 의심을 밀어내고 무관심이 열정으로 바뀐다. 비로소 올바른 인생의 궤도에 올라서게 되는 것이다." 단지 목록을 작성하고 반복해서 보는 것만으로 이런 효과가 난다면 그것은 정말 대단한 일일 것입니다.

생텍쥐페리는 "계획이 없는 목표는 단지 바람일 뿐이다."라고 하였습니다. 여러분은 꿈과 공상의 차이를 아시는지요? 제 지인 중에, 꿈이 뭐냐고 물었더니 '10억 부자가 되는 것'이라고 말하는 이가 있었습니다. 그래서

제가 다시 '그럼 어떻게 10억 부자가 될 계획이냐'고 물었더니, 그것에 대해선 구체적인 생각을 해보지 않았다고 합니다. 제가 보기에 그가 가진 것은 꿈이 아니라 공상에 가깝지 않은가 합니다.

꿈과 공상의 차이는 바로 이런 것입니다. 꿈이란 그 꿈을 이루기 위한 어떤 계획과 전략이 있는 것이고, 공상은 그러한 계획이나 전략이 없이 단지 그냥 상념 속에 희망사항을 떠올려 보는 것일 뿐입니다. 여러분은 꿈을 가지고 있나요, 아니면 공상을 가지고 있나요. 공상에 '실행 계획표'가 놓일 때, 그것은 그때서야 아름다운 꿈과 비전이 될 수 있습니다. 혹자는 말했지요. "계획하지 않는 것은 자신도 모르게 실패를 계획하는 것과 같다." 꿈을 관리하지 않는 것은 자신도 모르게 실패를 꿈꾸는 일이 될지도 모릅니다.

> 꿈을 날짜와 함께 적어 놓으면 목표가 되고, 목표를 잘게 나누면 계획이 된다. 계획을 실행에 옮기면 꿈이 현실이 된다. - 그레그 레이드

꿈에 기한을 정하면 목표가 되고, 그것을 잘게 쪼개면 계획이 되고, 그 계획을 잘 실천하면 현실이 된다는 얘기는 실로 '꿈 실현의 로드맵'을 압축하고 있는 멋진 통찰이 아닌가 합니다.

브라이언 트레이시의 《목표 그 성취의 기술》의 책머리에 그 책 전체 내용을 함축한 인상적인 글이 있어 옮겨 봅니다.

나는 지금까지 24개 나라에서 200만 명이나 되는 청중들 앞에서 2,000번이 넘게 강연을 해왔다. 그 세미나와 대담들은 5분에서 5일에 이르기까지 길이도 다양하다. 그러나 언제나 나는 특정한 주제에 관한 최고의 생각들을 그 순간 그 자리에 있던 청중들과 함께 나누려고 노력했다. 이제껏 다양한 주제들을 가지

고 셀 수도 없이 많은 강연을 해온 내가 만일 5분 동안 당신의 성공에 도움이 될만한 딱 한 가지 생각만을 전해 줄 수 있다면, 이런 말을 해주고 싶다. "목표를 설정하고, 그것을 성취하기 위한 계획을 세우고, 날마다 그 계획을 실천하기 위해 노력하십시오."

이에 대한 구체적인 실행 방법으로 그는 '1년 동안 자신이 가장 이루고 싶은 소망 10가지'를 종이에 쓰고 그것을 매일 보라고 이야기합니다. 그리고 이왕이면, 실행력을 높이기 위해 그 소망들을 이룰 수 있는 전략이나 방법(기한) 등을 각 항목 사이에 써 두라고 합니다. 그러면 1년 중에 정말 그 일들을 이룰 확률이 훨씬 높아진다고 합니다.

이 방법은, 일생을 대상으로 하고 있는 '101가지 소망 목록'보다 범위가 훨씬 좁기 때문에 집중하기도 더 쉽고 단기간에 효과를 확인할 수 있는 장점이 있습니다. 분명 트레이시가 권하는 한 해 기준의 '10가지 소망 목록'도 꼭 참고해서 사용해 볼 만한 매우 유용한 방법이 아닐까 합니다. 아울러 이 방법을 다양하게 응용할 수도 있을 것입니다.(예컨대 해마다 10가지 소망 목록을 작성하면, 10년이면 100가지요, 30년이면 300가지나 됩니다.)

〈최고의 성공 공식〉

1. 자신이 원하는 것을 결정하라.
2. 행동을 취하라.
3. 제대로 되고 있는 것과 잘못되고 있는 것을 찾아내라.
4. 자신이 원하는 것을 이룰 때까지 접근방식을 바꿔가며 계속하라.

– 앤서니 라빈스, 조진형 역, 《네 안에 잠든 거인을 깨워라》에서

'계획이 없는 꿈과 목표'는 사다리 없는 언덕에 가까울 것입니다. 자신

의 꿈에 대해 최선의 전략과 계획을 세우고 그것을 매일 조금씩 실천하는 것, 자신의 꿈을 앞당기는 데 이보다 효과적인 길은 없지 않을까 합니다. 자신의 꿈이 무엇이며, 그 꿈을 이루기 위해 무엇을 어떻게 해야 할지를 생각해서 구체적인 목표(단기, 중기, 장기)를 작성하는 것은 내 인생 최고치를 위한 '최상의 꿈의 지도'가 되어 줄 것입니다.

성공적인 인생의 비결은 참 간단하다. 인생을 구성하는 매시, 매분, 매초 동안 자신이 바라는 목표, 건강, 행복, 풍요로움만 생각하고 원치 않는 것은 생각하기를 거부하는 것이다. - 브라이언 트레이시

마음은 에너지입니다. 자신이 마음을 모으고 있으면 에너지가 증폭되어 비슷한 것을 끌어당깁니다. 이게 바로 끌어당김의 법칙이지요. 그 법칙을 잘 사용하는 법은, 가능성을 믿는 것입니다. 무릇 꿈에 대한 집중력과 집념을 가지는 것은, 하늘 아래 자신의 꿈을 성취한 모든 이들의 핵심적인 특징일 것입니다.

꿈꾼다는 것의 가치와 의미

세상에 무엇이 필요한지 고민하지 말라. 당신을 살아 있게 만드는 일이 무엇인지 고민하고 그 일을 해나가라. 세상이 필요로 하는 것은 바로 그런 사람들이다. - 하워드 서먼

소망 목록의 가치를 한 가지 더 말한다면 시간 관리에도 매우 유용한 도구가 된다는 점입니다. 에디슨은 "시간을 충만하게 쓰는 것이 행복이

다.”라고 했지요. 소망 목록은 자신의 꿈에 집중하고 자신이 해야 할 일에 집중하게 만들기 때문에 시간을 아껴 충만하게 쓰도록 만들어 줍니다. 소망 목록 자체가 일종의 행동 계획표와 같으니까요.

위니프레드 갤러거는 “‘시간을 보내는 것’과 ‘시간을 잘 사용하는 것’ 사이의 차이는 크고 작은 문제에서 무엇을 어떻게 다룰지 현명하게 판단하는 데 달려 있다. 선택의 질적인 측면을 생각하고 행동한다면 인생의 질도 그에 따라 달라질 것이다.”라 하였습니다.

‘시간을 보내는 것’은 무자각 속에 있는 상태이고 ‘시간을 잘 사용하는 것’은 가치의 자각 속에 있는 상태입니다. 시간의 굽이에서 크고 작은 문제에서 무엇을 어떻게 다룰지 현명하게 판단하는 것은 지향점이나 기준점이 있을 때 가능해집니다. 소망 목록과 그 구체적인 계획이 바로 그러한 지향점이나 기준점이 되어 주기 때문에, 그 선택적 질을 결정하는 탁월한 도구가 되는 것입니다.

심리학자 미하이 칙센트미하이는 시간 경영에 대해 이런 금언을 전한 바 있습니다. “시간이 없다는 말은 ‘나는 스스로를 관리하지 못한다’는 말이다.” 자신을 관리한다는 것은 자신이 해야 할 일을 관리한다는 것과 같은 뜻입니다. 결국 자신이 해야 할 일이란 자신의 꿈과 일치하는 행동들입니다. 때문에 소망 목록은 자신의 행동뿐 아니라 자신의 시간을 조율하는 데도 매우 좋은 영향을 미칠 것이 분명합니다.

무언가 하고 싶은 일에 대한 가장 간단한 답은 해보는 것이다. - 영국 격언

시간을 되돌려, 제가 만약 20년 전의 나에게 가장 소중한 삶의 교훈을 하나를 전할 수 있다면 저는 이렇게 말해 주고 싶습니다. “시간을 아끼고

아껴서 최대한 유용하게 사용하라! 한순간도 시간을 낭비하지 말라."* 과거의 나에게 이런 말을 전하고 싶은 이유는, 인생은 시작부터 끝까지 시간으로 되어 있으며, 오직 한 번뿐이자 한정적으로 주어져 있는 그 시간을 최대한 잘 사용하는 것이 인생을 가장 값지고 풍요롭게 사는 길임을 알게 되었기 때문입니다.

때문에 '시간을 잘 사용하는 것'은 '인생을 잘 사용하는 것'으로 이어집니다. 그 누가 어떤 인생을 살든, 저는 소망 목록이 바로 그렇게 사는 데 좋은 도구가 되어 줄 것이라 믿습니다. 소망 목록은 더 좋은 인생, 더 풍요롭고 가치 있는 인생을 살 수 있도록 도와주는 삶의 정신적 도안이니까요.

구본형 선생은《깊은 인생》에서 '깊은 인생의 가치'에 대해 이렇게 적고 있습니다.

"삶을 자신의 것으로 만드는 데 성공한 인물들은 자신에게 최고의 선물을 주는 것을 최우선적 가치로 삼는다. 그것을 위해 현실의 위협에 대항한다. 뻔한 인생을 거부할 권리, 과거의 나를 죽일 수 있는 용기, 새로운 곳으로 떠날 수 있는 무모함이야말로 꿈이 이루어질 수 있는 조건들인 것이다. 그때 그들은 삶을 재창조해 내는 데 성공한다. 인생의 터닝 포인트에서 분명한 도약을 통해 얕은 인생을 건너 깊은 인생으로 들어서게 된다."

우리에겐 누구나 '뻔한 인생'을 거부할 권리가 주어져 있으며, 또한 과거의 나를 넘어 거듭날 용기와 자유가 주어져 있습니다. 김수영은 "가지 않은 길도 표지판을 세우면 길이 된다."고 하였고, 팸 그라우트는 "무언가를 물리적 세계로 가져오기 위해서는 실제로 보이는 것이 아니라, 보고 싶은 것에 초점을 맞추기만 하면 된다."고 하였습니다. 소망 목록은 우리가

---

* 이 말은 오로지 공부나 일만 하라는 뜻이 아닙니다. 잘 노는 것과 잘 쉬는 것까지 포함된 말입니다. 즉 그 무엇을 하든 시간을 낭비하지 말고, 최대한 잘 활용하라는 뜻입니다.

　　　　　　　　　　　　3 행복과 성공의 절대공식

가보지 못한 새로운 길로 안내할 표지판이요, 깊은 인생으로 도약할 우리의 정직하고 슬거운 발판입니다.

심리학자 윌리엄 제임스는 일찍이 이렇게 말했습니다. "우리가 도달해야 할 경지에 비추어 보면 지금 우리는 잠이 반쯤 덜 깬 상태다. 불길은 눅눅히 젖었고 계획은 위축되었다. 우리는 정신적·육체적 재원의 극히 일부만을 사용할 뿐이다. 크게 보면 인간 개개인은 자신의 한계에 크게 못 미치는 삶을 살고 있다."

잠에서 반쯤 덜 깬 상태란 무엇일까요? 우리의 한계는 어디까지이며, 우리가 도달해야 할 경지는 무엇일까요? 우리가 사용하지 못한 능력은 무엇이며, 또 우리가 이룰 수 있는 최고치는 무엇일까요?

어쩜 '꿈꿀 수 있는 것' 혹은 '꿈꾸어야 하는 것'을 꿈꾸지 못하는 것은 인간으로서 하나의 무지요 무능력일지 모릅니다. 아울러 미지 속에 있는 우리 생의 무수한 가능성들을 황무지로 만드는 일일지도 모릅니다. 우리는 누구나 자신이 설정한 기준에 따라 움직이고 성장합니다. 때문에 자기 인생의 기준을 높이지 않는 것은, 스스로 자기 인생의 격을 낮추고 자신이 누릴 수 있는 것을 포기하는 것이나 다름없습니다.

돈을 잘 벌면서도 돈 버는 것 말고는 꿈꿀 줄 모른다면 우리의 영혼은 돈에 갇혀 있는 것이다. 아무리 많은 사람을 만나도 가족밖에는 꿈꿀 줄 모른다면, 우리의 영혼은 가족에 갇혀 있는 것이다. 그 영혼의 감옥 안에서, "밖에선 그토록 빛나고 아름다운 것들이, 꽃들이, 화분이" 누렇게 시들어 간다. 초라하게 죽어 간다. (…)

꿈에도 질이 있다. 질적인 차이가 있다. 외부 세계, 내가 맴돌고 있는 것과 다른 세계를 보여 주지 못하는 꿈이라면 그건 꿈이라고 부를 것도 없는 꿈이다. 꿈에서마저 현실을 넘어서지 못한다면, 우리의 영혼은 '현실'이란 감옥에 갇혀 있

는 것이다. 꿈속에서마저 자유로울 수 없는 삶을 살고 있는 것이다. 정말 두려워

해야 할 것, 그것은 꿈속에서마저 갇히는 것이다. 꿈속에서마저 작아지는 것이

고, 그 꿈마저 편협해지는 것이다.

－ 이진경,《삶을 위한 철학수업》에서

우리는 진정 마음을 다해 간절히 물어야 할 것입니다. '내가 꿈꿀 수 있

는 최고치는 무엇인가? 또 내가 살 수 있는 인생의 최고치는 무엇인가? 무

엇이 그것을 가능하게 하는가?'

대부분의 사람들은 위험을 감수하지 말아야 할 상황에서 모험을 하고, 위험

을 감수해야 할 상황에 모험을 회피한다. － 진 랜드럼

의욕과 상상력이 메말라 꿈조차 마음껏 꾸지 못하는 사람들이 많습니

다. 시야가 좁아져 삶의 이상조차 높고 웅대하게 가지지 못하는 사람들이

많습니다. 꿈이 없는 사람은, 꿈이 없는 세상이 그렇듯 영혼의 생기를 잃

고, 일상의 진부함 속에서 생존의 목마름을 채우는 데 자족할 것입니다. 하

나뿐인 나의 인생을 그렇게 보낸다는 것은 너무나 아쉬운 일이 아닌지요.

괴테는 "최고가 아닌 것에 낭비해 버리기에는 인간의 정신은 너무나 소

중하다."고 했습니다. 우리는 누구나 '내가 도달할 수 있는 최고치'가 되도

록, 또 '내 삶이 이룰 수 있는 최고치'를 만들도록 노력해야 할 의무를 가지

고 있습니다. 한 번뿐인 소중한 인생을, 어떤 꿈을 가지고 어떻게 살아야

할지 다음의 글을 보면서 함께 생각해 볼 수 있었으면 좋겠습니다.

우리는 그저 청중이나 관객으로 객석에 앉아 있을 수도 있고, 다른 사람이 주

인공인 음악회나 축구 경기를 보고 있을 수도 있다. 그들의 삶을 구경하는 중인

이 될 수도 있지만, 자신은 한 번도 주인공이 된 적이 없다면 슬픈 일이다. 인류를 위해 한순간의 빛조차 된 적도 없다면, 나에게 주어진 시간은 무엇인가? 어떤 사람이 삶의 길을 걸어오다가 나에게 이르러, 눈을 크게 뜨고 잠시 매료되는 순간을 만들어 낼 수 없다면 나는 이 세상에서 무엇이었던 것인가? 미치지 못하고 세상을 산다는 것은 미친 짓이다.

– 구본형, 《낯선 곳에서의 아침》에서

더 많은 꿈을 가지고, 더 높은 꿈을 가지고, 더 뜨겁게 살아가라.

자기암시의
마법

탁월한 성취를 이룬 이들은 대부분 자기암시의 달인인 경우가 많습니다. 넓은 의미에서 알게 모르게 자신이 마음속으로 반복해서 하는 생각이나 무심코 자신이 쓰는 말들도 일종의 자기암시입니다.

저는 천재가 되고자 하는 이들에게 '독서의 달인', '자기암시의 달인', '명상의 달인'이 되기를 권합니다. 이 세 가지는 천재가 되기 위한 필수 과목이자, 천재가 되는 지름길이기 때문입니다.

> 때로 의식적인 과정을 추적하다 보면, 나의 의식이란 무의식에 비해 거의 중요하지 않다는 결론을 내리고 싶어진다. - 압 데익스테르후이스

빌 게이츠는 '부자가 된 비결'을 묻는 어떤 기자의 질문에 이렇게 답했습니다.

"내가 부자가 된 비결은 다음과 같다. 나는 매일 스스로에게 두 가지 말

을 반복한다. 그 하나는 '왠지 오늘은 나에게 큰 행운이 생길 것 같다'이고, 또 다른 하나는 '나는 무엇이든 할 수 있다'라는 것이다."

오프라 윈프리도 자신만의 독특한 암시문이 있었으니 이를 기도문처럼 외웠다고 합니다. 그 암시문은 이렇습니다. "나는 나 자신을 내 의지보다 위대한 의지를 성취하기 위한 도구로 여기며, 나 자신이 그런 의지와 늘 연결될 수 있도록 최선을 다한다. 일평생 나는 내가 위대한 인물로 이 세상에 태어났다고 여겨왔다."

축구선수 박지성 또한 늘 경기마다 자신에게 끊임없이 암시를 한다고 합니다. "이 경기장에선 내가 최고다. 바람같이 달리겠다. 내 컨디션은 최고다. 나는 할 수 있다." 그의 플레이에 묻어나는 열정이 어떤 것이었는지를 짐작케 하는 말이 아닌가 합니다.

김연아 선수의 암시문은 "나는 실수하지 않고 침착하게 잘한다."인데, 경기 전 한 시간여 동안 이 같은 암시문으로 스스로의 마음을 다스렸다고 합니다. 역도 올림픽 금메달리스트인 장미란 선수는 바벨을 들지 못하면 총알이 발사된다는 심정을 담아 "나는 살기 위해 든다."라는 암시문을 되뇌었다고 합니다. 또 투수 박찬호 선수는 중학교 시절부터 늘 "나는 반드시 빅 리거가 된다."라는 말을 되뇌었다고 합니다.

사격에서 올림픽 2회 연속으로 금메달을 딴 진종오 선수는 테니스 영화 〈윔블던〉에서 주인공이 서브를 넣기 전 마음속으로 다짐하던 '난 할 수 있어. 이것만 성공하면 내가 이긴다.'란 말이 너무나 마음에 다가왔다고 합니다. 그는 이후 마인드 컨트롤을 할 때 항상 이 대사를 되뇌었다고 하는데 실제로 경기력 향상에 많은 도움이 되었다고 합니다.

살아 있는 IT 신화로 불리는 벨 연구소의 김종훈 소장. 그는 15살이던 미국 이민 당시 암담하고 혹독했던 힘든 시절을 견디기 위해, 자기 마음에 새긴 '오늘 최선을 다하면, 내일은 오늘보다 낫다.'는 말을 늘 되뇌며 스스로를 다독여 어려움을 이겨냈다고 합니다. 그 또한 이 말이 자신에게 큰 힘과 희망이 되어 주었다고 말했습니다. 그래서 그가 전하는 성공 비결도 다음과 같습니다. "더 나은 내일을 위해 오늘 무언가를 하라!"

천호식품의 김영식 사장 또한 "그래, 난 할 수 있어, 영식아 너는 할 수 있다!" 등 자기만의 암시문을 미친 듯이 외우며 힘든 시절을 극복했다고 합니다. 그는 지금도 다양한 문장을 활용에 자기암시를 한다고 합니다. 아침엔 "아~ 잘 잤다."라고 말하고, 얼굴을 씻은 후 거울을 1분간 보며 "잘할 수 있다, 김영식 멋있다!"와 같은 말을 외우는데, 이것이 활기찬 하루를 시작할 수 있는 동력이 된다고 합니다.

일본 최고 부자 사이토 히토리는 '나는 운이 좋다.'라는 말을 하루에 천 번씩 외운 것으로 유명합니다. 이 외에도 그는 '나는 행복해.', '나는 풍족해.', '정말 고마운 세상이야.', '해서 안 되는 일은 없어. 하지 않으면 이룰 수 없는 거야.' 등의 말을 자주 외웠으며, 사람들에게도 이 말을 외우기를 권합니다.

그는 이렇게 말합니다. "마음의 컵에 유입되는 물이 말이라는 것, 그리고 컵 안을 맑은 물로 채우려면 평소 입에 담는 말을 잘 선별해야 한다는 사실을 명심해야 한다. 컵에 더러운 물이 들어 있어도 맑은 물을 계속 유입하면 컵 안은 마침내 깨끗해진다." 그는 자신의 여러 책에서 반복해서 언어 사용의 중요성을 설파하고 있습니다. 그 요지는 '아름다운 말을 사용하면 행복해지고, 거친 말을 사용하면 불행해진다'라는 것입니다.

행복해지고 싶다면 "나는 행복해."라는 말을 사용해 보자. "나는 행복해."라는 말을 입버릇처럼 사용하면 컵 안의 물은 점차 투명해진다. 그러다가 결국 컵은 맑은 물로 가득 채워지고 여러분은 행복한 표정으로 바뀐다. 말은 에너지다. 입에서 나온 말은 에너지가 되어 우주로 날아갔다가 다시 자기 자신에게로 돌아

3 행복과 성공의 절대공식

온다. "나는 행복해."라고 말하면 행복이, "정말 고마운 세상이야."라고 말하면 고마운 일이 찾아온다. "나는 행복해." 언제라도 상관없다. 언제 어디서든 그저 문득문득 "나는 행복해."라고 말해 보자.

– 사이토 히토리, 이정환 역, 《1퍼센트 부자의 법칙》에서

일본의 베스트셀러 저자이자 '입버릇 성공학'의 대가인 사토 도미오가 매일 소리 내어 읽는 암시문은 다음과 같습니다. "내 끝없는 잠재의식은 모두 신의 것이다. 신, 그것은 달리 말해 무한한 지성이고, 지혜이며 무한한 우주의 예지이다. 나는 신의 인도에 따라 마음의 평화, 풍요, 재력, 번영 그리고 참된 건강과 명성을 얻고 있다. 신께 감사드린다." 그는 실제로 자신이 만든 이 글을 꾸준히 소리 내어 읽은 후부터, 이 내용에 나오는 대로 삶이 바뀌었다고 합니다.

일본의 유명한 심리상담가이자 《거울의 법칙》과 《인생을 바꾸는 세 가지 진실》 등의 베스트셀러를 쓴 노구치 요시노리의 암시문은 "나는 우주의 지혜와 연결된 위대한 존재이다. 사랑과 기쁨과 생명력으로 충만해 있다. 내게는 주변을 행복하게 할 힘과 세상에 공헌할 힘이 넘친다."입니다. 그는 이 문장을 꾸준히 외우면 누구나 삶을 변화시킬 수 있다고 얘기합니다.

이렇듯 성공한 이들에겐 대부분 자기만의 암시문이 있었고, 자기암시는 그들에게 성공의 열쇠로 작용했습니다. 자신이 가진 잠재력을 확신하는 문구는 이처럼 강력한 힘을 발휘합니다.

이와 같이 자기암시문 하나로 인생 역전을 한 인물이 있습니다. 존 디 마티니는 어린 시절 학습장애아였는데 어떤 심리학 교수로부터 자신을 바꿀 마법 같은 주문을 하나 배우게 됩니다. 그 주문은 다름 아니라 천재를 만드는 주문이었습니다.

"나는 천재다. 나는 내 지혜를 활용한다."

이것이 그가 배운 자기암시문이었고, 그는 이 문장을 오랫동안 반복해서 외운 결과 정말로 천재 수준으로 변모해 갔습니다. 이 문장은 그를 학습장애아에서 학교의 수재로, 만 권 이상의 책을 읽은 다독가로, 전문분야의 뛰어난 박사로, 세계적인 저술가와 강연가로 거듭나게 만들었습니다. 그는 자신의 저서《감사의 효과》와《내 인생을 바꾸는 60가지 시크릿》에서 자신의 이러한 경험을 술회하며 이 문장을 외우기를 적극 추천하고 있습니다.

잠재의식 차원에서 우리는 누구나 잠재적 천재일 것입니다. 때문에 '나는 천재다'라는 말은 누구에게나 가능하고 타당한 암시문입니다. 관건은 이러한 암시를 이용해 잠재의식을 얼마나 잘 활용할 수 있느냐일 테지요!

그가 외운 이 문장은 분명 효과가 검증된 '천재 암시문'일 것입니다. 오직 적극적으로 실천해 본 이만이 그 효과를 알겠지요. 하지만 천재 암시문이 꼭 이 한 가지만 있지는 않을 테지요. 이 문장을 기준해서 다양한 응용문장을 만들어 보는 것도 괜찮을 듯합니다.

- 나는 천재다. 내 안엔 무한한 힘과 지혜가 있다.
- 나는 내 잠재의식의 무한한 힘을 믿는다. 나는 천재다.
- 나는 천재다. 나는 할 수 있다.(나는 반드시 이룰 힘이 있다.)
- 나는 기적을 창조한다. 나는 최고가 될 것이다.
- 나는 세상을 바꿀 위대한 천재가 될 것이다.

조셉 머피는 "인생은 마음에 담고 있는 생각을 그대로 비추는 거울이다."라고 하였습니다. 잠재의식은 하나의 신념체계이기 때문에 우리가 믿는 대로 움직입니다. 아울러 우리의 의식적인 자각과 말로 그 내용을 수정할 수 있습니다. 다만 기존의 신념이 존재하기에 지속적인 반복을 통해서만 변화가 가능합니다. 어떤 암시문이든 아침, 저녁으로 규칙적으로 소리 내어 외우면 좋고(1분 이상), 가능한 한 언제 어디서나 자주 반복하면 더 좋습니다. 특히 천재를 만드는 주문은 아침저녁으로 매일 50번 정도 소리 내어 외우는 것이 좋습니다.

이정숙 저자의 《셀프 대화법》을 보면 아침저녁으로 자신에게 필요한 암시문을 50번씩 외워 삶을 변화시킨 사람들의 다양한 일화가 소개되어 있습니다. 단지 이 방법 하나로 건강을 잃은 사람이 건강을 회복하거나, 실업자나 사업에 실패한 이가 재기에 성공하는 사례를 보면 분명 이것엔 어떠한 효과가 있음을 확인할 수 있습니다. 특정 문장을 50번을 외우는데 고작 2, 3분 정도의 시간이면 충분합니다. 아침저녁을 합쳐도 5, 6분 내외의 시간이면 족하다는 뜻이니, 삶의 변화를 위해 이 정도 노력은 충분히 투자할 가치가 있을 것입니다.

우선, 자기암시의 문장은 짧을수록 좋다는 점입니다.

광고 카피나 기도문, 주문같이 짧고 간결하여 반복하기 쉬워야 합니다. 구체적으로는 단어가 10개를 넘지 않는 것이 좋습니다. '수능 대박, 100% 성장, 100점 상승, 기록적인 실적' 등과 같이 간결하게 두 단어 정도만 사용한 것이 더 효과적일 수 있습니다.

한 페이지 가까이 되는 긴 문장으로 만드는 사람도 있지만 그런 긴 문장은 반복하기가 쉽지 않아 지칠 수가 있습니다. 결국 자기암시 문장은 잠재의식 속에 새겨 두기 위한 것이므로 짧을수록 좋은 것입니다.

－ 김정수, 《MCC 성공학 개론》에서

'천재, 천재, 천재…… 위대한 천재!' 단지 이렇게 그냥 특정 단어만 반복해서 외우는 것도 잠재의식을 자극하는 효과적인 암시 방법이 될 수 있습니다. '성공학을 강의하는 김정수 저자'의 아들은 고등학교 3학년 때까지 성적이 중하위권이었는데, 고3 초반부터 아버지로부터 이러한 암시기법을 배워, 책상 앞에 '수능 대박'과 '100점 향상'이라는 말을 크게 써 붙여놓고 늘 이 말을 되뇌이며 공부에 매진했다고 합니다. 그런데 놀랍게도 수능에서 고작 8개월 만에 첫 모의고사 점수 때보다 정확히 100점이 향상되었다고 합니다. 고3 학생이 입시를 코앞에 두고서 짧은 시간 안에 수능점수가 이렇게 비약적으로 향상된 경우는 전무하다고 합니다. 그 덕에 아들은 명문대학에 진학할 수 있었고, 아버지인 김정수 님은 이 체험을 바탕으로 《공부혁명》이라는 책을 쓰기도 했습니다.

'오픈 유어 하트'라는 카페*의 어떤 회원 또한 자기암시를 통해 놀라운 삶의 변화를 경험했다고 합니다. 그녀는 조셉 머피의 《당신 안에 숨겨진 보물지도를 찾아라》와 《잠재의식의 힘》, 사토 도미오의 《당신의 꿈을 이루어주는 미래일기》를 읽고서 크게 고무되어 책에 나오는 여러 암시문을 참고해 자기만의 암시문을 미래 일기 형태로 써서 매일 저녁마다 소리 내어 읽었다고 합니다.

나는 내 잠재의식의 무한한 힘을 믿습니다. 나의 잠재의식은 늘 나를 돌보아주고 사랑해 주고 있습니다. 나는 내 잠재의식의 무한한 힘과 사랑으로 항상 풍요롭고 건강하며, 늘 기쁨이 넘치고 행복한 삶을 살고 있습니다. 나는 나의 잠재의식에 늘 감사합니다.

나는 내 잠재의식의 힘 덕분에 완벽하게 건강합니다. (…) 손, 발, 온몸의 세포

---

* http://cafe.naver.com/beyondthesecret

하나하나까지 건강합니다. 아픈 곳이 생기면 언제나 내 잠재의식이 바쁘게 움직여 빠르게 치유해 주고 있으며 너무 감사합니다.

이와 같은 문장으로 시작해서, 미래에 원하는 것들을 이미 이루어진 것처럼 상세하게 현재형으로 '미래 일기'를 쓴 후 그것을 매일 잠들기 직전 15분 정도 낭독한 후 잠드는 것이었습니다. 이 방법으로 그녀는 수백만 원을 들이고도 고치지 못했던, 고질적인 허리 통증과 극심했던 생리통을 몇 달 만에 깨끗이 고쳤다고 합니다. 그리고 이 외에도 경제적인 면뿐 아니라 자신이 소망하는 많은 일들이 이루어졌다고 합니다. 이는 하루도 빼먹지 않고 지속력을 가지고 적극적으로 자기암시를 한 결과일 것입니다.

자기암시의 원리

어떤 경우에도 인간은 사물 그 자체를 포착할 수 없다. 신념이라는 필터로 포착된 사물을 인식할 뿐이다. 대상은 하나지만 촬영 장비에 따라 사진이 달라지듯, 신념이라는 필터에 따라 사물의 모습은 달라진다. 그러니 나의 경험은 나의 신념을 반영한다.

신념은 단순히 필터의 역할만 하는 것이 아니다. 미래는 확정되어 있지 않으므로, 나의 신념은 미래를 만드는 설계도로서 작용한다. 지금 나의 신념이 시간이 지나면 나의 현실이 된다. 그러니 내 인생과 세상을 바꾸려면 먼저 나의 신념을 바꿔라.

그런데 믿음이란 단순히 말이나 생각이 아니다. 믿음이란 생각과 감정의 결합체다. 예를 들어 '된다'는 말(생각)에 '된다'는 느낌이 결합될 때라야 '된다'는 진정한 믿음이 형성되는 것이다. 다시 말해서 믿음의 힘은 말 자체보다는 그 말을 떠받치는 감정에 있다.

- 최인원, 《콕 찍어주는 인생과외》에서

자기암시에 있어, 어떤 문장을 외운다고 모두 다 효과를 발휘하는 것은 아닙니다. 반드시 그 원리에 맞게 해야 효과를 볼 수 있습니다. 그 원리의 핵심은 최인원 저자가 잘 지적했듯, '생각(말)과 느낌의 결합'에 있습니다.

우리의 의식 세계는 의식이 10%라면 잠재의식은 90%를 차지합니다. 그래서 언제나 의식보다 잠재의식의 힘이 더 강합니다. 그런데 우리의 잠재의식은 일종의 프로그램과 같아서, 입력되어 있는 내용을 그대로 실현하는 강력한 힘이 있습니다. 무서운 점은 별 다른 이유가 없으면 처음 입력되어 있는 그것이 일평생 계속 돌아간다는 것입니다. 때문에 카세트로 노래를 듣다가 다른 노래가 듣고 싶으면 그 속에 든 음반을 다른 것으로 바꿔야 하는 것처럼, 다른 삶을 살고 싶으면 반드시 자신이 지닌 기존의 잠재의식 내용물을 다른 것으로 대체해야만 합니다.

우리는 우리의 패러다임을 제대로 살펴보지 않고, 그것이 우리를 지지하는지 제한하는지 상관없이 '무의식적으로' 행동한다. 우리는 더 이상 신념이나 패러다임을 선택하고 있지 않지만, 그럼에도 패러다임은 우리를 어떤 방식으로든 살아가도록 유도한다. 우리는 우리 자신의 패러다임을 창조한다. 그러나 어떤 면에서는 우리의 패러다임이 우리를 창조한다. 예를 들어 우리가 '인생은 힘든 거야.'라는 믿음에 이의를 제기하지 않으면, 우리는 이유도 모른 채 힘든 노력만 계속하려 할 것이다.

우리 모두는 낡은 믿음에 둘러싸여 있다. 그들 중 많은 부분은 어린 시절에 형성되어서 더 이상 우리의 성공을 도와주는 역할을 하지 않는다.

- 제임스 아서 레이, 유선인 역, 《성공은 과학이다》에서

잠재의식의 '내용'을 대체하는 방법은 새로운 내용을 반복해서 주입하는 것입니다. 잠재의식의 내용이란 본디 반복에 의해서 축적된 것이므로, 그와 마찬가지로 지속적인 반복을 통해서 새로운 내용으로 교체할 수가 있습니다. 그러나 기존의 내용물은 잘 바뀌지 않으려는 항상성이 있기 때문에, 그 저항을 반드시 극복해야만 하는 어려움이 있습니다.

자기암시란 바로 자신의 의식과 잠재의식에 새로운 '어떤 믿음'을 새겨 넣는 것입니다. 그런데 믿음이란 생각과 감정의 결합체이므로, 자기암시를 할 때 가장 중요한 것은 '생각과 느낌(감정)'이 일치하도록 만드는 것입니다. 예컨대 '나는 부자다'라고 하거나 '나는 행복해'를 외운다고 해도, 그런 감정(느낌)을 느끼지 못하면 큰 효력이 없다는 뜻입니다. 심지어 심리적 불편함이나 저항 때문에 암시를 지속하지 못하는 경우도 많습니다.

흔히 자기암시를 할 때는 현재형으로 하라고 합니다. 허나 이는 반은 맞고 반은 틀린 이야기입니다. 암시 문장을 암시자가 잘 받아들일 수 있는 상태라면 상관없지만 그렇지 않은 경우는 현재형보다, '~할 것이다'와 같은 예언형으로 하는 쪽이 더 유리하기 때문입니다.

예를 들어 가난으로 고생하고 있는 사람은 '나는 부자다'라는 말이 좀처럼 마음에 잘 와 닿지 않기 때문에 심리적 충돌이 생길 가능성이 높습니다. 이렇게 심리적 충돌이 생겨 불편한 느낌이 들면 효과가 없거나 오히려 역효과가 날 수도 있습니다. 마찬가지로 심리적 불일치 때문에, 중병으로 고통받고 있는 사람이 '나는 완벽하게 건강하다'고 외우기는 결코 쉽지 않은 일입니다.

그렇게 때문에 자기암시를 잘 하려면, 자신이 외우는 문장에 대한 심리적 불편함(저항)을 최소화해서 외워야 합니다. 그 방법은 크게 세 가지가 있습니다.

첫째 완료형 문장을 외우되, 처음엔 자신이 비교적 받아들이기 쉬운 문장으로 시작하는 것입니다. 혹은 외우는 완료형 암시문을 (저항이 있다는 것을 미리 염두에 두고서) 마음을 열고 받아들여 스스로 심리적 저항을 줄이고자 하는 자각 속에서 외우는 것입니다. 그렇게 반복에 몰입하다 보면 어느 순간 저항이 줄어들거나 없어질 것입니다.

둘째 암시문에 심리적 저항이나 불편함이 일어나면, 그 저항의 '느낌'을 있는 그대로 충분히 수용하고 느껴 주는 방식입니다. 그러면 그 저항이 서서히 증발해 버립니다. 어떤 감정이든 충분히 느껴 주면 정화 작용이 일어나 서서히 그것에서 자유로워지게 됩니다. 심리적 저항이나 충돌이 사라지고 나면 암시를 가로막고 있던 벽이 무너진 셈입니다.(이 원리는 뒤에 나올 '느낌 명상'에서 좀 더 상세한 설명이 이루어질 것입니다.)

셋째 앞서 말한 것처럼 '나는 천재다'의 완료형이 아니라 '나는 점점 더 나아지고 있다'와 같은 진행형으로 하거나, '나는 천재가 될 것이다'처럼 예언형으로 하는 방법이 있습니다. 지금은 아니지만 '앞으로는 그렇게 될 것이다'는 믿음을 가지는 방식입니다. 이른바 자성예언自成豫言이라는 말에 가장 잘 부합하는 방식입니다.

기억하십시오. 우주는 당신이 원하는 바를 정확히 가져다 줍니다. 그러므로 지금 사는 곳에 만족하지 않은 상태에서 새 집을 원하면, 계속해서 새집을 원하는 상태에 머물게 될 것입니다. 우주는 "그래요, 당신은 새집을 원하고 있습니다."라고 응답하면서 당신의 의견에 동의하는 것입니다. 이것이 마치 우주의 장난처럼 보일 수도 있습니다. 당신은 미래의 비전을 꿈꾸는 데도 여전히 미래에도 같은 상황에 머물게 됩니다. 무언가를 소망하더라도 현재 가진 것에 불만족하는 기분에 머물고 있을 땐, 우주는 당신의 소망을 들어줄 수 없습니다. 왜냐하면 당신이 그것을 갖지 못한 상태에 집중하고 있기 때문입니다. 그러므로 "나는 새 집을 원합니다."라고 말하면서 새 집에 대한 기대감과 설렘을 가진다면, 그것은 당신의 것이 될 것입니다.

- 존 페인, 최지원 역, 《옴니》에서

《옴니》는 암시문의 내용 못지않게 더 중요한 것이, 그것에 대해 자신이 무의식적으로 수용하고 있는 '감정적 느낌'임을 잘 설명해 주고 있습니다. 믿음과 생각과 감정이 일치할 때, 의식과 잠재의식이 한 방향으로 조율될 때 마법은 시작됩니다. 생각과 감정이 결합되지 않거나, 의식의 바람과 무의식의 바람이 서로 다를 때는 접속 불량 상태와 같으니까요! 자기암시가 효과를 내려면 반드시 내면의 바람이 하나로 조율되고 통합되어야 합니다.

자기암시를 어떤 문장으로 어떤 방식으로 하든, 가장 중요한 것은 심리적 불편함이나 저항을 최소화해서 지속적으로 반복하는 것입니다. 암시문을 받아들이고 믿고 느낄 수 있는 상태에서 반복하는 것이 핵심 사안입니다. 이른바 언사감일치言思感一致라 하겠습니다.

바늘이 어떻게 천을 뚫고 가는지 생각해 본 적이 있는지? 어째서 그렇게 된다고 생각하는가? 나는 바늘 끝 어느 한 점에 힘이 집중해 있기 때문이라고 생각한다. 비슷한 현상을 여기저기에서 찾아볼 수 있다. 낙숫물이 바위의 어느 한 점에 계속 떨어지면 홈이 파인다. 좀 과장해서 말하면 낙숫물이 바위를 이기게 되는 것이다.

인간의 사고도 마찬가지다. 계속 한 가지로 생각하면 인생도 사고도 바뀔 수 있다. 좋은 말을 계속 되풀이해서 외다 보면 사람 속에 내재해 있던 큰 힘이 발휘될 수 있다는 것이다.

- 무쿠노키 오사미, 민혜홍 역, 《아침형 인간의 초고속 공부법》에서

자기암시는 마음의 초점화이며, 그 반복을 통해 자신의 내면상태를 플러스 사고 상태로 바꾸는 일입니다. 부정적인 감정과 생각으로 인해서 만들어진 무의식적인 신념체계를 걷어 내고, 플러스 상태의 신념체계로 내면의 프로그램을 재조정하는 일입니다.

어떤 부정적인 상황에 놓이든 그것은 반드시 자기 내면의 반응임을 알아야 합니다. 때문에 불평이나 괴로움에 빠지기보다는 '이런 경험을 불러온 나의 사고방식을 이제는 바꾸어야겠다'의 자세로 임해야 합니다. 그런 방식은 모든 상황에 대한 긍정적 이해와 수용을 가능하게 합니다. 이러한 '자기 발견'의 시간은 문제의 순간을 성장의 순간으로 전환하는 길이 됩니다.

지그 지글러는 이렇게 말했습니다. "당신의 능력을 이용할 수 있는 사람은 오직 당신뿐이다." 우리에겐 잠재의식이라는 무한한 힘이 있습니다. 과거에 우리가 어찌했든, 우리는 언제나 지금 이 순간 '생각'을 선택할 자유가 있습니다. 자신의 신념체계를 바꾸어, 새로운 시야로 삶을 바라보기를 선택할 수 있습니다.

"나는 기꺼이 변하겠다." 이 긍정을 이용해 보자. 이 말을 자꾸 반복하라. "나는 기꺼이 변하겠다. 나는 기꺼이 변할 것이다." 이 말을 하면서 당신은 자신의 목구멍을 건드릴 것이다. 그런데 목은 변화를 불러오는 몸의 에너지 센터이다. 목을 건드림으로써, 당신은 자신이 변화의 길목에 있음을 인정하고 있는 것이다. (…) 우주의 지성은 언제나 당신의 생각과 말을 따른다. 그러니 당신이 이런 진술을 하면, 분명히 상황도 바뀌기 시작할 것이다.

– 루이스 L. 헤이, 손혜숙 역,《원하는 걸 얻으려면 자신부터 사랑하라》에서

자기암시는 마음속으로 하는 것보다 소리 내서 하는 것이 훨씬 더 효과

　　　　　　　　　　　　　　　　　　　　3 행복과 성공의 절대공식

적입니다. 루이스 헤이는 특히 거울을 보면서 자기암시를 하라고 권합니다. "거울 작업은 아주 강력한 효과가 있다. 나는 자기 눈을 똑바로 쳐다보면서 긍정적인 자기 선언을 하는 것이야말로 그런 자기긍정으로부터 가시적인 효과를 얻을 수 있는 가장 빠른 방법이라고 생각한다." 그녀의 말처럼 눈과 귀가 함께 자극을 받는다면 더 효과가 좋겠지요.

말이 가진 놀랍고도 신비로운 힘

당신의 말과 행동이 잠재의식과 연결됨을 항상 의식하세요.

잠재의식은 비유하자면, '정보로 가득 찬 저장소'입니다. 잠재의식은 그 사람의 모든 말과 생각을 기록합니다. 내가 잠재의식에 부정적인 내용을 입력하면, 잠재의식은 부정적인 결과를 출력합니다. 즉, 내가 잠재의식에 보내는 생각과 말과 감정에 따라 잠재의식은 각기 다른 결과물을 생산합니다.

그러므로 나는 의식적으로 긍정적이고, 사랑이 넘치며, 힘을 북돋아 주는 생각과 말을 선택할 것입니다. 그래야 나에게 이로운 결과들이 나타날 수 있으니까요. 나는 또한 삶에 기쁘고, 풍요롭고, 기적 같은 일들이 많아지게 하는 새로운 믿음으로 잠재의식을 바꿔 나갈 것입니다. '나는 사랑과 긍정이 넘치는 메시지로 잠재의식을 조정해 나갑니다.'

- 루이스 L. 헤이, 강나은 · 비하인드 역, 《나를 치유하는 생각》에서

《물은 답을 알고 있다》의 저자 에모토 마사루는 오랫동안 물과 파동에 대한 연구를 해왔는데, 어느 날 '눈雪 결정은 하나하나가 모두 다르다'는 데서 물의 결정 연구에 대한 아이디어를 떠올렸다고 합니다. 그렇게 5년간의 연구 끝에 물 결정 사진을 얻었는데, 그 결과는 정말로 놀라웠습니다.

'사랑합니다, 감사합니다'나 '축복해'와 같은 긍정적인 단어를 들려준 물에서는 완전한 형태의 아름다운 육각형 결정이 나타났지만, '멍청한 놈', '바보', '짜증나, 죽여버릴 거야' 등과 같이 부정적인 말에는 결정이 찌그러진 흉한 영상이 나왔기 때문입니다.

그와 같은 수많은 사진을 통해 누구나 이를 생생하게 목격할 수 있습니다. 그는 이와 같은 다양한 실험결과를 토대로 말에는 고유한 에너지가 있음을 밝혀 주었습니다. 실로, 긍정적인 말과 부정적인 말에 따라 선명한 대비를 보여 주는 물 결정 사진들은 우리들에게 신비하고 감동적인 메시지를 전하고 있습니다. 이러한 결과는 우리가 어떤 말을 하고 어떤 마음으로 세상을 살아가야 할지를 충분히 시사하고 있습니다.

그는 이 책에서 이렇게 말하고 있습니다. "말은 그 사람의 마음을 나타낸다. 어떤 마음으로 인생을 사느냐가 몸의 70퍼센트를 차지하는 물을 바꾸고, 그 변화는 몸에 그대로 나타난다. 건강한 몸을 가진 사람은 마음도 건강하다. 말 그대로 건전한 정신은 건전한 육체에 깃든다."

《물은 답을 알고 있다》라는 책이 국내에 알려지면서 우리나라에서도 유사한 실험이 많이 이루어졌습니다. 예컨대 EBS 방송국에서, 방금 지은 하얀 쌀밥을 두 유리병에 넣고 A는 긍정의 말, B는 부정의 말을 한 달 동안 들려주는 실험을 했습니다. 그런데 정말 놀라운 결과가 나왔습니다. 긍정의 말을 들은 A밥은 그냥 밥처럼 하얗고 노랗게 솜사탕 같은 뽀얀 곰팡이가 피었고 냄새도 독하지 않았지만, 부정의 말을 들은 B밥은 시커멓고 파란 곰팡이가 피었고, 썩은 내가 진동을 했습니다. 단지 말만으로도 무생물이 어떻게 변할 수 있는지를 보여준 놀라운 실험이었습니다.

화가 났을 때 긍정적인 단어만 떠올려도 기분이 좋아진다는 연구 결과가 있습니다. 심지어 그런 방법으로 불치병을 고친 사례도 있습니다. 존 맥도널드의《부 지혜 성공의 법칙》(원제 *The Message of a Master*)*이라는 짧고 인상적인 책엔 '힐링 단어 명상법'이 나옵니다. 방법은 비교적 간단합니다.

집중력, 평화, 평정, 조화로움, 선의, 정직, 지혜, 친절, 이해, 영감, 겸손, 지성, 결단력, 기억력, 공감, 법칙, 은총, 신뢰, 확신, 풍요, 우수함, 자비, 무저항, 정의, 숙고, 자유, 모범, 활발, 관용, 활력, 동정, 권능, 평온, 사랑, 아량, 온화함, 창조력, 생명, 젊음, 예의, 성공, 행복, 영혼, 건강, 화합, 강인함, 성실성, 에너지, 유능함, 깨어있음, 넉넉함, 끈기, 목적, 성취, 승리

방법은 매우 간단합니다. 저녁마다 20~30분 정도 충분한 휴식 시간을 가지면서 이 단어들을 깊이 음미하는 것, 그리고 단어가 연상시키는 관련 심상을 떠올려 보는 것뿐입니다. 요는 단어들의 느낌이 그저 자신의 존재 속에 스며들어 가득 차게 하는 것입니다. 마치 구정물 속에 맑은 물방울이 계속 떨어지면 결국 물이 맑아지듯이, 단어를 지속적으로 외우면서 형성된 좋은 에너지가 잠재의식 속의 부정적인 기운을 정화하는 원리입니다. 꼭 이 단어가 아니라, 자신이 원하고 또 자신에게 힘을 더해 주는 다른 단어를 함께 외워도 됩니다.

'빛, 미소, 웃음, 편안함, 친밀감, 배려, 베풂, 너그러움, 번영, 비상, 웅비, 낙관, 밝은 성격, 현명함, 좋은 기분, 즐거움, 환희, 강인함, 자긍심, 승리, 보람, 준수함, 탁월함, 맑은 공기, 숲속, 자연, 하늘, 정다움, 신성함, 깨우침, 쾌활함, 좋은 결과, 완벽해, 매력적인, 결단력 있는, 눈부신, 열렬한, 끝내주는, 환상적인, 기대되는, 생생하고 충만한, 놀라운 기적, 끝없는 조화!'

이 말들 읽으면서 찬찬히 음미해 보십시오. 단지 이와 같은 단어들을

---

* 국내에 이 책에 대한 번역본이 여러 권 나와 있는데요, 저는 이 번역본을 추천하고 싶습니다.

읽는 것만으로 기분 전환이 되고, 관련 심상들이 연상되는 느낌을 받을 것입니다. 이런 단어의 느낌을 깊이 음미하는 것은 자기 잠재의식에 좋은 기운을 조금씩 부어 주는 역할을 합니다. 마찬가지로 부정적인 단어들을 연속해서 읽거나 떠올려도, 그 또한 그와 유사한 느낌과 그와 관련된 심상들이 떠오를 것입니다.

단순한 듯하지만, 이 방법을 꾸준히 실천해서 오랜 불치병을 고친 사람도 있고, 인생의 큰 변화나 성공을 얻은 사람들도 있다고 합니다. 그 이유는 잠재의식이 바뀌었기 때문입니다. 삶은 자기 내면세계의 반영이므로 잠재의식의 내용이 바뀌면 거울처럼 삶의 모습 또한 바뀌게 됩니다. 이는 거역할 수 없는 우리 인생의 숨겨진 비밀이자 진실일 것입니다.

사토 도미오는 '입 습관'의 중요성에 대해 이렇게 말합니다. "요컨대 낙천적이고, 긍정적이며 희망으로 가득 찬 말을 습관처럼 하다 보면 올바른 사고 습관이 형성된다. 올바른 사고 습관은 당신이 바라는 목적을 달성하기 위한 적극적인 행동 습관으로 이어져서 행복과 부를 손에 쥘 수 있다. 반면 불평을 늘어놓는다면 자기 자신의 의식에 영향을 미치기 때문에 부정적인 생각을 더욱 강하게 만든다. 그러면 그 사람은 더욱 '짜증나는 현실' 혹은 '잔인한 사건'을 경험하는 꼴이 되는 셈이다." 이런 맥락에서, 평소 자신의 언어 습관에도 각별한 주의가 필요할 것입니다.

내게 주어진 유일한 과업은 나의 관념을 위대함으로 채우는 것뿐이다.
- 네빌 고다드

'운동 역학 실험'이라는 것이 있습니다. 실험자가 팔을 옆으로 뻗고서 눈을 감을 채로 특정 문장을 10번 되풀이해서 외우면, 피실험자가 팔을 누릅니다. "나는 약하고 쓸모없는 인간이다."라고 외운 경우는 어김없이 팔이 힘없이 내려가고, "나는 강하고 훌륭한 사람이다."라고 외운 경우는 어김없이 팔에 힘이 더해져 버텨낸다고 합니다. 이와 유사한 실험은 이미 숱하게 이루어졌고 많은 이들이 지적한 바 있습니다. 말이 가진 힘의 차이와 자기암시의 효과가 어떠한 것인가를 분명히 보여 주는 사례라 하겠습니다.

이런 맥락에서, 지치거나 힘들 때 혹은 강한 신념이 필요할 때 자기 스스로에게 "할 수 있어, 잘될 거야!" 이런 믿음의 말을 반복해서 외워 주는 것은 분명 자신에게 좋은 에너지를 불어넣어 주는 일이 될 것입니다. 이러한 말은 분명코 우리의 힘을 약화시키기보다 강화시키는 쪽으로 작용할 테니까요. 아울러 이런 말은 자신뿐 아니라 타인에게 그대로 적용됩니다. 우리는 간단한 말로써 자신뿐 아니라 타인에게도 좋은 에너지를 심어 줄 수 있는 것입니다.

약사이자 심리치료사였던 에밀 쿠에는 우연히 플라시보 효과(위약 효과)를 확인한 후, 암시에 대해 연구하고 자기암시 수행법을 통해 환자들의 질병과 고통을 치료해 주었으며, 그 체험을 바탕으로 《자기암시》라는 책을 쓰기도 했습니다. 그가 환자들에게 외우게 했던 문장은 "나는 날마다, 모든 면에서, 점점 더 좋아지고 있다."입니다.

> 나는 오래전부터 믿어왔다. "내가 알아야 할 모든 것이 다 내 앞에 드러나고, 내게 필요한 모든 것이 다 내게 오며, 내 삶의 모든 것이 다 잘 되고 있다."
> - 루이스 L. 헤이

어릴 때 다리를 크게 다친 후유증으로 말을 심하게 더듬는 마커스 힐이라는 대학생이 있었습니다. 그는 특히 긴장하거나 스트레스가 심할 때면 어김없이 혀가 마비되었기에, 그로 인해 자신감을 잃고 의기소침한 성격을 가지게 되었습니다. 하지만 밸리 칼리지에서 웅변 수업을 담당한 스미스 교수는 그의 숨겨진 재능을 발견했습니다. 비록 말은 더듬거렸지만 첫 수업에서 수강생 40명의 이름을 한번에 외우는 그의 놀라운 암기력을 보았기 때문입니다.

스미스 교수는 웅변을 거부하는 힐에게 '입 있는 사람은 누구나 웅변을 할 수 있다'면서 한 문장을 끝없이 반복해서 말하는 훈련을 시켰습니다. 오로지 한 문장만 제대로 할 수 있게 계속 반복 훈련을 시켰고, 한 문장을 매끄럽게 이야기할 수 있게 되자 그 나머지는 무척 쉬웠습니다. 결국 그는 전국 웅변 대회에서 우승을 차지하고야 말았습니다.

그가 스미스 교수로부터 배운 문장은 바로 "I'm here to win gold."였습니다. '나는 우승을 위해 여기 있다'는 뜻의 이 문장은 그의 말 더듬거림도 교정해 주었겠지만, 스미스 교수의 지략에 의한 엄청난 자기암시 효과를 더했던 것입니다. 이것이 말을 더듬던 그가 단시간의 연습으로 웅변 대회에서 우승을 할 수 있었던 비결이었습니다. 저는 이 일화에서 반복의 힘이, 모든 내공의 근본임을 거듭 확인하게 됩니다.

"나는 즐겁고 풍요롭다."
"풍요는 나의 자연스런 상태다."
"모든 좋은 것은 내게 쉽게 다가온다."

자신만의 확언을 만드십시오. 자신에게 가장 힘이 되는 말을 선택하십시오. 쉽게 기억할 수 있는 확언을 만드십시오. 그래서 입에서 술술 자연스럽게 나올 수 있도록 하십시오. 너무 길거나 복잡한 확언은 원하는 것에 집중하는 데 도움이 되지 않습니다. 일단 확언을 만들고 나면 하루 중 정해진 시간에 10분 이상 확언을 외쳐 봅니다. 시간 날 때마다 틈틈이 되뇌어도 좋습니다. 이 두 가지 방법을 모두 사용할 때 그 효과는 더욱 강력해집니다. 여기에다 시각화까지 더한다면 당신이 원하는 바가 무엇이든 그것을 창조하는 길로 들어서게 될 것입니다.

시작하기 전에 당신이 시각화하는 것이 모두에게 최선의 이익을 줄 수 있도록 요청하십시오. (…) 당신이 외부로 내보내는 것은 당신에게 되돌아오기 때문입니다. 그것이 바로 우주의 법칙이며, 끌어당김의 법칙입니다.

– 존 페인, 최지원 역, 《옴니》에서

문장 하나로 삶을 바꿀 수 있는 마법의 기술이 바로 자기암시입니다. 어떤 문장으로 자기암시를 하든 자아상과 자신의 삶을 혁신할 수 있는 문장으로 지속력을 가지고 도전하십시오. 의지와 노력이 더해지면 기적 같은 일의 주인공이 될지도 모르니까요. 정녕 우리에겐 누구나 잠재의식이라는 무한능력자가 자신을 깨워 주기를 기다리고 있으니까요!

자기암시는 자신의 숨겨진 능력과 찬란한 미래를 찾아내는 마법이다.

CHAPTER

4

천재의 기질과 습관

"지속적인 노력과 실패의 반복은
천재에 이르기 위한 디딤돌이다."

– 엘버트 하버드

"무슨 일이든 진심을 다해 하면
이 일이 다리가 되어 우리 전체에 이를 것이며,
또한 좋은 배가 되어 어둠을 뚫고 나갈 수 있다."

– 칼 융

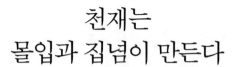

천재는
몰입과 집념이 만든다

인생은 우리가 하루 종일 생각하는 것으로 이루어져 있다. - 랄프 왈도 에머슨

천재들은 예외 없이 몰입 능력과 집념이 탁월하게 뛰어난 사람들입니다. 천재가 되고 싶은 이는 무엇보다 이와 같은 천재의 핵심적인 기질과 습관을 장착해야 할 것입니다.

어느 분야, 어느 시대, 어느 곳이든 간에 천재가 되는 것은 몰입 능력과 목표를 끝까지 이루어 내는 집념에 달려 있습니다. 자신에게 몰입 능력이 얼마나 있는지 살펴보세요. 그리고 자신의 집념이 어느 정도인지도 확인해 보세요. 어떤 시련에도 굴하지 않고 끝까지 하나의 일을 이루어 내는 몰입 능력과 집념을 갖추었나요? 그걸 확인해 보면, 자신의 가능성을 스스로 충분히 가늠해 볼 수 있을 것입니다. 아울러 자신이 무엇을 보완하고 갖추어야 하는지, 어떠한 습관들을 만들어 가야 하는지도 알 수 있을 것입니다.

사람은 저마다의 장점을 지니고 있는 존재라는 점에서 내가 유일하게 자신 있어 하는 부분이 있다면 집중력이 아닐까 한다. 천둥이 쳐도 안 들린다는 말이 나에게는 사실일 정도로 나는 집중을 하면 무아지경에 빠지는 스타일이다. 어릴 때 책을 볼 때도 그랬고 대학에서 공부를 할 때도 그랬는데, 어떤 경우는 겨우 몇 분 동안 책을 봤다고 생각했다가 3~4시간이 지난 것을 알고 스스로 놀라기도 했다. 집중력은 회사가 생존할 수 있는 전략을 세우는 데에도 큰 도움이 된 것 같다. 내가 보기에는 분명한 가치관과 목적의식만 있다면 누구나 몰입의 즐거움을 느끼면서 최선의 해결책을 만들어 낼 수 있다. - 안철수

몰입은 집중력의 절정 상태입니다. 몰입한다는 것은 무아지경 속에서 대상과 하나가 된다는 뜻이요, 자신의 역량을 최고치의 상태로 조율한다는 뜻입니다. 집중력이 떨어지는 학생이 공부를 잘하는 법이 없듯이, 집중력이 떨어지는 이가 일을 잘하거나 뛰어난 성취를 이루는 경우도 없습니다. 돋보기의 빛이 종이를 태우는 것은 빛의 힘이 오로지 하나로 모아졌기 때문입니다. 몰입이란 바로 마음의 힘을 하나로 모을 수 있는 능력입니다. 그러한 몰입 능력을 하나의 일에 오래도록 지속시킬 수 있는 힘이 바로 집념입니다.

흩어져 있는 마음은 힘을 발휘할 수 없습니다. 집념이란 흔들리지 않는 굳은 뜻이니, 강렬하고 지속적인 에너지가 한곳으로 모아져 있음을 의미합니다. "집념은 창조력의 어머니다."(조너선 스쿨러)라고 말할 수 있는 이유도 그 때문입니다. 집념이란 목표를 향해 마음과 생각의 힘이 하나로 정렬되어 있다는 뜻입니다. 몰입과 집념은 마음의 힘을 최고치로 만드는 것이니, 천재가 되는 길일 뿐 아니라, 자기 능력의 최고치를 발현하는 발판일 것입니다.

《몰입》의 저자 황농문 교수는 이렇게 말합니다. "천재는 보통 사람과

4 천재의 기질과 습관

나른 게 없다. 다만 몰입함으로써 자신에게 숨어 있는 재능을 인지하는 보통 사람일 뿐이다. 몰입하고 또 몰입하면 어떤 문제도 풀리기 마련이고, 그런 과정을 되풀이함으로써 결국 자신도 모르게 천재가 되는 것이다."

황농문 교수는 몰입하고 또 몰입하는 것이 어떠한 가치와 효과를 지니는지를 세 권의 책을 통해서 설명한 바 있습니다.* 몰입적 사고를 한 후 그 전과는 비교도 안 될 만큼 공부와 일의 능률이 높아졌음을 자신의 생생한 체험뿐 아니라 다른 이들의 풍부한 사례를 통해 소개하고 있습니다. 몰입은 누구나 요령만 알면 할 수 있는 일이라는 뜻입니다.

> 바라고 원하는 바를 성취로 이어가기 위해서는 그냥 계속 생각하는 것만으로는 안 된다. '엄청나게 많이 생각'하는 것이 중요하다. 막연하게 '그렇게 되면 좋겠다'라는 식의 어설픈 정도의 수준이 아니라 강렬하게, 그리고 자나 깨나 끊임없이 바라고 원해야 한다. 머리끝에서 발끝까지 온몸을 그 생각으로 가득 채우고, 피 대신 '생각'이 흐르게 해야 한다. 그 정도로 한결같이 강렬하게 하나만을 생각하는 것, 그것이 일을 성취하는 원동력이다. - 이나모리 가즈오

몰입과 집념은 생각의 에너지를 모으는 도가니입니다. 생각하고 또 생각하는 과정에서 생각이 깊어지고 넓어집니다. 생각의 양量과 생각의 강도가 생각의 질을 바꿉니다. 천재들은 바로 몰입과 집념을 통해 자신이 얻을 수 있는 생각 에너지의 최고치를 활용한 이들에 다름 아닙니다.

불광불급不狂不及이라는 말이 있습니다. 미치지 않으면 도달하지 못한다는 뜻입니다. 하나에 몰두하여 다른 것을 다 잊을 수 있는 능력, 자신을 완

---

* 단번에 몰입의 기술을 익히고 싶으신 분은《몰입》,《몰입 두 번째 이야기》,《공부하는 힘》을 연속으로 읽어 보시기 바랍니다. 세 책의 누적 효과를 통해 '몰입적 사고'에 대한 확실한 인식과 의지가 생기게 될 것입니다.

전 연소할 수 있는 능력, 매 순간 속에 현존하며 시간의 최고치를 사는 능력, 자신이 좋아하는 것에 오래도록 미칠 수 있는 능력, 그래서 남다른 뭔가를 이루어 낼 수 있는 능력, 그것이 천재성의 본질이요 천재를 만드는 확실한 동력입니다. 때문에 천재란 몰입의 장작이 활활 타오르는 집념의 아궁이에서 태어난다고 해야 할 것입니다.

실패는 좀 더 현명하게 다시 시작할 수 있는 기회이다. - 헨리 포드

강한 집념은 불굴의 정신을 가졌다는 뜻이기도 합니다. 그들은 시련 앞에서 자신의 뜻을 잃는 사람이 아니라, 시련 앞에서도 자신의 새로운 뜻을 세우는 이들입니다. 실패는 넘어지는 것이 아니라, 넘어져서 다시 일어날 줄 모르는 것입니다. 때문에 실패는 누구에게나 다시 일어서는 법을 배울 수 있는 기회이기도 합니다.

시련과 역경에 굴하지 않고 더 분발한 사람들, 천재와 거장들은 강인하고 담대한 사람들이자, 불굴의 정신을 가진 사람들이었습니다. 사마천은 궁형을 당했을 때 친구로부터 이런 말을 들었습니다. "당장 칼을 물고 자결하라. 목숨을 구걸하여 거세당한 비겁한 사람을 친구로 둘 수 없다." 하지만 그는 "바른 역사를 기록해 후세에 길이 전하는 것이 나의 사명이고, 그 사명을 다하기 전엔 결코 죽을 수 없다."라고 하였습니다. 결국 그가 남긴 《사기》는 그를 중국 최고의 역사가로 칭송받게 만들었습니다.

조선시대를 살펴보면 선비의 유배 생활이 장기화되었을 땐 대체로 뜻을 잃고 피폐해지는 경우가 많았습니다. 하지만 김정희는 유배지에서 자신만의 개성적인 서체인 추사체를 완성했고, 정약용은 몇십 년 동안의 유배 생활 속에서 수백 권의 책을 집필했습니다. 대니얼 디포의 《로빈슨 크루소》, 존 번연의 《천로역정》, 보에티우스의 《철학의 위안》 등의 명저들은

모두 감옥에서 쓰인 책입니다.

유도 올림픽 금메달리스트이자 그랜드슬램을 달성했던 김재범 선수의 좌우명은 "그럼에도 불구하고"라고 합니다. 이 짧고 인상적인 표현 속엔 의미심장한 뜻이 배어 있습니다. 천재들이나 위인들은 대부분 이와 같은 정신을 가졌던 이들이었습니다. 그들은 역경보다 더 큰 정신을 가졌던 이들입니다. 극진 가라데의 창시자 최배달은 "세상을 살 때 가장 중요한 것은 목숨을 거는 거다. 네가 하려는 일에 목숨을 바쳐라."라는 말을 남겼습니다. 남다른 성취를 이룬 이들에겐 반드시 남다른 집념과 정신 자세가 있었음을 기억해야 할 것입니다.

남이 못한다 하면 한번 해보고 싶은 마음, 그런 생각이 생겨요. 굉장히 어렵고 안 될 거라고 생각하면 그걸 성취해 보려고 죽어라 노력하는 그런 성격이 있어요. - 김종훈(벨 연구소 소장)

천재들의 끝장 본능

예전에 김연아 선수가 인터뷰할 때 이런 말을 하는 것을 본 적이 있습니다. "저는 안 되면, 될 때까지 하는 스타일이에요!" 이 말을 듣고 저는 그런 생각이 들었습니다. '저런 기질이 있었기에 오늘의 김연아가 될 수 있었구나.' 한국이 낳은 피겨 천재, 세계 최고가 된 피겨 여제는 결코 우연한 결과물이 아닐 것이니, 그러한 결과는 남다른 그의 정신 자세와 결코 무관하지 않을 것입니다.

'될 때까지 하는 스타일'을 일러 저는 '끝장 본능'이라고 부릅니다. 천재들은 바로 이러한 끝장 본능을 가지고 있는 사람들입니다. 포기를 모르고 물러설 줄 모르는 담대함과 용기와 끈기가 그들 영혼의 기본 골자인 셈입니다.

베토벤은 청력을 잃고서도 25곡을 작곡했습니다. 그의 최고의 명작들은 오히려 청력을 잃은 이후에 나온 작품들입니다. 그는 이런 말을 남겼습니다. "가장 뛰어난 사람은 고뇌를 통하여 환희를 차지한다." "고난의 시기에 동요하지 않는 것, 이것은 진정 칭찬받을 만한 뛰어난 인물의 증거이다." "네 자신의 불행을 생각하지 않게 되는 가장 좋은 방법은 일에 몰두하는 것이다." "무언가를 뛰어넘을 때마다 나는 행복을 느낀다."

존 밀턴은 43세에 나이에 시력을 잃었습니다. 그럼에도 매일 4시에 기상해서 한 자 한 자 글을 썼으며 그렇게 10년 넘는 각고의 노력으로 《실낙원》을 완성했다고 합니다. 그는 이런 말을 남겼습니다. "실명이 비참한 것이 아니라 실명을 이겨낼 수 없는 나약함이 비참한 것이다." 이처럼 남다른 사람들에겐 남다른 정신이 있음을 거듭 확인하게 됩니다.

헤밍웨이는 그의 노벨상 수상작 《노인과 바다》를 쓸 때 400번 넘도록 수정을 했다고 합니다. 그런 혼신의 마무리가 없었더라면 지금과 같은 명작이 되지는 못했을 테지요. 그는 이런 말을 남겼습니다. "자기 불신은 우리들이 실패하는 대부분의 원인이다." "인간은 무너질 수는 있지만 결코 쉽게 패배하지는 않는 존재이다." "그것을 하러 나는 왔다. 그것만을 생각하면 된다." "나는 일을 어중간하게 하는 것을 싫어한다. 그것이 옳으면 대담하게 하여라. 그것이 그르면 하지 말고 버려라. 이상을 가지고 산다는 것은 성공적인 삶이다. 사람을 강하게 만드는 것은 사람이 하는 일이 아니라, 하고자 노력하는 것이다." "기회는 자기를 웃게 만들 줄 아는 소수의 사람들에게만 미소를 보내는 숙녀. 쇠가 달아 있을 때에 두드리는 것도 좋은 방법이다. 그보다 좋은 것은 쇠를 두들겨서 달구는 것이다."

시선詩仙 이백과 병칭되는 시성詩聖 두보는 이런 말을 남긴 바 있습니다.

4 천재의 기질과 습관

"내 시가 사람을 놀라게 하지 않는다면 죽어서도 쉬지 않겠다. 語不驚人死不休"

- 두보

죽어서도 쉬지 않겠다는 것은 죽어서도 계속 노력하겠다는 뜻입니다. 재능이 이백만 못했던 그가 시사詩史에 길이 남는 시성이 될 수 있었던 것은 이러한 '사불휴死不休 정신'이 있었기 때문이 아닌가 합니다. 사불휴의 정신은 생사를 초월하는 굳은 결의일 것입니다. 이러한 정신이 있었기에 그는 기어이 죽어서도 이름이 지워지지 않은 사람이 되었습니다.

이 시상에서는 할 일이 너무 많다. 서둘러라. - 베토벤

어떠한 시련에도 열정이 식지 않았던 뜨거운 피를 가졌던 이들, 천재의 혈통에는 그러한 피가 쉼 없이 흐르고 있습니다. 그 누구든 천재가 되고자 하는 이는 그러한 정신적 혈통과 유산을 물려받아야 할 것입니다.

이와 아울러 천재가 되는 데는 단명하는 것보다는 장수하는 것이 훨씬 더 유리하다는 말씀을 드리고 싶습니다. 단명하는 쪽보다는 장수하는 쪽이 창조의 기회가 훨씬 더 많기 때문입니다.*

톨스토이의《부활》은 70대 초반에 완성된 것이고, 괴테의 대표작《파우스트》는 80대 초반에 완성된 것입니다. 괴테가 만약 80세가 되기 전에 죽었다면 세상엔《파우스트》라는 작품이 존재하지 않았을 것이며, 당연히 우리는 이 책을 만날 수 없었을 것입니다. 아울러 괴테는 적어도 지금의 괴테는 아닐 것입니다.

---

* 장수하고 싶으신 분들께는 존 로빈스의《100세 혁명》을 추천하고 싶습니다.

톨스토이가 죽기 전에 자신의 모든 작품 중에서 단연 최고라고 말한 책, 유일하게 후대에 꼭 남기고 싶다고 말한 책《위대한 인생》*은 여러 번의 개정판을 통해 그가 죽기 1년 전에 완성한 책입니다. 그의 나이 81세 때입니다. 역사상 가장 훌륭한 비극 작품의 하나로 일컬어지는 소포클레스의《콜로노스의 오이디푸스》는 그가 90대 초반에 완성한 작품입니다.

인상주의 화가 클로드 모네는 80세에도 하루에 12시간씩 일하면서 명작을 남겼다고 합니다. 피카소는 90세가 넘었을 때도 활동을 계속했으며, 그의 명화인 〈오줌 누는 여인〉은 84세에 그린 작품입니다. 세계적인 건축가 프랭크 포이드 라이트는 그의 걸작 3분의 1을 80대 이후에 세웠습니다. 그의 걸작인 구겐하임 미술관과 마린 군청사는 아흔이 넘어 제작된 것입니다. 이처럼 끊임없이 생산적인 활동을 하는 것은 거장들의 공통점이었습니다.

한국 최고의 명필 김정희의 최고 명작들도 대부분 노년에 나온 것입니다. 그 또한 당시로서는 매우 장수한 편이었습니다. 그 덕에 오랜 시간 동안 그는 자신을 더 절차탁마할 수 있는 기회, 새로운 시도를 할 수 있는 더 많은 기회를 얻었습니다. 그러니 장수가 어찌 천재성을 발현하는 데 좋은 버팀목이 안 된다고 말할 수 있겠습니까.

오래 흘러야 강이 된다는 말이 있습니다. 테레사 수녀가 노벨평화상을 받은 것은 70세 때 일이며, 그녀는 87세로 세상을 떠날 때까지 더 왕성한 활동을 펼쳤습니다. 김대중 대통령은 죽을 고비를 여러 번 넘기고서 74세에 대통령에 당선되었고, 넬슨 만델라는 27년간의 옥살이 후 76세에 남아프리카 공화국의 대통령이 되었습니다. 아울러 두 분은 똑같이 75세에 노벨

---

* 이 책의 다른 번역본으로 채수동 역의《인생이란 무엇인가》, 박형규 역의《인생독본》등이 있습니다.

　　　　　　　　　　　　　　　　　4 천재의 기질과 습관

평화상을 수상하기도 했습니다. 골다 메이어는 70세에 이스라엘 수상이 되었고, 뷰티 업계의 여걸 헬레나 루빈스타인은 94세까지 일을 했습니다. 그들은 모두 시들지 않는 높푸른 청년 정신을 지녔던 사람들일 것입니다.

"모든 게 끝날 때까지는 끝난 것이 아니다."

유명한 야구선수 요기 베라가 한 말입니다. 인생에도 야구처럼 많은 변화와 반전이 있습니다. 처음은 좋았으나 끝이 안 좋은 경우가 얼마나 많던가요? 우리 속담에도 "끝이 좋아야 모든 것이 좋다."는 말이 있지요. 어떤 일이든 끝날 때까지는 끝난 게 아닙니다. 우리의 인생도 끝날 때까지 끝난 게 아닙니다. 즉 생애가 끝나기 전까지는 그를 제대로 평할 수 없으며, 죽기 전까진 누구에게나 천재가 될 기회, 좀 더 성장할 기회가 남아 있는 셈입니다.

남다른 성취를 이루고자 하는 이는 이왕이면 건강 관리를 잘 해서 장수하시기 바랍니다. 장수는 거장이 되고 대가가 될 수 있는 좋은 발판입니다. 열정이 식지 않는다면 행운은 조금이라도 그의 편이 되어 줄 것입니다.

끝까지 포기하지 않고 계속 도전해서 끊임없이 나아가는 자세! '끝날 때까지 결코 끝난 게 아니다'라는 올곧은 자세로 살아가는 것은 누구에게나 필요하고도 유익한 삶의 자세가 아닐까 합니다.

'위대한 업'은 하루아침에 이루어지는 게 아니었다. 그것은 하루하루 자아의 신화를 살아내는 세상 모든 사람 앞에 조용히 열려 있다. - 파울로 코엘료

몰입과 집념은 천재를 만드는 가장 좋은 화력이다.

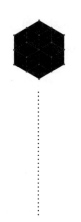

도전과 혁신의
반골

천재들은 도전에 용감한 이들이며, 문화적 혁명가들입니다. 그래서 천재들은 예외 없이 어떠한 면으로든 반골의 기질을 가지고 있습니다. 왜냐하면 창조성이나 새로움은 필연적으로 기존의 것에서 벗어날 때 이루어지기 때문입니다.

기존의 이론만을 따라가면 새로운 이론은 결코 나올 수 없습니다. 아는 길로만 가면 새로운 길을 찾을 수 없듯, 옛날 방식만 고수하면 새로운 방식을 찾을 수 없습니다. 예전에 쓰던 물건만 쓰면 새로운 물건은 절대 나올 수 없습니다. 그랬다면 지금껏 냉장고도 자동차도 없었을 것이요, 핸드폰이나 비행기도 없었을 것입니다. 아울러 우리는 여전히 지독한 신분 체계와 왕정王政의 통치 아래에 살아야 했을 것입니다.

1899년 미국 특허청의 책임자인 찰스 듀엘은 '발명될 수 있는 모든 것은 발명됐기 때문에 정부는 특허청을 폐쇄해야 한다'고 제안했다고 합니다. 그가 만약 지금의 인류 문명을 볼 수 있다면 무어라고 할까요? 아마도 그는 역사의 기본적인 맥락도 보지 못한 듯합니다.

진 랜드럼은 천재들의 천재성을 연구한 책 《열정 능력자》에서 이렇게 말했습니다.

> 나는 뛰어난 인물들에 대한 지속적인 연구를 통해 그들이 다른 사람들보다 천성적으로 모험 지향적이고 낙천적이며 개방적인 성향이 있다는 점들을 발견했다. 위험을 감수하려는 개인과 조직은 높은 수준의 개방성을 갖고 있다. 위험을 감수하려는 정도가 낮을수록 개방성도 떨어진다.

스티브 잡스와 빌 게이츠가 개인용 컴퓨터를 만들고자 했을 때, 다들 그들을 비웃으며 '그런 걸 누가 사겠느냐'며 매우 회의적인 반응을 보였다고 합니다. 하지만 지금은 집집마다 컴퓨터가 있는 컴퓨터의 시대가 되었고, 그들은 시대를 선도한 기업인이자 최고의 부자가 되었습니다. 시대를 앞서가는 이들은 언제나 더 깨어 있고 더 도전적입니다.

만약 그들이 타인의 비방으로 개인용 컴퓨터를 만들고자 하는 꿈을 접었다면 어떻게 되었을까요? 허나 천재들은 타인의 비방이나 비웃음에 흔들리는 사람이 아닙니다. 그들에겐 확고한 비전과 의지가 있기 때문입니다. "남들 의견의 소음이 자기 내면의 소리를 삼키게 하지 마라." 스티브 잡스의 이 말은 그의 반골 기질을 잘 보여 주는 말입니다. 그는 또 이런 말을 남겼습니다. "혁신은 리더와 추종자를 구분하는 잣대이다." "너의 시간은 한정되어 있으니, 남의 삶을 사느라고 인생을 허비하지 마라."

세상에는 크게 두 종류의 사람이 있다고 합니다. '세상의 흐름을 따라가는 사람'과 '세상을 자기에게 따라오도록 하는 사람'! 세상에 자신을 맞추는 사람과 세상을 자신에게 맞추는 사람은 삶의 자세부터 확연히 다를 수밖에 없습니다. 전자는 평범한 삶을 사는 보통사람일 것이요, 후자는 역사와 문화의 흐름을 바꿔 놓는 천재와 영웅과 스타의 삶일 것입니다.

천재들은 모두 예외 없이 '세상에 자신을 맞춘 사람'이 아니라 세상이 자신을 따라오도록 '세상을 자신에게 맞춘 사람들'이었습니다. 예컨대 예전엔 뉴턴의 물리학 법칙만을 따르다가, 아인슈타인이 '상대성 이론'을 만든 이후에는 온 세상이 이제 그들을 따라가게 되었습니다. 알렉산더 플레밍이 페니실린을 발견해 2차 대전 당시 수많은 인명을 구하자 온 세상이 그를 따랐고 지금도 그러합니다. 스티브 잡스가 개인용 컴퓨터와 아이폰을 개발하자 전 세계가 그를 따라가고 있습니다. 천재들은 이처럼 세상을 따라가는 사람이 아니라 세상이 자신을 따라오도록 하는 사람이며, 언제나 혁신의 능선을 지나 시대와 문화의 최전선最前線에서 살아가는 존재들입니다.

역사학자 아놀드 토인비는 《역사의 연구》에서 인류 문명 발달사를 한마디로 '도전과 응전의 과정'이라고 설파했습니다. 도전 정신이란 기존의 것에서 벗어나 새로운 것을 성취하고자 하는 정신이며, 이는 곧 또 다른 세계를 열고자 하는 반골의 정신이기도 합니다. 무릇 천재들은 세상에 길들여지지 않는 자신만의 거대한 야성을 가진 사람들입니다. 그 야성이 자라 탁월한 개성이 되고 놀라운 창의성을 낳습니다.

역사를 통틀어 새로운 아이디어가 기존의 사고방식을 거스를 때면 언제나 세 가지 단계가 펼쳐졌다. 첫째, 새 아이디어를 조롱한다. 둘째, 격렬하게 반대한다. 셋째, 사실로 받아들여서 분명하거나 자명한 것으로 여긴다. 보통 반대가 사그라진 후에 이렇게 된다.

무엇이든 새로운 것은 두려움을 불러일으키는 경향이 있다. 1871년에 에디슨이 최초의 축음기를 발명했을 때 자신들의 목소리가 재생되는 것을 듣고도 사람들은 그것을 사기나 흑주술黑呪術이라고 생각했다. 처음 전등이 발명되었을 때

4 천재의 기질과 습관

사람들은 그것을 위험한 것으로 생각해서 유리판으로 전등갓을 가리기도 했다.
- 제임스 아서 레이, 송택순 역, 《조화로운 인생》에서

이러한 이유 때문에 반골들은 타인이나 세상에 인정을 받기 전까진, 비난이나 비웃음 심지어 온갖 억압과 짓밟힘을 당하는 경우가 수없이 많았습니다. 천재들은 보통사람들보다 앞서가는 사람들이라서, 보통사람들의 식견에는 천재들이 '또라이'처럼 비춰질 때가 많으며, 기존의 틀이나 통념에 가장 저항하는 이들이기 때문입니다. 그러므로 큰 뜻을 가진 반골들은 세상의 비난이나 무시, 비웃음에서 둔감해질 필요가 있습니다. 그러려니 하면서 자신의 뜻을 잘 지켜야 합니다.

당신의 야망을 깔보는 사람을 멀리하라. 하찮은 사람은 항상 남을 깔본다. 하지만 정말 위대한 사람은 남들도 똑같이 위대해질 수 있다는 희망을 심어 준다.
- 마크 트웨인

세종대왕이 한글을 창제하고자 했을 때는 어떠했던가요. 그가 백성들을 위해 한글을 창제하고자 했을 때 조정의 대소신료들로부터 극렬한 반대에 부딪혔습니다. 지금 우리에게는 너무나 당연한 한글 사용이, 당시 그들에겐 말도 안 되는 엉뚱하고 한심한 짓이었습니다. 심지어 훈민정음이 창제되고도 사대부들은 언문이라고 비하했으며, 조선이 망해서 없어질 때까지도 잘 사용하지 않았습니다. 그러나 세종의 식견은 고루한 그들의 생각을 끝내 거부했으니, 우리 문화유산 가운데 가장 빛나고 소중한 한글을 후대에 남겨 주었습니다.

킹 목사가 일생 동안 존경하고 스승으로 삼았던 인물은 마하트마 간디였다. 킹

에게는 영국의 인도 지배에 비폭력으로 저항한 간디가 옳다는 믿음이 있었다. 마틴 루터 킹 주니어는 비폭력 저항에 자신의 삶을 바쳤고 이것을 위해 고귀한 대가를 치렀다. 바로 자신의 목숨을 내건 것이다. 그는 완벽에 가까울 정도로 강한 확신을 가졌기에 그토록 짧은 시간에 눈부신 성과를 이루었다. "내게는 꿈이 있습니다."로 무장한 그는 마침내 승리했지만 끝내 자신의 목숨을 바쳐야 했다.

- 진 랜드럼, 김미형 역, 《열정 능력자》에서

소크라테스도 간디도 루터 킹 목사도 모두 그 시대의 엄청난 반골이었습니다. 그 덕에 그들은 자신의 목숨까지 바쳐야 했습니다. 하지만 시대를 앞당긴 사람들, 약자를 구하고 세상을 조금이라도 더 좋은 곳으로 바꾼 이들은 언제나 불의를 용납하지 않았던 그들과 같은 반골들이었습니다.

심지어 인류 종교사에 가장 큰 영향을 끼친 붓다나 예수 같은 성인들 또한 그 시대의 문제점을 비판하고 혁신하고자 했던 대단한 반골들이었습니다. 만약 그들이 그러한 반골이 아니었더라면, 당시에 그토록 큰 문화적 반향을 일으키지 못했을 것이며 우리는 지금껏 그들의 이름을 알지도 못할 것입니다.

위대한 사람들은 꼭 성공한 사람들이 아니다. 그들은 반드시 한때 세상에서 이해받지 못하는 고독과 고통을 겪는 창조적 부적응자들이기도 하다. 아름다움을 위해 죽고, 진실을 위해 죽는 세속의 실패자들이기도 하다.

- 구본형, 《깊은 인생》에서

고흐의 그림은 하나하나 매우 독특하고 개성이 강합니다. 고흐의 그림이 800억 원을 훌쩍 넘으며 세계 미술품 경매시장에서 최고가를 경신했지만, 정작 그가 살았을 땐 그를 알아주는 이가 없었으며 일생 지독한 가난과 고독 속에서 살아야 했습니다. 하지만 그는 예술의 가치를 위해 죽은 사람임에는 틀림없을 것입니다. 그 누가 그의 삶이 헛되다 할 수 있겠습니까.

천재들은 세상에 알아주는 이가 없더라도, 설혹 세상과 불화할지라도, 그 때문에 많은 불이익과 고통을 겪을지라도 자신의 신념을 위해 살아갈 수 있는 매서운 용기와 기백을 가진 사람들입니다. 그들은 세상의 무지와 저항과 싸워 스스로를 이길 줄 아는 사람들입니다.

"별 쓸모없는 쓰레기 같은 논문입니다." "저질 의사의 정신병적인 망상입니다." 이 말은 정신분석의 창시자 프로이트가 당시 의학계로부터 20년 동안이나 들었던 말입니다. 그는 일생 650편의 논문을 발표했습니다. 그의 연구 성과는 이처럼 흔들리는지 않는 지난한 자기극복에서 나온 것임을 알 수 있습니다.(지금의 시점에서 보면 그의 이론에 다소의 한계와 오류가 있지만, 그가 현대 심리학의 발전에 끼친 지대한 영향은 그 누구도 부정할 수 없을 것입니다.)

천재 과학자 마리 퀴리는 폴란드 출생이었는데, 폴란드에선 당시 여성이 대학에 진학을 할 수가 없었습니다. 대학 진학을 포기할 뻔 했던 그녀는 여성의 대학 진학을 금지했던 제도 때문에 조국 폴란드를 떠나 프랑스 파리로 건너가서야 대학에 진학할 수 있었습니다. 여성이라는 이유로 대학 입학도 어려웠던 그녀는 나중에 프랑스 명문인 소르본 대학 최초의 여성 교수가 되었으며, 더 나아가 역사상 여성 최초로 노벨상 수상자가 되었습니다. 그것도 두 번씩이나! 세상의 편견과 부당함에 굴하지 않는 이런 저항의 여성이 있었기에 '여성의 대학입학 금지'라는 제도는 이제 몰상식한 면먼 과거의 유산이 될 수 있었습니다.

자유는 힘이다. 성공하려면 '자신에 대한 확신'과 '내적인 동기'가 있어야 한다. - 몬테소리 마리아 몬테소리 또한 언제나 자신이 속한 영역에서 일탈자로 살았습니다. 그녀가 의사가 되겠다고 결심했을 때, 마리아의 아버지와 의과대학장 모두가 여자가 의사가 되는 일은 불가능하다고 말했습니다. 허나 학교에서 유일한 여자 의대생이었던 몬테소리는 학교와 남학생들의 온갖 차별과 냉대를 이겨내고 1896년 로마 대학에서 의학박사 학위를 딴 최초의 여성이 되었습니다.

고군분투 끝에 그녀는 이탈리아 최초의 여성 의사가 되었지만 졸업 후에도 여자 의사에 대한 편견과 차별대우는 극심했습니다. 그녀는 어렵게 로마 대학 정신병원에서 보조 의사 생활을 시작했는데, 그곳에서 지적 장애아를 치료하는 일을 맡게 됩니다. 당시는 장애인에 대한 인식이 낮았고 치료법도 개발되지 않았던 터라, 장애인이 치료를 통해 변할 수 있다는 가능성도 인정하지 않던 때였습니다. 하지만 마리아의 생각은 달랐으니, 그녀는 교육학과 심리학 공부까지 섭렵하며 장애인을 도울 수 있는 치료법을 적극적으로 연구했습니다.

그러한 노력으로 그녀는 마침내 '놀이 학습을 통해 장애아들의 행동 · 정신 · 감각 발달이 모두 향상되었다'는 연구 결과를 발표합니다. 그리고 이 연구를 바탕으로 모든 어린이에게 적용할 수 있는 몬테소리 교육법을 창안합니다. 아이의 자율성과 놀이, 감각 교육에 바탕을 둔 '아동 중심 교육'인 몬테소리 교육법은 세계적인 반향을 일으켰고, 교육학 분야에 큰 영향을 끼쳤습니다. 이렇게 끝까지 자신의 뜻을 찾아 세상의 편견과 전통에 도전함으로써 그녀는 교육학계의 세계적인 거장이자 선구자가 되었습니다.

반골들은 이처럼 자기 스스로를 이겨 세상의 무지와 편견을 이겨내고 새로운 세계를 개척한 자들입니다. 세상과 싸웠던 혹은 세상으로부터 부정당했던 반골이, 세상을 바꾸는 선구자자 되고 영웅이 되는 아름다운 역설을 우리는 역사의 진실 속에서 숱하게 확인할 수 있습니다.

창조적 시각이 열린 사회

유명한 심리학자 칼 로저스는 이런 연구 결과를 발표했다. "창조적인 사람들이나 개혁적인 사람들 가운데는 외톨이가 많다. 그들은 사회적 합의 기준에서 이탈하여 자신이 만든 기준에 따라 움직이기 때문이다." 무리 지은 사람들 가운데 외롭게 홀로 서 있는 자신을 발견한 그들은 스스로를 위로해야 했다. 그래서 그들은 자신이 옳다고 믿는 기준에 따라 움직이며, 이른바 전문가들의 도움은 필요 없다고 생각한다. 자족감이야말로 창조적 성공에 이르는 보증서다.

– 진 랜드럼, 김미형 역, 《열정 능력자》에서

백절불굴百折不屈이라 했거니, 끝내 세상에 굴하지 않는 용기와 담대함, 어쩜 그것은 반골들이 지닌 최대 최고의 무기일 것입니다. 저는 어떤 면으로든 이런 기질이 없는 이가 천재가 된 경우를 본 적이 없습니다. 조선 후기 문풍을 혁신한 연암 박지원도 지독한 반골이었고, 사회를 혁신하려다 사형 당한 허균도, 신분제를 무너뜨리려 했던 동학의 최제우도 모두 엄청난 반골이었습니다. 저는 어쩜 조선에 진정으로 필요했던 사람이 그러한 이들이 아니었던가 합니다.

비저너리들은 일을 하는 방식도 보통사람들과 다르다. 차별화가 그들의 성공 비결이다. 자신의 꿈을 좇는다는 점에서 그들은 특별한 존재이며, 사람들은 그들을 괴짜라고 부른다. 살아남기 위해 그들은 거만한 낙천주의자가 되어야 했다. 그렇지 않았다면 기성체계라는 괴물에게 잡아먹혔을 것이다. 비저너리가 되고 나면 과격한 불복종자가 되기란 아주 쉽다. (…)

위대한 비저너리들은 대체로 어릴 적부터 체제에 순응적이지 않았으며, 자신의 특별함으로 스스로를 소모시키기는커녕 그것으로 성공을 꾀했다. (…) 만약 당신이 세계를 변화시키고 싶다면 괴짜라는 소리를 듣는 데 익숙해져야 한다. 당신이 위대한 창조자, 혁신가, 모험적 기업가가 되고 싶다면 괴짜라는 놀림과 조롱을 두려워해서는 안 된다. 탁월한 대화능력과 노동 윤리, 열정, 무모함을 가지고 인습을 거스를 수 있는 인물만이 그 분야의 정상에 오른다. 그런 사람들만이 이런 일들을 해낼 자격이 있다.

- 진 랜드럼, 김미형 역, 《열정 능력자》에서

한국 사회는 유교문화와 군대문화가 결합하여 매우 권위적이고 체제순응적인 문화를 만들었습니다. 그런 문화 속에선 체제 순응적인 사람만이 대접받고, 불복종자는 나쁜 사람으로 내몰리기 쉽습니다. 이런 문화 속에선 창의성이 발현되기 어렵습니다. 어쩜 조선이 시종일관 그런 나라였기에 그토록 비참하게 최후를 맞았는지도 모르겠습니다. 그러한 영향은 지금도 우리 문화 곳곳에 배어 있기에, 좋은 인재들을 배출할 수 있는 토양을 우리가 스스로 짓밟고 있는지도 모릅니다.

허나 동서고금을 막론하고 혁신의 비저너리들은 결코 체제 순응적인 사람들이 아닙니다. 체제 순응이 진리인 곳에선 창의적 인재가 잘 자라날 수 없습니다. 어느 시대 어느 곳이든 가장 창의적인 사람들은 예외 없이 도전과 혁신의 반골들이기 때문입니다. 그들은 다들 너무나 강한 개성을 가진 사람들입니다. 그러한 기질을 가진 사람들이 보다 자유롭게 자신의 재능을 잘 발현할 수 있도록, 우리는 새로운 시각과 가능성의 장으로 마음을 문을 활짝 열어야 할 것입니다.

4 천재의 기질과 습관

미국 심리학회의 전 회장 프랭크 팔리는 '정신적·육체적 자극을 환기시키는 가치'에 대한 연구에 평생을 바쳤다. 팔리는 테스토스테론이 너무 지나치게 분비되어 스릴을 찾아다니는 사람을 '빅Big T'로 이름 지었다. 이런 사람들은 "창조적이고 외향적이어서 모험을 즐기고, 예술에서도 실험적인 행위를 매우 선호하며, 다양한 성적 기호를 가졌다"라고 한다. 불확실하면서 색다른 미지의 것들을 모색하는 성향과 더불어 위험을 기꺼이 감수하는 성향은 창조적인 존재로서의 가능성을 높여 준다. (…)

미국은 빅 T들이 세운 나라다. 유럽을 떠나 플리머스에 정착한 용감한 선조들은 모두 빅 T였으며 이들이 미국의 건국을 이루었다. 위험이 적은 쪽을 선택한 사람들은 유럽에 남았고 빅 T들만이 미국으로 건너왔다. 나중 리틀 T들이 모여들어 그들의 공동체를 이루자 빅 T들은 또다시 오하이오, 켄터키, 일리노이와 같은 서쪽으로 이동했다. 자극이 낮은 상태를 선호하는 사람들로 새로운 공동체의 근간이 채워지자 새로운 자극을 찾는 사람들은 서쪽으로 계속 이동할 수밖에 없었다. 수 세대에 걸쳐 이동을 계속하자 더 이상 갈 곳이 없어졌다. 그들은 결국 과실과 열매로 가득 찬 땅(괴짜들의 땅)에 정착했다. 캘리포니아는 새로운 자극을 찾아 스릴을 즐기러 온 일탈자들로 가득 찬 사회다. 기성체계를 부정하고 인습을 타파하려는 사람들의 새로운 정착지가 캘리포니아라는 사실이 새삼스럽지 않다. 이제 캘리포니아는 예술, 신기술, 비즈니스의 유행을 창조하면서 자신의 존재를 다시 증명해 보인다. 실리콘 밸리는 신기술의 진원지로 널리 알려졌다. 미국 노벨상 수상자의 50퍼센트 이상이 이곳 출신이라는 점에서 캘리포니아는 다시 한 번 그 진가를 발휘하고 있다.

– 진 랜드럼, 김미형 역,《열정 능력자》에서

큰 비전이 없는 곳에는 큰 발전이나 변화가 없듯이, 큰 도전이 없는 곳에 큰 성취가 있을 리 만무합니다. 모든 천재들은 더 멀리 보고, 더 높이 보며, 무엇보다 큰 비전을 지닌 담대한 '도전의 귀재'들이었습니다. 천하가 자신을 막아도 홀로 자신의 길을 당당히 갈 수 있는 사람! 어느 시대든 혁신과 창조의 아이콘들은 세상과 타협하거나 인습에 안주하지 않는 매운 기상을 가진 반골들이었습니다. 미국 문명을 선도했던 '빅 T'들은 바로 큰 기상과 열정을 지닌 반골인 셈입니다. 앞서 말한 세상을 따라가는 사람이 아니라, 세상이 자신을 따라오게 만드는 사람인 것입니다.

- 훌륭한 영혼은 항상 평범한 사람들의 극렬한 반대에 부딪힌다. - 아인슈타인
- 역사적으로 획기적인 변혁은 거의 예외 없이 기존의 사고방식이나 행동 양식 또는 낡은 패러다임을 파괴함으로써 가능했다. - 스티븐 코비
- 지금은 양자이론의 역설처럼 보이는 것도, 우리 자식의 자식들에게는 상식으로 받아들여질 것이다. - 스티븐 호킹

그런 점에서 천재가 되고자 하는 이는 반드시 세상에 굴하지 않는 참된 반골이 되어야 할 것입니다. 천재는 세상에 자신을 맞추는 사람이 아니라, 자신의 이상과 비전에 세상을 맞추는 사람이니까요. 허나 반골이라도 제각기 다양한 수준이 있을지니, 단지 세상을 비난하고 불평만 하는 무능한 반골이 아니라, 건강한 비판과 아름다운 비전을 제시하고 높은 이상 속에서 스스로가 좋은 변화의 주체이자 모범이 되는 참된 반골이 되어야 할 것입니다.

"삶은 과감한 모험이 될 수도 아무것도 아닐 수도 있다." 헬렌 켈러의 이 말은 새로운 천재들을 위한 말 같습니다. 천재들은 보기 드물게 도전적이고 용감한 사람, 보기 드물게 남다른 근성과 끈기를 지닌 사람입니다. 담대한 용기를 지니고서 자기 분야에 매진하면서 계속 도전하시기 바랍니다. 그러면 언젠가 당신이 세상에 높이 우뚝 서는 날, 세상이 그림자처

럼 당신을 따라갈 테니까요.

위대한 사람들이 가진 것은 과연 무엇인가? 바로 그들만의 특별한 신념체계다. (…) 그들은 자신이 특별한 사람이기 때문에 스스로 북을 울리고 그 소리에 발맞춰 행진해야 한다고 느꼈다. 그들은 스스로 남들보다 더 능력 있고, 더 많이 알고 있으며, 좀 더 직관이 발달했고, 자신의 능력을 활용하는 법을 알고 있다고 믿었다. - 진 랜드럼

참된 반골의 정신을 지니지 못한 이는 천재가 될 가능성이 없다.

끝없는
지적 호기심

천재들은 끝없는 지적 호기심을 가진 사람들입니다. 호기심이 화산처럼 넘쳐나기에 끊임없이 탐구하고, 끊임없이 배우고, 끊임없이 상상하고 또 사고하게 됩니다. 천재들은 알고 싶은 게 많은 사람이자 배우기를 좋아하는 사람, 즉 호학자好學者들입니다.

지적 호기심이 없는 사람은 배움에 대한 화력이 없는 기차와 같습니다. 알고 싶은 욕구가 없는 이는 끝내 배울 수 없기 때문입니다. 반면 배움에 대한 끝없는 열망은 천재성으로 가는 레일과 같을 것입니다. 지적 열망이 마르지 않는 이는 폭주기관차처럼 그 레일을 따라 계속해서 성장해 갈 테니까요. 때문에 호기심은 몰입과 열정이 시작되는 출발점이기도 합니다. 관심과 궁금증이 있어야 더 집중하고 더 매진하게 될 테니까요.

가장 중요한 것은 질문을 멈추지 않는 것이다. 호기심은 그 자체만으로도 존재 이유가 있다. 영원성, 생명, 현실의 놀라운 구조를 숙고하는 사람은 경외감을

4 천재의 기질과 습관

느끼게 된다. 매일 이러한 비밀의 실타래를 한 가닥씩 푸는 것으로 족하다. 신성한 호기심을 절대 잃지 마라. - 알베르트 아인슈타인

호기심이란 달리 말하면 '알고 싶은 마음'입니다. 알고 싶은 마음은 반드시 자기 안의 '어떠한 질문'으로 전환됩니다. 때문에 지적 욕구가 충만한 사람은 끝없이 질문하고 또 질문합니다. 그래서 호기심과 질문은 빛과 그림자처럼 필연적으로 늘 함께 따라다닐 뿐 아니라, 자신과 세계를 긴밀하게 연결시킵니다.

인간의 모든 배움은 알고 싶은 욕구, 즉 호기심과 질문으로부터 시작됩니다. 때문에 지적 열망이 더 많은 사람이 더 많이 배우고, 더 치열하게 노력하게 되는 것은 자연스러운 이치입니다. 그 어떤 분야를 불문하고 지적 열망이 모든 배움의 절대적 화력인 셈입니다. 그래서 그 화력이 적은 사람은 결코 멀리 가지 못할 것이 분명합니다.

오직 남다른 관심과 의문이 있는 사람만이 남이 보지 못하는 것을 보고, 남이 생각지 못하는 것을 생각하게 됩니다. 어떤 일이든 피상적으로 그냥 지나칠 때는 의미 있는 발견을 할 수 없으니까요. 지적 호기심이 많은 사람은 삶의 어느 굽이에 있든 자기 탐구를 따라 감각의 안테나와 생각의 레이더가 늘 살아 있는 사람입니다. 뜨거운 지적 열망은 자기 안의 감각과 생각을 끊임없이 일깨우기 때문입니다.

매혹당할 줄 아는 것이야말로 안목이고 능력이며, 그 매혹을 따라갈 줄 아는 용기야말로 자유를 향해 가는 힘이라고 해야 할 것이다. 이 경우 '수동성'이란 내게 다가온 것을 통해 나의 벽, 나의 관념이나 감각을 넘는 어떤 '넘어섬'을 뜻한다. 자아의 감옥을 넘어서, '나'란 이름으로 구축된 작은 성을 넘어서, 내가 알지 못하던 사물이나 사람, 혹은 다른 어떤 것의 세계로 비약하게 되는 사건을.

자유는 무엇보다 이 넘어섬을 뜻하는 것일 게다. 자유가 흔히 말하듯 어떤 '가능성'과 관련된 것이라면, 그것은 바로 이 넘어섬을 통해 다가오는 다른 세계의 가능성을 뜻하는 것일 게다.

- 이진경, 《삶을 위한 철학수업》에서

어떤 사람이 매혹당할 줄 알까요. 감각이 깨어 있는 사람, 생각을 던질 줄 아는 사람, 바로 지적 호기심이 있는 사람들입니다. 호기심이란 다른 세계의 가능성을 탐색하는 것이자 그 너머로 가는 동력입니다. 아인슈타인은 "나에겐 특별한 재능이 없다. 단지 모든 것에 열렬한 호기심을 가질 뿐이다."라고 했지만, 실은 열렬한 호기심이야 말로 재능 중에 재능일 것입니다. 그것은 어떤 세계에 깊이 매혹당할 줄 아는 능력이자, 자기 안에 안주하지 않고 자신을 계속 확장해 나갈 수 있는 능력이기 때문입니다.

그런 능력이 있는 사람은 누가 시키지 않아도 스스로 배움을 계속해 나갈 수 있는 사람입니다. 배움이 전적으로 자기주도의 열망 속에서 이루어지는 이들이며, 배움에 누구보다 가장 적극적인 이들입니다.[*] 천재성이란 끝없는 지적 열망 속에서 발현됩니다. 따라서 열렬한 호기심은 모든 재능을 키우는 지렛대이며, 모든 천재성이 발현되는 발화점입니다.

---

[*] 대학에서 장학금 받는 대학생들은 대부분 두 가지 공통점을 가지고 있습니다. 첫째 '자기 주도형 학습을 하는 학생들'이라는 점입니다. 둘째 자기 주도형 학습의 핵심은 '책 읽기(독서)'와 '글쓰기(리포트)' 능력 이 두 가지입니다. 간단히 말해 '자기주도의 공부 습관'과 '독서력과 문장력'이 좋은 이들이 장학금을 받습니다.

4 천재의 기질과 습관

최고의 공부, 최고의 인재

지적 호기심을 자극하는 스승을 만나지 않고도 깊이 있는 학습으로 창의적인 인물이 된 사람들이 있다. 그들은 교수가 어떤 식으로 가르치든 상관없이 계속 적극적으로 공부하고 중대한 문제들을 스스로 제기했다. 지독히 지루한 강의를 들을 때도 가능성, 응용 방법, 함축된 의미 등을 생각했다. 그들은 항상 "흥미로운 뭔가를 발견했습니다."라고 말한다.

최고의 학생들은 하나같이 하는 말이다. 무엇보다 그들은 수업 밖에서도 읽고 생각하고 탐색하고 사색하며 적극적으로 공부했다. 한 사람은 이렇게 말했다. "이 인터넷 시대에 가능성은 거의 무한대죠." 최고의 학생들은 학습을 직접 관리하고, 그 내용과 질을 스스로 책임졌다.

– 켄 베인, 이영아 역, 《최고의 공부》에서

최고의 학생들은 호학好學의 기수인 학구파들입니다. 학구파들은 뜨거운 지적 열망과 배움의 기쁨 속에 살아가는 이들이며, 배움의 가치와 기쁨을 마음껏 즐길 줄 아는 이들입니다. 그것이 바로 최고의 공부이며, 그러한 공부를 하는 이들이 바로 최고의 학생, 최고의 인재일 것입니다.

열렬한 호기심이 있는 사람은 무엇을 보고 배우든, 그것에서 의미 있는 무언가를 혹은 흥미 있는 뭔가를 발견할 수 있는 사람입니다. 관심이 가고 흥미가 가기 때문에 배움의 과정이 즐거울 수 있으며, 계속해서 더 깊이 탐구할 수 있게 됩니다. 그러니 그러한 기질을 가진 학생이 최고의 학생이 되는 것은 당연한 결과일 것입니다.

누가 시켜서 하는 공부를 어찌 공부라고 할 수 있겠습니까? 참된 공부란 자신이 알고 싶어 하는 것을 알아가는 과정일 뿐입니다. 거짓 고백이 고백이 아닌 것처럼, 지적 호기심과 자발성에 기초한 공부가 아닌 것은 진정한 공부가 아닐 것입니다. 진짜 공부를 얼마나 해보셨는지요? 진짜 공부를 통해 얻은 지식은 내 영혼의 피와 살이 되었을 것이요, 내 삶의 소중한 양식이 되었을 것입니다.

우리는 이제, 오직 열렬한 지적 호기심을 가진 이만이 참된 공부를 할 수 있음을, 최고의 공부는 최고의 호기심에서 비롯됨을 깊이 인지해야 할 것입니다. 뭇 천재들은 하나같이 열렬한 호기심으로 최고의 공부, 진짜 공부를 하는 이들이니까요.

삶을 대하는 태도로서 호기심은 비타민과 같은 존재이다. 그것은 우리가 지식, 기술, 능력의 범위를 넓힐 의사가 있다는 표시이기 때문이다. 우리는 본능적으로 틀에 박힌 범주를 깨고 싶어 하며 우리의 삶을 가지고 다양한 실험을 하길 원한다. 호기심에 사로잡혀 있을 때, 우리는 에너지가 넘치고 무언가를 새롭게 배울 수 있다. 넓은 시야를 가진 자만이 새로운 것을 발견하고, 기회들을 찾아내고 삶의 질을 높일 수 있다.

– 알렉산더 그린, 곽세라 역, 《삶에서 무엇이 가장 중요한가》에서

무언가를 새롭게, 제대로 배울 수 있는 사람은 지적 열망이 있는 사람, 호기심의 물음표와 배움의 설렘이 가슴에 충만한 사람들뿐입니다. 호기심이 있는 사람은 마음이 열려 있기에 시야가 넓으며, 생각이 더 넓은 세계로 깨어 있는 이들입니다. 호기심이 없다는 것은 마음이 늙어 간다는 것이며, 삶의 줄기가 시들어 간다는 뜻입니다. 호기심이 멈추는 날, 관심과 배움이 멈출 것이고, 그에 따라 우리의 모든 성장이 멈출 것입니다.

나를 살아 있게 만드는 에너지, 무지와 정체로부터 나를 풀려나게 하는 에너지, 나를 계속 성장시키고 확장시키는 에너지, 그 무한의 에너지가 우리의 내면에 무진장의 재산으로 저장되어 있습니다. 다만 그 값없는 에너

지는 쓰고자 하는 뜨거운 열망을 내는 이만이 쓸 수 있을 뿐입니다.

아이의 눈 속엔 세상이 하나의 신비로움으로 가득합니다. 아이와 같은 눈으로 세상을 새롭게 볼 수 있는 사람, 그 속에서 삶의 끝없는 의미와 가치를 찾을 수 있는 사람, 아울러 그것으로 언제나 자신을 일깨우고 세상을 일깨우는 사람! 천재라는 이름은 아마도 늘 그러한 사람들 곁에 있을 것입니다.

천재는 열렬한 지적 호기심으로 진짜 공부를 하는 이들 속에서 나온다.

일을 즐기는
열정주의자

모든 천재들이란 자기 일에 '전념'한 사람들일 뿐이다. 천재란, 자기 일이 좋아서 하루 열 시간씩 십 년쯤 일한 사람에 다름 아니다. - 이만교

천재들은 공부와 일을 즐길 줄 아는 열정주의자들입니다. 그들은 자신의 일을 너무 좋아하는 이들이며, 그래서 무엇보다 자신의 일을 마음껏 즐길 줄 아는 이들입니다. '천재는 노력하는 자를 이기지 못하고, 노력하는 자는 즐기는 자를 이기지 못한다.' 하였으니, 이는 결국 '천재는 노력을 즐거움으로 승화시킨 자라는 것'을 역설적으로 표현한 말에 지나지 않을 것입니다.

65세의 나이에도 에디슨은 연구소에서 작업하는 시간을 시간기록계로 측정했다. 그해는 일주일에 평균 112시간씩 일했다. 프로젝트를 시작하면 몇 주일 동안 연구실을 떠나지 않다가 일주일에 한 번 옷 갈아입을 때만 집으로 갔다.

4 천재의 기질과 습관

75세가 되어서도 하루도 빠짐없이 2교대로 연구를 거듭했다. 백열등의 발명은 그의 열정이 낳은 결정판이다. 전문가들조차 부정적이었지만 그는 기어코 해냈다. "내 발명품을 만들 공장이 없다면 공장을 지으면 된다. 소심한 자본가들을 믿느니, 기금도 내가 마련할 것이고 상품도 내가 공급한다. 공장을 짓든가, 아니면 아이디어를 그대로 사장시킬 것인가 이것이 문제다."라고 그는 말했다. 위대한 이 남자는 발전기, 전등 제조, 회로 플랜트를 제작하는 데 필요한 자본의 90퍼센트를 스스로 조달했다. 의지 하나 믿고 모든 것을 이루어 낸 위대한 힘이다.

– 진 랜드럼, 김미형 역, 《열정 능력자》에서

에머슨은 말했지요, "열정이 없이는 그 어떤 위대함도 생겨나지 않는다."고! 그러한 열정의 불씨를 어디서 구할 수 있을까요?

공부든 일이든, 진정 자신이 하고 싶어서 좋아서 하는 것이 아니라, 의무나 강요로 하는 경우에는 의욕과 활력이 적을 수밖에 없습니다. 반면 열정이란 에너지는 자신이 열렬히 좋아하는 것에서 자생합니다.

어느 기자가 에디슨에게 어떻게 하면 밤낮을 가리지 않고 그렇게 일에 매진할 수 있는가에 대해 질문했을 때, 그는 이렇게 답했습니다. "나는 평생 일한 적이 없다. 재미있게 놀았고 항상 즐거웠을 뿐이다." 이것이 바로 일을 즐거움으로 승화시킨 천재 열정주의자들의 마인드일 것입니다. 우리는 모든 천재들의 모습 속에서 '자신의 일과 놀이가 하나가 된 경지'를 엿볼 수 있습니다.

나의 인생 신조는 일로 즐거움을 삼고, 즐거움을 또한 나의 가장 큰 일로 삼는 것이다. – 아알론 바

피카소는 20세부터 아흔 둘의 나이로 세상을 떠날 때까지 평균적으로

거의 하루에 작품 하나를 창작해 냈다고 알려져 있습니다. 시각예술에 기여한 그의 작품 수는 회화 1,885점, 조각 1,228점, 도자기 2,880점, 판화 1만 8,095점, 석판화 1만 1,748점, 그리고 11점의 태피스트리와 8점의 카펫을 포함하여 모두 5만여 점에 달하며, 가장 작품 수가 많은 화가로서 기네스북에 기록되어 있을 정도라고 합니다. 열정주의자 에디슨이 그러했던 것처럼, 피카소 또한 자신의 일을 즐기는 경지에 도달하지 못했더라면 당연히 이러한 방대한 결과물이 나올 수는 없었을 것입니다.

소설가 스티븐 킹은 자신이 많은 글을 쓸 수 있었던 힘에 대해 이렇게 말했습니다. "어떤 일이든 즐거워서 한다면 언제까지나 지칠 줄 모르고 할 수 있다." 그의 말은 우리에게 인생 최고의 교훈 하나를 전해 주고 있는 듯합니다. 공부든 일이든 그것을 즐거운 마음으로 할 수 있다면 심리적 저항이 최소화될 것이며, 과정에서 발생하는 어려움들도 대폭 축소될 것입니다. 공부나 일을 가장 효율적으로 잘할 수 있는 방법은 '그것을 온전히 즐기면서 할 수 있는 데 있다.'는 뜻입니다.

페니실린을 개발한 알렉산더 플레밍은 "나는 미생물을 가지고 논다네. 어느 정도 이 놀이에 익숙해지고 나서 그 규칙을 깨뜨려 보면 다른 사람들은 생각조차 못 한 새로운 것을 알아낼 수 있지."라고 하였습니다. 이런 경지에서는 그는 학문 연구를 한 게 아니라, 미생물과 즐겁게 놀면서 자신의 놀이를 한 셈입니다. 공부가 놀이와 하나가 되면, 공부가 곧 배움의 놀이가 될 것입니다.

또 천재 물리학자 리처드 파인만은 이렇게 말했습니다. "내가 하려는 일이 핵물리학의 발전에 얼마나 기여하는가는 중요치 않다. 문제는 그 일이 얼마나 즐겁고 재미있느냐." 우리는 여기서도 배움의 자기 주체성을 확인할 수 있습니다. 모든 공부는 자기가 좋아서 자기가 하고 싶어서 할 때 최상의 공부가 된다는 것을. 어쩜 그가 받은 노벨상은 그와 같이 공부를 가장 즐겁게 한 이들만이 받을 수 있는 상일지도 모르겠습니다.

> 자신이 사랑하는 일을 하라. 그리고 그 일을 사랑하라. - 존 디마티니

세상의 모든 열정은 자신이 하고 싶은 일, 좋아하는 것을 할 때 생겨납니다. 그러므로 일을 즐길 수 있는 열정 능력자가 되려면 무엇보다 자신이 미치도록 좋아하는 일을 해야 할 것입니다. 열정이란 고도의 집중력이며, 자신의 힘을 온전히 불태울 수 있는 능력입니다. 자신의 삶을 완전연소完全燃燒하고자 한다면 누구든 자신이 모든 것을 바치고 싶은 대상을 찾아야 할 것입니다.

유용선 작가는 열정에 대해 이렇게 말한 바 있습니다. "대한민국 출신의 세계적인 축구선수 박지성에 대해 어떤 언론이 '부족한 재능을 엄청난 노력으로 메웠다.'고 평했다. 이 말은 매우 잘못되었다. 엄청난 노력을 할 수 있는 열정은 모든 재능 가운데 가장 위대한 재능이기 때문이다."

재능의 촉매재인 열정이 없으면 내 안의 재능이 제대로 발현되지 않을 것이니, 열정이 가장 위대한 재능이라는 말은 빈말이 아니겠지요. 분명 식지 않는 뜨거운 열정은 한 사람의 존재 수준을 완전히 바꿔 놓을 수 있는 재능이자, 천재를 만드는 확실하고 강력한 화력일 것입니다.

열정주의자들의 완전연소 능력

"에너지도 한정되어 있는 것은 사실이지만 어떤 일이든 열정적으로 해 본 적이 있다면 당신은 그 일에 에너지를 쏟으면 쏟을수록 더 큰 에너지가 생겨난다는 것을 알 것이다. 열정은 그 스스로를 다시 채운다." 디팩 초

프라는 우리에게 '열정의 연금술'을 알려 주는 듯합니다. 그가 전하는 열정의 비밀은 '어떤 일에 에너지를 쏟으면 쏟을수록 내가 쏟아부은 열정만큼 그 에너지가 다시 나를 일깨운다는 것'입니다.

> 당신의 열정을 따르라. 당신은 인생에서 모든 에너지를 쏟고 싶은 어떤 분야가 있다. 대부분의 사람들이 어떤 일이든 너무 깊이 빠지면 안 된다는 그들 나름의 억제 장치를 갖고 있는데, 그 때문에 그런 분야에서조차 진정으로 자기를 다 활용하지 못한다. 극한까지 기꺼이 나아가고 거기서 조금 더 나아가라. 하이킹을 좋아한다면 어떤 산을 목표로 설정하고 그 산을 정복하라. 글쓰기를 좋아한다면 책 한 권을 쓰기 시작해서 끝내라. 중요한 점은 자신을 채찍질하는 것이 아니라 얼마나 많은 에너지가 실제로 있는지를 입증하는 것이다. 에너지는 인식의 도구다. 인식은 에너지를 통해서 활성화된다. 어떤 분야에든 더 많은 에너지를 쏟음으로써 더 많은 이해가 생겨난다.
> ― 디팩 초프라, 구승준 역, 《완전한 삶》에서

우리는 '우리 자신의 극한'까지 얼마나 가 보았을까요? 우리는 우리 자신의 숨겨진 능력 혹은 잠재력을 얼마나 제대로 알고 있을까요? 모든 에너지와 열정을 쏟아 보기 전까진 우리는 결코 진정한 우리 자신을 만나지 못할 것입니다. 내 안에 에너지가 얼마나 있는지를 끝내 알 수 없을 테니까요. 마중물을 이용해 물을 끌어올리는 펌프처럼, 우리가 쏟는 열정 에너지는 새로운 에너지를 길어 올리고 새로운 나를 만나게 해주는 마중물이 되어 줄 것입니다.

천재가 되지 못한 사람들은 99%의 노력이 전부라고 생각했던 사람들이다. 하지만 천재들은 99%의 노력이나 1%의 노력이란 부족한 노력이라는 사실을

4 천재의 기질과 습관

확실하게 알았던 사람들이다. 그들이 1%의 천재가 될 수 있었던 가장 큰 원인은 99%의 노력과 100%의 노력의 차이가 겨우 1%의 노력의 차이에 불과한 것이 아니라는 사실을 잘 알고 있었던 것이다. (…)

당신이 지금까지 천재가 되지 못한 단 한 가지 이유는 '99%의 노력'이 전부라고 생각했기 때문이다. 이제부터 100%의 노력을 해보라. 반드시 천재가 되고, 거장이 될 수 있을 것이다.

– 김병완, 《누구나 천재가 될 수 있는 한 가지 법칙》에서

100% 노력할 수 있는 능력을 저는 '완전연소 능력'이라고 부릅니다. 대부분의 사람들은 자기 안의 잠재력을 다 불태우지 못한 삶, 즉 완전연소하지 못하고 타다 만 장작 같은 삶을 삽니다. 세상엔 완전히 연소하지 못한 노력이나 재능이 얼마나 많을까요. 반면 천재들은 완전연소를 한 삶을 삽니다. 달리 말하면 그들이 천재가 될 수 있었던 것은, 자신에게 주어진 시간 속에서 자신이 가진 것을 완전연소했기 때문일 것입니다.

완전연소하지 않는 삶을 산다는 것은 자기 자신에 대한 배신이며, 자기 삶에 대한 기만일 것입니다. 그 누구든 자신의 치열한 열정으로 삶을 완전연소해 보기 전에는 결코 자신의 재능에 대해서, 자신의 가능성에 대해서 예단해선 안 될 것입니다.

누군가가 진심으로 자신의 일에 헌신한다면, 섭리가 작동하기 시작한다. 그가 전력으로 헌신하지 않았으면 결코 일어나지 않았을 수많은 일들이 그를 도와주기 위해 일어난다. 그가 일을 하겠다는 각오를 세우면 그를 도와주기 위해 일련의 사건들이 일어난다. 그를 돕기 위해 예상치 못했던 일들이 일어난다. 그는 자신을 도와줄 사람을 만나게 되고, 꿈에서도 생각해 본 적 없는 도움을 받게 된다. 괴테는 이러한 도움을 짧은 시 구절로 표현한 적이 있다. 나는 경험을 통

해서 그의 시가 옳다는 것을 안다.

"네가 할 수 있는 어떤 일이든 시작하라. 네가 할 수 있다고 꿈꿔 온 바로 그 일을 시작하라. 대담함 속에서 천재성과 마법과 힘이 나온다. 지금 그 일을 시작하라."

- 스티븐 프레스필드, 류가미 역, 《최고의 나를 꺼내라!》에서

에머슨은 "세계 역사에서 모든 위대하고 위엄 있는 순간은 열정이 승리를 거두는 순간이다."라고 하였습니다. 그가 말한 '열정이 승리하는 순간'이란 진정한 나를 찾는 순간이자, 내가 새롭게 거듭나는 순간이며, 내가 세상에 주인공이 되는 순간일 것입니다.

천재는 전심전력으로 자신이 좋아하는 일에 자기의 모든 열정을 다 쏟아부을 줄 아는 이들입니다. 하늘은 스스로 돕는 자를 돕는다고 했으니, 자신의 일과 이상에 혼신의 열정을 바치는 이들이 바로 하늘이 가장 잘 굽어보는 이들일 것입니다. 옛말에도 지성이면 감천이라 했지요. 천재天才란 하늘이 내린 재능이라는 뜻이니 정녕 그러할 것입니다. ── 그런 점에서 모든 천재는 열정이라는 분야의 천재들이겠지요!

시도했던 모든 것이 물거품이 되었더라도, 그것은 또 하나의 전진이기 때문에 나는 용기를 잃지 않는다. - 토머스 에디슨

자기 열정의 최고치를 쏟아 보지 않은 이는 인생을 논하지 말라.

4 천재의 기질과 습관

천재들은
메모광이다

사람의 행위는 늘 반복된다. 따라서 탁월함이란 단일 행동이 아닌 습관이라 할 수 있다. — 아리스토텔레스

천재들은 대부분 독서광이었던 것과 마찬가지로 대부분 메모광이었습니다. 때문에 천재를 만드는 필수 습관으로 독서와 메모는 하나의 짝이 되는 듯합니다. 간단히 말해, '천재가 되고 싶으면 독서광과 메모광이 되라'고 말할 수 있을 정도입니다.

학자들이 인류 역사상 최고의 천재로 꼽는 레오나르도 다 빈치도 타의 추종을 불허하는 메모광이었으며, 발명왕 에디슨의 메모 습관 또한 그 못지않았습니다. 또 500여 권의 저서를 남긴 정약용 또한 남다른 메모 기술과 습관이 있었고, 시간을 지배한 사나이로 불리는 러시아 학자 류비셰프*도

---

* 류비셰프는 철저한 시간 관리와 왕성한 지적 호기심으로 '신이 인간에게 부여한 가능성의 최대

그러했습니다. 그들의 뛰어난 창조성은 그들이 지닌 메모 습관의 힘에서 비롯되었다고 해도 과언이 아닐 정도입니다.

몇 해 전 빌 게이츠는 자신의 우상인 레오나르도 다 빈치의 메모 노트 인 '코덱스 레스터'를 무려 3천만 달러(360억 원)에 구입해 세간에 큰 화제 를 모으기도 했습니다. 다 빈치 노트의 총 분량은 무려 11만 3천 장에 이 른 것으로 알려져 있는데요, 이 가운데 현재는 1만 3천 장 정도만 남아 있 다고 합니다. 철두철미한 탐구와 기록의 산물인 그의 노트는 실로 인류 최 고의 천재인 다 빈치의 창조성을 생생히 보여 주는 설계도면이자 아이디 어 박스와 같은 느낌을 줍니다. 그는 자신의 모든 아이디어와 생각을 빠짐 없이 노트에 기록해 놓았습니다. 다 빈치 노트는 바로 그의 거대한 창조성 이 시작되는 그 출발점과 같았습니다.

그의 메모 기술은 여러 면에서 다른 사람들과는 다른 면모가 있었는데 요, 그중 하나는 입체적인 그림과 세밀한 메모가 늘 함께 연계된다는 점일 것입니다. 그는 그만큼 입체적이고 정밀한 사고를 할 수 있었으며, 예술 가적 영감과 과학자적 치밀함이 함께 깃든 작품급 노트를 남겼습니다. 토 니 부잔이 다 빈치 노트를 보고서 그의 메모하는 방법에서 창안하여 마인 드맵을 만들 수 있었던 것도 그러한 속성에서 비롯되었습니다. 사실 마인 드맵의 창시자는 토니 부잔이 아니라 다 빈치일 것이니, 토니 부잔은 묻혀 있었던 다 빈치의 메모 기법인 마인드맵을 현대화하고 대중화했다고 해 야 할 듯합니다.

다 빈치와 비슷한 성향을 가진 이가 현대에도 있었으니, 무려 3,500여 권의 아이디어 노트를 남긴 발명왕 에디슨도 가히 최고의 메모광에 빼놓

치'를 사용하고자 했습니다. 그는 생전에 70권의 학술 서적을 발표했고 총 1만 2,500여 장에 달 하는 논문과 연구 자료를 남긴 바 있습니다. 그에 대한 자세한 사항은 다닐 알렉산드로비치 그 라닌의 《시간을 정복한 남자, 류비셰프》를 참고하시기 바랍니다.

을 수 없는 인물일 것입니다. "지금부터 새로운 발명에 관한 모든 것을 기록하겠다." 에디슨은 거의 모든 아이디어를 기록하는 데 거의 광적이었다고 합니다.

영감이 떠오를 때까지 기다리는 것은 어리석은 행동이며, 기다리던 영감이 마침내 떠올랐는데 그 영감을 잃어버리는 것은 비극적인 일이다. 그래서 에디슨은 아이디어를 처음부터 거르거나 판단하려 하지 않고 무조건 기록했다. 창의성은 무수한 아이디어와 지식, 실험 데이터, 기계와 실험 대상이 되는 다양한 물질들이 넘쳐날 때 가장 큰 효과를 발휘한다고 믿었기 때문이다. 판단하기 전에 기록하는 것, 수많은 자료들이 쌓여 뛰어난 통찰을 가능하게 하는 양질전화量質轉化의 법칙을 따르는 것, 이것이 2,500여 권의 노트와 1,000여 건의 발명 특허를 남긴 에디슨의 믿음이었다.

- 앨런 액슬로드, 이민주 역, 《상상력이 경쟁력이다》에서

인용문에는 창조성의 본질에 대한 정확한 지적이 나와 있습니다. 그 문장을 다시 찬찬히 읽어 보겠습니다. "창의성은 무수한 아이디어와 지식, 실험 데이터, 기계와 실험 대상이 되는 다양한 물질들이 넘쳐날 때 가장 큰 효과를 발휘한다." 이 말은 왜 천재들이 대부분 메모광인지를 잘 시사해 주는 말이기도 합니다. 메모는 바로 무수한 아이디어와 지식을 끌어당기는 생각의 그물망과 같기 때문입니다.

우리가 꼭 기억해야 할 사실은, 기억의 힘은 기록의 힘의 100분의 1도 되지 못한다는 점입니다. 예전에 어떤 광고 문구 중에 이런 카피가 있었습니다. "기록은 기억을 지배한다." 메모는 기억이 떠내려가거나 표류하지 않도록 생각의 닻을 내려 주는 일입니다. 메모로 기록되는 순간 생각은 분명하게 가시화되고 오래도록 보존됩니다. 기억되는 기록이 많다는 것은

사고의 폭과 아이디어의 자료가 많다는 뜻이기도 합니다. 기록되어 있는 메모를 보면서 생각과 아이디어가 계속 구체화되고 강화되기 때문에 메모는 영감을 끌어당기는 자석과 같고, 아이디어를 숙성시키는 창조의 창고와도 같습니다.

세계 최고 권위의 광고상들을 석권한 《광고천재 이제석》의 저자 이제석이 내세우는 창조의 슬로건도 이와 같은 맥락에 있습니다. "끊임없이 메모하고, 생각하라!" 그는 분명 생각보다 메모를 먼저 이야기했습니다. 이는 생각보다 메모가 먼저라는 뜻입니다. 메모는 막연하던 생각을 명확하게 보이게 만들어 줄 뿐 아니라, 지속적으로 생각을 일으켜 주는 사고의 지렛대 역할을 해줍니다. 이것이 생각보다 메모를 먼저 해야 하는 이유이니, 이는 메모의 효과를 본 이들이 이구동성으로 하는 말입니다. 세계적인 산업디자이너 김영세 님도 자신의 성과는 모두 메모하는 습관에서 비롯되었다고 말할 정도입니다. "귀중한 메모는 부적처럼 지니고 다닌다." 이 말은 그가 메모를 얼마나 중요하게 여기는지를 잘 보여 줍니다.[*]

성취와 창조력의 교두보

메모는 단순히 기록하는 행위처럼 보이지만 실은 자신의 생각을 정리하고 정보를 수집하고 분석 처리하는 능력을 동반합니다. 때문에 메모를 하는 과정에서 명료한 사고를 하게 되며, 지식과 아이디어에 대한 편집력 또한 높아집니다. 아울러 기록하는 과정에서 기억이 더 정확해지며 생각이 더 깊고 풍부해집니다. 이 때문에 메모를 하는 것 자체가 두뇌를 여러

---

[*] 이와 관련된 이야기가 궁금하시다면 최효찬의 《한국의 메모 달인들》을 읽어 보시기 바랍니다.

4 천재의 기질과 습관

모로 자극하는 좋은 방법이 됩니다.

메모는 생각과 아이디어의 첫 번째 씨앗이요, 창조성이 발현되는 영감의 텃밭입니다. 분야를 막론하고, 메모는 생각을 키우고 창조성을 일깨우는 보물 열쇠와 같은 것입니다. 톨스토이나 버지니아 울프 같은 무수한 작가들은 말할 것도 없고, 심리학자 칼 융도, 다방면에서 발군의 재능을 발휘했던 벤저민 프랭클린도, 긴 모자 속에 항상 종이와 연필을 넣고 다녔던 링컨도, 악보에 숱한 메모를 남겼던 악성 베토벤도, 급하게 식단표에도 악상을 메모했던 슈베르트도, 그리고 일일이 다 언급할 수 없는 수많은 천재들 대부분이 메모에서 그들의 천재성을 길러 냈습니다. 그런 점에서 메모는 자신 안의 천재성을 길어 올리는 생각의 우물이라 해도 옳을 것입니다.

> 나는 새로운 일을 할 때마다 이 일의 좋은 점이 뭔지를 쭉 메모한다. 나는 그것을 '백지와의 대화'라고 부른다. 백지 위에 좋은 점을 나열하다 보면 더 좋은 점이 나오고 그것을 반복해서 읽다 보면 그 일을 사랑하게 된다. 사랑하다 보면 당연히 열정이 나오고, 그러다 보면 또 다시 긍정적인 행운아 마인드가 나오는 선순환 구조가 계속되는데, 그런 노력을 하다 보니까 열정과 긍정적 사고가 몸에 배었다고 생각한다.
>
> – 이채욱(GE 헬스케어 아시아 회장)

적자생존! 적는 자가 살아남는다는 뜻의 신조어입니다. 《한국의 메모 달인들》이라는 책을 살펴보면 회사를 경영하는 CEO는 물론이요, 창의력이 요구되는 디자이너, 메이크업 아티스트에서 마케터, 보험왕에 이르기까지 모든 분야의 뛰어난 성공자들은 메모 습관이 자신의 성공을 견인하는 중요한 요인이 되었다고 입을 모읍니다.

아이디어는 휘발성입니다. 끊임없이 머릿속에서 생성되지만 메모를 해서 이를 구체적인 정보나 기획으로 바꾸지 않으면 그냥 휘발성 물질처럼 형체도 없이 사라져 버리는 거죠. 메모를 해두지 않으면 잊기 쉽고 그 생각을 다시 떠올리기란 여간 힘든 작업이 아닙니다. - 최효찬

그런 점에서 메모는 창조성의 교두보라고 할 수 있습니다. 천재들은 스스로 만든 메모라는 교두보를 이용해 탁월한 창조적 성취를 이룬 이들이었습니다. 예컨대 다산 정약용의 500여 권의 방대한 저서들도 모두 메모의 힘에서 나온 것이었습니다. 그는 자신의 생각이나 경험은 물론이요, 책을 읽을 때마다 중요한 문구나 내용을 빠짐없이 초록하고 또 분류했습니다. 그는 지식 편집의 달인이었고, 그의 방대한 저서는 바로 그러한 메모를 통한 뛰어난 지식 경영의 능력에서 나온 것이었습니다.[*]

프랑스의 철학자이자 수학자인 파스칼은 평소 저술을 위한 많은 메모를 남겼습니다. 그가 죽은 뒤 가족과 친지들은 그가 저술을 위해 남겼던 메모들을 모아 번호를 붙여 보관했다가 그 메모들을 주제 중심으로 배열하여 하나의 단행본으로 만들었는데, 그 책이 바로 《팡세》입니다. 그의 유고집인 《팡세》는 그의 저서 중에서 가장 유명하고 영향력 있는 책이 되었으니, 단지 단편적인 메모가 모여서 하나의 책이 되고 더 나아가 세계적인 명저가 된 것입니다. 이는 메모만으로도 세상에 남을 명저를 쓸 수 있음을 시사합니다.

허나 이보다 더 중요한 사실은 세상의 모든 명저들이 실은 작은 메모들로부터 시작된다는 점일 것입니다. 아이디어가 깃든 첫 단어에서부터 책의 내용 하나하나에 이르기까지, 정녕 세상의 모든 책은 숱한 메모들의 결

---

[*] 이에 대해선 정민 교수의 《다산선생 지식경영법》에 잘 정리되어 있습니다.

집입니다. 그런 점에서 책의 탄생은 물론이요, 지성의 시작, 학문의 출발점이 메모에 있다고 해도 과언이 아닐 것입니다.

> 당신의 게으름을 쫓아 주는 관리자가 필요하다면
> 종이에 적어라.
> 자신의 모습, 그리고 자신의 천직을 찾아내고 싶다면
> 종이에 적어라.
> 어려운 문제를 해결하고 싶다면
> 종이에 적어라.
> 새로운 아이디어가 필요하다면
> 종이에 적어라.
> 힘든 임무를 완수할 때까지 집중해야 한다면
> 마찬가지다.
> 나쁜 습관을 버리고 싶다면
> 그것을 종이에 적어라.
> 새로운 습관이나 기술을 습득하고 싶다면
> 그것을 종이에 적어라.
> 성공한 부자가 되고 싶다면
> 종이에 적어라.
> – 프랭크 티볼트, 나선숙 역,《직장인 리더십》에서

메모와 목록 만들기의 예찬서라고 할 수 있는 프랭크 티볼트의《직장인 리더십》*은 시종일관 메모가 자기 계발과 문제 해결 능력을 키워 주는 최

---

* 이 책의 원제는 'A touch of Greatness'입니다. 번역된 책 제목이 책 내용과 너무 안 어울리는 것 같

고의 방법이라고 설파합니다. 메모의 가치를 그는 이렇게 이야기하고 있습니다.

종이에 적어 보면 두 가지 이점을 챙길 수 있다. 우선 무엇이 문제인지 명확하게 알 수 있다. 그리고 그에 관련된 행동을 취할 때까지 그 글이 끈질기게 우리의 생각을 자극한다. (…) 그것은 당신의 기억력을 자극한다, 자신감을 개발한다, 야망과 정열을 유지해 준다, 그 일을 마무리짓게 해준다, 몇 달 안에 몇 년의 성취를 이루도록 가속도를 붙여 준다. 인생에서 원하는 것이 무엇이든, 그것을 종이에 적어라.

이처럼 메모의 가치는 한두 가지가 아니겠지만 학습 차원에서도 메모는 아주 중요한 역할을 합니다. 반기문 유엔 사무총장도 메모 잘하기로 유명한데요, 대학 시절에도 노트를 완벽하게 잘 정리해 교수들이 '외교관의 중요한 자질을 갖췄다'고 말할 정도였다고 합니다. 수업을 하면서 제가 공부 잘하는 학생들의 특징을 살펴보면 그들은 모두 '필기를 잘하는 이들'이었습니다. 간단히 말해 필기를 잘하는 이들이 공부를 잘하는 학생인 것입니다.

이것엔 그럴 수밖에 없는 이유가 있습니다. 첫째 필기를 잘한다는 것은 수업을 잘 들어야만 가능한 것이요, 둘째 필기를 잘한다는 것은 지식에 대한 편집 능력이 뛰어나다는 것을 반증하기 때문입니다. 그런 사람은 지식을 전달하는 능력도 뛰어납니다. 즉 필기 능력은 수업을 잘 듣고 그 지식을 자기 것으로 만드는 '학습의 핵심적인 역량'인 것입니다.

이것은 교실을 벗어나 모든 배움의 장에서도 그러합니다. 성공하는 이

습니다. 제가 만약 제목을 붙인다면 '자기 경영의 마법'이라고 하겠습니다.

들이 다들 메모를 잘하는 이들인 이유도 이 때문입니다. 삶의 현장에서도 그러하지만, 어떤 강연장에서든 그 강연을 가장 적극적으로 잘 듣는 이들은 강연을 들으면서 메모하는 이들입니다. 이는 독서를 할 때도 마찬가지입니다. 독서를 잘하는 이들은 책을 읽으면서 메모하는 이들입니다. 메모는 자신의 생각을 정리하고 지식을 체계화시키는 그 기본 설계도와 같습니다. 때문에 체계적인 사고와 지식 편집 능력을 길러 주는 최고의 방법이 됩니다.

"삶에서 모든 선택은 우선순위를 가려내는 행위다. 인생의 성공과 실패는 종이 한 장 차이로 갈리는 경우가 많다. 그 소소한 차이는 우선순위를 결정하는 일에 달렸다. 무엇을 먼저 하고 나중에 할 것인가. 무엇을 해야하고 하지 말아야 할 것인가. 편집력은 넘치기 전에 분류하여 중요한 것을 우선순위에 두고, 불필요한 것을 덜어내며, 버려야 할 것을 가리는 선구안이다. 소유할 것이 많아지고 관리해야 할 관계가 넘쳐날수록 편집력을 통해 잘 분류해야 한다."(김용길) 편집력은 삶의 모든 영역에 필요한 것이지만, 특히 생각과 지식을 다루는 영역에선 절대적으로 중요한 요소입니다.

필기를 잘한다는 것은 '지식 편집력'의 결정체라고 할 만큼 편집력의 모든 요소를 다 가지고 있는 것입니다. 뛰어난 필기 능력이란 생각이나 지식의 명료한 분류와 구성의 우선순위, 상위 개념과 하위 개념, 주류와 비주류, 분량의 안배 등을 체계화시키는 편집력이 뛰어나야만 가능하기 때문입니다. 세상에 훌륭한 이론이나 저서를 남긴 이들은 모두 지식 편집력이 뛰어난 이들이었으니, 그들의 실력과 역사를 만든 기초 훈련장이 바로 '메모의 장'이었다고 말해도 될 터입니다.

메모 습관은 사고력과 창의력 신장을 위해서나, 지식 경영에 있어 빼놓을 수 없는 중요한 기능입니다. 천재들의 공통된 습관으로 메모가 거론되는 것도 이 때문이니, 천재가 되고자 하는 이는 필히 메모 습관을 통해 자기 안에 잠재되어 있는 무수한 능력을 깨워 보시기 바랍니다. 천재가 되려면 천재가 갔던 길을 따르는 것이 하나의 지름길이 될 터이니!

뛰어난 메모 습관은 천재성으로 가는 다리다.

천재는 오직
창의력으로 말한다

"가지고 태어난 재능을
다 발휘할 수 있는 사람이 돼라."
– 토머스 칼라일

"정신(spirit)은 모든 보이는 삶을 움직이는
보이지 않는 힘이다."
– 마야 안젤로

"합리적인 신념은 합리적인 감정이나 사고를 낳고
그것은 결국 합리적인 성공적 행동을 낳는다."
– 돈 딩크마이어

창의성의
원리와 비결

창의력의 중요성에 대해서는 누구나 인지하고 있을 것입니다. 정보지식화 사회에서 창의력은 21세기형 인재의 필수조건이며, 심지어 기업이나 국가 존폐의 조건이 될 수도 있습니다. 하지만 여전히 우리의 교육은 도무지 창의적이지 못한 실정입니다. 암기력으로 서울대나 사법고시는 합격할 수 있어도 노벨상은 결코 받을 수가 없습니다. 지구상의 책을 다 읽거나 외워도 노벨상을 주지는 않습니다. 노벨상은 어떤 분야에 창조적 성과가 있을 때만 주는 상이기 때문입니다.

역사상 천재라고 불리는 이들의 공통점은 창의력이 뛰어나다는 데 있습니다. 천재를 말하는 기준은 암기력이 아니라 창의력인 것입니다. 천재는 오직 창의력으로 말하고, 창의력으로 평가받습니다. 때문에 천재가 되고자 하는 이는 첫째도 창의력, 둘째도 창의력이니, 오직 자신의 창의력을 높이는 데 골몰하고 또 골몰해야 할 것입니다.

창의력에 대한 정의는 다양하겠지만, 저는 간단히 이렇게 정의하려 합니다. 창의력이란 '자신이 가지고 있는 지식을 응용하여 새로운 것을 만들어 내는 능력'입니다. 우리는 대나무라는 재료로 돗자리를 만들 수 있고, 죽비를 만들 수도 있고, 죽부인을 만들 수도 있고, 피리를 만들 수도 있고, 젓가락이나 죽도를 만들 수도 있습니다. 만들기에 따라 실로 그 쓰임의 활용도는 매우 넓습니다. 이와 같이 자신이 아는 것(지식 · 체험)을 활용하여 의미 있는 새로운 것을 만들어 사용할 수 있는 힘이 창의력입니다. 그렇기 때문에 창의력을 결정짓는 것은 '지식을 응용 · 활용할 수 있는 힘'이라고 말할 수 있습니다. 다시 말해 창의력이란 '지식 응용(활용) 능력'에 다름 아닙니다.

지식 활용 능력이 곧 창의력인 까닭에 창의력을 기르려면 지식을 활용할 수 있는 방법이나 원리를 배워야 할 것입니다. 그것이 창의력을 기르는 핵심 사안이니까요! 그런데 지식을 응용하는 방법이란 크게 딱 두 가지뿐입니다.

1. 기존의 것을 변형한다.
2. 기존의 것을 결합한다.

이 세상의 그 어떤 창의적 결과물도 이 두 방식에서 벗어나지 않습니다. 창의력 원리 학습에서 가장 중요한 단어는 '변형'과 '결합'입니다. 대나무를 잘게 쪼개어 새로 엮으면 대바구니를 만들 수 있습니다. 또 그 조각이 종이와 결합되면 하늘을 나는 연을 만들 수도 있습니다. 이는 모두 변형과 결합에서 나온 것입니다. 하늘을 나는 비행기는 새를 본뜬 것이요, 헬리콥터는 잠자리를 본뜬 것입니다. 낙하산은 민들레 홀씨를 본떠 만든 것이요, 장갑차는 딱정벌레를 본떠 만든 것입니다. 즉 이 모두는 자연에 있는 기존의 것을 모방하여 변형한 것입니다.

　서로 다른 것들이 연결될 수 있다는 사실을 인식하는 것만으로도 이미 알고
있는 것 중 아주 많은 것들이 불현듯 새로운 의미를 가질 수 있다. 이것은 놀라
운 일이다. - 로버트 스콧 · 번스타인

　구텐베르크가 만든 금속활자는 '동전 만드는 기술'과 '포도주 짜는 기
술'을 결합해서 만든 것입니다. 피뢰침은 벤저민 프랭클린이 연을 날리다
번개를 맞고서 이에 착안하여 만든 것입니다. 자동차는 마차의 형태가 변
형된 것이며, 오토바이는 자전거와 엔진이 결합되어 만들어진 것입니다.
컴퓨터 작동 원리인 이진법은《주역》의 음양 프렉탈 구조를 본떠 만든 것
이요, 심리학자 칼 융의 '아니마 아니무스 이론'도《주역》의 상관적 원리
를 응용해서 만든 것입니다.*

　지금의 도끼는 원시인이 사용했던 돌도끼가 변형 발전한 것이며, 우리
가 쓰는 다양한 칼도 원시인의 돌칼이 재료 차원에서 돌에서 철로 변용된
것입니다. 원시인이 필요에 의해 창조한 물건에서부터 현대에 첨단 기기
에 이르기까지 모든 창조적 결과물은 지식과 기술이 변용되고 결합되어
만들어진 것입니다. 그런데 이는 하루아침에 이루어진 것이 아니라 인류
의 지식과 기술이 축적되고 공유되면서 조금씩 계속 발전해 온 것입니다.
즉 인류의 현대 문명이 만든 창의적 결과물들은 단 하나의 예외도 없이
인류 역사의 모든 지식과 기술의 축적 속에서 나왔다는 뜻입니다.

　이는 우리에게 무엇을 시사할까요? 이는 다름 아니라, 창의력이란 기본
적으로 전대의 지식과 기술을 습득함에서 나옴을 의미합니다. 어떤 지식

---

* 　이에 대한 상세한 내용은 이성환 · 김기현 공저인《주역의 과학과 도》를 참조하시기 바랍니다.

이 없이는 창의적 결과물을 만들어 낼 수 없다는 뜻입니다. 예를 들어, 공학에 전문적인 지식이 없는 이가 새로운 엔진을 만들어 낼 수 있을까요? 의학에 전문지식이 없는 사람이 새로운 약이나 획기적인 의술을 개발할 수 있을까요? 경제학에 전문적 지식이 없는 이가 기존의 이론을 혁신할 새로운 경제학 이론을 만들어 낼 수 있을까요?

포스트잇과 같은 단순한 아이디어 상품을 제외하고는, 어떤 분야에서 든 현대의 창의적 결과물들은 전문적이고 풍부한 지식이 없이는 생성될 수 없는 것입니다. 즉 이 말은 창의력을 높이기 위해선 전문적이고 풍부한 지식이 필수적이라는 뜻입니다.

미하이 칙센트미하이는 《창의성의 즐거움》에서 창조적인 사람의 요건 세 가지를 들었습니다. 그 세 가지는 '전문지식, 창조적 사고, 몰입능력'입니다. 그 또한 전문지식의 중요성을 강조하고 있거니, 전문지식이란 창조적 사고의 기초 재료와 같습니다.

우리는 여기서 왜 천재들이 거의 대부분 독서광인지 그 이유를 발견할 수 있습니다. 그들은 대체로 한 우물을 오래 판 이들이기도 하지만 자기 전공지식을 베이스캠프로 삼고서, 폭넓은 독서를 통해 끊임없이 지식을 습득한 이들이었습니다.

예컨대 요리사가 새로운 요리를 개발한다고 할 때, 재료가 두 가지뿐인 경우와 스무 가지인 경우 어느 쪽이 훨씬 더 유리할까요? 당연히 후자 쪽일 것입니다. 재료가 스무 가지라면 다양한 요리를 개발할 수 있을 것입니다. 그 재료를 지식으로 전환해 보십시오. 지식이 두 가지뿐인 사람과 스무 가지인 사람 중 누가 더 창의력이 뛰어나게 될까요? 이 또한 당연히 후자 쪽일 것입니다. 독서광은 바로 재료를 스무 가지나 가지고 있는 요리사와 같습니다. 그들은 독서를 통해 끊임없이 지식을 습득하기에 '창의력의 마르지 않는 원천'을 가지고 있는 셈입니다.

5 천재는 오직 창의력으로 말한다

하지만 지식의 습득 못지않게 중요한 것이 하나 더 있으니, 그것은 원리를 아는 것입니다. 요리사는 새로운 요리를 개발할 수 있지만, 같은 재료를 가지고도 일반인은 그러기가 쉽지 않습니다. 왜일까요? 요리사는 지식과 체험을 통해 '요리의 원리'를 알기 때문입니다. 요리의 원리를 알아야 그 원리를 응용해서 새로운 요리를 만들어 낼 수 있습니다. 모든 분야의 창의적 결과물들 또한 이와 마찬가지입니다. 어떤 것이든 원리를 알아야만 지식과 기술을 응용해 새로운 것을 만들어 낼 수 있습니다.

지식과 원리를 알아야 응용할 수 있다.

창의력의 기본 구도를 간단히 이렇게 요약할 수가 있겠습니다. 지식이나 기술을 유의 적절하게 변형하거나 응용하려면 원리를 알아야 합니다. 그런데 원리에는 수많은 것이 존재합니다. 요리의 원리와 운동의 원리가 다르듯, 공학의 원리가 다르고, 사업의 원리가 다르고, 예술의 원리가 다르고, 글 잘 쓰는 원리가 다릅니다. 따라서 지식을 잘 활용하기 위해선, 각 분야의 지식뿐 아니라 그 지식에 깃들어 있는 원리를 함께 배워야 합니다. 지식 축적과 '원리 학습'이 함께 이루어져야 한다는 뜻입니다.

물고기를 주기보다는 물고기 잡는 방법을 가르쳐 줘라. - 탈무드

하지만 원리 학습이 아무리 중요하다 하더라도 언제나 학습된 원리에만 의존할 수는 없습니다. 현실 속엔 변화무쌍하게 무수히 존재하는 개별

현상들이 있으니 그 속에서 원리를 파악하려면, 원리를 스스로 유추해 낼 수 있는 힘이 필요하기 때문입니다. 그럼 다양한 현상 속에 숨겨져 있는 원리를 스스로 볼 수 있는 힘은 어디서 생기는 것일까요?

통찰력은 천재성의 시작이다

원리를 찾아낼 수 있는 능력은 다름 아니라 '통찰력'에서 나옵니다. 통찰력이란 본질을 꿰뚫는 힘입니다. 다양하고 복잡한 현상 속에 있는 '동일한 속성(원리)'을 꿰뚫는 심안心眼인 것입니다. 어떤 분야든 고수들은 본질을 꿰뚫어 봅니다. 본질을 꿰뚫어 보고 원리를 이해하기 때문에 탁월한 능력을 발휘할 수 있게 됩니다.

어떠한 분야든 원리를 꿰뚫는 통찰력이 있어야 핵심과 맥락을 간파할 수 있고, 상황에 맞게 적절히 응용(창조)할 수 있습니다. 때문에 창의력이 뛰어난 사람은 반드시 통찰력이 뛰어납니다. 통찰력이 뛰어나야 창의력이 뛰어날 수 있습니다. 통찰력은 창의력을 만들어 내는 가장 핵심적인 역량입니다. 그래서 천재는 창의력이 뛰어난 사람일 뿐 아니라, '통찰력이 탁월하게 뛰어난 사람'입니다. 천재의 창의력을 얻으려면 무엇보다 뛰어난 통찰력을 길러야 한다는 뜻입니다.

그러면, 정신의 보물 같은 이런 통찰력을 어떻게 하면 기를 수 있을까요? 통찰력은 흔히 타고나는 것이라고 오해하기 쉽지만 전혀 그렇지 않습니다. 통찰력은 스스로의 배움과 훈련을 통해 철저히 터득되는 것입니다. 통찰력을 기를 수 있는 핵심 원리를 알고 꾸준히 노력한다면 누구나 통찰력을 비약적으로 높일 수 있습니다.

5 천재는 오직 창의력으로 말한다

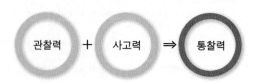

관찰력 + 사고력 ⇒ 통찰력

통찰력은 잘 관찰하고 깊이 생각하는 데서 생겨납니다. 엄마와 아빠가 만나 아기를 만드는 것처럼, 관찰력과 사고력이 더해질 때 통찰력이 탄생합니다. 통찰력이 남다른 이들은 관찰력이 뛰어나서 아주 잘 보는 이들이요, 사고력이 뛰어나서 아주 깊이 생각할 줄 아는 이들입니다. 깊이 보고 깊이 생각하는 데서 그 수준의 '깊이'가 결정됩니다. 즉 잘 관찰하고 그것에 대해 깊이 생각할 줄 아는 습관 속에서 통찰력은 절로 자라납니다. 커피와 우유를 섞으면 카페라테가 만들어지듯, 관찰력과 사고력을 합치면 누구나 통찰력이라는 보물을 캘 수가 있는 것입니다.

그런데 관찰도 잘하는 법이 있고, 사고도 잘하는 법이 있겠지요? 관찰력을 높이는 법, 사고력을 높이는 법, 그리고 이 둘을 함께 연결시키는 비결을 안다면 통찰력을 더 효과적으로 키울 수 있을 것입니다. 그것의 요결은 아주 단순합니다.

"이것과 저것을 연결해서 보고, 이것과 저것을 연결해서 생각하는 것!"

이것이 관찰력과 사고력과 통찰력을 동시에 높일 수 있는 핵심 비결입니다. '하나만 알고 둘은 모른다'나 '나무는 보고 숲은 보지 못한다'는 말이 있지요. 이는 이것과 저것의 상대성과 개별과 전체의 맥락을 보지 못한다는 뜻입니다.

겉만 보거나 속만 보는 게 아니라, 겉과 속(안과 밖)을 함께 보는 것. 부분만 보거나 전체만 보는 게 아니라 부분과 전체를 함께 보는 것. 가능성만 보거나 문제점만 보는 게 아니라, 가능성과 문제점을 함께 보는 것. 이론만 보거나 현실만 보는 게 아니라, 이론과 현실을 함께 보는 것. 나만 보거나 타인만 보는 게 아니라, 나와 타인을 함께 보는 것. 높은 곳만 보거나 낮은 곳만 보는 게 아니라, 높은 곳과 낮은 곳을 함께 보는 것. 변하는 것만 보거나 변하지 않는 것만 보는 게 아니라, 변하는 것과 변하지 않는 것을 함께 보는 것. 이것과 저것의 공통점만 보거나 차이점만 보는 게 아니라, 이것과 저것의 공통점과 차이점을 함께 보는 것!

> 천재성이란 사물 너머를 바라보고, 사물의 본질을 꿰뚫어 보는 능력이다.
> – 토트 사일러

어떤 대상이든 '무엇이 같고 무엇이 다른지, 어떻게 같고 어떻게 다른지'를 잘 살펴보는 것은 그 맥락을 꿰뚫는 핵심 포인트가 됩니다. 차이점 속에 있는 공통점, 공통점 속에 있는 차이점을 보아야 하며, 부분에서 전체를 보고, 전체 속에서 부분을 보아야 합니다. 또 이것의 입장에서 저것을 보고, 저것의 관점에서 이것을 보아야 합니다. 이상의 시각에서 현실을 보고, 현실의 시각에서 이상을 보아야 합니다. 그렇게 되면 순환의 완결 속에서 연관적 사유가 더 치밀해질 것입니다.

이것과 저것을 연결해서 보고 둘을 연관 지어서 사고할 수 있는 능력, 이러한 것을 '연관적 사유'라고 합니다. 그 어떤 대상이든 '본질'은 다양한 맥락을 함께 보아야만 제대로 알 수 있습니다. 그 맥락의 줄기에 바로 원리가 깃들어 있으니까요! 통찰력은 연관적 사유로 원리라는 공통분모를 찾아낼 수 있는 정신적 투시경입니다.

하나의 은유가 이미지를 통해 하나의 사유 체계 전체를 보여 준다! 마이더스의 '손', 이카루스의 '날개', 프로크루스테스의 '침대'와 같은 수많은 신화적 은유에서 '손', '날개', '침대'와 같은 이미지들이 하는 일이 바로 그것이다. 어디 그뿐이겠는가! 자신의 사상을 이미지를 통해 일목요연하게 보여 주는 능력은 탁월한 학자들이 지닌 공통점이다.

플라톤의 '동굴', 아리스토텔레스의 '자연의 사다리', 데카르트의 '저능한 악마', 다윈의 '생명의 나무', 니체의 '유희', 아담 스미스의 '보이지 않는 손', 프로이트의 '말馬', 마르크스의 '유령', 하이데거의 '숲길', 하이에크의 '미끄러운 경사길'과 같은 헤아릴 수 없이 많은 학문적 은유들을 보라! 요컨대 천재들은 자신의 사상을 은유를 통해 선명하고 매혹적인 이미지로 표현한다. 이것이 그들의 성공 비결 가운데 하나다.

– 김용규, 《생각의 시대》에서

"은유는 모든 생각의 모태다."(김용규) 이 말이 의미하는 바는 무엇일까요? 이 말은 아마도 은유가 창조적 사고의 시작이라는 뜻일 것입니다. 그럼 왜 그런 것일까요? 은유는 언제나 이것과 저것을 연결할 때 발생하기 때문입니다.

은유의 핵심 원리도 오로지 연관적 사유 속에 있습니다. 은유는 만물이 조우하는 언어미학의 다리와 같습니다. 예를 들어 '책은 지성의 지도요, 영혼의 뗏목이다'나 '천재성은 생각의 저수지에서 나온다'와 같은 짧은 은유 하나를 지으려 해도 반드시 '책＝뗏목'과 같이 이것과 저것을 연결시켜야 합니다.

아울러 그러한 연결 속에는 어떠한 공통점이나 타당한 이유(이치)가 있어야 하기에, 뛰어난 은유 속엔 반드시 의미 있는 어떤 통찰이나 상상력이 담겨 있게 마련입니다. 이는 필히 사고와 인식의 장을 확장시킵니다. 은유가 창의적 사고의 중요한 자원이 되는 것은 그 때문입니다. 은유는 상상력 과 연관적 사유와 통찰력을 함께 길러 줍니다. 그것은 언어의 우주 속에서 만물을 결합시키고 소통케 하는 사유방식입니다. —— 늘 은유에 빠져서 살아보세요. 뛰어난 언어 감각과 사고력, 상상력 이 셋을 다 얻을 것입니다.

크리스토퍼 숄스는 피아니스트가 연주하는 모습을 보면서 피아노 건반을 누르면 그 건반에 연결된 작은 망치가 현을 내리쳐 소리가 나는 것을 눈여겨보았다. 그는 '피아노처럼 특정한 글자가 쓰여 있는 키를 누르면 글자가 써지는 기계를 만들어 보면 어떨까' 하고 생각했다. 그는 글자 하나하나가 새겨진 한 벌의 키에 지렛대를 연결하여 특정한 키를 누르면 그 지렛대가 인쇄용 롤러를 쳐서 글자가 찍히게 만들었다. 이것이 바로 최초의 타자기다.

창의적으로 생각하는 사람들은 머릿속에서 분류된 각 칸막이들의 문을 활짝 열어 다른 세상으로부터 들어오는 정보와 생각들이 자유롭게 뒤섞이고 결합할 수 있도록 한다.

– 마이클 미칼코, 박종하 역, 《생각을 바꾸는 생각》에서

《천재처럼 생각하기》의 저자 토드 사일러 또한 자신의 저서에서 시종 일관 천재처럼 생각하는 비결은 '메타포밍'에 있다고 말합니다. "메타포밍은 특정한 사물이 어떤 상황에서 갖고 있는 내용과 의미를 다른 상황으로 전이시키는 행위를 말한다. 다시 말해 메타포밍은 특정한 사물이나 아이디어를 다른 방향으로 전이시켜 새로운 의미와 연상을 이루는 과정이다." 그가 그토록 강조하는 천재의 사유법인 메타포밍 또한 제가 말하는 연관적 사유와 거의 같은 말입니다. 천재들은 누구나 메타포밍의 귀재들입니다. 이처럼 모든 창의적 사고는 필히 연관적 사유라는 통찰의 공정을 거쳐서 이루어집니다.

5 천재는 오직 창의력으로 말한다

천재들은 우리가 하는 것보다 더 새로운 조합을 많이 만들어 내기 때문에 천재다. – 마이클 미칼코

결론적으로 말해 통찰력이란 숙련된 관찰과 사고를 거친 '연관적 사고' 속에서 길러집니다. 연관적 사유를 통해서 모든 대상 속에 담긴 '표면과 이면, 부분과 전체, 공통점과 차이점' 사이의 맥락들을 알면 알수록 그 속에 담긴 본질과 원리를 간파할 수 있습니다. 이처럼 연관적 사유로, 그 무엇을 보든 다른 대상들이나 다양한 현상 속에 공통적으로 담겨 있는 '원리'를 꿰뚫는 데 집중하면 통찰력은 나날이 더해질 것입니다.

① A와 B를 알지만, 연결하지 못하는 사람
② A와 B를 알면서, 이 둘을 연결시킬 줄도 아는 사람

①처럼 연관적 사유를 하지 못하는 사람보다, 언제나 ②처럼 연관적 사유를 할 수 있는 사람이 통찰력과 창의력이 더 뛰어납니다. 창의력이 부족한 이들은 예외 없이 ①의 유형이며, 창의력이 뛰어난 이들은 ②의 유형입니다. 때문에 모든 공부, 모든 교육은 ②의 유형을 지향해야 합니다. '배움의 진정한 도道'는 연관적 사유를 통해 생각과 생각을 연결하고, 지식과 지식을 연결하고, 나와 세상과 우주만물을 연결하는 데 있습니다!

공부란 세상 만물이 서로 어떻게 맞물리며 우리가 살아가는 세상이 만들어지는지를 탐색하는 것이다. – 조승연

예컨대 자국의 역사만을 아는 경우보다 전 세계의 역사를 두루 아는 쪽이 '역사'에 대한 통찰력이 더 뛰어날 것임은 자명한 일입니다. 소설을 몇

권 본 사람보다는 몇백 권 본 사람이 소설에 대한 통찰적 이해가 더 뛰어날 것이요, 소설을 쓴다 해도 후자가 훨씬 더 유리할 것입니다.

이와 마찬가지로 하나의 지식으로 세상을 보는 것보다 여러 지식으로 세상을 보는 쪽이 더 통찰력이 뛰어날 것입니다. 스티브 잡스는 공학 · 인문학 · 디자인을 결합시켜서 기술 혁신을 선도했습니다. 빌 게이츠는 창의성을 기르기 위해선 하나만 파지 말고 광범위하게 공부하라고 조언합니다. 그는 '한 가지 분야가 아닌 인문학, 화학, 물리, 생물, 수학 등 다양한 분야를 두루 섭렵할 때 창의성이 나온다'고 지적합니다.

바다 속에도 한류와 난류가 만날 때 황금어장이 만들어집니다. 이질적인 것이 만나 의미 있는 조화를 이룰 때 혁신이 이루어집니다. 사회학과 심리학이 결합하면 사회심리학이 만들어지고, 사회학과 스포츠가 결합하면 스포츠사회학이 만들어집니다. 새로운 학문이나 기술은 모두 기존의 지식이 결합되어 만들어지는 것입니다. 때문에 한 가지를 아는 것보다는 두세 가지를 더 아는 것이, 그리고 그것을 연결시킬 줄 아는 것이 통찰력과 창의력을 기르는 데 훨씬 더 유리합니다.

〈통찰력을 키우는 핵심 사안〉

1. 공통점과 차이점의 맥락
2. 부분과 전체의 맥락
3. 원인과 결과의 맥락
4. 우선순위의 맥락

통찰력을 기르는 핵심 사안은 이 네 가지로 요약할 수 있습니다. 이것은 통찰력을 기르는 일뿐 아니라, 학문 연구나 논문을 쓰는 데도 핵심적인 노하우가 될 수 있는 특급 비결이 됩니다. 그 어떤 대상을 탐구하거나 연구하더라도, 공통점과 차이점을 알아야 분류와 분석을 할 수 있습니다. 부분과 전체를 볼 수 있어야 균형 잡힌 시각으로 체계를 세울 수 있으며, 원인과 결과를 알아야 변화추이와 영향관계를 알 수 있습니다. 우선순위를 알아야 대상의 중요도와 본질/비본질에 대한 분별력이 생기고, 선후의 중요성을 알 수 있습니다.

이 네 가지 사안에 대해 상세히 다 언급할 순 없지만, 가장 중요한 점은 이 네 가지 모두가 다 '연관적 사유의 핵심 골자'라는 점입니다. 때문에 이 네 가지 맥락을 잘 파악하는 것은 연관적 사유를 잘하기 위한 최상의 방법이자, 통찰력을 기르는 최고의 노하우가 될 것입니다.

저는 예전에 김시습 시에 나오는 꿈 모티브로 논문을 쓴 적이 있었습니다. 김시습의 시엔 꿈을 꾸다가 자연의 소리를 듣고서 꿈을 깨는 '파몽破夢 모티브'의 시들이 여러 편 나옵니다. 그런 작품만을 따로 모으면 하나의 공통점으로 작품 분류가 됩니다. 하지만 그런 작품들 간에도 공통점과 차이점이 있으니, 이를 다시 나누고 분석하면 그 특징들을 보다 세부적으로 파악할 수 있게 됩니다. 또 그 시들은 김시습 전체 시와 어떤 연관이 있는지를 살펴보면 부분과 전체의 맥락이 보입니다. 그가 그런 시를 쓰게 된 이유를 살펴보면 원인과 결과의 맥락이 보입니다. 아울러 그런 시 중에서도 어떤 시가 가장 중요한지와 무엇을 먼저 이야기하고 나중에 이야기할지를 고려하면 우선순위가 파악됩니다. 이처럼 한 편의 작은 논문을 쓰는 것에도 통찰력이 혹은 연관적 사유가 절대적으로 중요한 영향을 끼칩니다.

르네상스 시대의 이탈리아에는 '우마니스타Umanista'라는 인재상이 있었다. 이들은 공부는 사람이 무엇인지를 알아가는 방법이라고 생각했고, 또 사람은 지식이 많을수록 짐승 같은 야만적인 삶에서 벗어나 인간다운 문명인으로 살 수 있다고 생각했다.

우주를 알면 사람을 알고, 사람은 자기 자신을 알아야 문명화된 인간의 삶을 살 수 있다고 생각해 아예 학문의 경계를 긋지 않고 인텔리라면 누구나 사람답게 사는 데 필요한 모든 지식을 배우고 익혔다. 우리에게는 레오나르도 다 빈치가 과학, 미술, 해부학, 역학 등을 두루 공부한 만능 천재로 유명하지만, 르네상스 시대의 지식인들은 누구나 그랬다. 그 당시에는 인텔리와 그렇지 않은 사람만 있었지 수학자, 과학자, 예술가 등의 구분이 아예 없었다. 그래서 갈릴레이의 과학 논문, 마키아벨리의 정치 논문은 원서로 읽으면 아름다운 운율을 맞춘 산뜻한 문학작품들이다.

– 조승연,《그물망 공부법》에서

조승연 저자가 말하는 '그물망 공부법'도 지식과 지식을 연결하고 그 속에서 통찰을 키우는 공부법입니다. 진정 많은 학생들이 꼭 배워야 할 지극히 올바르고 뛰어난 학습법이라 하겠습니다. 왜냐하면 그것은 배움의 정도요, 천재들의 공부법이기 때문입니다.

많은 학자들이 인류 최고의 창의력 천재로 꼽는 레오나르도 다 빈치도 그러했고, 근대화의 원류인 르네상스 시대를 빛낸 다른 천재들 또한 그러했습니다. 그들은 대부분 통섭적 지식을 가지고 있었던 이들이고, 연관적 사유의 귀재들이었습니다. 그들의 뛰어난 창의력은 그와 같은 속성에서 배태된 것이었습니다.

"예술의 과학과 과학의 예술을 연구하라." 다 빈치가 한 이런 말을 보면 그가 얼마나 연관적 사유에 뛰어난 사람인지가 단적으로 드러납니다. 예술과 과학의 경계를 넘나들었던 그의 전방위적 천재성이 무엇에 기인한 것인지를 잘 보여 주는 말이라 하겠습니다.

앞서 언급했던 비행기, 헬리콥터, 낙하산, 장갑차 등의 최초의 모형을 그린 사람이 레오나르도 다 빈치였습니다. 스파게티, 포크, 냅킨, 와인 따개, 선조대, 컨베이어벨트 또한 요리를 좋아했던 그가 창안한 것이라고 합니다. 그의 발명품 중엔 잠수복과 인조로봇에 대한 도안까지 있습니다. 무엇이 이것을 가능하게 했을까요? 그것은 그가 끊임없이 널리 관찰하고 배운 것을 잘 연결하고 응용할 수 있었던 힘 때문이었습니다.

창의성은 경험을 연계해 새로운 것을 합성하는 능력을 뜻한다. 창의적인 사람들이 그렇게 할 수 있는 이유는 다른 사람보다 더 많이 경험했거나 경험한 것에 대해 더 많이 생각했기 때문이다. - 스티브 잡스

레오나르도 다 빈치를 후원했던 당시의 어떤 귀족은 그를 평해 이렇게 이야기했습니다. "나는 다 빈치보다 더 박식한 사람을 본 적이 없다." 이 말 속엔 그의 본질이 담겨 있습니다. 다 빈치는 끊임없이 탐구하고 또 끊임없이 독서하는 이였습니다. 그의 창의성은 뛰어난 연관적 사유와 폭넓은 지식에서 나온 것입니다.

이와 관련하여 통찰력을 기르는 또 하나의 좋은 방법은 많은 책을 보는 것이요, 이왕이면 '통찰력이 뛰어난 책'을 읽는 것이며, 어떤 책을 읽든 책을 읽을 때 항상 책과 책 속의 지식과 지식을 연결하고, 자신이 아는 모든 것과 적극적으로 연결하면서, 목표 지향의 연관적 사고를 하면서 읽는 것입니다. 이러한 독서는 메타포밍의 도화선이요, 예지의 징검다리와 같으니까요!

또 더 나아가 종이와 문자로 된 책뿐 아니라, 세상만사와 우주만물이라는 무자지서無字之書의 책을 볼 때도 항상 연관적 사고를 해야 합니다. 지식과 삶을 연결하고 나와 세상을 연결해야 합니다. 다 빈치가 그러했던 것처럼 이는 탁월함을 얻는 최고 최선의 지름길이 될 테니까요.

창의력의 전체 구도

> 누구나 마음속에 생각의 보석을 지니고 있다. 다만 캐내지 않아 잠들어 있을 뿐이다. - 이어령

이제 최종 결론으로 '창의력의 전체 구도'를 설명할까 합니다. 앞서 통찰력은 관찰력과 사고력이 결합되어 생성된다고 하였는데요, 그렇다면 어떤 사람이 잘 관찰하고 깊이 생각할까요? 그것은 지적 호기심이 있는 사람, 간절한 의문이 있는 사람입니다. 그런 사람이라야 문제의식이 있기 때문에 깊이 관찰하고 또 깊이 생각하게 됩니다. 그럼 어떤 사람이 호기심과 의문을 가질까요? 바로 꿈과 목표가 있는 사람입니다. 강한 동기를 부여하는 꿈과 목표가 실은 창조 에너지의 근원인 셈입니다.

> 일반적으로 높은 수준의 업적을 이룬 사람들은 매우 강한 동기를 가지고 있다. 올림픽 출전 선수들로부터 노벨 물리학자까지, 미국의 다선 상원의원으로부터 내성적인 계관 시인에 이르기까지, 이것 없이 뛰어난 성취를 한 사람을 찾아볼 수 없다.
> - 데이비드 솅크, 조영주 역, 《우리 안의 천재성》에서

꿈과 비전은 창의력의 관문을 여는 첫 빗장입니다. 창의적인 사람들은 오직 자신이 지닌 꿈의 나침반을 보고 움직이는 열정주의자들입니다. 그 꿈으로 보이지 않는 세계를 미리 볼 수 있는 예지자들인 것입니다!

하늘을 날고 싶은 꿈과 목표가 있는 사람은 '어떻게 하면 하늘을 날 수 있을까'를 질문하게 됩니다. 그 결과 다 빈치처럼 하늘을 나는 새나 곤충을 면밀하게 관찰하면서 그 방법과 원리를 끝없이 생각하고 탐구하게 됩

니다. 그 과정에서 관련 지식을 습득하게 되고, 더불어 사고력이 깊어지며 또 통찰력까지 얻게 됩니다. 그것이 숙성 과정에서 상상력을 거쳐 특정 기술(지식)과 결합되면 드디어 행글라이더 같은 첫 발명품이 나오는 것입니다. 그 기본 구도를 요약하면 다음과 같습니다.

이것이 창의성 발현의 전체 원리입니다. 꿈과 목표가 있는 사람이라야 그 꿈을 이루기 위해 지적 탐색을 할 수 있고, 탐구의 의문이 있는 사람이라야 잘 관찰하고 깊이 생각하며, 그 과정에서 통찰과 상상력과 지식이 더해져서 새로운 것을 창조해 낼 수가 있습니다. 상상력은 아직 존재하지 않는 것을 미리 볼 수 있는 능력입니다. 상상력 또한 기존의 것이 변형되거나 결합된 모습을 떠올릴 수 있는 연상聯想 능력이며, 현재와 미래를 연결하는 능력입니다. 이처럼 창의성이란 시종일관 '의미 있는 새로운 연결'에서 나옵니다.

상상은 우리가 띄울 수 있는 최고의 연이다. - 로렌 바콜

허나 크게 보면 이 모든 과정이 실은 생각의 과정이기도 한 까닭에 창의력은 '창의적 사고력'에서 나온다고 해도 과언이 아닐 것입니다. 창의적 사고력이란 '새로운 것'을 향해 질문하고 그 답(결과물)이 나올 때까지 사고를 진행하는 힘입니다. 결국 창의성은 끝까지 생각하고 또 생각하는 깊고 정밀한 사고의 힘에 의해서 발현됩니다. 생각은 우리 안에 있는 무한의

SQ 천재독서플랜

에너지입니다. 그러나 그 에너지는 꿈을 가지고 간절히 찾는 이에게만 그 문을 열어 줄 것입니다.

> 건설적인 생각은 반드시 창조적이어야 하고, 창조적인 생각은 조화로워야 한다. 이렇게 하면 모든 파괴적인 생각이나 경쟁의식이 사라진다. 법칙이 온전하게 작용하게 되면 당신이 찾는 것들이 거꾸로 당신을 찾게 될 것이다. - 찰스 해낼

끝으로 세종대왕이 한글을 창제한 것을 '창의력의 전체 구도'에 맞추어 살펴볼까 합니다. 세종대왕은 백성들을 위해 '누구나 쉽게 배워 쓸 수 있는 우리글'을 만들고자 하는 원대한 꿈과 비전을 가졌습니다. 그것을 위해 어떻게 하면 좋을까 하고 학자들과 함께 계속 고민했고, 그 때문에 언어와 관련된 제반 지식을 널리 배우고 탐구했으며, 이에 대한 결과로 문자 개발을 위한 통찰과 지식을 얻었고 그것을 바탕으로 한글을 창제하게 되었습니다.

그런데 여기엔 우리가 앞서 살펴보지 못한 한 가지 요소가 더 있습니다. 그것은 '큰 사랑'입니다. 애초에 세종이 백성들에 대한 큰 사랑이 없었더라면, 끝까지 신하들의 반대를 무릅쓰고 한글을 창제할 마음을 품지 못했을 것입니다. 그러니까 창조력의 시초는 바로 세종에게 그런 꿈을 갖게 만든 '사랑의 마음'인 것입니다. 사랑의 마음이 큰 꿈을 낳고, 큰 꿈이 큰 질문을 낳고, 큰 질문이 큰 생각과 지혜를 나아 결국 위대한 성과(창조물)와 위대한 인물을 낳은 것입니다.

인류의 문화를 번영케 한 모든 창의적 결과물들 또한 알고 보면 대부분 모두 인간을 이롭게 하고자 하는 사랑의 마음에서 나왔습니다. 아름다운 노래 한 곡도 그러하고, 맛있는 각종 요리도 그러하고, 사람을 치유하는 약과 의술도 그러하고, 인류가 편리하게 사용하고 있는 모든 문자도 그러

하고, 배와 자동차와 기차와 같은 운송수단도 그러하고, 편리하게 사용하는 각종 생활용품도 그러하고, 우리가 널리 쓰는 핸드폰이나 컴퓨터와 같은 각종 기기도 모두 그러합니다.

이런 맥락에서 보면 세상 어디든 사랑이 있는 곳에 창조와 번영이 있습니다. 아이를 낳고 기른 부모의 마음이 또한 사랑에서 시작된 것처럼, 천지를 창조한 조물주의 마음 또한 그러하겠지요. 요컨대 창의력이 뛰어난 사람은 세상을 이롭게 하고자 하는 큰 사랑을 가진 이라 하겠습니다. 사랑은 분명 창의력에 빼놓을 수 없는 동력일 것입니다.

가장 이상적일 때의 일은 관계, 참여, 그리고 헌신과 관계된다. 시인 칼릴 지브란이 말했듯이 "일은 사랑이 눈에 보이는 모습으로 현시된 것이다." 그는 사랑의 마음으로 수행된 일의 예를 제시했다.

사랑 속에서 일한다는 것은

마치 그대가 사랑하는 사람이 입을 옷을 만들 듯

그대의 가슴에서 뽑아낸 실로 옷을 짜는 것이며

마치 사랑하는 사람이 살 집을 쌓아 올리듯

애정의 마음으로 집을 짓는 것이며

그대가 사랑하는 사람이 먹을 열매를 따듯

정성들여 씨를 뿌리고 기쁨으로 수확하는 것이다.

- 조너선 헤이트, 권오열 역, 《행복의 가설》에서

창의력은 새로운 세상을 싣고 오는 값없는 수레요, 새로운 미래로 날아가는 자유의 날개입니다. 또 천재를 만드는 핵심 비결이요, 생각 에너지를 증폭시키는 사유의 프리즘이며, 그 에너지로 위대한 성취를 이루는 정신적 컨베이어벨트입니다. 누구나 생각의 황무지를 갈아 엎으면 창조의 씨앗을 마음껏 뿌릴 수 있습니다.

"시작과 창조의 모든 행위에는 하나의 근본 진리가 있다. 그것은 우리가 스스로 하겠다는 결단을 내린 순간 하늘도 움직인다는 것이다." 괴테의 이 말을 떠올리며, 모든 이의 가슴속에 있는 창의력의 불씨가 활활 타오르기를 기원합니다.

> 더 많이 배우고, 더 많이 생각하고, 더 많이 연결하는 것은 창의성의 공식 루트다.

'넘버 원'과 '온리 원'

'넘버 원number one'과 '온리 원only one'은 무엇이며 이는 어떻게 다를까요?

**1등과 꼴찌를 서열화하는
차등적 가치를 추구
(한계의 틀 속 경쟁)**

**새로움과 혁신을 통한
창조적 가치를 추구
(한계 없는 자유로운 성장)**

우리는 경쟁을 지향하는 '서열적 가치'가 아니라, 각자가 최고가 되는 '창조적 가치'를 추구해야 합니다. 온리 원은 새로운 것을 창조하기에, '한계 속 1등'이 아니라 열린 세계 속에서 각자 '세계 최고'가 됩니다. 온리 원은 세상에 유일무이한 것입니다. 이미 존재하는 것이 아니라 세상에 없었던 새로운 가치를 창출하는 것입니다. 세상에 없었던 것이기에 그것은 그 자체로 가치가 있으며, 경쟁의 울타리를 훌쩍 뛰어넘어 버립니다.

영화배우 릴리 톰린은 극 중에서 이런 말을 했습니다. "쥐들의 경주에서 아무리 1등을 수십 번 해도 여전히 쥐다." 서열적 가치에선 창조적 성과가 나오지 않습니다. 그런데 우리 교육은 오로지 한정된 틀 속에서 줄을 세우기 위해 경쟁의 소모전만 강요하고 있는 듯합니다.

요컨대 사법고시에 한해에 500명이 합격한다고 할 때, 이것은 시험(이미 존재하는 지식)을 통한 서열적 가치일 뿐 아무런 '창조적 가치'를 지니지 못하기에, 국가 발전에 별 도움이 되지 않습니다. 누가 돼도 500명이 될 것이며, 이것은 다른 이들로 대체가 가능하기 때문입니다. 서울대에 입학하는 것도 그렇고 대기업에 취직하는 것도 마찬가지입니다. 모든 서열적 가치는 이와 같습니다.

하지만 빌 게이츠나 스티븐 잡스 같은 이들은 창조적 가치를 지닌 이들이기에 다른 이들로 대체할 수가 없습니다. 다 빈치나 빈센트 반 고흐나 아인슈타인이나 톨스토이, 간디 같은 이를 누가 어떻게 대체하겠습니까. 대체 불가능한 존재가 되는 것! 오직 '창조적 가치'를 지닌 이만이 세상에 빛나는 진정한 천재가 될 것입니다.

앞서 '반골'을 논할 때, 세상에는 크게 두 종류의 사람이 있다고 언급했습니다. '세상에 자신을 맞추는 사람'과 '자신에게 세상을 맞추는 사람'. 전자가 서열과 차등의 가치를 좇아가는 보통 사람들의 특징이라면, 후자는 창조와 혁신의 가치를 추구하는 천재들의 특징입니다.

천재들은 시류에 영합하지 않고 세상에 새로운 기준을 세우는 사람들입니다. 그들의 질주 본능은 언제나 시대와 세상을 앞서갑니다. 창의력이 뛰어난 사람들은 '새로운 기준을 세워 세상이 자신을 따라오도록 자신에게 세상을 맞추는 사람들'입니다. 하여 그것으로 역사의 새로운 물길을 여는 사람입니다.

야성은 당신이 살고자 하는 삶이다. 당신이 최고라고 생각하는 삶을 사는 건 커다란 용기를 필요로 하기 때문이다. 우리는 주위에서 원하는 삶을 사는 경향이 있다. 친구, 부모님 또는 직장 동료가 당신에게 기대하는 삶을 사는 것이다. 대부분의 사람들이 옳다고 생각하는 것과 다른 삶을 살고 싶다면 이따금 혼자가 되어야 한다. 어쩌면 결정적인 조언을 얻을 수도 있다. 그건 좋은 신호다. 누군가 당신에 대해 의견이 있다면, 무언가 다른 걸 할 용기가 생기기 때문이다.

야성은 다르게 생각하는 용기다. 삶에서 특별해지는 모든 것은 조금 더 크게, 조금 더 멀리 생각하는 용기에서 나온다. 애초에 생각을 할 거라면 왜 크게 생각하지 않는가? 훨씬 크게 생각하는 데 많은 것이 필요한 것도 아니다. 약간의 야성으로 족하다. 어쨌든 생각은 할 것 아닌가? 그렇다면 용기를 내서 좀 더 자주 당신의 안전지대 밖으로 나가라. 자기 자신의 한계에 도전하는 습관을 들여라.

– 에릭 라르센, 김정희 역, 《최고가 되라》에서

창의성이 탁월한 사람, 개성이 넘치거나 자신의 세계를 가지고 있는 사람, 자신의 재능을 천재성으로 전환하는 이들은 모두 세상으로부터 쉽사리 길들여지지 않는 야성을 가진 이들입니다. 야성은 타인과 다소 다를지라도 새로운 것을 추구하면서 살아갈 수 있는 용기요 배짱입니다. 자기 세계를 지니고자 하는 이들에게 야성은 필수 덕목일 것입니다.

여러분은 '대체 가능한 사람'과 '대체 불가능한 사람' 중 어떤 사람이 되고 싶으신가요? 저는 거듭 다시 태어난다 해도 '대체 가능한 사람'보다는 '대체 불가능한 사람'이 되고 싶습니다. 그 누구도 대체할 수 없는 자기 세계를 지닌 사람! 그 누구든 '대체 불가능한 사람'이 되고 싶은 이는 반드시 창의력의 자궁에서 다시 태어난 '온리 원'의 존재가 되어야 할 것입니다.

회사가 필요한 사람이 되지 말고 회사가 필요로 하는 사람이 되어라.

조직이 필요한 사람이 되지 말고 조직이 필요로 하는 사람이 되어라.
환자가 필요한 의사가 되지 말고 환자가 필요로 하는 의사가 되어라.
그러면 끝없는 자유와 성공을 얻게 되리라.

손님이 필요한 장사꾼이 되지 말고 손님이 필요로 하는 장사꾼이 되어라.
유권자가 필요한 정치인 되지 말고 유권자가 필요로 하는 정치인이 되어라.
고객이 필요한 기업이 되지 말고 고객이 필요로 하는 기업이 되어라.
그러면 영원한 명예와 성공을 누리리.

- 최인원,《콕 찍어주는 인생과외》에서

이 말을 간단히 요약하면 이렇게 됩니다. 타인이 필요한 존재가 되지 말고 타인이 필요로 하는 존재가 되어라! 이는 분명 모든 인간관계에 고루 적용될 수 있는 말이겠지요.

황금률과 역지사지의 역발상에서 나온 탁월한 통찰이 아닐 수 없습니다. 세상에 꼭 필요한 사람이 되면, 세상이 반드시 그를 찾을 것입니다. 어느 분야에서든, 대체 불가능한 사람이 되면 그만한 대접과 영예를 누리게 될 것입니다.

그 누구에게도 없는, 오직 자신에게만 있는 단 한 가지는 바로 자기 자신이다. 자신만의 목소리, 생각, 이야기, 비전. 그러니 오직 자신만이 할 수 있는 것들로 쓰고, 그리고, 짓고, 연기하고, 춤추며 살라. - 닐 게이먼(미국 소설가)

유태인 부모들은 아이들의 개성을 최대한 존중한다고 합니다. 그들은 '남을 이겨라'가 아니라 '남과 다른 사람이 돼라'를 가르칩니다. 그들의 기준은 처음부터 획일적인 인식이 틀에서 벗어나 있기에, 자신의 아이가 남보다 잘할 수 있는 것, 그 아이만이 가진 장점을 찾아 재능을 키워 주려고 노력합니다. 즉 어려서부터 넘버 원이 아니라 온리 원을 지향하는 교육을 시키는 것입니다.

"형제 중 누구의 머리가 더 좋은지를 비교하는 것은 그들에게 해가 되지만, 개성을 비교하는 것은 서로를 살린다." 그들은 비교를 해도 서열적 가치가 아니라 개성과 독창성의 가치에 집중하고 있는 것입니다. 이것이 오랜 전통으로 이어져 온 유태인 가정교육의 기본 철학입니다. 세계에서 노벨상을 가장 많이 받는 민족인 유태인들의 창조성의 비밀을 엿볼 수 있는 대목이 아닐까 합니다.

어느 날 숲속에 동물들이 모여 학교를 열기로 했다. 토끼, 새, 다람쥐, 물고기, 뱀장어가 각기 한 마리씩 참여해서 교육위원회를 결성했다.

토끼는 교과목에 달리기가 포함되어야 한다고 주장했다. 새는 교과목에 날아다니기가 포함되어야 한다고 주장했다. 물고기는 교과목에 수영이 포함되어야 한다고 주장했다. 이들은 이 모든 종목을 한데 모아 교과 지침서를 작성했다. 그러고 나서 모든 동물들이 이 모든 교과목을 전부 배워야 한다고 주장했다. 토끼의 경우 달리기에서는 A학점을 받았지만 높은 나무에 올라가기에서는 고전을 면치 못했다. 자꾸 뒤로 넘어졌다. 얼마 지나지 않아 토끼는 일종의 뇌 손상을 입었고 더 이상 달리기도 할 수 없었다. 이제는 달리기에서도 A학점 대신 C학점을 받았고 높은 나무에 올라가기에서도 물론 여전히 F학점을 받았다.

새는 날아다니기 과목에서 정말 아름다운 솜씨를 보여 주었지만 땅굴 파기는 그다지 잘하지 못했다. 새는 계속해서 부리와 날개에 부상을 입었다. 얼마 지나지 않아 새는 날아다니기에서 C학점을 받았고 땅굴 파기는 여전히 F학점이었다. 게다가 높은 나무에 올라가기는 정말 형편없었다. 그리하여 졸업식 때 대표로 뽑혀 고별사를 낭독한 동물은 다름 아닌 뱀장어였다. 뱀장어는 지능이 뒤떨어졌지만 모든 과목에서 중간 성적을 거두었다. 이것이 바로 이 이야기의 교훈이다. 그러나 교육자들은 이런 결과에 모두 만족했다. 왜냐하면 모든 동물들이 모든 과목을 다 수강했기 때문이다. 그리하여 동물들은 이를 가리켜 위원회가 합의한 교육 방식이라고 불렀다.

- 웨인 다이어, 하윤숙 역, 《인스퍼레이션》에서

이 인상적인 우화는 우리에게 '온리 원' 대신 '넘버 원'을 추구하는 교육이 얼마나 참혹한 결과를 만드는지를 잘 보여 주고 있습니다. 학창 시절 수학 말고는 잘하는 게 없었던 아인슈타인이 만일 제 세대에 우리나라에 태어났더라면 아마 대학 진학도 하지 못했을 것입니다. 한 나라의 학생들은 그 나라의 문화와 교육에 지대한 영향을 받습니다. 제가 보기엔 우리나라의 교육이 저 우화 속 내용과 흡사한데요, 만일 우리의 문화적 토대와 교육의 지향점을 바꾸지 않으면, 우화 속의 토끼, 새, 다람쥐, 물고기, 뱀장어처럼 자신의 개성과 창의성을 잃어버린 수많은 학생들을 앞으로도 수없이 양산하게 될 것입니다.

우리는 영웅의 위대한 업적뿐만 아니라 그들의 보잘것없는 시작을 보면서 용기를 얻는다. 아인슈타인은 전매특허 직원으로 일했다. 토머스 에디슨은 지능 발달이 늦다는 이유로 1학년 때 퇴학당했다. 찰스 다윈은 아버지로부터 "너는 사냥, 개, 쥐잡기 외에는 좋아하는 게 없구나. 우리 가족의 수치가 될 것이야."라고 나무랐다.

- 데이비드 솅크, 조영주 역, 《우리 안의 천재성》에서

독일의 소년 오토 발라흐가 중학생이었을 때 그의 부모는 그가 문학가의 길로 가기를 원했습니다. 하지만 한 학기 동안 그를 가르친 교사는 "발

라흐는 무척 열심히 하지만 융통성이 없어요. 이런 사람은 비록 완벽한 인품을 가지고 있다고 하더라도 문학에서 재능을 발휘할 수는 없습니다."라고 평가했습니다. 부모는 어쩔 수 없이 그에게 그림 공부를 시켰습니다. 하지만 이번에 들려온 평가는 더 혹독했습니다. "너는 회화 방면에 아무런 재능이 없다."

대다수의 교사들은 그가 우둔하고 재능이 없다고 믿어 의심치 않았지만, 화학 선생님은 그의 빈틈없는 성격과 화학 실험에 대한 재능을 보고서 화학 공부를 열심히 해보는 게 어떻겠냐고 제안했습니다. 그를 믿어 준 선생님 덕에 발라흐는 화학에 더욱 흥미를 가질 수 있었습니다. 발라흐의 재능은 이때부터 꽃을 피우기 시작했고, 그것이 계기가 되어 대학에서도 화학을 전공하게 되었습니다. 그는 화학 공부에 계속 올인했고 급기야 나중에는 1910년 노벨 화학상 수상자가 되었습니다.

이러한 일화가 널리 전해지면서 사람들은 이를 '발라흐 효과'라고 부르게 되었습니다. 발라흐 효과란 누구나 자신이 잘하는 것에 몰두하면 충분히 좋은 성과를 얻을 수 있다는 뜻입니다. 발라흐 효과는 '사람은 저마다의 장단점과 재능과 적성이 다르므로 자신의 장점과 적성에 맞게 자신이 가장 잘할 수 있는 것을 찾아 열심히 매진하라'는 메시지를 담고 있을 뿐 아니라, 넘버 원이 아닌 '온리 원의 가치'를 높고 웅대하게 천명하고 있습니다.

그의 일화가 보여 준 단면은 앞에서 우리가 본 우화의 현실판과 같습니다. 그의 재능을 알아봐 준 선생님이 없었다면 어떻게 되었을까요? 획일적 기준만 존재하는 우리 교육을 보노라면, 그런 우화가 결코 우화 차원의 이야기가 아니라 현실에서 수없이 일어났었고 또 앞으로도 계속 일어날 수 있는 일임을 시사하는 듯합니다. 그는 다행히 자신의 재능을 알아봐 준 좋은 화학 선생님을 만나 꿈과 용기를 키울 수 있었지만, 세상엔 그런 선생님을 만나지 못한 학생들이 훨씬 더 많을 것입니다.

진정한 나가 되어 자신의 길을 가라

진정한 의미에서 자기 계발은 사회가 필요로 하는 사람이 되는 것이 아니라 자신이 필요로 하는 사람이 되는 것, 자신이 좋아하는 일을 마음껏 할 수 있는 사람이 되는 것이다. 자신이 하고 싶은 일을 마음껏 하면서 그것으로 경쟁력과 가치를 만들고 돈도 벌 수 있게 되는 것을 의미한다.

자기가 좋아하는 그 무엇인가를 '남들처럼' 하는 것이 아니라 자기 방식대로 '예술처럼' 하는 것이다. 그런데 그렇게 하기 위해서는 남들보다 더 뛰어난 통찰력과 세상을 내다보는 혜안이 있어야 하고, 스스로 생각할 줄 아는 주체적인 사고력이 있어야 한다.

책 수련은 그런 자기 계발의 유일한 방법이라고 확신한다.

– 김병완, 《책수련》에서

심리학자 매슬로는 "오로지 융통성 있게 창조적인 사람, 즉 새로운 것을 두려움 없이 자신 있게 직면할 수 있는 사람만이 미래를 관리할 수 있다."고 하였습니다. 창조적인 사람은 새로운 것을 향해 도전하는 용기 있는 사람들입니다. 그들은 세상의 기준에서 벗어날 줄 아는 사람들입니다. '남들처럼'이 아니라, '나처럼'의 독창적인 방식을 기꺼이 실험해 보기를 원하는 이들입니다.

이미 나 있는 길을 가는 것과 새로운 길을 내면서 가는 것 중 어느 쪽이 더 쉬울까요? 당연히 이미 나 있는 길을 가는 것입니다. 그런 길은 그저 남들처럼 그 뒤를 따라가기만 하면 됩니다. 하지만 '새로운 길'은 스스로

5 천재는 오직 창의력으로 말한다

찾아야 하고 스스로 개척해야 하기 때문에 훨씬 더 힘들 뿐 아니라 훨씬 더 많은 시행착오를 경험하게 됩니다.

이에 새로운 길을 가는 경우는 여러 면에서 일의 진척도 더 느릴 수밖에 없습니다. 이 때문에 새로운 시도를 하는 이들은 타인들로부터 많은 비난과 비웃음을 받기도 합니다. 새로운 길을 가는 것은 본디 더 많은 시행착오 속에 얻어지는 것인데도, 그러한 과정과 그 가치를 몰라주는 사람들이 많기 때문입니다.

> 회화 분야에서 명작이 나오려면 먼저 스케치가 있어야 한다. 이런 스케치들은 이따금 어느 정도 거친 낙서에 가깝고, 또 때로는 몇 년이 걸리거나 수십 번 반복되기도 한다. 화가가 스케치를 했을 때 그것이 실패한 것인가? 아니다. 기술을 터득하기 위한 발전 과정이 필요할 뿐이다. 자신의 이전 노력을 실패로 판단한다면 당신은 자연스러운 과정과 싸우고 있는 것이다.
>
> – 디팩 초프라, 구승준 역, 《완전한 삶》에서

새로운 길을 찾는 과정에서 생기는 그들의 실패는 실패가 아니라 필연적인 배움과 성장의 과정이며, 소중한 경험적 자산입니다. 그런데도 많은 이들이 이 지극히 자연스러운 과정에 격려와 응원을 보내기보다, 자신들의 좁은 소견으로 비웃거나 비난하는 경우가 많습니다. 하지만 새로운 길을 가는 이들의 시행착오는, 이미 나 있는 길만을 따라만 가는 이들의 '시행착오 없음'의 편리와 안주보다 오히려 훨씬 더 가치 있는 것입니다.

남들처럼 이미 나 있는 길을 따라가는 데 안주하지 않고, 자신만의 새로운 길을 개척해 가는 이들은 더 많은 시련을 겪거나 다소 진척이 느릴지언정 자신의 창조적 가치를 실현하는 이들이며, 온리 원이 될 가능성이 가장 높은 이들입니다. 무릇 세상에 새로운 길을 여는 선구자들은 언제나 이런 사람들 속에서 나왔습니다. 그들이 진정 창조의 기수요, 문명의 리더가 되는 것입니다.

그런 점에서 창의적인 사람들은 담대한 용기를 지닌 이들이요, 의식이 깨어 있는 이들이요, 느린 듯 보이지만 정작 앞서가는 이들이요, 선견지명의 통찰과 비전을 가진 이들이요, 마음의 푸름이 살아 있는 정신적 청춘들이요, 자기 방식대로 새로운 세계를 여는 문화의 개척자요 삶의 예술가인 것입니다.

> 삶이란 진정한 내 자신이 되는 법을 공부하는 과정이다. 자신이 진정으로 성공을 거둘 수 있는 길은 다른 누군가를 흉내 내기보다는 자기 자신이 되는 것이다. 우리는 각기 독특하고 재능 있는 존재로서 이룰 수 있는 개인적인 목적을 위해 태어났다. 그것을 실현했을 때에만 비로소 참된 만족을 얻고, 자기 영혼의 운명을 발견할 수 있다. "당신 자신이 돼라."
>
> ─ 알렌 코헨, 서민수 역, 《내것이 아니면 모두 버려라》에서

세상에 나란 존재는 유일무이합니다. 그 유일무이한 존재적 가치를 실현하는 것은 하늘 아래 모든 사람이 부여받은 천명天命이나 다름없습니다. 진정한 나를 발견하는 법은 다른 것과의 비교에서 오는 것이 아니라, 진정으로 자신이 가고자 하는 길을 가는 데서 얻어집니다. 누구의 인생이든 우리는 처음부터 다 '온리 원'의 인생입니다. 가장 자기답게 가장 자기 가치를 잘 실현하면서 사는 길이 진정 나를 얻는 법일 것입니다!

심리학자 워런 베니스는 매슬로의 책 《인간 욕구를 경영하라》의 추천서에 이렇게 쓰고 있습니다. "매슬로가 보기에 사람은 모두 최선의 '자기'가 되어야 하는 과제를 안고 있다. 철수가 에이브러햄 링컨이나 토머스 제퍼슨 같은 위대한 영웅이 되려고 노력할 필요가 없다. 철수는 이 세상에서

가장 훌륭한 철수가 되어야 한다. 그것이 그의 능력이 닿는 일이고, 오로지 그것만이 필요하고 또 가능한 일이다. 자기 실현은 경쟁의 문제가 아니다."

우리는 워런 베니스의 이 메시지에서 '진정한 온리 원의 길'을 발견할 수 있을 듯합니다. 내가 이 세상에서 가장 나다운 사람이 되는 것은 세상 그 누구와도 경쟁할 수 없는 문제입니다. 오직 하나밖에 없는 나 자신의 문제일 뿐이니까요. 어떤 삶을 살든 우리는 오직 다른 사람이 아니라 유일무이의 '어떠한 나'가 될 수밖에 없습니다. 자아실현의 길은 애초부터 오직 '온리 원'밖에는 없는 것입니다.

이처럼 '남들처럼'이 아니라 '나처럼'은 하나의 숭고한 섭리입니다. 비교우열의 넘버 원이 아니라 절대가치인 온리 원을 지향하는 것이 이 섭리를 따르는 길입니다. 진정한 자아실현을 이루는 것도, 세상에 대체 불가능한 존재가 되는 것도 모두 이 길을 따르는 데서부터 시작될 것입니다.

탁월함은 평범함보다 약간 잘하는 것이 아니다. 평범함을 초월하여 당연히 한 걸음, 아니 몇 걸음 더 멀리 나아가야 한다. 미미한 수백 수천 걸음을 옮겨서 측정할 수 없을 만큼의 거리를 지나야 도달하는 것이다. 그곳에 갈 수 있는 단 한 가지 길은 다른 사람들보다 더 멀리, 더 힘들게, 더 오래 가서 논리나 이성의 한계를 훨씬 지나서까지 계속하는 것뿐이다. 만약 이러한 과정이 사람들에게 쉽거나 도달할 만하게 보인다면 다른 많은 사람들이 이루게 될 것이다.

따라서 극단적으로 큰 성공을 거둔 사람들은 (어느 연령대든지) 동시에 몽상가이기도 하다. 상상할 수 없는 것을 상상하기 위해 자신 머리의 한 부분은 구름 속에 들이밀고 있어야 한다. 물리칠 수 없는 방해물처럼 명백해 보이는 약점들을 무시해야 한다. 방해물 때문에 시간을 끄는 것은 곧 패배나 마찬가지다.

– 데이비드 솅크, 조영주 역, 《우리 안의 천재성》에서

온리 원을 이룬 천재들은 다들 남들이 꿈꾸지 못한 것을 먼저 꿈꾼 이상주의자였으며, 그 꿈에 도달하기 위해서 쉼 없이 자신의 길을 걸어갔던 이들입니다. 미지의 세계를 창조적인 기회로 여기는 그들은 지칠 줄 모르는 열정, 꺾이지 않는 의지로 끝없이 자기 성장을 도모한 이들이었습니다.

창조는 새로운 세계에 대해 응답하는 과정입니다. 진정한 탁월함이나 혁신은 언제나 평범함의 세계를 거부하는 온리 원의 정신 속에서 나왔습니다. 그것은 학습 차원이 아니라 창조의 차원이며, 추종의 길이 아니라 리더의 길입니다. 허나 이 세상에 존재하지 않던 유일무이의 새로운 세계를 여는 것이 어찌 쉬운 일이겠습니까? 그것은 오직 남다른 정신을 가진 이만이 걸어갈 수 있는 끝없는 자기 갱신과 도전의 세계일 것입니다.

"길에는 주인이 없어, 그 길을 가는 사람이 주인이다."(김훈) 천재들은 대부분 남이 가지 않는 길을 제일 먼저 가는 사람들입니다. 그래서 언제나 새로운 세계 혹은 위대한 미래를 제일 먼저 여는 사람입니다. 천재이기 이전에 우리는 누구나 온리 원의 정신으로 자신의 길을 가는 사람, 자신의 미래를 여는 사람이 되어야 할 것입니다.

더 나은 세상을 만드는 최선의 길은 더 나은 나를 만드는 것이다.

5 천재는 오직 창의력으로 말한다

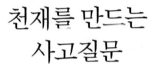

천재를 만드는
사고질문

창의력은 꿈에 대한 목표 지향적인 의문을 가질 때 시작됩니다. 그것은 자기 꿈에 대한 지적 호기심과 같으니, 이는 무엇에 대한 '질문'으로 이어집니다. 그런데 질문에는 그 속성에 따라 크게 두 가지 유형이 있습니다. 이 두 유형의 질문은 속성상 확연한 차이를 지니므로 잘 구별할 수 있어야 합니다.

1. 사실질문: 지식이나 사실을 묻는 질문, 정답 1개

   → 한국의 수도는 어디인가? 서울

   → 삼일운동이 일어났던 해는 언제인가? 1919년

2. 사고질문: 생각을 묻는 질문, 고정된 답 없음

   → 삶의 의미는 무엇인가? 답 다양함

   → 어떻게 사는 것이 가장 잘 사는 길인가? 답 다양함

사실질문은 이미 존재하는 지식이나 사실을 묻는 질문입니다. 그래서 이런 질문의 경우는 정답이 있습니다. 그 정답은 사고력을 통해서 나오는 것이 아니라 학습을 통한 암기에서 나옵니다.

반대로 사고질문은 정보가 아니라 생각을 묻는 질문입니다. 그래서 이런 질문의 경우는 정답이 없습니다. 그 답은 자신의 사고과정을 거쳐서 나오는 것이어서, 학습을 통한 암기가 아니라 사고력에서 나옵니다.

이 두 질문의 차이는 확연합니다. 사실질문은 암기를 위주로 하지만, 사고질문은 사고력과 창의력을 지향합니다. 사실질문은 답이 고정되어 있기에 폐쇄형 질문이라면, 사고질문은 답이 열려 있기에 확장형 질문이라 할 수 있습니다. 사실질문은 암기를 통해 외부의 지식과 정보를 얻지만, 사고질문은 사색을 통해 내면의 지혜와 사유를 얻습니다.

사실질문과 사고질문의 가장 본질적 차이는 암기와 사고에 있습니다. 사실질문은 암기에 의해 기억하고 있는 것을 답하면 되지만, 사고질문은 암기가 아니라 생각을 통해 스스로 답을 생성해 내야만 합니다. 때문에 사고력과 창의력을 길러 주는 질문은 사실을 묻는 질문이 아니라, 생각을 묻는 사고질문입니다.

이러한 질문의 유형에 따라 공부의 유형도 크게 두 가지로 나눌 수 있습니다. 공부는 크게 기존의 지식을 습득하는 '학습 차원의 공부'와 학습한 것을 바탕으로 새로운 것을 탐구하고 응용 창조하는 '학문 차원의 공부'로 양분됩니다. 대체로 학습 차원의 공부는 사실질문과 연결되고, 학문 차원의 공부는 사고질문과 연결됩니다.

이 두 가지 공부 유형에 대한 이해는 매우 중요합니다. 학습 차원의 공부가 공부의 1단계라면, 학문 차원의 공부는 공부의 2단계입니다. 모든 공부는 1단계 공부를 거쳐 2단계 공부로 발전해 가야 합니다. 기본 지식을 습득한 후에는 그것을 활용하고 응용해서 때와 상황에 맞게 유용하게

5 천재는 오직 창의력으로 말한다

학습 차원

기존의 지식을 습득
(암기력, 사실질문)

학문 차원

지식을 응용해 새로운 것을 창출
(사고력, 사고질문)

써먹을 수 있어야 하고, 새로운 것을 탐구해 내고 새로운 것을 창출할 수 있어야 하기 때문입니다.

시를 한 편 외우는 것은 학습 차원이지만, 시를 한 편 쓰는 것은 창조 차원입니다. 인형 회사에서 새로운 인형 하나를 만들려고 해도, 기존의 인형 만드는 기술을 응용할 수 있는 지적 역량이 있을 때만 새로운 인형을 만들어 낼 수가 있습니다. 이는 모든 지식 운용에 다 해당합니다. 새로운 글을 한 편 쓰는 것도, 새로운 노래를 한 곡 만드는 것도, 회사에서 새로운 제품을 생산하는 것도, 나라에 새로운 법률이나 정책이 제정되는 것도, 학자가 새로운 연구 성과를 얻는 것도 모두 학습 차원이 아니라 배운 것을 응용하는 학문 차원의 공부에서 나옵니다.

따라서 모든 공부는 지식의 습득과 관련된 사실질문 수준에서 사고력 발현 수준인 사고질문의 영역으로 확장되어야 합니다. 어떤 공부든 학습 차원에서, 그 학습한 바를 활용할 수 있는 학문 차원으로 옮겨 가야만 하는 것입니다.

'이 지식을 어떻게 하면 잘 써먹을 수 있을까?' 이 질문은 사실질문일까요, 사고질문일까요? 생각을 해야만 답할 수 있는 질문이요, 고정적인 정답이 없어 스스로 답을 생성해 내야 하니 사고질문입니다. 사고질문이 바탕이 되는 학문 차원의 공부는 이처럼 지식 습득이 아니라, '문제 해결 능력'과 직접적으로 관련된 공부이기도 합니다. 여기서 필요한 것은 사고력과 창의력(응용 능력)입니다.

이를 정리해서 결론적으로 말한다면, 하늘 아래 존재하는 모든 창조적 결과물들은 사고질문에서부터 비롯된 것입니다.

비행기, 전화기, 냉장고의 예에서 볼 수 있듯이 어떠한 창의적 결과물들은 단 하나의 예외도 없이 사고질문에서 나온 것입니다. 실로 사고질문은 창의력의 엔진이요, 창조의 자궁입니다. 사고질문을 거치지 않고서 태어난 창조물은 없습니다. 때문에 천재들은 하나같이 질문의 달인이었고, 그 질문을 통해서 자신의 사고력과 창의력을 비약적으로 발전시킨 이들이었습니다.

윌리엄 제임스는 이렇게 말했습니다. "나는 무엇인가를 철저하게 이해하고 싶을 때마다 질문을 해본다. 다른 사람에게가 아니라 나 자신에게. 질문은 단순한 말보다 더 깊은 곳까지 파헤친다. 말보다 열 배쯤 더 많은 생각을 이끌어 낸다." 질문은 생각을 캐내는 호미요, 사색의 시간을 따라 자기 안으로 깊어지는 지혜의 우물과 같습니다.

노벨 평화상 수상자 라이너스 폴링은 "좋은 생각을 얻는 최상의 방법은 많은 생각을 하는 것이다."라고 하였습니다. 저는 이 말에 전적으로 동의합니다. 다만 '많은 생각을 하는 최상의 방법은 끊임없이 질문을 던지는

5 천재는 오직 창의력으로 말한다

것이다'라는 말을 덧붙이고 싶습니다.

아인슈타인은 질문에 대한 아주 중요한 말을 남겨 주었습니다. "중요한 것은 질문하기를 멈추지 않는 것이다." 이 말 안엔 천재성의 비밀이 있습니다. 끊임없이 질문하는 사람은 끊임없이 생각하고 관찰하고 탐구하는 사람입니다. 질문을 하게 되면 더 깊이 관찰하고 생각하게 되고, 그 과정에서 관찰력, 사고력, 통찰력이 신장됩니다. 즉 그러한 과정을 통해 두뇌의 성능이 고도로 향상되는 것입니다.

질문의 법칙과 지혜

"오늘은 어떤 일이 나를 기다리고 있을까?"

이 질문을 아침마다 자기 자신에게 던지는 첫 번째 질문으로 정하고 14일 동안 하루도 빠짐없이 같은 질문을 반복하면, 알람이 울릴 때마다 이 질문이 저절로 떠오르도록 뇌를 훈련시킬 수 있다. 간단하게 들리겠지만 효과는 확실하다. 뇌는 스스로 던지는 질문에 답을 찾고 싶어하기 때문이다. 설령 당신이 답을 모르더라도 당신의 뇌는 그걸 찾을 때까지 작업을 멈추지 않을 것이다. 마침내 아주 사소하고 간단한 답(예를 들어 샤워를 해야지, 점심 약속이 있지, 저녁 때 영화를 보러 가기로 했지, 아침 먹고 커피를 마셔야지 등)이라도 찾으면 당신의 마음은 이미 일어날 준비를 10퍼센트 더 갖춘 것이다. 당신이 던진 질문이 긍정적인 반응을 요구하는 질문이기 때문이다.

– 에릭 라르센, 김정희 역, 《최고가 되라》에서

'질문의 법칙'이라는 게 있습니다. 질문은 답이라는 과녁을 향해 날아가는 화살과 같습니다. 질문의 법칙이란 질문을 하게 되면 질문 쪽으로 사고하게 되고, 그 질문에 대한 답을 찾게 된다는 뜻입니다. 설사 원하는 답을 충분히 찾지 못할지라도 답 쪽으로 더 가깝게 다가가게 됩니다. 시인 라이너 마리아 릴케는 이런 멋진 말을 남긴 바 있습니다.

의문을 지닌 채 현재를 살아라. 그러면 나도 모르게 먼 훗날 대답을 지닌 채 살아갈 날이 올 것이다.

예컨대, '어떻게 하면 공부를 더 잘할 수 있을까?' 이 질문을 계속 묻는 이는, 이쪽으로 계속 생각하게 될 것이요 효과적인 공부법을 찾게 될 것입니다. '어떻게 하면 인간관계를 잘할 수 있을까?' 이러한 질문을 계속 던지는 이는, 이 면에 대해 깊이 생각하게 될 것이요 계속 탐구해서 끝내 그 비결을 알아내게 될 것입니다. 이처럼 특정 질문을 하게 되면 생각이 초점화될 뿐 아니라, 깊이 생각할 수 있게 되고 답을 찾아내는 탐구 능력 즉 문제해결 능력을 갖추게 됩니다. 이것이 바로 질문의 법칙입니다.

계속해서 "왜 어떤 사람은 다른 사람보다 더 성공할까?"에 대한 답을 찾고자 노력했다. 나는 독서광이었다. 알고 싶고 이해하고 싶다는 욕망이 끓어 넘쳤다. 내 주위에 일어나는 현상을 이해하는 데 도움될 것 같은 것은 가리지 않고 모두 읽었다. - 브라이언 트레이시

"왜 어떤 사람은 다른 사람보다 더 성공할까?" 이 질문은 그에게 인생을 건 질문이었습니다. 고졸의 막노동꾼이었던 브라이언 트레이시가 성공학의 세계적인 거장이 될 수 있었던 것도 바로 이러한 심중한 질문을 던졌기 때문이고, 그 답을 찾을 때까지 지속적으로 노력한 긍정과 적극성 때문이었습니다.

5 천재는 오직 창의력으로 말한다

"어떻게 하면 우리나라가 세계 최고의 나라가 될 수 있을까?" 이것은 제가 던진 제 비전과 관련된 질문입니다. 이 질문 덕에 저는 이에 대한 기본적인 답을 얻었습니다. 그 답은 '천재와 성인聖人이 많은 나라를 만드는 것'입니다. 천재와 성인이 많으면 창조적인 지혜와 큰 사랑이 넘쳐나는 나라가 될 것이니, 세계를 선도하는 위대한 나라가 되는데 이보다 더 좋은 길은 없을 것입니다. 저는 의미심장한 사고질문 하나 덕에, 우리나라가 세계 최고가 될 수 있는 법을 알아낸 것입니다.

또 이어서 이에 대한 더 세부적인 질문을 할 수 있을 것입니다. "그렇다면, 어떻게 해야 천재와 성인들을 많이 만들어 낼 수 있을 것인가?" 그것에 대한 기본적인 답 또한 찾았으니, 그것은 이 책 전체가 답할 것입니다. ── 이와 같이 하나의 질문은 세부적인 여러 질문으로 다시 구체화시킬 수 있습니다. 이를 질문 쪼개기 혹은 질문 나누기라고 합니다. 이는 곧 생각의 구체화와 정밀함으로 이어집니다. 여기서 제가 거듭 말하고자 하는 것은, 질문을 하게 되면 답을 찾아 깊이 생각하고 탐구하게 된다는 점입니다. 이것이 바로 질문의 효과요, 법칙입니다.

그런데 질문의 법칙엔 한 가지가 더 있습니다. 그것은 '질문의 수준이 곧 사고의 수준을 결정한다는 것'입니다.

예를 들어 사기꾼은 어떤 질문을 할까요? 또 바람둥이는 어떤 질문을 할까요? 사기꾼은 '어떻게 하면 잘 속일 수 있을까?'와 같은 질문을 하며 남을 속여서 이득 챙길 생각만 할 것이요, 바람둥이는 '어떻게 유혹할까?'와 같은 질문을 하며 이성을 유혹해 욕정을 채울 생각만 할 것입니다.

반면 발명가는 어디서 무엇을 보든 '어찌하면 새로운 걸 만들어 낼 수 있을까?'와 같은 질문을 하며, 그 질문에 따라 발명에 대한 생각에 골몰할 것입니다. 마찬가지로 영화감독은 어디서 무엇을 보든 영화와 관련된 다양한 질문을 하고 또 그 질문을 따라 영화에 대한 생각을 구체화시킬 것입니다. 또 학자는 학문 연구와 관련된 질문을 할 것이고, 사업하는 이는 사업과 관련된 질문을 할 것이요, 정치인은 정치와 관련된 질문을 할 것이요, 철학자는 철학적 문제와 관련된 질문을 할 것이요, 시인은 시와 관련된 질문을 할 것입니다. 그리고 그 질문과 관련된 생각을 주로 하면서 살아갈 것입니다.

간디나 테레사 같은 분은 어떤 질문을 하며 살았을까요? 세종대왕이나 이순신은 어떤 질문을 했을까요? 링컨과 루터 킹 목사는 어떤 질문을 했을까요? 아인슈타인이나 에디슨은 어떤 질문을 했을까요? 셰익스피어나 톨스토이는 어떤 질문을 했을까요? 니체와 칸트는 어떤 질문을 했을까요? 히틀러나 스탈린은 또 어떤 질문을 했을까요? 독립운동가와 친일파는 각각 어떤 질문을 했을까요? 범죄자들은 어떤 질문을 했고, 성인들은 어떤 질문을 했을까요? 그들을 만든 차이는 무엇일까요?

사람은 누구나 자신이 관심 가지는 것에 대해 질문합니다. 그런데 그 질문은 생각의 방향뿐 아니라 생각의 기본 수준을 결정합니다. 아울러 생각의 방향과 수준뿐 아니라, 끝내 그 사람의 영혼의 수준까지 결정합니다. 그 사람이 주로 생각하는 것이 그 사람의 마음과 영혼의 수준을 결정하는 법이니까요!

예전에 이런 구절을 써본 적이 있습니다. '네가 주로 생각하는 것이 네 영혼의 얼굴이다.' 누구든 자신이 평소 어떤 질문을 주로 하는지를 살펴보면, 그에 따라 자신이 어떤 생각을 주로 하는지가 결정된다는 것을 확인할 수 있을 것입니다. 여러분이 주로 품고 있는 질문은 무엇입니까? 가장 좋은 질문은 무엇이고 또 가장 아름다운 질문은 무엇인지요? 우리가 하는 질문은 곧 우리 자신의 생각과 영혼을 비추는 거울일 것입니다.

아주 사소한 생각조차 영향을 미쳐 뇌 구조를 바꾼다. 생각 하나하나가 뇌 구

5 천재는 오직 창의력으로 말한다

조를 쉬지 않고 바꾼다. 좋은 생각이든 나쁜 생각이든 뇌에 배선을 만든다. 같은 생각을 여러 번 반복하면 습관으로 굳어버린다. 성격도 생각하는 방향으로 바뀐다. 그러니 생각을 원하는 방향으로 바꾸고 그 상태를 유지해 새로운 습관을 들여라. 그러면 뇌 구조가 거기에 맞게 변경될 것이다.

— 황농문, 《몰입 두 번째 이야기》에서

생각을 원하는 방향으로 바꾸려면 질문부터 바꿔야 합니다. 예를 들어 괴롭고 힘든 상황이라 그런 생각에만 잠겨 있는 사람이라면 '왜 이렇게 안 풀리지?'와 같은 한탄이나 푸념이 아니라 '어떻게 해야 이 상황을 극복할 수 있을까? 어떻게 생각하는 것이 나에게 가장 도움이 될까?'와 같은 질문을 하면서 생각의 방향을 돌려야 합니다. 콩 심은 데 콩 나고 팥 심은 데 팥 나듯이, 나쁜 질문에서 나쁜 생각이 나오고 좋은 질문에서 좋은 생각이 나옵니다. 이처럼 인과의 섭리는 속일 수가 없습니다.

그렇기 때문에 좋은 답을 얻으려면 좋은 질문을 해야 하고, 큰 사람이 되려면 큰 질문을 해야 합니다. 아름다운 사람이 되려면 아름다운 질문을 해야 하고, 위대한 인물이 되려면 무엇보다 위대한 질문을 할 줄 알아야 합니다. 좋은 질문은 나를 이끄는 스승이자, 내 생각을 단련시키는 최고의 트레이너와 같습니다.

어떻게 하면 우리나라를 천재의 나라로 만들 수 있을까?
어떻게 하면 우리나라를 세계 최고의 나라로 만들 수 있을까?
어떻게 하면 우리나라를 행복한 나라, 살기 좋은 나라로 만들 수 있을까?
어떻게 하면 이 세상을 좀 더 아름답게 만들 수 있을까?
어떻게 하면 이 문제가 혁신적으로 좋아질 수 있을까?
어떻게 하면 세상의 모든 사람을 깨어나게 할 수 있을까?

세상을 바꿀 위대한 인물을 만드는 길(교육)은 뭘까?

세상을 획기적으로 정화할 좋은 방법은 뭘까?

천재적인 의문과 발상으로, '세상을 바꿀 위대한 천재'가 되는 길은 무엇일까?

좀 더 효과적이고 좋은 방법은 없을까?

어떻게 하면 좀 더 빨리 멋진 해결책을 찾을 수 있을까?

행복의 진정한 가치는 무엇일까?

진정한 지혜와 깨달음이란 무엇이며, 또 어떻게 찾아질 수 있을까?

어떻게 하면 보다 나은 삶을 살 수 있을까?

어떤 것이 좋은 지식, 좋은 생각, 좋은 일일까?

위대하고 아름답게 성공하는 최고의 비결은 뭘까?

기적을 일으키는 마음의 힘과 지혜는 무엇일까?

생각의 힘을 최대한 잘 사용하는 법은 무엇일까?

세상의 지식과 지혜를 최대한 잘 활용하는 법은 뭘까?

나는 무엇을 물어야 하고, 무엇을 찾아야 하는가?

나날이 더 총명해지고 똑똑해지는 길은 뭘까?

나날이 내 삶이 밝아지는 좋은 습관은 뭘까?

나와 타인의 행복을 위해 나는 무엇을 해야 할까?

나의 최고의 가치를 실현하는 길은 무엇일까?

나의 꿈과 성취로 세상에 보탬이 되는 길은 무엇일까?

어떤 태도가 나와 내 삶을 더욱 풍요롭고 행복하게 만들까?

어떻게 하면 나의 무한한 가능성을 실현할 수 있을까?

어떻게 하면 내가 천재가 될 수 있을까?

어떻게 하면 천재적인 지혜를 가지게 될까?

　　　　　　　　　　　5 천재는 오직 창의력으로 말한다

어떻게 하면 직관력의 천재가 되어, 단번에 핵심을 꿰뚫어볼 수 있을까?

(…)

위와 같은 좋은 질문은 에너지가 높기 때문에 반복해서 읽는 것만으로도, 자신의 지적 발전에 좋은 자극제가 되어 줍니다. 사과나무에서 사과가 열리듯, 분명 좋은 질문에서 좋은 답이 나옵니다. 질문의 수준이 곧 사고의 수준을 결정하는 것, 이는 누구도 피해갈 수 없는 명확한 진리입니다.

강렬하고 지속적인 문제의식에서 나온 '좋은 사고질문'은 창조력의 스위치이자 천재성을 만드는 핵심 비결입니다. 왜냐하면 끊임없이 이어지는 간절한 질문은 '답을 찾아내는 놀라운 에너지'일 뿐 아니라, 뇌를 의문에 맞게 변화시키고 내면의 잠재력을 계속 끌어당기기 때문입니다. 질문에는 끌어당김의 에너지가 있어서, 계속 그러한 것들을 찾아내고 불러옵니다.

천재가 되고 싶은 이는 스스로에게 이런 질문을 던져 보십시오. "나는 세상을 바꿀 만한 좋은 질문을 가졌는가? 나는 천재가 될 만한 위대한 질문을 가졌는가?" 그러면 그 가능성이 금방 점쳐질 것입니다.

위대한 질문, 아름다운 질문, 천재적인 질문이 정녕 위대한 사람, 아름다운 삶, 천재적인 지혜를 만들어 냅니다. 좋은 질문에서 좋은 지혜와 좋은 결과가 나오는 법이니, 오직 위대한 마음과 이상을 품은 사람만이 위대한 질문과 지혜를 가질 수 있을 것입니다. 요컨대 천재는 많은 지식을 가진 이가 아니라, 좋은 질문을 가진 이요, 그를 통한 뛰어난 통찰력과 창조적 사고력을 가진 사람일 것입니다.

밝은 점을 찾으려면 다음과 같은 질문을 던져야 한다. "효과를 발휘하는 것은 무엇이며, 어떻게 하면 그것을 더 잘 활용할 수 있는가?" 간단하지 않은가? 그러나 현실 세계에서는 이처럼 분명한 질문을 던지는 경우가 거의 없다. 대신 우리는 좀 더 문제 중심적인 질문을 던진다. "무엇이 잘못되었으며, 그것을 어떻게 바로잡아야 하는가?"

― 칩 히스 · 댄 히스, 안진환 역, 《스위치》에서

훌륭한 성취를 이룬 모든 이들은 의식적이든, 무의식적이든 그 일과 목표에 대한 '깊은 질문'을 품은 사람들입니다. 아주 작은 일에서부터 큰일에 이르기까지, 생각과 질문의 구도 없이는 일이 이루어지지 않기 때문입니다. 때문에 좋은 질문을 던지는 것 못지않게 중요한 것은 질문에 대한 지속력입니다. 지속적이고 강렬한 의문이 있어야만 끝까지 답을 찾아낼 수 있으며 그 과정에서 문제 해결 능력이 발달하게 될 테니까요.

그래서 질문에 대한 이런 각오를 마음에 새겨 두면 좋을 듯합니다. '좋은 질문으로 끈기 있게 끝까지 두드려라. 그러면 열릴 것이다. 끊임없이 두드려라. 내면이 깨어나 답을 찾아낼 때까지!' 진돗개처럼, 한번 물면 답을 찾을 때까지 질문을 놓지 말아야 할 것입니다.

우주는 에너지로 구성되어 있으며 그 에너지는 우리의 기대에 부응합니다. 사람들 역시 우주 에너지의 일부입니다. 그러므로 우리가 의문점을 가지고 있으면 그에 대한 해답을 지니고 있는 사람이 반드시 우리 앞에 나타납니다.

― 제임스 레드필드

앞서 본 사고질문의 예문들처럼 '나와 세상을 널리 이롭게 할 사고질문 101개 만들기'를 해보면, 사고질문에 금방 익숙해질 수 있는 좋은 연습법이 됩니다. '어떤 질문이 좋은 질문일까? 내가 생각해 낼 수 있는 최상의 질문들은 어떤 게 있을까?' 이런 의문 속에서 자신이 직접 많은 질문을 만들어 보면, 질문하기에 대한 이해도가 높아지는 것은 물론이요, 이 자체가 '질문에 대한 생각하기'가 되기 때문에 사고력 향상에도 도움이 됩니다.

그리고 단지 질문을 만드는 것에서 그치는 것이 아니라, 그 질문 하나하나를 붙잡고 오랜 시간 깊이 생각해 본다면 사고력과 통찰력이 짧은 시간에 급격히 향상될 것입니다. 아울러 그것을 글로 써 본다면 글쓰기 훈련으로도 아주 좋은 코스가 될 것입니다. 생각을 정말 오래도록 깊게 한다면 질문 하나에 에세이 한 편은 물론이요, 책을 한 권씩 쓸 수도 있습니다. 예를 들어 '좋은 질문이란 무엇인가?', '인생을 가장 잘 사는 길이 뭘까?'에 대해 A4지 100매 이상으로 답하여 쓰게 되면 대략 250페이지 이상의 책 한 권 분량이 됩니다. 사고질문 하나가 닿을 수 있는 깊이가 이처럼 깊다는 뜻입니다. 이는 질문 하나만 제대로 깊이 파도, 전문가 수준에 도달할 수 있다는 뜻이 되기도 합니다.

사고질문도 좀 더 세분화하면 세 가지 기본 유형으로 나눌 수 있습니다. 또 질문의 범위를 좁히거나 넓히면, 구체화와 확장을 통해 보다 적절하게 질문을 할 수도 있습니다.

〈사고질문 3가지 유형〉

1. 원인을 묻는 질문: 왜 한국은 '책맹' 나라가 되었을까?
2. 의미를 묻는 질문: 사랑이란 무엇인가?
3. 방법·해결책을 묻는 질문: 어떻게 하면 한국이 행복한 나라가 될까?

이런 질문은 모두 정답이 있는 사실질문처럼 간단히 답할 수 있는 질문이 아니라, 많은 생각을 하게 하는 질문입니다. '원인을 묻는 질문'인 경우 그 원인이 단순할 때는 사실질문에 가깝지만, 그 원인이 복합적일 뿐 아니라 많은 탐색이 있어야만 답할 수 있는 질문일 때는 사고질문에 가깝습니다.

- 조선은 왜 후손들에게 일제식민지와 분단의 역사를 물려주었을까?
- 한국 정치는 왜 부정부패가 끊이질 않는 것일까?
- 인류 역사엔 왜 전쟁이 끊이지 않는 것일까?
- 인류 역사에 종교적 분쟁이 끊이지 않는 이유는 무엇일까?
- 뉴질랜드를 국가청렴도 세계 1위로 만든 요인은 무엇일까?
- 핀란드는 어떻게 교육경쟁력 세계 1위가 될 수 있었을까?

이렇게 '원인을 찾는 사고질문'을 던지면, '원인과 결과의 맥락'을 통찰할 수 있게 됩니다. 역사란 크고 작은 인과因果의 축적입니다. 모든 일에는 반드시 인과 관계가 있습니다. 매사에 진지하고 깊이 있게 개인의 문제뿐 아니라, 온갖 세상사에 '원인을 찾는 사고질문'을 지속적으로 던지는 습관을 들이면, 통찰력이 탁월하게 향상될 것입니다.

'의미를 묻는 사고질문'은 철학적 사색과 통찰을 길러 주는 질문입니다. 예컨대 '어떤 삶이 가장 잘 사는 길인가?'와 같은 질문은 삶의 가치와 방식에 대한 풍부한 철학적 사유를 키워 줄 것입니다. '삶이란 무엇인가? 인간이란 무엇인가? 국가란 무엇인가? 정의란 무엇인가? 행복이란 무엇인가? 전통이란 무엇인가? 가족이란 무엇인가? 위대한 리더란 무엇인가? 위대한 질문(철학)이란 무엇인가? 어떻게 살아야 하는가? 나는 오늘 무엇을 배웠는가? ……' 모든 개념과 학문 영역은 물론이요, 삶의 모든 굽이에 이와 같은 철학적 질문을 던질 수가 있습니다. 이런 질문은 가치관 정립에 매우 중요한 역할을 할 것입니다.

'방법을 묻는 사고질문'은 문제를 해결하는 데 가장 적합한 질문이요, 창의성을 기르는 데도 가장 유용한 질문입니다. 질문의 속성 자체가 가능

5 천재는 오직 창의력으로 말한다

성과 해결책을 찾는 것이기 때문입니다. 이른바 인류의 문명을 이끌고 온 가장 근원적인 동력이요, 천재성을 키우는 핵심적인 질문이라 하겠습니다.

아울러 이러한 세 질문을 하나로 모아, '한국은 왜 행복한 나라가 되지 못했는가? 행복이란 무엇인가, 어떻게 하면 행복한 나라를 만들 수 있을까?'와 같이 한 가지 주제에 복합적인 사고질문을 던지는 것도 시너지 효과를 발휘할 수 있습니다.

어떤 주제나 대상에 다양한 질문을 던지면 생각의 각도를 다각화시키는 효과가 있으며, 상황에 맞게 적절한 질문을 던지는 것은 생각을 구체화하고 본질에 좀 더 가까워지는 좋은 방법이 됩니다. 또 한 가지 주제로 세부적인 질문을 던질 수도 있고, 관련 질문을 연쇄적으로 던질 수도 있습니다.

- 한국 교육을 혁신할 방법은 무엇인가?
- 어떤 교육이 최고 최선의 교육인가?
- 창의력을 기르기 위해선 평소 '어떤 습관'을 가지는 게 좋을까?
- 나의 창의력을 어떻게 하면 획기적으로 향상시킬 수 있을까?
- 꿈을 이룬 사람의 공통점은 무엇인가?
- 내가 꿈을 이루기 위해 배워야 할 것은 무엇인가?

우물을 팔 때 '물'이 나올 때까지 파야 하는 것처럼, 사고질문 또한 끈기를 가지고 '답'이 나올 때까지 끊임없이, 끝까지 물어야 합니다. 아울러 그 답을 찾기 위한 좋은 정보나 지식을 겸해서 얻는 것도 답을 찾는 데 중요한 역할을 합니다. 그 모든 과정을 통해 사고력과 통찰력이 탁월하게 향상되고, 급기야 원하던 답을 찾을 수 있게 되니까요.

질문형 공부법과 교육법

> 호기심은 당신을 일깨우고 관심을 갖게 한다. 호기심은 에너지를 솟게 한다.
> 호기심은 빨리 배우게 한다. 호기심은 일을 진척시킨다. - 존 크럼볼츠

독일의 대문호 괴테는 어려서 어머니로부터 특별한 독서법을 교육받았
습니다. 그의 어머니는 어린 괴테에게 밤마다 책을 읽어 주었는데, 클라이
맥스까지 읽어 주고는 다음 장면을 궁금해하는 괴테에게 이렇게 말했습
니다. "괴테야, 그 다음은 어떻게 되었을까? 네가 이야기를 완성해서 엄마
에게 이야기해 주지 않을래?"

그래서 어린 시절의 괴테는 어머니가 읽어 주신 이야기의 스토리를 완
성해 보느라 늘 생각에 골몰했었고, 어머니께 자신이 만들어 낸 다양한 이
야기를 들려주었습니다. 그리고 훗날 작가가 된 후 자신이 그처럼 작가가
될 수 있었던 것은 어머니의 독특한 독서 교육 덕이었다고 누누이 이야기
했습니다.

그런데 이 일화에서 우리가 눈여겨보아야 할 것이 있습니다. "그 다음
은 어떻게 되었을까?" 괴테 어머니가 던진 이 말은 바로 '사고질문'입니
다. 이 질문 때문에 스스로 생각을 해야 했던 괴테는 '사고력과 상상력과
창의력'을 기를 수 있었습니다. 괴테가 문학뿐 아니라 다방면에 천재적인
재능을 발휘한 데는 이처럼 어려서부터 사고질문으로 단련된 그의 뛰어
난 두뇌와 질문의 습관 덕이었을 것입니다.

아이에게 사고질문을 던지는 것은 아이의 두뇌를 발달시키는 최선의
방법 중에 하나일 것입니다. 이것은 거의 언제 어디서든 가능합니다. 하
다못해 드라마를 보고서도, '저 인물의 저런 행동에 대해 어떻게 생각하
느냐? 왜 그렇게 생각하느냐?'고 질문을 던질 수 있습니다. 그러려면 우선

5 천재는 오직 창의력으로 말한다

부모 스스로가 자신에게 '사고질문'을 자주 던지는 이가 되어야 할 것입니다. 자신이 사고질문에 익숙해야 적소적시에 좋은 질문을 자유롭게 던질 수 있을 테니까요. '내가 우리 아이에게 던질 좋은 질문에는 어떤 것이 있을까? 어떻게 하면 아이에게 질문을 잘할 수 있을까?'

아버지는 인디언의 전통을 고수한 분이셨지만 기독교인으로 성서에도 조예가 깊었다. 종종 내게 성서 구절을 읽어 주신 뒤 "이 구절이 뭘 의미한다고 생각하니?" 하고 묻고는 했다. 당시 아홉 살밖에 되지 않았지만 나는 늘 깊이 생각하고 대답했다.

한번은 노아의 방주 이야기를 해주셨다. 노아는 근처에 육지가 있는지 알아보기 위해 까마귀를 날려 보냈지만 까마귀는 돌아오지 않았다. 다음에는 비둘기를 내보냈다. 비둘기는 올리브 가지를 물고 돌아왔다. 그림 속에서 비둘기가 으레 올리브 가지를 물고 있는 것은 그 때문이다.

"네 생각은 어떠니? 이 이야기 속의 뜻이 뭘까?"

나는 사람에게 두 유형이 있다고 대답했다. 먼저, 어떤 일을 하라고 요청받으면 따르기는 하지만 곧 다른 일에 정신이 팔려 잊어버리는 유형. 자기 마음대로 하는 까마귀 같은 사람이다. 나머지 하나는 요청받은 것을 영광으로 여기고 요청한 사람뿐 아니라 자신이 만족할 때까지 그 일을 완수하려는 사람이다. 방주로 돌아온 비둘기가 그런 유형이다.

아버지는 그저 고개만 끄덕였을 뿐 맞거나 틀렸다고 말하지 않았다. 내가 내놓은 대답보다도, 어떻게 논리를 전개하는지를 보고 싶었던 것이다. 그것이 아버지가 나를 가르치는 방식이었다.

– 베어 하트 · 몰리 라킨, 강대은 역, 《인디언의 지혜》에서

자녀들의 사고력과 창의력을 길러 주려면, 무엇보다 독서와 함께 '사고

질문'을 던지는 것이 가장 좋습니다. 그것은 아이를 스스로 생각할 줄 아는 사람으로 만들 뿐 아니라, 자존감을 높여 주며, 스스로 해결책을 찾을 줄 아는 주체적인 인간으로 만들어 줍니다.

상대방의 생각을 묻는 행위는 상대의 생각에 대한 존중이자 관심이기도 합니다. 어린 자식에게 사고질문을 던졌던 괴테의 어머니와 베어 하트의 아버지처럼 독서와 함께 사고질문을 던진다면 자연스럽게 최상의 독서토론이 이루어질 것입니다. 하지만 꼭 독서 차원에서만이 아니라 언제 어디서든 질문을 통해서 아이가 스스로 사고할 수 있도록 물길을 터 준다면, 아이의 사고력은 나날이 성장할 것입니다.

아들이 학교에서 돌아오면 늘 오늘은 학교에서 선생님께 무엇을 질문했는지를 묻는 한 어머니가 있었습니다. 어머니의 이런 질문 때문에 아들은 어려서부터 선생님에게 무언가를 계속 질문하는 '습관'을 갖게 되었고, 그런 습관은 그에게 자연스레 지적 호기심과 사고력과 통찰력을 길러 주었습니다.

훗날 그 아들은 커서 원자시계의 개념과 핵의 자기공명 현상을 최초로 발견해서 1944년 노벨 물리학상을 수상했던 물리학자 이지도어 아이작 라비입니다. 기자들이 "어떻게 그런 천재적인 생각을 했습니까?" 하고 물었을 때 그는 이렇게 답했습니다. "이지도어, 오늘 선생님한테 좋은 질문을 했니?' 학교에서 돌아오면 어머니는 늘상 이렇게 묻곤 하셨어요. 바로 이 차이가 지금의 저를 만든 겁니다! 어머니는 그럴 의도도 없이 나를 과학자로 만드셨습니다."

이 일화는 우리에게 '천재를 만든 어머니의 습관'을 보여 주는 듯합니다. 유태인 속담에 "좋은 질문이 좋은 답보다 훨씬 낫다."라는 말이 있습니다. 어머니의 질문 덕에 늘 어떤 질문을 해야 좋을지를 고민해야 했던 라비와 달리, 우리는 대개 좋은 질문을 던져 보지도 못한 것은 물론이요, 무엇이 좋은 질문인지 또 질문의 가치가 무엇인지조차 모르고서 학교를 다 녔습니다.

과정보다 결과 위주, 내용보다 성적 위주의 한국 교육과 달리 유태인들은 답이 중요하지 않다고 가르친다. 결국 그들의 공부 비결은 질문식이다. 좋은 질문을 먼저 던지기 위해서 뇌는 사고를 시작해야 하고 상상을 펼쳐야 하고 다각도로 통찰해야 하기 때문이다. - 김병완

우리 교육은 안타깝게도 오래도록 오로지 암기와 사실질문에만 묶여 있습니다. 사고의 과정은 없고, 암기하는 답만 있을 뿐입니다. 이런 교육은 학생들을 생각할 줄 모르는 사고력 불구자로 만드는 바보 교육에 가깝습니다. 암기는 모든 공부에서 절대적으로 중요한 것이지만, 우리의 심각한 문제는 암기 차원의 1단계 공부에만 고착되어 있다는 것입니다. 모든 공부는 학습 차원의 1단계 공부에서 사고 응용 차원인 2단계 공부로 확장되어야만 하는데, 우리 교육엔 아예 2단계 공부 자체가 없습니다. 오로지 주어진 것을 암기만 하도록 되어 있습니다. 이는 정말 어처구니없는 일이며, 너무나 잘못된 교육 방식입니다.

이런 교육은 이미 있는 답을 암기할 수는 있지만, 새로운 답을 찾아내거나 생성할 수 없는 능력은 전혀 길러 주지 못합니다. 사실질문에 대한 암기밖에 없으니 생각할 필요가 없으며, 사고력 자체가 전면적으로 부재한 교육인 것입니다. 이런 교육은 거의 불구에 가까운 것입니다. 창의력은 무엇보다 생각하는 힘에서 나옵니다. 한국 학생들이 사고력과 창의력이 턱없이 부족한 이유는 학생들의 자질이 부족해서가 아니라, 순전히 이와 같은 절름발이 바보 교육 때문인 것입니다.

그들은 도서관에서 책을 읽거나 실험실에서 실험을 하는 데 많은 시간을 투자했다. 즉, 벼락치기나 기계적인 암기에 의존하지 않고, 끊임없이 의문을 품으며 깊이 있게 파고들었다. 책을 읽을 때는 개념과 논증들을 분석했다. 이 개념이나 정보의 어떤 점이 내 흥미를 끌고 있는가? 그것은 내 가치관에 어떤 영향을 미치는가? 그것은 이치에 맞는가? 그 이유는 무엇인가? 다른 수업에서 토론했던 주제나 중요한 문제와 어떻게 연결되는가? 이렇듯 의문을 제기하면서 깊이 탐구하면, 이해와 응용은 물론 암기까지 용이해진다.

– 켄 베인, 이영아 역, 《최고의 공부》에서

최고의 학생들은 예외 없이 스스로 질문할 줄 아는 이들이요, 그 질문을 통해 스스로 생각하고 자발적으로 탐구하는 이들입니다. 그 과정에서 이해와 암기와 응용 능력까지 기를 수 있으니 '질문식 공부법'은 최고의 공부법이자 공부의 정도라고 하겠습니다.

실은 유태인 교육의 핵심도 여기에 있습니다. 그들의 교육은 가정에서부터 독서를 바탕으로 한 끊임없는 질문과 토론을 통해서 스스로 깊이 사고할 수 있는 힘을 길러 주는 데 주안점이 있습니다. 질문을 통해 사고력을 키우는 질문식 공부법은 그들 교육의 기본형입니다.

두 사람이 같은 신문을 읽는다. 한 사람은 신문의 사건을 현상 수준에서만 본다. 그러나 다른 한 사람은 왜 이런 사건이 일어났는지, 사람들이 주로 관심을 갖는 것이 무엇인지 등에 관심을 갖는다. 신문에서 스쳐지나가듯 본 미래의 시그널을 절대로 놓치지 않는다. 그 이유는 간단하다. 이 사람에게는 혁신적으로 보고 생각하는 습관이 동시에 작동하기 때문이다. 습관이 몸에 붙으면 보통 사람이라도 누구나 창조와 혁신을 주도하는 사람이 될 수 있다.

이처럼, 통찰력 있고 창조적이고 혁신적인 사람들은 천재도 아니고, 독하지도 않고, 우리와 다른 유전자를 갖고 태어난 선택받은 사람들도 아니다. 단지 좋은 '습관'을 가진 사람들이다. 보는 방식, 생각하는 방식, 일하는 방식에서 우리보다 좀 더 좋은 습관을 가진 것뿐이다. 역으로 통찰, 창조와 혁신은 그런 습관의 결과물일 뿐이다.

- 찰스 두히그, 강주헌 역, 《습관의 힘》에서

이 세상에 모든 공부는 죄다 질문으로부터 시작됩니다. 사실질문을 던져야 몰랐던 사실이나 지식을 습득할 수 있고, 사고질문을 던져야 생각하고 탐구하는 힘을 기를 수 있습니다. 호기심을 가진다는 것은 질문을 던진다는 것이고, 스스로 궁금증이 생겨야 흥미가 생겨 적극적으로 탐구하고 생각할 수 있습니다. 그리고 그 과정에서 알아감의 즐거움과 성취감을 맛볼 수 있습니다. 질문하는 습관을 들이는 것은 이해와 암기, 통찰력, 사고력, 창의력 등 모든 학습 능력을 동시에 길러 주는 공부법인 것입니다.

나는 양성자가 무엇이고, 단백질이 무엇인지 몰랐고, 쿼크와 준성을 구별하지 못했고, 지질학자들이 협곡의 바위층이 얼마나 오래된 것인가를 어떻게 알아내는지도 몰랐다. 사실은 아는 것이 거의 없었다. 나는 그런 문제는 물론이고, 사람들이 그런 사실들을 어떻게 밝혀내는가에 대해서 조금이라도 이해하고 싶다는 조용하지만 예사롭지 않은 충동에 사로잡히기 시작했다. 내가 가지고 있던 관심 중에서 가장 흥미로운 것이 바로 어떻게 과학자들이 문제를 해결하는가라는 문제였다.

도대체 지구가 얼마나 무겁고, 바위가 얼마나 오래되었고, 지구 중심에는 무엇이 있는가를 과연 어떻게 알아낼까? 우주는 언제 어떻게 시작되었고, 우주가 처음 시작되었을 때는 어떤 모습일까를 어떻게 이해할까? 원자의 내부에서 일어나고 있는 일을 어떻게 알아낼까? 그리고 가능하다면, 아니 무엇보다도, 거의 모든 것에 대해서 알고 있는 것처럼 보이는 과학자들이 왜 지진을 예측하지 못하고, 다음 수요일 경기에 우산을 가지고 가야 하는가를 말해 주지 못할까?"

- 빌 브라이슨, 이덕환 역, 《거의 모든 것의 역사》에서

지적 호기심은 스스로 공부할 수 있는 사람을 만들어 냅니다. 과학에 문외한이었던 빌 브라이슨은 자연현상에 대한 의문 때문에 스스로 방대한 과학 공부를 하고서 《거의 모든 것의 역사》라는 인류 과학사에 대한 책을 썼습니다. 이 책만이 아니라 세상에 존재하는 모든 책이 어떤 질문에 대한 답으로 쓰인 것입니다. 모든 책은 어떤 질문에 대한 기다란 답에 지나지 않습니다.

이 세상에 존재하는 모든 책이, 모든 학문이, 모든 창조물이 실은 이와 같이 누군가의 질문으로부터 시작된 것입니다. 질문이 있어야 배움과 탐구가 시작됩니다. 세상에 존재하는 모든 공부는 질문으로 시작해서 질문에 대한 답으로 끝이 납니다. 결국 공부란 '질문으로 배우고, 질문으로 탐구하기'가 그 본질인 것입니다. 때문에 질문할 줄 모른다는 것은 공부할 줄 모르는 것과 직결됩니다. 질문이 없는 공부가 절름발이 공부일 수밖에 없는 이유는 바로 이 때문입니다.

나는 어려서부터 질문이 많은 아이였다. 질문과 답변을 통해 배우는 것들은 나의 재산이 되었다. 지금도 나는 사람들이 어떻게 행동하는지, 왜 그런 행동을 하는지 관심이 많다. - 오프라 윈프리

베이컨은 "질문으로 파고드는 사람은 이미 그 문제의 해답을 반쯤 얻는 것과 같다."고 하였습니다.

교육에서 가장 중요한 것은 배움의 가치를 알게 하는 것, 지적 호기심

을 가신 아이로 키우는 것이라 생각합니다. 배움의 가치를 아는 이는 배움을 의미 있게 생각할 것이요, 지적 호기심이 있는 이는 스스로 배우려고 할 것이기 때문입니다. 때문에 질문이 안과 밖으로 끝없이 순환하는 질문식 수업, 질문식 공부법으로 우리 교육을 혁신해야 할 것입니다.

- 우리에게 가장 필요한 것은 생각해야 할 것을 배우는 것이 아니라, 생각하는 방법을 배우는 것이다. - 에디슨
- 가장 두려워해야 하는 건 사고에서의 도피다. - 버트런드 러셀
- 이 세상의 문제는 사람들이 충분히 생각하지 않는다는 점이다. - 아인슈타인
- 우리의 성공은 두뇌 덕분이 아니라 발생한 문제를 해결하려고 끈기 있게 노력했기 때문이다. - 아인슈타인
- 나는 몇 달, 몇 년 동안 생각하고 또 생각한다. 99번은 그릇된 결론을 얻는다. 100번째 이르러서야 옳은 결론에 도달한다. - 아인슈타인
- 황금은 땅속에서보다 인간의 생각 속에서 더 많이 채굴되었다. - 나폴레온 힐
- 성공하는 사람은 키나 체중, 학력이나 집안 배경으로 평가되는 것이 아니라 생각의 크기에 따라 평가된다. - 데이비드 슈워츠
- 어떻게 사고해야 하는지를 제대로 익히는 것이 진정한 지혜를 얻는 방법이다. - 우젠광
- 충분한 주의를 기울일 수 없어서 물러서는 사람들은 새로운 도전의 기회도 얻지 못한다. 그들의 이해는 지극히 피상적인 수준에서 머문다. 아이러니컬하게도 사려 깊은 응답에 시간이 꼭 필요한 것은 아니다. 얼마나 오래 주의를 기울이는지가 아니라 얼마나 깊이 생각하는지가 중요하다. - 디팩 초프라

에디슨은 실험실 벽에 이런 경구를 붙여 놓았다고 합니다. "힘들게 사고하지 않는다면 인생 최대의 즐거움을 맛볼 수 없다." 창의적인 인재가

되려면 무엇보다 생각하고 또 생각하는 사람이 되어야 할 것입니다. 위대한 질문, 아름다운 질문으로 스스로를 깨우며 위대한 생각, 아름다운 생각으로 자신을 가득 채우는 사람은 분명 어디서든 빛나는 남다른 사람이 될 것입니다.

✎ 천재를 만드는 공식: 원대한 꿈을 가지고, 끊임없이 질문하고, 끊임없이 독서하고, 더 나은 방식으로 될 때까지 행동하라.

지능과 재능에 대한 진실

"완벽주의자가 되려 하지 말고
경험주의자가 되라."
- 엘렌 코트

"모든 인생은 실험이다.
실험을 많이 할수록 인생은 더 좋아진다."
- 에머슨

"강인하고 긍정적인 태도는
그 어떤 특효약보다 더 많은 기적을 만들어 낸다."
- 패트리샤 닐

IQ의
허구와 진실

사람은 자신의 생각의 산물로써 현재 자신의 모습을 갖게 된다. - 간디

많은 사람들이 IQ 수치로 자신의 지능뿐 아니라 타인의 지능까지 평가합니다. IQ 수치가 정말 우리 모두의 지능을 이야기할 수 있는 중요한 척도가 될 수 있을까요? IQ가 어디까지 허구이고 어디까지 진실인지 그 실상을 알고 나면 기존의 생각은 완전히 수정될 것입니다.

천재와 범인의 차이를 지능지수로 구분한다면, 과연 천재의 IQ는 어느 정도일까? 적어도 IQ가 150은 넘어야 된다는 것이 일반적인 생각인데, 결론부터 말하자면 창조적인 천재들의 IQ가 일반인보다 월등히 높다는 것은 20세기에 만들어진 신화에 불과하다.

이 주장은 1920년대 미국의 심리학자 루이스 터먼과 캐서린 콕스에 의해 만들어졌다. 콕스는 과거의 천재적인 위인 3백 명을 선정해 이들이 만들어 낸 창조적인 업적을 가지고 IQ를 역산했다. 그 결과 평균 160이 넘었는데, 괴테가 210으로 가장 높았고, 뉴턴이 190에 달했다고 한다. 위인이나 천재가 되려면 적어도 IQ 150은 넘어야 한다는 속설은 여기에서 비롯된 것이다. 그런데 콕스는 이미 사망한 위인들의 창조성만을 가지고 역산하여 IQ를 산출했기 때문에 과학적 근거가 전혀 없었다.

터먼조차 IQ 140이 넘는 미국 청소년 1천 5백 명을 뽑아 20년 넘게 관찰했지만, 아이러니하게도 이들 중에는 '창조적 천재'가 단 한 명도 나타나지 않았다. 반면 IQ 140이 안 돼 터먼의 관찰그룹에 속하지 못했던 윌리엄 쇼클리는 반도체를 발명해서 노벨 물리학상을 받았고, 역시 노벨 물리학상을 받은 리처드 파인만은 IQ 122의 평범한 수준이었다. 일반적으로 영재란 IQ가 상위 2~3퍼센트 안에 드는 사람을 말하는데, 단순히 IQ만으로는 천재성을 설명할 수 없다.

– 정갑수, 《브레인 사이언스》에서

위의 논의에서 잘 드러나듯 '창조적 천재'가 되는 일은 IQ와 전혀 무관합니다. 사람의 지능과 창조적 역량은 효과적인 노력으로 얼마든지 계발될 수 있는 것입니다. 무엇보다 사람의 두뇌와 재능은 계속해서 발전할 수 있는 것이기에, 그것이 '하나의 숫자에 고정되어 있다'고 생각하는 것부터가 애초에 '근원적 모순'을 안고 있는 매우 위험하고 우매한 발상입니다.

캘리포니아 대학의 야콥 박사는 교육 정도가 좋은 사람들, 즉 꾸준히 공부를 했던 사람과 그렇지 않은 사람의 뇌를 직접 관찰해 봤는데, 전자의 부류에 속하는 사람들일수록 뇌의 신경세포의 가지들이 많이 나뉘어 있었다고 발표했다.

공부를 하면 뇌세포는 반드시 늘어난다. 머리가 좋아진다. 근육도 사용하면 탄탄해지고 늘어나듯이 공부를 하면 뉴런에 있는 수상돌기가 늘어나고 뇌세포 자체의 가짓수도 늘어난다. 치매 같은 정신질환을 예방할 수 있기 때문에 정신

6 지능과 재능에 대한 진실

적으로 건강하게 살 수 있다. 반복적인 게임이나 고스톱보다는 글쓰기와 같이 직접 써보고 상상력이나 창의력을 구사하는 활동이 훨씬 치료 효과가 있다.

– 김병완, 《공부의 기쁨이란 무엇인가》에서

제가 고등학교 1학년 때 학교에서 IQ검사를 실시했었는데, 당시 학교에선 점수를 알려 주지 않았지만 선생님 몰래 그 점수를 확인한 친구들이 하는 소리를 듣고 제 수치를 알게 되었습니다. "우리 반에서 주수가 IQ 제일 낮아." "몇 점인데?" "93! 크크크……."

제 IQ 수치는 93이었습니다. 돌고래랑 큰 차이가 없는 수치이지요. 제가 고교 시절 내내 다른 데 정신이 팔려 꼴찌 수준으로 고등학교를 졸업했으니, 제가 만일 다시 공부를 하지 않았다면 저는 영원히 공부도 못하고 머리도 나쁜 의심의 여지가 없는 '확실한 꼴찌'로 남았을 것입니다. 하지만 저는 'IQ 93'의 머리로 25살에 뒤늦게 대학에 입학해 과톱도 해봤고 줄곧 장학금을 받고 다녔습니다. 또 대학원에 진학해 박사 공부까지 했고, 여러 편의 논문과 함께 책도 여러 권 썼으며 지금도 계속 공부하는 사람으로 살고 있습니다.

또 앞서 프롤로그에서 말한 것처럼 대학 다닐 때는 한자 속성 암기법을 개발해 한 시간에 한자를 100자씩 줄줄 외우기도 했고, 대학원 때는 그 방법을 응용해 초서 대자전에 초서자를 한 달 만에 다 쓸 수 있도록 외워서 '천재'라는 말과 '괴물'이라는 말을 동시에 듣기도 했습니다.(사실 이것은 방법만 알면 누구나 가능한 일입니다. 이것이 가능했던 이유도 효과적인 초서 암기법을 찾았기 때문이지만, 그런 방법을 스스로 찾은 것은 자체가 사고력의 진일보 덕이라 하겠습니다.) 돌고래보다 IQ가 조금 좋은 사람이 어떻게 이럴 수가 있을까요? 그 가장 큰 이유는 IQ 자체가 허구이며, 우리의 지능이란 결코 고정되어 있는 것이 아니기 때문입니다.

문용린 전 서울대 교육학과 교수 또한 《지력혁명》에서 'IQ는 없다'고 이야기합니다. 사실 이는 이미 외국 학자들이 숱하게 하고 있는 이야기를 옮긴 것에 지나지 않습니다. 수많은 학자들이 그러한 연구 성과를 이미 발표했으니까요.

이 책엔 이런 내용이 실려 있습니다. 초등학생 A군이 네 차례 검사를 받았는데, IQ 검사 시기와 종류에 따라 91, 119, 124, 133으로 큰 편차를 보인 것입니다. 최대 편차가 무려 42점이나 차이가 났습니다. 이 학생의 아이큐는 91일까요, 아니면 133일까요? 그도 아니면 정확한 측정을 위해 다시 여러 번 검사를 받아 보아야 할까요?

문용린 교수는 이렇게 말하고 있습니다. "제임스 길포드는 이미 1950년대 후반부터 인간의 지적 능력이 최소한 120여 가지 능력의 조합이라고 규정한 바 있다. 그에 의하면 기억력에도 24가지의 서로 다른 기억 능력이 존재하며, 사고 능력 자체에도 5가지 이상의 다른 능력이 존재한다고 한다. 길포드의 이론에 따르면 지금의 IQ 검사는 결국 120가지 능력 중에서 겨우 7개를 측정해 놓고, 그 사람의 지적 능력을 모두 파악했다고 말하는 억지에 불과한 것이다."

설사 길포드가 말한 120가지 능력을 검사할 수 있는 시스템이 갖춰진다 하더라도, 그 또한 결코 정확한 인간의 지능을 측정할 수 없을 것입니다. 지능은 고정적이 아니라 유동적인 것이기 때문입니다. 게다가 지능 수치와 한 사람의 다양한 평생 성취도를 객관적으로 연결해서 설명한다는 것은 애초부터 불가능할 뿐 아니라 의미가 없는 일입니다. 설령 같은 지능이라도 그 마음과 태도와 노력이 다르면 다른 삶을 살게 되리라는 것은 자명한 일입니다.

아이큐I.Q.라 하면 지능의 대명사인 것으로 알려져 있는데, 원래 아이큐는 지금부터 약 100년 전에 프랑스의 교육학자 비네Binet가 의무 교육을 성공적으로 받을 수 있는 아동과 그렇지 못한 아동을 구분하기 위해 개발한 것입니다. 한 아이가 자기 또래의 평균치에 비해 얼마나 앞섰나 뒤섰나를 통계치로 적은 수치일 뿐 총체적인 두뇌 능력과는 아무 상관이 없습니다.

아이큐는 비슷한 문제에 익숙하게 접하면 점수가 높아질 수 있고, 또는 아동에 따라 대기만성형으로 어릴 때는 두각을 나타내지 않다가 늦게 꽃피는 형도 있기 때문에 두뇌의 총체적 능력을 측정하는 것과는 거리가 멉니다.

– 조벽,《명강의 노하우 & 노와이》에서

흔히 유태인은 세계에서 머리가 가장 좋은 민족으로 평가받습니다. 하지만 그들의 평균 지능지수는 94밖에 되지 않습니다.(제 고등학교 시절보다 1점이 높습니다.) 그런데 정작 놀라운 것은, 유태인들이 차지하는 세계 인구 비율은 겨우 0.25%에 지나지 않는데 그들이 받는 노벨상은 40% 이상이나 된다는 점입니다. 이를 어찌 설명할 수가 있을까요?

《공부가 가장 쉬웠어요》의 저자 장승수 씨는 고교 졸업 후 막노동으로 생계를 이어가다 다시 공부를 시작해 4수 끝에 전국 수석으로 서울대 법대에 입학했습니다. 하지만 그의 고등학교 졸업 무렵의 성적은 최하위권이었습니다. 만일 그가 성적이 낮았던 고등학교 때 IQ검사를 하고, 전국 수석 당시 다시 IQ검사를 했다면 그 점수가 같았을까요? 아마도 IQ 수치도 훨씬 높아졌을 것입니다.

만일 'IQ테스트 문제'를 가지고 문제집 풀듯 고3 수험생처럼 몇 달 동안 열심히 공부를 하고서 IQ검사를 한다면 어떻게 될까요? 아마도 거의 대부분의 사람들이 공부를 하기 전보다 몇십 점 이상 높은 점수를 받게 될 것입니다. 우리가 여기서 인지해야 할 것은 IQ테스트 또한 일종의 시험일 뿐이라는 것입니다. 그것은 결코 인간의 지능을 측정할 수 있는 객관적 지표가 될 수 없습니다. 그것은 단지 찬란한 허구요 환상에 지나지 않습니다.

이보다, 우리가 가장 유념해야 할 사항은 고정적으로 고착화되어 있는 지능이란 존재하지 않는다는 점입니다. 학습과 노력과 훈련 여하에 따라 좋아질 수도 나빠질 수도 있는 매우 유동적인 능력이 바로 우리가 지능이라고 부르는 것의 실체입니다. 운동을 꾸준히 하면 운동 신경(운동 능력)이 발달하는 것처럼, 우리의 머리는 쓰면 쓸수록 더 좋아집니다. 반대로 머리를 쓰지 않으면 뇌 기능이 퇴화합니다. 이는 뇌과학이 밝힌 상식적인 수준의 이야기에 지나지 않습니다.

> 어떤 사람들은 개인의 지능이 일정 정도로 고정되어 있으므로 향상할 리 없다고 단언한다. 우리는 이러한 무지막지한 비관론에 저항하고 반발해야 한다.
> – 알프레드 비네

현대의 뇌과학에 따르면 사람은 1,000억 개 정도의 뇌세포를 가지고 있다고 합니다. 게다가 뇌세포의 연결고리인 시냅스는 머리를 쓰면 쓸수록 더 많이 생성된다고 합니다.

아울러 우리에겐 뇌과학이 미처 다 밝혀 내지 못한 잠재의식의 힘까지 있습니다. 최면 상태에선 우리가 평소에 상상도 할 수 없었던 다양한 능력을 발휘하기도 합니다. 심지어 여자 초등학생이 500원짜리 동전을 손으로 구부리기도 하고, 어떤 이는 잊어버린 아주 오래전의 일도 세세하게 기억해 냅니다.

"사람은 자신이 가진 숙달 능력보다 더 작거나 혹은 엄청난 것을 가지고 있다."(레오나르도 다 빈치) 인류는 아직 인간의 한계가 어디까지인지를

6 지능과 재능에 대한 진실

알지 못합니다. 우리는 누구나 잠재적 차원에서 천재들입니다. 마치 발굴되지 않은 거대한 광산처럼 무한한 능력이 우리 안에 잠재되어 있습니다.

우리가 지닌 지능의 본질을 이런 데서 찾지 않고, 고작 IQ라는 이름의 시험 점수로 고정시킨다는 것은 참으로 어처구니없는 일이 아닐 수 없습니다. 그것은 한 번 꼴찌한 사람을 영원히 꼴찌라고 간주하거나, 한 번 실패한 사람을 영원히 실패한 사람으로 여기는 것과 다를 바가 없습니다. 한 번 꼴찌가 영원한 꼴찌라면 고교 꼴찌 출신인 저 같은 이가 어떻게 박사 학위를 받고, 어찌 감히 천재독서법에 대한 이러한 책을 쓸 수가 있겠습니까?

제가 대학생이었을 때와 10년이 더 지나도록 계속 공부를 한 지금과 어느 쪽이 지적 수준이 더 높을까요? 어느 쪽이 사고력과 통찰력, 학문적 역량이 더 뛰어날까요? 당연히 대학생 때가 아니라 지금의 수준입니다. 제가 학생이 아니라 학생을 가르치는 사람이 되었는데, 어찌 예전과 같은 수준일 수가 있겠습니까? 공부를 안 했으면 모를까, 지속적인 공부를 계속한다면 누구든 더 발전할 수밖에 없는 것은 자연스러운 이치입니다.

저는 대학생 시절 혼자서 한시 절구를 공부했었는데, 손으로 쓰면서 절구 한편 한편을 외웠습니다. 처음엔 8, 9번 정도를 써야 외워졌는데 외운 시가 100편을 넘어서자 4, 5번 정도만 써도 외워졌습니다. 그렇게 외운 시가 300편쯤 되자 그때는 한두 번만 써도 시가 외워졌습니다. 그때 저는 머리는 쓸수록 발전한다는 것과, 외우는 능력 자체가 향상됨을 느꼈습니다. 같은 일을 계속하는데 어찌 발전하고 능숙해지지 않겠습니까?

서예나 검도를 1년 한 사람과 10년 한 사람의 실력이 같지 않은 것처럼, 우리가 지닌 모든 지적 능력들 또한 노력과 시간 투자에 따라 달라질 수밖에 없습니다. 공부를 1년 한 사람과 10년 한 사람의 지적 수준이 같을 수 없듯, 책을 10권 읽은 사람과 100권, 1,000권 읽은 사람의 지능 수준 또한 같을 수 없는 것입니다. 좋은 책 한 권을 읽으면 한 권만큼 식견이 더 향상됩니다. 그러니 어찌 그것이 같은 수준이라고 하겠습니까?

머리는 쓰면 쓸수록 더 좋아지는 것이요, 재능은 연마할수록 더 발전하는 것입니다. 특히 사고력과 통찰력, 식견 등은 노력만 한다면 나이를 먹을수록 더 뛰어난 수준을 갖게 됩니다. 삶의 경험과 지식이 더 축적되기 때문입니다. 지능의 본질은 여기에 있을 것이니, 가장 중요한 점은 타고난 어떤 재능이나 지능이 아니라, 배울 수 있는 자세와 효과적인 방법에 있을 것입니다.

> 우리의 능력은 유전자란 바위에 각인되어 있는 것이 아니다. 그 능력은 성인이 되어서까지도 부드러우며 다듬을 수 있다. 겸손과 희망 그리고 비범한 결심이 있다면 어느 연령대의 누구라도 위대해지기를 갈망할 수 있다.
>
> - 데이비드 솅크, 조영주 역, 《우리 안의 천재성》에서

데이비드 솅크의 《우리 안의 천재성》은 지능과 재능에 대한 기존의 거의 모든 연구 성과를 총괄하면서 명쾌한 결론을 내려 주고 있는 책입니다. 실로 지능에 대한 편견과 재능이라는 신화의 환상을 깨뜨려 주는 책이 아닐까 합니다.

그의 결론은 이런 것입니다. 인류의 천재라고 불리는 이들은 그들의 타고난 재능 때문이 아니라, 시의적절했던 뛰어난 교육과 지속적이고 남다른 노력 덕분에 뛰어난 성취를 이룬 이들이라는 것! 아울러 인간의 지능이나 재능은 결코 고정적인 게 아니라 '환경과 학습과 노력에 의해 변화된다'는 점입니다.

"지능은 결정된 어떠한 것도 아니다. 지능은 역동적이고 확산되며 진행 중인 과정이다." 이것이 실은 그가 전하는 재능에 대한 궁극의 결론입니

다. 어려서부터 신동으로 알려진 모차르트부터 피카소에 이르기까지 조기에 명성을 얻은 천재들의 삶을 면밀히 분석하고서 그는 이렇게 결론을 내렸습니다. "즉 조기의 교육과 뛰어난 교수법, 지속적인 연습, 가족의 격려, 그리고 아동의 배우고자 하는 강력한 의지 등이 합쳐진 산물이라는 것이다. 맛있는 수플레와 같이 이 모든 요소는 반드시 필요한 양만큼 있어야 하며 적당한 때에 필요한 기술이 합쳐져 비로소 만들어지는 것이다."

책 내용 중 제게 특히 인상적인 내용이 하나 있었습니다. 그것은 쥐를 이용한 지능 실험에 대한 것이었습니다. 연구자들은 다채롭고 풍부한 환경을 제공한 쥐 그룹과 궁핍한 환경에 먹이만 주는 쥐 그룹으로 나누어 쥐들의 역동적 발달 차이를 연구했다고 합니다. 몇 달 후 어느 쪽 쥐가 더 똑똑해졌을까요? 그 결과는 명확했습니다. 다채롭고 풍부한 환경을 제공받았던 쥐들이 환경적으로 아무것도 없이 먹이만 받아먹었던 쥐들보다 여러 면에서 훨씬 더 똑똑했습니다. 마치 똑똑한 쥐들과 멍청한 쥐들을 분류해 놓은 듯했습니다.

뇌와 다양한 활동을 자극하는 환경이 쥐들에게 미친 결과는 이토록 확연한 것이었습니다. 저 작은 미물인 생쥐도 짧은 시간에 저런 영향을 받는데, 하물며 사람인들 어떠하겠습니까? 문득 천재교육의 효시로 불리는 칼 비테의 《칼 비테의 자녀 교육법》의 내용이 떠올랐습니다. 칼 비테 또한 이런 속성을 알고서 아들의 뇌에 좋은 자극을 주기 위해 어려서부터 매우 다양한 환경을 접하게 해주었기 때문입니다. 사실 칼 비테 천재교육법의 핵심이 바로 '다양한 환경과 체험을 통해 오감을 자극시키는 두뇌 계발'에 있었습니다.

"환경과 무관하게 유전 인자만을 다룬 연구는 단 한 편도 없습니다." 유전자와 발달에 관한 세계적 석학인 맥길 대학의 마이클 미니 교수는 설명한다. "유

전자와 무관하게 기능하는 환경적 요인 역시 있을 수 없습니다. 개인적 특징은
유전자와 환경의 상호작용을 통해서만 나타납니다."

데이비드 셍크가 《우리 안의 천재성》에서 시종일관 강조하고 있는 것
이 바로 이것입니다. 한 사람의 특징은 유전자와 환경의 상호작용을 통해
서 이루어진다는 것! 이를 그는 역동적 발달이라고 부릅니다. 이는 인간
의 성향이 유전자에 의한 고정적인 것이 아님을 강조하는 말입니다. 결국
생래적으로 타고나는 요소를 제외하고 나면, 인간의 삶에서 가장 중요한
것은 '자신과 환경과의 상호작용'이라는 점입니다.

많은 학자들이 이에 대한 연구를 했는데, 그중에 우리가 특히 주목해
야 할 것이 있습니다. 연구자들은 새로운 연구를 위해, 42가정의 어린 아
이들이 듣는 실제 단어 수를 3년 이상 수집했다고 합니다. 이 가정들은 세
가지 유형의 사회경제적 수준, 즉 '생활보호대상 가정, 노동자 가정, 그리
고 전문직 부모 가정'으로 나뉘었고, 수집된 단어 수는 가족 유형에 따라
총 합계가 산출되었습니다.

그 결과 전문직 가정의 아이들은 생활보호대상 가정의 아이들보다 시
간당 약 1,500개 이상의 단어에 노출되었고, 1년이 지나면 그 차이는 거의
800만 단어에 이르며 만 4세가 되었을 때의 차이는 3,200만 단어에 이른
다는 사실이 밝혀졌습니다. 연구자들은 그 자료를 처리해서 이러한 이른
시기의 언어적 경험이 아이들의 이후 학업 성취 정도와 직접적으로 관련
있다는 사실을 밝혀냈습니다.

- 아이들에게 이른 시기에 자주 말한다.
- 이른 시기에 책을 자주 읽어 준다.
- 배려하고 격려한다.

6 지능과 재능에 대한 진실

- 높은 기대를 갖는다.
- 실패를 포용한다.
- '성장하려는 마음 자세'를 북돋아 준다.

연구자들이 이 연구를 통해 밝혀낸 자녀 교육에 대한 금언처럼 빛나는 조언입니다. 여기서 우리가 얻을 수 있는 소중한 교훈은 아이들은 환경이 발달하도록 요구하는 만큼만 발달한다는 점과, 부모의 지적 수준, 대화 수준이 자녀들의 지적 발전에 큰 영향을 미친다는 점입니다. 굳이 학벌이 높거나 전문직에 종사하지 않더라도, 독서를 많이 하는 부모는 그런 점에서 아이에게 좋은 학습 환경을 제공해 주는 것이나 다름없습니다.

이제 우리는 보다 잘 알고 있다. 유전적 요인은 환경 요인을 '대신'하여 작용하는 것이 아니라 그들은 서로 상호작용하고 있다. 즉, 유전자×환경이다. 유전적 차이는 존재한다. 그러나 그 차이는 우리를 준비된 어떤 상태로 구속하는 것이 아니다. 오히려 유전적 차이는 신축성 있는 고무 끈과 같이 당겨질 수 있고 당겨지기를 기다리고 있다. 부모의 언어적 자극과 같은 긍정적 자극이 오면 유전자에 부적절한 영향을 줄까 경계하는 것이 아니라 유전자에 미치는 부모의 영향을 기꺼이 받아들이고 나아가 그 영향은 우리의 삶의 전반에 미치게 되는 것이다. (…) 새로운 유전자×환경 패러다임에서 환경의 영향을 인정하는 것은 곧 유전자의 중요성을 인정하는 것과 같다. 책 읽기 활동은 유전자를 발현시킨다. 말하는 훈련 역시 유전자를 발현시킨다. 멘토링(일대일 조언) 또한 유전자를 발현시킨다.

우리를 만든 것은 유전자와 환경의 조합이요, 그 과정에서의 반응과 변화입니다. 결국 가장 중요한 것은 어떻게 타고났느냐가 아니라, 어떤 환경과 교육을 통해 자신의 지능과 재능을 얼마나 발전시키느냐가 관건이라는 얘기입니다. 이러한 내용은 칼 비테가 자녀 교육의 핵심 원리로 삼았던 것들과 완전히 일치합니다. 사람은 좋은 환경과 뛰어난 교육과 올바른 태도를 통해 자신의 재능을 더 발전할 수 있다는 확고한 믿음이 이들의 공통된 견해입니다.

때문에 데이비드 솅크는 이왕이면 좋은 교육 환경을 만들고 자신을 올바로 지도해 줄 멘토를 찾으라고 권합니다. 그로부터 영감을 얻고, 충고와 비판을 받으며 자신의 능력에 대해 신념을 가지는 것이 지속적인 발전을 위해 좋은 밑거름이 되기 때문입니다. 특정 과목에 깊은 관심을 갖는 학생들 대부분은 관심을 불러일으키고 그 관심이 더 확장될 수 있도록 잘 이끌어 준 선생을 만났을 때가 많다는 것은 학자들의 공통된 의견입니다.

이는 천재성 신화에 반하는 것입니다. 결론적으로 볼 때, '성공에 이르는 진정한 길은 개인의 분자 구조에 있는 것이 아니라 가장 생산적인 태도를 발달시키는 것, 그리고 최상의 외부 자원을 선별하는 데' 있습니다. 최상의 외부 자원은 좋은 멘토를 만나는 것 외에도 좋은 책, 좋은 교육 시스템, 좋은 공부법, 노하우 등을 만나는 것까지 다 포함됩니다. ── 제가 대학 다닐 때 영문과에서 과톱하는 누나에게 영어회화를 1년 만에 마스터하는 법을 배웠는데, 내용이 상당히 그럴싸했습니다. 그래서 제가 이렇게 간단하게 해결되는데 왜 우리나라 학생들이 그렇게 공부하고도 영어를 잘 못하느냐고 물었더니, 그 누나 왈 "공부 방법이 너무 잘못되었기 때문"이라고 하더군요. 전적으로 지당한 말이라고 생각합니다. 외부 자원이란 이렇게 중요한 것이요, 이토록 큰 차이를 만들어 냅니다.

데이비드 솅크가 전하는 천재성의 발현을 위한 핵심 사안은 두 가지입니다. 자신을 발전시킬 수 있는 가장 좋은 태도를 지녀라, 그리고 자신의 꿈 성취에 도움이 될 최고의 외부 자원을 얻어라. 이 두 가지 조건의 결합이 최상의 결과를 낳는다!

이는 제가 이 책 전체에서 주장하는 내용과 사실상 동일한 것입니다. '더 나은 사고방식, 더 나은 행동 방식, 더 나은 학습 방식, 최고의 책과 최고의 가르침'을 찾는 것이 그렇지 않은 경우보다 월등히 더 뛰어난 효과를 발휘한다는 것이 제 주장의 종지니까요.

알베르트 아인슈타인은 언젠가 이렇게 말했다. "나는 그렇게 똑똑하지 않았습니다. 단지 문제를 풀기 위해 더 오랫동안 고심했던 것뿐입니다." 아인슈타인의 이 단순한 말은 자기 아이들이나 스스로가 위대해지기를 갈구하는 모든 사람들을 명쾌하게 일깨운다. 결국 집요한 인내심이 평범함과 위대한 성공의 결정적 차이이다.

인간 지적 능력 연구의 권위자인 스턴버그는 "지능은 발달하는 능력의 집합이다."라고 했으며, 미하이 칙센트미하이는 "높은 학문적 성취를 한 사람들이 다른 이들보다 반드시 '더 영리하게' 타고날 필요는 없다. 그러나 이들은 확실히 더 열심히 일하고 더욱 자기 훈련을 하는 사람들이다."라고 했습니다.

성공의 결정적 차이는 지능이 아니라 최상의 태도와 노력 그리고 좋은 외부 자원의 결합에 있습니다. 각자가 지닌 재능이 찬란한 빛처럼 밖으로 발현하는 일은 모두, 오랜 시간을 통해 만들어지는 예술작품처럼 오랜 피와 땀과 혼이 깃든 남다른 정성에서 배태될 것입니다.

> 중요한 것은 지능이 아니라 지능을 발전시킬 수 있을 태도와 노력이다.

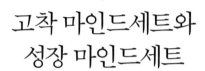

고착 마인드세트와
성장 마인드세트

스탠퍼드 대학 심리학 교수인 캐롤 드웩은《성공의 새로운 심리학》에서 사람의 지능에 대한 기본적인 사고방식이 학습의 발달과 인생의 성공에 어떤 영향을 끼치는지에 대해 이야기하고 있습니다. 캐롤 드웩이 이야기하는 기준은 아주 단순합니다. 사람은 누구나 '성장 마인드세트/고착 마인드세트' 중 하나를 가지고 있다는 것이며, 이에 따라 삶의 여러 측면에서 확연한 차이를 지닌다는 것입니다.

〈고착 마인드세트〉

사람에게 능력은 학습을 통해 끊임없이 계발될 수 있는 변화 가능한 것이 아니라, 유전과 환경에 의해 결정되는 것이다. 이들은 발전이나 성장보다는 성공을 추구하고 자기 계발보다는 자기 능력을 남에게 보여 주는 데 관심이 많다.

　　　　　　　　　　　　　　6 지능과 재능에 대한 진실

〈성장 마인드세트〉

자질이란 것은 노력만 하면 언제든지 향상될 수 있다는 믿음에 바탕을 두고 있다. 비록 사람들이 저마다 다 다른 재능이나 적성, 관심사 혹은 기질을 가졌더라도 누구나 응용과 경험을 통해 변화하고 성장할 수 있다는 믿음을 갖고 있는 것이다.

간단히 말해 '고착 마인드세트'는 사람의 재능이나 능력은 고정되어 있어 변화 발전이 어렵다고 보는 관점인 반면, '성장 마인드세트'는 재능이나 능력은 노력 여하에 따라 변화 발전할 수 있다고 보는 관점입니다.

개롤 드웩은 《성공의 새로운 심리학》에서 이렇게 적고 있습니다. "20년에 걸쳐 실시한 나의 연구 결과에 따르면, 어떤 관점을 택하느냐에 따라 당신의 삶이 나아가는 방향이 달라지는 사실이 확인된다. 또한 당신이 선택하는 관점에 따라 당신이 당초 목표로 잡은 존재로 성장하느냐 못하느냐, 또 당신이 소중히 여기는 가치들을 달성하느냐 못하느냐가 결정된다." 결국 한 사람의 사고방식이 삶에 절대적으로 중요한 경향을 미친다는 얘기입니다.

당신이 그저 천성이라고 여겨왔던 많은 것들이 실제로는 마인드세트mind set(마음의 태도)에서 비롯되는 것임을 깨닫게 될 것이다. 당신이 잠재력을 충분히 발휘하지 못하도록 막고 있는 장애요소들 중 많은 것도 이 마인드세트에서 나온다.

그는 오랜 연구와 수많은 사례를 통해서, 학습과 경험을 통해 변화와 성장을 많이 얻어 내는 이들은 '고착 마인드세트'를 가진 사람이 아니라, '성장 마인드세트'를 가진 사람임을 이야기해 주고 있습니다. 사실 조금만 생각을 해봐도 이러한 결론은 누구나 예상할 수 있는 당연한 결과일 것입니다. 왜냐하면 '사람의 재능과 능력이 고정되어 있다'고 믿는 사람과 '노력과 훈련에 의해 재능과 능력이 변화 향상될 수 있다'고 믿는 사람 중, 어느 쪽이 더 좋은 태도를 지닐지, 어느 쪽이 더 긍정적이고 적극적이며 어느 쪽이 더 노력할지는 금방 예상이 가능한 일이기 때문입니다.

캐롤 드웩의 연구에 따르면 자질이 고정되어 있다고 믿는 '고정 마인드세트'보다 자질이란 노력만 하면 언제든지 향상될 수 있는 것이라고 믿는 '성장 마인드세트' 쪽이 학습 태도와 능력, 인내력과 창의력, 성격과 회복탄력성, 리더십과 인간관계 등 모든 면에서 더 좋은 면모를 보였습니다. 고착 마인드세트를 가진 사람들은 자신의 실패로부터 배우거나 그것을 개선하려는 노력을 기울이지 않고, 단순히 자신의 자존심만 회복하려는 경향이 강합니다. 반면 성장 마인드세트를 지닌 이들은 실패에 좌절하지 않고 실패를 통해 배우고 개선을 통해 더 나아질 수 있도록 노력합니다.

이 같은 속성은 컨 베인 또한 《최고의 공부》에서 지적한 바 있습니다. "지능의 성장을 믿는 아이들은 하급 고등학교 2년 동안 수학 성적이 대체로 오른 반면, 지능이 평생 변하지 않는다고 믿는 학생들은 같은 점수에 머물렀다. 능력을 성장시킬 수 있다고 믿는 학생들은 노력에 대해 좀 더 긍정적인 견해를 가지고 있었으며, 그저 시험을 잘 치르는 것보다는 배움 자체에 흥미를 느꼈다. 그래서 그들은 이해도를 높이는 데 시간과 공을 들였고, 그 결과 성적도 올랐다."

이런 내용을 보고 있으면 '좋은 태도와 마인드'야말로 진정한 재능이구나 하는 생각이 듭니다. 이는 학교 공부뿐 아니라 삶의 모든 일에 적용되는 이야기일 것입니다.

마인드세트는 한 개인뿐 아니라 어떤 조직이나 기업에서도 아주 중요한 역할을 합니다. 성장을 구가하는 조직이나 기업은 예외 없이 성장 마인

6 지능과 재능에 대한 진실

드세트를 가진 쪽이기 때문입니다. 회사를 잘 이끄는 리더들과 잘되는 조직의 지도자들은 다들 성장 마인드세트를 가진 이들이었습니다. 그들은 인간의 성장을 굳게 믿는 이들이었으며, 그런 마인드로 사람을 대하고 일을 하는 이들이었습니다.

당신 자신을 확장하려는 열정을 품고 그 열정을 놓지 않는 것이 성장 마인드세트 특징이다. 그 열정이 제대로 결과를 낳지 못한다 해도 문제될 게 하나도 없다. 인생의 가장 험난한 시기에도 성장을 꾀하도록 돕는 것이 바로 그런 마인드세트이다.

'성장 마인드세트'의 본질은 그것이 '긍정 마인드세트'라는 점입니다. 성장 마인드세트는 인간의 가능성을 긍정하고, 자신의 자질을 긍정하고, 학습과 노력과 훈련의 가치를 긍정합니다. 이는 궁극적으로 자아뿐 아니라 삶에 대한 긍정으로 이어집니다. 아울러 자신뿐 아니라 타인에 대한 긍정까지를 내포하고 있습니다.

반면 '고착 마인드세트'의 본질은 '부정 마인드세트'이며, 모든 면에서 위에서 언급한 성장 마인드세트의 장점과 정반대의 특징을 가지고 있습니다. 성장 마인드세트가 전면긍정 모드로 움직일 수 있는 관점이라면, 고착 마인드세트는 전면부정의 모드에 묶여 있는 관점입니다. '고착 마인드세트'는 자질이 고정되어 있다는 관점이니, 이는 애초부터 인간의 변화 발전의 가능성을 전면적으로 부정하는 무서운 독과 같은 사고입니다.

우리는 여기서 명확히 인식해야 합니다. 이른바 IQ지수가 바로 그러한 고착 마인드세트의 대표적인 전형이며, 사람들에게 고착 마인드세트를 주입하는 가장 큰 주범이라는 것을! 이것은 잘못된 정보로 인해 부정적 사고와 고정관념이라는 독버섯을 우리들 내면에 심는 일입니다. IQ로 자신이나 타인의 자질이나 지능을 평가한다는 것은 대단히 무지할 뿐 아니라 매우 위험하고 천박한 발상인 것입니다.

우리는 IQ라는 개념 자체가 없던 시절로 되돌아가야 합니다. 그런 점에서 학교에서 의무적으로 IQ검사를 하는 것 자체를 전면 금지해야 합니다. IQ검사를 한다는 것은 '고정적인 지능'을 인정한다는 뜻이며, 어린 학생들에게 처음부터 고착 마인드를 권장하는 일과 다를 바 없기 때문입니다.

"사람들은 흔히 '재능' 자체가 능력이라고 믿는다. 그렇지 않다. 끝 모르는 호기심과 도전정신이 있어야 재능이 꽃을 피운다." 도전을 회피하는 고착 마인드세트는 정녕 인간의 계발 잠재력을 처음부터 묶어 두는 일이나 다름없습니다. 때문에 이와 관련된 모든 부정적인 관념을 우리 기꺼이 걷어 내야 합니다.

> 나는 이 세상을 약자와 강자, 아니면 성공한 사람과 실패한 사람으로 나누지 않는다. 나는 이 세상을 학습하는 사람과 학습하지 않는 사람으로 나눈다.
> – 벤저민 바버

사람의 마인드와 태도가 삶의 모든 것을 지배합니다. 사람들이 어떠한 행동을 하든 그것은 모두 그들이 지닌 '어떤 마인드'에서 나온 것이기 때문입니다. 몇 톤짜리 거대한 항공모함도 선장이 쥐고 있는 작은 키를 따라 움직입니다. 우리의 행동과 인생을 움직이는 키가 바로 마인드세트입니다. 고착 마인드세트라는 키와 성장 마인드세트라는 키 중에서 우리가 어떤 키를 쥐고 인생 항해를 해야 할지는 너무나 분명한 일입니다.

캐롤 드웩은 벤저민 블룸의 재능에 대한 연구 성과를 이렇게 요약하고 있습니다. "유명한 교육 전문가 벤저민 블룸은 눈부신 성취를 이룬 인물 120명을 집중 연구했다. 그중에는 피아니스트, 조각가, 올림픽 수영선수,

정상급 테니스 선수, 수학자, 신경과 의사들이 포함되었다. 그들 대부분은 어린 시절에는 그다지 두드러지지 않았으며, 각자의 분야에서 본격 훈련을 시작하기 전에는 뚜렷한 재능을 보이지도 않은 것으로 확인되었다. 심지어 청소년기에 이르렀을 때조차도 성인이 되어 이룬 그 성취를 짐작하게 하는 면모를 보여 주지 못했다. 오직 다른 사람들의 응원을 받는 분위기에서 끊임없이 동기를 부여하고 노력할 수 있었던 것이 그들이 정상에 오른 비결이었다."

이 사례에서 볼 수 있듯 성장 마인드세트는 타인을 바라보는 관점이나 교육에도 지대한 영향을 끼칩니다. 타인을 바라보는 믿음이나 관점과 태도가 상대에게 영향을 주기 때문입니다. 특히 어린 학생들에겐 더욱 그러할 것입니다. 자기 주위에 자신을 믿고 응원해 주는 성장 마인드세트를 가진 이들이 있다면 분명 더 힘이 될 테지요.

린다 에릭슨 데닝은 "보통의 지능에 높은 자아 존중감을 가진 사람들은 대체로 성공하는 반면, 우수한 지능이지만 낮은 자존감의 학생은 학업이 저조한 것으로 밝혀졌다."고 말한다. 버클리 대학의 연구원인 마크 로젠츠바이크는 더 나아가 다음과 같이 말한다. "긍정적인 경험은 뇌 용량, IQ, 학업능력을 대체할 수 있다."

– 진 랜드럼, 김미형 역, 《열정 능력자》에서

그 가슴속에, 자신에 대한 신뢰와 성장할 수 있다는 믿음이 있는 사람이라야 계속 노력하고 도전할 수 있으며, 많은 어려움들을 극복하고 끝까지 뜻을 이루어 낼 수 있습니다. 많은 연구에서 IQ가 아니라 정서지능이 행복과 성공을 좌우한다고 한 것도 바로 이런 이유 때문일 것입니다. 자기 신뢰 능력인 자존감은 결코 마인드세트와도 무관하지 않을 것입니다.

요컨대 고착 마인드세트를 가진 이는 자존감과 정서지능이 낮은 이들이요, 성장 마인드세트를 가진 이는 자존감과 정서지능이 높은 이들입니다. 고착 마인드세트엔 애초에 자신의 자질을 변화시키고 조절할 주체의 역할 자체가 없는 것과 다름없습니다. 재능과 자질이 이미 고정되어 있다면 자신이 해야 할 것은 거의 없으니까요. 자존감과 정서지능이 낮을 수밖에 없는 이유입니다.

"당신 자신을 성장 쪽으로 활짝 여는 것이 당신을 더욱 당신답게 만든다. 그들이야말로 개성과 잠재력을 유감없이 활짝 꽃피운 존재들이다." 캐롤 드웩 교수의 이 말을 모두 명심해야겠지만, 특히 자녀를 키우는 부모님들과 학생을 가르치는 교육자들은 각별히 더 유념해야 할 것입니다.

성공한 학생들과 평범한 학생들의 가장 큰 차이점은 무엇일까? 보통 학생들은 뭔가를 쉽게 얻지 못하면 바로 포기해 버린다. 당장 이해되지 않으면 두 손을 들어 올리며 "못하겠는데요."라고 말한다. 하지만 좀 더 높은 성취도를 보이는 학생들은 완전히 다른 태도를 취한다. 그렇다. 능력보다는 태도의 문제다. 그들은 과제에 훨씬 더 오래 매달리면서 쉽사리 포기하지 않는다. 다른 친구들이 "난 역사, 음악, 수학, 작문은 잘 못해요."라고 징징댈 때, 그들은 "그건 아직 안 배웠어요."라고 말한다. 전통적인 학교 교육은 제일 먼저 손을 들어 답하는 학생에게 상을 내린다. 그러나 정작 세상을 바꾸는 혁신적인 창작은 느리고 꾸준한 전진을 통해 이루어진다. 시간과 정성을 들여야 한다. 뭔가를 붙들고 진득하게 노력해야 자신의 능력을 정확히 알 수 있다.
- 켄 베인, 이영아 역, 《최고의 공부》에서

켄 베인은 최고의 학생들에 대해 이렇게 말합니다. "최고의 학생들은 노력하면 성장할 수 있다는 믿음을 가진다." 그가 말하는 최고의 학생들

6 지능과 재능에 대한 진실

또한 성장 마인드세트를 가진 이들이었습니다. 우리가 어떤 마인드로 어떤 길을 가야 할지는 이제 명확해졌습니다. 능력보다는 태도에, 재능보다는 노력에, 그리고 좋은 교수법과 효과적 학습에 답이 있습니다. 아울러 이 모든 것은 자신의 가능성과 잠재력에 대한 긍정과 믿음에서 시작될 터입니다.

"최고의 학생들은 유연한 지능관을 가지고, 성공과 실패의 원인을 적절하게 분석하며, 자기 효능감을 유지한다. 자기 자신과의 대화를 통해, 나를 자극해 움직이는 것이 무엇인지 이해하는 것이다. 성공한 사람들이 실패에 대처하는 능력 바탕에는 지능과 능력에 대한 유연한 시각이 깔려 있다. 그들은 성공과 실패의 원인을 생산적으로 분석하고, 새로운 능력을 기르기 위해 노력하며, 새로이 발견한 힘을 제대로 사용할 수 있다고 믿는다."(켄 베인)

지능에 대한 고정관념은 고착 마인드의 진원지입니다. 이제 우리는 그 무지하고 편협한 고정관념의 늪에서 완전히 빠져나올 때가 되었습니다. 재능은 고정불변의 것이 아니라 변화하는 과정일 뿐이라는 것이 우리의 상식이 되어야 합니다. 지능이나 천재성에 대한 신화는 이미 깨어졌습니다. 오직 더 좋은 교육이나 학습법에 대한 탐구와 함께, 개개인의 노력과 성장과 변화에 대한 신화만이 새롭게 생성될 것입니다.

> 지능과 재능은 우리 각자가 새롭게 써야 할 자기 신화의 잠재력일 뿐이다.

내공축적 전이형
천재독서법

"반복은 모든 기술의 어머니라는 것을 기억하라."
– 앤서니 라빈스

"우리는 길을 찾거나
아니면 길을 만들게 될 것이다."
– 한니발

사언필思言筆
천재독서법

제게 독서에 있어 가장 중요한 것이 무엇이냐고 묻는다면, 좋은 책을 읽는 것과 책을 반복해서 읽는 것이라고 말하겠습니다. 어떤 책이든 그 책을 통해 뭔가를 제대로 얻으려면 최소한 두세 번 이상은 읽어야 합니다. 책을 두세 번 반복해서 읽어야 하는 이유는 크게 다음의 세 가지 때문입니다.

1. 한 번 읽어서는 책을 충분히 소화할 수 없다.
2. 사람은 망각의 존재라서 금방 잊어버린다.
3. 사람은 습관의 존재라서 관성 때문에 쉽게 예전으로 되돌아간다.

어떤 책이든 책 수준이 영 형편없지 않는 한, 대부분의 책은 한 번 읽은 것으로 그 내용을 충분히 다 소화할 수 없습니다. 게다가 사람의 집중력은 책을 읽는 몇 시간 내내 일관적이지 않기 때문에 내용을 빠뜨리는 경우도 적지 않습니다. 책의 수준과 자신의 독서 수준에 따라 다소 차이는 나겠지만 적어도 두세 번은 읽어야 책 내용을 어느 정도 제대로 이해하고 숙지할 수 있습니다. 그래서 책은 반드시 반복해서 읽는 것이 중요합니다. 책을 한 번 읽고서 그 내용이 내게 깊이 남는 경우는 극히 드뭅니다.

한 번 읽어서 책 내용을 다 숙지하기도 어렵지만, 사람은 망각의 존재라서 책을 덮는 순간부터 책의 내용을 잊어버리기 시작합니다. 책을 읽은 며칠 후에도 책 내용의 상당 부분을 잊어버리지만, 한 달 후나 1년 후에 책 내용을 떠올려 보면 책 내용이 거의 생각나지 않는 수준에 이릅니다. 이는 책을 한 번 읽은 것으로는 거의 건질 게 없다는 뜻입니다.

제 경험을 하나 말씀드릴까 합니다. 어느 날 책장을 정리하다가 보니 제 방 책꽂이에 카뮈의 소설 《전락》이 있더군요. 책을 펼쳐 보았더니 여기저기에 형광색으로 밑줄이 그어져 있었습니다. 그 밑줄은 분명 제가 그은 것인데, 저는 심지어 그 책을 읽은 기억조차 전혀 나지 않았습니다. 책 구입 연도를 확인해 보니 대학 1학년 때 구입해서 읽은 것인데, 10년이 더 지나면서 그 책을 읽은 기억조차 남아 있지 않았던 것입니다. 굳이 이 정도는 아닐지라도 읽은 지 몇 년 지난 책들을 떠올려 보면 책의 구체적인 내용이 기억나지 않는 경우가 대부분입니다. 한 권의 책 내용을 충분히 다 소화하기도 쉽지 않지만, 그 내용 대부분을 오래 기억하는 것 또한 쉽지 않은 일입니다.

무릇 책을 읽을 때에는 반드시 한 책을 익숙히 읽어서 의미를 다 깨달아 꿰뚫어 통달하고 의심스러운 것이 없어진 뒤에야 비로소 다시 다른 책을 읽을 것이요, 많이 읽기를 탐내고 얻기를 힘써서 바삐 섭렵해서는 안 된다.(凡讀書 必熟讀 一冊 盡曉義趣 貫通無疑 然後乃改讀他書 不可貪多務得 忙迫涉獵也.) - 율곡

　　　　　　　　　7 내공축적 전이형 천재독서법

좋은 책을 읽고서 책 내용에 고무되는 경우가 종종 있습니다. 그래서 그 때문에 자신이 이제부턴 달라질 듯한 느낌을 받곤 하는데, 정작 며칠이 지나면 다시 예전대로 되돌아가 버리는 경우가 많습니다. 그런데 이건 당연한 결과입니다. 왜냐하면 사람은 습관적 존재라서, 자신이 오랫동안 유지해 온 그 관성慣性의 작용에 의해 예전 습관대로 되돌아가 버리기 때문입니다. 책을 통해 한번 좋은 자극을 받았다고 그 관성이 쉽게 자기 자리를 내어 줄 리 만무합니다.

저는 《내 아이를 위한 감정코칭》과 《청소년 감정코칭》이라는 두 권의 책을 통해 감정코칭이라는 것을 알게 되었습니다. 학생들과 소통하는 데 애를 먹었던 저는 감정코칭을 알게 된 것이 마치 축복처럼 느껴졌습니다. 감정코칭은 실로 모든 인간관계에 필요한 대화의 연금술과도 같은 것이기 때문입니다. 책을 읽고서 크게 고무되었던 저는 '앞으로 누구를 만나든 감정코칭으로 대화를 해야지.' 하고 마음먹었습니다. 하지만 그런 결심은 며칠을 가지 못하고 서서히 잊혔습니다. 그리고 감정코칭을 하려고 시도를 해도 마음처럼 잘 되지가 않았습니다. 제가 아직 감정코칭을 충분히 이해한 것도 충분히 체득한 상태도 아니었기 때문입니다.

책을 한 번 읽었다고 해서 어찌 그러한 대화 기술이나 습관이 금방 내 것이 될 수 있겠습니까. 그래서 다시 책을 읽었는데, 재독을 한 후에는 감정코칭을 실행코자 하는 자각이 마음에 훨씬 더 오래 남았고, 감정코칭도 실제로 조금씩 할 수 있게 되었습니다. 다른 책들도 다 마찬가지입니다. 한 번 읽은 책은 거의 별다른 영향을 못 끼치지만, 뜻을 가지고 재독 삼독을 하게 되면 반드시 얼마만큼 변화의 힘을 얻게 됩니다.

> 배운 것을 실제 생활에 적용해서 생활화하기 전까지 그것은 사실 배운 게 아니다. - 존 맥스웰

크게 보아 이런 세 가지 이유 때문에 책을 한 번 읽어서는 그다지 좋은 효과를 기대하기 어렵습니다. 때문에 책을 통해서 진정으로 무언가를 얻고자 하거나, 삶의 변화를 꿈꾼다면, 책은 필히 두세 번 이상 반복해서 읽는 것이 좋습니다.

아울러 한 번을 읽더라도 좀 더 효과적으로 읽는 게 좋습니다.

〈독서 필수 기본 규칙 3가지〉
- 목차를 읽고 책 전체 내용을 파악하기
- 한 챕터 읽고 '생각을 정리'(1분)한 후 그 다음 챕터 읽기
- 책을 다 읽은 후 다시 목차를 보면서 '생각을 정리'하기(5분)

책을 읽을 때 이 기본 규칙 세 가지를 지키면서 읽으면 한 번을 읽더라도 기억 누수 현상을 다소 줄일 수 있을 뿐 아니라, 독서 효율을 높일 수 있습니다.

책의 목차는 책의 설계도이자 책의 지도입니다. 그 지도를 통해 책 내용의 전체 지형도를 어느 정도 숙지하고 읽으면 책을 이해하기가 한결 쉬워집니다. 정글을 답사하기 전에 지도를 통해 전체 지형을 파악하는 것이 여행에 훨씬 도움이 되는 것과 같은 이치입니다. —— 이와 함께 책을 읽을 때 책의 소제목을 잘 읽는 것도 책 내용을 파악하는 데 유용합니다.[*]

책의 한 챕터를 읽고 계속 뒷장으로 넘어가기보다는 잠시 멈춰서 1, 2분 정도 그 챕터의 내용이 무엇이었는지를 떠올리면서 생각을 정리하는 시간을 가지면, 말 그대로 책의 내용이 머릿속에 정리가 됩니다. 이렇게

---

[*] "본문을 다 읽는 사람보다 헤드라인만 읽는 사람이 보통 다섯 배나 더 많다. 헤드라인을 쓸 때 이미 1달러 중 80센트를 쓴 셈이다." -데이비드 오길비(영국 광고인)
책의 소제목은 책 내용을 집약해 놓은 헤드라인과 같습니다.

　　　　　　　　　　　　　　　7 내공축적 전이형 천재독서법

소단위의 내용을 정리하고 넘어가면 이해와 기억 양 측면에서 도움이 됩니다. 컴퓨터도 자료를 정리하는 데 다소의 시간이 걸립니다. 이런 정리 작업은 책 내용을 자신의 것으로 갈무리하는 작업이기도 합니다.

책의 마지막 페이지를 읽고 나면 우리는 그대로 책을 덮어 버립니다. 하지만 책의 목차가 책의 마지막 페이지라 생각하고, 다시 목차를 보면서 내가 읽었던 전체 책 내용이 무엇이었던가를 떠올려 보면서, 읽었던 내용을 정리해 보는 게 좋습니다. 그러면 읽었던 내용들을 가지런하게 머릿속에 정리해 볼 수 있습니다. 이렇게 읽었던 내용을 머릿속에서 정리하는 작업을 하지 않고 그대로 책을 덮어 버리면, 책 전체 내용을 유기적으로 이해하고 기억해 볼 수 있는 단 한 번의 기회도 없이 끝내는 것과 같습니다.

> 눈으로만 읽으면 이해하고 수용하는 수준에서 그치기 쉽다. 하지만 초서를 하면 책의 핵심 내용, 중요 문장을 손으로 직접 쓰기 때문에 핵심 키워드와 문장이 머리에 각인된다. 그리고 그 과정에서 책의 내용을 한 문장으로 압축하고 또 압축하는 훈련을 하게 된다. - 김병완

책을 읽었는데도 책 내용이 잘 기억나지 않는다는 '독서치매 현상'을 이야기하는 분들이 많습니다. 필수 규칙 세 가지가 작은 처방이 되겠지만, 가장 확실한 방법은 이 다음 단계로 '책을 읽은 다음 책의 핵심 내용을 요약해 보는 것'입니다. 그러면 생각의 정리와 글쓰기(기록)가 동시에 이루어집니다. 책 내용을 요약하려면 내용의 재검토를 통해 핵심을 파악해서 이해를 해야 하고, 쓰면서 내용이 일목요연하게 정리가 되기 때문에 책 내용을 기억하는 가장 좋은 방법이 됩니다. 아울러 책 요약은 글쓰기 훈련을 위해서도 매우 효과적인 방법이기도 합니다. '책 요약 트레이닝'은 읽기와 쓰기, 사고력을 함께 높여 줍니다. 일석이조 혹은 일석삼조라 하겠습니다.

천재처럼 생각하고 말하고 쓰기

　세종의 '백독백습'은 책 속에 있는 지식을 완전히 습득하기 위한 방법이다. 독서의 가장 기본적인 방법은 반복해서 읽는 것이다. '라이프니츠 독서법'이라는 것이 있는데, 이것도 반복 독서의 유익함을 강조한 것이다. 라이프니츠는 미적분학을 발견한 사람이다. 이 사람은 독학으로 혼자 공부하여 다방면에 놀라운 지식을 쌓게 되었는데, 그 비결은 같은 책을 되풀이해서 읽는 반복 독서였다. 각 분야의 대표적인 책을 선택해서 몇 번이고 읽어 내려갔다.

－ 김정진, 《독서불패》에서

　세종대왕뿐 아니라 옛 선비들에게 있어 백독은 비일비재한 것이었고, 심지어 천독, 만독을 하는 경우도 적지 않았습니다. 책을 통째로 완전히 외우는 것을 공부의 기본으로 여길 정도였습니다. 그만큼 '깊이 체득하는 것'을 중요시 여긴 것입니다.

　라이프니츠는 가난해서 학교 교육을 제대로 받을 수 없었기에, 대부분의 공부를 책을 통한 독학으로 해야만 했습니다. 처음 읽어서 이해가 안 되던 것이 두 번째 세 번째 읽을 때는 이해가 되는 것을 체험한 라이프니츠는 소년 시절부터 이런 독서 방법을 연마해, 독학으로도 철학·수학·물리학·언어학·역사·법률 등 여러 분야에서 탁월한 업적을 남길 수 있었습니다.(《도쿄대생은 바보가 되었는가》의 저자인 일본의 독서가 다치바나 다카시는 독서를 통한 독학이 최고의 공부 비결이라는 주장까지 하고 있습니다. 그만큼 독서의 가치와 효용이 크다는 뜻이 아닐까 합니다.)

　'반복은 학문의 어머니다'라는 말처럼 중요한 책은 모두 두 번씩은 읽어야 한다. 두 번째에는 그 문제가 더 한층 잘 파악되며 결론도 쉽게 알 수 있으므로 처

7 내공축적 전이형 천재독서법

음 부분이 더욱더 올바르게 이해되기 때문이다. 또한 어떤 부분에 대해서 처음 과는 다른 마음으로 임하게 되므로 인상도 달리 받고 같은 대상을 다른 각도로 보게 된다. - 쇼펜하우어

하나의 책을 완전히 소화했는지, 아닌지 어떻게 알 수 있을까요? 하나의 책을 깊이 깊이 반복해서 읽어서, **저자처럼 생각하고, 저자처럼 말하고, 저자처럼 쓸 수 있다면**…… 진정 그런 상태라면 완전히 소화한 것입니다. 그러면 단번에 저자 수준이나, 혹은 그 근처 수준에 도달하게 됩니다. 저자처럼 생각하고, 말하고, 쓰는 것은 '저자의 수준'을 경험히는 것이 넙니다. 자신이 경험한 것은 진정한 '자기 것'이 됩니다.

경영주처럼 생각하면 결국 경영주가 된다. 상사가 된 것처럼 일하면 곧 상사가 된다. - 나폴레온 힐

예컨대, 20살 대학생이 천재 수준의 '어떤 책' 하나를 1년 동안 수없이 정독, 숙독을 반복해서 저자처럼 생각하고, 말하고, 쓸 수 있게 되면, 곧바로 저자 수준이나 그 근처 수준으로 지적 능력이 '수직상승'할 것입니다. 말 그대로 '저자처럼 생각하고, 말하고, 쓸 수 있는 수준'으로!

정말로 그렇게 된다면, 단기간에 그 저자들처럼 사고할 수 있고, 강의하거나 저술하는 수준에 도달하게 됩니다. 이것이 바로 '사언필思言筆 천재독서법'의 놀라운 전략이자 효과입니다. 그래서 처음부터 '저자처럼 생각하고, 저자처럼 말하고, 저자처럼 쓰겠다'는 명료하고 확고한 목표 의식을 가지고, 계속 그렇게 되려고 노력하고 연습하면서 책을 읽어야 합니다.

책을 반복해서 읽는 것도 중요하지만 더 중요한 것은, 책 내용을 반드시 내 것으로 만들겠다는 '강렬한 의지'입니다. 그런 열망과 목표의식이

있어야만, 자신을 고도로 성장시킬 수 있습니다. 언제나 관건은 책 내용을 얼마나 내 것으로 만들고, 또 '얼마나 많이 활용'하느냐에 달려 있기 때문입니다.

지식 저장형 인재보다는 문제 해결형 인재가 되라. 이를 위해서 독서하는 시간에 삶의 문제와 화두를 끌어들여야 한다. 책에서 얻은 지식을 삶에서 실험해 봐야 한다. 지식과 경험의 양쪽 바퀴를 함께 굴려서 성공의 마차를 힘차게 달리게 하라. - 이희석

같은 책을 읽고도, 어떤 이는 20%밖에 활용을 못하고 또 어떤 이는 90%를 활용합니다. 최대로 많이 활용하는 사람이 가장 똑똑한 사람일 것이고, 더 많이 성장하는 사람일 것입니다. 때문에 책은 반드시 목표의식을 갖고, 지식 축적이 아니라 문제 해결 능력을 신장시키는 데 역점을 두고 읽어야 합니다.

우리는 학교에서 아인슈타인과 우주에 관한 그의 이론을 배운다. 하지만 아인슈타인이 어떻게 생각하는 법을 익혔는지에 대해서는 배우지 않는다. 세상을 바라보는 그의 태도가 어땠는지, 그의 의도는 무엇이었는지, 어떻게 말했는지, 관찰할 대상을 어떻게 정했는지, 다른 사람들에게는 어떻게 대했는지는 아무도 가르쳐 주지 않는다.
- 마이클 미칼코, 박종하 역, 《생각을 바꾸는 생각》에서

천재가 되려면 무엇보다 천재처럼 생각할 수 있어야 합니다. 이 말은 천재처럼 생각할 수 있으면 천재가 될 가능성이 높아진다는 것을 의미합니다. 천재들의 탁월한 성취는 천재적인 사고력에서 나온 것입니다. 단순

히 지식을 습득하는 것이 아니라, 지식을 탁월하게 운용할 수 있는 사고력을 갖추는 데 천재성의 본질이 있습니다.

에디슨이 말했던 것처럼 어떤 일이든 항상 '더 나은 방식'이 있기 마련입니다. 더 나은 사고방식, 더 나은 행동 방식, 더 나은 공부 방식, 더 나은 작업 방식이 있는 것입니다. 그런 것을 일러 흔히 노하우라고 합니다. 노하우가 있고 없고는 실로 엄청난 차이가 납니다. 걸어가는 것과 기차를 타고 가는 것 중 어느 것이 빠를까요. 노하우라는 기차는 그 기차를 타기 전에는 몰랐던 세계로 우리를 안내할 것입니다.

> 아무리 가치 있는 책이라도 처음 읽었을 때는 최고의 모습이 보이지 않는 법이다. 반복의 힘을 무시하는 것은 최고의 스승을 무시하는 것과 같다.
> - 프랭크 티볼트

천재들이 가진 노하우를 얻는 길은 무엇일까요? 바로 천재 수준의 책을, 혹은 나를 천재로 만들어 줄 수 있는 책을 반복해서 읽어서 그것을 온전히 내 것으로 만드는 것입니다. 모든 내공은 반복에서 나옵니다. 에디슨은 비슷한 실험을 몇 번이나 했을까요? 김연아는 같은 동작을 몇 번이나 연습했을까요? 가수는 같은 곡을 몇 번이나 불렀을까요?

검도 고수는 신문지를 말아서 때리는데도 두꺼운 각목이 부러집니다. 같은 동작을 수없이 반복해서 내공이 생겼기 때문입니다. 분야를 불문하고 세상의 모든 고수들은 반복을 통해서, 남다른 내공을 쌓은 이들입니다. 반복이 바로 정상까지 나를 안내할 최고의 스승인 것입니다.

한 번 읽은 것과 두세 번 읽은 것은 결코 같지 않습니다. 또 두세 번 읽은 것과 이삼십 번 읽은 것도 결코 같지 않습니다. 어떤 책이든 처음 읽을 때보다는 두 번 세 번 읽을 때 더 깊이 읽을 수 있고, 더 깊이 소화하게 됩니다. 책을 제대로 읽었다면 읽기 전과는 정신적 시야가 달라져야 합니다. 반복은 누적효과를 낳고 내공을 낳습니다. 모든 내공은 기본적으로 반복에서 이루어짐을 잊지 말아야 할 것입니다.

내가 젊었을 때에는 다른 친구들에 비해 독서량이 매우 적었다. 그들은 대충 훑어보는 식으로 책을 읽었지만 나는 매우 꼼꼼히 보았기 때문이었다. 책을 대충 읽게 되면 책이 전달하는 다양한 정보를 모두 발견하지 못하고 내용에 대해서 금방 잊어버리게 된다. 하지만 나는 매우 꼼꼼히 책을 읽기 때문에 책 내용이 오랫동안 나의 기억 속에 남게 된다. 그래서 시간이 점점 지날수록 내가 가진 지식은 다른 사람에 비해 훨씬 더 풍부해지는 것이다. - 류비셰프

링컨은 어머니의 유언에 따라, 새벽 4시에 읽어나 매일 2시간씩 성경을 읽었다고 합니다. 거의 평생을 그렇게 했으니 얼마나 많이 또 깊이 읽었을까요? 바로 그런 독서 습관이 우리가 아는 링컨을 만드는 동력이 되었습니다. 링컨은 또 '정치인들의 명연설문'을 모은 책을 하도 많이 읽어서 걸레가 될 정도로 반복해서 숙독熟讀했다고 합니다. 책을 완전히 소화했기 때문에, 책을 읽은 수준에서 그런 책 수준으로 말하고 쓸 수 있는 수준으로 도약한 것입니다. 그가 한 독서가 바로 사언필 독서법과 같았으니, 그의 뛰어난 언변과 연설 능력과 문필력은 바로 이런 '좋은 독서습관'에서 나온 것이라 하겠습니다.

일이 잘 풀리지 않는 사람과 성공한 사람 사이에는 파동의 차이가 있다. 그러므로 성공한 사람이 책에서 아무리 좋은 말을 해도 잘 풀리지 않는 사람이 자신과 정반대의 생각을 받아들이기가 쉽지 않다. 하지만 그런 사람도 몇 번 되풀이해서 읽다 보면 파동이 변한다. 한 번 읽었을 때 '이렇게 해서 잘 된다면 안 되는

일이 어디 있어.' 하고 생각하겠지만, 두 번째에는 '그럴 수도 있겠지.' 하고 생각한다. 그리고 세 번째에는 '그런 일도 있겠지.'라고 생각하게 되고, 네 번째에는 '그래, 그럴지도 몰라.' 하고 바뀐다. 그리고 다섯 번째 여섯 번째, 일곱 번째 반복해서 읽다 보면 '그래, 내가 하고 싶은 말이 바로 그거야.' 하고 느끼고 공감한다.

이처럼 파동을 맞추기 위해서는 몇 번이고 반복해서 읽어야 한다.

– 오마타 간타, 이명숙 역,《돈 버는 기술》에서

이런 독서법은 '파동 일치의 독서법'일 것입니다. 반복을 통해 책의 파동 수준과 자신의 파동을 같게 만드는 방식입니다. 이런 독서법은 심리적 파동뿐 아니라 사고 수준이나 의식 수준 또한 동조현상이 일어나게 만들어 줍니다.*

사언필 천재독서법 또한 좋은 책을 반복해서 읽어서 나의 내공을 책의 내공 수준으로 끌어올리는 의식 파동 일치의 독서법입니다. 사언필 천재독서법의 핵심은 독서라는 지렛대를 통해 '천재처럼 생각하고, 천재처럼 말하고, 천재처럼 쓸 수 있는 경지'로 나를 끌어올리는 것입니다. 또 더 나아가 천재처럼 행동할 수 있는 상태에 도달하는 것입니다. 사언필을 가능하게 하는 데 가장 좋은 방법은 '질문형 독서'와 '책 내용 설명하기'와 '독서록'을 쓰는 것입니다.

질문형 독서란 책에 대해 다양한 질문을 던지면서 독서를 하는 것입니

---

* 이지성 작가는 앤서니 라빈스의《네 안에 잠든 거인을 깨워라》를 일곱 번 읽고, 두 번 필사했다고 합니다. 누구든 이런 식으로 책을 읽는다면, 어떻게 뛰어난 사람이 되지 않을 수가 있겠습니까. 좋은 책을 반복해서 읽어 온전히 소화하는 것은 비약적인 성장의 지름길이 될 것입니다. 그는 이런 노력에 대해 이렇게 술회합니다. "이 책은 누구나 다 아는 얘기가 아니었어요. 숟가락이 매일 국을 뜨지만 어떻게 국 맛을 알겠어요. 마찬가지로 자기계발서에 대해서 '다 아는 이야기다. 똑같은 말이다.'라고 이야기하는 사람들이 있는데 그게 함정이에요. 그런 생각이 그 사람을 실패의 길로 인도하는 거예요. 이미 교만해진 사람이 무엇을 배울 수 있겠어요?"

다. 질문을 던지는 것은 책 내용을 깊이 음미하고 체득하는 데 도움이 될 뿐 아니라, '저자처럼 생각하기'를 위한 좋은 가교가 되어 줍니다. 무릇 사고력의 토대가 얕으면 그 위엔 쌓을 것이 없습니다.

예를 들어 소설을 읽으면 줄거리에 관심이 없었어요. 대신 주인공의 사고방식과 행동방식에 관심이 갔어요. 예를 들어 《금삼의 피》를 읽으면서 '왕인데 왜 이렇게 불행할까, 나라면 어떻게 할까. 왜 화를 내지?'라고 생각하고 이해하려고 해봤어요. 그렇게 다양한 사람들을 이해하려고 노력하니까 정작 주인공이 죽었는지 살았는지 스토리를 잊어버리더군요.

안철수 전 교수가 모 일간지와 인터뷰 중에 한 말입니다. 그가 책을 읽으면서 던진 질문은 사고질문입니다. 그러니 책을 더 깊이 읽게 되는 것은 물론이요, 생각하지 못했던 것을 생각하게 되며 그 결과 생각의 폭과 깊이가 더해지게 됩니다.

어떤 책을 읽든 책을 읽으면서 책 내용과 관련하여 질문을 던지는 것은 생각을 일으키는 좋은 촉매 역할을 합니다. 질문이 없는 독서는 사색이 없는 독서와 다를 바 없으니, '질문하기'는 독서의 필수적인 요소라 하겠습니다.

그것의 가치는 그의 다른 말 속에도 잘 드러납니다. "책은 많이 읽는 게 중요한 것이 아닙니다. 한 권의 책이라도 거기서 얼마나 많은 것을 얻을 수 있느냐가 중요하지요. 사실 독서에서 글을 읽는 만큼 중요한 것은 사색입니다. 책에 나온 내용을 자신의 경험이나 현재 상황에 대입해 생각해 보고, 다른 책과도 비교해 보거나 연관지어서 생각해 보고, 자기 나름대로 해석하는 과정은 책 내용을 내 것으로 만들고 사고의 폭을 넓히는 방법이죠. 그런 면에서 볼 때 요약본은 별로 도움이 되지 않습니다."

'읽고 생각하는 독서'가 아니면 그 독서의 효력은 미미할 것입니다. 독서를 통해 많은 것을 얻으려면 많이 생각해야 하며, 많이 생각하려면 많이 질문해야 합니다. 다상多想은 다문多聞에서 나오는 것이기 때문입니다. 다문과 다상 속에 자기 나름의 해석이 생기고, 그런 해석 속에서 자신만의 식견과 통찰이 발전합니다. 질문이 없는 독서는 쟁기 없이 밭을 가는 것과 같습니다.

> 기억에 의해서가 아니라 사색에 의해서 얻어진 것만이 참된 지식이다.
> **- 톨스토이**

책 읽기는 오로지 사색의 필터로 걸러지는 자기화의 과정입니다. 책 읽기는 새로운 것을 얻는 과정이기도 하지만 묵은 것을 버리는 과정이기도 합니다. 이제까지의 무지와 오류, 불필요한 상념들, 고정관념과 편협한 시각과 사고 등을 지우는 일이기도 합니다. 그러한 얻음과 버림(채움과 비움)의 공정을 통해 나의 정신세계가 거듭나는 과정입니다. 다만 그러한 거듭남은 사색이라는 자기화의 과정 없이는 결코 얻을 수 없을 것입니다. 언제든 다문多聞과 다상多想으로 책을 읽어야 하는 것은 그 때문입니다. 책을 읽고 나서 10개 정도의 사고질문을 적어 보는 것도 다문과 다상을 위한 좋은 방법이 될 것입니다.

> 만약 네가 그것을 간단하게 설명할 수 없다면, 너는 그것을 충분히 이해하지 못한 것이다. - 아인슈타인

"가르치는 것은 두 번 배우는 것이다."(주베르)라는 말이 있습니다. 책 내용을 다른 사람에게 잘 설명을 하려면 책 내용을 제대로 소화해야만 가

능합니다. 말하는 과정을 통해 스스로가 자신의 부족한 점을 깨우칠 수 있을 뿐 아니라, 말을 통해 지식을 전달하는 능력이 향상됩니다. 독서 스피치(토크)는 '저자처럼 말하기'를 위한 핵심 관건입니다.

예컨대 어떤 책에 대해 강연이나 강의를 할 수 있다는 것은 청자나 학생 수준에서 선생 수준이 됨을 의미합니다. 대학 교재를 충분히 강의할 수 있으면 대학 교수 수준이 되는 것입니다. 특정 분야의 강의는 특정 분야의 전문가가 강의하듯, 어떤 책에 대해 수준 높게 강의할 수 있다면 그 책에 대해 저자와 같은 전문가가 되는 셈입니다. 때문에 저자처럼 말할 수 있다는 것은, 넓게 보면 천재나 세계적인 석학처럼 강의할 수 있다는 뜻이기도 합니다.

브라이언 트레이시는 한 번 강연에 1억 원을 넘게 받는다고 합니다. 많은 이들이 성공의 중요한 요소로 커뮤니케이션 능력을 꼽습니다. 의사소통 능력이란 '풍부하고 유창한 어휘 능력, 탁월한 자기 표현력, 당신의 지도를 따르도록 다른 사람을 격려하는 능력, 철학적 논리를 갖춘 대화 능력' 등이 포함됩니다. 저자처럼 말할 수 있는 수준이란 이런 능력을 갖추어 성공의 발판을 얻는 일이기도 합니다.

성공은 습관이다. 성공은 좋은 습관의 조합이다. 성공한 사람들의 공통점은 몇 가지 좋은 습관들이 잘 조합되어 있다. 링컨과 벤저민 프랭클린은 어릴 때부터 독서하는 좋은 습관을 가지고 있었다. 링컨은 책 한 권을 빌리기 위해 수십 마일을 걸어 다녔고, 벤저민 프랭클린은 책을 사보기 위해 좋아하는 육식을 마다하고 채식주의자로 체질을 바꿔 버렸다. 그러나 한 가지 습관만으로 탁월함이 나타나는 것은 아니다.

링컨은 책을 읽으면 반드시 동네 아이들 앞에서 이야기해 주는 습관이 있었다. 스토리텔링을 통해서 다시 한 번 책을 반복, 정리하는 좋은 습관이 있었던 것이다. 이 습관이 쌓여서 훗날 변호사 시절 변론을 잘할 수 있는 토대가 되었고, 대통령이 되어서도 소통을 잘하는 커뮤니케이션의 1인자가 될 수 있었다. 벤저민 프랭클린은 책을 읽고 반드시 글로 발표하는 습관이 있었다. 이런 습관이 쌓여서 훗날 미국 건국의 아버지라 불리는 토대가 되었다.

- 김용욱, 《몰입, 이렇게 하라》에서

이 글을 통해서 책을 읽고서 그것을 말과 글로써 표현하는 습관이 얼마나 가치 있는지를 잘 알게 되셨을 듯합니다. 독서의 1단계는 읽고 생각하기요, 2단계는 말하고 쓰는 것이며, 3단계는 실행을 통해 자신의 체험으로 온선히 체득하는 것입니다.

철학자 베이컨은 일찍이 이렇게 말했습니다. "독서는 완성된 사람을 만들고, 연설은 준비된 사람을 만들고, 글쓰기는 정확한 사람을 만든다. 저급한 동물과 인간을 구별하는 커다란 차이점은 언어다. 그리고 언어의 가장 차원 높은 형태가 바로 글이다." 마크 트웨인은 읽기와 쓰기의 연관성에 대해 이렇게 말했습니다. "읽기는 쓰기의 기초이며 쓰기는 읽기의 연장이다. 읽기와 쓰기는 본래 하나이며 서로 보완하는 개념이다. 양쪽 모두 균형 있게 공부해야 좋은 성과를 거둘 수 있다."

글쓰기는 사고력을 키워 주는 최고의 도구이며, 지성인으로 가는 첩경입니다. 지식의 최종점이며, 지식의 전달과 공유를 위한 문화 번성의 정화입니다. 세상의 모든 정보는 문서로 정리되며, 세상의 모든 책은 글로 되어 있습니다. 글은 세상 모든 지식의 총화입니다. 글쓰기는 지성인의 최고 무기입니다.

글의 힘이 어느 정도인지를 단적으로 보여 주는 좋은 예가 있습니다. 미국 《포린 폴리시》와 영국 《프로스펙트》란 잡지가 세계에서 가장 영향력 있는 대중적 지식인 100명을 선정했었는데요, 그 100명의 면면을 살펴보면 대부분이 문장가였습니다. 글로써 세상에 영향을 행사하는 학자, 저술가, 작가, 칼럼니스트가 바로 그들이었습니다.

"한 인간의 존재를 결정짓는 것은 그가 읽은 책과 그가 쓴 글이다."(도스토옙스키) 인류의 지성사를 떠올려 보십시오. 그 속에 빛나는 존재들은 모두 책을 남긴 이들이요, 글을 쓰는 이들이었습니다. 천재처럼 쓸 수 있다는 것은 세상에 남을 명저를 쓸 수 있다는 뜻입니다. 세계적인 지성이 될 수 있는 지름길인 것입니다.

하버드 대학교 졸업 논문이기도 한 《영국은 왜 잠을 자는가》라는 책으로 '퓰리처상'을 수상해 일약 전국적인 인물이 된 사람이 있습니다. 그는 마흔네 살로 대통령이 된 존 F. 케네디였습니다. 오바마가 쓴 자서전도 자신을 유명한 존재로 만들었고, 그것이 결국 자신을 대통령으로까지 견인하는 데 결정적인 역할을 했습니다.

좋은 책을 읽고서 저자처럼 쓸 수 있는 능력을 갖추는 가장 좋은 방법은, 책을 읽을 때마다 책에 대한 독후감(서평)이나 독서 에세이를 쓰는 것입니다. 독후감을 쓰는 것은 글쓰기 훈련을 위한 가장 좋은 방법 중에 하나입니다. 독후감은 책 내용을 깊이 음미할 수 있는 시간을 줄 뿐 아니라, 객관적 지식과 주관적 관점이 혼용되는 글쓰기여서 지식 전달력과 자기 생각을 표현하는 법을 함께 길러 줍니다. 게다가 잘 읽어야만 잘 쓸 수 있는 글이기에 두 능력을 동시에 향상시켜 줍니다.

우리가 알고 있는 사람들 모두는 우리가 세상을 만나는 또 다른 눈이자 귀가 될 수 있다. 즉, 복잡한 사회 및 정보 생태계 안에서 우리가 활용할 수 있는 지침을 제공하는 중요한 원천이 될 수 있다는 의미다. - 대니얼 골먼

"생각을 표현하는 능력은 그 생각만큼이나 중요하다."(버나드 바루크) 효

과적인 사언필 연습에 하나 덧붙이고 싶은 것은 독서토론입니다. 독서토론은 '사색과 말하기와 쓰기'를 다른 이들과 함께 할 수 있는 매우 좋은 방법입니다. 세상을 만나는 또 다른 눈과 귀를 얻어서, 다른 사람의 눈과 귀로 세상을 만나면, 내가 미처 보지 못했던 것을 보고 들을 수 있게 됩니다.

같은 책을 읽어도 사람마다 보고 느끼고 생각하는 것이 다 다릅니다. 독서토론을 하면 다른 사람의 말이나 글을 통해, 내가 보지 못한 것을 보게 되고, 느끼지 못한 것을 느끼게 되며, 생각지 못했던 것을 생각할 수 있는 좋은 계기가 됩니다. 즉 '다양한 관점과 느낌과 생각'의 더하기를 통해, 독서 체험이 보다 풍성해지는 것입니다.

우리나라 학생들은 대체로 토론을 잘 못 하는데, 이는 순전히 안 해봐서이지 소질이 없어서가 아닙니다. 인디고 서원에서 나온 《정세청세》와 《운명의 주인 영혼의 선장》을 읽어 본다면 우리나라 학생들도 얼마든지 독서토론을 탁월하게 잘할 수 있음을 금방 확인하실 수 있을 것입니다.* 교육의 질이 높아지려면, 실은 우리나라 모든 교실과 강의실에서 그러한 독서토론 수업이 이루어져야 할 것입니다.

벌이 수많은 꽃을 찾아 꿀을 모으듯 많은 책들을 읽고 그 속에서 정수만을 뽑아 자기 것으로 만드는 길이 바로 사언필思言筆에 있습니다. 책을 제대로 읽었다면, 그 책의 시각으로 생각하고 말하고 쓸 수 있어야 합니다. 질문형 독서와 독서 스피치와 독서록 쓰기는 '저자처럼 생각하고, 말하고, 쓰는 경지'에 이르는 지름길입니다.(이와 직접적인 관련이 있는 독서력, 사고력, 문장력, 소통 능력 등은 공부를 위한 최적의 기초 플랜일 뿐 아니라, 모든 과목의 학습에 큰 영향을 끼치는 핵심적인 요소이기도 합니다.) 이는 피상적 독서가 아니라 심층

---

* 독서 모임을 하시고자 하는 분들께는 독서 모임을 위한 좋은 안내서인 《이젠, 함께 읽기다》를 추천하고 싶습니다. 독서토론을 위한 좋은 길잡이가 되어 줄 것입니다.

적 독서를 위한 것이며, 단지 책을 읽는 데서 그치는 것이 아니라 자신의 수준과 삶의 실질적인 변화를 위한 것입니다.

뭔가 정확히 안다는 것은, 개념과 체험의 결합이라는 점을 잊어서는 안 된다. 개념만으로도 부족하고, 체험만으로도 부족하다. 체험이 개념화될 때 진정한 '지혜'가 탄생한다. 개념은 체험으로 증명되어야 하며, 체험은 개념으로 명확히 표현되어야 한다.

– 윤홍식, 《내 안의 창조성을 깨우는 몰입》에서

과학자가 되려면 과학자처럼 사고할 수 있어야 하고, 예술가가 되려면 예술가처럼 사고할 수 있어야 합니다. 또 위대한 인물이 되려면 위대한 인물처럼 사고할 수 있어야 합니다. 사고한 다음엔 그들처럼 말할 수 있어야 하고 또 쓸 수 있어야 하고, 그들처럼 행동할 수 있어야 합니다. 우리가 해야 하는 독서는 뜻으로 읽고 쓰고 사유하는 독서입니다. 더 나아가 배우고 익힌 것을 적극적으로 실천하는 독서입니다!

말함으로써 말하는 법을 배우고, 공부함으로써 공부하는 법을 배우고, 달림으로써 달리는 법을 배우고, 일함으로써 일하는 법을 배우듯이, 사랑함으로써 사랑하는 법을 배우라. – 프란치스코 살레시오

옛 격언에 "들으면 잊어버린다, 보면 기억한다, 실행하면 나의 것이 된다."고 하였습니다. '듣는다'는 것은 정보를 접하는 것이고, '본다'는 것은 눈으로 직접 확인했다는 것이요, 실행함이란 몸소 겪어 앎이 나의 체험이 되었다는 것입니다. 머리로 아는 것은 쉽사리 잊어버리지만, 체험으로 아는 것이나 행동으로 익힌 것은 좀처럼 잘 잊어버리지 않습니다. 우리가 해

　　　　　　　　　　　7 내공축적 전이형 천재독서법

야 할 것은, 머리로 익힌 다음 행동으로 다시 익히는 것입니다. 이렇게 자기화된 것을 일러 '체화體化'라고 합니다.

> 알고도 행하지 않으면, 실제로는 모르는 것이다. 배우고 실천하지 않으면, 실제로는 배운 것이 아니다. 이해하고도 적용하지 않으면, 실제로는 이해한 것이 아니다. 지식과 이해를 자기 것으로 만드는 길은 실행과 적용뿐이다.
> - 스티븐 코비

이 책을 덮고 난 후에도 마치 자기 이름처럼 쉽게 떠올릴 수 있도록 이 말을 확실히 외워 두시기 바랍니다. '실행해야 내 것이 된다. 체험만이 진정한 내 것이다!' 좋은 정보는 이미 세상에 넘쳐납니다. 진정한 차이는 정신자세(사고방식)와 행동방식에서 갈립니다. 오직 '행동으로 익힌 것'만이 진짜 내 것이 됩니다. 행동으로 익힌 것이 실질적인 나의 힘과 지혜가 되고, 그것이 있어야 내 자신의 변화와 삶의 도약이 가능해집니다. 생각과 행동의 일치는 도약의 뜀틀입니다. 삶의 연금술은 지사행일치知思行一致에 있습니다.*

> 우리가 무엇을 배운다는 것은 하나의 행동 과정이다. 우리는 행동함으로써 배우는 것이다. 따라서 이 책에서 배운 원칙을 마스터하려면, 그것들을 행동에 옮겨야 한다. 또 이런 원칙을 모든 기회에 적용해야 한다. 그렇지 않으면 곧 그것을 잊어버리고 말 것이다. 사용한 지식만이 마음속에 남게 된다.
> - 데일 카네기, 《자기 관리론》에서

---

* 지행일치知行一致는 앎과 행동이 일치하는 것이요, 지사행일치知思行一致는 자신의 앎과 생각(뜻)과 행동이 일치하는 것입니다. 자신이 이루고자 하는 뜻(생각)과 앎과 행동이 항상 일치해야 한다는 뜻입니다. 성취의 절대적인 법칙이 아닌가 합니다.

탁월한 성취나 성공을 만드는 것은 '지식'이 아니라 지식을 유용하게 잘 쓸 수 있는 지혜와 행동방식에 있습니다. 허나 그것은 하루아침에 이루어지는 일이 아닙니다. 앎과 생각과 행동이 하나로 조율되는 지사행일치 속에서 조금씩 체득되는 것입니다. 반복된 생각과 행동은 누적 효과를 낳고 관성과 내공을 낳습니다. 변화의 임계점에 이르도록 우리는 저마다 자신의 내공을 충실하게 쌓아야 합니다.

천재가 되는 길은 자신의 원대한 비전을 이룰 수 있는 더 나은 사고방식과 행동방식을 찾는 데 있습니다. 천하의 지혜가 책 안에 있습니다. 폭넓고 정밀한 독서를 통해 천하의 지혜를 자신의 지혜로 만들 줄 아는 이에게 그 길은 언제나 무한대로처럼 활짝 열려 있을 것입니다.

> 행동의 씨를 뿌리면, 습관으로 거두리라. 습관의 씨를 뿌리면, 성품으로 거두리라. 성품의 씨를 뿌리면, 운명으로 거두리라. - 나폴레온 힐

천재가 되는 첩경은 천재처럼 생각하고 말하고 쓰는 것, 더 나은 방식으로 계속 도전하는 데 있다.

내공 전이의
독서 원리

난 경험이 최고의 스승이 아니라 냉정한 평가를 거친 경험만이 최고의 스승이라고 확신한다. - 존 맥스웰

오랫동안 공부를 해오면서 또 효과적인 공부 비결을 고민하면서 확실히 보장할 수 있는 학습의 중요한 원리를 알게 되었습니다. 모든 공부는 기본기에 대한 탄탄한 '내공 쌓기'와 그 내공의 자연스러운 '전이轉移'가 이루어질 때 최상의 효과를 발휘한다는 점입니다.

제가 대학원 재학 시절에 학교에 토익 · 토플 만점을 받은 분이 있었습니다. 일명 영어의 신으로 불리는 그분은 유학도 가지 않고 순전히 한국에서만 공부를 했는데도 그런 실력을 갖추었습니다. 제가 비결이 뭐냐고 물었더니 그분은 이렇게 답했습니다.

"자기 수준에 맞는 마음에 드는 영어 문법책을 하나 골라서, 그 책을 몇 십 번 이상 반복해 읽어서 책을 거의 다 외울 정도로 완벽하게 소화한다.

그런 다음 다른 영어 문법책들을 섭렵하는데, 이미 문법책 하나를 다 외운 상태이기에, 다른 책을 봐도 거의 대부분 아는 내용이어서 다른 책들은 몇 번 읽는 것만으로 쉽게 소화할 수 있게 된다. 그렇게 여러 권의 영어책을 섭렵하고 나면 걸어 다니는 영어책 수준이 된다. 그 상태에선 책뿐 아니라 영어와 관련된 다양한 매체를 접할 때에도 쉽고 빠르게 습득이 가능해진다."

그가 말한 핵심은 한 권의 책을 완벽하게 소화하는 것입니다. 그러면 그 다음부터는 어떤 책을 읽든 '그 내공'을 바탕으로 읽기 때문에 쉽게 소화할 수 있을 뿐 아니라, 이해와 습득이 매우 빠르다는 것입니다. 이처럼 하나의 내공은 다른 것으로 전이가 됩니다. 이를 '내공 전이의 법칙'이라 합니다.

기초부터 충분히 내공을 쌓고 그것을 바탕으로 공부를 확장해 가는 것은 영어뿐 아니라, 모든 공부에 가장 효과적이고 핵심적인 사안이 아닌가 합니다. 제가 계발한 '기적의 한자 암기법'도 이런 원리와 거의 일치합니다. 간단히만 언급하자면, 부수별로 가장 쉬운 글자부터 확실히 외운 다음 그 내공을 바탕으로 그 다음 글자, 다시 그 다음 글자들을 외워 가는 방식입니다. 가장 쉬운 25자를 외우면, 그 25자 외운 내공을 바탕으로 다시 25자를 외우고…… 그렇게 계속 진행해 가면 한자에 대한 이해력과 암기력 자체가 늘어나기에, 많은 글자를 쉽게 외울 수 있습니다.

> 식물의 성장이든, 근육의 성장이든, 정신의 성장이든, 그 성장은 자연의 법칙에 따르기 마련이다. 사전 준비 없이는 강요할 수 없으며, 오늘 하루의 성장이 다음날의 성장을 예비해 주어야 한다. - 프랭크 티볼트

이런 공부법은 오늘의 공부가 내일의 공부를 확실히 예비할 수 있는 방

7 내공축적 전이형 천재독서법

식입니다. 잊어버리거나 세어버리는 누수 현상 없이 차곡차곡 실력이 쌓여 가는 방식입니다. 어떤 공부든 기본 내공이 축적되면 될수록, 공부의 그 다음 단계로 나아가기가 수월해집니다. 관건은 쉬운 순서대로 익히는 것과 가장 핵심적인 것을 완벽하게 습득하고서 그 다음 단계로 넘어가는 것입니다.

예를 들어 영어회화를 공부하는 것도 이와 마찬가지입니다. 가장 많이 쓰이는 핵심 패턴 문장 50문장을 10문장씩 익혀 거의 원어민 수준으로 술술 말할 수 있도록 완벽하게 외우면,* 그 내공으로 다시 50문장을 외우는 것은 처음보다 쉽고 빠르게 됩니다. 이미 50문장을 완벽하게 외운 내공으로 새로운 문상 50개를 외우는 것이기 때문입니다. 그렇게 이미 100문장을 완벽히 암기했으니, 이런 식으로 계속 외워 나가면 몇백 개의 영어 문장을 외우는 것도 한결 수월해집니다.

항아리에 물이 가득 차면 물이 절로 넘치는 것처럼, 공부하는 내용의 기본 토대를 확실하게 쌓고 나면 그 내공을 확장하고 응용하는 것은 점점 더 쉬워집니다. 같은 책을 한 권 읽더라도, 책을 10권 읽은 사람과 100권 읽은 사람과 1,000권 읽은 사람은 독서의 이해와 깊이가 결코 같을 수 없습니다. 저마다 가지고 있는 배경지식의 양과 질 그리고 독서 내공이 다르기 때문입니다. 내공은 쌓으면 쌓을수록 좋은 것입니다. 그 자체가 하나의 실력이기도 하지만, 새로운 것을 쉽게 습득할 수 있는 커다란 자원이 되기 때문입니다.

그런데 이 같은 내공 전이의 법칙은 공부뿐 아니라 삶의 거의 모든 것에 작용합니다. 예를 들어 어떤 어머니가 된장찌개를 아주 잘 끓인다면 그

---

* 한 문장을 소리 내어 30번만 읽으면 충분히 외울 수 있고, 100번 정도 읽으면 더 확실하게 외울 수 있습니다. 특정 문장을 반복해서 듣고 반복해서 따라 외우는 것이 회화 습득의 비결입니다.

분은 된장찌개만 잘하는 게 아니라 다른 음식까지도 잘할 가능성이 높습니다. 한 가지 음식을 잘한다는 것은 이미 음식 만드는 감각이 체득되었다는 것을 의미하기 때문입니다. 내공은 반드시 전이가 되기 때문에 한두 가지 음식을 잘하게 되면, 다른 음식은 금방 쉽게 익힐 수 있게 됩니다.

한 가지 무술을 아주 잘하는 사람은 다른 무술도 빠른 속도로 금방 익힐 수 있을 뿐 아니라 두 가지 무술을 함께 혼용할 수도 있습니다. 그런 이는 어떤 무술을 배우더라도, 자신이 습득한 무술의 감각과 내공으로 새로운 무술을 배우기 때문에 월등히 습득의 질과 속도가 빠릅니다. 예를 들어 태권도를 10년 한 사람이 합기도를 배우면, 합기도 초보자일지라도 태권도 10년 한 내공으로 배우는 것이니 다른 초보자와 결코 같을 수가 없는 것입니다.

이런 대표적인 사례가 있으니, 이소룡이 바로 이런 경우입니다. 그가 미국으로 건너갔을 때는 이미 영춘권에 발군의 실력을 갖추고 있었습니다. 그는 그 영춘권 실력을 바탕으로 다양한 무술인과 교류하면서 아주 짧은 시간에 다양한 무술을 섭렵할 수 있었고, 그것을 바탕으로 고작 서른 살도 되기 전에 자신이 창안한 무술 절권도를 탄생시켰습니다. 이소룡이 짧은 시간에 다양한 무술들을 높은 수준으로 습득할 수 있었던 것은, 영춘권으로 다져진 자신의 무술 능력 때문이었습니다.

우리는 기술적 성취가 물리적 능력의 단순한 습득 이상을 내포한다는 것을 지적해 볼 수 있다. 예컨대 숙련된 외과 의사는 부러진 다리에서 단순히 뼈가 부러진 것 이상을 본다. 그는 골절의 특정 형태를 짚어내며, 정확하게 어떤 외과술이 뼈를 붙이는 데 필요한지를 본다. 마찬가지로 사람들은 미식축구의 빼어난 러닝백이 얼마나 '대단한 시야'를 갖고 있는지, 농구의 포인트가드가 얼마나 특출한 '코트 감각'을 가지고 있는지 얘기한다. 이렇듯 외과 치료나 달리기 또는 체스의 특별한 기술들은 그런 기술을 가지지 않은 사람은 볼 수 없는 의미심장한 차이를 볼 수 있게 해준다.

- 휴버트 드레이퍼스 · 숀 켈리, 김동규 역, 《모든 것은 빛난다》에서

우리가 뭔가를 안다고 하거나, 뭔가를 할 줄 안다고 했을 때, 그 '안다'와 '할 줄 안다'에는 수많은 수준과 격차가 있음을 인지해야 할 것입니다. 예컨대 테니스를 칠 줄 안다고 했을 때, 클럽에서 취미 수준으로 몇 달 배운 수준에서 세계 챔피언 수준에 이르기까지 그 '할 줄 안다'에는 수많은 수준과 격차가 존재합니다. 은유법에 대해서 안다고 했을 때, 중학생이 아는 은유에 대한 앎의 수준과 시학 교수가 아는 은유에 대한 앎의 수준은 확연히 다른 것입니다.

이처럼 하나의 능력이나 기술, 지식에 대한 앎에는 수많은 수준이 존재합니다. 그러므로 우리는 우리가 안다고 여기는 것이 정말로 아는 것인지, 그 수준이 어느 정도인지를 생각해 보아야 합니다. 내가 안다고 여기는 것이 피상적인 수준일 수도 있고, 설사 그 앎의 수준이 비교적 높다 하더라도 아직 최고 수준이나 완벽한 상태가 아닐 수도 있습니다. 70% 이해한 것과 80% 이해한 것은 다릅니다. 또 90% 소화한 것과 100% 소화한 것은 다릅니다.

어떤 앎이든 100%가 아닌 것은 아직 완전히 다 알지 못한 것이며, 이는 배울 게 아직 남아 있다는 뜻입니다. 그런 점에서 우리는 자신이 '안다는 것'에 대해 쉽게 확신하거나 쉽게 자만해서는 안 될 것입니다. 무엇에 대해서든 완벽하게 안다는 것은 쉬운 일도 아니요, 흔한 일도 아니기 때문입니다.

《모든 것은 빛난다》엔 이런 구절이 있습니다. "나무는 자기를 최선의 상태로 만드는 방법을 아는 숙련된 개인에게만 그 미묘한 덕성을 드러내

며, 이해심 많은 친구가 되어 준다. 이런 의미에서 목공 작업은 친밀감과 가치 있는 의미들로 가득한 성스러운 의식과도 같다."

오랜 세월 내공을 쌓아온 뛰어난 목수가 아니라면 나무를 매만질 때 느껴지는 나무의 미묘한 덕성을 어찌 알겠습니까. 나무에 대한 이러한 앎은 남들이 쉽게 넘볼 수 없는 높은 경지이겠지요. 나무에 대한 깊은 앎의 수준인 목공 작업이 '친밀감과 가치 있는 의미들로 가득한 성스러운 의식'이 될 수 있다면, 세상에 존재하는 다른 모든 일 또한 그러할 수 있을 것입니다.

책을 처음 읽었을 때와 나중에 다시 읽었을 때의 느낌이 사뭇 다를 때가 종종 있습니다. 처음엔 별로였는데 나중에 다시 읽었을 때는 크게 와 닿는 경우가 있고, 또 그 반대로 처음엔 신선했으나 다시 읽을 땐 덤덤한 경우도 있습니다. 같은 책도 20대에 읽을 때와 30대나 40대에 읽을 때의 느낌이 다릅니다. 또 50대, 60대에 읽을 때의 느낌은 또 다를 것입니다. 독서력이 쌓이고 나면, 예전에 어렵고 재미없던 책이 재미있어지고, 도리어 예전에 재미있던 책이 시시하게 느껴지기도 합니다. 저마다의 안목과 감성과 필요에 따라 또 독서력과 배경지식과 경험치에 따라 책 읽기는 매순간 정말 다양한 '결'과 '수준'이 존재합니다. '읽었다'라는 말 속에는 수천수만 가지의 다른 '읽었다'가 존재하는 것입니다.

"책을 읽는 독자의 수준이 높을수록 책을 통해 많은 것을 배울 수 있고, 얻을 수 있고, 깨달을 수 있다."(김병완) 좋은 책을 접하고서도, '이 책은 별로'라고 함부로 폄하하는 이들을 종종 보게 됩니다. 그런 이들은 자신이 책을 제대로 볼 안목이 있는지, 그 내용을 충분히 소화했는지를 먼저 살펴보아야 할 것입니다.

한 권의 책을 읽는 것도 마치 목수가 나무의 미묘한 덕성을 아는 것처럼, 그 책의 가치를 진정 제대로 음미하고 소화할 수 있는 수준이 분명 존재할 것입니다. 친밀감과 가치 있는 의미들로 가득한 책 읽기가 아니라면,

우리는 그것을 안다고 말하기 쉽지 않듯이, 읽었다고 말하기 쉽지 않을 것입니다. 제대로 아는 것이 아니면 아는 것이 아니요, 제대로 읽은 게 아니라면 읽은 게 아닐 수도 있기 때문입니다.

① 부분 정독법

위의 내용을 바탕으로 몇 가지 독서법을 살펴보겠습니다. '부분 정독법'은 어려운 책이거나 꼭 내용을 완전히 숙지해야 하는 경우, 책 전체를 처음부터 끝까지 읽는 게 아니라, 부분 부분을 나누어 정독하는 방법입니다. 가령, 총 10장으로 된 책을 읽는다면 다음과 같은 방식으로 읽습니다.

이렇게 각 챕터를 순서대로 3번 정도 반복해서 읽는 것입니다.(혹은 3번 이상도 가능) 그러면 한 챕터 내용을 충분히 소화한 다음, 그 이해를 바탕으로 그 다음 장을 읽게 됩니다. 마찬가지로 1, 2장의 내용을 충분히 소화한 다음 그 이해를 바탕으로 다시 그 다음 장으로 순차적으로 넘어가기 때문에 책의 어려운 내용도 다소 소화하기가 쉬워집니다.

말 그대로 부분 부분을 반복 정독해서 내용 하나하나를 완전히 소화하고 넘어가는 독서 방식입니다. 이는 잠심潛心해서 책 내용을 완전히 소화하고 싶을 때 적절한 방식입니다. 그렇게 해서 같은 방법으로 전체를 10번을 반복하면, 3 곱하기 10이니까 30독이 되는데, 그러면 책 내용을 거의 완전히 소화하게 될 것입니다. 만약 그 이상의 반복과 반복을 거듭한다면 책 내용이 무의식 차원으로 스며들 것이며, 그렇게 정밀하게 계속 반복하면 거의 저자 수준에 도달하게 될 것입니다.

'부분 정독법'은 깊이 읽고 정확히 소화하는 데 매우 적절한 방법입니다. 책의 성향과 개인의 의도에 따라 '부분 정독법'을 여러 가지 형식으로 활용할 수 있을 것입니다.

> 고승덕 변호사는 책을 3번 정도 읽고 치른 시험에서 번번히 낙방하자 그 이후에는 '럭키세븐', 즉 책을 최소한 7번 정도 읽고 시험을 보았다고 합니다. 행정고시를 볼 때는 책을 15번 정도 읽었으며, 펀드 매니저 시험을 볼 때는 20번 정도를 읽었다고 합니다.
>
> – 박인수, 《공부 속독법》에서

어떤 분야든 일단 한번 내공이 출중하게 쌓인 다음엔, 단번에 다른 것들을 꿰뚫어 보게 됩니다. 책도 마찬가지여서, 책 하나를 제대로 깊이 읽게 되면 다음에 어떤 책을 읽든 그 내공으로 읽게 되기 때문에 책을 쉽고 빠르게 소화할 수 있습니다. 반복을 통해 온전히 내 것으로 만드는 것, 그것이 사언필 천재독서법의 핵심 전략이자 목표입니다. 아울러 그것은 언제나 '잠심과 숙독'에서 만들어질 것입니다.

② 도미노 순환 독서법

한 분야의 지식을 습득하는 경우 '도미노 순환 독서법'이 효과적일 수 있습니다. 예를 들어 '심리학 책 10권'을 읽는다고 할 때, 가장 쉬운 순서로 10권을 차례대로 다 읽고, 다시 처음부터 순서대로 10권을 읽는 방식입니다.

1권 ⇒ 2권 ⇒ 3권 ⇒ 4권 ··· 10권

(제일 쉬운 책)　(다음으로 쉬운 책)　　　　　　　　　　　(가장 어려운 책)

그러면 2권을 읽을 때는 1권을 읽은 내공으로 읽게 됩니다. 3권은 1, 2권의 내공으로, 10권은 1~9권의 내공으로 읽게 됩니다. 이렇게 쉬운 순서대로 배경지식을 쌓고 읽으면 그 다음 단계를 소화하기가 훨씬 수월하게 됩니다. 그리고 10권을 다 읽은 후 돌아와서 재독하게 뇌면(순환) 1권을 읽을 때 나머지 9권의 내공으로 연계해서 읽게 되고, 2권을 읽을 때도 나머지 9권의 내공으로 연계해서 읽게 됩니다. 그러면 1독을 했을 때보다 훨씬 깊이 있게 읽을 수 있을 것입니다.

이렇게 쉬운 순서로 순환 반복해서 읽으면 이해와 지식이 자연스럽게 적층됩니다. 그러면 잘 모르는 비전공 분야의 책도, 도미노 넘어가듯 쉽게 섭렵할 수 있을 뿐 아니라 깊은 이해와 통찰력을 아울러 가질 수 있게 됩니다.

> 좋은 기억은 이해에서 시작됩니다. 그리고 이해가 잘되기 위해서는 배경지식이 중요합니다. 이해하는 활동이 곧 기억의 시작이며, 오랫동안 기억할 수 있는 장기 기억의 출발점이라는 사실을 잊지 말아야 합니다. (…) 공부를 통해 목표와 꿈을 이룬 사람들의 공통점 중의 하나는 최대한 많이 이해하려고 노력한다는 것입니다. - 박인수

박인수 저자는 충분한 이해 속에서 좋은 기억이 나오는 것이기에 '이해 80/기억 20'의 공부법을 강조합니다. 그만큼 이해가 중요하다는 뜻입니다.

책을 읽을 때도 기억보다 이해가 먼저이니 '최대한 깊이 이해하는 것'은 잘 기억하는 지름길일 뿐 아니라, 책 내용을 내 것으로 체득하는 첩경이 될 것입니다. 무엇보다 내공이 축적될 수 있도록, 그리고 그 내공이 최대한 잘 활용될 수 있도록 책을 읽어야 할 것이니, 책을 최대한 깊이 이해하도록 읽는 것은 독서 효과를 최고치로 만드는 관건이 될 것입니다.

③ 연쇄적 상호 주석법

책을 읽다 보면 이 책을 읽을 때 이해가 안 되었던 내용이 저 책을 읽을 때 이해가 되는 경우가 있습니다. 이처럼 상호 주석법은 하나의 책이 마치 주석처럼 다른 책을 읽는 데 도움을 주는 경우를 말합니다. 책과 책의 결합이 만드는 시너지 효과라 하겠습니다.

A 책을 읽었을 때는 이해되지 않던 것이 B 책을 읽고 나서 다시 읽으면 이해가 됩니다. B 책을 읽을 때는 깊이 이해하지 못했던 것을 C 책을 읽고 나서 다시 읽으면 깊이 이해가 됩니다. C 책을 읽을 때는 그다지 깊이 인지하지 못했던 것을 A 책을 읽으면서 깊이 자각이 됩니다. 처음 읽었을 때는 별로 와 닿지도, 깊이 소화하지도 못했던 것을 다른 여러 책을 본 후에 다시 읽으면 절실하게 와 닿고, 훨씬 더 깊이 이해하게 됩니다.

책과 책이, 독서와 독서가 연결되면 시너지 효과가 일어납니다. 상호 주석법은 이와 같이 이 책과 저 책이 서로의 주석이 되어 주는 것입니다. 이는 인식의 확장과 이해의 폭과 깊이를 더해 주는 좋은 독서법입니다. 이것은 앞서 배운 연관적 사유와도 매우 깊은 관련이 있습니다. 이왕이면 의도적으로 자신이 읽었던 다른 책과 연관해서 읽으면 정신적 시야와 사고력을 높이고 다양한 맥락을 통찰할 수 있는 좋은 루트가 될 것입니다.

그들은 글 뒤에 숨어 있는 속뜻과 그 응용 방법을 생각하고, 논거와 결론을 구분 지으려고 했다. 한 가지 아이디어나 추론의 방향 또는 사실이 글 전체 맥락에 어떤 영향을 미치는지, 그리고 그것이 자신이 이미 배운 것과 어떻게 연결되는지 파악하려고 애썼다. 요컨대, 이들 심층적 학습자는 마치 보물찾기를 하는 다섯 살짜리 아이처럼 열정적으로 과제에 임해 분석, 종합, 평가, 이론화 같은 기술들을 상용했다.

- 켄 베인, 이영아 역, 《최고의 공부》에서

어떤 책을 대하든 피상적 학습자가 아니라 심층적 학습자의 태도로 읽어야 할 것입니다. 다양한 맥락의 연관적 사유를 통해 책을 읽는 것은 심층적 독서를 만드는 핵심 비결입니다. 이 책과 저 책이 서로 주석이 되는 상호 주석법은 분명 사고와 지식의 탄탄한 그물망을 만들어 줄 것입니다.

다다익선이라는 말이 있지요. 이는 독서에도 적용되는 말이니, 역설적이지만 깊이 알기 위해선 넓게도 알아야 합니다. 넓은 시야와 다양한 맥락을 더 많이 알수록 통찰도 더 뛰어나게 될 테니까요!

어떤 책을 읽든 그 책은 독자가 가지고 있는 식견과 배경지식을 바탕으로 읽기 때문에, 읽은 책이 많아서 식견과 배경지식이 풍부할수록 책을 더 깊이 소화할 수 있게 됩니다. 아울러 읽은 책이 많아질수록 내면의 주석 체계가 커져서 연관적 사유를 할 수 있는 폭도 더 넓어집니다.

누적 효과에 의한 양질전환의 법칙은 모든 독서에 적용되기에, 지식의 그물망이 넓고 촘촘해질수록 점점 더 자신감과 실력이 쌓여 갈 것입니다. 때문에 많이 읽는 것과 함께 '서로 연결해서 읽는 습관'을 들인다면 분명 독서력이 나날이 신장될 것입니다.

④ 속독, 천재의 고속도로

책 두 권 읽는 사람이 책 한 권 읽는 사람을 지배한다. - 링컨

빨리 읽는 것보다 제대로 읽는 것이 중요합니다. 하지만 제대로 읽으면서 빨리 읽을 수도 있다면 느리게 읽는 것보다 빨리 읽는 것이 훨씬 더 유리할 것입니다. 예를 들어 다섯 시간에 책 한 권을 읽는 사람은 열 시간에 한 권을 읽는 사람보다 훨씬 더 시간과 노력을 아낄 수 있으며, 같은 시간에 두 권의 책을 읽을 수 있습니다. 이것을 확대해서 환산해 보면 같은 시간과 노력으로 후자가 100권 읽을 때 전자는 200권을 읽게 되며, 후자가 500권 읽을 때 전자는 1,000권을 읽게 됩니다. 무궁화호와 KTX가 사뭇 다른 것처럼, 이는 실로 엄청난 차이입니다. 읽기 속도가 단지 두 배 차이가 날 때가 이렇다면, 읽는 속도가 서너 배 이상으로 차이가 날 때는 읽는 양의 차이가 훨씬 더 많아질 것입니다.

같은 사람일지라도 그가 백여 권의 책을 읽었을 때와 천여 권의 책을 읽었을 때는 결코 같은 수준의 사람일 수가 없습니다. 적게 읽는 것보다 많이 읽는 것이 모든 지적 능력 차원에서 훨씬 더 유리하다는 것은 두말할 나위가 없습니다. 시험 점수에서 100점과 50점이 다른 것처럼, 100권 읽은 것과 50권 읽은 것은 같을 수가 없습니다. 똑같은 시간과 노력을 들이고도 읽기 속도가 느리면 비교할 수 없을 정도로 불리해지는 것입니다.

속독은 천재가 다니는 고속도로라고 할 만큼 독서 효과에 있어 절대적으로 유리한 능력입니다. 천재들이나 탁월한 성취를 이룬 인물들이 대부분 책 읽는 속도가 빨랐던 것도 이 때문입니다. 예컨대《48분 기적의 독서법》의 저자 김병완 씨가 3년 동안 9천여 권의 책을 읽고 해마다 10권 이상의 책을 집필할 수 있는 것도 모두 엄청난 수준의 속독이 가능했기 때문

입니다. 그가 말하는 48분 독서법도 실은 속독이 안 되는, 즉 책 읽는 속도가 느린 이에겐 전혀 불가능한 것입니다.*

우리가 지닌 생의 시간과 노력이 유한하기에, 많은 책을 읽을 수 있으려면 읽기 속도가 빠른 것이 절대적으로 유리합니다. 만약 두세 시간에 한 권의 책을 읽을 수 있다면 그는 몇 년 안에 천 권이 넘는 책을 읽을 수도 있을 것입니다. 그렇다면 그는 천 권의 시야로 삶의 모든 것을 접하게 될 것입니다. 책을 적게 읽은 사람이 어찌 그런 사람의 식견을 따라갈 수가 있겠습니까.

천재독서법을 실행하려면 적어도 300페이지 내외의 책을 5시간 이내에는 읽을 수 있어야 합니다. 그렇지 않으면 시간과 노력이 너무 많이 들 뿐 아니라 진척이 매우 늦을 것이기 때문입니다. 읽기 속도가 이 정도가 안 되는 이는 무엇보다 속독부터 배우기를 권합니다. 요즘은 속독에 대한 좋은 책이 많으니 그런 책을 참고해도 될 것입니다. 책을 많이 읽는 과정에서 저절로 책 읽는 속도가 빨라지는 경우도 있지만, 속도 면에서 거의 진전을 얻지 못하는 경우도 많습니다. 읽기 속도는 천재독서플랜을 실행하는 데 승패의 관건이 될 만큼 중요한 사항입니다. 때문에 뜻을 이루고자 한다면 무슨 일이 있어도 이 문제부터 반드시 해결해야 할 것입니다.

책을 꼼꼼히 읽는 정독과 음미하며 익숙하게 읽는 숙독과 빠르게 읽는 속독, 이 삼독이 결합되면 최상의 독서법이 갖춰질 것이니, 삼독이 선순환하도록 하는 것은 천재독서법의 제일 좋은 직행노선이 될 것입니다.

---

* 그는 책 한 권 읽는 데 걸리는 시간을 평균 1시간 40분으로 잡았는데, 이 정도는 속독 수준이며 이렇게 빨리 책을 읽을 수 있는 사람은 매우 드뭅니다.

지사행일치知思行一致의 감성 독서법

책의 내용이 머리로 이해되는 경우와 가슴으로 이해되는 경우가 있습니다. 머리로만 읽는 독서는 지식 습득의 차원에서 멈추지만, 가슴으로 읽는 독서는 마음과 의식의 변화를 함께 불러옵니다. 아울러 머리와 가슴으로 읽는 독서는 이성과 감성을 동시에 발달시킵니다. 이성과 감성이 조화될 때 온전한 사람이 될 수 있는 것처럼, 사람을 변화시키고 삶을 변화시키는 진정한 독서는 바로 머리와 가슴으로 함께 읽는 독서일 것입니다. 때문에 머리로만 읽는 독서는 반쪽짜리 독서일 것이니, 진정한 독서의 가치를 모르는 것이라 하겠습니다.

감성으로 공부를 하면 하나를 배워도 새로운 안목이 생기고, 관련 지식들이 기하급수적으로 연결되면서 더 넓은 지식의 그물망으로 확장된다. 처음엔 발전이 느려 보여도 그렇지 않은 사람과의 격차는 점점 더 커진다. (…) 감동은 암기의 어머니다. 사소한 일에도 깊은 감동을 받아야 더 많은 현상을 암기할 수 있다. 사소한 일에도 감동을 받으려면 현상의 미묘한 차이에도 마음이 뭉클해지는 감성이 살아 움직여야 한다. - 조승연

감성이 기억에도 큰 영향을 끼친다는 것은 이미 뇌과학에서도 밝혀진 진실입니다. 어떤 대상(지식)이든 인상적인 느낌을 가질 때, 즉 감정이 더해질 때 더 기억에 오래 남는다고 합니다. 학습 차원뿐 아니라 일상생활에서도 인상적인 일들이 기억에 오래 남는 것은 이 때문입니다.(첫사랑이 오래 기억되는 이유도 이와 같습니다.) 감정이 뇌를 자극한다는 것은 뇌와 가슴이 연결되어 있음을 의미합니다. 이는 아울러 감성이 배제되면 이성의 기능도 약화될 수 있음을 시사합니다.

감성은 이성이 제 기능을 할 수 있도록 돕는 윤활유 역할을 합니다. 따분하다고 느끼는 책은 머릿속에도 잘 담기지 않을 것입니다. 반면 자신에게 감동적인 책은 마음의 느낌에도 머릿속의 기억에도 더 오래 남을 것입니다. 머리로만 읽는 독서가 아니라, 뇌와 심장으로 함께 읽는 독서를 해야 하는 이유는 이 때문입니다. 아울러 그런 독서라야 뇌를 바꾸는 독서를 넘어, 의식과 영혼을 바꾸는 독서를 가능케 할 것입니다.

"아는 만큼 보인다."는 말이 있다. 자기 자신을 명품으로 만들려면 더 많이 보고, 더 많이 읽고, 더 많이 듣고, 더 많이 생각하고, 더 많이 경험하고, 디 많이 느끼고, 더 많이 만져 보면서 예술적 안목부터 길러야 한다. 명품 가방 하나를 보더라도 단순히 남들에게 보이는 상품 로고만 신경 쓰지 말고 가방의 작품성과 장인의 숨겨진 감성을 발견하며 생활 속에서 지식의 그물망이 작동하도록 해보자. 책 한 권을 읽어도 마구 읽어 치우지 말고 한 줄 한 줄 깊은 의미를 음미하면서 작가가 숨겨 둔 미세한 감각과 문화적 배경을 내 것으로 만들겠다는 생각으로 읽어야 지식의 그물망과 예술적 안목이 동시에 자란다.

– 조승연,《그물망 공부법》에서

조승연이 말한 '한 줄 한 줄 깊은 의미를 음미하면서 작가가 숨겨둔 미세한 감각과 문화적 배경까지 파악하는 것'이 바로 감성과 이성의 조화된 읽기입니다. 그는 그렇게 책을 읽을 때 '지식의 그물망과 예술적 안목이 동시에 자란다'고 이야기하고 있습니다. 그 결과를 그는 이렇게 적고 있습니다.

"그렇게 되면 세상 구석구석에서 보고 느낀 것들이 내가 방금 교과서에서 본 내용이나 수업에서 들은 내용과 관계가 깊다는 사실을 발견할 수 있고, 내가 전혀 관계가 없다고 생각했던 지식들이 사실은 모두 하나로 이어져 세상사를 움직인다는 것을 알게 된다. 머릿속에 모인 지식들이 서로 연결되면서 '번쩍' 하는 깨달음을 느낄 수 있고, 그 순간 자신도 모르게 배움의 희열을 느끼게 된다. 이 희열이 바로 공부가 재미있게 느껴지는 에너지의 원천이며, 여기에 중독이 되면 누가 말려도 생활 속 모든 현상을 공부로 바꾸는 그물망 공부법의 주인이 될 수 있다."

감성은 지식과 뇌를 연결시킬 뿐 아니라, 지식과 체험을 연결시키고, 배움과 삶을 연결시킵니다. 언제 어디서든 또 무엇을 접하든 감성이 살아 있을 때 더 잘 보고, 더 잘 느끼고, 더 잘 배울 수 있게 됩니다. 무엇에 흥미가 있다는 것은 곧 무엇에 감정이 움직인다는 뜻입니다. 즉 감성이 살아 있는 공부는 삶의 모든 영역에 닿는 '지적 감수성'으로 직결됩니다. 지적 감수성이 풍부하면 삶의 모든 것이 배움과 연결될 수 있습니다. 그가 지식의 그물망과 예술적 안목이 동시에 길러진다고 말한 것은 이 때문입니다.

책을 읽고 공감하려면 무엇보다 이성의 이해 능력뿐 아니라 잘 느낄 수 있는 감성이 살아 있어야 합니다. 공감이라는 것 자체가 감성에서 시작됩니다. 이 말을 달리 하면 뛰어난 공감 능력은 풍부한 감성에서 비롯된다는 뜻입니다. 감성 능력이 뛰어나야 책을 풍요롭게 읽을 수 있으며 깊이 소화할 수 있습니다.

그러나 이성과 감성의 조화된 읽기의 진정한 가치는 의식 수준의 변화와 삶의 성장에 있을 것입니다. 즉 책과 삶이 하나될 수 있는 독서를 가능케 하기 위한 것입니다. 어떤 공부를 하든 모든 공부는 삶을 위한 공부, 삶과 함께하는 공부, 삶을 꽃피우는 공부여야 합니다. 마찬가지로 모든 독서는 삶을 위한 독서, 삶과 함께 하는 독서, 자신과 삶을 꽃피우는 독서가 되어야 합니다. 독서를 하고서도 삶의 의미 있는 변화를 만들어 내지 못한다면 그 독서의 가치는 빛을 발하지 못할 테니까요.

나도 머리로는 이 책에 있는 것을 모두 알고 있었지만 스스로 달라지려는 노력을 기울이기 전까지 지식은 나의 삶에 아무런 영향을 끼치지 못했다.

– 브루스 H. 립턴 박사

책을 읽는 목적도 또 읽는 수준도 실로 천차만별일 것입니다. 단지 재미를 위해서나 지식을 얻는 독서 차원에서 그치는 것이 아니라 '삶을 변화시키는 독서'가 되려면 어떻게 해야 할까요? 책을 읽고서도 삶이 변화되지 않는 데는 분명 나름의 이유가 있을 것입니다. 책을 읽는 진정한 가치가 삶의 변화와 성장에 있다면 우리는 응당 그 이유에 대해 알아야 할 것입니다.

나는 독서의 목적이 수신제가치국평천하修身齊家治國平天下라고 믿는다. 세상에는 책에 파묻혀 살면서도 자기 앞길도 제대로 헤쳐나가지 못해 가정의 애물단지로 전락한 사람들이 있다. 인간답게 살고 싶어서 인문학 독서를 한다고 하면서도 사회 정의나 봉사, 기부의 삶에 철저하게 무관심인 사람들도 있다. 나는 그런 독서를 싫어한다. 나는 독서를 통해 비정규직이 CEO가 되고, 빚에 허덕이던 가정이 정상으로 돌아가고, 사회 정의에 무심하던 사람이 움직이기 시작하고, 기부와 봉사에 대해 '언젠가는'이라고 말하던 사람이 '지금 당장' 변하는 것을 좋아한다.

– 이지성 · 정회일,《독서천재가 된 홍대리》에서

지식을 얻기는 쉬워도 지혜를 갖기는 쉽지 않으며, 책을 많이 읽는 것은 어렵지 않아도 마음과 의식 수준을 바꾸기는 어렵습니다. 고상한 말을 배우거나 떠들기는 쉬워도 그것을 실천적 모범으로 보이기는 쉽지 않습니다. 마찬가지로 누구나 삶의 변화를 바라지만 그보다 앞서 자신의 내면과 행동을 변화시키는 데 적극적인 이는 드뭅니다.

세상에 지식이 많은 사람은 숱하게 있지만 마음과 행실이 아름다운 사람, 의식 수준이 높은 사람은 많지 않습니다. 또 책을 읽는 사람은 많지만 책으로 삶의 진정한 변화를 이루는 이는 많지 않습니다. 그것은 대부분 크게 두 가지 이유 때문입니다. 첫째, 책을 머리로만 읽고 가슴으로는 읽지 않기 때문입니다. 둘째, 제대로 읽고 충분히 체득하지 않았기에 앎과 생각이 행동으로 이어지거나 일치가 되지 않기 때문입니다.

단지 정보나 지식을 얻는 것이 목적인 경우에는 책을 머리로만 읽어도 상관이 없겠지만, 그런 수준이 아니라 자신을 변화시키고 삶을 변화시키는 독서가 되려면 반드시 머리와 가슴으로 함께 읽어야만 합니다. 왜냐하면 사람의 이성과 감성은 반드시 연동하는 것이며, 이성뿐 아니라 감성(마음) 차원까지 변화가 일어나야 실질적인 내면의 변화가 이루어지며, 내면의 확실한 변화가 있어야 행동의 변화가 생기기 때문입니다. 어떠한 마인드나 의식 수준이란 이성과 감성의 통합 수준인 것입니다.

> 예수를 믿는 사람, 그 믿음을 과시하는 사람은 많아도 예수처럼 사는 사람은 드물다. 니체가 예수만이 유일한 기독교도였다고 한 것은 그런 뜻에서였다. 천국은 예수의 실천 속에 있는데도 사람들은 그것이 예수에 대한 믿음에 달렸다고 착각한다. 물론 이는 기독교만이 문제가 아니다. 좋은 말씀을 듣고 읽은 우리 모두의 문제다. 우리는 무소유 정신을 갈파한 어느 스님의 책을 백만 권 넘게 사지만 정작 무소유를 실천하지는 않는다. 우리는 좋은 말을, 박물관이나 명승지를 관람하듯, 그저 듣고 구경하면서 입장료로 책값을 내는 것이다.
>
> - 고병권, 《철학자와 하녀》에서

철학자 고병권 선생은 '머리로만 읽는 책 읽기'에 대한 통렬하고도 의미심상한 비판을 던지고 있습니다.* 너무나 많고 많은 사람들이 좋은 말이나 책을 박물관이나 명승지 관람하듯 그저 읽고 아는 데 그칩니다. 책 읽기가 지식 유람이나 지적 유흥 수준에서 그치는 것입니다. 세상에 부조화와 갈등이 끊이지 않는 것도, 빛과 소금과 같은 사람이 적은 것도 기본적으로 이와 같은 이유 때문일 것입니다. 예를 들어 선행에 대한 진정한 앎은 지식 차원이 아니라, 선행에 대한 의지(심리적 태도)와 행동 속에 있을 것입니다.

때문에 행동이 없는 지식은 제대로 아는 것이 아니요, 삶의 변화가 없는 독서는 제대로 된 독서가 아닐 것입니다. 행동이 없는 지식인은 반쪽짜리 지식인이듯, 머리로만 읽고서 내면의 변화를 이루지 못하는 독서는 반쪽짜리 독서일 것입니다. 요컨대 반쪽짜리 독서로는 삶이 변할 까닭이 없습니다.

결국 인생이란 무엇인가? 시간의 흐름과 함께 현실을 경험하는 것이다. 하지만 어느 순간이든 붙잡아 그 역사적 · 사회적 맥락을 이해하고 분석해 자신의 경험에 통합시킬 수만 있다면, 우리는 똑같은 시간과 공간에서 훨씬 더 많은 것을 끌어내 인생을 넓혀 나갈 것이다. 시카고 대학교의 사회학자 앤드루 애벗은 몇 년 전 학생들에게 이렇게 말했다. "기회가 주어졌는데도 모든 수단을 이용해 경험을 넓히지 않는 건 바보짓입니다."

– 켄 베인, 이영아 역,《최고의 공부》에서

아무리 좋은 책일지라도 책은 그저 하나의 삶의 지도일 뿐 실제 삶이

---

* 법정 스님도 이와 같은 취지의 말씀을 남긴 바 있습니다. "예수의 자취가 2천 년 전에 있었던 역사적인 사실로 남아 있다면 아무 의미가 없다. 그 생애의 의미가 우리 자신의 삶과 하나가 될 때 우리는 거듭날 수 있고, 그리스도는 우리 안에서 다시 부활할 수 있다."

아닙니다. 아울러 그것은 타인의 삶에서 나온 것이지 '내 것'이 아닙니다. 내 밖의 지식이 내 안의 지혜가 되려면 반드시 자기화의 과정을 거쳐야 합니다. 따라서 책 읽기는 반드시 내 삶과 연결되는 것이어야 하며, 나의 내면과 행동에 접속되는 것이어야 합니다. 앎과 생각(마인드)과 행동이 일치되는 독서를 지향해야 하는 것은 진정한 독서를 위한 필연인 것입니다.

삶이 변화되는 독서를 체험하는 이는 아마도 그러한 필연을 잘 따르는 이들 속에서 나올 것입니다. 가수가 감정을 담아 노래를 부르듯, 어떤 책을 읽든 한 줄을 읽더라도 마음을 담아서 읽어야 할 것입니다. 진정 마음이 가는 곳에 내 영혼과 내 삶의 그림자도 함께 따라갈 테니까요.

옛날에 한 제자가 물었다.

"스승님, 경건한 삶의 절반은 사람과 어울리는 것인지요?"

스승이 대답했다.

"아니다. 경건한 삶 전체가 사람과 어울리는 것이다."

남다른 내공을 쌓고 그 내공을 잘 활용하라. 그것이 천재의 비결이다.

CHAPTER 8

천재를 만드는 책

"현자는 많은 것을 아는 것이 아니라
쓸모 있는 것들을 안다."
– 에머슨

"걸출한 성취를 이룬 사람들은
대부분 강한 내적 충동을 가지고 있기 때문에
다른 사람들도 자극하고 격려할 수 있다."
– 진 랜드럼

영성철학과
성공학의 결합

천재독서법의 핵심 사안은 '어떻게 읽느냐'와 '어떤 책을 읽느냐' 이 두 가지일 것입니다. 이제 천재를 만드는 책에 대해서 살펴볼까 합니다.

그저 좋은 책들은 읽지 않아도 된다. 최고의 책들만 읽어라, 좋은 책들을 다 읽으려면 평생이 걸려도 모자랄 것이다. - 에디슨

어떤 분야든 모든 성취에는 '정신적인 면'과 '방법적인 면', 이 두 가지 측면이 내재되어 있습니다. 예를 들어 공부를 잘하려면, 공부를 하려는 확고한 마음(좋은 마인드)이 있어야 할 것이고, 또 공부를 효과적으로 할 수 있는 방법(요령)이 있어야 할 것입니다. 두 가지 중에 하나만 부족해도 공부를 잘하려는 목표를 이루기는 쉽지 않을 것입니다.

어떤 이가 위대한 대통령이 되려고 할 때 무엇이 필요할까요? 위대한 리더가 되려면 무엇보다, 위대한 마인드와 위대한 지혜(방법)가 구비되어

야 할 것입니다. 위대한 대통령이 되려면 사사로운 욕심을 버리고 공익과 선정善政에 헌신할 수 있는 높은 뜻과 이상이 있어야 할 것입니다. 아울러 그러한 자신의 뜻과 비전을 현실화시킬 수 있는 뛰어난 지혜와 방법이 있어야 할 것입니다. 둘 중에 하나만 부족해서도 위대한 리더가 되기는 어려울 것입니다. 결론은 위대한 마인드와 탁월한 지혜(실력)가 반드시 함께 구비되어야 한다는 것입니다.

그 어떤 분야든 이러한 이치는 동일하게 적용됩니다. 탁월한 성취를 이룬 이들은 예외 없이 훌륭한 마인드와 뛰어난 지혜를 함께 갖춘 이들입니다. 달리 표현하면 좋은 멘탈과 뛰어난 노하우를 함께 가지고 있는 것입니다.

이는 하나의 공식이자, 하나의 섭리입니다. 때문에 천재나 위대한 인물이 되고자 한다면, 반드시 위대한 마인드와 탁월한 성공의 지혜를 함께 갖춰야 할 것입니다. 그래서 우리가 읽어야 할 천재교과서는 크게 다음 두 가지입니다.

〈천재를 만드는 2가지 책〉
- 영성철학책 – 영적 깨달음에 대한 책
- 성공학책 – 자기 계발, 두뇌 계발/학습 계발

부자는 부자 마인드를 가지고 있고, 우등생은 우등생 마인드를 가지고

8 천재를 만드는 책

있고, 성자는 성자 마인드를 가지고 있고, 범죄자는 범죄사 마인드를 가지고 있습니다. 결국 한 사람의 '정신세계'가 그의 인생을 결정짓는 것입니다. 한 사람의 마인드는 그 삶의 거푸집과 같습니다.

즉 위대한 인물이 되려면 제일 먼저 '위대한 정신'을 가져야 하고, 큰 인물이 되려면 제일 먼저 '큰 생각'부터 가져야 합니다. 내면의 정신세계는 모든 것의 출발점입니다. 그렇기에 '위대한 정신이 담긴 책'을 읽는 것은 위대한 정신세계를 갖추는 데 최적의 방법이 될 것입니다. 마찬가지로 큰 성취를 이룬 이들은 그렇게 성공할 수밖에 없는 좋은 멘탈과 아울러 그런 성취를 가능케 한 '뛰어난 지혜'를 가지고 있습니다. 그래서 '성공의 지혜(방법)'를 배울 수 있는 있는 최고의 책들을 읽으면, 성공의 지혜와 노하우를 곧장 전수받을 수 있게 됩니다.

그렇다면 어떤 책이 그러한 위대한 마인드와 성공의 지혜를 우리에게 가르쳐 줄 수 있는 최적의 책일까요? 위대한 정신을 만들 수 있는 최고의 책은 영성철학이 담긴 책이고, 성공의 지혜를 배울 수 있는 최고의 책은 성공학 책입니다. 이왕이면 영성철학과 성공학 중에서도 가장 뛰어나고 효과적인 '최고의 책들'을 읽어야 할 것이요, 이 책들이 담고 있는 정수가 내 것이 될 수 있도록 충분히 소화해야 할 것입니다.

> 무엇보다 먼저 좋은 책을 읽어라. 그렇지 않으면 결국 평생 그 책을 읽을 기회를 놓치게 될 것이다. – 소로우

위대한 마인드와 성공의 지혜를 갖췄다는 것은, 달리 표현하면 영성지능과 성공지능이 높다는 뜻입니다. 영성철학과 성공학이 핵심적인 천재 교과서로 채택된 것은 바로 이 때문입니다. 영성철학은 영성지능을 높여줄 수 있는 최적의 책이요, 성공학은 성공지능을 높여줄 수 있는 최적의

책이기 때문입니다.

그래서 'SQ 천재독서플랜'에 대한 저의 전언은 간단히 이렇게 요약할 수 있습니다. "자신의 영성지능을 최대한 높이고, 탁월한 성공의 지혜를 체득하라. 그러기 위해서 최고의 영성철학책과 성공학책을 깊이 숙독해서 완전히 소화하라!"

영성철학은 인간정신의 궁극

영성철학은 깨달음의 철학으로 인간 정신의 궁극이며, 영적 깨달음의 실체입니다. 인류의 가장 위대한 성인聖人들은 모두 영성철학(깨달음)을 터득한 사람들이었습니다. 인류 역사의 정신세계사가 보여 주듯, 인간이 도달할 수 있는 정신세계의 가장 높은 수준이 바로 영성철학에 있습니다. 위대한 마인드와 성인의 지덕知德을 가지고자 한다면 반드시 영성철학에 깊이 닿아야 하는 이유입니다.

> 이제 우리는 철학을 좀 더 보편적이면서도 조감도 차원에서 분류해 볼 필요가 있다. 바로 이러한 기준을 필자는 '논리'에서 찾아야 한다고 본다. 그런 점에서 에리히 프롬의 "나는 동양(중국과 인도)과 서양의 종교적 태도의 근본적인 차이에 대해 언급하고 싶다. 그 차이는 논리적 개념으로 표현할 수 있다."는 말에 동의하지 않을 수 없다. 그러면서 프롬은 정확하게도 논리에는 '아리스토텔레스의 논리'와 '역설의 논리' 두 종류가 있다고 했다.
>
> - 김상일, 《동학과 신서학》에서

김상일의 교수가 《동학과 신서학》에서 지적했듯, 인류의 모든 철학은

A형 철학 (이성철학)	E형 철학 (영성철학)
이원성의 철학 (너와 나는 둘이다/ 마음과 물질은 둘이다)	일원성의 철학 (너와 나는 하나다/ 마음과 물질은 하나다)

논리 형식에 따라 크게 두 가지로 구분할 수 있습니다.

동서고금의 모든 철학은 논리 형식에 따라, 크게 'A형 철학'과 'E형 철학'으로 나뉩니다. A형 철학은 이성철학이고 이원성의 철학이라면, E형 철학은 초이성철학이고 일원성의 철학입니다. A형 철학은 아我와 비아非我의 세계가 분리되어 있다고 여기는 철학이요, E형 철학은 아와 비아의 세계가 연결되어 있는 하나라고 여기는 철학입니다.

김상일 교수는 철학사의 흐름에 따라 아리스토텔레스를 이성철학의 대표로 보고 그의 이름 첫 자를 좇아 이런 철학은 'A형 철학'이라고 하고, 14세기 독일의 신부였던 마이스터 에크하르트를 영성철학의 대표로 보고 그의 이름 첫 자를 좇아 'E형 철학'이라고 명명합니다. 허나 이는 서양 철학사에 기준한 것이므로, 그 철학의 본질에 맞게 이 책에선 각각 이성철학과 영성철학이라고 부르겠습니다.(영성철학을 다른 말로는 흔히 '영원의 철학' 혹은 '궁극의 철학'이라고 부르기도 합니다.)*

---

* '영원의 철학Philosophia perennis'은 라이프니츠가 최초로 사용한 용어이다. 이것은 사물·생명·마음의 세계에 본질적인 '신성한 실재'가 있음을 인정하는 형이상학이자, 인간의 영혼에서 '신성한 실재와 유사하거나 동일한 무언가'를 발견하는 심리학이며, '모든 존재의 내재적이면서 초월적인 바탕에 대한 앎'을 인간의 최종 목표로 두는 윤리학으로 아득한 옛날부터 전해져 온 보편적인 개념이다. 모든 원시민족의 전통 구전설화에서 영원의 철학의 기초를 발견할 수 있으며, 모든 고등종교에서 완전하게 발달된 형태를 찾을 수 있다. 모든 신화에 담긴 이러한 '최고

인류 철학의 양대 흐름인 이성철학과 영성철학 중 어느 쪽이 더 진리에 가까울까요? 혹은 어느 쪽이 더 높은 수준의 철학일까요?

윌리엄 제임스가 《실용주의》에서 주장했듯이, 철학자들은 스스로 인간의 행위와 우주를 설명하기 위해 공정하고 정확한 체계를 수립해 간다고 믿고 싶어하지만, 사실 철학에는 철학자 개개인의 편견과 세계관이 반영될 수밖에 없다. 철학은 어디까지나 철학자들이 만드는 것이고, 이들은 각자 진실이라고 믿는 바를 주장하는 불완전한 사람들일 뿐이다.

- 톰 버틀러 보던, 이시은 역, 《짧고 깊은 철학 50》에서

이 글에 이미 앞의 질문에 대한 답이 있는 듯합니다. 철학자 개개인의 편견과 세계관이 반영될 수밖에 없는 철학이 바로 이성철학입니다. 그것은 단지 철학자의 이성에서 나온 철학이기 때문입니다. 윌리엄 제임스가 정확하게 지적했듯이 이성철학은 철학자들 각자가 스스로 진실이라고 믿는 바를 주장한 것에 불과합니다.

반면 영성철학은 이성이 아니라 그 이성의 한계를 뛰어넘는 영적 깨달음에서 나오는 나온 것입니다. 그래서 영성철학은 이성의 철학이 아니라 초이성의 철학이요, 깨달음의 철학이요 진리의 철학입니다. 이런 까닭에 뭇 강물이 흘러흘러 바다에서 하나로 만나듯, 영성철학은 비록 표현이 다를지언정 반드시 '하나의 진리'로 만나게 됩니다. 진리는 오직 하나이기 때문입니다.

의 공통요소'의 한 형태가 적어도, 2,500년 전 최초로 기록되었다. 그 후에도 이 무궁무진한 주제는 모든 종교적 전통의 입장에서, 아시아와 유럽의 모든 주요 언어를 통해 되풀이해서 다루어졌다."(올더스 헉슬리, 조오경 역, 《영원의 철학》에서)

8 천재를 만드는 책

우리가 해야 할 일은 단지 진리가 아닌 것을 진리로 간주하는 습관을 버리는 것이다. 진리가 아닌 것을 진리로 간주하는 것을 버릴 때 진리만이 남을 것이며 우리는 진리가 될 것이다. - 라마나 마하리시

간단히 말해 이성철학은 깨달음을 얻지 못한 에고의 철학이기 때문에, 비록 인간의 이성을 발달시키고 사고력을 높여 줄 수는 있어도 끝내 진리의 실체를 알지 못하는 무지의 철학입니다. 모래로는 천년을 지어도 밥이 될 수 없는 것처럼, 이성철학으로는 끝내 진리를 온전히 알 수 없습니다. 그것은 진리가 아니라 각자의 견해에 기초한 철학이기 때문입니다.

세상의 모든 갈등은 하나의 스펙트럼의 서로 다른 대역에서 자신의 대역에 관해서만 말하고 있기 때문에 일어난다. 각 대역은 스펙트럼의 특정한 표현들이며, 다른 대역 덕택에 존재한다. 따라서, 서로 모순되어 보이는 것도 실제로는 서로 보완적인 것이다. 모든 것은 근본적으로 갈등관계에 있지 않다.

- 켄 윌버, 박정숙 역, 《의식의 스펙트럼》에서

이성의 사고를 발달시키는 이성철학이 철학의 1단계라면, 이성을 깨달음 차원으로 확장시키는 영성철학은 철학의 2단계입니다. 학습 차원의 1단계 공부가 응용 차원의 2단계 공부로 전환되어야 하는 것처럼, 이성철학은 반드시 그 단계를 지나 영성철학으로 승화 발전해야 합니다. 아무리 큰 울타리도 울타리 바깥보다 클 수는 없는 것처럼, 이성철학은 어떤 면에서 이성의 울타리 속에 한정된 거대한 무지요, 엄청난 정체이기 때문입니다.

예컨대 중학교 수학은 대학원 수학을 알 수 없지만, 대학원 수학은 중학교 수학을 쉽게 알 수 있습니다. 왜냐하면 대학원 수학 안에는 이미 중학교 수준의 수학이 담겨 있기 때문입니다. 이와 마찬가지로 이성철학은 영

성철학을 알 수 없지만, 영성철학 안엔 이미 이성철학이 담겨 있습니다. 초이성이란 이성을 부정하는 것이 아니라, 이성과 그 이성 수준의 너머까지를 아는 것이기 때문입니다. 그래서 이를 의식 성장 혹은 초월이라고 하는 것입니다.

> 나는 너고, 너는 나다. 네가 어디로 가건 나는 거기에 있다. 나는 없는 곳이 없으니, 원하면 언제든지 나를 찾으라. 나를 찾는 것은 곧 너를 찾음이다.
> – 에피파니우스

영성철학은 자아 초월을 지향하는 초이성 철학으로, 자타불이自他不二의 철학이요 깨달음의 철학입니다. 이성철학은 나와 세계를 분리의 관점으로 바라보지만, 영성철학은 나와 세계를 연기緣起의 관점으로 바라봅니다. 하여 이성철학이 에고 차원의 분리의 철학이라면, 영성철학은 에고를 넘어서고자 하는 '합일의 철학'입니다. 이성은 국소적이고 상대적인 관점 속에 있지만, 초이성은 전일적이고 통합적인 관점 속에 있습니다. 이성이 부분이라면 초이성은 그 부분을 극복한 전체와의 합일이요 조화입니다. 그러므로 철학의 진리 혹은 '인간 정신의 궁극적 지혜'는 마땅히 영성의 철학(깨달음)에서 찾아야 하며 반드시 그러한 경지로까지 확장되어야 합니다.

> 영원히 무지하려면 자신의 의견과 지식에 만족하면 된다. – 엘버트 하버드

철학사를 예를 든다면, 이성철학은 플라톤을 위시한 서양 철학 일반과 유학의 공자, 맹자 등이 이에 해당하고, 영성철학은 불교, 도교, 힌두교, 예수, 신지주의, 카발라, 수피즘, 묵자, 동학 등이 이에 해당합니다.(서양 철학자 중에도 드물지만 영성철학에 가까운 이들로 스피노자, 쇼펜하우어, 에머슨, 하이데거,

에리히 프롬, 화이트헤드 등이 있습니다. 이들 중에는 지식 차원에서 영성을 아는 이도 있고, 깨달음 차원에서 영성을 아는 이도 있습니다.)

의견은 진리와는 아무런 관계가 없습니다. 독선은 자신의 견해가 받아들여지기를 원하는 것이고, 그러므로 에고가 인정을 받고자 하는 것입니다.
- 레스트 레븐슨

진리는 깨달음에 닿으면 반드시 '하나'로 만나게 됩니다. 반면 철학이 '진리(깨달음)'에 닿지 못하면 그것은 '철학적 의견 수준'에서 결코 빗어날 수가 없습니다. 인류의 대부분의 철학자, 즉 영적 깨달음을 얻지 못한 대다수의 철학자들이 사실 그 수준에 머물렀습니다. 심도 있는 철학적 사유는 의식의 수준을 높이고 '사고력'을 높여 줄 수는 있지만, 영적 '깨달음'을 얻게 하지는 못합니다. 그래서 끝내 무엇이 진리인지 정확히 알지도, 체득하지도 못합니다.

허나 역사상 깨달음을 얻은 이는 극소수요, 깨달음을 얻지 못한 이들은 대다수였기에, 깨달음을 얻는 이는 많은 오해와 부정을 받는 경우가 많았습니다. 다음 글은 인류 정신사의 이러한 면모를 잘 보여 줍니다.

헤라클레이토스는 참으로 아름다운 사람이다. 만일 인도 또는 동양에서 태어났다면 그는 붓다로 알려졌을 것이다. 그러나 그리스의 역사, 그리스의 철학사에서 그는 이방인이고 아웃사이더outsider였다. 그리스에서 그는 깨달은 사람으로 알려진 것이 아니라 '모호한 사람', '어둠의 인간', '수수께끼를 내는 사람'으로 알려졌다. 그리스 철학과 서양 사상의 아버지인 아리스토텔레스는 그를 철학자로 여기지 않았다. 아리스토텔레스는 말하기를 "기껏해야 그는 시인에 지나지 않는다."고 했다. 그러나 아리스토텔레스는 이것마저 용인하기 어려웠던지 나중에 다른 저서에서 이렇게 말했다.

"헤라클레이토스는 인격적으로 결점이 있음에 틀림없다. 생물학적으로 무엇인가 잘못된 사람이다. 그가 그토록 모호하고 역설적인 방식으로 말하는 것은 그 때문이다."

아리스토텔레스는 헤라클레이토스를 괴벽스러운 사람, 약간 돈 사람으로 여겼으며, 이런 생각을 가졌던 아리스토텔레스가 서양 전체를 지배한다. 만약 헤라클레이토스를 받아들였다면 서양의 역사는 완전히 달라졌을 것이다. 그러나 아무도 헤라클레이토스를 이해하지 못했으며, 그는 서양 사상의 주된 흐름에서 동떨어진 인물이 되었다.

헤라클레이토스는 고탐 붓다, 노자, 또는 바쇼Basho 같은 사람이었다. 그리스는 그에게 어울리는 토양이 아니었다. 만일 동양에 태어났다면 그는 거대한 나무가 되었을 것이다. 그를 통해 많은 사람들이 혜택을 입고 길을 찾았을 것이다. 그러나 그리스에서 헤라클레이토스는 기이하고 괴벽스러운 사람, 외국인 또는 외계인처럼 별난 사람에 불과했다. 그는 그리스에 속하는 사람이 아니었다. 그래서 그의 이름은 역사의 어두운 뒤안길에 묻혀 서서히 잊혔다. (…)

헤라클레이토스는 진정으로 보기 드문 꽃이다. 그는 가장 심오한 영혼이며, 히말라야의 가장 높은 봉우리인 에베레스트다. 그를 이해하는 것은 어렵다. 그래서 '모호한 이'라고 불리는 것이다. 그러나 그는 모호하지 않다. 그를 이해하는 것은 어렵다. 그를 이해하기 위해서는 다른 질質의 존재가 필요하다. 이것이 문제다. 그래서 사람들은 그를 모호한 이로 단정하고 잊어버리는 것이 더 쉽다고 생각한다.

세상에는 두 종류의 사람들이 있다. 아리스토텔레스를 이해하고자 한다면 그대는 존재의 변화가 필요 없다. 그저 약간의 정보만 있으면 된다. 학교는 논리와 철학에 관한 정보를 준다. 그대는 지적인 정보를 수집하여 아리스토텔레스를 이해할 수 있다. 그를 이해하기 위해 그대가 변화되어야 할 필요가 없다. 그저 조금 더 많은 지식이 필요할 뿐이다. 그대의 존재가 변형될 필요는 없다. 그대는 똑같은 상태로 남는다. 다른 차원의 의식이 필요치 않다.

아리스토텔레스를 이해하는 데 이런 조건은 필요 없다. 아리스토텔레스는 명확하다. 약간의 노력만 있으면 충분히 그를 이해할 수 있다. 평균적인 지성을 갖춘 사람은 누구든지 그를 이해할 수 있다. 그러나 헤라클레이토스를 이해하는 것은 거칠고 험난한 길이 될 것이다. 그대가 지식으로 긁어모은 것은 별로 도움이 되지 않는다. 아무리 우수한 머리도 도움이 안 된다. 전혀 다른 존재의 질이 필요하다. 이것이 어려움이다. 헤라클레이토스를 이해하려면 그대의 변형이 필요하다. 헤라클레이토스가 모호하다고 불리는 이유가 여기에 있다.

— 오쇼, 손민규 역, 《서양의 붓다, 헤라클레이토스 강론》에서

오쇼의 이야기는 실상 헤라클레이토스뿐 아니라, 인류 역사에서 깨달음과 깨달음을 얻은 존재가 얼마나 많은 오해를 받아 왔는지를 잘 보여줍니다. 이 말은 인류의 역사가 지금껏 깨달음에 대해 매우 무지했음을 의미합니다.

하루살이가 사계절을 알 수 없는 것처럼 이성의 영역에 있는 사람은 이성 너머의 경지 즉 초이성의 경지를 알지 못합니다. 깨달음은 초이성의 영역이기에, 이처럼 깨달은 자들은 오히려 깨닫지 못한 이들에게 '이해'받지 못한 경우가 많았습니다. 그러나 누가 깨달은 자이고 누가 깨닫지 못한 자인지, 누가 진리를 아는 자이고 누가 에고의 무지 속에 있는 자인지 그 경계는 칼날처럼 분명한 것입니다.

종교와 철학은 그 나름의 가치를 지녔다. 하지만 결국 우리가 할 수 있는 일은 생의 신비를 맞이하고 마음과 함께 하는 길을 따라가는 것이다. 헛된 관념에 빠지지 않고, 괴로움을 피하지도 않고, 붓다께서 그랬던 것처럼 이 지구상에 인간

으로 태어난 우리 생의 한복판에 머무는 것이다. 자신에게 이런 물음을 던져 보라. '우리가 스스로 보고 직접 알아낸 것은 무엇이지?' 이 간단한 진리만으로 충분치 않은가?

— 잭 콘필드, 이현철 역,《마음의 숲을 거닐다》에서

바다를 한 번도 본 적이 없는 산골 소년은 바다를 알 턱이 없습니다. 소년이 바다가 무엇인지 알려면 직접 바다와 만나 보아야만 할 것입니다. 만약 소년이 바다를 보게 된다면, 결코 '바다'를 부정하거나 그런 것이 존재하지 않는다고 여기지 않을 것입니다.

우리는 철학적 관념이나 지식이 아니라 '깨달음의 진리'를 몸소 체험해야 합니다. 그래야 우리가 아는 것이 다가 아니며, 우리가 몰랐던 세계가 존재함을 알게 될 테니까요. 진리의 바다를 본 이는 그 전의 자신의 소견이 얼마나 작았는지를 깨우치게 될 것입니다.

이성철학으로는 끝내 진리의 실상을 알 수도 없으며, 세상에 진정한 평화와 화합을 가져올 수 없습니다. 이성철학이 아무리 뛰어나게 발달한다 해도 그것의 지혜로는 자타를 나누는 이분법적 사고와 에고의 욕망을 초극할 수 없기 때문입니다. 이성철학이란 애초에, 에고 너머로의 '자아 초월'과 '동체자비同體慈悲의 정신'과 같은 세계가 있는지조차 모르는 수준이니, 온전한 진리의 체득과 궁극의 평화는 소원하기만 합니다.

반면, 영성 철학은 자리이타自利利他와 우아합일宇我合一의 무위 속에서 인간의 무한한 가능성과 지혜, 사랑과 만나는 것이기에 정신세계의 진정한 천재를 만들 뿐 아니라, 부처나 예수 같은 성인聖人을 만들어 냅니다. 진정한 깨달음 속에서 나온 무한한 사랑의 지혜가 아니고서는, 이 세상에 진정한 평화와 행복과 성장을 가져올 수 없을 것입니다. 아울러 양자역학과 같은 현대 과학 이론 또한 이원성이 아니라, 일원성을 지향하는 영성철학과

8 천재를 만드는 책

회통하고 있습니다. 여러 면에서 이제 인류가 깨어날 때가 된 것입니다.

사랑이 되는 것이 사랑을 하는 것보다 더 고차원의 것입니다. 신의 진정한 헌신자는 사랑 이외에는 선택의 여지가 없습니다. 신이 바로 사랑이니까요. 사랑이 바로 당신의 참자아입니다. 그것이 가장 높은 사랑입니다. 사랑은 함께함입니다. 사랑이 바로 참자아입니다. 참자아가 사랑하는 게 아니라 참자아가 바로 사랑입니다. 오직 이원성의 환상에서만 사랑함이 있을 수가 있죠. 사랑함이 아니라 사랑 바로 그것이 되는 것이 당신을 신으로 인도합니다. - 레스트 레븐슨

이에 우리가 어떤 책을 보고, 어디로 나아가야 하는지는 명확해집니다. 영성철학을 담고 있는 책 중에서도, 고덕담론의 어렵고 이론적인 책보다는 '쉽게 진리와 깨달음의 맥락을 이해할 수 있고, 자신의 영적 각성과 삶에 실질적인 지혜와 성취에도 활용도가 더 많은 책들'을 읽어야 합니다. 깨달음은 지혜이지 지식이 아니며, 진정한 내면의 평화와 이해와 사랑, 온전한 행복을 위해선 무엇보다 '실질적인 깨달음의 체험'이 가장 중요하기 때문입니다.

새로운 경험에 대해 그것이 현실적이고, 바람직한지 여부를 판단하는 데 두 가지 선택이 있다. 스스로 그것을 경험한 사람들을 믿거나, 직접 그것을 경험하기 위해 노력하거나 둘 중 하나다. 만일, 어느 것도 할 수 없다면, 판단을 보류하는 것이 현명한 행동일 것이다. - 켄 윌버

깨달음에 대해 논하면서 니르말라는 이렇게 말합니다. "말은 '하나의 근원'에 대한 체험을 가리켜 보일 수만 있을 뿐 그것을 담아낼 수는 없습니다." 언어는 깨달음을 설명할 뿐 그 자체가 깨달음은 아닙니다. 이성 너

머에 나와 우주가 하나되는 '우주의식'이 존재한다는 것을 가장 확실하게 아는 방법은 자신이 직접 깨닫는 수밖에 없습니다. 만일 그런 세계에 대해 무지하다면, 제대로 알기 전까지 최소한 이런 세계를 함부로 부정하지는 말아야 할 것입니다.

그런 점에서 팔만대장경을 다 외우는 것도 한번 깨닫는 것만 못합니다. 마찬가지로 지구상의 모든 영성철학책을 다 읽는 것도 한번 깨닫는 것만 못합니다. 우리가 찾아야 할 것, 우리에게 진정 필요한 것은 영적 지식이 아니라 영적 지혜 즉 깨달음이기 때문입니다. 불붙지 못하여, 빛이 없는 촛불이 된다면 그것이 무슨 소용이겠습니까.

깨달음의 정보와 지식은 내 밖에서 얻는 것이요 타인의 것이지만, 깨달음의 지혜와 평정심은 오직 내 안에서 나오는 것입니다. 때문에 '깨달음 체득'이라는 절대 과제에 전력투구를 해야 합니다. 이런 실질적인 효용의 측면에서 '현대의 영성책들'은, '영성 고전들'보다 더 효과적인 면모가 많습니다. 현대의 영성책들은 현대인의 눈높이에 맞게, 보다 쉽고 정확하게 진실을 전달해 주기 때문입니다. 그래서 같은 영성철학이라도 '오래된 고전'이 아니라, '현대의 고전'을 읽는 쪽이 더 효과적입니다.

> 모든 지식은 지도이다. 지도를 숭배하지 말라. 그 지도의 주변에 사원을 세우지 말라. 세상의 사원은 이런 식으로 건설되었다. 어떤 사원은 베다Veda에 바쳐지고, 어떤 사원은 바이블Bible에, 어떤 사원은 코란Koran에 바쳐진다. 이런 책들은 지도에 불과하다! 이것들은 진짜 대륙이 아니다. 다만 도표에 지나지 않는다.
> - 오쇼

간혹 고전에 너무 집착하는 분들을 많이 보게 됩니다. 저도《도덕경》을 좋아해서 대학원 재학 시절에 100독을 해서 원문을 다 외운 적도 있었고,

동양고전 중 제가 가장 좋아하는《장자》를 여러 주석서를 참고해서 오랫동안 정독한 적도 있었습니다. 하지만 이런 책의 많은 매력과 장점에도 불구하고, 깨달음과 진리를 정확히 이해하고 또 실제 깨달음을 얻도록 가이드 하는 측면에선 현대의 뛰어난 영성책만 못하였습니다.

비단《도덕경》과《장자》만 그러한 것이 아니라, 인류의 유명한 영성 고전을 거의 대부분 읽어 보았지만 결론은 마찬가지였습니다. 고전은 탄생과 전승과정에서 텍스트 자체에 여러 가지 문제가 많은 탓에, 오류와 왜곡된 부분과 해석이 분분한 곳도 많으며, 일반인들이 쉽게 이해할 수 없는 난삽한 부분 또한 많습니다. 고전은 고전 나름의 가치와 역할이 있겠지만, 실용성 측면에서 제가 보기엔 현대의 영성책이 훨씬 더 효과적이고 유익했습니다.(고전을 읽을 가치가 없다는 뜻이 아니라, 단지 제가 선택한 천재도서는 영성 고전이 아니라 현대의 영성책이라는 뜻입니다.)

> 아리송하기만 한 가르침들, 짜증나는 말들, 이랬다저랬다 혼란스러운 말들, 어려운 용어들, 오히려 깨달음에 장애되는 비위생적인 이야기들, 과연 무얼 가르쳐 주고 싶은지가 헷갈리는 경전들, 기껏 마음먹고 책을 펼쳤다가 이내 접도록 하는 불쾌한 책들…… 나는 거듭 다짐하였다. 내가 만약 깨닫게 되면 결코 저따위로 책을 쓰지 않으리라! 쉽고 명쾌하게 일러 주어서 확철하게 깨닫게 하리라!
>
> – 백창우,《명쾌한 깨달음》에서

"지식은 진리의 달을 가리키는 손가락에 불과한 것. 손가락에 의지하여 손가락을 여읜 달을 보는 것과도 같이 언설에 의지하여 언어가 끊어진 법을 볼 수 있어야 한다."(최민자) 영성 고전이든 현대의 영성책이든 이는 모두 깨달음을 이해하고 체득하기 위한 하나의 지도에 지나지 않습니다. 그저 지도로서 참고하는 것일 뿐이니, 가장 효과적인 것을 이용하면 그뿐입니다.

새로운 길을 발견하기 위해서는 반드시 기존의 길에서 벗어나 보아야만 합니다. 마찬가지로 새로운 시각을 얻기 위해선 기존의 시각에서 벗어나 볼 줄 알아야 합니다. 혁신과 창조는 언제나 새로운 것을 찾는 데서 비롯됩니다.

새로운 학문 연구가 기존의 연구 성과의 바탕 위에서 나오는 것처럼, 또 새로운 과학기술이 기존의 기술적 토대 위에서 나오는 것처럼, 새로운 책이란 기존의 책들을 딛고서 나오는 것이기 때문에 새로운 책 중에서도 고전을 능가하는 책들이 무수히 많이 나올 수 있습니다. 오히려 그런 책들을 제대로 알아봐 주고 평가해 주지 못하는 것이 더 문제입니다.

고전만으로는 모든 것을 다 해결할 수 없습니다. 새로운 책들이 끊임없이 나오는 이유도 그 때문이며, 고전이 정말 세상을 바꿀 만큼 대단한 책이었다면 이미 진작 세상을 바꾸고도 시간이 남았을 것입니다. 올림픽 기록이 매번 경신되는 것처럼, 가장 위대한 책은 언제나 아직 쓰이지 않은 책일지도 모릅니다. 오랜 시간을 거쳤다는 이유로 마냥 '고전이 최고'라고 여기는 것은 너무나 고지식한 생각이 아닐까 합니다. 저는 오히려 고전에 대한 지나친 숭배와 집착을 제발 그만 내려놓으라고 말하고 싶습니다. 깨달은 사람은 옛날에도 있었지만, 우리 앞 시대에도, 지금 우리 시대에도 있습니다.

혹 그래도 제가 천재독서로 고전 대신 '현대의 책'을 선택한 것이 끝내 못마땅하신 분들은, '새로운 가능성'에 마음을 열어 두고, 좋아하는 고전과 함께 'SQ 천재독서플랜'의 책들을 겸해서 보시면 좋겠습니다. ─ 만일 동양 고전 중에서 최고의 책을 권한다면, 저는 《장자》와 엄군평의 《도덕경지귀》를 가장 추천하고 싶습니다!

8 천재를 만드는 책

신을 보는 나의 눈이, 나를 보는 신의 눈이다. - 에크하르트

간디는 세계사에 빛나는 위대한 정치인이었고, 톨스토이는 최고의 소설가였지만 이 둘은 영성철학을 깊이 체득한 현자라는 점에서 공통점을 지니고 있습니다. 아울러 이 두 사람은 영성 고전에 대한 주석서를 쓴 공통점도 있습니다. 간디는 힌두교 경전《바가바드 기타》를, 톨스토이는 예수의《도마복음서》에 대한 주석서를 쓴 바 있습니다.

그들이 자신의 분야에서 위대한 인물이 될 수 있었던 것은 지성과 영성을 함께 갖추고 있었기 때문입니다. 진정한 천재가 되려면 지성과 영성을 함께 갖추어야 합니다. 우리 시대에도 그러한 이들이 있으니 심리학의 아인슈타인이라고 불리는 켄 윌버도 그러하고, 하버드 박사 출신의 심신의학의 대가인 디팩 초프라도 그러합니다. 깨달음과 높은 지성을 함께 겸비한《생명에 관한 81개조 테제》의 저자 최민자 교수도 그러한 분입니다. 이와 같이 새 시대를 이끌어 가야 할 진정한 천재는 바로 영성과 지성을 함께 갖춘 이들입니다. 인류의 성인들이 못다 이룬 일을 완성할 수 있는 사람은 오직 높은 지성과 영성을 겸비한 이들입니다.

붓다의 길은 지성을 초월한다. 그럼에도 불구하고 그의 길은 지성의 길, 순수한 지성의 길이다. 세상이 항상 고통에 신음하는 것은 수많은 사람들이 비지성적으로 움직이고 있기 때문이다. - 오쇼

톨스토이는 만년에 이런 말을 남겼습니다. "박식하면 박식할수록 좋다고 사람들은 생각하기 쉽다. 이것은 잘못이다. 중요한 것은 많은 것을 아는 데 있지 않다. 알 수 있는 온갖 것 중에서 가장 필요한 것을 아는 데 있는 것이다." 그가 말한 온갖 것 중에서 가장 중요하다고 한 것은 바로 '영

성'입니다. 그의 마지막 저서 《위대한 인생》은 온통 그런 내용들로 가득합니다.

"참된 사랑은 어떤 특정한 사람에 대한 사랑이 아니라, 모든 사람을 사랑하고자 하는 정신상태이다. 우리가 그 속에서 비로소 우리 영혼의 신적 본원을 의식하는 정신상태를 말하는 것이다." 톨스토이는 영성의 맥락을 정확히 이해하고 있었습니다. 혹 오해하실 분이 있을지 모르겠으나, 영성은 믿음이 아니라 '사랑'과 '깨달음'에 대한 것입니다.

누가 심리학자인 융에게 신을 믿느냐고 묻자, 융은 이렇게 대답했다고 합니다. "나는 신은 믿지 않는다. 나는 신을 알고 있을 뿐이다." 영성이란 신을 믿는 것이 아니라, 신을 아는 것이며, 아는 것을 너머 신과 하나가 되는 것입니다. 그 전까지는 누구도 신을 알 수가 없습니다.

아인슈타인은 "어떤 문제를 해결할 때 그 문제를 만들어 낸 수준과 같은 의식에 머물러서는 문제를 해결할 수 없다."고 하였습니다. 이 말은 우리의 의식 수준을 최고치로 높이는 것이 문제 해결력을 최대치로 높이는 길이라는 뜻이 됩니다. 의식 수준과 영성지능을 최고치로 높이는 길은 깨달음을 얻는 데 있습니다.

영성지능이란 주어진 상황에 관계없이 내적으로, 외적으로 평온을 유지할 수 있고, 지혜와 자비심을 갖고 행동할 수 있는 능력을 의미한다. - 신디 위글즈워스*

------

* 신디 위글즈워스가 말하는 영성에 대한 좀 더 상세한 정의는 이렇습니다.
　　"내가 내린 정의를 말하자면, 영성이란 우리 자신보다 더 큰 무엇, 신성함 혹은 탁월한 고귀함이라고 여겨지는 무엇인가와 연결되고자 하는 인간 본래의 타고난 욕구이다. 이 정의는 인간은 자신의 미성숙한 에고나 사소한 욕구보다 더 큰 무엇인가와 연결되고자 한다는 것을 의미한다. 이러한 연결되고자 하는 내재적인 욕구는 특정 신앙이나 전통을 초월하는 것이다. 그것은 어떠한 표현으로도 신성에 대한 믿음을 요구하지 않으며, 또한 신, 영성, 혹은 신성에 대한 믿음을 배제하지도 않는다. 나는 "보다 큰 무엇인가"와 연결되어야 하는 이 타고난 인간욕구가 모든 사람들의 내면에 존재한다고 믿는다. 어떤 사람은 그 음성을 다른 이들

영성지능SQ: Spiritual Quotient이란 나의 행복과 번영만이 아니라 타인의 행복과 번영까지 생각하는 마음입니다. 더 나아가 전 인류의 행복과 번영을 생각할 수 있는 마음입니다. 영성이란 에고의 분리의식을 넘어서는 것입니다. 때문에 영성지능이란 나의 본성을 되찾고, 나와 타인과 세상을 조건 없이 사랑하고, 자신의 의식적 한계를 넘어서는 것을 말합니다. 즉 궁극의 내적 평화와 조건 없는 사랑과 깨달음의 의식 세계를 지향하는 것이 영성지능입니다.

인간이 인간다움을 넘어서 신성에 접근할 수 있는 길은 없다. 인간은 인간다워짐으로써 신성에 가까이 다가갈 수 있다. 보다 인간다워지는 것이야말로 인간 개개인이 창조된 이유이다. - 마르틴 부버

"영적 삶은 많이 아는 것이 아니라 많이 사랑하는 것에 관한 것이다." (잭 콘필드) 영성지능이란 영적 지식이 많은 게 아니라, 많이 사랑하는 것, 더 인간다워지는 것에 관한 것입니다. 이는 의식 수준과 사고방식이 변해야만 가능한 일입니다.

아인슈타인은 이렇게 말합니다. "인류가 살아남으려면, 지금까지와는 다른 새로운 사고방식이 필요하다." 그가 말하는 새로운 사고방식이란 무엇일까요? 지금까지와 다른 사고방식이란 바로 자타불이의 영성철학을 말합니다.

문학, 철학, 심리학, 과학, 경영학, 경제학, 정치 그 어떤 학문 분야든 영

보다 더 크게 듣겠지만 말이다. 때때로 우리의 생존욕구가 이러한 부름에 대한 자각보다 우세할 수 있다. 이것이 아브라함 매슬로가 '자기초월'을 인간의 보편적 욕구들의 하나로 이름 붙이면서도 이 자기초월의 욕구를 인간욕구 피라미드의 최상부에 위치시킨 이유이다." (《SQ21: 완전한 삶을 위한 21 영성지능기술》에서)

성이 깃들지 않고서는 삶의 참된 가치를 실현할 수 없습니다. 단지 우리가 모를 뿐, 세상과 우리의 삶은 절대적으로 영적인 섭리로 움직이는 것이기 때문입니다. 그러므로 우리 사회 현상 또한 모두 절대적으로 영적인 문제들입니다. 각 분야의 리더들이 제일 먼저 깨달음을 얻어야 하는 이유는 이 때문입니다.

위대한 천재가 되고 싶은 이는 반드시 깨달음과 지성을 통합해야 합니다. 오직 그런 이라야 진정으로 세상을 이롭게 하고 새로운 세상을 열 참된 예지와 역량이 갖추어질 테니까요. 깨달음을 얻은 학자, 깨달음을 얻은 작가, 깨달음을 얻은 정치 리더, 깨달음을 얻은 기업인, 깨달음을 얻은 과학자, 깨달음을 얻은 예술가에 이르기까지 각개 분야에서 지성과 영성을 함께 갖춘 인물들이 무수히 나와야 합니다.

'SQ 천재독서플랜'이 지향하는 천재는 바로 이처럼 영성과 지성을 함께 갖춘 인물입니다. 영성과 지성이 고루 겸비되어야 세상을 변화시킬 진정한 사랑과 지혜를 함께 얻을 수 있기 때문입니다. 영성은 있으나 지성이 없으면 뜻을 널리 펴기가 어렵고, 지성은 있으나 영성이 없으면 진리에 무지할 수밖에 없습니다.

초이성이란 이성의 능력이 마비되어 바보가 되거나 미치광이가 되는 것이 아닙니다. 오히려 이성의 힘을 그대로 다 가지면서, 그 이성 너머의 세계에서 얻을 수 있는 힘과 지혜까지 겸하여 얻는 일입니다.

세상엔 분명 시간과 공간을 초월하는 진리와 지혜가 있습니다. 우리는 그러한 진리와 지혜의 정수를 찾아야 합니다. 인간의 잠재력을 최대한 끌어올릴 수 있는 최선의 방법이자 궁극은 길은 바로 깨달음을 얻는 것입니다.

신을 찾고자 나선 외부의 길에서 자신을 만나고 자신을 찾고자 나선 내면의 길에서 신을 만나게 됩니다. 안이 바깥이 되고 바깥이 안이 되고 시작과 끝이 하나가 될 때 우리는 근원적 존재와 만나게 되며 이것은 원래 상태로 회귀이며 구원이며 깨달음입니다.

– 김우타 · 김태항, 《완성의 길》에서

빛을 보려면 태양이 비치는 곳으로 가야 합니다. 진리와 만나려면 진리의 담론이 있는 곳으로 가야 합니다. 영성지능을 높이는 최고 최선의 길은 깨달음을 얻는 데 있고, 깨달음을 아는 첫걸음은 책을 통해 영성철학을 깊이 공부하는 데 있습니다. 때문에 깨달음을 얻은 것은 위대한 천재가 되는 지름길이며, 영성철학책은 진정한 천재를 만들 뿐 아니라 성인聖人을 만드는 책입니다.

에머슨은 "생을 마감하기 전에 깨어나는 사람은 극히 드물다."고 하였습니다. 현명한 이라면 톨스토이가 강조했듯 많은 것을 알기보다 가장 중요한 것을 먼저 알려고 할 것입니다. 깨달음을 먼저 얻은 이들의 한결같은 진리의 복음에 간절히 귀를 기울일 것입니다.

- 우리 자신의 발견은 세상의 발견보다 중요하다. – 찰스 핸디
- 꽃이 태양에 끌리는 것과 마찬가지로 온전함을 구하는 것이야말로 인간 본연의 지향성이다. – 프랭클린 애벗
- 얄팍한 삶이 더는 문제를 해결할 수 없을 때, 바로 그때 사람들은 그러한 삶에 의문을 제기하고 근본적인 것들에 관심을 가지게 된다.
  – 에이브러햄 매슬로
- 절정경험은 가장 행복하고 가장 감동적인 순간일 뿐만 아니라 최대한 성숙되고, 개별화되고, 충만한, 다시 말해 가장 건강한 순간이다.
  – 에이브러햄 매슬로

- 깨달음 공부는 가장 현실적이다. 왜냐하면 진실이 무엇인지를 깨닫고, 진실하게 살아가는 것이기 때문이다. - 백창우
- 지금 이 순간, 존재하는 그 자체가 축복이고 있는 그대로가 완전한 것임을 깨달을 때 개인의 행복은 자연과 우주로까지 확대되고, 비로소 우리는 더 큰 풍요를 얻게 될 것입니다. - 디팩 초프라

성공학과 성공지능

성공지능SQ: Successful Quotient이란 성공할 수밖에 없는 사고방식과 행동방식, 즉 성공할 수밖에 없는 마인드와 성공의 지혜를 가지는 것을 말합니다. 성공지능이란 곧 성취력입니다. 천재나 위인이란 성공지능이 탁월하게 높은 사람들일 것입니다.

라면 하나를 끓여도 더 맛있게 만드는 법이 다양하게 존재하는데, 하물며 성공을 이루는 데 어찌 좋은 방법과 원리가 없겠습니까? 세상 만사엔 반드시 더 나은 방식의 '노하우'라는 것이 존재하기 마련입니다. 인간의 잠재력을 최대한 끌어올리고, 가장 효과적인 방법으로 성취를 이루는 법 또한 분명히 존재할 것입니다. 자연엔 물리의 법칙이 존재하고, 수학엔 수학의 법칙이 존재하듯, 성공에도 그와 같은 원리가 존재합니다.

자기 계발에 관해서 우리는 IMF 이후로 붐이 일기 시작했다. 그로부터 10년 뒤 우리는 세계적인 금융위기에서 거의 유일하게 살아남은, 발전하는 국가가 되었다. 1800년대 영국에서 자기 계발 붐이 일었고, 그 결과 영국은 세계를 지배하는 대영제국이 된다. 1900년대 중후반 미국에서 자기 계발 붐이 일었다. 미국은 한때 세계 유일대국이 된다. 자기 계발이 곧 국가의 발전이고, 개인적으로

노 오늘날 같은 바쁘고 급변하는 시대를 살아가는 우리는 자기 계발이 반드시 필요하다. - 이지성

성공학책은 바로 그와 같은 취지에서 성공하는 원리와 지혜를 연구한 비결서입니다. 미국은 일찍부터 성공학의 원산지라고 할 만큼 무수히 많은 성공학책들이 쏟아져 나왔고, 실제로 세계 최고의 강국이 되었습니다. 아울러 그런 성공학책에 힘입어 실제로 성공한 사람들 또한 숱하게 많이 나왔습니다. 자기계발서들의 역사는 여기서부터 본격적으로 시작되었다고 해도 과언이 아닙니다.

나폴레온 힐은 당시(19세기) 세계 최고 부자였던 앤드류 카네기의 지원으로 무려 20년간 성공의 원리를 연구했습니다. 당시 가장 성공한 이들을 직접 만나 그들의 장점을 연구했을 뿐 아니라, 수많은 책의 정수를 뽑아 인류의 지혜를 자신의 성공학에 집결시키고자 했습니다. 카네기가 그에게 그런 연구를 하도록 권유하고 지원했던 이유는 수많은 사람들이 성공의 원리와 지혜를 배워 모두 번영과 행복을 누리기를 바라는 숭고한 마음 때문이었습니다.

1936년에 출간된 데일 카네기의 《인간 관계론》은 미국과 세계를 바꾼 책으로 평가를 받습니다. 이 책은 인관 관계의 바이블로 불릴 만큼 많은 이들에게 소통의 지혜를 선사했고, 권위주의 대신 보다 따뜻한 소통 경영으로 기업 문화를 혁신하는 데 일조했습니다. 미국에선 '데일 카네기 코스'를 이수하는 것은 회사의 중역으로 승진하려는 이들이 필히 거쳐야 하는 통과의례와 같을 정도였습니다. 미국 500대 기업 중 400여 개 이상의 기업이 카네기 훈련을 시킬 정도였다고 합니다.

우리의 삶을 더 발전시키는 방법은 이미 성공한 사람들의 삶을 본뜨는 것이

다. 본뜨는 작업은 재미있기도 하고 그 효과가 매우 크다. 이러한 역할모델은 모두 우리 주위에서 찾을 수 있다. 그런데 본뜨는 작업은 "나 자신을 발전시키기 위해 어떤 믿음을 가져야 할까? 어떤 믿음이 다른 사람들과의 차이를 만들어 내는 것일까?"와 같은 질문이 필요하다. 몇 년 전에 나는《비범한 사람과의 만남》이란 책을 읽고 그 책을 인생을 변화시키는 계기로 삼았다. 그 후 나는 탁월한 성취를 이룬 사람들을 찾아다니는 사냥꾼이 되어서 그들의 믿음, 가치관, 성공 전략 등을 찾아내려고 했다.

– 앤서니 라빈스, 이우성 역,《네 안에 잠든 거인을 깨워라》에서[*]

앤서니 라빈슨과 브라이언 트레이시는 둘 다 고졸 출신이었고 가난에 겨운 20대를 보냈지만, 성공학 책들을 섭렵한 후에 엄청난 인생 반전을 이루어 억만장자가 되었고, 세계적인 인물이 되었습니다. 심지어 그들은 각 분야의 정상급 리더를 상담하고 코치하는 '리더들의 마스터'가 되었습니다.

성공학책을 읽고서 인생의 반전을 꾀한 사람의 일화는 수없이 많을 테지만, 국내에도 그런 사람은 숱하게 존재합니다. 성공학책을 섭렵하고서 억대 연봉자로 변신한 김태광 작가도 그중 한 사람일 것입니다.

그러던 어느 날 문득 내 마음속이 온통 부정적인 사고로 가득 차 있다는 것을 깨달았다. 내가 아무리 세상 탓, 부모 탓을 한다고 해도 아무것도 변하지 않는다는 것도 알았다. 그러자 '더 이상 이대로 살지 않겠다.'는 생각이 들었다. 그리고 그때부터 성공한 사람들이 성공의 비결이 담겨 있는 책들을 닥치는 대로 읽

---

[*] '네 안에 잠든 거인을 깨워라'라는 제목도 실은 나폴레온 힐의《행동하라! 부자가 되리라》의 소제목에서 가져온 것입니다.

8 천재를 만드는 책

었다. 그들이 쓴 책은 좌절의 강에 빠져 허우적거리던 나에게 한 줄기 빛이었다. (…)

어느 날 우연찮게 세계적인 성공 컨설턴트 나폴레온 힐의 책을 읽게 되었다. 그 책은 나에게 오아시스와 같았다. 나처럼 내세울 것 하나 없는 사람도 확고한 꿈을 품고 그것을 실현하기 위해 생생하게 꿈꾸면서 분투하면 반드시 성공할 수 있다는 확신과 믿음을 심어 주었다. 그때부터 나는 가슴에 확고한 꿈을 품고 실현하기 위해 노력했다. 그러자 내 인생은 서서히 변화되기 시작했다.

— 김태광, 《마흔, 당신의 책을 써라》에서

김대광 작가는 자신의 여러 책에서 이와 같은 경험을 고백하고 있습니다. 성공학책을 읽은 후부터 생각이 긍정적으로 변했고, 할 수 있다는 꿈과 희망을 가지게 되었다고 합니다.* 가난했던 탓에 중학교 때부터 신문 배달, 주유원, 막노동, 전단지 돌리기, 공장 생활을 전전해야 했던 그는 성공학 덕분에 꿈에 도전하는 사람, 지혜롭게 자신의 성장을 도모하는 사람이 되었습니다. 그래서 그는 이제 이렇게 말하는 사람이 되었습니다.

"나는 과거에 품었던 꿈들을 모두 이루었다. 35세에 100권(현, 117권)의 책을 펴내어 기네스에 등재되었는가 하면 억대 수입의 작가가 되었다. 고 달팠던 과거와 지금을 비교해 보면 정말 기적 같은 일이다. 그러나 기적은

---

* 이와 비슷한 내용은 그의 다른 글에서도 쉽게 찾아볼 수 있습니다. "책 속에는 '나는 매일 모든 면에서 점점 나아지고 있다.'라는 문구가 나온다. 나는 이 문구에 매료되어 버렸다. 읽으면 읽을수록 내면에서 용기와 자신감이 솟구치는 것을 느꼈다. 그래서 이 문구를 A4용지에다 출력해서 고시원 책상 앞과 벽, 천장에 붙여 두고 지갑에도 하나 접어서 가지고 다녔다. 하루에도 몇 번씩 그 문구를 보곤 했는데 자신감 회복에 특효약이었다. 그 후로 나는 성공학에 대해 이야기하는 자기계발서를 닥치는 대로 읽었다. 이상하게도 시집을 읽으면 나도 모르게 마음이 가라앉고 우울해지는 데 비해 자기계발서들은 읽을수록 마음이 들뜨고 내면에서 '나라고 왜?', '할 수 있다'는 자신감이 생겨났다. 그리고 나도 제대로 살아보고 싶다, 진짜 정말 잘되고 싶다, 성공하고 싶다는 욕구가 분수처럼 솟아났다."(김태광, 《마흔, 당신의 책을 써라》에서)

현실이 되었다.”

나폴레온 힐의 《성공의 법칙》의 번역자 김정수 씨와 《행동하라! 부자가 되리라》의 번역자 성필원 씨도 각각 역자 서문에서 나폴레온 힐의 책을 읽고서 자신의 인생이 바뀌었으며, 그 덕에 성공할 수 있었다고 적극 술회하고 있습니다.

〈최고 부자를 만든 책〉

- 해리 포드 – 팔르 왈도 트라인의 《인생의 문을 여는 만능열쇠》
- 빌 게이츠 – 찰스 해낼의 《마스터키》
- 사이토 히토리 – 존 맥도널드의 《부 지혜 성공의 법칙》

세계 최고 부자들을 만든 책은 모두 '성공학책'이었습니다. 해리 포드는 자신이 성공할 수 있었던 덕은 랄프 왈도 트라인의 《In Tune with the Infinite》 때문이었다고 말했습니다. 빌 게이츠는 찰스 해낼의 《마스터키》를 읽고서 대학을 그만두고 사업을 할 결심을 했다고 전해집니다. 또 워런 버핏은 사무실에 '데일 카네기 코스' 수료증을 걸어 놓았을 정도로 데일 카네기 책을 애독했습니다.(데일 카네기의 여러 책들도 넓은 의미에서 모두 성공학책입니다.)

일본 최고 부자 사이토 히토리가 가장 큰 영향을 받은 책은 존 맥도널드의 《부 지혜 성공의 법칙》입니다. 그가 쓴 책 곳곳에서도 이 책의 영향을 볼 수 있을 정도입니다. 그는 이 책을 로버트 페트로의 《부자의 유산》* 과 함께 자신의 수제자들뿐 아니라, 전 직원들에게 필독서로 읽힌다고 합니다.

---

* 이 책은 저도 모든 청소년들에게 적극 추천하고 싶을 만큼 정말 좋은 책이라 생각합니다.

8 천재를 만드는 책

그들이 큰 영향을 받은 이 책들은 모두 성공학책입니다. 게다가《인생의 문을 여는 만능열쇠》와《마스터키》와《부 지혜 성공의 법칙》은 단순한 성공학책이 아니라, 영성철학과 성공학이 절묘하게 잘 결합된 책입니다. 비록 쉽게 쓰여 있지만 아주 심오한 철학을 담고 있는 놀라운 책입니다. 미국에선 놀랍게도 이런 책들이 일찍부터 숱하게 있었습니다. 이런 책 중에선 경전 수준의 책들도 적지 않습니다.(저는 어떻게 미국에서 이런 책이 일찍부터 나올 수 있었는지 매번 놀라웠습니다.) 미국이 20세기 인류의 문화를 선도한 것은 결코 우연히 아닐 것입니다.

성공의 원리가 존재하지 않는 분야는 없습니다. 그 어떤 분야에서든 더 효과적인 방식과 일이 이루어지는 이치가 존재하기 때문입니다. 성공학은 사업, 건강, 인간관계, 행복 등 삶의 모든 부분에 응용되지만 특히 공부법에도 응용이 가능합니다.

나폴레온 힐이 쓴《성공의 법칙》의 번역자이자《MCC 성공학 개론》의 저자인 김정수 씨는 자신의 아들을 자신이 강의하는 '1박 2일 성공학 프로그램'에 참가시켰습니다. 아들은 그 후 성공학 강의에서 배운 성공학의 원리를 자신의 학습에 응용하여, (앞서 언급했듯) 3월 모의고사 374점에서 11월 수능 474점을 받아 8개월 만에 정확히 100점이 상승하는 쾌거를 이루었습니다(2005년 수능).

〈성공학 적용 내용〉

1. 목표 성취(이후) 즐겁게 상상하기
2. 자기 이미지 바꾸기 – 나는 서울대 05학번 ○○○이다.
3. 목표 음독音讀 – '수능 대박', '100점 상승'
4. 목표 쓰고, 보고 또 보기

단지 이 성공학의 방법 네 가지를 학습에 응용에서 기적의 수능 신화를 이루었습니다. 이를 통해 우리는 성공학이 얼마나 놀라운 힘을 가졌는지 확인할 수 있으며, 성공학이 모든 분야에 적용 가능한 것임을 짐작해 볼 수 있습니다. 심지어 깨달음을 얻는 일에도 도움이 될 것입니다.

> 나는 항상 신비주의적인 동시에 실용적이다. 과학적인 증거를 좋아하며, 그것을 실제로 이용하는 것을 좋아한다. 양자물리학의 모든 이론이나 영성, 심리학, 철학 등을 아무리 제대로 이해해도 인생에서 성과를 창출하는 데 사용하지 못한다면 아무런 의미가 없다. - 제임스 아서 레이서

'SQ 천재독서플랜'의 천재를 만드는 책은 크게 말하면 영성철학과 성공학 두 가지이지만, 조금 더 세부적으로 말하면 영성철학(명상법), 심리치유, 성공학, 두뇌 계발·학습법 이 네 가지라고 할 수 있습니다.

영성철학은 깨달음의 철학이기에, 깨달음의 지식을 얻는 것이 아니라 몸소 자신이 깨달음이라는 영적 각성을 체득하는 것이 가장 중요합니다. 그래서 깨달음을 얻을 수 있는 방법에 관한 책(명상서적)도 영성철학에 포함이 됩니다.

아울러 사람은 누구나 심리적 상처를 가지고 있는데, 그런 상처에 묶여 있으면 깨달음도 성공의 지혜도 체득하기 어렵습니다. 때문에 반드시 그 내면의 상처를 치유해야 합니다. 그래서 심리치유에 대한 책이 포함되었습니다. 심리치유에 대한 책은 자신뿐 아니라 타인을 이해하는 데도 큰 도움이 되는 책입니다. 아울러 심리치유에 대한 책 중에는 심리치유와 영성철학이 결합된 책들이 있습니다. 그런 책들도 넓은 의미에서 영성철학책이라 할 수 있겠습니다.

성공학책 중에서도 성공학과 영성철학이 결합된 책들이 있습니다. 이

런 책들은 영성과 성공학을 연결하는 좋은 가교 역할을 해줄 것입니다. 간혹 깨달음과 성공학이 배타적 관계에 있다고 오해하는 분들이 있는데요, 실은 깨달음을 얻거나 영성지능이 높아지는 것, 이를 바탕으로 자신과 세상을 널리 이롭게 하는 것은 자기 계발의 궁극입니다. 앞서 언급했듯 참된 성공은 나만의 행복과 번영을 위한 것이 아니라, 모두의 행복과 번영에 기여하는 데 있습니다. 때문에 이 둘은 전혀 충돌할 이유가 없으며, 응당 이 양자의 지혜를 잘 활용하는 것이 더 바람직할 터입니다.

그리고 영성과 과학 혹은 영성과 사회과학이 결합된 책도 있습니다. 이런 책들은 영성과 세상 문제의 관련성을 깊이 통찰케 해주는 역할이 있으며, 영성의 현실적 측면과 풍부한 담론을 담고 있는 중요한 책들이라 하겠습니다. 사실 우리 모두가 계속 키워 가야 할 식견과 통찰이 그러한 데 있을 것입니다.

두뇌 계발과 학습법에 관한 책은 학습 능력을 향상시키고 공부를 잘할 수 있게 도와주는 책입니다. 즉 공부 차원의 성공학책인 셈입니다. 그래서 두뇌 계발이나 학습법에 관한 책도 넓은 의미에서 성공학책의 일종이라고 할 수 있을 것입니다.

이 모든 책들이 결국은 하나의 지점을 향하고 있습니다. 그것은 영성지능과 성공지능을 높이는 것입니다. 'SQ 천재독서플랜'은 깨달음의 지혜, 행복의 지혜, 성공의 지혜를 높이는 데 초점이 맞춰져 있습니다. 앞서 강조했듯, 이는 위대한 마인드와 탁월한 성공의 지혜를 얻는 데 그 목적이 있습니다.

기술은 좋게도 나쁘게도 쓰일 수 있다. 기술이 우리에게 진정한 혜택을 제공하려면 깨달음, 지혜, 그리고 균형이 뒷받침되어야만 한다. 즉, 적절한 균형을 찾아야 하는 것이다. - 브라이언 와이스

제가 말하는 천재상의 핵심은 높은 수준의 영성지능과 성공지능을 함께 갖춘 인물이 되라는 것입니다. 그래서 자신의 성공이 곧 자신뿐 아니라 널리 세상을 이롭게 하는 이가 되는 데 있습니다. 영성지능과 성공지능의 결합으로 정신적 행복과 물질적 행복이 어느 쪽으로 치우치지 않고 하나로 잘 조화되는 삶, 이것이 우리가 건설해야 할 삶의 양식이 아닐까 합니다.(정신적 빈곤과 물질적 빈곤을 함께 극복해야 합니다.) 깨달음과 행복과 성공을 그 영혼 속에 하나의 지혜로 꿰는 사람, 그런 사람이 정녕 천재가 아닌가 합니다.

좋은 책은 자신이 사숙하는 스승과 다름없습니다. 좋은 책을 만나느냐 그렇지 못하느냐는 때로 '자전거로 달리느냐와, 자동차로 달리느냐' 만큼이나 차이가 납니다. 이에 더 좋은 책, 더 위대한 책을 찾아서 읽는 것은 자기 성취 수준을 결정짓는 역할을 할 수도 있습니다. 좋은 책만 해도 세상에 수없이 많으니, 먼저 읽어야 할 최우선순위를 잘 가려야 할 것입니다.

위대한 인물이나 성취는 반드시 위대한 마인드와 탁월한 지혜 속에서 나온다.

8 천재를 만드는 책

시카고플랜의
기적과 한계

철학책의 허와 실

시카고플랜에 대해 알아보기 전에 철학책의 허와 실에 대해서 먼저 살펴볼까 합니다.

서양 철학은 지식 위주의 철학이고 상당히 난해하고 추상적이고 관념적입니다. 그래서 무슨 말을 하는지를 알아듣는 것 자체가 너무 어렵고 힘이 듭니다. 어렵게 말하기 대회에 나온 사람들 같습니다. 제가 아는 철학자 중에 수십 년 동안 헤겔이라는 서양 철학자를 연구하는 사람이 있습니다. 그래서 하루는 제가 이제 지겹지 않느냐고 물어보았습니다. 그런데 그 사람 말이, 아직도 이해 안 되는 부분들이 많다는 겁니다. 전공한 사람조차 이런데 학생들이나 일반인은 오죽하겠습니까?

– 장건익,《철학의 발견》에서

지나치게 추상적이고 관념적이어서 몇십 년 동안 철학을 전공한 이조차 알기 어려운 것이 서양의 이성철학이 가지고 있는 면모입니다. 진리도 아니고 읽어서 크게 얻을 것도 없는 이런 철학을 얻기 위해 많은 시간과 노력을 들인다는 것은 어쩜 인생을 낭비하는 어리석은 일일지도 모릅니다.

책은 교리적인 것이 아니라 기능적인 것이어야 합니다. 철학 공부도 이와 마찬가지일 것이니 '지식으로서의 철학'이 아니라 '삶으로서의 철학'이 되어야 합니다. 철학은 지식이 아니라, 삶에 가치 있고 아름다운 것, 꼭 생각해야 할 것들을 제대로 생각할 수 있는 능력입니다. 때문에 그것은 결코 지식으로 고착될 수 없는 것이며, 반드시 자기 안에서 나오는 지혜와 같은 것이 되어야 합니다.

장건익 저자는 철학을 이렇게 정의하고 있습니다. "세상의 길은 남을 바꾸기 위해서 부딪치고 싸우는 길이고, 철학의 길은 삶의 근원인 자신의 내면을 치유하는 길입니다." 마음의 평화를 얻지 못한다면 한갓 철학적 지식이 무슨 소용이 있겠습니까? 철학이란 생각의 힘으로 내면의 기제를 바꾸고 스스로를 치유하며, 삶을 잘 살아갈 수 있는 정신적 힘을 얻는 일이어야 합니다.

전문성이라는 미명 아래 지극히 관념적이고 추상적인 문제들을 자신들만이 알 수 있는 언어와 논리로 설파하면서 일반인들의 기를 질리게 하는 것이 오늘날의 철학이 되어 버렸다. 또한 그들은 지혜조차 지식으로 만들어 버린다. 그들에게 철학자들의 지혜는 논문과 글쓰기의 매우 좋은 소재일 뿐이다. 전문 지식과 언어의 유희, 자신들만이 심오한 진리를 알고 있다는 느낌을 뿜어내는 지적 오만함으로 채색된 학자들의 글을 읽는다는 것은 철학을 전공한 나에게도 숨이 막히고 고통스러운 일이다. 이처럼 끔찍할 정도로 난해하고 관념적인 언어들로 가득 찬 철학 서적들을 접하게 되는 일반인들에게 철학은 어떤 느낌으로 받아들여질 것인가? 철학은 결코 자신들이 할 수 없는 것이고, 결코 하고 싶지 않은 어떤 것이 되어 버릴 것이다. 그들은 자신들만의 세계에 갇혀 있다.

- 장건익, 《철학의 발견》에서

이 글은 철학책들이 지니고 있는 문제점들을 정확하게 짚어 주고 있습니다. 실상이 이러한데도 많은 사람들이 유명한 철학책들의 내용을 잘 모르면 지적 부끄러움을 느끼곤 합니다. 우리가 부끄럽게 생각해야 할 것은 철학 지식에 대한 무지가 아니라, 주체적인 자기 생각을 갖추지 못하는 것입니다. 철학의 목적은 '스스로 생각할 줄 아는 주체적인 사람'이 되는 데 있습니다. 그렇지 않으면 생각 없이 살거나, 다른 사람의 생각을 좇아만 다닐 테니까요.

삶의 주인이 되는 일은 자기 생각의 주인이 되는 일로부터 시작됩니다. 그런 까닭에 철학은 내면의 중심을 찾는 일입니다. 배가 중심력을 잃으면 한쪽으로 넘어지듯이, 자신의 철학이란 자신의 삶의 균형을 잡아 주는 중심력과 같습니다. 삶의 격랑에도 흔들리거나 침몰하지 않으려면 확고한 삶의 철학이 있어야만 할 것입니다. 철학은 정신적 복원력이나 다름없으니까요.

삶을 살다 보면 생각을 해야 할 일들이 수없이 많습니다. 삶의 모든 결정은 생각으로부터 나오니까요. 철학이란 자신의 삶을 위해 생각해야 할 것을 제대로 생각할 수 있는 능력입니다. 그런 점에서 철학은 생각의 지혜를 얻는 일이요, 그러한 지혜를 얻을 수 있도록 이성과 의식의 수준을 최적화하는 일일 것입니다.

헌데 자신이 아무리 생각을 잘한다 해도 그 생각이 모두 삶의 섭리와 우주적 진리에 부합하는 것은 아닐 것이므로, 생각은 반드시 영적 진리에 부합되도록 끊임없이 조율되어야 합니다. 강물이 바다와 만나 더 확장되

SQ 천재독서플랜

는 것처럼, 생각과 진리가 하나로 섞여야만 하는 것입니다. 그래서 철학과 깨달음의 결합은 필연입니다.

장건익 님은 철학의 정의를 이렇게 말합니다. "철학은 전문적 지식의 추구가 아니라 '삶의 지혜를 자신의 것으로 만드는 배움의 과정'이고, 박사 학위를 가진 자들만이 하는 특별한 일이 아니라 '삶을 사랑하는 모든 이에게 필요한 보편적 인간 활동'이며, 경쟁과 성공의 도구가 아니라 '인간에 내재된 신성神性이 주도하는 삶과 문화를 창조하는 인문 예술'로 새롭게 정의되어야 한다."

철학 공부의 목적은 '지혜롭게 생각하는 법'을 배우는 데 있지 철학 지식을 얻는 데 목적이 있는 것이 아닙니다. 마찬가지로 영성철학 또한 '깨달음'을 얻는 데 목적이 있지 깨달음에 대한 지식을 얻는 데 목적이 있지 않습니다. 그런데도 철학 지식에 얽매여 있거나 깨달음에 대한 지식을 가지고 우쭐대는 사람들이 있습니다. 이는 알맹이가 아니라 껍데기를 쥐는 것과 같은 형국입니다.

> 철학한다는 것은 내가 누구인지를 알고 내 삶을 어떻게 살 것인가에 대해 끊임없이 묻고 답하는 과정이다. - 장건익

철학적 지식이나 깨달음에 대한 지식은 나의 철학과 깨달음을 위한 하나의 도구일 뿐입니다. 그것은 나를 진리로 안내할 수 있는 로드맵과 같아야 하고, 보다 지혜로운 사람이 될 수 있도록 돕는 정신적 가이드와 같아야 합니다. 철학은 지극히 실용적이며, 지극히 현실적인 것입니다. 본질에 집중하지 않고 비본질적인 것에 집착하면 많은 시간과 노력을 낭비하게 될 것입니다.

나의 철학은 나의 질문과 대답 속에 있습니다. 철학은 철학책 속에 있

8 천재를 만드는 책

는 것이 아니라, 내 생각 속에 있으며, 우리의 모든 삶 속에 있습니다. 책이 어렵다고 수준이 높은 것이 아니며, 유명하거나 인기가 있다고 해서 그것이 참된 진리인 것은 아닙니다. 때문에 우리는 어떤 철학책이 좋은 책인지, 어떤 철학책이 진정으로 우리에게 도움을 주는지를 잘 살펴보아야 할 것입니다.

세계관의 영향과 가치

간디는 어린 시절 《슈라바나의 효성에 대한 희곡》이라는 책과 연극 〈하리슈찬드라〉에 크게 고무되어 그 작품 속 인물과 같은 삶을 살기로 결심합니다. 간디는 희곡 속 허구의 인물인 그들에 대해 '슈라바나와 하리슈찬드라는 나에게 살아 있는 실재'라고 하였습니다. 슈라바나는 눈먼 늙은 부모에게 목숨을 바쳐 헌신한 어린 소년이고, 하리슈찬드라는 자신의 모든 재산을 다른 이에게 내어 준 성자였습니다. 그는 간디의 평생을 지배한 무소유 정신의 기원이 된 존재입니다.

간디는 이렇게 말합니다. "나는 밤낮을 가리지 않고 스스로 '왜 모두 하리슈찬드라처럼 진실하지 못할까?'라고 물었다. 진실에 따라야 하고, 하리슈찬드라가 겪은 모든 시련을 겪어야 한다는 것이 나에게 불어넣어진 하나의 이상이었다." 간디는 실제로 자신이 우상으로 여긴 하리슈찬드라와 같은 삶을 살았습니다.

흑인 인권운동가이자 역대 최연소 노벨 평화상 수상자인 마틴 루터 킹, 그의 우상은 간디였습니다. 흑인 해방을 위해 비폭력 저항운동을 실천했던 그의 삶 또한 간디를 적지 않게 닮았습니다. 미국의 간디로 불리는 그는 "간디의 가슴에 총알이 박히는 순간, 인류의 가슴에는 간디의 사상이

틀어박혔다."고 말했습니다.

> 신화적 영웅과 스승은 자아실현을 위한 우리 욕구의 내적인 선언이며 그들처
> 럼 완벽하고 탁월한 존재가 되고 싶고, 성공하고 싶다는 내적인 표현이다.
> - 진 랜드럼

《대통령을 키운 어머니들》의 저자 보니 앤젤로는 "대통령을 만든 어머니들의 공통점은 아들에게 위인전을 광적으로 읽혔다는 점이다."라고 했습니다. 탁월한 인물이 되는 것은 탁월한 인물을 본받는 것에서부터 시작됩니다. 자신의 롤모델은 삶에 중요한 기준점이 되기에, 위대한 인물들의 삶과 정신의 궤적을 따라 그들의 생각과 마음 그리고 삶을 닮아 갈 것입니다.*

이와 같이 대개의 경우 위대한 인물이 되는 길은 위대한 인물을 본받는 것으로부터 시작됩니다. 때문에 위대한 인물의 삶이나 그런 사상이 담긴 책은, 다시 그와 같은 인물을 만드는 영혼의 씨앗이자 불씨일 것입니다. 씨앗이나 불씨는 퍼지면 퍼질수록 그 한계를 알 수 없는 법입니다.

벤저민 프랭클린은 이런 말을 남긴 바 있습니다. "소년 시절에 나는 《선행록》이라는 책을 읽었습니다. 당신의 아버지 코튼 매더가 쓴 책이라고 생각합니다. 이전의 주인이 소홀히 다루는 바람에 책장이 여러 장 떨어져

---

* 초등학교 교사였던 이지성 씨 또한 자신이 맡고 있는 학생들 중 문제아들 혹은 학습부진아들에게 위인전을 계속해서 읽혔는데, 그 학생들이 몰라보게 달라졌다고 자신의 교육 체험담을 《성공하는 아이들에게는 미래형 커리큘럼이 있다》에서 이야기한 바 있습니다.
  위인전은 아이들만 보는 책이 아닙니다. 위인들의 평전이나 자서전도 넓은 의미에서 위인전에 속할 것입니다. 위인전 읽기의 장점과 가치를 저는 여섯 가지로 이야기하고 싶습니다. ① 원대한 꿈과 비전을 본받게 된다. ② 삶의 좋은 자세를 배우게 된다. ③ 사고의 폭과 깊이가 더해진다. ④ 삶의 성취에 대한 실질적인 이해와 지혜를 얻을 수 있다. ⑤ 좋은 인성과 마음을 얻게 된다. ⑥ 살아 있는 생생한 역사 공부를 저절로 할 수 있다.

8 천재를 만드는 책

나갔지만, 이 책은 내 생각을 크게 바꾸고 인생에 큰 영향을 주었습니다. 선행을 하는 사람의 명성보다 그 사람의 성품에 큰 비중을 두었기 때문입니다. 내가 조금이라도 사회에 도움이 되었다면, 사람들은 이 책에 감사해야 할 것입니다."

프랭클린만 그런 것이 아니라 탁월한 성취를 이룬 인물들에겐 대부분 그들 삶의 정신적 기원이 된 책들이 꼭 한두 권씩 있습니다. 결국 그들의 정신적 기둥이 된 책들이 그들을 만드는 데 결정적인 역할을 한 것입니다. 지금도《한 인생을 바꾼 한 권의 책》과 같은 책들이 많이 나오는 것은 그와 같은 이유 때문입니다.

예건내 존 러스킨의《나중에 온 이 사람에게도》는 톨스토이와 간디, 버나드 쇼, 알랭 드 보통 등 많은 이들에게 지대한 영향을 끼쳤습니다. 간디는 이 책에 대해 이렇게 말했습니다. "그 책은 한번 읽기 시작하자 놓을 수가 없었다. 나는 그날 밤 잠을 이룰 수가 없었다. 나는 내 생활을 이 책의 이상에 따라 변경하기로 결심했다. 내 생애에 즉각적이고 실천적인 변화를 가져다준 것이 바로《나중에 온 이 사람에게도》이다." 좋은 책이 좋은 사람을 만듭니다. 책이 세상을 바꿀 위대한 통로가 될 수 있는 이유입니다.

마르크스도 인류에게 과학을 가르쳐 주기 위해 신들의 세계에서 불을 훔쳐 낸 그리스의 신 프로메테우스를 평생의 영웅으로 삼았다.

나폴레옹은 2000년 전에 그가 영웅시하던 알렉산드로스 대왕이 이집트를 정복했다는 이유로 자신도 똑같이 이집트를 정복한다.

스티븐 킹은 "나는《지킬 박사와 하이드씨》라면 사족을 못 썼다."라고 말할 정도였다.

조셉 캠벨과 빌 게이츠는 다 빈치를 우상으로 여겼다. 다 빈치에 대한 어린 시절의 인상은 너무도 강렬하여 게이츠는 이 위대한 발명가의 노트를 사들이는 데 수백만 달러를 주저 없이 지출했다.

- 진 랜드럼, 김미형 역, 《열정 능력자》에서

이 글이 잘 보여 주듯 사람들은 자신의 우상이나 멘토를 닮아 가게 마련입니다. 그래서 본받아야 할 우상이나 멘토를 잘 선택해야 합니다. 나의 우상이나 멘토는 내 삶의 모델이자 정신적 지침이 되는 존재들입니다. 그들은 자신의 길을 비추는 정신적 북극성입니다.

아시시의 성 프란치스코나 테레사 수녀는 예수의 삶을 본받고자 했으며, 원효나 법정 스님은 붓다를 본받고자 했습니다. 이분들 외에도 예수와 붓다를 본받고자 했던 이들은 수없이 많을 것입니다. 위대한 인물들의 삶과 가르침은 새로운 위인들을 이끄는 역사의 이정표가 됩니다. 훌륭한 인물을 만드는 이러한 선연선과善緣善果의 맥락을 우리는 확실히 기억해야 할 것입니다.

'깨달음의 의식 차원을 연구하는 초자아심리학'의 기틀을 다진 윌리엄 제임스와 매슬로는 미국의 영성철학자 에머슨의 영향을 받은 이들이었습니다. 그리고 다시 그들의 영향을 받은 후배 학자들이 초자아심리학을 성립·융성케 했습니다. 조지 캠벨의 신화학이 철저히 영성철학의 맥락 속에 있는 것은, 각 문화권에 있는 영성 경전에 지대한 영향을 받았기 때문입니다. 깨어난 현자인 제임스 앨런은 책을 통해 평생 톨스토이를 정신적 스승으로 여겼습니다. 그런 톨스토이는 에픽테토스의 《어록》을 좋아했으며, 《도덕경》을 두 번이나 번역했고, 《도마복음》의 주석서를 썼습니다.

초자아심리학의 천재인 켄 윌버는 《도덕경》 때문에 영성에 관심을 가지게 되었습니다. 또 현대의 현자인 크리슈나무르티를 평해 "그는 나를 영적으로 철들게 한 현자다."라고 하였습니다. 니체는 쇼펜하우어를 우상으로 여겼으며, 그런 쇼펜하우어는 불교사상에 심취했을 뿐 아니라, 힌두

8 천재를 만드는 책

교의 영성고전인《우파니샤드》를 평생 애독했습니다. 그의 철학에 그러한 영향이 깃들어 있음은 당연한 결과입니다. 이처럼 영향 관계의 맥락은 속일 수가 없습니다.

마오쩌둥이 20세 되던 해에 그는 6개월 동안 도서관에 틀어박혀 나폴레옹에서 표트르 대제와 예카테리나 여제, 루소에서 마르크스와 다윈 등의 책을 읽었다고 합니다. 그가 좋아하는 인물들은 그가 자신의 이상으로 삼았던 삶의 모습과 무척 닮아 있습니다. 진 래드럼은 이렇게 평가하고 있습니다. "전투와 정치에 관한 그의 철학적 접근은 독서의 산물이다." 만일 마오쩌둥이 좀 더 평화적이고 숭고한 인물들을 본받았더라면 그의 삶의 모습은 지금과는 많이 달랐을 것입니다.

나폴레옹의 평생을 지배한 책은 플루타르코스가 쓴《영웅전》과 마키아벨리의《군주론》이었으며, 매일 책 한 권 이상을 읽을 정도로 독서광이었던 히틀러는 토머스 칼라일의《영웅숭배론》을 읽고 영웅주의에 매료되었습니다. 또 평생 손에서 책을 놓지 않았던 스탈린은 내전 중에도 레닌의《국가와 혁명》을 가지고 다녔습니다. 나폴레옹, 히틀러, 스탈린은 모두 독서광이었지만 그들이 좋아한 책들은 영웅주의와 야망주의, 경쟁주의를 부추기는 책이었습니다. 그 결과 그들은 자신의 야욕을 위해 수백만 이상의 인명을 살상했고 세계사에 큰 불행을 낳았습니다. 박홍규 교수는《독서독인》에서 이와 같은 인물을 '독서가 만든 괴물'이라고 평가합니다.(세계사에 영향을 끼친 유명한 인물들을 바탕으로, 책이 한 사람의 정신세계와 삶에 어떠한 영향을 끼치는지에 대해 진지한 성찰을 할 수 있다는 점에서 이 책을 적극 추천하고 싶습니다.)

세상에 모든 책이 다 좋은 것은 아닙니다. 이왕이면 더 좋은 책을 읽어야 하고, 나에게도 세상에도 이로운 책을 읽어야 합니다. '나는 읽는 대로 만들어진다'는 말이 있지요. 때로 한 권의 책이 한 사람의 운명을 바꿔 놓기도 합니다. 우리가 읽는 책이, 특히 우리가 좋아한 책이 우리의 정신세계를 만들고 우리의 삶을 만들며, 더 나아가 우리의 세계를 만듭니다.

승자가 독식하는 오늘날의 개인주의적 시대정신이야말로 현 사회가 직면한 온갖 위기의 원흉이다. 특히 재정 분야는 해마다 어떻게든 더 많은 수익을 올릴 것을 끊임없이 다그친다. 에너지 회사 엔론의 최고경영자 제프리 스킬링은 온갖 거대 사기행각으로 감옥에 들어가기 전, 자신이 좋아하는 책은 신다윈주의자 리처드 도킨스의 《이기적 유전자》라고 자랑했다. 그는 집단 전체의 '적응성'을 향상시키기 위한 노력의 일환으로, 주기적으로 성과순위 하위 10퍼센트의 직원들을 가차 없이 해고했다. 이런 사고방식은 현 사회의 모든 분야에서 끊임없이 자행되고 있는 온갖 속임수에 책임이 있다. 부정행위를 하는 것으로 알려진 50퍼센트의 대학생에서부터 기업의 부정행위에 이르기까지, 심지어는 공익 분야에서조차 부정이 자행되고 있다. 오늘날 의학 문헌 중에서 의약품에 관해 발표된 연구 중 4분의 3은 제약회사에 고용된 홍보회사에 의해 대필된 것으로 보인다. 심각하고 심지어는 치명적인 부작용의 가능성들이 으레 감추어진 채 말이다.
– 린 맥타가트, 황선효 역, 《초생명 공동체》에서

우리의 삶은 경쟁을 통한 우열을 가르기 위한 것이 아닙니다. 승자만 홀로 살아남는 그런 세상을 만드는 것이 우리 삶의 질서나 이상이 될 수는 없습니다. 세상의 끝없는 대립과 부조화는 근본적으로 잘못된 세계관에서 배태된 것입니다. 서로 함께 살아가는 상생의 세계관이 아니라 남을 이겨야 내가 산다고 여기는 상극의 세계관 때문에 온갖 갈등은 계속 이어집니다.

상극의 세계관은 이분법적 사유요, 상생의 세계관은 비이분법적 사유입니다. 이성철학의 본질이 자타 분리의 이분법적 사유라면, 영성철학의 본실은 자리이타自利利他를 지향하는 일체감의 사유입니다. 전자가 경쟁 승패의 길이라면, 후는 공생 조화의 길입니다. 인류는 오랫동안 우승열패優勝劣敗의 세계관 속에서 끊임없이 타인의 생존을 위협하거나 혹은 자신의 생존을 위협당하며 살아왔습니다. 이제 그러한 잘못된 패러다임을 완전히 끝낼 때가 되었습니다. 그 결과는 역사가 이미 누누이 보여 주었듯 너무나 자명하기 때문입니다.

만일 제프리 스킬링이 《이기적 유전자》 같은 책이 아니라, 《초생명 공동체》 같이 영성지능이 높은 책을 좋아했더라면, 결코 감옥에 가는 삶은 살지 않았을 것입니다. 한 사람의 세계관이란 곧 그 삶의 밑그림입니다. 자신의 세계관을 만드는 '어떤 책'을 읽느냐는 그만큼 중요한 것입니다. 한 개인을 넘어, 인류가 어떤 책을 좋아하느냐, 어떤 세계관을 받아들이느냐에 따라 인류의 운명이 좌우될 것입니다.

린 맥타가트는 같은 책에서 이렇게 적고 있습니다. "우리 삶의 저류를 형성하는 것은 우리의 자기 인식인데, 그것의 주된 부분은 경쟁적 욕구가 차지하고 있다. 지금 우리를 파멸로 몰아가고 있는 온갖 지구적 문제를 일으킨 사고방식이 바로 경쟁욕이다. 생각건대, 우리의 관계에서 전일성을 회복할 수만 있다면 세상은 치유될 것이다." 그녀의 지적처럼, 온갖 지구적 문제를 해결할 수 있는 길은 오직 경쟁의 세계관을 버리고 상생의 세계관을 획득하는 길밖에 없습니다.

오늘날 인류가 겪고 있는 반생태적, 반생명적 삶은 허위의식에서 비롯된 존재와 인식의 괴리에 기인한다. 시력이 낮아 보이지 않는 물체가 없는 것으로 간주되듯, 의식의 진동수가 낮아 보이지 않는 본체계(의식계)가 실재하지 않는 것으로 간주되면서 허위의식이 둥지를 틀게 된 것이다. 허위의식은 자신이 그려낸 온갖 부정不正한 심상을 진상眞相으로 인식하여 존재와 인식의 괴리를 야기하고 나아가 헛된 신념을 추동推動하는 메커니즘으로 작용하면서 마침내 그 괴리는 건너기 어려운 존재론적 강물이 되어 버렸다.

우리가 감지하는 일체의 현상은 오직 마음으로부터 일어나는 것으로, 마음의 투사 혹은 그림자에 불과한 것이다. 이 세상은 허위의식(부분의식)이 그려 놓은 온갖 부정한 심상들로 꽉 차 있는 화선지이다. 아침의 밝음이 오면 어두움이 저절로 자취를 감추듯, 보편의식(전체의식)이 드러나면 부정한 심상들은 저절로 사라지게 된다. 보편의식 속에서는 평등성지平等性智가 스스로 그 모습을 드러내어 우주만물의 근원이 모두 하나로 연결되어 유기적 통일을 이루고 있음을 인식하게 된다.

– 최민자, 《생태정치학》에서

반생태적, 반생명적 허위의식을 치유할 수 있는 이러한 세계관은 영성철학에서 나오는 것입니다. 우물 안의 개구리가 우물 밖의 세상을 모르는 것처럼, 이성철학은 이런 전일적 세계를 이해하지 못합니다. 이성철학은 나와 세계에 대한 분리 인식에 기초해 있기 때문입니다.

인류가 서둘러 해야 할 것은 이성철학의 한계를 인지하고, 더 높은 의식 수준에 도달할 수 있도록 노력하는 일입니다. 그러려면 어떻게 해야 할까요? 방법은 간단합니다. 이성철학이 아니라 영성철학을 깊이 공부해서 영성지능을 높여야 하고, 명상을 통해서 실질적인 자신의 깨달음을 얻도록 노력해야 합니다. 인류 구원의 참된 길이 영성철학과 명상에 있다 해도 과언이 아닌 것입니다.

만일 우리가 어떤 다른 방식으로 우주를 경험할 수 있다면 그것은 다른 우주일 것이다. 아무것도 보지 못하고 진화한 동굴 속의 장님 물고기에게는 우주가 캄캄하다. 아메바의 우주에는 소리가 없고, 나무의 우주에는 맛이 없으며, 뱀의 우주에는 냄새가 없다. 모든 생물은 그들이 지닌 잠재력의 범위에 따라서 자신의 표현 범위를 선택한다.

우주는 당신의 한계를 고려하지 않을 수 없다. 아름다운 광경이 동굴 속의 장님 물고기에게 영향을 미치지 못하고, 달콤한 향기가 뱀을 유혹할 수 없듯이, 당신의 한계 밖에 있는 삶의 국면들은 당신에겐 의미가 없다. 당신은 먹을 것을 얻기 위해 숲 속을 헤매는 사냥꾼(채집자)과 같다. 어떤 식물이 먹을 것이 못 되면 당신은 그것을 지나칠 것이고, 그리하여 진귀한 식물들로 가득한 숲이 당신에겐 텅 빈 숲과 같을 것이다. 진화의 힘은 무한하지만 관찰자가 그것을 의식할 때만 작용한다. 예를 들면, 사랑에 대해 닫힌 마음은 사랑이 없는 세상을 보면서 사랑의 어떤 징후가 있어도 응답하지 않지만, 열린 마음은 똑같은 세상에서 무한한 사랑을 발견한다.

– 디팩 초프라, 구승준 역, 《완전한 삶》에서

이 글에는 놀라운 영적 통찰이 담겨 있습니다. 우리가 다른 방식으로 세계를 경험할 수 있다면 다른 세계 속에서 살아가게 될 것입니다. 사랑에 빠진 이들이 흔히 세상이 달라 보인다고 하는 것과 같은 이치입니다.

세상이라는 실상은 하나지만 그 세상을 어떻게 이해하고 경험하는가에 따라 세상은 저마다 다른 모습으로 굴절될 것입니다. 실제로 우리 각자의 마음속에 있는 세상은 저마다 다릅니다. 우리는 저마다 자기 마음의 필터로 세상을 경험하기 때문입니다. 성자의 눈과 마음에 비친 세상과 거지의 눈과 마음에 비친 세상은 결코 같지 않을 것입니다. 아이의 눈과 마음에 비친 세상과 노인의 눈과 마음에 비친 세상도 결코 같지 않을 것입니다.

가슴에 사랑이 가득한 사람은 사랑의 눈으로 세상을 보겠지만, 가슴에 분노가 가득한 이는 분노의 눈길로 세상을 볼 것입니다. 두려움이 많은 이는 두려움의 세상을 볼 터이고, 시기질투가 많은 이는 시기질투의 세상을 볼 것입니다. 마찬가지로 이해와 공감이 많은 이는 이해와 공감의 세상을 볼 것이요, 마음이 고요하고 평화로운 이는 고요와 평화의 세상을 볼 것입니다. 우리는 이와 같이 저마다 다른 마음의 눈으로, 다른 세계 속에서 살아가고 있습니다.

그렇다면 우리가 살고 있는 곳은 각자의 마음속임을 알 수 있습니다. 우리는 우리의 마음 세계를 벗어나 본 적이 한순간도 없습니다. 우리는 오로지 자신의 의식 세계 속에 살고 있는 것입니다. 때문에 마치 우물 안의 개구리가 그러한 것처럼 우리 의식 세계가 좁으면 우리는 늘 그 좁은 의식 세계 속에서만 살게 됩니다. 그러면서 그 세계가 마치 세계의 진실이요 전부인양 착각을 하고 살아가고 있습니다.

우리는 모두 이성이란 우물 속에 있는 개구리들이나 다름없습니다. 우리는 우리의 의식 세계를 뛰어넘어 보지 못했습니다. 그러면서도 자기 의식 너머의 세계에 대해 관심을 가지지도 않고, 이성의 우물 속에서 자족하고 있습니다. 하지만 자신이 인식한 세상은 언제나 세상의 극히 일부일 뿐입니다. 세상의 실상을 제대로 알려면 자기 인식의 울타리를 뛰어넘어 봐야 합니다. 자기 마음 밖으로 나가 봐야, 자기 마음 너머의 세상을 볼 수 있지 않겠습니까?

자기 마음 밖으로 나간다는 것은 자기 마음의 얽매임으로부터 자유로워지는 것입니다. 또 자신이 붙잡고 있던 좁은 의식 세계가 무너지고, 광대한 의식 세계 속으로 들어간다는 뜻입니다. 이는 곧 자기 에고로부터의 자유를 획득하는 일이요, 나 너머의 더 넓은 세상과 하나가 되는 것입니다. 오직 그럴 때 우리가 지닌 이분법의 마음이 사라집니다.

이성은 자아가 만들어 낸 우물입니다. 그런 점에서 이성철학은 우물 안 개구리의 철학입니다. 그런 철학으로는 이성 너머, 자기 인식 너머의 세상은 조금도 보지 못합니다. 오히려 그 좁은 세계 속에서 아웅다웅할 뿐이지

　　　　　　　　　　　　　　8 천재를 만드는 책

요. 영혼의 소경이나 다름없는 우물 속의 철학이 대단하면 얼마나 대단하겠습니까.

진리가 아닌 것을 우리는 사이비라고 합니다. 이성철학은 우물 속에 있는 다른 개구리들에게 진리를 설파하지만, 그것은 우물 속에서 진리처럼 행세하고 있는 사이비에 지나지 않습니다. 허나 사이비로는 진리를 알 수 없습니다. 그것이 사이비라고 말해 주는 개구리를 따라 우물 밖으로 나가야 할 것입니다.

도자기를 빚는 데 있어 기본은 흙과 불의 만남이다. 같은 흙도 800도의 불을 만나면 토기土器가 되고, 1,000도의 불을 만나면 도기陶器가 되고, 1,200도가 넘는 불을 만나면 자기瓷器가 된다. 이것을 비유하자면 육체를 나로 아는 사람은 토기, 지성의 불을 만난 사람은 도기, 신성의 불을 제대로 만난 사람은 자기라고 볼 수 있을 것이다. 신성의 불을 만나지 못할 때 인간은 물질 육체를 '나'로 알고 살게 되고 고정적이고 개인적인 세계 안에 갇히게 된다. 바로 이것이 인간의 감옥이다.

– 이병창, 《에니어그램을 넘어 데카그램으로》에서

자기 인식의 세계를 확장해 가는 것이 영적 성장입니다. 즉 토기형 인간에서 도기형 인간으로, 도기형 인간에서 자기형 인간으로 성장하는 것, 이것이 바로 의식 성장입니다. 그 의식 성장은 반드시 자기 인식 세계라는 감옥을 뛰어넘어야만 가능해지는 일입니다. 그 감옥을 뛰어넘을 지도가 바로 영성철학입니다.

사람은 자신이 인식한 세계 너머를 보지 못한다. 모든 것을 이성적인 문제로 의미부여를 해버리면 육체적 진동이 만들어 내는 좁은 권역에 갇히고 만다. 영혼의 세계로 도약할 수 있는 기회는, 상대적 가치 개념을 빼고 한 인간을 만날 때다. 한 인간을 유용함의 관점이 아니라 고유한 빛과 울림을 지닌 영혼으로 만나는 마음가짐이 만남을 풍요롭게 하고 그대를 신의 영광으로 초대한다. - 한바다

영성철학(깨달음)만이 자신을 구원하고 세상을 구원할 유일한 길입니다. 왜냐하면 영성철학이란 진리의 다른 이름이기 때문입니다. 이런 말 들어 보셨는지요. "진리를 알지니 진리가 너희를 자유롭게 하리라!" 진리의 불로 에고의 울타리를 다 태워 없애는 길이 우리가 진정 자유로워지는 길입니다. 깨달음이란 까막눈 개구리가 아니라 진리의 바다를 본 개구리로 살아가는 유일한 비책인 것입니다.

시카고플랜의 한계와 문제점

책의 서두에서 '시카고플랜'의 성과를 언급한 바 있습니다. 시카고 대학은 시카고플랜을 실시한 후 지금까지 89개의 노벨상 수상자를 배출한 것으로 전해집니다. 시카고플랜 실시 후에 실로 기적 수준의 놀라운 성과를 얻었다 해도 과언이 아닐 것입니다. 분명 이러한 성과는 인정받아야 마땅하고, 그 효과 또한 여러 차원에서 우리의 주목을 끕니다.

하지만 우리는 이러한 기적 수준의 성과와 함께 '그 성과의 이면' 또한 살펴보아야 할 것입니다. 노벨상의 경우 수여자의 절대다수가 유럽이나 미국 출신이라는 점, 국제정치의 역학관계 속에서 매우 서구 편향성이 심하다는 것은 이미 널리 알려진 사실입니다.

또 시카고대학 출신이 받은 노벨상 상당수가 경제학상이었습니다. 하지만 미국이 그런 수준의 경제학 지식으로 무엇을 했는지를 살펴보면, 그

런 상을 많이 받은들 그 상이 무슨 큰 가치가 있을까 하는 회의가 들지 않을 수 없습니다. 그들의 경제학이 얼마나 깊이 있는 수준인지는 알 수 없으나, 미국이 세계를 향해서 행하고 있는 실물 경제는 철저히 자국 이기주의에 편승한 산법에 지나지 않기 때문입니다.

제 말이 잘 안 믿기시는 분은 "나는 미국이 지난 세월 무슨 짓을 저질렀는지 잘 알고 있다."고 말하는 세계적인 석학 노암 촘스키의 《불량국가》, 《촘스키, 우리가 모르는 미국 그리고 세계》, 《미국이 진정 원하는 것》, 《비밀, 거짓말 그리고 민주주의》와 같은 책들과 장하준 교수의 《나쁜 사마리아인들》, 그리고 조지프 스티글리츠의 《불평등의 대가》를 읽어 보시기 바랍니다. 그러면 미국이 어떤 나라인지, 그들의 경제학이 얼마나 가치가 있는지를 다시 한번 생각해 보게 될 것입니다.

미국이 단점만큼이나 장점도 많다는 말을 들었고, 실제로 어떤 경우에는 이게 이 나라, 이 문화의 저력인가 하는 생각을 하기도 했다. 하지만 지금 미국은 뭔가 크게 잘못된 방향으로 가고 있다는 생각을 지울 수 없다. 고층의 세련된 빌딩이 그야말로 한없이 펼쳐져 있지만 그 아래 서민들이 타는 지하철은 벽이 벗겨지고 물이 새고 쥐까지 득실댄다. 엄청난 부자가 많지만, 서민의 삶까지 신경 쓰기에는 정신이 너무 가난한 나라이다. 세상 어느 곳보다 표현의 자유가 보장된 곳이지만, 영화감독 마이클 무어는 자기의 발언 때문에 언제 테러를 당할지 몰라 사설 경호원들을 데리고 다닌다(실제로 그때 즈음 민주당 의원 한 명이 총격을 당하기도 했다). 게다가 이 도시는 세계의 온갖 인종들이 모여 살지만 절대 섞이지 않는다. 인종과 계급의 벽이 이렇게 확실한 곳도 없지 않을까 싶다.

– 고병권, 《철학자와 하녀》에서

미국은 세계 최고 강국이요, 학문의 최고 선진국이기도 하지만, 또 한편 너무나 많은 병폐와 모순을 안고 있는 나라이기도 합니다. 미국은 인구 대비 수감자가 가장 많은 나라이기도 하고, 총격 사건이 비일비재한 나라이기도 합니다. 심각한 빈부 격차와 인종 차별과 갈등, 최고 수준의 이혼율, 그리고 무엇보다 자국 이기주의와 계층 이기주의에 기초한 정치와 경제 등 다양한 문제가 산재해 있습니다. 미국이 받은 그 많은 노벨상으로도 이런 문제는 몇십 년 동안 전혀 해결이 되지 않고 있습니다. 아울러 이러한 모습은 비단 미국만 그러한 것은 아니겠지요.

대체로 서양의 나라들은 역사적으로 매우 불공평한 사회여서, 서로 주고받는 미덕은 사라지고 오로지 자신을 위해서 가능한 모든 것을 차지하려는 생각이 그 자리를 차지하고 있다. 빈부 격차가 큰 영국과 미국, 그리고 유럽의 많은 나라들은 부의 격차가 적은 일본이나 스웨덴 같은 나라들과 비교해 볼 때, 거의 모든 사회지표 수준이 훨씬 더 낮다. 전 세계 억만장자의 절반을 가진, 세계에서 가장 부유한 나라 중 하나인 미국은 범죄와 교육수준과 정신질환과 온갖 종류의 질병과 자살 같은 모든 사회문제에서 20개국 중 단연코 가장 나쁜 수치를 기록하고 있고, 영국은 3위를 기록하고 있다. 미국인은 서른아홉 명 중 한 명이 백만장자이지만, 일곱 명 중 한 명, 즉 3,910만 명의 미국인들은 빈곤선 이하에서 허덕인다.

미국인은 전 국민의 4분의 1이 정신질환이라는 진단을 받았다. 독일과 일본과 스페인은 열 명 중 한 명도 되지 않는 것과 비교하면 선진국 중에서도 가장 높은 수치이다. 미국은 세계 인구의 5%밖에 차지하지 않는데도 전 세계 의료비의 거의 절반을 지출한다.

- 린 맥타가트, 황선효 역, 《초생명 공동체》에서

미국을 보면서 우리는 어떤 나라가 정말 우리의 이상이 되어야 하는지

　　　　　　　　　　　　　　　8 천재를 만드는 책

를 고민해 보지 않을 수 없습니다. 무엇이 최우선 과제이며, 무엇이 진정한 발전인지를, 또 무엇이 이상적인 국가의 모습인지를 전 인류가 함께 고민해야 하는 것입니다.

노벨상이 대단한 상이긴 하나 그것이 천재를 가늠하는 절대적 기준이 될 수는 없습니다. 그것은 단지 하나의 참고 기준일 뿐입니다. 해마다 여러 명의 노벨상 수상자가 쏟아지지만, 세계엔 아직 해결되지 않은 지구적 위기 차원의 너무나 많고 많은 문제들이 산적해 있습니다. 요는 시카고플랜으로는 그런 문제를 해결할 진정한 인재나 천재를 만들어 내지 못한다는 점입니다.

시카고플랜은 고전 철학 도서 100여 권을 읽는 것입니다. 그런데 그 고전 철학은 거의 대부분 서양의 이성철학 서적들입니다. 이성철학은 앞서 언급했듯 진리에 무지한 에고의 철학입니다. 그것은 이성과 사고력을 높은 수준으로 발달시키고 지성의 바탕을 만들어 줄 수는 있어도, 끝내 진리를 알 수 없으며 진정한 의식 성장과 인간 본연의 지고한 정신세계를 만들어 줄 수가 없습니다.

그래서 시카고플랜은 이분법적 세계관을 근본적으로 치유할 대안이 되지 못했으며, 또 실제로 그러한 인재를 만들어 내지 못했습니다. 이성철학의 한계가 명확하듯, 시카고플랜의 한계도 명확한 것입니다.

하이델베르크 대학 교수 게오르그 피히트가 일본과 한국에 와서 강연한 〈이론과 성찰〉에서 역시 '서양의 과학이나 문화가 전부 플라톤의 형이상학의 파생물이다. 그렇기 때문에 인간을 파괴하고 자연을 파괴하고 그런 파괴 작용이 필연적으로 일어난다. 왜 그러냐? 진리가 아니기 때문이다.'라는 거야. 플라톤의 파생물인 과학이나 이 모든 게 이론이야, 이론! 그 이론은 논리! 독일어로 Logik, 영어로 logic. 논리에 입각하고 있다 이거지. 논리는 독단이지 진리가 아

니라고. 출발부터 진리가 아닌 데서 시작했기 때문에 필연적으로 파괴 작용이
일어난다 이거야.

        – 이동식, 《도정신치료 입문》에서

 우리는 세상의 잘못된 상식에 저항할 줄 알아야 합니다. 이러한 지적을
처음 접하는 분들에겐 이런 내용이 상당히 충격적이겠지만, 상식을 뒤집
는 이런 주장엔 우리가 깊이 되돌아봐야 할 중요한 메시지가 담겨 있습니
다. 플라톤을 위시한 이성철학자들은 깨달음(진리)에 무지한 이들이요, 에
고의 의식 속에 있는 분리의 세계관은 반드시 분열과 갈등을 만들기 때문
입니다.*

 진리의 논리는 합일의식의 깨달음으로부터 시작되어야 합니다. 이성철
학은 나와 타인, 아我와 물物에 대한 분리의식에 기초한 세계관이기 때문
에 끝내 진리가 무엇인지도 알지 못하며 상생과 조화를 꾀하지 못합니다.
이것은 자연스러운 귀결이자 필연입니다. 이동식 선생의 언급대로 이성
철학은 진리가 아닌 에고의 독단에 가까운 철학입니다. 이 말은 국소적이
고 부조화되어 있는 의식이라는 뜻입니다. 인류의 역사가 실은 그러한 부
조화된 사상(의식)으로 존속되어 왔습니다.

 요컨대 아리스토텔레스의 제자 알렉산더가 조금이라도 삶의 도리나 진
리를 알았더라면 그렇게 엄청난 사람을 죽이면서 자신의 정복욕을 채우
진 않았을 것입니다. 그는 추앙받는 인류의 철학자에게서 과연 무엇을 배
운 것일까요? 혹자는 그런 일이 그의 철학과 무슨 상관이 있느냐고 말하
겠지만, 아리스토텔레스는 '번영을 위해 노예라는 도구는 필수적'이라고

---

* 플라톤 철학의 오류나 문제점에 대해 상세하게 알고 싶으신 분은 박홍규 교수의 《플라톤 다시
 보기》를 읽어 보시기 바랍니다. 아울러 그의 《소크라테스 두 번 죽이기》와 《디오게네스와 아리
 스토텔레스》도 읽어 보시기 바랍니다.

말했으니, 이러한 사유는 노예를 얻기 위한 침략 전쟁과 결코 무관하지 않을 것입니다. 노예를 얻으려면 전쟁은 필수적인 것이기 때문입니다.

세계관은 우리의 삶과 인류 문명을 빚는 거푸집과 같습니다. 그 세계관에 오류와 부조화가 있으면, 우리 삶에도 그림자처럼 그러한 속성이 반영될 수밖에 없습니다. 기어이 타인을 죽이거나 노예를 만들어서, 나의 행복과 번영을 구가하겠다는 사유는 사이코패스의 정신과 다를 바 없습니다. 위대한 철학자라고 알려진 인물의 철학 속에 이처럼 사이코패스의 정신적 불씨가 있었음을 우리는 직시해야 합니다. 아울러 전쟁으로 점철되었던 인류의 역사가 실은 그러한 의식 수준의 문명이었음도 깊이 인지해야 할 것입니다.(제가 문명 전환을 위해 전 인류의 필독서로 권하고 싶은 톰 하트만의 《우리 문명의 마지막 시간들》이나 스티브 테일러의 《자아폭발》을 읽어 보신다면 이러한 분리의 철학이 인류 문명에 얼마나 큰 해악으로 작용했는지를 여실히 확인할 수 있을 것입니다.)

사람의 모든 활동이 뇌의 명령에 의해 일어나듯, 인류 문명의 모든 것은 사람의 생각, 즉 사람들이 지니고 있는 집단적 의식 수준(정신세계)에 의해서 결정됩니다. 그런 점에서 인류의 역사와 문명은 단 하나의 예외도 없이 총체적인 인류 의식의 반영입니다. 인류 역사를 흔히 전쟁의 역사라고 하는데, 그 원인은 모두 잘못된 세계관과 낮은 의식 때문에 비롯된 것입니다. 인류의 상위 1%가 지구의 재화 40%를 차지하고 있는 이러한 심각한 불균형 또한 마찬가지입니다. 인류 문화는 오랫동안 진리의 소경이나 다름없었을 만큼 진리에 어두웠습니다. 분리의 세계관인 이성철학이 몇천 년 동안 인류의 정신세계를 장악해 왔기 때문입니다.

서양에서는 하나와 다수와의 관계를 대립적인 이분법으로 보았다. 이러한 관점은 나와 다른 대상은 적이 되고 이단으로 내모는 피의 역사를 불러들였다. 이

분법적 신념의 차원에서는 내가 인정하지 않는 것들은 모두 파괴와 정복의 대상이 될 수 있다. - 이병창

이성철학은 나와 타인의 관계, 사람과 자연(우주)의 관계를 대립적인 이분법으로 보기 때문에 분열과 갈등과 대립의 역사를 만드는 데 중추적인 원동력으로 작동해 왔습니다. 이분법적 세계관은 '이기는 자'가 최선이 되고 진리가 되는 사유방식입니다. 그들도 도道는 자신의 승리요, 자신의 이익입니다.

역사는 진실과 사실들을 비추는 거울입니다. 하지만 이 시간의 거울은 정신의 녹을 잘 닦아 내고서 눈여겨볼 때만 그 진실과 사실을 제대로 비춰줄 것입니다. 우리는 역사라는 거울에서 어떤 진실과 사실들을 볼 수 있을까요?

저는 인류 역사에 대해 알면 알수록, 인류의 역사가 실로 승자독식을 위한 약육강식의 역사였음을 느끼게 됩니다. 그것은 여전히 현재형입니다. 예컨대 노암 촘스키의 《정복은 계속된다》와 《촘스키, 은밀한 그러나 잔혹한》을 읽어 보시면 그러한 역사의 단면을 아주 생생하게 느낄 수 있지 않을까 합니다. 정복과 야만, 이기의 광기와 무지로 점철된 역사를 보노라면 인류가 오랫동안 실로 미개한 존재였구나 하는 생각이 듭니다. 이러한 결과는 모두 잘못된 세계관으로부터 기인한 것이었습니다.

오로지 자신들의 이익을 위해, 정복과 침략으로 수없이 많은 사람을 살육하고 재화를 강탈하는 세상에 무슨 인간성이 있으며, 무슨 철학이 존재할까요? 이유야 어찌 되었든 인류의 수많은 철학이 세상의 수많은 전쟁 하나를 막지 못했다 해도 과언이 아닐 듯합니다. 이는 인류의 근본적인 세계관의 문제가 해결이 안 되었기 때문입니다. 지배와 피지배, 착취와 피착취, 승리와 독점 등은 모두 이분법적 세계관 속에서 나오는 것입니다. 즉

이성철학에 그 뿌리를 두고 있는 것입니다.

자연은 신을 비추는 거울이라고 했던가. 자연이라는 거울 속에 비친 신의 모습은 이렇듯 모든 사물의 전일성全一性과 상호연관성을 깨달은 자의 모습이다. 그러나 논리와 추론에 기반한 서양의 과학적 지식은——A와 비非A를 확연히 구분 짓는 아리스토텔레스의 이분법적 사유가 서양의 사상적 토대가 된 데서도 알 수 있듯이 — 이러한 대립자 간의 상생 조화적인 측면에 대한 근원적인 인식이 이루어지지 못했기 때문에 지식 본래의 실천적 기능을 수행하지 못한 채 자연의 가르침에 도전해 왔다. 그 결과 자연으로부터 이탈하여 물질문명의 왕국을 건설하기는 했지만, 고립된 개별아라는 관념을 극대화하여 실재로부터 분리됨으로써 정신세계의 황폐화를 초래하게 된 것이다. 그리하여 과학적 지식에 기반한 물질문명은 그 본신本身인 정신과의 메워질 수 없는 간극으로 인하여 풍전등화와 같은 위기에 처하게 되었다.

이제 종교와 학문은 언어적 껍질을 벗고 거듭나야 한다. 이분법적인 사유체계를 초월하여 하나의 진리를 드러낼 수 있어야 한다.

– 최민자,《삶의 무늬》에서

최민자 교수는 인류 문명의 문제점을 정확히 직시하고 있습니다. 인류의 근본적 오류와 불행은, 대립자 간의 상생 조화를 위한 근원적인 인식이 갖춰지지 못했기 때문입니다. 즉 이분법적 세계관에 고착되어 있었기 때문입니다. 이성이 비록 물질문명의 왕국을 건설했으나, 또 그 이성 때문에 자신이 만든 문명을 스스로 파괴할 수도 있습니다. 그렇기 때문에 그것에 대한 해결책은 이분법의 이성철학이 아니라, 비이분법인 영성철학에서 찾아야 합니다.

"신성이란 무엇인가. 그것은 바로 인간의 내재적 본성이다. 인간 이성의 진보가 과학의 비약적인 발달을 가져오긴 했으나, 이성적 자유의 실현은 더더욱 요원한 것처럼 보인다. 이성의 완전한 해방, 그것은 신성으로부터의 분리가 아니라 신성과의 통합이다. 이성과 신성의 통합, 그것은 곧 아인슈타인이 예견한 바 있는 과학과 신의 운명적인 만남이다."

최민자 교수는 우리가 나아가야 할 방향도 정확히 지적하고 있습니다. 이성은 우리 모두에게 여전히 너무나 중요한 요소입니다. 하지만 그 이성이 에고 차원이 아니라 신성 차원으로 성장하도록 돕는 것이 우리의 소임일 것입니다. 우리 본성인 신성과 분리된 이성이 아니라, 신성과 조화된 이성을 찾아야 하는 것입니다. 이성과 신성이 통합된 철학이 바로 영성철학의 본질입니다.

린 맥타가트는 《필드》에서 이렇게 이야기하고 있습니다. "뉴턴과 데카르트를 그들에게 합당한 곳으로 돌려보낼 때가 왔다. ― 지금은 이미 한 물간 역사적 견해를 예언한 사람들의 자리로. 과학은 시대에 상관없이 항상 성립하는 불변의 법칙들로 이루어진 것이 아니라, 세계와 우리 자신을 이해하려는 과정으로 보아야 하며, 그러한 과정에서 새로운 법칙의 등장과 함께 낡은 법칙이 밀려나는 일은 흔하게 일어난다."

그녀의 지적대로 과학의 역사는 오류 수정을 통한 진보의 역사였습니다. 과학은 세상을 이해하는 방식이기도 하기에 철학적 세계관과도 매우 밀접한 관련이 있습니다. 그런데 철학뿐 아니라 인류의 과학 또한 이원론에서 일원론으로 점점 더 통합 확장되어 가고 있습니다. 양자역학에선 '물질과 마음이 둘이 아니라 하나'라고 이야기합니다. 이는 불일이불이不一而不二의 철학에 닿아 있으며, 몸과 마음을 하나로 보는 심신의학의 출발점도 이런 세계관 속에서 이루어진 것입니다.

미국의 물리학자 하이츠 페이겔스는 이렇게 말합니다. "새로운 물리학의 관점은 '진공이야말로 물리학의 전부'라고 말한다. 존재했거나 존재할 모든 것은 이미 우주의 무無 속에 실재한다. …… 무는 모든 존재를 담고 있다." 이런 발언은 지극히 영성철학에 가까운 것입니다.

저는 과학에 대해 문외한이라 '영성과 과학의 상관성'에 대해 상세하게 잘 설명할 자신은 없지만, 이 분야에 대해 세계적 수준으로 설명해 줄 책은 얼마든지 권해 드릴 수 있을 듯합니다.

〈영성과학에 대한 책〉

● 이차크 벤토프, 류시화 · 이상무 역, 《우주심과 정신물리학》

● 폴 데이비스, 류시화 역, 《현대물리학이 발견한 창조주》

● 마이클 탤보트, 이균형 역, 《홀로그램 우주》

● 프리초프 카프라, 이성범 · 김용정 역, 《현대물리학과 동양사상》

● 양철곤, 《양자물리학과 깨달음의 세계》

● 스타니슬라프 그로프, 정인석 역, 《고대의 지혜와 현대과학의 융합》

● 프레드 A. 울프, 박병철 · 공국진 역, 《과학은 지금 물질에서 마음으로 가고 있다》

이런 책들을 보신다면, 제가 드리는 이야기가 어떠한 진실을 담고 있는지 보다 명확하고 상세하게 아시게 되리라 믿습니다. 세상에 갈수록 이러한 책들이 점점 더 많아지는 이유는 무엇일까요? 과학 쪽에서도 진리가 무엇인지 혹은 진리가 어디에 가까운지를 점점 더 깨달아가고 있기 때문일 것입니다. 아마도 우리 다음 세대엔 분명 이런 것이 하나의 상식이 될 것입니다.

아인슈타인 자신도 시공간의 경계에서 완전히 해방되는 체험을 했다.

"그 순간 내가 작은 행성의 한 지점에 서서, 싸늘하지만 깊은 감동을 주는 영원의 아름다움, 그 헤아릴 수 없음을 경이로운 시선으로 바라보고 있는 듯했다. 삶과 죽음은 하나로 흘러든다. 진화도 영원도 없으며 오직 '있음Being'뿐이다."

— 디팩 초프라, 이균형 역,《사람은 왜 늙는가》에서

아인슈타인도 비록 깊은 수준은 아닐지 모르나 영적 각성을 체험한 것으로 보입니다. 그의 세계관 또한 영성철학에 기초해 있었음은 당연한 일이겠지요.(이에 대한 상세한 내용은《사람은 왜 늙는가》를 직접 참고해 보시기 바랍니다.)

"직관은 신성의 선물이며 이성은 충직한 하인이다. 우리는 하인을 섬기고 신성한 선물을 잃어버린 사회를 만들었다." 아인슈타인이 말한 신성의 선물인 직관은 어디로부터 오는 것일까요. 또 우리는 왜 그런 직관을 잃어버린 사회를 만들었을까요?

우리는 그 답의 힌트를 그의 말 속에서 찾을 수 있을 듯합니다. "타인의 기쁨과 슬픔을 느낄 수 있을 때 비로소 타인에 대한 이해가 깊어진다." 이러한 마음은 분리의식이 아니라 합일의식에서 나오는 마음입니다. 직관이란 깊은 교감이나 감응에서 나오는 것입니다. 즉 세계(대상)와 나의 합일적 심사에서 나오는 것입니다. 이른바 직관이 신성의 선물인 까닭은 우리의 내면이 신성(일체성)과 닿을 때 나오는 것이기 때문입니다.

우리가 진보하여 우리 자신과 사물 속의 영혼에 눈을 뜬다면 식물, 금속, 원자, 전기, 그 외 물질계의 모든 것 속에 의식이 있음을 깨달을 것이다.

— 스리 오로빈도

옛날 사람들은 바다로 계속 나아가면 낭떠러지가 나와서 죽게 된다고 믿었습니다. 천 년이 넘는 시간 동안 인류는 그것을 철석같이 진실인양 믿어왔습니다. 하지만 지금은 초등학생도 웃을 일이지요. 지금은 천동설을 주장하는 사람이 없습니다. 지구가 자전한다는 것을 다들 아니까요. 하지만 예전엔 지동설을 주장하는 것이 자기 목숨을 걸어야 할 만큼 위험했던 시대가 있었습니다.

변화가 쉽게 일어나는 분야는 없습니다. 양자 물리학의 창시자 가운데 한 명인 막스 플랑크는 다음과 같이 말했지요.

"과학에서 새로운 진리가 성공하는 방식은 그 진리를 반대하는 사람들에게 확신을 주고 그들이 빛을 보게 하는 것이 아니라 그들이 죽고 새로운 과학이 진리에 익숙한 새로운 세대가 성장하는 것입니다."

혹은 더 기발하게 표현한 문장도 있습니다.

"장례식 한 번마다 과학은 한 번 진보한다."

– 닐 도널드 월시, 이선미 역, 《미래 인간 선언문》에서

대부분의 경우 사람은 죽을 때까지 자신의 세계관을 전혀 내려놓지 못하는 듯합니다. 장례식 한 번 할 때마다 그나마 과학은 조금이라도 진보하지만, 정작 사람들의 정신세계나 고착된 의식은 이보다 훨씬 더 완고해서 몰랐던 '삶에 대한 진실'을 좀처럼 잘 받아들이지 못합니다. 이에는 여러 가지 이유가 있겠지만, 그중 핵심적인 한 가지는 사람이 자신의 에고적 분리의식(이기적인 성향)을 깨뜨리기가 정말 어렵기 때문입니다.

과학은 눈에 보이는 성과를 만들어 내지만, 깨달음은 눈에 전혀 보이지도 않을뿐더러 체험한 사람들이 극히 드뭅니다. 올더스 헉슬리가 "사랑스럽고 순수하며 마음이 가난한 사람들 외에는 궁극적인 실재를 분명하고도 직접적으로 파악할 수 없다는 것은 2천~3천 년에 걸친 종교 역사에서 거듭 확인된 사실이다."라고 한 말에서 잘 드러나듯, '거듭나지 않는 자'는

많으나 '거듭난 자'는 정말 드물었으니까요.

> 근본바탕에 대한 직접적인 앎은 합일을 통하지 않고서는 얻을 수 없으며, 합
> 일은 오직 '그것'으로부터 '그대'를 분리하고 있는 장벽인 이기적인 에고를 소멸
> 함으로써만 달성될 수 있다. - 헉슬리

때문에 대중들은 자신이 보지 못하고, 체험하지 못한 영적 세계에 대해
무지할 수밖에 없었고, 더하여 그것에 대해 아무런 관심을 가지지 않았던
것입니다. 게다가 깨달음을 얻는 것은, 어쩜 인간에게 가장 어렵다고 할
'이기적인 성향을 극복'해야만 얻을 수 있는 지고의 일이자 많은 오해와
편견에 감춰져 있던 일이었기에, 많은 이들이 여기에 등을 돌리는 일이 흔
했습니다.

하지만 이제 인류는 세계관이 변하지 않으면 안 될 만큼의 한계 상황에
도달했을 뿐 아니라, 깨달음의 진리가 인류 그 어느 시대보다 널리 공유될
수 있는 시대에 왔습니다. 지금은 인터넷의 발달로 세계 각 곳의 온갖 영
적 정보를 손쉽게 접할 수 있습니다. 또 하루를 멀다 하고 좋은 영성책들
이 쏟아져 나오고 있으며, 수많은 명상기법이 생겨나고 있고, 학문적으로
도 매우 깊이 있는 수준의 연구들이 끝없이 이어지고 있습니다.

이젠 상황이 예전과는 사뭇 다른 상태입니다. 깨달음의 진리가 이제는
더 이상 불가지의 영역이 아닌 게 되었습니다. 누구나 뜻만 있다면 손쉽게
깨달음에 대해서 깊고 폭넓게 배울 수 있습니다. 이렇듯 이제 세상이 바뀔
만큼 영적 토대가 많이 쌓여 가고 있습니다. 분리의 철학이 막을 내리고,
진리의 철학이 인류를 구원할 때가 된 것입니다.

> 과거에 집착하는 사람은 새로운 것을 낯선 것, 불편한 것으로 받아들이고, 결

국 변화보다 불변, 차이보다 동일성에 의존하게 된다. - 니체

"가치 있는 모든 것이 대접받는 것도 아니고, 대접받는 모든 것이 가치 있는 것도 아니다."(아인슈타인) 오랫동안 이성철학이 엄청난 대접을 받았고, 영성철학은 무지의 창고 속에 있거나 터부시되는 경우가 많았지만, 이제 오류와 진실이 전도되었던 시대가 끝날 때가 되었습니다. 진정 깨달음의 진리가 주인이 될 때가 된 것입니다.

이성철학으로는 '한낱 인간적인 앎의 질과 양'*을 얻을 수는 있지만, 그것 이상의 수준으로 뛰어넘을 수는 없습니다. 인간의 존재양식의 본실적 변화는 깨달음을 통해서만이 가능합니다. 그러한 수준에 도달하는 것이 쉽지 않더라도, 최소한 이러한 기본 맥락은 잘 알고 있어야 하고, 어디로 나아가야 할지에 대한 방향 설정 정도는 아주 명확하게 인지해야 할 것입니다.

거듭나지 않는 평범한 경험을 통해 다양한 세계를 희미하게 엿본 것만으로 만들어진 이론들은 초연함 · 명료함 · 겸손의 상태에 있는 마음에 의해서만 직접 파악될 수 있는 신성한 실재에 대해 아무것도 말해 줄 수 없다.
- 올더스 헉슬리

대학원 재학 시절에 저는 대학원에서 우리나라 철학자 중 대가로 손꼽히는 김형효 교수님의 퇴임 전 마지막 강의를 한 학기 동안 들었습니다.

＊ "스스로 타당한 직접자각의 확실성은 본질적으로 '신의 신비를 측정하는 도구'라는 덕성을 갖춘 사람만이 달성할 수 있다. 스스로 현인이나 성인이 아니라면, 형이상학에서 할 수 있는 최선의 길은 이런 사람들과 그들의 작품을 연구하는 것이다. 그들은 자신들의 인간적인 존재양식을 변화시켰기 때문에, 한낱 인간적인 앎의 질과 양을 뛰어넘는 것이 가능했다." -올더스 헉슬리

이분은 주로 동서양의 비교 철학에 골몰하신 분이라 동서양 양쪽의 철학에 조예가 깊으신 분입니다. 그런데 김형효 교수님이 종강 전에 학생들에게 아주 인상적인 고백을 들려주었습니다. 그것은 어찌 보면 반철학자 같은 말씀에 가까웠습니다.

오로지 한평생 철학 공부에만 매진하신 분이 이렇게 말씀하셨습니다. "해오(개념적 이해)가 증오(깨달음)보다 못하다." 이 말은 간단히 말해 '철학 공부'가 '깨달음'보다 못하다는 뜻입니다. 평생 철학 공부만 한 철학계의 거장이 철학의 한계를 통렬하게 인정한 말씀이었습니다. 그리고는 하시는 말씀이 "퇴직 후엔 '명상 수련'에 매진하겠다."고 말씀하셨습니다. 평생의 철학 공부로도 얻지 못한 그 '깨달음'을 얻겠다는 뜻입니다.

그분은 거장답게 지식적으로나마 영성철학을 깊이 이해하고 계셨습니다. 그래서 이성철학이 진리가 아니라, 영성철학이 진리임을 분명하게 알고 계셨고, 그분의 저서나 강의 또한 그러한 점을 깊이 탐구하고 있었습니다. 하지만 지식과 이성으로 이해한 깨달음은 한계가 있을 수밖에 없습니다. 그것은 깨달음에 대한 이해와 지식이지, 깨달음 그 자체는 아니기 때문입니다.

저는 오히려 김형효 교수님의 솔직한 이 전언이 정말로 가치 있는 말씀이라고 생각합니다. '철학적 이해는 깨달음보다 못하다! 깨달음을 얻기 위해선 보다 실질적인 노력을 해야 한다.' 이 말을 다른 그 누가 아니라, 바로 평생 철학 공부에 매진한 뛰어난 철학자가 한 말이기에 더 큰 울림과 가치가 있지 않은가 합니다.

그렇습니다. 인간의 이성은 신성(초이성)의 지혜를 따라갈 수 없으며, 인간의 이성으로는 끝내 깨달음을 온전히 알 길이 없습니다. 그것은 이성적 에고를 넘어서는 이만이 얻을 수 있는 보석이요 축복이기 때문입니다. 영성철학을 지도로 삼아 일차적으로 세계관을 바꾸고, 더 나아가 깨달음을 얻을 수 있도록 실질적인 노력을 해야 하는 것입니다.

미래에 대한 비전이 없으면 그것은 인간성에도 영향을 미친다. 세계적으로 너무나 많은 사람이 낡은 제도와 시스템을 고수하고 있는 이유는 그보다 나은 것이 있다고 믿지 않기 때문이다. 그러나 우리는 이제 고장 난 것을 땜질하는 일을 중단하고, 새로운 세상을 상상하는 데 더 많은 시간을 바쳐야 한다. 이러한 생각의 전환은 변화를 시도하도록 자신을 격려할 것이다.

– 카르멘 하라, 이덕임 역, 《일체감이 주는 행복》에서

살못된 지도로는 결코 길을 찾아갈 수 없습니다. 이것이 바로 고전 철학 천재독서법인 시카고플랜을 우리가 무턱대고 숭상하거나 따라만 가서는 안 되는 이유입니다. 진리의 말을 듣고서도 이를 터부시하는 이도 있을 것이요, 끝내 자신이 아는 것이 다라고 여기는 이도 없지는 않겠지만, 응당 들을 귀가 있고 안목이 있는 이는 분명 새로운 눈을 뜨고 제대로 된 지도부터 찾을 것입니다. 이로부터 깨어 있는 이들과 무지한 이들의 길은 확연히 나뉠 테니까요!

시카고플랜이 효과를 본 진짜 이유

철학 고전이 이처럼 문제가 많은데도 왜 놀라운 효과를 발휘했을까요. 먼저 시카고플랜의 원조인 '존 스튜어트 밀 천재독서법'의 실체부터 살펴볼까 합니다.

존 스튜어트 밀은 어려서부터 철학 교수였던 아버지로부터 철저히 철학 고전 읽기 수업을 받았습니다. 철학 교수로부터 전문적인 철학 과외를

10년 이상 받은 셈입니다. 존 스튜어트가 일찍부터 철학 분야에 학문적 성과를 낼 수 있었던 것은, 그의 아버지의 열렬했던 '전문적이고 체계적인 조기 교육' 덕분이었지 철학책을 읽어서 천재가 된 것이 아니었습니다.

예컨대 칼 비테의 경우는 밀의 경우와 좋은 변별점이 될 것입니다. 그 또한 아버지의 조기 교육 덕분에 어려서부터 천재 소리를 들었고, 20대 초반에 이미 명문대의 교수가 되었을 만큼 학문적 숙성이 빨랐습니다. 하지만 칼 비테의 교육법의 경우는 철학이 그 핵심 대상이 아니었습니다.

밀의 전공은 어려서부터 조기 교육을 받았던 철학 분야였습니다. 피카소나 모차르트처럼 한 분야의 조기 교육을 통해 그 분야에서 큰 성취를 이룬 이들은 부지기수입니다. 퀴리 부인의 딸이 어머니를 이어 다시 같은 분야에서 노벨상을 받은 경우도 이와 유사합니다. 퀴리 부인의 전문적인 조기 교육이 딸에게 큰 영향을 끼쳤기 때문입니다.

밀의 아버지는 아들을 뛰어난 철학자로 만들고자 하는 야심에, 밀이 어렸을 때부터 강도 높은 엄정한 교육을 실시했습니다. 그 때문에 밀은 성인이 된 후 그 후유증을 앓기도 했습니다. 밀은 자신의 자서전에서 아버지의 그런 교육을 '실험'이라고 표현하고 있는데, 그 실험이 비록 소기의 성공을 거두었다고 하나, 다른 철학 교수가 아들에게 똑같이 그렇게 실험을 했다고 한들 모든 경우가 그렇게 되지는 않을 것입니다.(물론 크고 작은 다소의 효과는 분명히 있겠지요.)

게다가 밀의 철학은 이성철학 수준이지 영성철학의 수준이 아닙니다. 인간의 정신세계를 탐구하는 철학자가, 정작 깨달음의 진리에 무지하다면 그런 수준을 과연 천재라고 부를 수 있을지 의문입니다. 이성철학을 대단하다고 여기는 세상에서 그는 천재적인 사상가일지 모르겠으나, 그것의 오류와 한계를 인지하여 그것이 그리 대단한 수준이 아님을 아는 이들에겐 그는 결코 위대한 천재 사상가일 수 없을 것입니다.

고전 철학 읽기에 기초한 존 스튜어트 밀의 천재독서법이 어떠한 속성을 가지고 있었고 또 왜 그런 효과를 발휘했는지 그 실상을 살펴보았으니, 이제 그의 영향으로 만들어진 철학 고전 천재독서법의 일환인 '시카고플랜'이 무엇 때문에 왜 효과를 발휘했는지를 살펴보아야 할 듯합니다.

시카고 대학생들은 졸업을 위해선 반드시 고전 철학서 100여 권을 읽고서 시험에 통과해야 하니, 최소한 그 책들을 두세 번 이상은 읽어야 될 것입니다. 철학고전들은 대부분 어렵고 또 두꺼운 경우가 많습니다. 그걸 다 소화한다는 것은 정말 보통 일이 아니지요. 아마 한국 같았으면 철학 전공의 석사 수준은 되었을 것입니다. 그 책들을 다 읽고 소화하는 과정에시 독서력이 엄청 향상되었을 것이고, 공부 습관 또한 확고히 정착이 되었을 것입니다. 게다가 학생들은 시카고플랜뿐 아니라 각자 자기 전공 공부까지 해야 합니다. 즉 '전공 공부(수업) + 시카고플랜'을 무사히 마쳐야 졸업이 가능해집니다.

이것은 무엇을 의미할까요? 시카고플랜만 해도 보통 일이 아닌데, 대학 시절 내내 정규 수업과 전공 공부까지 다 해야 하니, 공부벌레가 안 되면 졸업을 못하게 된다는 뜻입니다. 즉 시카고플랜은 학교 전체를 공부벌레로 만든 엄정한 트레이닝 코스였던 것입니다. 이러한 구조는 마치 일종의 '독서와 공부의 지옥훈련'과 같습니다. 군 특수부대 대원들이 지옥훈련을 거치고서 더 강인해지는 것처럼, 전교생이 독서와 공부 차원에서 강도 높은 특별 훈련을 거치는 셈입니다.

아울러 학교 전체 학생이 그렇게 공부 모드의 공부벌레가 되면 어떤 현상이 생길까요? 자연히 나날이 그들의 대화 수준이 높아질 것이고, 수업의 분위기나 질이 향상될 것이요, 그에 따라 학구파가 늘어날 것이며, 학교 전체의 면학 기풍이 신장될 것은 당연지사라 하겠습니다. 그렇게 시너지 효과 또한 발생한 것입니다. 그런 기풍이 확고한 학교 전통이 되면, 갈수록 학문하는 노하우가 체계적으로 축적될 것이니, 그 안에서 알게 모르게 노벨상을 받는 비결 또한 차세대에게 공유·전수될 것입니다.

시카고플랜의 가장 큰 장점은 어떤 측면에서 보면, '강제성'에 있습니다. 책이 어렵다고 안 읽고, 자기 취향이 아니라고 안 읽고, 재미없다고 안 읽고, 하기 싫다고 안 읽을 수가 없습니다. 그러면 졸업을 못하게 되니까요. 지옥훈련을 피할 수 없는 특수부대 대원들처럼, 무조건 읽어야 하고, 무조건 해내야만 하는 그러한 엄격함의 강제성이 커다란 추동력으로 작용했기에, 큰 변화와 성취가 가능했던 것입니다.

시카고플랜이 효과를 발휘한 데 가장 주요한 점은 철학 고전을 읽어서가 아니라, 이처럼 전교생 전체를 공부벌레로 만들 수 있었던 확고한 '면학 시스템'의 힘에 있습니다. 책을 읽지 않으면 졸업을 못 하게 하는 엄정한 규율이 그들에게 강도 높은 독서 훈련을 시킨 것입니다. 그 정도의 독서 훈련이라면 굳이 철학 고전이 아니라 다른 분야의 최고 명저들을 그만큼 읽었어도 비슷한 효과를 발휘했을 것입니다. 철학책은 분명 사고력을 발달시켜 주는 최적의 책이기는 하나, 앞서 누구이 언급했듯 진리에 접하는 높은 정신세계를 알게 하거나, 영성지능의 궁극인 깨달음을 얻게 하지는 못합니다.

아울러 시카고플랜의 효과에 대해 또 하나 생각해 보아야 할 점이 있습니다. 시카고 대학 출신의 노벨상 수상자는 학부 학생이 아니라는 점입니다. 대부분 박사 이상의 교수급 지식인이며, 모두 각자 자기 전공 분야에서 노벨상을 받았습니다. 다들 아시겠지만 노벨상엔 노벨철학상이라는 게 없습니다.

그들은 한 분야에 적어도 10년 이상 혹은 그 이상의 노력으로 그 분야에서 뛰어난 전문 지식과 실력을 갖춘 사람들이며, 철학이 아니라 자신 전공 영역의 탁월한 성취를 통해서 노벨상을 받았습니다. 그들이 결코, 단지 철학 고전을 읽었기 때문에 노벨상을 받게 된 것이 아니라는 점을 분명히 인식해야 합니다. 때문에 시카고플랜과 노벨상의 연결 고리는 이렇게 정리하는 게 마땅할 것입니다.

시카고플랜 + 박사 이상의 전문지식 ⇒ 시카고플랜의 기적

시카고플랜을 통해서 형성된 뛰어난 독서력과 사고력, 공부습관은 분명 그들에게 큰 긍정적인 영향을 끼쳤을 것입니다. 그것에 더하여 공부를 계속한 일부 뛰어난 인재들에게 박사 수준이나 그 이상의 전문지식이 더해졌고, 또 그것에 학교가 지닌 학문 정통의 힘과 세계 최고의 학문 수준을 가진 미국이라는 배경이 더해지면서 노벨상을 받을 힘을 얻었던 것입니다. 그들이 받은 노벨상은 결코 개인의 힘만으로 된 것이 아닙니다.

미개발 국가의 어느 대학에서 시카고플랜을 똑같이 실시한다고 노벨상이 쏟아져 나올 수 있을까요? 한국의 어느 대학이 시카고플랜을 실시한다고 노벨상이 속출하게 될까요? 어느 나라든 시카고플랜을 똑같이 실시했어도, 미국이 아니었더라면 그 정도의 성과는 결코 얻지 못했을 것이 분명합니다.

미국은 세계 최고의 강국일 뿐 아니라, 학문에 있어 세계 최고의 선진국입니다. 미국에서 뛰어난 학자가 된다는 것은 대개의 경우 곧 세계적인 수준의 학자가 됨을 의미합니다. 게다가 '세계적 학문의 중심 언어가 영어'라는 이점까지 가지고 있습니다. 즉 미국에서 박사가 되고 교수가 된다는 것은 세계 최고 수준의 학문 역량과 시스템에 바로 접속하게 됨을 뜻합니다. 시카고플랜의 기적을 가능케 한 근본적인 동력에 미국의 뛰어난 학문 수준을 빼놓을 수 없는 이유입니다.(게다가 노벨상은 국제정치의 이해관계도 영향을 받습니다.) 그래서 공식은 다시 이렇게 정리되어야 할 것입니다.

이러한 제반 사항을 제대로 돌아보지도 않고 앞뒤 문맥을 다 빼고서, 단지 철학 고전을 읽어서 노벨상을 받은 것처럼 이야기하는 것은 실로 황당무계한 낭설에 지나지 않습니다. 무턱대고 그런 주장을 하는 사람이나, 이런 사람의 말을 제대로 검증도 해보지 않고 믿는 사람이나 지각과 식견이 없기는 마찬가지일 것입니다. 이제 제발 '철학 고전을 읽으면 천재가 된다'는 해괴한 속설에 휘둘리는 사람이 없었으면 합니다.

> 정당한 근거 없이 숫자의 마술을 부릴 생각이 없음에도, 본 연구를 수행하는 과정에서 나는 창조성의 10년 법칙을 발견했다. 일곱 명의 창조적인 인물들은 분야마다 약간씩 기간은 달라도 대략 10년을 사이에 두고 창조적인 도약을 이루었다. 인지 심리학 계통의 연구를 통해 알려진 것처럼 한 사람이 어느 분야를 기본적으로 통달하는 데 필요한 시간은 대략 10년이다.
> – 하워드 가드너, 임재서 역, 《열정과 기질》에서

노벨상은 평균 수상 나이가 40대 중반이라고 합니다. 20살 무렵부터 전공 공부를 한다고 쳤을 때 노벨상의 성과를 얻기까지 25년 정도의 시간이

걸린 격입니다. 어느 분야든 고수나 대가들은 하루아침에 그러한 실력을 갖추지 않았습니다. 말콤 글래드웰이 《아웃라이어》에서 지적했듯 어떤 분야에서 세계적 수준에 도달한 이들은 적어도 1만 시간 이상의 노력을 투자한 이들이었습니다. 그것은 하나의 필요조건일 뿐이니, 한 우물을 깊이 파지 않고서 그 분야의 대가가 될 수는 없는 법입니다.

워런 버핏은 이런 말을 했습니다. "한 분야의 전문가가 되려면 다른 사람보다 다섯 배 더 읽어라." 굳이 천재가 되기 위해 꼭 박사 학위를 받을 필요는 없겠지만, 누구든 자기 전문 분야에 오랫동안 주력하지 않고서는 천재 수준의 역량에 도달하지는 못할 것입니다.

시카고플랜을 체험했던 시카고 대학생들이 '철학책 읽기'로 노벨상을 받은 것이 아니라, 각자 자기 전공 분야의 뛰어난 성취를 통해서 노벨상을 받은 것이듯, 우리 또한 'SQ 천재독서플랜'을 충실히 마치는 것과 아울러, 각자 자기 분야에 열심히 매진하여 세상에 빛나는 '탁월한 성취'를 이루어야 할 것입니다.

세상엔 일찍 천재적 성과를 이룬 이도 있지만, 그러한 성과를 중장년이나 노년에 이룬 사람들도 적지 않습니다. 천재란 자기 분야에서 고수가 되고, 대가가 되는 일이기도 합니다. 웅대한 성취를 이루기까지 그 과정이 때로는 일생이 걸리기도 할 것입니다. 허나 그 기본 토대는 '자신의 전공 분야 최고의 책들을 섭렵(100권)'하는 것으로부터 시작될 것입니다. 어떤 분야든 그 분야 최고의 책들을 섭렵하는 것은 최고의 스승을 만나, 최선의 길로 곧장 나아가는 것과 같을 테니까요.

하지만 그런 노력도 결코 아무나 할 수 있지는 않을 것입니다. 오직 큰 뜻이 있는 이와 굳은 의지가 있는 이만이 자신이 지향하는 지점에 이를 때까지 끝까지 노력을 하겠지요. 그리고 그들 중에 분명 세상에 우뚝 설 천재적인 성과를 이루는 이들이 나오겠지요!

사람이든 책이든, 가장 좋은 벗을 사귀어야 한다. 좋은 책은 좋은 친구가 될 수 있다. 그것은 과거에도 그랬고 지금도 그러하며 앞으로도 변하지 않을 것이다. - 새뮤얼 스마일즈

천재는 모든 면에서 무엇이 최선인지를 알아내는 자이다.

깨달음과
영성사회에 대하여

"오늘날 만연한 인간성 상실은
곧 내재적 본성인 신성 상실에서 비롯되는 것이다."
– 최민자

"우리가 잘 알지 못하고 있습니다.
참으로 단순한 한 가닥의 미소가 할 수 있는
그토록 큰 일에 대하여."
– 마더 테레사

깨달음이란
무엇인가?

깨달음이란 자기 안에 있는 '내면의 하늘'을 발견하는 것입니다. 하늘이 '텅텅 비어 있는 것'처럼, 우리의 내면도 본디 '텅텅 비어' 있습니다. '텅텅 비어 있는 것'으로 하늘과 나의 본성이 완전히 하나라는 것을 아는 것이 깨달음입니다. 예수는 이 내면의 하늘을 일러 '천국'이라고 하였습니다. "천국은 오직 내 가슴에 있다." 이 내면의 하늘을 회복하는 것이 '영혼의 거듭나기(부활, 득도)'입니다. 깨달음이란 즉 우리 내면의 '신성'을 회복하는 일입니다.

텅 빈 하늘은 무한히 넓기 때문에 수많은 별들과 우주 만물을 모두 품어 안습니다. 좋아하고 싫어함이 없이 모든 삼라만상을 감싸 주고 있습니다. 가없이 크면서 온전하게 비워졌기 때문에 만물이 그 안에 안길 수 있습니다. 푸른 하늘처럼 무한하게 크고 남김없이 비워진 성품(마음)이 하늘의 성품입니다. 우리의 본래 성품입니다. (…)

우리가 '참나'로 돌아감은 우리 안에 깊이 숨어 있는 하늘의 성품·정신·생명력을 밖으로 활짝 펼치는 것입니다. 본래 우리 것이 아니고 어두운 세상이 만들어 놓은 이지러진 마음을 훌훌 털어버리고 하늘의 성품으로 돌아가는 것입니다. 복잡한 세상사로 인해 생겨나는 온갖 번뇌를 떨치고 하늘의 정신, 완전한 지혜를 되찾는 것입니다. 또 하늘의 생명력으로 충만해지는 것입니다.

그러기 위해선, 무엇보다 먼저 내 안에 하늘의 성품(마음)·정신·생명력이 깃들어 있음을 알아야 합니다. 이들이 내 안에 살아 있음을 믿고 실감할 때 빨리 '참나'로 돌아갈 수 있습니다.

– 자허, 《숨 명상 깨달음》에서

하늘은 본디 텅텅 비어 있지만, 구름이 하늘을 잠시 가리고 있을 때가 있지요. 허나 그 구름이 다 걷히고 나면 하늘은 그대로 텅텅 비어 있습니다. 하늘의 본질은 이와 같이 텅텅 비어 있는 것입니다. 구름이 있든 없든, 하늘은 커지거나 작아지거나 하지 않고 늘 그대로 있습니다.

우리의 내면에도 이런 텅 빈 하늘이 존재합니다. 마치 구름과도 같이 우리의 생각과 감정이 그것을 잠시 가리고 있을 뿐이지요. 하지만 이러한 생각과 감정을 다 걷어 내고 나면 마음엔 아무것도 남지 않습니다. 아무것도 없이 텅 비어 있는 마음 그것이 바로 우리 마음의 본질이요, 내면의 하늘입니다. 하늘과 마음의 속성은 완전히 똑같습니다. '하늘 = 마음'인 것입니다.

그런데 우주만물 또한 이와 마찬가지입니다. 우주 안의 모든 것을 다 걷어 내면 무엇이 남을까요. 우주 안에 남는 것은 텅텅 비어 있음밖에 없습니다. 즉 우주의 본질도 비어 있음인 것입니다. 그래서 본질적인 측면에서 보면 우주만물과 하늘과 마음은 모두 하나입니다. 모두 텅 비어 있는 것이니까요. 공空, 이것이 존재하는 모든 것의 본성이요, 이를 일러 흔히

9 깨달음과 영성사회에 대하여

우리의 진아眞我라고 합니다.

하지만 이를 지칭하는 말은 다양합니다. "참나(진아), 조물주(창조주), 신 (하느님), 본성(공성), 불성, 신성, 대령大靈, 깨달음, 순수의식, 우주의식, 합 일의식(절대의식, 초의식), 도道, 진리, 근원, 우주심(일체감), 아트만, 브라흐 만……." 그 무엇이라 부르든 이것은 모두 하나의 대상을 지칭하는 말입 니다. 요컨대 도를 깨달았다는 말은 자신의 본성, 참나를 깨달았다는 뜻입 니다.

깨달음이란 단순하게 말해서 '무아無我' 체험입니다. 무아란 '나'가 없어 진다는 뜻이니, 이는 달리 말하면 '모든 것이 나'가 된다는 뜻이기도 합니 다. 그래서 무아가 된다는 것은 모든 것과 하나가 되는 '합일合一' 체험이기 도 합니다. 이는 '새로운 나'가 발견·발현되는 때이며, 이때 자타自他의 구 분과 경계가 자연스레 무너집니다. 깨달음이란 무아를 통해 모든 것과 합 일되는 상태, 즉 무아일여無我一如의 상태를 체험하는 것입니다.

'나'라는 개념이 사라지면, '나'와 '나 아닌 것'을 구분 짓는 경계 또한 사 라집니다. 그러면 '나'라는 정체성이 사라지고 모든 것이 통째로 '나'가 됩 니다. 이러한 상태를 켄 윌버는 '무경계'라고 표현하였습니다. 하늘엔 아 무 경계가 없는 것처럼, 우리의 본질에도 아무런 경계가 없습니다. 무경계 가 된다는 것은 '경계 없음'의 상태로 무한이 커진다는 뜻이기도 합니다. 즉 나의 경계가 사라지면 나는 있는 그대로 '무한'이 되고 '영원'이 됩니다. 깨달음이란 내 의식에 무한을 펼치는 일입니다. 이것은 자기 에고와 이미 지로부터의 자유이자, 자기 정체성에 대한 초월입니다.

> 모든 것이 하나다. 그리고 하나는 모든 것 속에 내재되어 있다. ── 그 사이에 많은 것이 존재한다. 하나는 많은 것과 모든 것 속에 존재한다. 그리고 모든 것 은 하나 속에 존재한다. ─ 뤼디거 달케

'나'란 영원한 실체가 아니라 에고가 지닌 하나의 관념입니다. 이 관념을 지우고, 그 관념을 생성시키고 있는 육신을 지우면 '나'란 아무것도 남지 않습니다. 결국 나의 모든 것은 텅 빔 즉 공空으로 돌아갑니다. 나의 존재만 그러한 것이 아니라 우주만물 모든 것이 그러합니다. 모든 것의 실체는 공空입니다. 우주는 무한대로 텅텅 비어 있는 도화지와 같습니다. 이처럼 만물의 배후가 무아無我이며 텅 비었다는 것을 아는 것이 깨달음의 입구입니다.

　나의 본질도 공이요 너의 본질도 공이니, 너와 나는 하나입니다. 이것을 일러 자타불이自他不二라고 합니다.
　나의 본질도 공이요 자연의 본질도 공이니, 자연과 나는 하나입니다. 이것을 일러 물아일체物我一體라고 합니다.
　나의 본질도 공이요 우주의 본질도 공이니, 우주와 나는 하나입니다. 이것을 일러 우아일체宇我一體라고 합니다.
　나의 본질도 공이요 신의 본질도 공이니, 신과 나는 하나입니다. 이것을 일러 신인합일神人合一이라고 합니다.

　모든 분리가 사라지고 모든 것이 하나가 되는 내외일치의 무경계의 순간, 그와 같은 합일의식 속에서 '우주와 이 세상 모든 만물과 나는 하나'가 됩니다. 소아적 정체성이 깨어지고, 대아로서의 궁극의 정체성을 회복하는 것! 내면에서 일어나는 이러한 의식적 각성이 바로 깨달음입니다. 모든 존재와 내가 하나라는 일체감, 그것은 커다란 사랑의 광활한 연대에 기초하고 있습니다.

　그대의 의식, 그 의식의 순수함이 바로 신이다. 신은 내면의 하늘이다. - 오쇼

9 깨달음과 영성사회에 대하여

공은 커지지도 않고 작아지지도 않고, 가지도 않고 오지도 않습니다. 늘 그대로이지요. 그래서 완전함이라고도 합니다. 우리는 있는 그대로 늘 완전합니다. 우리의 본질은 늘 완전한 공이니까요. 그 공이 인간적 성품으로 드러나면 무조건적인 수용, 무조건적인 사랑, 무조건적인 행복으로 발현됩니다.

공 속에 모든 것이 있습니다. 그래서 그것은 비어 있는 것이자 또한 가득 차 있습니다. 충만한 공, 충만한 텅 빔! 이것은 우주만물 전체의 공통분모입니다.

모든 것의 배후에는 공이 들어가 있습니다. 먼지 속에도 공이 들어 있고, 우주 속에도 공이 들어가 있습니다. 그 공은 성질도 크기도 완전히 같은 것입니다. 오로지 '비어 있음'일 뿐이니까요. 그래서 '먼지와 우주가 하나다' 혹은 '먼지 속에 우주(십방세계)가 있다'고 말하는 것입니다.

마찬가지로 내 안에도 공이 들어 있고, 내 마음에도 공이 들어 있고, 우주에도 공이 들어 있기에 또 그 공이 모두 같은 것이기에, '내 안에 우주가 있다' 혹은 '내 마음속에 우주의 시작과 끝이 있다'고 말할 수 있는 것입니다. 또 나도 공이요 신도 공이기에, 나는 늘 신 속에 있고 신은 늘 내 속에 있습니다. 이처럼 모든 것의 뿌리는 언제나 '텅 빔'으로 연결되어 있습니다.

> 존재는 무라는 없음 안에 있고, 무는 존재라는 있음 안에 있다. 무는 존재이고, 존재는 곧 무다. - 제로나의 아즈리엘(13세기 카발리스트)

《반야심경》에서 '있음은 없음이요, 없음은 있음이다'라고 한 이유도, 《화엄경》에서 '일중다 다중일一多 多一'이라 한 이유도 이 때문이요, 예수가 "아버지, 저는 당신과 하나입니다."라고 한 것도 이 때문입니다. 주와 나는 둘이 아니요 하나입니다. 그래서 마호메트는 이렇게 말했습니다. "자신을 아는 자는 곧 그의 주를 아는 자이다." 오직 자신을 아는 자만이 신을 알 수 있고, 신을 아는 자만이 자신을 알 수 있습니다.

예수가 이르길 '천국은 네 가슴 속에 있다'고 했으니 예수가 찾으라고 말한 그 천국이란 바로 '내면의 천국'임을 알 수 있습니다. 그러므로 그가 말한 천국은 공간적 개념이 아니라 정신적 개념이며, 그 내면의 천국이란 그리스도 의식 즉 '깨달음 의식'을 말하는 것입니다. '거듭나는 자만이 천국에 들어간다'는 말 또한 이와 같은 맥락입니다. 에고 의식에서 신성의 의식으로 거듭나는 자만이 내면의 천국을 발견할 수 있을 것이기 때문입니다.

내면의 천국을 발견한 사람은 어디를 가든 그곳이 곧 천국일 것이고, 내면이 지옥인 사람은 그 어디를 가든 그곳이 곧 지옥일 것입니다. 오직 자기 마음이 바로 그 자신이 머무는 세계의 실상이니까요!

이런 맥락에서 보면 예수의 가르침은 너무나 심각하게 오도되어 있습니다. 예수의 가르침을 가장 크게 왜곡하고 훼손하는 이들이 기독교인들인데, 정작 자신들은 이러한 사정을 너무나 모르고 있습니다.* 그의 가르침을 잘못 알고 있다면 설령 그것을 천년 동안 믿어 왔다 할지라도 하루속히 그 잘못된 이해를 수정해야 마땅할 것입니다. 진리와 진실을 왜곡시

---

* 오쇼는 신에 대해 이렇게 이야기합니다. 이는 단지 오쇼 개인만의 신관이 아니라 깨달은 이들이 공통적으로 말하는 바입니다. "우리의 육체는 철저하게 분리되어 있다. 그러나 우리의 마음은 그 정도로 분리되어 있지 않다. 우리의 마음은 서로 부분적으로 겹쳐 있다. 그리고 우리의 영혼은 완전히 하나이다. 육체는 분리되어 있으며, 마음은 부분적으로 겹쳐 있다. 그리고 영혼은 하나이다. 그대와 나는 다른 영혼을 갖고 있지 않다. 존재의 중심에서 우리는 완전히 하나이다. 그 것이 신이다. 신은 모든 것이 하나로 만나는 지점인 것이다. 신과 세상 사이에 마음이 있다. 마음은 하나의 다리이다. 육체와 영혼 사이의 다리다. 신과 세상 사이의 다리가 마음인 것이다. 그러니 그 다리를 파괴하지 말라." 내 안에 신이 있고, 신 안에 내가 있습니다. 우리의 대령大靈은 모두 하나이기 때문입니다.

키고서는, 끝끝내 진리와 진실을 만날 수 없을 테니까요.

> 우리가 해야 할 일은 단지 진리가 아닌 것을 진리로 간주하는 습관을 버리는
> 것이다. 진리가 아닌 것을 진리로 간주하는 것을 버릴 때 진리만이 남을 것이며
> 우리는 진리가 될 것이다. - 라마나 마하리시

자기 안의 하늘을 찾는 것, 내면의 천국을 발견하는 것, 이것이 바로 깨달음입니다. 이것이 하늘 아래 가장 위대한 복음입니다. 이제 우리는 세상에 만연한 거짓 복음이 아니라 하늘이 우리 모두에게 부여한 진정한 복음에 귀를 기울여야 합니다. 《도마복음》엔 이런 구절이 있습니다. "네 내면에 있는 것을 불러내면 네가 불러낸 것이 너를 구원할 것이요, 네 내면에 있는 것을 불러내지 못하면 네가 불러내지 못한 것이 너를 파멸로 이끌리라."

예수는 분명히 '오직 성령으로 거듭나는 자만이 하늘나라에 들어간다'고 했습니다. 성령이란 우리 자아의 숨겨진 내재적 본성인 무한한 사랑입니다. 즉 본성을 회복한 이, 사랑과 깨달음으로 거듭나는 자만이 자기 안의 천국을 찾게 된다는 뜻입니다. 깨달음이란 우리 내면에 숨겨진 신성을 찾아내는 숨바꼭질과 같습니다. 신성이란 에고의 무지 속에 숨겨진 우리의 순수한 본성입니다.

때문에 해탈의 열쇠와 천국의 열쇠는 사실 같은 것입니다. 해탈의 문과 천국의 문이 같으니, 오직 해탈을 해야만 천국에 들어갈 수 있기 때문입니다. 천국의 열쇠는 다름 아니라 깨달음이라는 것을 우리는 이제 확실하게 인지해야 할 것입니다.

> 가장 어렵지만 본질적인 것은 삶을 사랑하는 것, 괴로울 때도 삶을 사랑하는
> 것이다. 왜냐하면 삶은 모든 것이기 때문이다. 삶은 신이며 삶을 사랑하는 것이

곧 신을 사랑하는 것이다. - 톨스토이

대도무문大道無門이라는 말이 있지요. 큰 도에는 문이 없다는 뜻입니다. 문이 없다는 것은 안과 밖이 없고, 들어가고 나옴이 없다는 뜻입니다. 즉 안과 밖, 들어가고 나옴 등의 구분이 없이, 일체의 모든 것이 있는 그대로 다 도라는 뜻입니다. 달리 말하면 '도가 존재하지 않는 곳이 없다'라는 뜻입니다.

대도무문은 무경계라는 말과 직통하는 말입니다. 도가 아닌 것이 없듯, 내가 아닌 것이 없습니다. 모든 것이 도요, 모든 것이 나입니다. 삶의 모든 것에서, 또 모든 순간에서 우리는 도를 만나야 하고 또 자타불이自他不二의 '나 아닌 나'를 만나야 합니다. 아울러 그것은 모든 것, 모든 순간에서 신을 만나는 일이기도 합니다.

신의 현존이란 모든 현상 속에서 충만한 존재 이외에 다른 것이 아니다.
- 켄 윌버

모든 사람의 영혼 속에는 깨달음의 유전자가 들어 있습니다. 그것을 신적 자아, 신성 혹은 불성이라고도 합니다. 그런데 이러한 우리의 신적 자아는 에고의 깊은 무지 속에 숨겨져 있습니다.

보물찾기 놀이를 하려면 일단 보물을 숨겨야 하듯, 신은 우리의 신적 자아를 가장 가까우면서 또 가장 먼 곳에 꼭꼭 숨겨 놓았습니다. 인생이란 바로 자신의 신성을 찾는 보물찾기 게임과도 같은 것입니다.

자기 안에 내재되어 있는 신적 자아를 발견하는 것이 곧 깨달음이자 자아의 신화를 구현하는 일입니다. 우리는 누구나 단 한 사람의 예외도 없이, 이러한 자아의 신화를 가지고 있습니다. 우리는 그 신화의 주인공이 되기 위해 태어났습니다. 우리는 누구나 자기 인생의 주인공이자, 자기 신화의 숨겨진 영웅이며, 세상의 유일한 주체입니다. 이것이 바로 하늘 아래 모든 이가 반드시 깨달음을 얻어야 하는 이유입니다.

태국의 수도 방콕, '천사의 도시'라는 곳에는 '왓 트라밋(황금부처의 사원)'이라는 조그만 사찰이 있습니다. 이곳에는 3미터 높이의 거대한 황금 불상이 있는데 그 무게만 5.5톤에 달하고, 약 1억 9천 6백만 달러(약 2천 2백 90억 원)에 해당하는 값어치를 지닌다고 합니다. 늘 많은 사람들로 북적이는 이 불상 앞에는 조그만 크기의 유리 상자가 하나 놓여 있고, 그 안에는 진흙 덩어리가 보관되어 있습니다. 황금 불상과 그 진흙 넝어리는 무슨 관련이 있을까요? 그 진흙 덩어리가 담긴 유리 상자에는 다음과 같은 사연이 적혀 있다고 합니다.

"1957년에 방콕을 통과하는 고속도로 공사 때문에 사원의 위치를 옮겨야 했다. 그래서 사찰의 승려들은 자신들의 사원에 모셔진 진흙 불상을 새로운 장소로 이동하기로 결정한다.

크레인을 동원해서 그 거대한 진흙 불상을 들어 올리는 순간, 엄청난 무게로 인해 불상에 금이 가기 시작했다. 설상가상으로 비까지 내렸다. 불상의 파손을 염려한 주지 승려는 작업을 취소하고 커다란 비닐로 불상을 덮어 두었다.

그날 저녁 주지 승려는 불상을 점검하기 위해 비닐을 젖히고 플레시로 불상을 비추어 보았다. 그런데 불상의 금이 간곳을 비추자 희미한 빛이 반사되어 나오는 것이었다. 이상하게 여긴 주지 승려는 그 반사광을 자세히 살펴보았다. 아무래도 불상 내부에 무엇인가 들어 있는 것 같다는 생각이 들어서였다.

승려는 사원에서 끌과 망치를 가져다가 진흙을 조심스럽게 걷어 내기 시작했다. 작업이 진행될수록 새어나오는 빛이 더 밝아지고 강렬해졌다. 오랜 작업 끝에 마침내 그는 황금으로 만들어진 거대한 불상 앞에 마주 서게 된다.

역사가들의 증언에 의하면 수백 년 전 미얀마 군대가 태국(당시의 사이암 왕조)을 침략한 적이 있었다고 한다. 사이암 왕조의 승려들은 나라가 위태로운 것을 깨닫고 자신들이 소중히 여기는 황금 불상에 진흙을 입히기 시작했다. 미얀마에게 빼앗기지 않으려는 자구책이었던 것이다. 미얀마 군대는 사이암의 승려들을 모두 학살했으며, 그 결과 황금 불상의 비밀은 영원히 수수께끼로 남아 있다가 1957년이 되어서야 우연히 세상에 밝혀지게 된 것이다."

이 일화는 마치 우리 자아의 신화를 상징하는 이야기와 같습니다. 진흙 불상 속에 숨겨져 있던 황금 불상을 몰랐듯, 대부분의 사람들은 아직 자신 안에 있는 신적 자아라는 보물을 알지 못하니까요. 하지만 에고의 균열이 일어나는 날, 그 값없는 보석은 분명히 깨어나 세상에 찬란히 빛나게 될 것입니다!

본성 회복과 삶의 이유

삶의 목적이 무엇인지를 깨닫는 것보다 중요한 일은 아무것도 없는 것 같다.
- 에크하르트 톨레

우리의 본성은 사랑입니다. 좀 더 구체적으로 말하면 '조건 없는 무한한 사랑'입니다. 허나 이러한 우리의 본성은 이기적이고 자기중심적인 에고에 갇혀 있습니다. 그런 점에서 에고는 무지와 무명의 거대한 자물쇠와 같습니다. 견고한 에고의 봉인을 풀고, 우리의 본성을 회복하는 것 그것이 바로 깨달음입니다. 우리가 태어난 이유, 삶의 본질적 의미가 바로 여기에 있습니다. 우리는 모두 이런 '본성 회복'이라는 영적 숙제를 안고 태어났습니다.

> 모든 사람들은 자기가 왔던 곳으로 되돌아가기 전에 배워야 할 한 가지가 있는데 그것은 '조건 없는 사랑'이다. - 엘리자베스 퀴블러 로스

에고는 오로지 일신의 부귀영화를 좇아 자기 행복만을 추구할 것이고, 그것이 자신이 얻어야 할 궁극적 가치이자 삶의 전부라고 여길 것입니다. 허나 그것은 영혼의 소경이 이해한 삶의 의미일 뿐입니다. 그것은 왜 태어났는지에 대한 존재의 이유조차 모르는 삶입니다. 그래서 에고 차원으로만 사는 삶과 자신의 신성 회복을 위해 사는 삶은 그 속성과 지향이 사뭇다를 수밖에 없습니다.

"모든 사람이 죽기 전에 자신이 왜, 어디서, 어디로 가고 있는지 알기 위해 노력해야 한다."(제임스 서버) 엘리자베스 퀴블러 로스가 삶의 목적으로 말한 '조건 없는 사랑'은 우리의 본성이자 신의 본질이기도 합니다. 그래서 자기 본성의 부활*은 진정으로 자기 자신을 찾는 일이자, 우주와 합일하고 신과 조우하는 유일한 길이기도 합니다.

> 모든 살아 있는 존재는 자기 자신이 되고자 한다. 올챙이는 개구리가, 애벌레는 나비가, 상처받은 인간은 온전한 인간이 되고자 하는 것이다. 이것이 바로 영성이다. - 엘렌 바스

삶은 온전한 인간이 되기 위한 영적 퍼즐입니다. 우리 삶의 모든 일에는 영적 비밀이 담겨 있습니다. 영성가들이 흔히 '삶은 영혼의 신성한 놀

---

* 톨스토이는 부활에 대해서 이렇게 말했습니다. "그 누구나 자신 속에서 신을 의식할 수 있다. 이 의식의 깨달음이 바로 성경에서 말하는 부활이다."

이이자 위대한 숨바꼭질'이라고 하는 것은 이 때문입니다. 우리는 흩어진 삶의 퍼즐을 맞추고, 자기 본성인 사랑으로 거듭나야 합니다. 때문에 우리 모두의 '삶의 첫 번째 기준'은 언제나 여기에 있어야 할 것입니다.

깨달음을 얻는 일, 내 안의 신성을 회복하는 일, 이는 우리 모두가 하늘로부터 받은 천명天命입니다. 천명에 무지하거나 이를 거역하는 삶은 '순리를 거스르는 삶'입니다.

자신의 에고로부터 완전히 깨어나는 것, 곧 완전한 깨달음을 얻는 것은 모든 사람이 하늘로부터 받은 삶의 숙제입니다. 우리의 삶에 고통이 있는 것도, 순전히 영적으로 성장하기 위해서, 내면의 신성과 합일하기 위해서 우주 법칙이 시키는 일입니다. 내면의 빛과 지혜가 없을 때, 내면과 조화하지 않을 때만 고통이 발생하는 것이니까요. 오직 우리가 영적으로 성장할 때 삶의 모든 문제들이 해결될 것입니다.

참자아는 시간과 공간, 원인과 결과라는 차원 밖에 있으며, 우리의 본질인 근원의식은 영원히 존재하는 불멸성을 지닌다. 참자아를 발견할 수만 있다면 고통의 굴레에서 벗어나 진짜 행복을 맛볼 수 있을 것이다. 이것이 바로 '깨달음'이다. 많은 사람이 흔히 깨달음을 '고립'과 동일시하여, 깨달음을 얻으면 일상의 즐거움을 포기한 채 독야청청해야 할 것만 같은 부담을 느낀다. 그러나 참자아를 깨닫는 것은 세상과 격리되거나 일상의 행복을 포기하는 게 아니라, 오히려 삶이라는 텃밭을 더욱 비옥하게 만들 저수지를 찾는 것이다.

– 디팩 초프라, 이상춘 역, 《완전한 행복》에서

우리가 도달해야 할 궁극의 경지, 완성의 경지는 무엇일까요? **"조건 없는 수용, 조건 없는 사랑, 조건 없는 행복!"** 이것이 우리가 도달해야 할 영적 깨달음, 그 궁극의 경지(대열반)입니다. 에고는 언제나 '조건적인 수용, 조건적인 사랑, 조건적인 행복'에만 머뭅니다. 그와 같은 에고의 틀을 깨고, 내면이 무한대로 넓어지는 것이 바로 의식 확장이자, 영적 성장의 실체이며, 우리의 본성을 회복하는 길입니다.

실은 숨겨진 우리의 본성이 바로 그렇게 걸림 없는 무한의 사랑이요 신성의 대자유입니다. 우리는 모두 이 영혼의 퍼즐을 완성하기 위해서 태어났습니다. 그런 점에서 (스스로가 잘 모를 뿐) 지상의 인간은 모두 구도자 아닌 구도자인 셈입니다. 우리가 윤회를 통해 수많은 생을 사는 것도 바로, 이 영혼 퍼즐의 완성을 위해서입니다.

때문에 우리가 왜 태어났는지, 어떻게 살아야 하는지에 대한 궁극의 답을 여기서 찾을 수 있을 것입니다. "최종적으로 우리는 우리가 구현하고 있는 본질만을 가치 있는 것으로 여긴다. 그 본질을 구현할 수 없는 삶은 낭비된 삶이다."(칼 융)

영적 깨달음에는 첫 번째 영적 각성(초견성)에서 완전한 경지(대열반)에 이르기까지 많은 레벨과 단계가 있습니다. 그래서 영적 각성을 경험했다고 해도 다양한 수준과 경지의 차이가 존재하며, 처음부터 완전한 경지로 깨어나는 사람은 극히 드뭅니다.(체득의 깊이가 다를 뿐, 깨달음의 내용은 동일한 것이기에, 깨달음을 얻은 사람들 중에는 자신이 완전한 경지에 이르렀다고 착각하는 경우가 많습니다. 특히 유의해야 할 점입니다.)

인간의 성숙이란 수용할 수 있는 가슴 공간의 확장이다. 수용 에너지가 커갈수록 내적 성장과 사랑이 커가는 것이다. 그러나 에고는 불편하고 괴롭고 슬프고 화가 나는 일들을 어떻게 해서라도 피하도록 부추긴다. 바로 이 점 때문에 인간의 의식 성장이 일어나지 않는다. 가슴의 수용 에너지만이 사람을 살리고 내적 성장을 촉진시킨다.

– 이병창, 《에니어그램을 넘어 데카그램으로》에서

완전한 경지란 에고 제로의 상태이자, 신성 의식 100% 상태입니다. 세상에 완성의 경지에 있는 사람들은 극히 드물고 또 드물었습니다. 허나 우리가 도달해야 할 궁극의 지점은 명확하기에, '조건 없는 수용, 조건 없는 사랑, 조건 없는 행복'의 상태, 즉 이러한 '에고 제로 지점'을 향해서 끊임없이 걸어가야 할 것입니다. 에고가 제로가 되고 오로지 무한한 사랑과 신성의 의식이 100%가 되는 환희의 그날까지!*

---

* 저 또한 이러한 이치를 다소 이해할 뿐, 아직 턱없이 부족한 수준입니다. 다만 계속해서 노력해서 제 의식 수준을 높이려 할 뿐입니다.

9 깨달음과 영성사회에 대하여

에고 해체와
행복의 길

진리는 체험의 대상이지 표현의 대상이 아니다. 그대가 진리를 경험하지 못했는데 어떻게 말로 전달을 한단 말인가? 그대가 진리를 경험했다 해도 말로 전달할 수 없다. 말로 전달할 수 있는 건 정보뿐이다. - 오쇼

깨달음을 찾는 이유는 삶의 모든 고통과 번뇌에서 벗어나기 위해서입니다. 이는 진정한 평안과 행복을 위한 길이기도 합니다. 아울러 삶의 진실과 섭리를 알고서 가장 지혜롭고 가장 숭고하고 가장 잘 살기 위해서입니다.

그러한 삶을 사는 길은 오직 에고를 해체하는 데 있습니다. 에고가 모든 고통 모든 번뇌의 진원지입니다. 에고는 '나라는 생각'이며, '나의 생각'에 대한 감정적 집착입니다. 자신의 생각이나 감정 때문에 힘들 때가 얼마나 많던가요. 에고가 가진 생각과 감정이 바로 자기 자신을 스스로 가두는 정신적 감옥의 높은 벽입니다.

에고는 모든 불행의 뿌리이며 고통은 에고의 그림자일 뿐이다. 에고는 소아小
我에 집착하여 '나'를 강조하며 '나'를 잃어버리고 산다. 삶은 행幸도 불행도 아니
다. 그것은 단지 에고의 해석일 뿐이다. 에고는 육체만이 자기라는 착각이며 일
종의 병病이다. 에고는 하나의 과정이며 흐름일 뿐 실체가 아니다. 실체는 순수
의식이다. 순수의식이 하늘이라면 에고는 구름이다. 구름은 단지 오고 갈 뿐 아
무런 흔적을 남기지 않는다. 구름이 비가 되고 다시 또 구름이 되는 것이니 구름
에 집착할 필요가 없는 것이다. 에고는 경계선이요 분열이며 갈등이다. 장벽이
란 에고가 만들어 낸 것이다. 정신의 본질은 자유이다. 열반涅槃이 참본성의 집
이라면, 윤회輪廻는 에고의 집이다.

    – 최민자, 《생명에 관한 81개조 테제》에서

에고의 가장 본질적 속성은 '비교하는 마음'입니다. 에고는 언제나 나
와 너를 비교하고, 자신이 가진 기준으로 세상 모든 것을 끊임없이 비교
하고 또 비교합니다. 그런데 비교의 저울질 속에는 반드시 우열과 차등이
생기기에, 이러한 비교 분별의 의식 속에는 반드시 심리적 차별과 부조화
가 생겨나게 됩니다. 차별하는 마음은 모두 비교의 잣대 속에서 나오는
것입니다.

나를 높이는 마음 때문에 상대를 낮게 보는 마음(우월감)이 생겨납니다.
상대를 대단하다고 여기는 마음 때문에 나를 낮게 여기는 마음(열등감)이
생겨납니다. 우리 삶에는 가진 것과 못 가진 것, 지위의 높고 낮음, 아름다
움과 추함, 똑똑함과 어리석음 등 끝없는 상대적 차이가 존재합니다. 그
때문에 그것에 얽매여 있는 비교심이라는 시소는 끊임없이 이러한 존중
과 무시, 숭배와 배타, 우월감과 열등감 사이를 오르내립니다. 이렇듯 비
교로 평정심을 잃고 한쪽으로 치우친 마음이 편심偏心입니다. 에고는 이러
한 호오好惡의 저울질을 결코 멈추는 법이 없습니다.

허나 이는 모든 차별과 불화의 원산지이며, 스스로를 가두는 마음의 첫 바퀴이자 굴레입니다. 이 굴레에서 벗어나지 않으면 그 누구도 상대적 우열과 차별에서 벗어날 수 없으며, 이는 결코 상대성을 벗어난 절대적 평정심을 얻을 수 없다는 뜻이 됩니다. 때문에 무엇보다 이러한 비교의 굴레에서 벗어나는 것이 진정한 자존감 회복의 길이며, 자존의 광활한 지혜와 평정을 구현하는 길일 것입니다.

> 깨어나지 않은 마음은 만물을 그대로 내버려 두지 않고 사사건건 저항한다.
> – 잭 콘필드

요컨대 에고는 자타自他에 대한 비교의 저울질로 살아가는 분리의식입니다. 그리고 그 중심에는 언제나 '나'라고 하는 자의식이 있고, 그 '나'가 가진 가치 기준이 있습니다. 우리는 누구나 그 가치 기준이라는 잣대로 나와 상대를, 또 삶의 모든 것을 평가하고 저울질합니다. 그래서 조건적인 수용과 조건적인 사랑만 하게 되고, 그 결과 조건적인 행복만을 얻게 됩니다.

이는 곧 내가 원하는 조건이 충족되지 않으면, '수용할 수 없고, 사랑할 수 없고, 행복할 수 없다'는 얘기가 됩니다. 이는 철저히 외부의 조건에 구애되는 삶이 됨을 의미합니다. 달리 말하자면, 조건의 노예가 되는 삶입니다. 이것이 이른바 비교 차별 속에 있는 '조건적 수용, 조건적 사랑, 조건적 행복'이니 바로 오로지 상대적 조건 속에서만 '자신과 생의 의미'를 찾는 에고적 삶입니다. 무조건적인 수용과 사랑이 에고를 불태우는 핵심 기술이자 그 연료인 것은 이 때문입니다.

나는 지금 무엇을 하고 있는가? 왜 이곳에 있는가? 왜 사는가? 그 답은 단순하다. 그것은 발전하고 성장하기 위해서다. 성숙한 사람이 되고, 다른 이들과 더불어 성숙해 가는 것이 삶의 목적이다.

인류의 보편적 진리는 사랑과 믿음이다. 인간이 조건 없이 자신을 사랑하고 남을 사랑하는 법을 배울 때 마음의 평화와 진정한 성취감을 누린다. 지금이 인생에서 가장 소중한 순간이다. 우리가 미래를 결정하는 것은 '지금 무엇을 생각하고 무엇을 하느냐'에 달려 있다. 오늘에 충실하자. 지금 이 순간에 감사하자.

- 리즈 부르보, 이현경 역, 《몸의 지능》에서

칼 로저스는 이렇게 말했습니다. "모순적인 말이지만 있는 그대로 나 자신을 받아들일 때 나는 바뀔 수 있다." 내가 바뀔 때 내가 경험하는 세상이 함께 바뀝니다. 우리가 있는 그대로 자신을 사랑하지 못하는 이유, 타인과 세상을 있는 그대로 사랑하지 못하는 이유는 모두 자신이 지닌 생각의 기준에 고착되어 있기 때문인 것입니다. 우리는 삶의 모든 측면에서 이렇게 자신의 생각과 그 생각을 떠받치는 기준에 묶여 있습니다. 마음이 '자기의식(분별적 생각)'이라는 형틀에 갇혀 있는 셈입니다. 그 제한된 생각의 틀이 바로 에고의 실체입니다. 생각은 인생에서 아주 중요하고 유용한 도구이지만, 또한 그렇게 우리를 가두는 의식의 감옥을 만들기도 합니다.

"지혜는 단지 도덕적인 행동과 연관된 것이 아니라 도덕적인 지각과 도덕적인 행동이 자연스럽게 나올 수 있는 '근원'과 연관된 것이다."(마커스 보그) 근원과의 연결을 에고의 분별적 생각들이 가로막고 있는 것입니다.

우리가 우리 자신이라고 생각하는 한계에 갇힌 우리 모습, 그것이 우리가 깨뜨려야 할 '껍질'이다. 그러나 이 모든 것은 비유일 뿐이니, 무엇이 닫히고 열린단 말인가? 원래부터 갇힌 바가 없는 것을! 활짝 트인 시야를 맛본 다음에야 비

9 깨달음과 영성사회에 대하여

로소 우리는 자기 스스로 닫아 놓고 답답해하고 괴로워했음을 아는 것이다.

   - 유영일

자신의 기준을 다 내려놓고 세상을 보면 어떻게 될까요. 예를 들어 사람을 차별하는 마음을 다 내려놓으면 어떻게 될까요? 그러면 모든 사람을 다 함께 인정하고 존중하게 될 것입니다. 행복과 불행을 나누는 마음(생각)은 내려놓으면 어떻게 될까요? 온전히 그럴 수만 있다면 행복이나 불행에 얽매이지 않는 무집착의 상태, 즉 초연하고 편안한 마음 상태가 될 것입니다. 과연 우리 생에 자기 생각(기준)이나 마음으로부터 초연한 상태로 살아가는 날이 얼마나 될까요.

아무리 맹세하고 서원해도 절망적일 수밖에 없는 사람이란, 내부의 소명도 외부의 교리도 모르는 사람이다. 오늘날의 우리 대부분은 가슴 안팎으로 이 미궁을 안고 있다. - 조셉 캠벨

에고는 진정 가장 빠져나오기 어려운 미궁일지 모릅니다. 불교에선 깨달음을 얻지 못한 사람을 중생이라고 하는데, 정작 중생들 중에는 자신의 보잘것없는 견해나 생각을 대단하다고 여기는 사람들이 많습니다. 그런 것을 아상我相이라고 하는데, 그 아상을 내려놓는 것이 깨어남을 위한 출발점입니다. 안타깝게도 그 출발점에 단 한 번 서 보지도 못한 사람들이 너무 많습니다. 그것이 실은 우리의 절대적인 인생 숙제인데도!

이처럼 우리는 언제나 '있는 그대로의 세상'이 아니라, 저마다 '자신이 해석한 세상'에 살고 있습니다. 좋다·나쁘다는 모두 에고의 판단일 뿐입니다. 그 소용돌이에서 벗어나는 것이 바로 마음의 구속에서 벗어나는 길이자, 에고를 벗고 초이성의 전체의식(우주의식)으로 회귀하는 길입니다.

우주의식이란 나라는 개체의식이 전체의식으로 확장되는 것입니다. 개체의식이 아니라 전체의식이 되어야, 에고의 마음이 아니라 하늘의 마음으로 살아갈 수 있습니다. 전체의식이 되어야만 하늘의 마음으로 모든 것을 고르게 사랑할 수 있습니다.

> 지혜라고 하는 산의 정점은 사랑이다. 그곳에서는 내가 누구이고, 무엇이며, 어디에 소속되었는가에 대해서는 모두 잊어버리고 오직 우주적인 '나'가 있을 뿐이다. 그곳에는 어떤 아집도 강박적 행동도 없다. 독선과 자기정당화와 교만이 불살라지고 흰 불꽃의 사랑만이 남아 있다.
>
> ─ 이병창, 《에니어그램을 넘어 데카그램으로》에서

성인의 길과 천재의 길 사이

성인이란 우주의식의 영적 지혜를 가진 사람입니다. 깨달은 사람이자, 삶의 진실을 아는 사람이지요. 그들은 이러한 이치를 온전히 체득하고서 사랑으로 거듭난 사람입니다. 또 세상에서 의식 수준과 영성지능이 가장 높은 사람입니다. 세상의 문제를 진정으로 해결할 수 있는 참된 지혜를 가진 사람이 바로 이와 같은 사람입니다.

세상을 등진 현자가 아니라, 세상과 어울려 세상을 변화시킬 현자가 되어야 합니다. 성인의 덕과 영웅의 기개를 함께 가진 사람이 필요한 것입니다. 붓다도 예수도 세상을 등진 현자가 아니라 세상을 바꾸려고 세상 속에서 자신의 열정을 다 쏟았던 의인들이었습니다.[*]

---

[*]　예수는 당시 이스라엘 사회를 누구보다 강도 높게 비판했으며, 진실과 진리를 알리기 위해 자신

자유는 힘의 정수이다. 모든 시대를 통틀어 의인들은 자유혼의 불을 가진 사람들이었다. 그들은 피와 땀의 길을 갔지만, 자신 안에서 타오르는 신성이 불꽃에 사로잡혀 기쁨으로 한 세상을 건너갔다. - 이병창

제가 바라는 천재는 한 분야에 탁월한 능력을 지닌 사람일 뿐 아니라, 그와 함께 성인聖人의 덕과 지혜를 함께 갖춘 천재입니다. 그런 사람은 '천재 중에 천재'라고 할 것입니다. 우리가 찾아야 할 그러한 천재는 일재逸才의 천재가 아니라, 성덕聖德과 성지聖智를 함께 갖춘 천재, 진정 세상에 바람직한 변화를 가져올 빛과 사랑의 천재입니다. 진정 그런 천재라야 인류의 문제를 해결할 수 있을 것이기 때문입니다.

때문에 새로운 세상을 열 위대한 천재는 반드시 영적 깨달음과 탁월한 능력을 갖춘 성웅聖雄이어야 할 것입니다. 성인과 영웅이 결합된 존재가 제가 바라는 세상을 바꿀 위대한 천재의 참모습입니다.

나는 깨달은 혁명가를 원한다. 그것은 가능하다. 깨달은 자가 존재했었고, 혁명가 또한 존재했었다. 우리에게 필요한 것은 이 두 가지, 즉 혁명정신과 깨달음의 통합이다. 이 통합은 세상에서 가장 아름다운 현상이다. - 오쇼

이기심은 인류의 가장 큰 병이자, 가장 거대하고 위험한 폭탄입니다. 세상을 치유할 수 있는 사람은 영성지능이 높은 이들이니, 그들은 진정한 인류의 치유사요, 폭탄 제거반입니다. 실로 깨어난 이들은 의식의 혁명가이자 인류의 참된 리더요 스승일 것입니다.

의 목숨까지 바쳤던 반골 중에 반골이었습니다. 이에 관련해선 김규항 님의 《예수전》을 추천하고 싶습니다.

앞으로의 시대에 참된 천재나 위대한 인물이 되려면 어떤 분야에 종사하든, 먼저 영적 깨달음을 얻어야 하고, 그 깨달음에서 나오는 큰 사랑과 지혜로 자신의 지식을 세상을 위해 가장 유용하게 잘 사용할 수 있어야 합니다. 무릇 지식이란 지혜와 사랑을 만났을 때 가장 가치 있고 온전하게 사용될 테니까요.

> 한 사람이 다른 사람을 사랑하는 것이 아마도 가장 어려운 일일 것이다. 이것은 궁극적이고 최종적인 시험이며 증거이다. 모든 다른 일은 사랑하기 위한 준비에 불과하다. - 라이너 마리아 릴케

예컨대 인류 번영을 위한 과학기술이 수백만 명의 사람을 단번에 죽일 수 있는 무기로 사용되는 것은 인류의 크나큰 불행이자 찬란한 실패일 터입니다. 정녕 이런 기술이라면 없느니만 못할 것입니다. 인간의 지성이란 영성의 인도를 따르지 않을 땐 스스로를 망치는 이기의 광기로 돌변할 가능성이 높습니다. 끝없는 침략과 전쟁으로 점철되었던 인류의 역사가 이미 이를 잘 말해 주고 있습니다. 이것이 인류의 장구한 역사가 우리에게 보여 주는 생생한 교훈이니, 이를 거울삼아 지성과 영성은 반드시 사이좋은 짝이 되어야 할 것입니다.

지성이 없는 영성은 무능하며, 영성이 없는 지성은 위험하고 어리석습니다. 그래서 저는 이렇게 말하려 합니다. "오직 높은 수준의 지성과 영성을 함께 갖춘 사람이 되라. 그것으로 그 누구도 만들지 못했던 '사랑과 평화가 넘쳐나는 새로운 세상'을 열어라!"

이것이 새로운 시대를 여는 위대한 천재가 될 이들에게 제가 전할 전언의 핵심 내용입니다. 정녕 이것이 아니고서는 인류에 답이 없기 때문입니다. 이는 하나의 법칙과도 같기에 천년 만년 가도 제 이 말은 녹슬거나 시

늘지 아니할 것입니다.

진실이 가진 진정한 이점은, 그것이 진정으로 참이라면 한 번, 두 번, 혹은 여러 번 사람들에게 외면당하더라도 오랜 시간이 흘렀을 때 그것이 참임을 다시 밝혀 내는 사람이 반드시 있다는 것이다. - 존 스튜어트 밀

깨달음은 모든 사람이 하늘로부터 받은 소명이요, 삶의 궁극적 도달점이다.

이분법을 넘어선
영성사회로

연기를 완전히 이해하면 자비를 실행하지 않을 수 없습니다. 눈이 없으면 다리가 제대로 걸을 수 없고, 다리가 없으면 눈에 보이는 곳으로 갈 수 없습니다. 나뭇잎은 각각 매달려 있지만 그 뿌리는 하나이듯이 우리는 서로 개체이면서 전체적으로 하나입니다.

– 김열권, 《보면 사라진다》에서

이분법이 무엇이며, 연기緣起가 무엇인지, 왜 이분법을 넘어선 일체성이 진리인지를 살펴볼까 합니다.

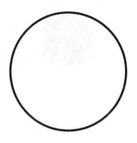

　이 원 안에 정중앙으로 세로 줄을 그어 반으로 나누어 보십시오. 그럼 그 선을 따라 왼쪽과 오른쪽이 생길 것입니다. 이때 왼쪽이 먼저 생겼나요? 오른쪽이 먼저 생겼나요? 아니면 양쪽이 동시에 생겼나요?

　다들 아시겠지만, 세로 줄을 긋는 순간 왼쪽과 오른쪽은 동시에 생겼습니다. 그래서 왼쪽이 없으면 오른쪽이 없고, 오른쪽이 없으면 왼쪽이 없습니다. 왼쪽과 오른쪽은 동시적 생명이자, 언제나 서로 하나로 연결되어 존재합니다. 이 둘은 결코 따로 존재할 수가 없습니다. 세로 줄을 다시 지워 보십시오. 왼쪽과 오른쪽은 동시에 사라질 것입니다. 때문에 이들의 관계는 '둘이면서 하나요, 하나이면서 둘'입니다. 이런 것을 주역에선 상관적 관계라 하고 불교에선 연기緣起의 관계라고 합니다.

　이것은 이원성과 상대성을 상징하는 방법입니다. 이 원의 양쪽에 음과 양, 선과 악, 옳음과 그름, 만남과 이별, 생生과 사死, 남자와 여자, 시작과 끝, 빛과 어둠, 행복과 불행, 슬픔과 기쁨, 높고 낮음, 얻음과 잃음, 있음과 없음, 나와 너, 신과 인간 등 삶과 우주에 존재하는 모든 상대적 속성을 대입해 보십시오. 그러면 도의 맥락을 단번에 꿰뚫어 볼 수 있을 것입니다. 모든 것은 상대성 속에서 하나로 연결되어 있습니다.

　병이 있어야만 건강이 무엇인지 알 수 있다. 그대는 어둠이 무엇인지 알아야만 빛을 알 수 있다. 긴장이 무엇인지 알아야만 이완을 알 수 있다. 속박이 무엇인지 알아야만 자유를 알 수 있다. 그것들은 항상 한 쌍으로 붙어 다닌다.

신마저도 그대에게 오로지 자유만 줄 만큼 전능하지는 않다. 자유의 선물상자 안에는 속박이 함께 들어 있다. 그리고 자유의 맛을 보기 위해서는 속박을 통과해야 한다. 이것은 배가 고프지 않으면 음식을 즐길 수 없는 이치와 같다.
- 오쇼

배고픔이 없이는 배부름도 없습니다. 안이 없으면 바깥도 없습니다. 낮음이 없으면 높음도 없습니다. 시작이 없으면 끝도 없습니다. 앞면이 없으면 뒷면도 없습니다. 내가 없으면 너도 없고, 네가 없으면 나도 없습니다. 이런 연결 고리가 바로 일원성입니다. 이것과 저것은 필연적으로 연결되어 있는 동시적 생명입니다.

"아리스토텔레스는 서양에서 논리학의 시조로 통한다. 논리는 직선상에서 움직인다. 단선적單線的 논리는 정반대의 것을 허용하지 않는다. 오히려 정반대의 것은 배척되어야 한다. 이런 접근 방식에 따르면 A는 비非A가 아니다. A는 A 아닌 것이 될 수 없다. 이것이 아리스토텔레스적인 논리 공식이다."(오쇼) 이원성의 철학에서 정반대의 것은 배척의 대상이지만, 일원성의 철학에선 A는 'A 아닌 것'과 결코 분리될 수 없음을 압니다. 이런 속성을 일러 '둘이면서 하나'라고 하거나 '둘도 아니요, 하나도 아니다'고 하는 것은 이 때문입니다. 이원성 속에 있는 일원성을 아는 것이 도를 이해하는 실마리입니다.

우리가 시간의 세계에서 경험하는 모든 것은 이원성 안에서 경험됩니다. 우리가 아는 모든 것은 이원성의 맥락에서 알려집니다. 차가움 없이 우리가 어떻게 뜨거움을 알 수 있을까요? 짧음 없이 어떻게 길다는 것을 알 수 있을까요? 밤이 없다면 어떻게 낮을 알 수 있을까요? 닫힘이 없다면 어떻게 열림을 알 수 있

9 깨달음과 영성사회에 대하여

을까요?

만일 그것이 진실이라면, 우리가 어떻게 거부 없이 받아들임을, 슬픔 없이 행복을, 아픔 없이 기쁨을 알 수 있을까요?

환영 없이 우리가 어떻게 진실을 알 수 있을까요? 사랑의 부재 없이 어떻게 사랑을 알 수 있을까요? 신의 부재 없이 어떻게 신을 알 수 있을까요? 분리 없이 어떻게 하나됨을 알 수 있을까요? 이원성은 우리의 교실이며, 삶은 우리의 스승입니다.

— 레너드 제이콥슨, 김상환 · 김윤 역, 《현존》에서

차가움 없이 어찌 따뜻함을 알 수 있으며, 어둠이 없이 어찌 빛을 알 수 있겠습니까? 이쪽 없이 어찌 저쪽이 존재할 수 있으며, 너 없이 어찌 나가 존재할 수 있겠습니까? 무질서 없이 어찌 질서만 있을 수 있으며, 악이 없이 어찌 선만 존재할 수 있겠습니까? 분리가 없이 어찌 합일이 있을 수 있으며, 무지가 없이 어찌 깨어남이 존재할 수 있겠습니까? 이런 맥락에서 행복은 불행 속에 있고, 완전함은 불완전함 속에 있습니다. 이렇듯 이원성은 존재의 필연입니다. 이원성의 이쪽과 저쪽은 따로 떨어질 수 없는 것이며, 양쪽 모두가 있는 그대로 도의 실상입니다.

노자는 이런 속성을 《도덕경》 2장에서 이렇게 표현했습니다. "있음과 없음은 함께 생겨나고, 어려움과 쉬움은 함께 성립되고, 길고 짧음은 함께 형성되고, 높고 낮음은 함께 이루어지며, 듣는 소리와 말하는 소리는 서로 어울리고, 앞과 뒤는 서로 따른다.(有無相生, 難易相成, 長短相形, 高下相盈, 音聲相和, 前後相隨.)" 이는 앞서 말한 상대적 연기緣起와 동시적 관계성을 이야기한 것입니다. '무엇이 좋다'거나 '무엇이 안 좋다'는 것은 상대적 개념입니다. '무엇이 좋다'고 말할 때 그 속엔 '무엇이 안 좋다'가 전제되어 있는 것입니다. '무엇이 아름답다'고 여길 때는 '무엇이 아름답지 않다'가

전제되어 있습니다. 호/오好惡와 미/추美醜와 같이 모든 것은 상대적 이원성을 가지고 있지만, 그것은 또한 하나로 연결되어 있습니다.

때문에 어느 한쪽을 배제한다는 것은 애초에 불가능한 일입니다. 이러한 동시적 관계성의 필연을 안다면, 이쪽만 도이거나 저쪽만 도가 아니라 양쪽 모두가 도라는 것을 분명히 알 것입니다. 동서고금의 모든 성인들이 깨우친 바의 진리가 바로 이러한 맥락 속에 있는 것입니다. 이는 상대적 이원성을 모두 수용하고 긍정하는 시각입니다. 반면 한쪽만 도라고 여기고 한쪽은 도가 아니라고 하면, 한쪽만 수용하고 나머지 한쪽은 부정하게 됩니다. 이런 상태가 바로 에고의 조건적 수용이자, 분별적 시각입니다. 허나 그것은 이분법의 세계만 알고 일원성의 세계는 모르는 소치입니다. 즉 진리의 맥락에 무지한 것입니다.

깨달음이란 이러한 분리의식과 이원성의 무지에서 벗어나, 상대적 이원성에 대한 전면적인 수용과 이해와 사랑을 가지는 것입니다. 삶만 도가 아니요 죽음도 도입니다. 행복만 도가 아니라 불행도 도입니다. 네가 없으면 내가 없고, 무지가 없으면 깨어남도 없습니다. 도는 결코 어느 한쪽을 부정하거나 배제하려 하지 않습니다. 도는 안팎으로 분리될 수 없으며 높고 낮음으로 갈릴 수도 없습니다. 존재하는 모든 것이 있는 그대로 완벽한 도입니다.

이러한 시각은 오직 분리의 관점을 내려놓을 때만 얻을 수 있습니다. 좋고 나쁨, 아름다움과 추함, 얻음과 잃음, 높고 낮음, 옳음과 그름, 행복과 불행, 나와 나 아닌 것 등을 나눌 때 세상은 상대적 세계 속에 있지만 그것이 실은 하나임을 알 때는 그 양쪽을 다 수용할 수 있게 됩니다. 이렇듯 한쪽으로 치우치지도 않고, 한쪽에 집착하지도 않는 마음이 평정심입니다. 그것은 상대성에서 벗어난 초연한 마음입니다.

9 깨달음과 영성사회에 대하여

우리가 서로를 분리시키는 심연을 건널 수 없다면 달나라로 여행하는 것이 무슨 소용이 있겠는가! - 토머스 머튼

내 편과 네 편을 나누지 않으면 편이 갈리지 않겠지만, 내 편과 네 편을 나누면 상대적 편이 생깁니다. 시비를 나누지 않으면 시비가 생기지 않겠지만 옳고 그름을 나누면 시비가 생깁니다. 《도덕경》은 '부쟁不爭'이라는 단어가 총 아홉 번이나 나올 뿐 아니라, '부쟁'이라는 단어로 끝이 납니다. 어찌해야 다투지 않을 수 있을까요? 다툼이란 이분법 속에만 있는 것이니, '나와 너' 혹은 '이것과 저것'을 나누지 않는 상태일 때는 다툼이 일어날 까닭이 없겠지요!

이분법의 차별지差別智가 아니라 이분법을 융회시킨 평등지平等智 속에 조화의 섭리가 있고, 일체감의 깨달음이 있습니다. 이것이 바로 진리의 실상이요, 이원성 속에 있는 일원성의 섭리입니다. 진리는 이분법이 아니라, 이분법을 녹이고 조화시키는 일체의식 속에 있습니다.

좋아하는 것도 없고 좋아하지 않는 것도 없는 그런 사람을 두고 무위에 이르렀다 할 수 있으리니, 이는 서로 반대되는 양극을 벗어난 자만이 그 속박에서 쉽게 풀려나기 때문이로다.

- 《바가바드 기타》에서

내 속에 네가 있고, 네 속에 내가 있습니다. 너와 나는 둘이면서 하나입니다. 너의 행복이 나의 행복이 되고, 너의 슬픔이 나의 슬픔이 되는 것, 이러한 일체의식 속에 부쟁不爭의 도는 물 흐르듯 절로 이루어질 것입니다.

진리에 대한 역사적 오해

악을 철학적으로 이해하고 받아들이는 마지막 단계는, 악이 중요하거나 필연적인 우주적 역할을 맡고 있다는 사실을 받아들이는 일이다. 예컨대 일체지향적 상태에서 궁극적 현실을 깊이 체험하고 나면, 악이 우주극 속의 본질적 요소라는 통찰을 얻을 수 있다. 우주는 무에서 창조되었으므로, 우주 창조는 대칭적이어야 한다. 존재하게 되는 모든 것은 그 반대편과 평형을 이뤄야 한다. 현상계 창조의 절대적, 필연적 전제 조건으로서 양극성이 존재해야만 하는 것이다.

– 스타니슬라프 그로프, 김우종 역, 《코스믹 게임》에서

이러한 이치를 모르고서, 이쪽과 저쪽이라는 상대적 이원성 속에서 오직 한쪽만을 도라고 여기는 사상가가 있습니다. 이성철학자들은 선과 악 중에서 선만 도이고, 옳고 그름 중에서 옳음만 도라고 여깁니다. 게다가 그 '선'과 '옳음'이라고 하는 것도 자신의 이성적 판단에 의한 주관적인 것이기에, 사람에 따라 선이라고 여기는 것과 옳음이라고 여기는 것이 저마다 다릅니다. 세상 곳곳에 시비 논쟁이 분분한 것은 그 때문입니다.

이성철학자들은 누구나 이분법의 차별지에 예속되어 있지만, 특히나 이러한 이분법적 사고에 지나치게 편향된 이가 있었으니, 그는 바로 유교의 시조인 공자입니다. 공자는 한쪽을 배제하거나 무시하는 지독한 이분법자였습니다. 그는 선악과 시비에 대한 상대적이고 상관적인 맥락을 제대로 보지 못한 것은 물론이요, 모든 대상을 차별적인 위계의 관계로 바라봅니다.

예컨대 그의 사유는 중국 편향, 상고^{尙古} 편향, 남자 편향, 연장자(윗사람) 편향, 신분 편향, 직업 편향 등 철저히 차별지의 속성에 기초합니다. 남자가 높아지면 여자는 낮아지듯, 한쪽이 높아지고 한쪽이 낮아지는 위계적

가치 편향은 반드시 부조화와 억압(차별)을 낳습니다. 진리의 사유는 언제나 수평관계를 지향하지만, 유가의 사유는 시종일관 수직관계에 종속되어 있습니다.

그가 말하는 인仁과 예禮와 의義는 모두 그가 기준을 삼고 있는 이러한 편향성에 나온 것일 뿐입니다. 그것은 공자가 생각한 공자의 도일 뿐 결코 하늘의 도나 신의 섭리가 아닙니다.

오랫동안 중화사상의 뿌리 역할을 해온 것이 유교인데요, 중화주의는 중국이 세상에 중심이라는 독선적 사고입니다. 중국이 중심이 되면 나머지는 모두 비중심 즉 변두리가 됩니다. 그래서 그들은 자신 빼고는 다 오랑캐라고 여겼습니다. 이런 것이 차별지와 우월감 속에서 나오는 오만이요 배타요 무지입니다. 지구가 둥근데 어떻게 중국이 중심일 수가 있겠습니까?

유교는 역사 이래로 자신들만이 진리를 알고 있다고 여기는 지독한 독선과 극렬한 배타주의를 가진 사상이었습니다. 유가들은 자신들 외에는 모두 '이단'으로 단정 지었고, 또 심히 배척하고 억압했습니다. 때문에 유교의 교조주의는 필연적인 것이었습니다. 허나 정작 도를 모르는 당사자는 그들 자신이었습니다.

저는 《논어》를 수십 번도 넘게 읽어 보았지만 그의 말 속에서 깨달음의 흔적이 보이는 구절은 단 하나도 찾을 수 없었습니다. 오히려 자기 식으로 철저히 이분화되어 있는 그의 사상적 면모를 계속해서 또렷이 확인해 볼 수 있을 뿐이었습니다.

《논어》엔 수신이 될 만한 아름다운 구절이 적지 않은 것도 사실입니다. 허나 그것은 이성철학의 수준이며, 깨달음의 맥락에 닿아 있지를 못합니다. 그것은 끝내 이원성의 사유에서 벗어나지 못했거니, 공자의 말과 노자의 말이 확연히 다른 것은 그 때문입니다.

공자는 분명 남다른 면모가 있었고 학문의 뜻이 열렬한 사람이며, 높은 이상과 숭고한 뜻을 지닌 사람이었지만, 깨닫지 못했기에 많은 사상적 한계를 가질 수밖에 없었습니다. 때문에 그의 사상은 본의 아니게 후대에 많은 악영향을 끼쳤습니다. 그중에서 가장 큰 악영향은 수직적이고 배타적인 차별의식을 만연케 하고, 진리를 왜곡시켜 깨달음의 빛을 묻히게 한 것입니다. 진리 아닌 것이 주인 행세를 하고 있으면 결코 '진리'가 잘 선양될 수가 없습니다.

같은 시대의 사상가인 묵자는 봉건 지배귀족 계급을 편들고 입신출세하려는 공자를 '야욕으로 세상을 속이는 이'라고 심하게 비판했었습니다.* 《묵자》의 전편을 흐르는 사상적 기저는 철저하게 반反유가, 반反공자로 일관하고 있습니다. 유가에서는 봉건제적 신분질서 자체를 예라고 규정하지만, 묵자는 그러한 차별 때문에 사회적 갈등과 계층 간의 대립이 생긴다고 여깁니다.

공자孔子의 말대로 명칭을 나누어서 분명히 해보자. 천하에 남을 미워하고 남을 해치는 자들은 평등주의兼인가? 차별주의別인가? 반드시 차별주의라고 말할 것이다. 천하에 남을 이롭게 하고 사랑하는 자들은 차별주의인가? 평등주의인가? 반드시 평등주의라고 말할 것이다. 그래서 묵자는 차별을 평등으로 바꿀 것을 제안한다.

– 《묵자》〈겸애〉에서

---

* "더럽고 사악하고 거짓되기가 이보다 더 심한 것이 어디에 있겠는가?"《묵자》〈비유非儒〉에서)
"공자는 시경과 서경을 널리 알고 예와 음악에 밝고 만물에 대하여 자세하다고 하면서 천자가 될 수 있는 인물이라고 하였소만, 그것은 남의 장부를 계산하면서 부자가 되었다고 하는 것과 같은 것이오."《묵자》〈공맹公孟〉에서)

　　　　　　　　　　　　9 깨달음과 영성사회에 대하여

묵자의 비판은 합당한 것이요, 진정 그럴 만한 이유가 있었습니다. 묵자에게서 신분적 차별과 자타의 분리의식을 허무는 이런 비판이 나오는 것은, 그가 깨달은 사람이었기에 진실을 바로 볼 수 있었기 때문입니다. 그런 사람이 한 명 더 있었으니, 공자에 대한 노자의 평가 또한 매우 좋지 않았습니다. 사마천의 《사기》〈열전〉엔 공자가 노자를 만나서 들은 이야기가 이렇게 기록되어 있습니다.

공자가 주나라에 가 머무를 때 노자에게 예에 관해 묻자 노자는 이렇게 대답했다.

"당신이 말하는 성현들은 이미 뼈가 다 썩어 없어지고 오직 그 말만이 남아 있을 뿐이오. 또 군자는 때를 만나면 관리가 되지만, 때를 만나지 못하면 바람에 이리저리 날리는 다북쑥처럼 떠돌이 신세가 되오. 훌륭한 상인은 물건을 깊숙이 숨겨 두어 아무것도 없는 것처럼 보이게 하고, 군자는 아름다운 덕을 지니고 있지만 모양새는 어리석은 것처럼 보인다고 나는 들었소. 그대의 교만과 지나친 욕망, 위선적인 표정과 끝없는 야심을 버리시오. 이러한 것들은 그대에게 아무런 도움이 되지 않소. 내가 그대에게 할 말은 단지 이것뿐이오."

묵자의 공자 비판만큼이나 노자의 공자 비판도 혹독하기만 합니다. 노자는 공자가 깨닫지 못한 이라는 것을 진작부터 알아보았던 것입니다. 공맹孔孟의 철학이 유위법이라면, 노장老莊의 철학은 무위법입니다. 이를 달리 말하면 '이성철학이 유위법이요, 영성철학은 무위법'이라는 뜻이 됩니다. 공자가 주장하는 극기복례克己復禮와 노자가 말하는 무위자연無爲自然이 극과 극으로 다른 것은 이 때문입니다.

그런데도 공자는 동양의 최고 성인인 양 널리 알려져 있습니다. 왜 그랬을까요? 크게 두 가지 요인이 있습니다. 첫째 한漢나라 때 공자의 유교가 국교가 되면서 널리 퍼지게 되었기 때문입니다. 유교 사상은 왕권정치와 봉건제를 뒷받침하기에 그들의 통치 이념으로 사용하기에 가장 적당한 사상이었기 때문입니다. 둘째 이유는 첫 번째 이유로 해서 정치뿐 아니라 귀족들의 교육에도 유가 사상이 핵심 내용이 되었기 때문입니다. 이런 요인으로 유가 사상은 천년이 넘는 시간 동안 대대손손 위대한 진리로 받들어 모셔졌습니다. 아울러 한 가지 요인을 더 들자면, 깨달음의 철학은 일반인이 이해하기가 어려운 반면, 유가 철학은 일반인이 이해하고 받아들이기 쉬운 탓도 있었습니다.

반면 노장 사상이나 묵자의 사상은 기본적으로 반봉건적인 사상이기에 봉건제 지배세력인 귀족들의 탄압으로 철저히 배척되고 억압되었습니다. 특히 세상으로부터 초연하고자 하는 노장 사상의 성향과 달리, 세상에 매우 적극적인 참여 의지가 있었던 묵자의 사상은 그들에게 가장 위험한 사상이었으므로 철저히 폐쇄되고 억압되어 묵자의 책은 읽는 것조차 금지되었습니다. 춘추전국시대에 서민들로부터 가장 사랑받았던 묵자의 사상이 그동안 완전히 맥이 끊어져 있었던 것은 그 때문이었습니다. 이제는 이러한 사상적 진실과 역사적 진실을 바로 알 때가 되었습니다.

> 시간의 흐름에 따라서 신성화된 낡은 전설을 지키는 것만큼 진리의 보급을 방해하는 것도 없다. - **톨스토이**

공자의 《논어》엔 여성에 대한 언급이 단 한 번 나옵니다. 그 구절은 다음과 같습니다.

> 여자와 소인배는 가르치기 어렵거니, 가까이하면 불손해지고 멀리하면 원망을 한다.(子曰 唯女子與小人 爲難養也 近之則不孫 遠之則怨.)

9 깨달음과 영성사회에 대하여

여자와 소인배를 동급으로 취급하고 있는 이 말은 동양 사회에 여성의 위상을 결정짓는 말이자, 남존여비의 기원이 된 말이기도 합니다. 지독히 남성 중심적인 이런 여성관이 공자에겐 진리(인예의)일지 몰라도, 제가 보기엔 매우 위험하고 천박한 사상으로 보입니다.

인仁은 아름다운 사상이나, 문제는 사람마다 생각하는 인이 다르다는 데 있습니다. 누구는 철저한 신분제가 온당하고 그 속에서 윗사람이 아랫사람을 잘 다스리는 것을 인이라 여길 것이고, 누구는 '사람은 모두 평등'하므로 그러한 신분제를 철폐하는 것을 인이라 여길 것입니다. 공자가 전자라면, 묵자는 후자일 것이니, 우리나라의 동학 또한 묵자와 같은 뜻을 지녔습니다. 예수가 그러했듯 최제우와 최시형은 깨달음의 길을 열고, 핍박 속에 있는 이들을 구하려다, 참된 인을 실천하려다 처형을 당했습니다.

'깨달음을 얻지 못한 사상가'와 '깨달음을 얻은 사상가'는 사실 명확히 차이가 납니다. 이성 차원은 예외 없이 에고와 이원성에 묶여 있고, 영성 차원은 그러한 에고와 이원성을 깨뜨려, 신성과 일원성을 회복하려 합니다. "음이 없이는 양이 없고, 양이 없이는 음이 없다." 음양대대陰陽待對의 이런 상관적 사유가 진리의 실상임을 우리 모두가 잘 아는바, 여자와 남자는 동등한 존재이며, 둘이면서 하나입니다. "네가 없으면 내가 없고, 내가 없으면 네가 없다." 이러한 신성한 이분법은 서로를 비추는 진리의 거울일 것입니다.

다들 아시듯, 조선시대엔 남편을 따라 죽어야 열녀가 되었습니다.* 그렇게 남존여비가 지독하던 시대에 동학에선 이렇게 말했습니다. "여자는 하늘이다, 여자를 하늘처럼 공경해라." 이는 억압받는 여성의 존엄성을 대

---

* 이와 관련해서 강명관 교수의 《열녀의 탄생》을 꼭 추천하고 싶습니다. 열녀와 관련된 여성의 문제뿐 아니라, 조선시대의 문화와 유교사상의 문제점을 이해하는 데도 매우 유용한 책이 될 것입니다.

변한 말이자, 동학의 전언인 '사람을 하늘처럼 공경하라'의 확장된 발언입니다. 즉 남녀노소의 평등을 이야기한 것입니다.

> 이미 아는 것이 눈을 가리는 바람에 더 많은 것을 배우지 못하는 일은 없어야 한다. - 스티브 올셔

진리라고 알려져 있다고 다 진리인 것은 아닙니다. 모래알과 황금가루가 섞여 있어도 그것은 같은 것이 아니며, 응당 그것을 구별할 수 있는 눈을 가져야 할 것입니다. 《논어》엔 이런 구절이 있습니다.

> 공자가 말하길 "나를 알아주는 이가 없구나." 자공이 말하길 "어찌하여 나를 알아주는 이가 없다고 하시는지요?" "하늘을 원망하지 않고, 사람을 허물하지 않으며, 하학하여 상달하였으니, 나를 알아주는 것은 하늘일 것이다."(子曰 莫我知也夫! 子貢曰 何爲其莫知子也? 子曰 不怨天, 不尤人, 下學而上達. 知我者 其天乎!)

공자는 자신을 알아주는 이가 세상에 없으나 하늘은 자신을 알아 줄 것이라 이야기합니다. 허나 이것은 공자의 착각이요 자화자찬일 뿐입니다. 자신을 알아주고 알아주지 않음에 집착하지 않는 이는 이런 것 자체를 마음에 두지 않습니다. '나를 몰라줌'에 대한 아쉬움과 집착이 있기 때문에 이런 말을 하는 것이요, '사람을 탓하지 않는다'고 하면서 '나를 알아주는 이가 없다'는 것 자체가 모순적 발언입니다.

흔히 공자의 "칠십에는 하고자 하는 대로 마음을 따라도 법도를 넘는 바가 없었다.(七十而從心所欲不踰矩.)"는 구절을 두고 공자가 70에 성인의 경지에 들었다고 이야기를 합니다. 허나 이 또한 꿈보다 해몽을 너무 좋게 한 경우입니다. 공자가 말한 '법도'란 자신이 철석같이 믿고 있는 예의禮義

의 윤리 기준이나 규칙일 뿐, 하늘의 도나 섭리가 아닙니다. 고로 이것은 자기 행동에 대한 공자의 신념적 발언 그 이상일 수 없습니다. 단언컨대 공자는 깨달음을 얻은 이가 아니요, 응당 성인이라고 불릴 자격이 없는 사람입니다.

묵자가 예수보다 500살 정도 더 많기 때문에 '예수도 묵자와 같이'라고 말해야 하지만 예수는 워낙 초특급 슈퍼스타다 보니 편의상 이리 말하겠다. 겸애兼愛란 자신을 사랑하듯이 다른 사람도 똑같이 사랑하라는 것이다. 묵자의 여러 책과 사상 중에 비공론非攻論은 여기에서 비롯되었다. 유가儒家의 인仁도 똑같이 사랑을 주장하지만 유가儒家는 사람을 군자君子와 소인小人으로 나누고, 지배자와 피지배자 즉 신분을 구분하고 인정하며, 가까운 사람과 먼 사람尊卑親疎의 구별이 있음을 전제로 하는 데 반하여, 겸애는 무차별의 사랑인 점이 다르다.

– 윤무학

묵자는 일찍이 이렇게 말했습니다.

하늘을 본받는 것만함이 없으니 고르게 사랑하고, 고르게 이롭게 하기 때문이다.(莫若法天 以其兼而愛之 兼而利之.)

묵자의 이 말은 우리가 앞서 살펴본 '조건 없는 사랑'을 가리키는 것입니다. 예수가 "이웃을 내 몸같이 사랑하라."고 한 말과 같은 뜻이기도 합니다. 하늘은 에고가 없습니다. '하늘처럼 사랑하고 하늘처럼 이롭게 한다'는 에고가 없는 상태라야 그것이 가능해진다는 뜻입니다. 겸애兼愛란 나와 너를 나누지 않는 이분법 너머의 사랑이며, 만인에게 치우침이 없는 조건 없는 사랑입니다.

유교 사상은 늘 인仁과 의義를 논하면서 봉건적 신분제와 노예 제도를 계속해서 종속·강화시켰습니다. 그들의 도는 시종일관 차별적 인과 의에 지나지 않았습니다. 반면 묵자나 동학은 만인의 평등을 위해 그러한 철옹성의 신분제를 과감히 철폐하려 했습니다. 벤저민 프랭클린은 노예 제도를 일러 "인간 본성의 흉악한 바다"라고 불렀습니다. 중국의 문호 루쉰 또한 유교의 봉건주의를 일러 사람이 사람을 먹는 '식인 사회'라고 비판했습니다. 자신들의 기득권을 위해 노예 제도를 계속 종속시킨 사람들과 약자의 구원을 위해 노예 제도를 종식시키려 한 사람들 중 누가 진정 선善과 인仁과 의義에 가까운가요?

노예란 사고팔 수 있는 물건과 같으며, 사람이 일생 짐승 취급을 받으며 온갖 학대를 감내해야 하는 일입니다. 그것은 인간이 인간으로서의 존엄성 자체를 조금도 찾을 수 없게 만드는 것입니다. 이처럼 노예 제도라는 것 자체가 악행과 비인간성의 극치이거니, 철저한 신분제를 유지하게 만드는 사상은 야만의 피와 이기의 독이 흐르는 사상일 것입니다.

노예와 하층민을 부리며 군림하는 신분제 속에서의 인仁은 인이 아니라 인의 탈을 쓴 사악함일 뿐입니다. 신분제를 떠받치는 기둥 역할을 했을 뿐 유교 사상 속에서는 이런 것이 조금도 자각되지 못했으니, 그만큼 유교 사상이 사람들의 의식 성장을 가로막고 있었기 때문입니다. 오히려 그런 체제를 무너뜨리려 하는 사람을 가차 없이 죽였을 뿐이지요.

이런 우리와 달리 미국은 독립선언문과 함께 스스로의 각성과 피땀 어린 노력으로 노예 제도를 폐지했고, 사정은 다소 달랐지만 영국도 프랑스도 그러했습니다. 하지만 우리는 스스로 노예 제도를 폐지한 것이 아니라, 외세의 침략에 의해 자국의 권리와 질서가 깡그리 망가지면서 신분제가 폐지되었습니다.

근대화도 스스로의 힘이 아니라 외세의 힘에 의해서 이루어졌습니다.

식민지와 분단의 역사적 과정을 살펴보면, 실로 우리나라 근대사란 고난과 치욕의 역사 그 자체였습니다. 여러 가지 이유가 있겠지만, 이러한 역사적 결과는 소중화의 지독한 사대주의와 온갖 고지식함으로 매몰되어 있는 유가 사상에 대한 맹신으로부터 시작된 것입니다.

지금도 공자를 배워야 한다고 열렬히 철없는 소리를 높이는 사람들이 더러 있는데, 단호히 말하건대 그들은 철학적 식견도 역사적 식견도 없는 사람에 지나지 않습니다. 우리가 진정 배워야 할 것은 그 사상이 아니라, 역사의 온갖 질곡과 문제점을 낳은 그 사상의 문제점과 그것에 대한 교훈일 것입니다. 주체성을 잃은 역사가 질곡에 빠지는 것은 당연한 귀결입니다. 문화적 주체성을 상실하게 만든 문화 식민주의와 주체성 상실의 역사를 이제 완전히 끝낼 때가 되었습니다.

저는 대학원 재학 시절에 이런 글을 쓴 적이 있습니다.

내가 우리 역사를 보면서 속상함을 금할 길 없는 것은, 늘 자신의 주체성을 잃어버린 채 사대주의에 미쳐버린 그 혹독한 '자기 기만적 성향' 때문이었다. 유교의 사상적 문제점들을 접어 두고라도, 유교가 한국 역사에 끼친 가장 큰 피해는 중국의 황제 패권주의覇權主義에 철저히 봉사하게 하는 사상적, 문화적인 확고한 기반이 되게 한 데 있다. 우리는 천년이 넘게 그 문화적 식민주의에서 힘없이 허덕였으며, 그 결과로 근대사의 일제 식민지와 분단까지 얻어 내는 영광을 누렸다. 또한 4서 5경이 학문의 전부였기에 근대에 모든 학문이 다시 서양에 철저히 예속되게 하여 제2의 문화적 식민지를 가능케 했다.

가치 편향주의로 점철되어 있는 유교의 본질적 특성이 무엇인지도 모르고, 그것이 우리 역사에 얼마나 막대한 피해를 준 지도 모른 채 유교 문화에 막연한 향수를 가지는 것은 실로 한심하고 유치한 발상이 아닐 수 없다.

'효'는 유교만의 사상이 아니다. 인간이면 누구나 가질 수 있는 보편적인 가치 질서요 정신적 의미일 뿐이다. 공자가 나보다 먼저 나와서 나보다 먼저 효에 대한 정의와 의미를 자기 나름대로 가졌듯이 나는 또 나 스스로의 효에 대한 가치 체계를 세울 수 있는 것이다. 우리에게 공자는 과거의 인물이지만 공자 자신에게는 단지 자신의 당대만을 산 인물에 지나지 않는다. 우리는 왜, 우리 자신이 주인이 되어 스스로의 현재를 살지 못하는가? 왜 석가, 노자, 예수처럼 스스로의 정신적 의미(철학)를 자신의 당대에 세우려 하지 않고 항상 '나' 밖에서 답을 찾으려 하는 것일까.*

우리는 지금 공자 숭배할 때가 아닙니다. 그가 남긴 오류와 그가 우리 문화에 끼친 폐해를 모두 척결하고, 깨달음의 길을 널리 선양해야 할 때입니다.

한국은 유교 문화가 세계에서 가장 강한 나라요, 공자를 가장 많이 배우고 따른 나라입니다. 하지만 한국은 사회적 차별과 불평등이 너무나 심한 나라이며, 행복지수 또한 세계 꼴찌 수준입니다. 차별의식과 불평등이 만연해 있다는 것은 그만큼 국민들의 의식 수준이 낮음을 뜻합니다. 반면 복지국가 덴마크는 유교 문화가 전혀 없지만, 우리나라와는 비교도 안 될 정도로 평등하고 성숙한 사회를 이루었고, 행복지수 또한 세계 1위를 점하고 있습니다.

공자를 비판하면 인간의 도리나 질서 자체를 부정하는 것으로 오해하

---

* 이 글은 제가 대학원 석사 1년차 시절(29살) 〈한국문화론〉 수업 때 쓴 논평문의 일부입니다. 이 무렵 공자 비판 조금 했다가, 당시 룸메이트이자 학과 선배였던 이로부터 '공자 발가락의 때보다 못한 놈'이라는 욕을 먹었습니다. 이런 욕을 아무렇지 않게 하는 것부터가 인과 예가 아닐 터이나, 더 큰 문제는 의식의 고착으로 끝내 생각을 조금도 바꾸지 못하는 데 있습니다. 어떤 면에서 사람들의 잘못된 고정관념은 견고하기가 콘크리트보다 더합니다. 설사 앞으로 이보다 더한 욕을 수없이 먹을지라도, 저는 진실을 밝히는 것이 제가 해야 할 일이요, 저의 천명이라고 생각합니다. 분명 욕하는 이들도 있겠지만 또한 들을 귀를 가진 이들도 있을 것이기 때문입니다.

　　　　　　　　　　9 깨달음과 영성사회에 대하여

는 이들이 있습니다. 예컨대 효^孝는 공자가 태어나기 훨씬 이전부터 있었고 지구 문명 거의 모든 곳에 있었습니다. 이 말은 우리가 부모께 효도하는 것은 공자와 아무 관련도 없는 일이라는 뜻입니다. 이처럼 인^仁도 의^義도 예^禮도 모두 공자와 무관한 것입니다. 그것은 인간이 존재할 때부터 모든 문화권 속에 제각기 다른 이름과 형태로 늘 우리와 함께 있었던 인류의 보편적 가치일 뿐입니다. 세상 그 어디든 사랑(어짊)이 없는 사람, 신의가 없는 사람, 예의 없는 사람을 좋아하거나 높이 여기는 곳은 없습니다.

아울러 이와 함께 살펴야 할 중요한 점은 이분법 속에서 나온 진리와 이분법을 넘어선 상태의 진리가 같지 않다는 것입니다. 이분법 속에선 진리를 아무리 좇아도 그것은 자신의 의식 안에서 벗어나지 못하는 수준이 되지만, 이분법을 넘어서면 자기 의식을 넘어선 진정한 진리를 알게 됩니다. 즉 같은 선^善이라 할지라도 이성 차원의 선과 초인성 차원의 선이 같지 않거니, 이분법을 넘어선 깨달음 차원의 선이 우리가 추구해야 할 궁극의 도달점이라는 것입니다. 요컨대 공자가 몰랐던 '무차별 무조건의 사랑'은 오직 이분법을 넘어서야만 가능한 것입니다.

유교의 고지식하기 그지없는 허례허식과 서열주의와 권위주위와 엄숙주의와 상고주의와 모화주의, 배타성 등은 오랫동안 문화의 창의성을 죽이는 심각한 독과 같았습니다.* 어떤 문화든 획일과 복종의 체계로 움직일 때 창의성은 발현될 틈이 없습니다. 우리 문화에 창의성이 부족했던 가장 큰 이유는 이러한 문화적 고착성 때문이니 하루빨리 이러한 점을 극복해야 할 것입니다.

---

* 너무나 많은 경우가 있겠지만 그 한 예로, 고려시대까지 존속했던 다양한 민간 풍속과 축제 문화는 조선의 제사 문화로 거의 다 대체되었습니다.

아울러 조선은 '사대주의에 미친 나라'라고 할 만큼 모화주의에 매몰된 자아 상실의 역사였습니다. 중국을 섬기고 닮는 데 골몰한 나라가 어찌 자신의 문화적 자주성을 찾을 수 있겠습니까. 이는 문화적 식민지를 자처하는 일이요, 역사의 면면이 실로 그러하였습니다.

한편 과거 중국에 대한 사대주의가 지금은 미국과 서양에 대한 사대주의로 전환되어 있는 듯합니다. 이제 역사의 섭리를 거울삼아 미국과 서양에 대한 사대주의도 완전히 극복할 때가 되었습니다. 그들의 장점과 선진 문명은 잘 배우고 받아들여야겠지만, 언제나 우리의 주체와 자존을 잃어서는 안 될 것입니다.

> 나라에 현묘한 도가 있으니, 그 이름을 풍류風流라고 한다. 그 교의 기원은 선사先史에 상세히 실려 있거니와, 실로 이는 3교를 포함하며 중생을 교화한다. 이를테면, 들어오면 집에서 효도하고 나가면 나라에 충성하는 것은 공자의 주지主旨와 같은 것이고, 무위에 처하고 불언不言의 교를 행함은 노자의 종지와 같은 것이며, 모든 악한 일을 행하지 않고 착한 일을 받들어 행함은 석가의 교리와 같은 것이다.
>
> – 김부식, 《삼국사기》 〈신라본기〉에서

이 글이 말하는 바는 우리나라에 유교, 불교, 도교가 들어오기 전부터 이미 깨달음의 철학과 문화가 있었다는 것입니다. 굴러온 돌이 박힌 돌을 뺀다고 했듯, 정작 외래종 철학이 들어와 우리나라에서 자생한 깨달음의 철학은 깡그리 잃어버린 꼴입니다. 아마도 나를 잃어버린 주체성 상실의 역사는 여기서부터 시작되었겠지요. 한국이 문화적 주체성을 가지려면 모든 사대주의를 끝내고, 자신에 대한 사랑과 자존감을 회복해야 할 것입니다.

종교보다 더 큰 진리로

종교는 진리에 얼마나 가까운 것일까요? 종교의 진정한 가치는 무엇일까요? 종교가 인류의 문화와 의식에 미치는 영향은 막대하므로, 종교가 지닌 빛과 그늘에 대해서 우리는 진지하게 고민해 보아야 할 것입니다.

> 성숙한 성인이 되어갈수록 사람들은 역설과 모호함을 더 너그럽게 받아들일 수 있게 된다. 성숙은 국수주의를 범민족주의로 변화시키고, 종교의식을 영성으로 발전시킨다. (…)
> 다른 사람의 종교적, 영적 경험에 귀 기울일 줄 알게 되면 영성도 함께 발전할 것이다. 영성은 다른 사람과의 비교가 아니라 동일시를 발전시킨다. 우리는 다른 이들의 영성보다는 종교적 신념에 의심을 품을 때가 더 많다. 개인적인 신앙을 가지는 것, 다시 말해 특정 종교로부터 위안을 구하는 것이 미성숙하다는 얘기는 아니다. 내가 말하려는 것은, 성숙을 통해 모든 종교에 공동적으로 내재된 가치를 이해하고 경외할 수 있다는 사실이다. 기품 있게 늙어가기 위해서는 모든 비본질적인 것들을 버릴 수 있어야 하며, 대부분의 종교적 차이들은 바로 그 비본질적인 것들에서 생겨난다.
>
> - 조지 베일런트, 이덕남 역, 《행복의 조건》에서

종교가 지닌 순기능도 적지 않겠지만, 그 역기능도 적지 않습니다. 종교는 인류 역사 내내 엄청난 분쟁의 불씨가 되어왔으며, 종교 때문에 일어난 전쟁도 부지기수입니다. 종교마다 다소의 문제점들을 가지고 있지만, 특히 종교적 폭력과 죄악의 중심에는 기독교가 있는 듯합니다. 그 이유를 이 자리에서 상세히 말씀드릴 수는 없으나, 혹 조금이라도 이 말에 의문이나 반감이 드시는 분은 조찬선 목사가 양심선언서처럼 쓴 《기독교 죄악

사》를 읽어 보시기 바랍니다.* 종교적 맹신과 무지가 얼마나 무섭고 지독한 정신적 맹독이자 불행의 화염이 될 수 있는지를 똑똑히 확인할 수 있을 것입니다.

예수를 경배하려면 처음 전기를 발견했다는 이유로 벤저민 프랭클린을 존경하듯 해야 한다. 예수가 영적 원리를 발명하지 않은 것처럼 프랭클린은 전기를 발명하지 않았다. 번개와 그로 인해 발생하는 전기는 언제든 사용할 수 있게끔 우리 곁에 존재했다. (…)

마찬가지로 예수는 영적 원리를 증명했고, 그것을 우리가 사용하고 계발하기를 바란다. 그런데 우리는 예수가 가르친 원리를 사용하지는 않고, 예수라는 우상을 경배하는 데 2000년이나 낭비했다. 성경책을 아무리 샅샅이 뒤져도 예수가 "나를 경배하라."라고 말한 부분을 찾을 수는 없다. 예수가 우리에게 요구하는 것은 한마디로 "나를 따르라."이다. 달라도 많이 다르다. 예수를 영웅으로 만드는 바람에 우리는 핵심을 놓쳐 버리고 말았다.

– 팸 그라우트, 이경남 역, 《소원을 이루는 마력 E²》에서

모든 종교가 사실 이와 마찬가지입니다. 우리가 찾아야 할 본질은 진리이지, 진리를 전파한 특정 인물이 아닐 것입니다. 그런 인물들은 진리를 가리키는 하나의 손가락일 뿐이니까요.

"새로운 부처, 새로운 예수가 필요한 것이지 이 인류에게 똑같은 존재

---

* 저는 기독교인들의 필독서로 조찬선 목사의 《기독교 죄악사》와 민희식 교수의 《성서의 뿌리》를 추천합니다. 이 두 책은 기독교인들뿐 아니라, 비기독교인들에게도 종교의 인류사적 맥락을 이해하는 데 매우 유용하고 가치 있는 책이 될 것입니다. 기독교를 제대로 알지 않고서는, 인류 문명과 세계사를 제대로 알 수가 없습니다. 그런 점에서 이 두 책은 모든 이들의 필독서가 되어야 할 것입니다.

9 깨달음과 영성사회에 대하여

는 필요 없다. 따라서 진정 뛰어난 종교가나 사상가는 일인 일파-ㅅ —派일 수밖에 없다." 법정 스님의 이 말씀도 이러한 취지를 강조하고 있습니다. "고차적인 지식에서 중요한 것은 인간 숭배가 아니라 진리와 인식에 대한 숭배라는 점이 강조되어야 한다." 독일의 영성가 루돌프 슈타이너의 말도 같은 맥락입니다.

헉슬리는 종교의 문제점에 대해 이렇게 말합니다. "세계의 종교체계는 주로 완전히 자기를 버리거나 깨달음을 얻지 못한 사람이 구축한 것이다. 그러므로 모든 종교는 어둡고 공포스럽기까지 한 측면을 지니고 있다." 각 종교의 시조들은 대개 깨달은 자였으나, 그것을 종교체계로 만든 이들은 그러하질 못했습니다. 그래서 본래의 가르침에 많은 왜곡이 일어나게 되었고, 종교적 권력과 이익에 얽힌 여러 이해관계에 의해서 다양한 문제점들이 야기되었습니다.

그러나 무엇보다 큰 문제는 진리에 대한 무지와 종교적 테두리 때문에 종교 안팎으로 배척과 대립, 크고 작은 싸움(전쟁)이 너무 많이 일어났다는 점입니다. 이렇게 되는 근본 원인은 종교 안에 깨달음과 진리가 턱없이 부족했기 때문입니다. 진리로 거듭난 자가 많았더라면, 결코 종교 때문에 전쟁이 발생하는 일은 일어나지 않았을 것이며, 진작 모든 종교적 벽을 허물고 서로 화합의 길로 나아갔을 것입니다. 종교가 서로를 가르는 확고한 벽이 되고, 화합과 사랑이 아니라 서로의 반목과 배척을 만드는 근본 원인이 된다면 그러한 종교는 없느니만 못할 것입니다.

> 이 세상에서 가장 높은 스승들 사이에는 어떠한 갈등도, 오직 후세의 불순한 추종자들 사이에만 여러 세기에 걸친 갈등이 있을 뿐입니다. - 데이비드 호킨스

많은 영성가들이 말하듯, 모든 종교의 시조들이 한데 모여 함께 시간

을 보낸다면, 아마도 그들 사이에는 아무런 차이나 갈등도 없을 것입니다. 《은폐된 진실, 금지된 지식》의 저자 스티븐 M. 그리어가 지적했듯, '문제를 일으키는 원인은 이기주의, 물질주의, 국수주의, 무지, 증오와 어리석음으로부터 인간이 만들어 놓은 구분들'일 것입니다. 때문에 우리에게 그러한 모든 오류의 경계를 넘어서는 '하나됨'의 경험은 필수적인 것이 아닌가 합니다.

종교는 여러 가지지만 진리는 하나입니다. 여러 강이 흘러서 바다에서 모두 하나로 만나는 것처럼 종교는 진리 안에서 온전히 하나가 되어야 합니다. 진리의 바다가 되기를 거부하는 종교는 종교적 독선과 배타와 무지 속에 고착되기를 바라는 것과 다름없습니다. 그것은 흐르지 못하고 얼어있는 강과 같습니다. 오강남 교수는 "잘못된 신관은 무신론만 못하다."라고 했는데요, 이 말에 부쳐 저는 이렇게 말하고 싶습니다. '잘못된 종교는 진리에 대한 무지보다 못하다!'

- 길희성, 《길은 달라도 같은 산을 오른다》
- 민희식, 《법화경과 신약성서》
- 민희식, 《예수와 붓다》
- 로이 아모르, 류시화 역, 《성서 속의 붓다》
- 일레인 페이젤, 방건웅·박희순 역, 《성서 밖의 예수》
- 정태혁, 《법구경과 바가바드 기타》

이런 책들을 읽어 보신다면 종교와 종교 사이에 있는 가르침의 정수가 동일한 것임을 알 수 있을 것입니다. 종교는 여러 가지지만 진리가 둘일 수는 없습니다. 길은 달라도 모두 하나의 산을 오르듯, 하나의 진리에 도달하는 데 오르는 길이 다르고 스승이 달랐다고 해서 그것 때문에 서로 사랑으로 하나되지 못한다면 정작 본질은 버리고 비본질적인 것에 집착하는 꼴과 다르지 않습니다.

　서로를 분리시키는 종교적 사유는 대부분 오류거나 위험한 발상일 때가 많습니다. 그중 대표적인 경우가 '우리 종교가 최고요, 우리 종교만이 유일한 진리'라고 믿는 것입니다. 그러나 정작 그런 종교적 우월주의가 그 종교의 가장 심각한 문제점으로 작용합니다. 우월주의는 반드시 오만과 배척을 낳습니다. 종교적 우월주의는 종교적 독선과 배타를 낳을 뿐 아니라 또 다른 측면에서 민족과 문화와 인종의 우월주의를 낳기도 합니다. 세상에 존재하는 모든 '종교적 우월주의'와 마찬가지로, 이제 '민족 우월주의'나 '인종 우월주의'도 우리가 완전히 폐기해야 할 과거의 유산일 것입니다. 그것은 모두 서로를 분리시키는 기제들이기 때문입니다.

　진리는 종교의 테두리에 갇히지 않습니다. 진리가 넓은 광야라면 종교는 그 광야 위에 지어진 울타리와 같은 것입니다. 울타리 속에만 있으면 울타리 바깥을 볼 수 없으니 시야가 작을 수밖에요! 우리가 종교적 울타리를 넘어서야 하는 것은 종교의 발전을 위해서도 필연적인 것입니다.

　깨달음의 빛이 널리 퍼져서, 진리가 밝혀지면 밝혀질수록 모든 종교의 울타리는 허물어질 것입니다. 진리가 본질이요 종교는 비본질이기 때문입니다. 인류는 너무나 오랫동안 비본질적인 것에 집착해 왔습니다. 이제 본질에 집중할 때가 되었고, 비본질적인 모든 장막을 걷어 내고 인류가 함께 성장할 수 있도록 마음을 모아야 합니다.

　어떤 길로 산을 오르든 산 정상에서 모두 만나는 것처럼, 종교의 본질이나 진리의 정상은 신의 마음, 하늘의 마음을 얻는 것입니다. 그것은 너와 나를 가르지 않는 조건 없는 사랑입니다. 너와 나를 가르는 것은 다 비종교적인 것입니다. 우리는 어떠한 종교와도 상관없이, 존재 그 자체로 모두 신의 형제요 자매들입니다. 울타리는 오직, 사랑으로만 드나들 수 있는 진리의 울타리 하나만으로 족할 것입니다.

> 구원은 신에 의존하거나 신에게 청탁하거나 신의 사면을 통하여 일어나지 않
> 고 인내와 끈기로 자신의 내면을 닦아 나가는 것에 달려 있다. 예수는 진리가 우
> 리를 자유롭게 하리라(요한복음, 8:32) 하였다. 우리를 해방시키는 것(구원)은 붓
> 다나 예수 같은 성인이 아니라 그들이 전하는 진리이다.
>
> – 김우타·김태항,《완성의 길》에서

세상엔 진리와 사이비(이단)가 있습니다. 특정 종교가 이단으로 지목하
는 이들이 있고, 반면 그 종교를 이단이라고 지목하는 이들도 있습니다.
종교 안에 진리가 있다고 믿는 이도 있고, 종교의 테두리 밖에 진리가 있
다고 믿는 이도 있습니다. 신에 대한 맹목적인 믿음을 강조하는 이도 있
고, 진리에 대한 깨달음을 설파하는 이도 있습니다. 누가 진리를 이야기하
고 있으며, 누가 진리 아닌 것을 진리처럼 이야기하고 있을까요?

세상엔 무수히 많은 진실과 거짓이 있습니다. 보이는 것과 보이지 않는
것 사이에, 옳다고 여기는 것과 그렇지 않다고 여기는 것 사이에, 지각하
는 것과 지각하지 못한 것 사이에서 그것은 늘 혼재되어 있습니다. 진실이
라고 알려진 것 중에 거짓인 것도 있고, 거짓이라고 알려진 것 속에 진실
도 있습니다. 우리는 그 많은 진실과 거짓 속에서, 무엇이 진정 진실이고
무엇이 진정 거짓인지를 구별할 수 있는 통찰력을 끊임없이 키워 가야 합
니다. 그렇지 않으면 끝내 세상을 제대로 알지 못하는 정신적 소경에서 벗
어나지 못할 테니까요.

> 인간은 깨어날 때마다 자신이 항상 깨어 있었다는 잘못된 생각에서 깨어나게
> 된다. 그리고 자신의 생각, 감정, 행동의 진정한 주인이 된다. – **헨리 트라롤**

비트겐슈타인은 "말할 수 없는 것에 대해서는 침묵해야 한다."고 했습니다. 허나 말할 수 있는 것과 말할 수 없는 것은 사람에 따라 다를 수 있습니다. '영적 진실'을 모르는 사람에게 그것은 말할 수 없는 것이므로 입을 닫고 있어야 할 것입니다. 누구나 자신이 잘 알지 못하는 것에 대해선 말하기보다는 우선 '귀 기울여 듣기'부터 해야 합니다.

그런데 세상엔 진리를 모르는 사람들이 너무나 아는 척을 많이 하고 있는 듯합니다. 그것은 진실을 가리는 회색 안개와 같습니다. 그 때문에 안개에 가려진 숲길처럼, 세상에 더 많은 혼돈과 분열이 양산되고 있습니다. 그런 사람들일수록 에고의 무지와 우쭐거림을 내려놓고, 내면의 고요 속에서 내면의 하늘과 신성을 탐구하는 일부터 시작해야 할 것입니다. 내면에 깨달음의 빛이 켜지지 않는 사람은 정녕 자신이 말할 수 없는 것에 대해 침묵해야 할 것입니다.

영성지능이 높은 영성사회로

> 당신의 삶은 당신에 관한 것이 아니다. 당신의 삶은 당신이 관계하는 모든 사람들에 관한 것이고, 그 사람들에게 어떻게 하느냐에 관한 것이다.
> - 닐 도널드 월시

사람이 지닌 품격 즉 '인격'이란 정신적 성숙에서 나오는 것입니다. 정신이 성숙하지 않은 사람에게서 높은 인격이 나오는 법은 없습니다. 우리 세상에 높은 인격을 갖춘 사람이 얼마나 될까요? 저는 찾아보고 또 찾아보았지만 그런 사람을 찾기는 정말 쉽지 않았습니다. 그만큼 우리 사회에 정신적으로 성숙한 사람이 많지 않다는 얘기이며, 정신적으로 성숙하기가 그만큼 어렵다는 뜻이기도 합니다.

인격은 학식이 많거나 지위가 높다고 해서 이루어지는 게 아니라, 높은 의식 수준 즉 의식의 성숙에서 나오는 것입니다.* 학문적 고덕담론을 말하기는 쉬워도, 타인의 아픔을 깊이 끌어안을 수 있는 이나, 자신이 가진 것을 타인을 위해 기꺼이 내어 줄 수 있는 이타적인 사람은 많지 않습니다. 세상에 자기 잘난 사람은 많아도 타인과 세상을 위해 자신을 희생·봉사할 수 있는 의인은 매우 드뭅니다. 지식인이나 교수들 중에서도 높은 인격을 갖춘 이가 드문 이유입니다. 그런 점에서 훌륭한 인격은 필연적으로, 이기심을 극복하고 이타적 성향을 깊이 견지한 이들만이 가질 수 있는 것이라 하겠습니다.

저는 인격을 '자신과 삶을 대하는 자세에서, 상대를 이해하고 배려하는 마음에서, 사랑을 나눌 수 있는 실질적인 행동' 속에서 찾고자 합니다. 그런데 그러한 속성은 모두 영성지능과 직결되는 기본 골자들입니다. 이는 영성지능이 낮은 사람은 결코 높은 인격을 갖출 수 없다는 뜻입니다. 아울러 영성지능이 낮은 사람은 인격 수준이 낮은 사람이 된다는 뜻이기도 합니다.

이는 한 개인 차원이 아니라 사회 차원과도 연관되어 있습니다. 높은 인격 수준을 지닌 사람이 적은 이유는 영성지능이 높은 사람이 드물기 때문이며, 영성지능이 낮은 이유는 그것의 가치와 중요성이 우리 사회에 핵심적 사안이 되지 못했기 때문입니다. 아메리카 인디언의 사회처럼 그것이 가장 중요한 교육의 기본 목표이자 사회의 중심 가치가 되었을 때는 사회·문화의 모습이 확연히 달라질 수밖에 없으며, 높은 인격을 갖춘 사

---

* 지식이나 지위가 높으면 대개 에고의 벽 또한 높아지는 경우가 많습니다. 마찬가지로 가진 게 많거나 이룬 게 많으면 에고의 벽 또한 더 견고합니다.

림들도 점차 더 많이 생겨날 것입니다.

이것이 우리 교육과 사회·문화에 혁명적인 변화가 일어나야 하는 이유이기도 합니다. '이것이 있으므로 저것이 있고, 저것이 있으므로 이것이 있다'고 하는 일체의식의 상관적 사유 속에는 타인과 내가 하나라는 광대한 연대 의식이 있습니다. 진리의 맥락에선, 세상에 존재하는 것은 오직 나와 '나 아닌 나'밖에 없습니다. 고로 타인을 해치는 것은 곧 나를 해치는 것이요, 타인에게 주는 것은 곧 나에게 주는 것입니다. 이것이 영성지능의 본질입니다.

연결을 지향하는 원초적 욕구를 무시하면서 이기주의적 패러다임을 따라 우리의 가장 기본 본성에 반하는 행동을 한 결과는 심각했다. 영국의 유행병학자인 리처드 윌킨슨과 케이트 피켓은 왜 어떤 사회는 다른 사회보다 더 건강하게 장수하는지 30년 이상 깊이 연구했다. 노력의 결과는 그들의 놀라운 저서 《영혼의 수준: 평등한 사회는 왜 거의 항상 더 나은가?》에 담겨 있다. 서양의 거의 모든 나라의 사회적 조건들을 연구한 뒤, 윌킨슨과 피켓은 그들이 조사한 모든 나라에 공통된 놀라운 통계치를 발견했다. 사회가 불평등할수록, 다시 말해서 경제적으로 불공평하고 계급적일수록, 부유하든 가난하든 그 나라의 '모든 사람들이' 거의 모든 사회문제에 있어서 공평한 사회보다 열악한 조건에 처하게 된다는 사실이었다. 빈부 간의 수입격차가 큰 나라에서는 '가장 부유한 사람도 가장 가난한 사람도' 좋지 못한 건강상태와 범죄와 정신질환과 환경문제와 폭력에 시달린다.

– 린 맥타가트, 황선효 역, 《초생명 공동체》에서

세상에 전쟁이 왜 일어날까요? 이유는 간단합니다. 내 행복뿐만 아니라 상대방의 행복까지 생각할 때는 결코 전쟁이 일어날 수 없습니다. 전쟁이란 상대방을 죽여서라도 반드시 내 이익을 챙기고자 할 때, 그러한 극단적인 이기심이 있을 때 일어나는 것입니다. 극단적인 이기심이란 극단적인 분리의식입니다. 모든 갈등과 분쟁은 분리의식에서 나옵니다. 반면 사랑과 조화는 일체의식 속에서 나옵니다. 진리의 기본 맥락은 이처럼 너무나 간단하고 분명합니다.

곧 전쟁이 일어나는 이유는 영성지능(일체의식)이 너무 낮기 때문입니다. 전쟁이 일어나는 본질적인 이유가 낮은 의식 수준 때문이기에, 인류의 영성지능을 높이는 것은 전쟁을 막고 세상에 평화를 가져오는 최고최선의 길일 것입니다.

> 천하에 혼란이 일어나는 원인이 무엇인가? 서로를 사랑하지 않기 때문이다. 오늘날 제후들은 유독 자기 나라만 사랑하고 남의 나라는 사랑하지 않으므로 거리낌 없이 남의 나라를 침공한다. 오늘날 가문의 경대부들은 오직 제 가문만 사랑하고 남의 가문은 사랑하지 않기 때문에 거리낌 없이 남의 가문을 빼앗는다. 오늘날 사람들은 오직 저 자신만을 사랑하기 때문에 거리낌 없이 남을 해친다. 천하가 서로 평등하게 사랑한다면 나라끼리는 전쟁이 없고, 남의 집안을 훔치고 빼앗는 도적도 없을 것이고, 임금과 신하, 아버지와 아들이 모두 효도하고 자애로울 것이니 이렇게 되면 천하는 다스려질 것이다. - 묵자

영성지능이란 영혼의 수준을 말하는 것입니다. 우리들의 영혼의 수준이 높아질 때 세상에 행행하는 이기주의적 패러다임은 끝이 날 것입니다. 이분법의 의식 속에선 타인은 나의 경쟁자나 적일 수밖에 없습니다. 에고의 두려움과 욕망과 집착에 묶여 있는 분리의식을 극복하는 것이 나를 구원하는 일이자, 인류를 구원하는 일입니다. 상생의 패러다임이 정착되면 세상엔 평화와 사랑이 넘쳐날 것이요, 일찍이 인류가 보지 못한 새로운 세

상이 열릴 것입니다.

> 우리의 뇌 안에는 잊혀진 존재의 섬광, 경이로움의 보고가 있다. 영적이며 예
> 술적인 삶의 목표는, 이 드러나지 않은 신비의 세계를 탐구하는 것이다.
> - G. K. 체스터튼

인류의 과학기술은 눈부시게 계속해서 발전하고 있습니다. 인간의 문
명이 자연과 조화하고, 그 기술을 인류가 함께 번영하는 쪽으로 사용할 수
있다면, 세계 평화는 물론이요, 서로의 유대와 삶의 풍요가 넘치는 세상이
될 것입니다. 문제는 인류 역사상 단 한 번도 이런 세상을 만들지 못했다
는 점입니다. 가장 큰 요인은 아인슈타인이 말했던 것처럼 기존의 사고방
식에 고착되어 '다른 사고방식'을 가지지 못한 탓입니다.

전 세계가 1분 동안 군사비로 사용하는 돈이 13억 3천만 원 정도라고
합니다. 10분이면 133억이요, 1시간이면 798억이며, 하루면 1조 9,152억
입니다.(이것은 수년 전 통계이니 지금은 2조 원 이상 될 것입니다.) 이 돈을 전부
하루하루 인류의 복지를 위해 사용할 수 있다면 인류의 모습은 어떻게 바
뀔까요?

단지 군사비만 전혀 사용하지 않아도 인류는 이미 물질적 풍요가 넘쳐
나는 세상을 만들 수 있습니다. 지구에 1분당 굶주림으로 사망하는 이가
5~10명 정도라고 합니다. 단지 전 인류가 하루에 군사비를 10초 동안만
사용하지 않아도 2억이 넘는 돈으로 굶어 죽는 사람이 단 한 명도 없게 할
수 있습니다.

> 국가란 편의상 설정된 하나의 개념에 불과한 것. 그 어떠한 명분으로도 공존
> 의 룰을 벗어나 존재할 수는 없다. 국가를 나무라고 한다면, 지구촌은 숲이다.

숲이 도륙되고서야 어찌 나무가 온존할 수 있겠는가. 마찬가지로 국익이라는 이름으로 강자가 약자를 핍박하거나 약탈한다면 결국 어떤 국가도 온존할 수 없게 된다. 오늘날 '세계화'에 대한 비정부기구NGOs의 연대적 반란은 바로 공존의 룰을 무시한 특정 국가 중심의 세계 질서에 대한 경종이자 국민국가의 패러다임에 대한 도전이라고 할 수 있을 것이다. 이제 인류의 집단의식은 탈정치화의 조류 속에서 국민국가의 경계를 넘어서고 있다.

– 최민자, 《삶의 지문》에서

최민자 교수는 《삶의 지문》에서 국가 이기주의의 문제점을 정확히 짚어 주고 있습니다. 눈에 보이는 전쟁에서 눈에 보이지 않는 전쟁에 이르기까지 인류의 평화를 저해하고, 온갖 부조화된 사태를 만드는 중심에 바로 국가 이기주의가 있습니다. 전쟁은 국가와 국가 간에 이루어지는 것이지만, 그 전쟁을 일으키는 주체는 결국 개인의 의식입니다. 개인의 의식이 모여서 집단의 의식을 만들어 냅니다.

때문에 인류의 역사와 문화는 단 하나의 예외도 없이 집단의식의 산물이라 하겠습니다. 파도가 밀물과 썰물에 영향을 받는 것처럼, 개인의 의식은 그 시대와 사회가 지닌 집단의식의 흐름에 끊임없는 영향을 받습니다. 하지만 그 집단의식이 올바른 것이 아니라면 그 누구든 기꺼이 그것에서 벗어날 필요가 있습니다. 그것이 깨어 있는 사람의 자유니까요!

우리는 이런 관점으로 인류의 집단의식이 어떻게 전개되어 왔으며, 그 집단의식이 어떤 결과들을 만들어 왔는지를 냉철하게 살펴보아야 합니다. 그러면 인류의 집단의식은 철저히, 나와 너를 나누는 분리의식 속에서 전개되었음을 알 수 있을 것입니다. 그리고 그 분리의식의 가장 큰 단위가 국가임을 알게 될 것입니다. 분리의식은 언제나 자신의 이익을 최우선시합니다. 전쟁이 일어나는 이유는 바로 이 때문입니다.

　　　　　　　　　　　　　9 깨달음과 영성사회에 대하여

국가는 무엇을 위해서 만들어진 것일까요? 인류를 편 가르고 서로 자기 이익을 도모하기 위해 만들어진 것일까요? 국가 안에서 군림하는 소수의 기득권자들을 위한 것일까요? 아니면 개개인의 안녕을 위해서 만들어진 것일까요? 다만 하나 확실한 것은 나와 우리를 위해서 국가가 있는 것이지, 국가를 위해서 나와 우리가 있는 것은 아닐 것입니다. 국가는 어디까지나 개개인이 모여서 만든 하나의 정치 집단일 뿐이니까요.

국가가 무엇을 위해 만들어진 것이든 간에, 전쟁의 직접적인 원인이 '국가 이기주의' 때문이니, 우리는 '국가 이기주의'를 해체할 방법을 고민해 보아야 합니다. 국가 간에 상호지원과 협조, 공존 공생을 가능케 하는 길을 찾아야 하는 것입니다. 그런 정치학 그런 경제학이 바로 영성의 정치학이요, 영성의 경제학입니다. 자국이라는 범주가 아니라, 전 인류를 범주로 하는 정치 시스템과 번영 프로그램이 만들어져야 하는 것입니다.

국가가 무엇을 위해 존재하는지 확답할 수는 없으나, 국가가 어떻게 존재해야 하는지에 대해선 확답할 수 있을 듯합니다. 국가가 무엇이든 간에, 국가와 국가 사이는 상극의 경계선이나 전쟁터가 아니라 상생의 울타리가 되어야 합니다. 만약 국가와 국가 사이가 상생의 울타리가 되지 못한다면 그 배타적 울타리는 허물어지는 게 더 나을 것입니다. 세계가 우리의 조국이요, 전 인류가 우리의 동포이기 때문입니다.

오늘날 세계가 '위기의 심화'를 향해 치닫고 있는 것은 두 가지 이유 때문이다. 첫째는 그러한 인식의 오류 위에 구축된 세상에서 기득권을 향유하는 사람들이 그 전체 숫자는 미미하지만, 현재 세상의 주류를 점유하고 있기 때문이다. 그들은 '영원히 이대로'를 외치고, 또 획책하고 있다. 둘째는 그 주류에 편입되지 못한 사람들 역시 인식의 오류와 그 위에 구축된 허위의 세상을 '정시'하고 '정립'하는 것보다는 그 '주류'와 '기득권'의 일부가 되는 데만 궁극적인 관심을 두고 있기 때문이다. 그러나 그러한 시도는 둘 다 결코 성공할 수 없다. 무한대로 확장되는 사막 위를 걸어가다가 결국 목마르고 허기져서 쓰러지는 사막 위의 여행객들처럼, 오늘날 '분리의식'과 '에고 의식'을 기반으로 하는 '허위의식'의 토대 위에서, 그 찻잔 속의 세계에서만 발버둥 치며 문제해결을 모색하는 것은 결코 성공할 수 없는 것이다.

– 최민자,《인식과 존재의 변증법》에서

국가 이기주의는 외적으로만 작용하는 것이 아니라 내적으로도 작용합니다. 국가라는 범주 안에서 자신의 기득권과 이익을 위한 전쟁이 아닌 전쟁이 끊임없이 이루어지고 있는 것입니다. 가지지 못한 자는 빼앗으려 하고, 가진 자는 계속 차지하려고 합니다. 국가 권력이란 오직 공동체의 선을 위한 것인데도, 이렇게 자리싸움을 위한 끝없는 경쟁이 계속 되고 있습니다.

이 모든 것의 원인은 에고가 지닌 분리의식 때문입니다. 분리의식은 오로지 자신만 생각하지 타인이나 공동체 전체를 생각하지 못하니까요. 개인의 문제든, 국가의 문제든, 전 인류 차원의 문제든 모든 문제의 핵심은 바로 어떠한 의식을 가지느냐에 달려 있습니다. 때문에 자신의 의식 수준을 바꾸는 것은, 나를 바꾸고 사회와 나라를 바꾸고 세상을 바꾸는 시발점입니다.

거지는 거지의식을 가지고 있고, 성인聖人은 성인의식을 가지고 있듯, 자신이 가진 의식이 곧 그의 영혼의 수준과 삶을 수준을 결정짓습니다. 거지의식을 가졌던 이도 성인의식을 가지게 되면 그는 거지에서 성인으로 옮겨가게 될 것입니다. 의식이 변하면 누구나 세상에 빛과 같은 사람이 될 수 있는 것입니다.

정치권력이나 사회적 힘은 마땅히 거지의식에 가까운 사람들보다 성인

9 깨달음과 영성사회에 대하여

의식에 가까운 사람들이 가져야 할 것입니다. 윗물이 맑아야 아랫물이 맑다는 말이 있지요. 자리가 높을수록 사회적 책임도 높아집니다. 노블레스 오블리주를 실천하지 못하는 자는 자리를 욕되게 하는 이요, 자신의 욕심으로 세상의 부조화를 조장하는 자입니다. 나의 이익이 아니라 전체의 이익에 우선하는 사람들이, 즉 영성지능이 높은 이들이 각 분야의 리더가 되어야 합니다. 이것이 바로, 우리가 다 함께 정시하고 정립해야 할 '올바른 기준'이 아닐까 합니다.

　　물리학에서 임계질량은 핵분열의 연쇄반응이 유지되기 위해서 존재해야 하는 방사성 물질의 최소질량을 뜻한다. 봉사운동에서 임계질량은 봉사가 자발적으로 전 세계로 확산되기 시작할 수 있을 정도로 많은 사람에게 습관화되는 때이다. 봉사라는 긍정적인 전염병이 발발해서 모든 사람이 잠재적 감염자가 된다고 상생해 보라.

　　언젠가 한 친구가 내게 "공간에는 네가 지금 찾는 문이 있고, 시간에는 네가 지금 기다리는 문이 있어."라고 말했다. 무궁무진한 가능성으로 들어가는 입구, 바로 그런 문이 지금 우리 눈앞에 있다. 지구가 평평하다고 생각했던 코페르니쿠스 이전 시대의 세계관이나, 인간은 물질을 탐하는 존재라는 요즘의 세속적인 인간관이나 다를 바가 없다. 이렇게 잘못된 인식이 우리가 삶을 살아가는 방식과 성공을 정의하는 기준을 지금까지 지배해 왔다. 하지만 오늘날 모든 것이 바뀌고 있다. 우리가 치르는 대가가 점점 커지는 데다 새로운 과학적 발견 덕분에, 진정으로 성공한 삶에는 다른 뭔가가 있다는 사실을 깨닫게 되었기 때문이다.

－ 아리아나 허핑턴, 강주헌 역, 《제3의 성공》에서

'100마리 원숭이 효과'라는 것이 있지요. 훈련을 통해 한 마리의 원숭이가 고구마를 물에 씻어서 먹게 되자, 주위의 원숭이들도 고구마를 물에 씻어서 먹게 되었고, 그 수가 100마리에 이른 시점이 되자 전혀 접촉이 닿지 않는 먼 다른 지역의 원숭이들까지 그렇게 행동하게 되었다고 합니다. 공간을 초월하여 무의식적인 전이가 원숭이들에게 일어난 것입니다. 원숭이가 이러한데 하물며 사람은 어떠하겠습니까. 우리의 세상은 의식의 파장이 수없이 교차하는 의식 파장의 바다와 같은 곳입니다.

변화가 시작되는 지점을 임계점이라고 합니다. 임계점까지는 별다른 변화가 없다가 임계점이 지나는 시점부터 본격적인 변화가 일어나기 시작합니다. 세상에 좋은 변화의 임계점을 만들어 내는 이들이 바로 선구자들입니다. 간디는 "우리 자신이 이 세상에 보고 싶은 변화가 되어야 한다." 고 했었지요. 세상의 변화를 가장 앞당기는 길은 자신이 변화의 선구자가 되는 것입니다.

어떤 분야든 항상 최초의 인물이 있기 마련이지요. 예컨대 최초의 여대생, 최초의 여의사, 최초의 여교수, 최초의 여자 대통령 등이 있어 지금의 수준으로까지 여성의 지위가 신장되었습니다. 최초의 흑인 대학생, 최초의 흑인 의사, 최초의 흑인 교수, 최초의 흑인 대통령도 이와 마찬가지였습니다. 어떤 분야든 좋은 변화는 결국 한 사람으로부터 시작됩니다. 한 사람이 두 사람 세 사람이 되고, 그 두세 사람이 조금씩 늘어나서 100명이 되고 1,000명이 됩니다. 우리는 임계점의 법칙을 믿어야 합니다.

이제 소수의 영적인 사람들만으로는 아무 도움도 되지 않는다. 강력한 영성 靈性, 수많은 사람들에게 영향을 미치는 대규모의 영적인 운동이 일어나야 한다. 그렇지 않으면 물질주의라는 수렁에서 이 세상을 구해 내는 것이 불가능하다.
- 오쇼

인류의 잘못된 세계관은 계속 수정되어 왔습니다. 이러한 역사적 진실

9 깨달음과 영성사회에 대하여

을 통해 유추해 본다면 지금 우리가 가지고 있는 잘못된 세계관도 우리 다음 세대에선 곧 수정이 될 것입니다. 이분법의 세계관이 아니라 일체의식의 세계관이 우리 삶의 보편타당한 철학이 될 것입니다.

사랑과 베풂이 넘쳐나며 서로가 서로의 삶의 울타리가 되는 사회, 그런 사회가 불가능할 것 같지만, 한 사람이 깨어나고 또 한 사람이 깨어나서 그것이 계속 번져 나가 임계점에 이르면 집단적 의식 변화가 시작되는 시기가 도래할 것입니다. 저는 그 임계점이 우리 시대에 있었으면 좋겠습니다. 인류의 영성지능을 높이는 그 시발점이 되는 이들이 바로 우리 시대의 진정한 리더요 영웅일 것입니다.

인류 전체의식을 이루는 일원인 그대는 그 전체와 아무런 상관이 없는 분리된 객체가 아니라, 그 전체의식을 이루는 유기적 생명체의 공동주체다. 전체의식이 그대의 존재 상태에 영향을 미치기도 하지만, 그대 또한 전체의 상향과 진화에 참여하고 있다. 그대 존재의 상태가 전체 생명의 진화에 지울 수 없는 영향을 남기는 것이다. 그러므로 한 사람 한 사람이 모두 귀하고 소중한 존재들이다. 각자 스스로 전체의식에 기여하고 공헌할 것이 무엇인지 찾아야 한다. 그대는 빛과 어둠의 교차점에서 자신의 길을 선택해야 할 역사의 막다른 골목에 서 있다. 빛을 선택하는 이는 빠르게 진화할 것이다. 어둠의 길을 선택하는 이에게 어떤 길이 마련되어 있는지는 아직 알려진 바가 없다.

– 한바다,《사랑은 사랑이라 부르기 전에도 사랑이었다》에서

앞서 영성지능이란 '나의 행복과 번영만을 생각하는 것'이 아니라, '타인의 행복과 번영까지 더 나아가 공동체 전체의 행복과 번영까지 생각하는 마음'이라고 하였습니다. 때문에 영성지능이 낮은 사회는 이기심과 경쟁심이 넘쳐 나는 사회가 될 것이고, 영성지능이 높은 사회는 이해와 사랑

과 베풂이 넘쳐 나는 사회가 될 것입니다. 어느 쪽이 살기 좋은 사회가 될지는 너무나 자명한 일입니다. 하나는 경쟁과 차별이 악순환되는 사회요, 하나는 사랑과 유대가 선순환하는 사회입니다. 그러니 모두가 함께 행복해지는 사회를 만드는 길은 오직 우리의 영성지능이 높아지는 데 있을 것입니다.

세상에 진정한 좋은 변화는 의식의 변화로부터 시작됩니다. 영성지능 없이는 우리는 결코 아름다운 세상을 만들 수가 없을 것입니다. 그러므로 세상을 바꿀 새로운 인재들은 반드시 영성지능이 높은 영적 천재들이어야 할 것입니다.

> 새 시대의 건설은 한 사람 한 사람의 자각에 의해 이뤄질 것입니다. 지금까지의 세계가 인간의 이기심을 바탕으로 쌓아온 '에고문명'이었다면, 앞으로는 모두의 영적 각성을 바탕으로 하는 자발적인 '공동체문명'이 꽃피어날 것입니다.
> – 강병천

세상을 사랑으로 가득 채우는 것, 모든 곳에 자애慈愛가 넘쳐나는 세상으로 만드는 것, 이는 우리 모두가 가진 숭고한 사명일 것입니다.

한 사람 한 사람이 깨어나서 그 수가 점점 더해지면 전제 사회 질서의 진화 또한 가속화될 것입니다. 세상의 변화는 한 사람의 의식 성장에서 시작될 것이니, 그 위대한 사건에 우리 모두가 관심을 기울인다면, 촛불이 다른 촛불에 불씨를 전해 주듯 한 사람 한 사람이 계속해서 바뀌어 가서 결국 세상도 바뀔 수밖에 없습니다. 그런 의미에서 세상을 바꿀 진정한 혁명은 '깨달음의 자기 혁명'일 것입니다.

지중해의 성자 다스칼로스는 이렇게 말했습니다. "모든 인간은 자기 안에 지상에 내려오는 전 인류를 비추고 있는 신성한 빛을 품고 있다. 자신이 알든 모르든 그 사랑과 지혜의 빛을 이미 가지고 있는 것이다. 모든 인간에게 있어 나날의 삶은 스스로 품고 있는 그 무한한 능력을 계발하는 여정이다."

내부가 온통 거울로 가득한 방 중앙에 촛불을 켜면 무수한 빛과 빛들이 서로를 비출 것입니다. 하나의 빛이 모든 것과 끊임없이 연결되는 구조가 바로 우리 영혼의 본질입니다. 하나의 영혼 안에서 서로가 서로의 빛을 비추는 사회, 모든 이가 깨어난 영성사회가 아마도 이와 같지 않을까 합니다.

우리 자신을 바꾸고, 생각하고 살아가며 체험하는 방식을 순간마다 바꿈으로써, 이 세상을 변화시킬 수 있다. 이것이야말로 원시시대부터 현대까지 모든 종교가 인류에게 전달하고자 했던 가장 중요한 메시지이다. - 톰 하트만

인류를 구원할 최고 최선의 길은 영성지능과 깨달음에 있다.

욕망 추구의
허와 실

깨달음과 구도와 관련해서 수많은 왜곡된 정보들과 그에 따른 편견과 잘못된 이해들이 넘쳐나지만, 그중에서도 가장 대표적인 것이 '금욕'에 대한 것입니다. 깨달음을 얻기 위해서는 '욕망을 금해야 한다'고 알고 있는 경우가 많은데 이는 매우 잘못된 생각입니다. 심지어 일반인은 물론이요 깨달음을 얻고자 하는 구도자 또한 이렇게 잘못 알고 있는 경우가 허다합니다.

욕망을 없애려고 애쓰는 자는 삶에서 실패한다. 욕망을 긍정적인 통로로 표현하는 자는 성공한다. 무욕이란 욕망이 없어진 상태가 아니라 건강한 욕망과 파괴적인 욕망의 차이를 아는 지혜이다. 그것은 허상적 꿈과 실질적 가능성의 차이를 아는 힘이다. 무욕의 상태는 이루어질 수 없다. 자아가 무욕을 바라는 것은 불가능을 꿈꾸는 것이다. 자아의 기초적인 에너지가 바로 욕망이기 때문이다. 욕망 없음을 추구하다 보면 오히려 생명력만 떨어진다. 그러면 욕망은 무의식에 잠복했다가 용수철처럼 튀어올라 불행한 사건을 초래하게 된다.

– 한바다,《사랑은 사랑이라 부르기 전에도 사랑이었다》에서

순리에 벗어나지만 않는다면 욕망 자체는 아무 문제될 것이 없습니다. 자신이 바라는 소망과 꿈과 비전도 실은 모두 한 개인의 '욕망'이라는 이름 안에 있는 것들입니다. 행복해지고 싶은 마음, 풍요로워지고 싶은 마음, 사랑하고 싶은 마음, 뭔가를 배우거나 더 잘하고 싶은 마음, 아이를 낳고 싶거나 아이를 잘 가르치고 싶은 마음, 심지어 깨달음을 얻고 싶은 마음까지 이 또한 다 욕망의 다른 이름입니다.

두자 전문가 알렉산더 그린은 누구나 '경제적 자유'를 얻어야 함을 강조하며 이렇게 말했습니다. "당신이 돈 걱정에 매일매일 허우적대느라 시간을 탕진하고 있다면, 당신은 당신의 잠재력을 일깨울 수도 없고 삶을 충만하게 누릴 수도 없다. 돈은 독립을 뜻한다. 돈은 당신의 욕망으로부터, 단조롭고 고된 노동으로부터, 당신을 옥죄는 모든 관계들로부터 당신을 해방시킨다. 일이나 채무자, 어려운 환경, 그리고 갖가지 부담이 얽매어 있는 사람은 결코 진정한 자유를 누리지 못하기 때문이다."

적든 많든 돈이 없으면 생명을 유지할 수도 없으며, 경제적 독립이나 자유를 얻을 수 없습니다. 물욕은 인간에게 없어서는 안 되는 소중한 욕망입니다. 물욕을 부정한다는 것은 삶 자체를 부정하는 것이나 다름없습니다. 가난은 도道와 아무 관련이 없으며 오히려 무능력과 부자유에 가까울 때가 더 많습니다. 단언컨대 우리는 그 누구도 욕망을 억압하기 위해서 태어나지는 않았습니다.

기실 욕망 없이는 인간 삶 자체가 존재할 수 없습니다. 생명을 존속케 하는 삶의 모든 활동 자체가 욕망이며, 일찍이 인간이 욕망을 추구할 수 없었다면 인류와 세상 문명은 이미 산화되어 다 사라진 지 오래일 것입니

다. 어느 시대 어떤 사람을 막론하고, 삶의 모든 활동이 곧 욕망에서 나온 것이니까요.

거듭 말씀드리지만 타인이나 세상에 해를 주지 않는다면 '욕망 추구' 그 자체에는 아무 문제될 것이 없습니다. 다만 문제는, 그 욕망 때문에 그 것에 마음이 깊이 얽매일 수 있다는 점과, 그 모든 욕망 너머에 있는 '무집 착의 세계'와 '자신의 본질'을 등질 수 있다는 점에 있습니다. 요는 욕망을 가지지 않는 것이 아니라(이는 그 누구든 애초에 불가능합니다), 삶의 섭리에 맞게 욕망을 추구하는 것과, 욕망을 추구하면서도 그 욕망에서 벗어나 초 연해지는 데 있습니다.

> 사람의 의식 수준이 진화할수록, 필요의 압력은 적어진다. 크게 진화할 때 원 함과 필요는 사라지는데 왜냐하면 만족은 사람이 가진 것에서가 아니라, 자기 존재의 근원에 대한 각성에서 생겨나기 때문이다. 따라서 만족은 그 어떤 외적 인 것이나 인위적으로 변화된 뇌 생리에 의존하지 않는다. 진화된 사람은 내면 의 자유로움의 기쁨을 경험한다.
> – 데이비드 호킨스, 문진희·김명권 역, 《의식 수준을 넘어서》에서

누구든 자신이 언제 괴로웠는지를 살펴보면 금방 알 수 있을 것입니다. 삶이 괴로운 순간은 내 욕망이 충족되지 않았을 때, 즉 내가 바라는 대로 되지 않았을 때입니다. 심리적 갈등과 저항은 언제나 그런 순간에 생깁니 다. 이처럼 삶의 모든 괴로움은 욕망의 불충족에 있습니다.

그러고 보면 자기 행복을 위한 욕망이 동시에 모든 고통의 근원지임을 직시할 수 있을 것입니다. 욕망은 내 뜻대로 되지 않을 가변성이 너무나 많습니다. 하나만 예를 들자면, 우리는 늙고 싶지 않아도 늙어야 하고 죽 고 싶지 않아도 죽어야 합니다. 또 내 소중한 사람이 그렇게 되는 것도 지

켜보아야 합니다. 나머지 것들은 두말할 나위가 없겠지요. 이런 점을 살펴 본다면 결코 욕망은 애초에 우리가 원하는 지속적 행복을 가져다줄 수 없 는 것임을 알게 됩니다.

때문에 우리의 인생사에 가장 심각하고 중요하게 고민해 보아야 할 문제가 바로 '욕망 추구'의 허와 실에 관한 것이 아닐까 합니다.

하루에 세 번 영양가가 풍부한 음식을 섭취한 사람은 위에 대해서 민감하지 않다. 하지만 그 사람을 하루나 이틀만 쫄쫄 굶겨 보자. 배가 고파 미칠 것 같다. 오직 배고픈 것만 생각난다. 그러면서 그의 성격마저 변하기 시작한다. 너그럽 고 명랑하고 성격 좋던 그 사람은 성미가 고약해서 작은 일에도 신경이 곤두선 다. 보이는 것마다 마음에 안 든다. 세상에 즐거운 일이란 없다. 사람들이 다들 한심하고 보기 싫다. 친구들이 찾아와서 위에 대해서는 그만 생각하라고, 배고 픈 것 좀 잊어버리라고 충고해도 아무 소용없다.

— 레스 기블린, 노지양 역, 《인간관계의 기술》에서

욕구나 욕망 불충족의 문제점을 정확히 직시한 글입니다. 식욕이 잠시 불충족되어도 이렇게 심각한 문제들이 야기됩니다. 쉬고 싶은데 계속 못 쉬면 어떻게 될까요? 자고 싶은데 오래도록 못 자면 어떻게 될까요? 신체 적 욕구가 채워지지 않으면 그 욕구에 계속 집착하게 될 것입니다. 심한 경우는 건강을 망치고 삶을 파탄 나게 할 것입니다.

《장자》에 이런 구절이 있습니다. "발을 잊음은 신발의 알맞음 때문이요, 허리를 잊음은 허리띠의 알맞음 때문이요, 시비를 잊음은 마음의 알맞음 때문이다.(忘足 屨之適也, 忘要 帶之適也, 忘是非 心之適也.)" 필요한 욕구가 적당하게 채워지지 않으면 우리는 결코 그것을 잊을 수가 없습니다. 욕구 의 충족은 행복의 기본 토대인 것입니다.

영혼의 결핍은 신체의 어떠한 고통보다도 더욱 이겨내기 힘든 것이다.

— 도스토옙스키

그런데 우리는 이러한 통찰을 통해서, 신체적 욕구뿐 아니라 심리적 욕구 또한 이러한 속성이 있음을 인지할 수 있습니다. 짝사랑을 할 때나 누군가에게 차별받을 때의 심정을 떠올려 보면 쉽게 이해가 될 것입니다. 인정받고 싶고 존중받고 싶은 욕망, 사랑을 주고 싶고 받고 싶은 욕망, 좋은 것을 가지고 싶거나 획득하고자 하는 욕망, 자신의 꿈과 소망을 이루고 싶은 욕망 등 다양한 심리적 욕망 또한 제대로 충족되지 않으면 불충족의 욕구 불만 상태가 됩니다. 슬픔이나 불행은 곧 욕망 좌절의 그림자입니다.

반면 욕망 실현은 행복을 업고 옵니다. 사람은 자신의 욕망이 충족될 때 행복을 느끼니까요. 욕망이 충족되지 않으면 행복할 수 없는 것은 물론이요, 심한 경우는 그 때문에 엄청난 고통에 빠지기도 하고, 삶을 황폐하게 만들기도 합니다. 욕망이 이루어지지 않으면 스트레스를 받는 것은 물론이요, 근심 걱정에 사로잡히기도 하며, 무엇에 대한 상실감이나 충격 때문에 미치는 사람도 있고, 심지어 실연 때문에 자살을 하는 사람도 있습니다.

우리 마음속엔 실로 가지고 싶은 것, 하고 싶은 것, 되고 싶은 것에 대한 무수히 많은 욕망들이 파노라마처럼 존재합니다. 욕망이란 본디 자신이 원해서 추구한 것이지만, 그 욕망이 도리어 자신의 마음을 옥죄고 번뇌케 하며, 슬픔과 고통 속에서 헤매게 합니다. 사람의 모든 집착과 번뇌는 이와 같은 욕망 추구와 불충족 사이에서 생겨납니다.

당신이 무엇을 숭배하든, 그것이 당신을 산 채로 먹어 치울 것이다. 만일 당신이 돈을 숭배하면 — 그로 인해 삶의 의미를 찾고자 한다면 — 당신은 결코 충분한 돈을 갖지 못할 것이다. 만일 당신이 당신의 아름다운 육체와 성적인 매력을 숭배한다면 당신은 언제나 스스로의 모습에 불만을 갖게 될 것이며 나이가 들어가면서 미리 수천 번의 죽음을 맛봐야 할 것이다. 만일 당신이 권력을 숭배한다면, 당신은 항상 두려움에 떨며 스스로 약하게 느끼게 될 것이고 그 두려움을 몰아내기 위해 더욱더 큰 힘을 갈구하게 될 것이다. 만일 당신이 지성을 숭배한다면, 당신은 끝내 스스로를 누군가 알아주기만을 바라는 멍청한 협잡꾼으로 만들어버릴 것이다.

– 알렉산더 그린, 곽세라 역, 《삶에서 무엇이 가장 중요한가》에서

세상만사가 다 그렇듯, 삶의 모든 일에는 양면성이 있습니다. 작용이 있으면 반작용이 있고, 얻는 것이 있으면 잃는 것이 있습니다. 나이를 먹어 인생 경험이 축적되면 그와 동시에 살아갈 날들은 점점 더 줄어듭니다. 욕망 추구의 가치 이면에는 욕망 추구의 문제점 또한 공존하고 있습니다. 그러니 욕망을 좇아야 할까요, 아니면 무욕을 좇아야 할까요. 그도 아니면 욕망과 무욕 사이에 처해야 할까요?

"마음을 이해하면 세상이 보인다."는 말이 있습니다. 저는 이 말에 기대어 '인간의 욕망과 욕구를 이해하면 인간과 세상이 보인다'는 주석을 달고 싶습니다. 세상은 실로 욕망의 전시장이자 각축장이며, 욕망의 아수라장이기도 합니다.

세상이란 욕망의 바다이기에 그곳엔 욕망의 무수한 파도가 끝없이 출렁입니다. 세상에 넘쳐나는 서로의 욕망은 끊임없이 부딪치고 경쟁하기에, 욕망에 대한 조율과 조화가 이루어지지 않으면 세상의 평화와 조화는 끝내 이루어질 수 없습니다. 그 속에서 개인의 욕망이란 바다 위에 일렁이는 하나의 파도와 같습니다.

예를 들어 대통령 자리는 하나인데, 대통령이 되고 싶은 사람이 열 명이면 이들은 필연적으로 서로를 경쟁자나 적으로 여기게 되고 서로 미워

하고 싸우며, 오로지 자신의 욕망 추구에 골몰하게 됩니다. 자신의 욕망 때문에 사랑과 유대가 아니라 미움과 배타의 관계가 되는 것입니다. 마찬가지로 특정 소수가 땅을 너무 많이 가지면 다른 사람들은 땅을 가질 수 없습니다. 경쟁률이 10 대 1 정도인 입사 시험에 내가 합격하려면 다른 이 90%는 떨어져야 합니다. 심지어 삼각관계에선 사랑도 경쟁이 불가피합니다.

이와 같이 인간이 지닌 대부분의 욕망은 타인이나 세상과의 복잡한 관계 맥락 속에 있습니다. 그래서 타인을 배려하지 않는 욕망은 자신만 생각하는 이기적인 쪽으로 흐르기가 쉽습니다. 크고 작은 모든 분쟁은 물론이요, 전쟁이 일어나는 것도 순전히 그런 욕망 때문입니다. 누군가의 욕망이나 어떤 집단의 욕망 때문에 수백만, 수천만 명의 사람이 죽는 것입니다. 사실 핵폭탄이 무서운 것이 아니라 이러한 인간의 '이기적인 욕망'이 무서운 것입니다. 우리는 욕망 때문에 서로 싸우고, 서로 미워하고 반목하며, 삶을 적과의 대립과 전쟁으로 만듭니다. 기실 인간의 모든 악은 개인의 욕망으로부터 시작됩니다.

때문에 우리는 욕망의 사회학에 대해서 필히 고민을 해보아야 할 것입니다. 불가피한 선의의 경쟁이야 어쩔 수 없다 하더라도, 나의 욕망이 타인이나 공동체에 조금이라도 피해를 준다면 그러한 욕망 추구는, 결국 공동체의 질서와 행복을 헤치는 탐욕이 될 것입니다. 개인의 소망이라는 이유로 모든 욕망이 존중받을 수는 없는 이유입니다.

내 승리의 기쁨이 타인에겐 패배의 슬픔이 됩니다. 이것을 안다면 승자는 응당 패자에 대한 배려와 겸허함을 견지해야 할 것입니다. 이렇듯 나의 욕망이 소중하듯 타인의 욕망 또한 소중함을 알아야 하고, 추구해도 되는 욕망과 추구하지 말아야 할 욕망을 잘 분별하여 자신의 분수에 넘치지 않는 범위 안에서 욕망 실현의 자유를 누려야 할 것입니다. 아울러 욕망을 추구하는 법과 욕망을 내려놓고 욕망에서 벗어나는 법도 함께 익혀야 할 것입니다.

그대가 현재 살고 있는 세계가 어디인지 자각하라. 그대가 생존경쟁의 상태에 초점을 맞추고 있다면 그대는 아수라와 지옥의 세계에 살고 있는 것이다. 그대가 이익만 추구하고 있다면 그대가 있는 곳은 아수라의 세계다. 그대 자신만을 생각한다면 그대가 살고 있는 곳은 연옥이다. 그대가 자신을 성장시키면서도 전체를 사랑하며 나아가 생명계로 열려 있다면, 그대는 해탈의 나라에 있는 것이다. - 한바다

욕망에는 다양한 종류뿐 아니라 수많은 수준 또한 함께 존재합니다. 구두쇠의 욕망과 성인의 욕망이 같을 수 없듯, 자신만 생각하는 욕망과 타인까지 생각하는 욕망은 결코 같은 수준일 수 없습니다. 누구든 자신이 어떤 욕망을 지닌 사람인지를 꼼꼼히 살펴보면, 자신이 어떤 속성의 어떤 수준의 사람인지가 또렷이 보일 것입니다.

자신의 가장 소중한 열망과 가장 어두운 욕망 사이에 자기 영혼이 있고, 자신의 삶이 있습니다. 우리는 자신의 욕망 앞에 정직하고 겸허해야 하며, 욕망 추구의 모든 과정에서 늘 스스로를 되돌아볼 수 있어야 할 것입니다. 실로 욕망 추구의 긍정과 부정 사이에 삶의 성공과 실패가 있고, 얽매임과 자유가 있고, 번뇌와 지혜가 있고, 고착과 성장이 있고, 범인과 초인이 있습니다. 어떤 쪽으로든, 욕망을 잘 다스리지 못하는 이는 마음의 평화를 얻지 못할 것이요, 참된 지혜 또한 얻지 못할 것입니다.

우리가 흔히 '무소유'라고 부르는 단어는 매우 왜곡된 의미로 사용되고 있는 말입니다. 무소유는 욕망에 대한 전면적 부정이 아닙니다. 그런 말이라면 그것은 결코 온전할 수도, 아름답거나 가치 있는 개념일 수도 없

습니다.

무소유란 아무것도 가지지 않는 것이 아니라, 마음에 아무런 집착이나 얽매임이 없는 초연한 상태를 이른 것입니다. 욕망 속에 있어도 욕망이 아니요, 삶 속에 있어도 삶이 아닌 무아의 무집착 속에 있는 것이라야 무소유라고 할 수 있습니다. 결국 무위와 무소유의 본질은 자아에 대한 무집착 상태(욕망 초극)인 '무아無我'에 있으므로 이 둘은 동전의 양면과 같은 것입니다. 에고의 얽매임이 없는 상태 즉 무아가 되면 절로 무위와 무소유는 함께 따라올 것이요, 욕망의 번뇌로부터 초연해질 것입니다.

진정으로 무아가 된다면 세상을 전부 다 가진다 해도 문제될 것이 전혀 없을 것입니다. 무아의 뒤에는 언제나 무위와 무소유가 따라다닐 테니까요! 초인이 초인이 되고, 성인이 성인이 되는 이유와 이치가 바로 여기에 있습니다.

이 시대에 우리가 도전해 볼 수 있는 가장 큰 모험은 존재와 행동을 유기적으로 통합하는 새로운 패러다임을 찾아내는 일이다. 명상과 창조, 내적인 삶과 외적인 삶의 통합은 더 진화된 새로운 문명사회를 초대할 것이다. 새 시대의 리더들은 성자도, 사업가도, 정치가도 아니다. 새 시대의 지도자는 삶의 두 축을 통일한 통합된 인간이다. 그들은 정신적인 동시에 물질적이다. 그들은 둘 다를 사랑하고 둘 다를 누릴 줄 아는 삶의 예술가들이다. 그들은 정신을 물질로, 물질을 정신으로, 마음대로 바꾸는 능력을 지닌 문명의 마법사들이다.

- 한바다, 《사랑은 사랑이라 부르기 전에도 사랑이었다》에서

어떤 삶을 살든 삶의 길은 단지 '욕망 충족/불충족'과 '욕망 초극' 이 두 가지 길뿐입니다. 깨달음을 얻기 위해서 욕망을 등질 필요도 세상을 등질 필요도 전혀 없습니다. 오히려 삶의 현장에 있는 수많은 욕망 속에서, 욕

　　　　　　　　9 깨달음과 영성사회에 대하여

망의 실체가 무엇인지 알아야 하고 그 욕망 너머의 것을 보아야 합니다.

삶이란 곧 무엇을 하고자 하는 크고 작은 욕망의 도미노입니다. 각자 자신의 소망을 따라 마음껏 꿈과 이상을 펼치십시오. 무엇보다 자신이 원하는 행복과 풍요를 누리십시오. 다만 그 과정에서 욕망이 가지고 있는 양면성과 세상과의 관계성을 통찰하고, 욕망 추구의 진정한 가치가 무엇인지를 끊임없이 탐구해 보시기 바랍니다. 그리고 그 과정에서 모든 욕망으로부터 자유로운 무욕으로의 초극이 모든 욕망의 꼭짓점이자, 지복의 궁극임을 발견하시기 바랍니다. 욕망 중에 최고의 욕망이 에고의 모든 욕망을 초극하는 무욕의 욕망이므로!

욕망을 초극하여 욕망에서 자유로워지는 것이 최상의 욕망 추구이다.

나를 깨우는
최고의 명상법

명상이란 진정한 자신을 찾는 것이고, 사랑이란 진정한 자신을 다른 사람과 공유하는 것이다. 명상은 그대에게 보물을 주고, 사랑은 그 보물을 나누게끔 도와준다. - 오쇼

명상이란 마음을 이완시키는 것이요, 그 이완으로 긴장을 풀고 마음을 편안하게 하는 것입니다. 명상의 효과에 대해선 이미 수많은 연구가 이루어졌고, 그것에 대해 다룬 책도 숱하게 있으므로 여기서는 천재독서플랜의 측면에서 간략히 핵심적인 내용만 말씀드리고자 합니다.

〈명상 효과〉
- 알파파 형성 – 집중력 높임
- 고요하고 편안한 마음 – 심리적 안정
- 감정 조절 – 자기이해지능 향상

9 깨달음과 영성사회에 대하여

- 좋은 호르몬 분비 촉진
- 내면의 무의식 정화
- 에너지 상승과 건강
- 영적 깨달음

명상의 주요 효과는 이렇게 정리해 볼 수 있을 듯합니다. 명상은 심신의 긴장을 완화시켜 주기 때문에, 마음을 고요하고 편안하게 만들어 줍니다. 그런 작용은 심신의 피로를 풀어 주고 신체 에너지의 순환과 상승을 도와주어 건강에도 도움이 됩니다. 또 뇌파를 집중력이 가장 좋은 알파파 상태로 만들어 주기 때문에 학습에도 크게 도움을 줍니다.*

자신의 재능을 최대치로 키우려면 뛰어난 사고력과 심리적 평화를 함께 얻어야 합니다. 명상은 심리적 평화를 얻는 기술이니, 명상이 모든 이에게 필요한 것은 그 때문입니다. 예컨대 스티브 잡스는 20대 때부터 명상 마니아였으며, 자기 성공의 원천이 명상과 독서에 있다고 말할 정도였습니다. 그가 평생 가장 애독한 책《요가난다, 영혼의 자서전》도 이와 깊은 관련이 있는 책입니다.

미국의 마하리시 고등학교는 성적이 미국 상위 2% 안에 드는 학교라고 합니다. 그런데 이 학교는 입학할 때 공부 잘하는 우등생들이 아니라 보통의 평범한 학생들이 입학하는 고등학교입니다. 그런데 어떻게 이런 현상이 생겼을까요. 이 학교에선 하루에 두 번 정규적으로 명상 교육을 시킵니

---

* 뇌파의 종류는 다음과 같습니다.
  - 감마파(30Hz 이상): 불안흥분 상태
  - 베타파(14~30Hz): 평상시의 뇌파, 외계와 대응하여 긴장상태에서 일을 처리하고 있는 상태
  - 알파파(8~14Hz): 공부 능률 향상, 정신통일 상태, 기억력과 집중력 최대 상태, 스트레스 해소
  - 세타파(4~7Hz): 내적 의식 졸음 상태, 얕은 수면, 초능력을 발휘할 때의 뇌파
  - 델타파(0.5~4Hz): 깊은 수면

다. 놀랍게도 학생들의 우수한 성적에 가장 큰 영향을 끼치는 것이 바로 학교에서 시키고 있는 명상 교육 때문이라고 합니다.

이런 특수한 사례인 경우를 제외하고라도, 명상이 학습에 도움이 된다는 것은 이미 널리 알려진 일입니다. 뇌파가 알파파 상태가 된다는 것은 복잡한 머릿속이 고요하고 편안해졌음을 의미합니다. 머릿속이 고요해 의식 집중이 잘 되고, 마음이 편안하니 당연히 공부도 훨씬 더 효과적일 것입니다. 이런 효과들 때문에 국내의 민족사관고등학교에서도 특별히 명상 선생님을 따로 모시고서 학생들에게 명상을 가르치고 있습니다.

명상을 하면 왼쪽 전전두피질이 활성화된다고 합니다. 전전두피질이 활성화되면 긍정적 성향과 심리적 안정, 두뇌의 총기가 더해진다고 합니다. 아울러 명상은 심장을 이완시켜 주고, 행복 호르몬으로 불리는 세로토닌과 같은 심신에 좋은 다양한 호르몬의 분비를 촉진시킨다고 합니다. 그래서인지 장수 비결에도 명상은 빠지지 않고 등장합니다.

미국 켄터키 대학의 알츠하이머 전문가 데이비드 스노던 박사는 장수 수녀원으로 유명한 미네소타 주의 만카토 수녀원을 대상으로 장수 비결을 연구했습니다. 그 수녀원엔 100세가 넘는 수녀가 무려 일곱 명이나 되었습니다. 그 수녀원의 수녀들은 일반인들보다 알츠하이머병이나 노인성 정신질환 발병률이 현저히 낮았으며, 평균 수명보다 약 4년 이상 더 오래, 그리고 건강하게 살았다고 합니다. 그들의 장수 비법은 딱 두 가지였으니, 바로 '일(공부)'과 '명상'이었습니다.*

---

* "이곳 수도자들은 하루 동안에 쉬는 사람이 하나도 없이 모두가 힘이 되는 대로 바느질이건 어떤 일이건 노동을 하면서 살고 있었고 더 중요한 것은 명상 시간을 자주 가지면서 중용의 태도를 유지하고 차분하게 공동생활을 했습니다. 그것이 바로 장수 비결이었던 것입니다. 명상이 이렇게 좋은 효과를 갖는 것은 명상 중에 긴장 완화와 관련 있는 뇌파인 알파파와 잠을 잘 자게 하는 호르몬인 멜라토닌이 증가하기 때문입니다. 이것들은 스트레스를 받을 때마다 발생하는 코르티솔과 아드레날린 수치를 낮춰 걱정이 사라지고 자신의 문제가 크게 보이지 않으며 스스로

9 깨달음과 영성사회에 대하여

명상은 심지어 일의 능률을 올려 주는 데도 큰 기여를 합니다. 구글에서는 선승들에게서 배운 명상기법을 응용하여, 회사 자체 내에서 '내면 검색'이라는 명상 프로그램을 만들었습니다. 이 프로그램은 구글 직원들을 대상으로 7주간 진행되었는데, 이 수업을 받은 이들 대부분 이전보다 감정 조절이 쉬워지고 마음이 편안해졌으며, 자신감이 높아지고 인간관계와 리더십 능력이 향상되는 등 상당한 변화를 겪었다고 합니다.

프로그램을 진두지휘한 구글의 엔지니어 차드 멍 탄은 그 내용을 상세히 담아, 《너의 내면을 검색하라》라는 책을 썼습니다.* 이 책에선 구글이 직원 행복평가 1위, 직원 1인당 생산성 1위, 기업 창의성 1위의 위업을 달성하는 데도 명상 프로그램이 큰 역할을 했다고 적고 있습니다. 이 책엔 이런 구절이 나옵니다. "단언하건대 명상은 어디에나 유익하다." 그가 명상의 가치를 정확히 이야기해 준 듯합니다.

명상은 '느긋하면서도 청명한 마음 상태'를 만들어 줍니다. 단지 이것 하나만 이해해도 명상이 왜 어디에나 유익한지를 쉽게 이해할 수 있을 것입니다. 명상이란 자기 자신에게 마음을 여는 시간이요, 생각과 긴장을 내려놓고 차분하게 자신의 내면과 마주하는 시간입니다. 아울러 자신의 내면에서 고요와 평온함을 캐내는 시간이기도 합니다. 명상이란 분명 자신의 삶에 빛을 더하는 시간일 것이니, 그 시간들이 지속적으로 이어진다면 그 빛은 서서히 삶의 모든 것에 퍼져 나갈 테지요.

명상의 가치는 결코 적지 않을 것이요, 그 효과 또한 다양할 것입니다.

삶을 잘 통제하고 있다고 생각하게 해줍니다."(홍성남 신부)

* 이 책뿐 아니라 국내에 번역된 많은 명상서적들이 mindfullness를 '마음 챙김'이라는 아주 어색한 단어로 번역하고 있습니다. mindfullness라는 단어는 본디 선승들의 사티나 위파사나를 의역한 단어이니, 이에 맞게 보다 자연스럽고 의미 전달이 본래의 취지에 맞는 단어로 번역해야 하지 않을까 합니다. 만약 저라면 '마음 관조' 혹은 '마음 자각'이라는 말로 번역하겠습니다. 명상이라는 단어를 붙이면 마음 관조 명상, 마음 자각 명상 등이 될 것입니다.

하지만 명상의 궁극적 가치는 이보다 훨씬 원대한 수준에 있습니다. 명상의 궁극적 가치는 영적 깨달음을 얻는 데 있습니다. 이른바 내 의식의 존재 양식을 에고 수준에서 신성 의식 수준으로 탈바꿈 시키는 데 있습니다. 명상은 높은 의식 세계로 가는 기적의 도약대요, 나를 깨어나게 하는 영혼의 연금술입니다.

'높은 의식'이란 감각으로 인식되는 세계를 관찰하고, 개체적 존재로서 감각에 반응하는 나의 생각과 정서를 통찰하는 의식이다. 나아가 개체적 자아를 뛰어넘어 다른 모든 이들과 세계를 끌어안는 '더 큰 나', 무한한 능력을 지닌 영적 존재로서의 '본질적인 나'를 분명히 인식하는 것이다. 그리고 눈에 보이는 상황에 구애됨 없이 언제나 평화롭고 즐거운 마음의 상태를 유지하는 것이다. 이와 같이 여유로운 마음을 갖추고 있어야 문제의 해결이 쉽게 이루어진다. 이것을 가능하게 해주는 것이 명상인 것이다.

– 김필수, 《명상이 경쟁력이다》에서

최고의 예언가이자 현자였던 에드가 케이시는 이렇게 말했습니다. "명상이란 우리 내부의 신성에 귀를 기울이는 것이다. 만일 기도가 신에게 말을 하는 것이라면 명상은 신의 말을 듣는 것이다." 사람들은 신에게 자신의 요구만 말하지, 신이 어떤 말을 하는지는 들으려 하지 않습니다.

명상은 자신의 모든 생각과 요구를 내려놓고, 내면에 깃들어 있는 신의 음성을 들을 수 있도록 내면을 조율하는 영적 채널과 같습니다. 신을 만날 수 있는 길은 기도가 아니라 명상 속에 있습니다. 오직 자신을 내려놓은 자, 마음이 고요한 자만이 신을 대면할 수 있을 것입니다.*

---

* 사실 에크하르트나 다른 각자들처럼 신을 대면해보지 않은 이는 신에 대해 말할 자격이 없는 이

광기가 느껴지는 이 세상에서 침묵을 찾는 일은 마치 정상적인 정신과 평화의 요새를 재탈환하는 것과 같다. 마음은 모든 행위의 양자적 근원인 침묵 속에서 자신을 재충전한다. 당신의 생활이 행위로 가득 차 있다면 당신은 얻는 에너지보다 더 많은 에너지를 소비하고 있는 것이다. 자연의 가장 기본적인 리듬인 활동과 휴식이 한 방향으로 너무 치우쳐 있는 것이다.

침묵은 위대한 스승이다. 그 가르침을 얻기 위해서는 귀를 기울여야 한다. 내면의 침묵이라는 자신의 정수를 접하는 법을 깨달은 순간의 창조적 영감과 지식과 안정을 대신해 줄 만한 것은 없다. 위대한 수피 시인 루미는 "흔들리는 물을 가라앉히기만 해보라. 그대 존재의 표면에 해와 달이 비치리라."고 했다.

– 디팩 초프라, 이균형 역, 《사람은 왜 늙는가》에서

명상은 신과 진리를 밝히는 영혼의 등불입니다. 명상이란 궁극적으로 깨달음을 위한 것이며, 우리의 영적 근원에 우리의 마음을 조화시키는 것입니다. 에고의 허물을 벗고 우리의 본래 모습이자, 우리의 근원이며 본질인 순수의식을 만나는 길입니다.

디팩 초프라는 《사람은 왜 늙는가》에서 순수의식과 명상에 대해 이렇게 설명하고 있습니다. "현대적 용어로 말하자면 '순수의식'은 모든 물질과 에너지의 자궁인 정적 속의 텅 빈 공^空, 즉 양자공간을 의미한다. 순수의식은 생각과 생각 사이의 틈새에 존재하며, 일어나는 모든 정신작용의 변하지 않는 배경이 된다. 우리는 보통 그런 상태가 존재하는지 생각조차 해보지 않는다. 우리의 마음은 끊임없이 이어지면서 깨어 있는 의식을 가리는 생각, 기대, 꿈, 공상, 감각 등으로 꽉 차 있기 때문이다. 이 때문에 고

들입니다. 신을 만나보지 못한 이는 신이 무엇인지도 모를 뿐만 아니라, 자신이 신이라고 믿고 있는 신이라는 '관념'을 신으로 여길 뿐이니까요.

SQ 천재독서플랜

대 인도의 현인들은 마음으로 하여금 양자의 심연 속에 있는 근원을 보게 하기 위해서 명상이라는 특별한 기법을 고안해 냈다."

보통사람들은 그런 세계가 존재하는지조차 잘 모릅니다. 적어도 지금까지의 인류는 그래왔습니다. 하지만 앞으로의 양상은 지금까지와는 사뭇 다를 것입니다. 깨달음의 진실이 전 세계적으로 점점 더 퍼져 가고 있으니까요.

지금의 분위기로는, 틀에 박힌 교육을 받은 과학자들은 영적 체험이 체계적으로 연구될 가치가 있고 철저하게 검증되어야 한다는 주장조차 어리석게 여기는 것 같다. 이 분야에 진지한 관심을 보이는 태도 자체가 지적 미숙함을 드러내는 신호이며 연구자로서의 전문성에 흠을 내는 짓으로 평가되는 것이다. 실제로는 영적 차원이 존재하지 않는다는 과학적 '증거'가 그 어디에도 없는데 말이다. 서양 과학은 그 철학적 가정 자체가 영적 차원의 존재를 부인하는데, 이는 낡은 패러다임을 잘못 적용한 결과다. 실제로 일체지향적 상태, 그중에서도 초개아적 체험에 대한 연구는 영적 차원이 존재한다고 가정해야 마땅할 자료들을 넘치도록 제공해 준다.

- 스타니슬라프 그로프, 김우종 역, 《코스믹 게임》에서

사람은 에고에서 벗어나지 않고서는 삶의 번뇌와 무지와 고통 속에서 온전히 벗어날 수가 없습니다. 인간으로서의 진정한 지혜와 사랑은 깨달음이 아니고서는 얻을 수 없는 것입니다. 허니 보통 사람들의 수준에서 벗어나 천하에 우뚝한 인재가 되고자 한다면 반드시 무지의 영역이 아니라, 지성의 영역과 영성의 영역에 서 있어야 할 것입니다.

게다가 인류 문명은 깨달음의 지혜와 사랑이 아니고서는 해결이 안 될 만큼 심각한 부조화의 상황에 직면해 있습니다. 그것을 온전히 해결할 길

9 깨달음과 영성사회에 대하여

은 인류의 영적 각성밖에는 답이 없습니다. 아울러 그러한 영성 시대를 열어 가는 선두에 서야 할 사람이 리더들이니, 리더들이야말로 제일 먼저 깨쳐야 할 사람인 것입니다.

리더란 사회의 문제점을 정확히 진단하고 그 해결책과 비전을 제시하는 사람입니다. 요컨대 영적 통찰이 없는 이라면 세상의 진짜 문제점이 무엇인지 제대로 진단조차 할 수 없을 것입니다. 안타깝게도 우리의 상황이 이런 수준이지만, 영적 통찰이 없는 리더는 이 시대의 리더로서는 심각한 자격 미달자입니다. 진정 세상의 변화를 바란다면 영혼의 소경 수준인 사람들이 리더가 될 것이 아니라, 간디처럼 영적 지혜와 사랑을 가진 이가 각 사회의 리더가 되어야 할 것입니다

그 누구든 새로운 세상을 열고자 하는 위대한 리더가 되고 싶다면, 무엇보다 명상과 깨달음으로 리드하는 사람이 되어야 합니다. 어느 분야든 진정 위대한 리더가 되고자 하는 이는 먼저 세상을 밝힐 깨달음의 빛을 구하여 오십시오. 명상은 세상을 밝힐 가장 거대하고 아름다운 불빛을 안고 있는 램프입니다. 그것은 꺼지지 않는 우리 마음속 신의 램프입니다!

"세계 평화는 내면에서 창조될 수 있고 또 그래야 한다는 것이 내 믿음이다." 차드 멍 탄은 《너의 내면을 검색하라》에서 명상이 세상에 평화를 구현하는 가장 근원적이고 효과적인 최선의 길이라고 이야기하고 있습니다. 제가 보기엔 이는 탁월한 통찰입니다. 그의 말대로 대부분의 사람들이 자기 안에서 평화와 행복을 빚어 내는 법을 찾아낼 수 있다면, 그 내면의 평화와 행복이 자연스럽게 사랑과 연민으로 번지어 세상을 가득 채울 것이기 때문입니다.

마하리시 고등학교와 구글이 그러했던 것처럼 명상하는 학교, 명상하는 기업, 명상하는 사회, 명상하는 나라, 명상하는 인류를 만드는 것은 세계 평화를 구현하는 가장 빠르고 가장 확실한 시발점이 될 것입니다.

이러한 그의 지적*은 그 이치만으로도 이것이 진실임을 알 수 있지만, 이미 과학적인 명상 실험을 통해서 그 실효성이 다양하게 입증된 바 있습니다. 예컨대 사람들이 함께 모여 집단 명상을 하면 그 시간대엔 그 도시의 범죄율과 사고율이 현저히 격감한다고 합니다.** 이처럼 우리의 의식 파장은 관계의 접속 없이, 단지 존재하는 것만으로도 서로에게 끊임없이 영향을 주고받습니다.

때문에 한 사람 한 사람이 명상하는 순간들은 모두 세상을 바꾸는 시간들입니다. 명상은 나를 깨어나게 하고 세상을 깨어나게 하는 위대한 도구입니다. 아울러 그 도구를 잘 사용하는 것은 천재가 되는 확실한 지름길입니다.

그런 취지에서 제가 경험한 명상법들 중에서 가장 효과적이고 훌륭한 명상법 네 가지를 소개할까 합니다. 가히 누구나 할 수 있고 또 효과를 볼 수 있는 최고의 명상법이 아닐까 생각합니다. 이 네 가지 명상법을 충분히 체득하시는 분은 분명 깨달음의 빛을 얻게 되리라 믿습니다. 이 방법들 참고하시어 필히 명상할 줄 아는 의식이 깨인 지혜로운 사람이 되시기를 기원합니다.

진정한 영적 수행이란 하루에 20분, 하루에 2시간, 또는 하루에 6시간 하는 무언가가 아니다. 영적 수행이란 수많은 인간 활동 중 하나의 활동이 아니라, 모든 인간 활동의 기반이자 그 근원이며, 모든 인간 활동을 지지해 주는 것이다.

---

* "내면의 행복은 전염성이 있다. 누군가 행복의 빛을 뿜어낼 때 주변 사람들은 그에게 더 긍정적으로 반응한다. 명상가는 자신의 사회적 상호작용이 점점 더 긍정적으로 변화하는 걸 느끼게 된다. 인간은 사회적 동물이기에 긍정적인 사회적 교류는 내면에 더 풍성한 행복을 창조할 수 있다. 이렇게 내면의 행복과 사회적 행복의 아름다운 선순환이 확립된 후 이 순환이 더 강해지면서 명상가는 점점 더 친절해지고 측은지심도 커지게 된다."

** 이에 대한 상세한 내용은 그렉 브레이든의 《디바인 매트릭스》를 참고하시기 바랍니다.

9 깨달음과 영성사회에 대하여

명상수련은 초월적 진리에 대한 선험적 개입이며, 하루 24시간 내내 숨쉬고, 직관하고, 실천하는 것이다. 진정한 자기를 직관하는 것은 근원적 서원誓願에 따라 자신의 전존재를 살아 있는 모든 존재에 내재하는 자기실현에 몰입하는 것이다. "아무리 많은 중생이 존재하더라도, 나는 그들 모두의 해탈을 서원한다. 아무리 진리가 비길 데 없는 것일지라도, 나는 진리의 실현을 서원한다." 모든 현재 상황을 헤쳐 나가면서 무한無限 자체에 명도하고 희생하고 봉사하고 실현시키는 일에 깊은 몰입감을 느낀다면, 영적 수행은 자연스럽게 당신의 길이 될 것이다.

– 켄 윌버, 김철수 역, 《무경계》에서

이 글은 명상에 대한 좋은 지침이 되는 글이니, 명상을 하시기 전에 이 글을 깊이 숙지, 음미해 보시기 바랍니다.

느낌 명상법

느낌 명상을 말하기 전에, 우선 감정과 감각적 느낌에 대해 알아보겠습니다. 인경 스님은 감정적 느낌과 신체의 감각적 느낌의 연관성을 이렇게 설명해 주고 있습니다.

"느낌은 몸과 마음의 징검다리이다. 느낌은 몸에 속하면서 마음에도 속한다. 몸과 마음은 의료적 관점에서 보듯이 서로 별개로 이해할 수 없다. 이들은 늘 함께 통합적이고 상호작용한다. 느낌은 몸을 조건으로 해서 발생되는 느낌과 마음을 조건으로 발생되는 느낌을 구분할 수가 있다. 가슴의 답답함, 뒷목의 경직됨과 같이 몸에서 일어난 경우를 몸(신체) 느낌, 혹은 감각 느낌이라 하고, 불안이나 슬픔과 같은 마음에서 발생되는 느낌을 감정으로 구별하여 부르고자 한다. 물론 이들은 설명을 위한 편의상의 구별이다. 이들은 실제로는 구분할 수 없을 만큼 아주 긴밀하게 연결되어 있다. 가슴의 답답함과 같은 몸 느낌은 불안과 같은 마음의 정서 상태를 발생시키고, 반대로 마음의 불편함은 몸에 경직된 느낌을 직접적으로 만들어 낸다."

감정은 신체의 감각적 느낌에 영향을 끼치고, 역으로 신체의 감각적 느낌은 감정에 영향을 끼칩니다. 우울할 땐 몸에 힘이 빠집니다. 따뜻한 온탕에 들어가 있을 때는 감정도 느긋해집니다. 몸과 감정과 감각적 느낌은 하나로 이어져 있고 늘 거의 즉각적으로 교감합니다.

신체감각의 느낌이든 감정의 느낌이든 이 모두는 우리 존재가 실제로 느끼는 '느낌'입니다. 삶의 시작과 끝이 실은 이 느낌 속에 있습니다. 삶은 곧 느낌입니다. 바위나 흙과 같은 무생물은 느낌을 느낄 수가 없습니다. 생명체의 본질이 바로 이 느낌 속에 있는 것입니다. 그래서 느낌 없는 삶은 곧 생명력을 잃은 삶으로 직결됩니다.

휴가차 갔던 곳에서 그는 명상을 가르치는 한 여성을 만났고, 그녀에게 요가를 가르쳐 달라고 부탁했다. 그런데 놀랍게도 그녀는 그에게 건포도 몇 알을 건네주었다. 그리고 완전히 집중한 상태에서 아주 천천히 건포도 한 알을 먹으면서 그때 느껴지는 모든 풍부한 감각들을 주시하라고 했다. 그러면서 입에 넣고 씹는 순간의 느낌, 터지는 순간의 향, 그리고 씹는 소리에 집중하라고 덧붙였다. 그 변호사는 그녀가 시키는 대로 충분한 감각의 세계에 자신을 내맡겼다.

본격적으로 요가 동작을 하면서 그는 자연스런 호흡의 흐름에도 똑같이 집중했다. 그리고 마음속을 떠돌아다니는 온갖 상념들을 그대로 내버려 두었다. 그녀의 지도에 따라 15분 동안 호흡에 집중하면서 명상을 이어 나갔다. 그렇게 하는 동안 마음속 재잘거림이 차츰 누그러졌다. "마치 스위치를 켜고는 선의 세상

9 깨달음과 영성사회에 대하여

으로 들어가는 것 같았습니다."라고 그가 말했다. 그리고 그 느낌이 너무나 좋아서 명상을 매일의 습관으로 삼았다고 했다. "명상을 하고 나면 진정한 고요함을 느끼게 됩니다. 그 느낌이 너무도 좋습니다."

- 대니얼 골먼, 박세연 역, 《포커스》에서

느낌 명상은 자신의 모든 '감정'과 감각적 '느낌'을 있는 그대로 충분히 느껴 주는 것입니다. 감정과 느낌을 충분히 느껴 주면 그것은 우리의 생명력을 일깨울 뿐 아니라, 마음속의 부정적인 에너지를 정화시켜 줍니다.

대개의 경우 우리가 불편한 감정을 처리하는 방식은 감정을 억압하거나, 회피하거나, 폭발시키는 이 세 가지 방식입니다. 이렇게 되면 감정은 우리 안에 부정적인 에너지로 축적되게 됩니다. 그런 에너지가 쌓이면 쌓일수록 우리의 가슴은 막히고 몸의 생체 기능은 저하됩니다. 사실 만병의 근원이 여기에 있다 해도 과언이 아닙니다.

그저 가만히 있으면서 그것을 느끼세요. 그냥 그 감정 속에 머물며 현존감을 느껴 보세요. 그 감정에서 벗어나려 하거나 그 감정을 밀어내려 하지 않고, 또 그 감정을 타인에게 전가하려고 하지 않으면서 고요한 상태로 그 감정과 함께 현존한다면, 당신은 바로 그런 감정 한가운데에서 평화를 찾게 될 것입니다. 그러니 강력한 감정이 생기면, 그걸 그냥 내버려 두세요. 가만히 있으면서 그걸 기꺼이 받아들이세요. (…) "나는 어떤 감정에도 저항하지 않을 것이다. 그저 그 감정 속에 머물면서 그것을 완전히 느끼고 내 자신을 그 감정의 중심에 놓을 것이다."

- 브래든 베이스, 박인수 역, 《치유 아름다운 모험》에서

이 안에 느낌 명상의 핵심 내용이 다 들었습니다. 어떤 감정에도 저항하지 않고, 온전한 허용과 인정을 바탕으로 그저 그 감정 속에 머물면서

그것을 온전히 느끼며 그 감정을 만나 주면, 그 감정은 내게 아무런 정체된 에너지를 남기지 않고 그저 물 흐르듯 시간을 따라 흘러가게 됩니다.

생각은 늘 과거와 현재와 미래를 오가지만, 느낌은 언제나 현재형입니다. 감정이나 느낌을 충분히 느껴 주고 있으면 그 순간 생각은 스톱이 됩니다. 생각의 스톱은 에고의 오프off 상태와 같습니다. 자신의 느낌을 생생하게 느껴 주면 느껴 줄수록 삶의 감각이 더 풍성해질 뿐 아니라, 저절로 생각이 휴식을 취할 수 있게 됩니다. 그래서 느낌 명상은 '현존'으로 가는 직행노선과 같습니다.

명심하라, 어떤 것이 주위를 차단하여 가두어 놓으면 남은 인생 동안 당신은 그것에 대해 심리적으로 예민하게 반응할 것이다. 내면에 가두어 놓았으니, 그것이 다시 일어날까봐 두려워할 것이다. 그러나 가두어 두지 않고 이완하면 그것은 당신을 지나갈 것이다. 가슴을 열고 있으면 내면에서 차단된 에너지는 절로 풀려나서 다시는 그것을 볼 수 없게 될 것이다.

이것이 영적 수행의 요체다. 고통이 자신을 지나가는 것에 편안해지면 당신은 자유를 얻는다. 이 세상이 당신을 결코 괴롭히지 못할 것이다. 왜냐하면 세상이 할 수 있는 가장 못된 짓이 당신 속에 쌓여 있는 고통을 건드리는 것이기 때문이다. 거기에 상관하지 않으면, 자신을 더 이상 두려워하지 않으면 당신은 자유롭다. 그러면 당신은 그 어느 때보다도 더 힘차게, 당당하게 세상을 활보할 수 있을 것이다. 내면에서 진정으로 아름다운 경험들이 일어나기 시작할 것이다. 결국 당신은 이 모든 두려움과 고통 뒤에 사랑의 대양이 있음을 알게 될 것이다. 그 힘이 가슴 깊은 곳에 자양분을 주어 당신을 부양할 것이다. 시간이 갈수록 당신은 이 아름다운 내면의 힘과 아주 친밀한 관계를 쌓아갈 것이다.

- 마이클 A. 싱어, 이균형 역, 《상처받지 않는 영혼》에서

우리가 평소 잘 자각하고 있지 못할 뿐, 우리의 내면엔 부조화된 감정적 찌꺼기들이 켜켜이 쌓여 있습니다. 그것이 우리의 몸과 마음에만 악 영향을 끼치는 것이 아니라, 우리의 사고에도 그리고 우리의 삶에도 지대한 영향을 끼칩니다. 정화되지 않은 감정들이 내면에 가득 차 있다는 것은, 쓰레기나 구정물을 자기 안에 가득 담고 살아가는 것과 같은 격입니다. 건강하고 행복한 삶을 살고 싶다면 막힌 관을 뚫듯 반드시 그것을 깨끗하게 청소해야 합니다.

그 청소 방법이 바로 느낌 명상입니다. 물을 계속 끓게 되면 물은 수증기로 변해서 다 증발해 버리고 맙니다. 그와 같이 자신의 감정을 충분히 느껴 주면 그 정체된 감정들은 어느 순간 찌꺼기를 남기지 않고 깨끗하게 사라져 버립니다. 그렇게 정체된 감정들이 비워지면 비워질수록, 가슴의 막힌 부분이 뚫려서 마음이 상쾌해지고 몸은 편안해지게 됩니다. 그리고 무엇보다 의식적으로든 무의식적으로든 자신의 묵은 감정에 더 이상 얽매이지 않게 됩니다.

> 오랜 감정의 패턴들이 우리 내면에 기억되고, 그 패턴들이 단지 대상만 바꾸며 반복해서 연극을 하고 있다는 사실에 나는 너무 놀랐다. 등장인물만 바뀌었을 뿐 같은 문제였던 것이다! 그렇게 하고도 우리는 여전히 고통을 해결하거나 교훈을 얻지 못하는 것 같다. 그저 과거와 동일한 패턴을 거듭 경험하고 있을 뿐이다!
>
> – 브랜든 베이스, 박인수 역, 《치유 아름다운 모험》에서

해결되지 않는 감정적 문제는 계속해서 그와 같은 일을 끌어들이고, 그것에 얽매여 우리의 마음과 삶이 정체되게 만듭니다. 사실 삶의 거의 모든 문제는 해결되지 않고 내면에 정체되어 있는 감정적 에너지 덩어리들 때

문에 일어납니다.

이것은 결코 이성적 판단이나 의지만으로 해결될 문제가 아닙니다. 내 안에 정체되어 있는 감정들은 나의 불행을 만들어 내는 지뢰이자 자석과 같습니다. 그것은 제거되는 날까지 계속해서 힘을 발휘할 것이니, 제거하지 못한다면 죽을 때까지 함께 가야 한다는 뜻입니다. 내면에 부정적인 감정의 찌꺼기가 조금도 남지 않도록 하는 것은 건강한 삶과 행복을 위해서 반드시 선행되어야 할 절대적으로 중요한 일입니다. 사실 이것이 우리가 알아야 할 가장 중요한 삶의 비밀 중에 하나일 것입니다.

> 치유의 진정한 열쇠는 감정들이 표면으로 떠오를 때 그 감정들과 함께 현존하는 것입니다. 두려움, 결핍감, 아픔 그리고 화의 감정들은 진정으로 표현되도록 허용될 때만, 그리고 그런 감정들이 표현될 때 누군가가 진정으로 함께 현존할 때만 해소될 것입니다. 그 누군가는 당신입니다. 현존 안에 있는 당신.
>
> – 레너드 제이콥슨, 김상환·김윤 역, 《현존》에서

감정을 있는 그대로 충분히 느껴 준다는 것은 감정들과 함께 현존하는 것입니다. 감정을 있는 그대로 온전히 느껴 주는 것은 그 감정이 어떤 것이든 그것을 인정해 주고 받아 주고 사랑하는 것과 같습니다. 그렇게 자신의 가슴으로 품어지고 수용된 감정만이 내 안에 정체되지 않고 시간의 밖으로 자연스레 흘러갑니다.

레너드 제이콥슨은 그래서 우리에게 이런 기도문을 전해 주고 있습니다. "사랑하는 신이시여, 제가 원하는 것은 오직 현존과 사랑, 진실, 하나임으로 깊어지는 것입니다. 만일 제 안에 억압된 감정들이 저를 현존과 사랑, 진실, 하나됨으로 깊어지지 못하도록 방해하고 있다면, 부디 이런 감정들이 표출될 수 있도록 제 삶을 조정하여 주세요. 그래서 이 감정들이

9 깨달음과 영성사회에 대하여

표면으로 올라와 의식되고 책임 있게 표현될 수 있도록 해주시고, 그리하여 치유되고 완료되고 놓여날 수 있게 해주세요."

우리는 여기저기서 현자들이 공통적으로 하는 이야기를 계속 듣게 됩니다. "명심하라. 삶을 사랑한다면 마음을 닫아걸어야 할 것은 아무 데도 없다. 당신이 가슴을 닫아야 할 대상은 아무 데도, 아무것도 없다."(마이클 싱어) 부정적인 감정은 마음을 닫게 하고 가슴을 닫히게 합니다. 그것이 바로 마음의 얽매임입니다. 마음을 닫는 것은 쉽겠지만, 그 정체된 감정으로 우리의 가슴이 막히면 막힐수록, 우리의 삶 또한 그 가슴을 닮아가게 될 것입니다. 삶의 위대한 진리는 마음과 가슴을 여는 것입니다.

그런데 느낌 명상의 기능이나 효과가 단지 마음을 정화하고 가슴을 여는 데에만 그치는 것은 아닙니다. 마음이 완전히 다 열린다는 것은 에고로부터 자유로워짐을 뜻합니다. 즉 우리 안을 막고 있는 모든 감정의 겹을 다 벗기면 영적 각성이 일어나게 됩니다. 마치 양파 껍질을 계속해서 벗기면 결국 아무것도 없는 상태가 되듯, 바로 무아無我를 만나게 되는 이치와 같습니다.

브랜든 베이스라는 여성은 수술로도 치료하기가 쉽지 않을 정도로 큰 종양을 가지고 있었는데, 느낌 명상을 통해 수술이나 약물치료 없이 스스로 '자가 치유'했을 뿐 아니라, 깨달음까지 얻었습니다. 다음 글은 그 감격을 진솔하게 잘 담아내고 있습니다.

그 순간 이상한 일이 벌어졌다. 마치 내 의지가 끝내 항복하는 듯했다. 나는 그냥 내맡겼다. 그랬더니 자연스럽게 무의식 속으로 떨어지면서 말로 형용할 수 없는 평화가 찾아왔다.

방 전체가 평화로 가득 채워졌다. 방에서는 평화가 분출되고 있었다. 나는 평화였고 또한 방 안의 모든 것이었다. 평화, 그리고 표현할 수 없는 사랑이 방 안에 가득했다. 나는 삶 자체의 근원인 사랑이었다. 나는 진동하는 분자였고 그것들 사이의 모든 공간이었다.

방 안의 모든 것들이 반짝이는 평화로 빛나는 듯했으며, 동시에 깊고도 부정할 수 없는 깨달음이 생겼다. 그것은 이 평화가 스쳐지나가는 것이 아니고 나의 외부에 존재하는 것도 아니라는 깨달음이었다. 그것은 나였다. 나는 바로 나의 영혼으로 빠져들었던 것이다. 그리고 그 영혼은 모든 것이었다. 나는 경계 없음, 한계 없음, 영원함, 그리고 무한함을 느꼈다. 마치 내 안에서 삶의 모든 것이 생겨나면서 내가 마치 우주가 도달할 수 있는 한계 너머에 닿은 것처럼 느꼈다.

나는 그것이 '모든 이해를 초월하는 평화'라는 것을 깨달았다. 그것은 이해를 넘어서고, 정신의 인식을 넘어서는 평화였다. 나는 나 자신이 순수의식이고 완전한 자유이며 무한한 사랑이라는 것을 알았다.

– 브랜든 베이스, 박인수 역, 《치유 아름다운 모험》에서

그녀는 느낌 명상으로 자신의 병도 고치고, 깨달음까지 얻게 되어 삶의 극적인 반전을 이루었습니다. 그녀는 그 후 명상을 지도하는 사람이 되었고, 그녀의 이 책은 미국뿐 아니라 세계적인 베스트셀러가 되었습니다.

느낌 명상의 효과는 외국뿐 아니라 우리나라에서도 확인할 수 있습니다. 《마음의 힘 사용설명서》의 저자 한아타 님도 이와 같은 느낌 명상으로 스스로의 병을 치유했을 뿐 아니라, 깨달음을 얻었습니다. 그 후의 그의 삶은 완전히 그 전과는 다른 세계가 되었습니다. 그는 모든 느낌을 있는 그대로 받아들이고 느껴 주는 것은 삶을 바꾸는 연금술과 같다고 이야기합니다.

디팩 초프라 또한 《우주 리듬을 타라》에서 느낌 수용에 대한 가치를 이렇게 적고 있습니다. "아픔을 분석하지 말고 해석하지 말고 판단하지 마라. 정신력을 총동원하여 아픈 감각에 집중하라. 이윽고 그것이 사라짐을

알게 될 것이다. 순수의식이 곧 치유하는 힘이다. 감각에 주의를 집중할 때 순수의식이 그 안으로 들어가 생명의 치유력으로 흠뻑 적신다. 하지만 당신이 아픔이라는 '생각'에 주의를 집중하면 아픔만 더 커질 뿐이다."

느낌에 집중한다는 것, 느낌을 충분히 느껴 주는 것은 현존의 받아들임이자 내맡김이며, 생각을 내려놓는 것과 일치합니다. 스위치의 방식이 '온/오프' 두 가지뿐이듯 느낌이 켜지면 에고는 꺼지고 순수의식과 접속하게 되는 것입니다.

> 느낌을 그 자체로 느끼기 위해서는 생각, 판단을 멈추는 일이 필요합니다. 끊임없는 생각이 우리를 혼란시키고 삶을 존재하는 그대로 수용하는 것을 방해합니다. 사실 생각은 자신이 아닌 사회적인 유산입니다.
>
> 바람이 불든, 비가 오든, 안개 속에서 흐릿하든, 느낌과 스치고 지나간 생각을 그냥 그대로 수용하고 허용하는 것, 이때야 비로소 지금 여기의 나는 집착에서 분리되는 해탈의 기쁨을 경험합니다.
>
> 우리가 우주라고 부르는 생생하게 살아 있는 그 신비한 공간을 경험하는 방법은 몸의 살아 있는 느낌을 자각하고 함께 느끼는 것이다. 이 방법밖에 없다.
>
> – 타라 브랙, 윤서인 역, 《삶에서 깨어나기》에서

많은 영성책에서 이와 같이 느낌 명상에 대한 한결같은 이야기를 듣게 됩니다. 그것은 진리가 하나로 통하기 때문이요, 그 효과가 이미 숱하게 입증되었기 때문일 것입니다. 영적 단체나 지도자에 따라 표현이나 접근 방식은 약간 다를 수 있어도 느낌 명상의 핵심은 '있는 그대로 자신의 느낌'을 충분히 느껴 주는 것입니다.

● 한아타, 《마음의 힘 사용설명서》

- 스탠리 H. 블랙 · 캐롤린 블랙, 박인재 역,《내 마음에 다리 놓기》
- 브랜든 베이스, 박인수 역,《치유 아름다운 모험》
- 데이비드 호킨스, 박찬준 역,《놓아버림》
- 로베르트 베츠, 송소민 역,《사랑하라 너를 미치도록》

이 책들은 모두 느낌 명상을 다양한 각도에서 이야기한 책입니다. 함께 연관해서 읽어 보시면 느낌 명상에 대한 이해가 훨씬 더 깊고 넓어지리라 생각합니다. 느낌 명상은 심리치유의 핵심 사안인 것은 물론이요, 명상의 종가라고 할 만큼 중요한 명상법입니다.

삶은 느낌 속에 있고, 느낌은 삶 속에 있습니다. 감정의 문제가 해결되지 않으면 삶의 문제가 해결되지 않을 것입니다.

호흡 느낌 명상법

감정은 마음과 몸이 만나는 곳에서 일어납니다. 감정이란 마음에 대한 몸의 반응입니다. 요컨대 몸에 드리워진 마음의 그림자와 같은 것이 곧 감정입니다. (…)

자신의 감정을 느끼기가 어렵다면, 몸 안의 에너지 장에 주의를 기울여 보세요. 내면 깊숙한 곳에서 몸을 느끼는 것입니다. 그러면 자신의 감정을 느낄 수 있습니다.

진정으로 자신의 마음을 알고자 한다면, 몸 안에서 생기는 감정을 관찰하고 느껴야 합니다. 몸은 언제나 충실하게 마음을 반영하니까요. 마음과 감정 사이에 모순이 존재한다면, 마음이 거짓이고 감정이 진실입니다. 그러나 이는 자신의 존재에 대한 절대적인 진실이 아니라, 순간 순간의 마음 상태에 대한 상대적 진실이지요.

　무의식적인 마음이 생각의 형태로 자각되지 않을 때도 있습니다. 하지만 무의식은 언제나 감정으로 우리 몸에 나타납니다. 때문에 언젠가는 이를 느끼게 됩니다.

- 에크하르트 톨레, 김미옥 역, 《지금 이 순간을 즐겨라》에서

붓다에서부터 현대의 수많은 영성가들에 이르기까지, 공통적으로 '감정을 느끼라'고 이야기하고 있습니다. 하지만 명상 초보자들에겐 감정을 충분히 느껴 주는 것이 마냥 쉽지만은 않은 일입니다.

　감정을 느끼는 느낌 명상을 쉽게 할 수 있는 응용방법이 하나 있습니다. 그것은 감정 느끼기와 호흡 명상을 함께 하는 것입니다. 방법은 아주 간단합니다.

　숨이 내 몸 속으로 들어오고 나갈 때, 오로지 '그때의 느낌'에 집중해서 그 느낌을 온전히 느껴 주기만 하면 됩니다. 즉 (자신을 내려놓고) 숨 쉴 때의 느낌과 하나가 되는 것입니다. 위파사나가 호흡을 관찰하는 것에 초점이 맞춰져 있다면, 호흡 느낌 명상은 호흡을 충분히 느껴 주는 데 초점이 맞춰져 있습니다.

　그냥, 숨이 들어오고 나갈 때의 몸의 느낌을 충분히 느껴 주기만 하면 됩니다. 단지 5분, 10분만 집중해서 제대로 해봐도 밖으로 쏠려 있던 주의가 자기 안으로 들어오며, 심신이 이완되어 마음이 차분해지고 편안해지는 것을 느낄 수 있을 것입니다. 누구든 습관이 되어 명상에 익숙하면 익숙해질수록 명상 모드로 진입하는 것이 점점 더 쉽고 빨라질 것입니다.

　명상이란, 나 자신을 진정으로 고요하게 만드는 일이다. 내면의 지혜에 닿을 수 있도록. - 루이스 L. 헤이

시간을 정해서 규칙적으로 명상을 하는 게 가장 좋겠지만, 호흡을 따라 몸의 느낌을 느껴 주는 것은 눈을 뜨나 감으나 마음만 있으면 언제 어디서든 할 수 있는 일입니다. 일상 속에서 10초, 20초 동안 이런 명상을 해도 그 또한 명상을 한 것이며, 그런 아주 작은 경험도 쌓이고 쌓이면 명상을 잘할 수 있는 실력이 됩니다.

깨달음의 불꽃은 언제 어디서든 일어날 수 있습니다. 온전히 자신의 느낌과 하나가 된다면, 그 속에서 모든 것을 놓아 버릴 수 있다면 그 순간 나를 잊은 세계와 만나게 되겠지요. 모든 이들에게 그러한 명상의 축복이 일어나기를!

긴장이 사라지면 마음의 문이 열려 명상 상태가 된다. 명상은 노력 없는 각성이다. 아이들이 노는 것을 보라. 노는 것에 노력을 들이지 않는다. 그냥 노는 것을 즐긴다. 화가가 그림을 그릴 때, 시인이 시를 쓸 때, 음악가가 연주할 때, 무용수가 춤을 출 때 거기에는 작위적인 노력이 없다. 무용수가 춤을 추면서 뭔가 애를 쓰고 있다면 그는 진짜 춤꾼이 아니다. 거기에는 춤을 통해 무엇을 얻으려는 결과 지향적인 성향이 있다. 붓다가 바른 노력을 하라고 하는 것은 자신이 하는 모든 것이 '자신에게 기쁨'이 되어야 한다는 말이다. 이것이 본질적인 가치가 되어야 한다. - 오쇼

무위 명상법(무위 내맡김 명상법)

무위 명상법이란 자신의 모든 생각을 다 내려놓고 그저 편안히 쉬는 것입니다. 뭔가를 이루고자 하는 마음, 뭔가를 하고자 하는 마음을 온전히 다 내려놓고 절대적 이완의 상태에서 그저 쉬어 주는 것입니다. 자신의 모

든 생각과 뭔가를 하고자 하는 욕구를 완전히 다 내려놓는 것, 이것은 에고를 '오프 상태'로 만드는 것입니다. 하고자 하는 바가 있는 유소욕有所欲의 상태에서 하고자 하는 바가 없는 무소욕無所欲의 상태로 전환하는 것입니다.

에고의 소란이 가라앉으면 앉을수록, 내면은 고요해지고 편안해집니다. '나'가 없는 상태의 편안한 쉼 속에는 '텅 빈 충만'이 드러납니다. 즉 에고를 내려놓을 때에만 내면 속에 늘 존재하는 그 '텅 빈 충만'을 만날 수 있게 됩니다. 아무런 욕구가 없는 그 '텅 빔의 상태'를 경험할수록 무심무아無心無我의 경지가 깊어집니다. 자신을 다 내려놓고 절대적 이완의 상태에 접속하는 것은 자신의 근원 에너지에 닿는 것과 같습니다. 방전된 배터리가 충전되는 것처럼 내면에서 좋은 에너지가 충전됩니다. 머리는 맑고 깨끗해지며 가슴은 편안해지고 담대해집니다. '나'가 없는 '텅 빈 상태'를 한 번만 제대로 만나도 깨달음이 일어납니다.

허나 사람은 아무것도 하고자 하지 않으면 단 하루도 살 수가 없습니다. 삶의 모든 것이 어떠한 '하고자 함'에서 나온 것이기 때문입니다. 그래서 이러한 무소욕의 상태는 명상할 때만 하면 됩니다. 활을 쏘지 않을 때는 활줄을 풀어 놓습니다. 이를 이완弛緩이라고 합니다. 이처럼 건강한 삶의 모든 섭리는 긴장과 이완을 적절히 잘 조절하는 데 있을 것입니다. 간단히 말해 현실 생활 속에서는 열심히 유소욕으로 살고, 명상할 때는 무소욕으로 살면 됩니다.

> 명상의 궁극적인 목적은 결국 지속적이고 영구적인 명상 상태에 도달하는 것이다. - 스바기토

그런데 여기엔 묘한 역설이 존재합니다. 무소욕의 경지가 깊어지면 일

상생활 속에서도, 그러한 무심의 평정 상태가 점점 더 확장됩니다. 그래서 점점 더 유소욕이 아니라 무소욕으로 삶을 살 수 있게 됩니다. 달리 말하면 에고의 집착을 벗어난 상태에서 살게 된다는 뜻입니다.

무소욕으로 살면 하고자 하는 바가 없는데도 절로 하게 됩니다. 오히려 유소욕의 상태일 때보다 더 힘들이지 않고도 더 좋은 결과를 이루어 냅니다. 이것이 바로 노자가 말했던 '무위無爲'입니다. 에고의 소멸 상태에서, 하고자 하는 바가 없는 무소욕의 평정 상태에서 절로 이루어지는 행위가 바로 무위입니다.

아무것도 하고자 하는 바가 없는 무욕·무의지의 상태, 그러한 제로 포인트로 이끄는 것이 바로 에고를 소멸시키는 입구이자 신성으로 들어서는 관문입니다. 이는 완전한 내려놓음(내맡김)이자 완전한 받아들임이기도 합니다. 무욕의 내맡김은 에고를 소멸시키고 에고로부터 진정한 자유를 가능케 하는 신비의 묘약입니다. 자신의 모든 것을 다 내려놓고, 내려놓고자 하는 그 자신마저 다 내려놓고 그저 편안히 텅 빔의 상태에서 쉬어 주기만 하면 됩니다. 그러한 내면의 휴지休止가 바로 무위의 본가요, 깨달음의 지름길입니다.

자신의 수많은 생각으로부터 자유로워지는 법, 자신의 온갖 욕망으로부터 자유로워지는 법, 이러한 법을 온전히 배우고 체득할 때라야 자기 구원이 이루어집니다. 구원은 내 밖의 신이나 어떤 대상이 아니라, 오직 이러한 섭리와 법칙을 통해서만 얻을 수 있는 것입니다. 그런 까닭에 인생에서 구원의 빗장을 여는 법을 익히는 것보다 더 중요한 일은 없다고 해도 과언이 아닐 것입니다.

깨달음은 '전지全知'가 아니라 '무지'다. 전부를 아는 게 아니라 아무것도 알지 못하는 것이다. 안다는 것의 흐릿함이 아닌 신성의 무지다. 보는 자는 보일 수 없다. 아는 자는 알려질 수 없다. 주시자는 주시될 수 없다. 그러므로 우리의 존재는 그저 신성의 무지 안에 자유롭게 떨어지는 것, 알려지고 보이고 들리고 느껴지는 모든 것으로부터의 광대한 자유, 지식의 반대편에 있는 무한한 자유, 시간의 반대편에 있는 영원한 해방인 것이다.

– 켄 윌버, 김명권 · 민회준 역, 《켄 윌버의 일기》에서

무위 명상법의 요지는 생각을 비우고 아무것도 안 하는 것이며, 아무 의지도 안 가지는 것입니다. 뭔가 이루려는 마음을 자각과 함께 바로바로 내려놓고, 자신을 다 지워 '텅 빔의 제로 상태'로 접속하는 것입니다. 오로지 자신의 모든 욕망과 의지를 다 내려놓겠다는 마음으로, 자신 내면을 감지하면서 '다 내려놓고 편히 쉬기와 그냥 있기'의 상태로 자신을 조율해야 합니다. 처음엔 쉽지 않아도 계속 시도하다 보면 '아주 잠깐'이라도 그러한 휴지의 상태를 경험하게 될 것입니다. 그러면 그러한 상태가 아주 편안한 느낌을 준다는 것을 알게 되기에 확신과 용기가 생길 것이요, 그러한 체험이 더해지면 더해질수록 무위 명상이 점점 더 쉽고 익숙해질 것입니다.

'나를 다 내려놓고 텅 빔 속에서 편히 쉬기!' 이러한 상태가 한 번만에 아주 쉽게 이루어지지는 않을 것입니다. 허나 한두 번 해봐서 안 된다고 포기할 일이 아니라, 천 번 만 번을 도전하고 또 도전해서라도 '될 때까지' 반드시 체득하겠다는 담대한 마음으로 접근해야 합니다. 어떤 일이든 계속 하다 보면 경험의 축적을 통해 변화를 가능케 하는 임계점에 이르게 됩니다. 요는 그러한 지점에 이를 때까지 스스로를 믿고 참으며 끊임없이 계속 도전하는 일입니다. '두드려라, 그러면 열릴 것이다. 하늘은 스스로 돕는 자를 돕는다!' 포기하고 싶을 때마다 마음 안쪽에서 매번 확인해야 할 푯말입니다.

SQ 천재독서플랜

자신이 자신을 믿지 않으면 삶을 지탱하고 추동할 힘이 없을 것이요, 자신이 자신을 돕지 않으면 하늘도 우리를 돕지 않을 것입니다. 우리 모두에게는 단 한 사람의 예외도 없이 이러한 영적 각성을 이룰 위대한 힘이 존재합니다. 그러한 힘은 우리 안에 그러한 힘이 이미 충분히 내재하고 있음을 확실히 인지하고 믿을 때 더 잘 발현됩니다. 자신의 숨겨진 능력에 대해 절대적이고 자명한 확신이 있어야 하는 것입니다.

밖에서 구하는 것은 내 뜻대로 될 수 없는 경우가 많지만, 내 안에서 구하는 것은 오직 스스로의 힘으로 반드시 성취할 수가 있습니다. 그것은 본디 처음부터 내 것이었으며, 내 안에 숨겨져 있던 무한한 재산과 같은 것이니까요!

그런 점에서 명상이란 내 안의 숨겨져 있는 지고의 재산을 얻는 일일 것입니다. 절대지복의 그 재산은 그 무엇에도 조금도 훼손되지 않으며 그 누구에게도 조금도 빼앗기는 일이 없을 것입니다. 명상은 '가장 잘 사는 길'로 안내하는 지혜의 등불이자 행복의 수레인 셈입니다.

> 시공을 초월한 참나와 하나가 되는 순간, 우리는 다시 태어난다! 묵은 업에서 초월하여 새로운 존재가 된다. 묵은 과거와 결별하는 최고의 비법은, 참나와 하나가 되어 시간성을 초월하는 것이다. - 윤홍식

《지금 이대로 완전하다》의 저자 김기태 님이나,《내 안의 창조성을 깨우는 몰입》의 저자 윤홍식 님도 이와 같은 방법으로 깨친 분들이니 그분들의 책도 좋은 참고가 될 것입니다.

9 깨달음과 영성사회에 대하여

깨달음을 여는 기적의 만트라 명상법

라디오를 들으려면 주파수를 맞춰야 하는 것처럼, 만트라 명상은 특정 문장(단어)을 통해 깨달음의 의식에 주파수를 맞추는 방식입니다.* 체득하기가 세상에서 가장 쉽고 단순한 방식이 만트라 명상입니다. 정말 너무나 간단합니다. 단지 집중해서 문장을 음미하며, 반복해서 외우기만 하면 됩니다. 방법 전수가 단번에 이루어질 뿐 아니라, 누구나 금방 익힐 수 있는 방법입니다.

만트라는 흔히 말하듯 반복에 의해서 그 힘이 길러진다고 한다. 기억하도록 반복하고, 우리의 욕망과 상념들을 잊기 위해 반복하고, 우리 마음의 본성을 깨우치기 위해 반복한다. 그렇게 천 번, 만 번 반복한다.

그때 비로소 만트라는 그의 온몸의 세포와 뼈들을 진동시키고, 그의 온몸과 마음과 영혼에 공명을 일으킬 것이다. 그러고는 마침내 그의 몸과 마음과 영혼을 변화시키고, 주위에 있는 다른 사람들의 영혼까지 변화시킬 것이다.

만트라를 오래 반복하면 그 에너지가 우리의 마음에 각인되어 우리를 보다 확장된 의식에로 인도한다고 한다. 만트라는 일정한 에너지의 흐름과 그 흐름의 고리를 만든다.

    – 서정록, 《잃어버린 지혜 듣기》에서

만트라의 속성과 효과와 가치에 대해서 아주 명쾌하게 잘 설명한 글이 아닌가 합니다. 만트라는 문장이라는 도구를 이용해 신성 의식 쪽으로 의

---

* 간혹 운 좋게 영성책을 읽다가 영적 각성을 하는 이들도 더러 있습니다. 이 또한 책의 메시지에 대한 마음의 동조 현상 때문이니 이와 비슷한 경우라 하겠습니다. 그런 면에서 좋은 영성책을 마음 깊이 읽는 것은 그 자체로 하나의 명상이 될 수 있다고 하겠습니다.

식을 집중하게 만드는 '주목 몰입의 명상법'입니다. 돋보기로 빛을 한곳으로 모으면 불꽃이 일어나듯, 마음을 한곳으로 모아 신성의 불꽃을 일으키는 방식입니다. 그래서 만트라 명상은 집중과 지속(반복)이 생명입니다.

만트라는 자신을 깨우는 주문입니다. 만트라의 종류는 수없이 많겠지만 제가 찾은 가장 효과적인 만트라 몇 가지를 소개할까 합니다.

〈치유 만트라〉

1. 나를 있는 그대로 온전히 받아들이고 사랑합니다.
2. 모든 것을 있는 그대로 온전히 받아들이고 사랑합니다.

〈각성 만트라〉

1. 참나는 신이요, 하늘이요, 무시공無時空 생명이다.
2. 참나는 무한한 사랑이요, 완전한 조화요, 영원한 진리다.

치유 만트라는 내면의 치유와 정화에 초점이 맞춰져 있고, 각성 만트라는 깨달음의 의식 상태에 초점이 맞춰져 있습니다. 엄마와 아빠가 아이를 함께 기르듯, 이 두 가지 버전의 만트라는 상호 보완적입니다. 두 가지 버전 중에 한 가지만 외워도 되지만 두 가지를 함께 외우는 것이 더 효과적이리라 생각합니다. 이 만트라들을 함께 외우면 내면을 정화하고 치유할 뿐 아니라, 자신의 진아를 자각하며 자아와 외부 세계의 의식적 경계를 지우는 합일의식을 체험하게 될 것입니다.

'치유 만트라'는 무의식의 부조화와 상처를 정화해 주고, 몸과 마음에 치유 효과를 주는 만트라입니다. 모든 치유의 시작은 '받아들임과 사랑'에서 이루어집니다. 받아들이지 못함과 사랑의 부재가 모든 상처와 고통의 시작이니까요. 이 만트라는 '조건 없는 수용과 사랑'을 위해서 외우는 만트라입니다.

에고는 늘 '조건적인 수용과 사랑만'을 하기에, 조건 없는 수용과 사랑에 가까울수록 에고는 소멸하게 됩니다. 온전한 수용이란 자아를 내려놓는 길이며, 자아를 내려놓아야 내 안에 신성이 깨어납니다.

내면의 존재를 발견하면서 생겨나는 가장 중요한 특성은 자기 수용, 혹은 자기 사랑이다. 왜냐하면 이것이 바깥세상에서 그토록 찾아 헤매던 진정한 평화와 충만감이 자기 본성의 고유한 부분이라는 깊은 깨달음을 주기 때문이다. 그 순간 자기 판단, 자기 불신, 자기 비난은 사라지게 된다. 있는 그대로의 자신을 받아들이며, 어떤 것을 바꾸거나 개선하려 하지 않고 있는 그대로의 삶 자체에 '네'라고 말할 수 있게 된다.

– 스바기토 R. 리버마이스터, 박선영 · 김서미진 역,《삶의 얽힘을 푸는 가족세우기》에서

치유 만트라의 속성을 잘 대변해 주는 글이 아닌가 합니다. 모든 치유와 정화의 본질은 '자신에 대한 수용과 사랑'에 있습니다. 자신을 수용하고 사랑할 수 있어야, 타인이나 세상을 수용하고 사랑할 수 있습니다. 있는 그대로 받아들인다는 것은 에고의 분별과 저항을 내려놓는다는 뜻입니다.

자신을 받아들이지 못하면 받아들일 수 없는 불편한 존재와 일생 동안 늘 함께 있어야 함을 의미합니다. 이는 모든 부조화의 시작입니다. 때문에 자신을 온전히 받아들이고 사랑하는 것은 마음의 평화와 행복한 삶을 얻기 위해 가장 중요한 일입니다.

수용과 사랑에는 이해와 용서가 내포되어 있습니다. 내면 속에 존재하는 모든 상처와 부조화는 이해와 용서, 수용과 사랑이 부족해서 생기는

것입니다. 때문에 그것을 치유하는 방법은 조건 없는 수용과 사랑에 있습니다.

자신을 있는 그대로 받아들이고 사랑한다는 것은 '조건 없는 수용과 사랑'을 체득하는 일입니다. 앞서 언급했듯 에고의 완전한 소멸 상태가 바로 '조건 없는 수용과 사랑'의 상태입니다. 그 결과로 따라오는 것이 조건 없는 행복입니다. 치유 만트라는 완성의 경지를 겨냥하고 있는 것입니다. 그 속엔 엄청난 기적과 축복이 담겨 있는 셈입니다.

에고의 오랜 관성과 저항 때문에 자신은 물론이요 모든 것을 있는 그대로 받아들이고 사랑한다는 것은 참으로 쉽지 않을 일입니다. 그렇기 때문에 계속 만트라를 통해 마음을 바꾸고 의식을 한곳에 모으는 것입니다.

티끌 모아 태산이라고 하지요. 뭐든 큰 변화를 낳는 임계점에 이르기까지는 꾸준한 노력이 필요할 것입니다. 누구든 마음이 저 만트라처럼 된다면, 그는 대단한 경지에 이르게 될 것입니다!

한 번 더 강조하건대, 잘못된 것을 버려야 옳은 것을 얻게 되는 것이 아니다. 옳은 것이 어떤 것임을 분명히 알았을 때 잘못된 것이 버려지는 것이다. 올바른 생각이 반복될수록 이기적인 생각이 사라진다. 그것은 자기 무의식이 정화되는 것이며, 자기의 무의식이 정화될수록 현실이 탁월해지고 행복해진다.

– 신병천, 《힐링》에서

이 글은 각성 만트라의 속성을 아주 잘 대변해 주고 있는 듯합니다. 늘 올바른 생각만 하면 올바른 생각의 기운이 내 안에 가득 차고 넘칠 것입니다. 그와 같이 참나와 실상에만 집중하면 참나와 실상을 접하는 양이 더 늘어날 것은 분명한 일입니다.(일본의 현자 다니구치 마사하루가 제시하는 명상법인 실상관實相觀도 이와 같은 것입니다.)

한곳에 오로지 집중하고 있을 때 그것 외에 모든 것은 보이지 않습니다. 이런 것을 초점의 법칙이라고 하지요. 자신의 마음과 생각을 오로지 올바른 곳에 집중하고 있으면 삿된 것이 끼어들 틈이 없겠지요. 한 방향으로 의식과 무의식이 정렬되고, 전심專心 일치의 정신통일이 이루어질 때 가장 강력한 에너지가 발생할 터입니다.

그렇게 마음을 모아 깨달음의 의식 차원에 주파수를 맞추게 되면, 점점 더 그런 주파수와 동조 현상이 일어나게 됩니다. 그런 일이 반복되다 보면 에고 의식의 장막에 균열이 생기면서 영적 각성이 일어나게 됩니다. 각성 만트라는 바로 이와 같은 원리에 착안하여, 특정 문장을 이용해 깨달음의 의식 차원으로 사신의 의식과 내면을 동조시키는 방식입니다.

유유상종類類相從! 비슷한 것은 비슷한 것끼리 어울리고 동조하기 마련입니다. 깨달음이란 하늘의 뜻을 아는 것이요, 하늘의 마음을 얻는 것입니다. 만트라는 하늘과 하나되는 마음을 얻도록 도와주는 언어적 수신기인 것입니다.

삼라만상과 하나되는 마음이 커지고 깊어질수록 하늘의 중심에 가까이 갑니다. 이 마음이 완전해질 때 하늘의 중심과 하나가 됩니다. - 자허

동학의 시천주 수련도 이와 같은 만트라 명상이며, 전 세계 수많은 영적 전통 속에는 이러한 만트라 명상들이 다양하게 공존하고 있습니다. 우리의 목적은 깨달음을 얻는 것이므로, 문제는 '가장 효과적인 만트라'를 찾아서 열심히 외우는 일일 것입니다. 소개하는 만트라는 현재까지 제가 아는 만트라 중에서 가장 효과적인 만트라인 셈입니다.(이 만트라의 속내를 모르는 이들에겐 언뜻 대수롭지 않게 보일지 모르나, 이 두 가지 버전의 만트라를 찾는 데 무려 18년이나 걸렸습니다.)

치유 만트라와 각성 만트라를 깊이 음미하면서 반복해서 외우면, 서서히 내면이 비워지고 확장되며, 에고의 경계가 지워져 영적 깨달음을 얻을 수 있게 될 것입니다.

> 진정한 '명상'은 생각 · 감정 · 오감을 부정하는 것이 아니라, '순수의식의 각성'을 통해, 생각 · 감정 · 오감을 질적으로 변화시키는 것입니다. 이것이야말로 진정한 '신비'입니다. - 윤홍식

만트라 명상법의 핵심은 집중과 적층에 있습니다. 빈 호수에 서서히 물을 채우듯, 전일專一한 마음으로 꾸준히 하는 것이 관건입니다. 깊은 몰입 속에서, 만트라와 내가 온전히 하나가 된다는 마음으로 하는 것이 가장 좋겠지요. 깨달음이란 신성 의식과의 합일이니까요!

마음속으로 외우는 것과 소리 내어 외우는 것, 이 두 가지를 함께 병행하되, 마음속으로 외울 때는 오로지 가슴에 의식을 집중한 상태에서 가슴의 느낌을 충분히 느끼면서 하는 것이 더 좋습니다.

이 두 버전의 만트라를 하루에 1시간(아침/저녁이면 30분씩) 정도 외우면 빠른 분은 두세 달 안에 깨어날 수도 있습니다. 만일 수도승처럼 하루 온종일 명상만 한다면 그보다 훨씬 더 빨리 깨어날 수도 있겠지요. 다소 늦는 분도 대체로 1년 안에는 대부분 깨어나게 될 것입니다.

사람마다 자신이 가지고 있는 의식 수준이 다르고, 의지와 집중도가 다르며, 개인의 카르마 노선이 다르기 때문에 각성 시기를 정확히 논정할 수는 없습니다. 하지만 만트라 명상을 열심히 한다면 누구나 한 만큼 에너지 정화가 일어나고, 신성의 의식에 조금이라도 더 가까워지게 될 것입니다.

규칙적인 명상 시간을 가지고 하는 게 가장 좋지만, 일상의 언제든 틈날 때마다, 더 많이 더 자주 하면 더 좋습니다. 마음속으로 외우는 것은 언

제 어디서나 가능하며, 하는 만큼 그 에너지는 내면에 적층이 될 테니까요. 때가 되면 반드시 깨어난다는 담대한 믿음을 가지고 하시기 바랍니다. 큰 항아리에 물을 계속 부으면 언젠가는 넘치기 마련입니다.

제가 좋아하는 단어 중에 습량濕量이라는 말이 있습니다. 젖어듦의 양이라는 뜻인데요, 만트라의 내용이 자신의 의식·무의식에 젖으면 젖을수록 내면의 속성은 서서히 변해 갈 것입니다.

각성 만트라의 경우는 그 말이 무슨 뜻인지 완전히 이해하기가 어려울 것입니다. 하지만 각성이 일어나고 나면, 만트라의 뜻이 무엇인지 정확하게 이해하게 될 것입니다. 아울러 첫 번째 영적 각성 이후에도 궁극의 경지를 위해 계속 외우는 게 좋지 않을까 합니다.(깨달음에는 초견성부터 대열반까지 많은 레벨이 있는데, 여기서 깨어난다는 것은 초견성을 의미합니다.)

고작 태권도 1단을 따는 데도 하루에 1시간씩 1년 정도의 시간이 걸립니다. 일평생 수도를 하고도 깨달음을 얻지 못하고 생을 마치는 경우도 적지 않습니다. 만약 이 만트라 명상으로 몇 달 만에 깨치거나 혹은 1, 2년 만에 깨쳐도 그것은 기적에 가까운 일입니다.

세상 모든 일이 그러하듯, 어떤 일이든 효과적인 방법이나 노하우가 있게 마련입니다. 특히 깨달음을 얻는 일은 진정 쉬운 일이 아니기에, 가장 효과적인 방법을 찾아야 할 것입니다. 그 차이는 마치 한국에서 유럽으로 가는데, 걸어서 가느냐 아니면 비행기를 타고 가느냐의 차이와 같을 것입니다.

깨달음이란 의식 차원에선
우주의 모든 것과 내가 하나임을 아는 것이고
심리 차원에선
모든 것을 조건 없이 사랑하는 것입니다.

조건 없는 무한한 사랑이 우리의 본성입니다.

그 본성을 회복하는 것이 깨달음입니다.

그 본성을 완전히 회복하는 것이 영혼의 부활입니다.

오직 그 부활만이 신을 만나는 유일한 길입니다.

우리의 본성이 곧 신의 얼굴이자 마음이니까요.

내 안에 우주의 시작과 끝이 있습니다.

내 마음속에 우주의 시작과 끝이 있습니다.

나는 천지의 마음이요, 천지는 나의 마음입니다.

나는 신성의 마음이요, 신성은 나의 마음입니다.

마음이 모든 것의 시작과 끝입니다.

마음이 모든 것의 모든 것입니다.

나는 모든 것의 근원이요, 근원의 모든 것입니다.

나는 모든 것의 신성이요, 신성의 모든 것입니다.

나는 모든 것의 사랑이요, 사랑의 모든 것입니다.

나는 모든 것의 기쁨이요, 기쁨의 모든 것입니다.

나는 모든 것의 축복이요, 축복의 모든 것입니다.

나는 모든 것의 권능이요, 권능의 모든 것입니다.

나는 언제나 모든 것의 모든 것입니다.

나는 지금 이 순간 온전하고 완전합니다.

나는 있는 그대로 늘 온전하고 완전합니다.

내 마음, 내 삶도 있는 그대로 늘 온전하고 완전합니다.

타인도 세상도 있는 그대로 늘 온전하고 완전합니다.

모든 것은 언제나, 지금 이 순간 온전하고 완전합니다.

언제나 존재하는 것은 오직 완전함뿐입니다.

완전함을 보는 눈은 온전한 자각 속에 있을 뿐입니다.

– 졸고,《깨달음을 찾아가는 명상록》에서

이 글은 제가 쓴 명상록의 일부입니다. 이 글도 참고해서 읽어 보시면 영적 이해에 다소 도움이 되지 않을까 합니다. 영적 각성이 일어나고 나면 이런 글들이 아주 쉽고 정확하게 이해가 될 것입니다. 반면 각성이 되기 전에는 그렇지 않을 것이니, 일종의 견성 테스트가 되지 않을까 합니다.(옛 선사들이 스승에게 깨침 인가를 받을 때도 이와 비슷한 방법을 흔히 사용했었습니다.)

일체성을 일별하고 나면 자연스럽게 자비심과 정의감이 우러나와서, 우리는 자신의 다른 부분들 — 모든 것 — 을 지혜롭게 대하게 된다. 일체성 속으로 깨어나면 우리는 산과 강과 삼나무 숲이 모두 우리와 같은 성性을 가지고 있음을 깨닫게 된다.

이러한 진실을 온전히 체험하는 것을 '견성見性'이라고 한다. 깨달음의 첫 맛을 보는 것이다. 우리는 모두 견성 후보자들이다. 자신의 진짜 이름을 기억해 내는 일 말이다. 우리는 단지 내려놓는 법만 배우면 된다.

– 잭 콘필드, 이균형 역,《깨달음 이후 빨랫감》에서

이상 느낌 명상, 느낌 호흡 명상, 무위 명상, 만트라 명상 이렇게 네 가지 명상법에 대해 설명을 드렸습니다.(네 가지를 다 해보시라고 권하고 싶습니다.) 제 경험에 비춰 봤을 때, 이 명상법은 모두 유용하고 가치 있는 최고의 명상법들입니다. 하지만 이 외에도 세상엔 좋은 명상법들이 숱하게 많을 것입니다. 관심 가는 다른 방법을 더 배워 보는 것 또한 나쁠 것은 없겠지요.

중요한 것은 하나라도 제대로 익혀서 꾸준히 명상을 실행하는 것이요, 그러한 과정에서 명상의 효과와 가치와 즐거움을 자각·체득하는 것이며, 더 나아가 자신의 실제 체험을 통해 깨달음을 이루는 것입니다. 소개한 네 가지 명상을 꾸준히 열심히 한다면 누구나 그와 같은 결과를 얻을 수 있지 않을까 합니다.

명상은 나의 존재양식을 바꾸는 시간이자 세상을 바꾸는 위대한 시간입니다. 내가 깨어나야 세상이 깨어날 수 있을 테니까요! 천재가 되는 가장 좋은 티켓은 좋은 명상법 속에 있을 것이니, 눈 밝은 이는 굽어보소서.

> 평범한 사람이 천재나 성인(聖人)이 된다는 것은, 마음의 경지, 생각의 경지, 의식의 경지가 예전과 확연히 달라질 때 가능한 것이다.

삶의
진짜 시크릿

세상을 어떻게 바라볼지 유의하라. 그것이 곧 그대의 세상이므로. - 에리히 헬러

우리의 삶에는 우리가 잘 알든 모르든 우리 삶에 절대적 섭리로 작용하고 있는 '삶의 법칙'이 있습니다. 그 법칙들 중에서도 가장 중요하고 핵심적인 법칙을 '인생의 절대 법칙'이라고 부르고자 합니다. 그 법칙은 다음의 두 가지입니다.

- 거울의 법칙: 외부 세계는 모두 내면세계의 반영이다(조응의 법칙).
- 인과의 법칙: 모든 일에는 반드시 원인과 결과가 있다.

거울의 법칙은 우리의 내면과 삶의 모습이 서로 거울처럼 조응됨을 말하는 법칙입니다. 찰스 해낼은 《마스터키》에서 이 법칙을 이렇게 설명하고 있습니다. "내면세계는 원인이요, 외부 세계는 결과이다. 결과를 바꾸려면 원인을 바꾸어야 한다. 사람들은 대부분 결과에 노력을 기울여 결과를 바꾸려 한다. 불화를 제거하려면 원인을 제거해야 한다. 원인은 오직 내면세계에서만 찾을 수 있다. 모든 성장은 내면에서 나온다. 외부 세계에서 힘을 구하는 일은 오래전부터 계속되어 온 잘못이다."

간단히 말해 자신의 '삶의 모습'은 자신의 '내면세계'가 거울처럼 그대로 반영된 것입니다. 때문에 삶이 변하려면 내면세계가 먼저 변해야만 합니다. 거울을 보고 찡그리면 거울도 찡그리고, 거울을 보고 웃으면 거울도 웃는 것과 같습니다. 이처럼 삶은 자신의 내면세계를 비추는 거울과 같으므로, 자신의 내면과 자기 삶의 모습과의 연관성을 잘 살펴야 합니다.

부자든 가난뱅이든, 긍정적인 일이든 부정적인 일이든, 혹은 좋은 결과든 나쁜 결과든 결국 어떤 사람의 외적인 결과는 '내적인 세계를 비추는 거울'이므로 대답에 따라 처방도 달라야 하는 것이다. 자신의 삶이 원활하지 못하고 고달프다면 그것은 틀림없이 내면에서 뭔가 잘못이 있기 때문이다.

왜냐하면 우리는 원인과 결과의 법칙이 존재하는 세상에 살고 있으며 결과가 신통치 않다는 것은 곧 원인에 문제가 있는 것이다. 따라서 해답도 거기서부터 찾아야 하는 것이다.

– 김정수, 《MCC 성공학 개론》에서

언제나 내면이 원인이요, 외부는 결과이므로 결과가 뜻과 같지 않다면 자신의 내부에 어떤 문제가 있는지를 찾아서 그 내부부터 고쳐야 합니다. 그런데 이것이 말처럼 쉽지 않은 이유가 있습니다. 내면세계는 의식과 무의식으로 이루어져 있고, 내면세계의 대부분을 무의식이 차지하고 있는데, 그 무의식을 자각하기가 쉽지 않기 때문입니다. 무지의 광활한 미개척지가 자신의 내면 속에 있는 것입니다.

9 깨달음과 영성사회에 대하여

무의식에 대한 공부와 심리치유에 대한 공부가 필요한 것은 그 때문입니다.

- 노구치 요시노리, 김혜숙 역, 《거울의 법칙》
- 존 페인, 풀라 역, 《가족 세우기》
- 스바기토 R. 리버마이스터, 박선영 · 김서미진 역, 《삶의 얽힘을 푸는 가족 세우기》
- 데비 포드, 신업공동체 역, 《그림자 그리고》 = 도희진 역, 《삶의 빛을 찾는 사람들에게》
- 조 비테일 · 이하레아카라 휴 렌, 황소연 역, 《호오포노포노의 비밀》
- 데이비드 프라이드만, 권혜아 · 김소희 · 구영우 역, 《생각의 전환》

거울의 법칙을 직간접적으로 공부할 수 있는 책은 수없이 많겠지만, 이 책들을 기본적인 필독서로 권해 드리고 싶습니다. '거울의 법칙'을 정의 차원에서 아는 것은 아주 쉽지만, 실제 자신의 현실에서 자기 내면과 삶의 모습이 어떻게 조응하는지를 깊이 통찰하는 것은 결코 쉽지 않은 일입니다. 스스로의 힘으로 그 내용과 맥락을 다 알기는 거의 불가능에 가까운 일이기도 합니다. 때문에 무의식이나 심리치유에 대한 공부를 깊고 넓게 하는 게 좋으며, 이와 아울러 자신의 내면세계를 탐구할 수 있는 명상을 하는 것이 좋습니다.

명상은 자신의 내면을 관조하게 할 뿐 아니라, 무의식의 내용 자체를 변하게 하는 힘이 있습니다. 무의식의 내용은 자신이 알게 모르게 쌓아온 자신의 신념체계(내면 프로그램)이기 때문에, 내 안에 쌓여서 자동적으로 작동하고 있는 그 의식 프로그램이 무엇인지를, 그것이 내게 어떤 영향을 끼쳐 왔는지 자각하는 일과 함께 새로운 내용으로 전환하는 일이 함께 필요합니다.

　사람들은 자신의 행복을 위해서 밖을 바꾸어야 한다고 생각합니다. 하지만 저는 다른 사람을 바꾸어서 행복해진 사람을 아직 보지 못했습니다. 문제의 원인은 내 안에 있고 답도 내 안에 있습니다. 그래서 밖으로 나가 문제를 해결하려는 그 어떤 시도도 무의미하며 반드시 실패할 수밖에 없습니다. 삶의 실질적인 변화는 밖이 아니라 안에서 일어납니다. 그러기 위해서는 밖을 향해 있는 마음의 빛을 안으로 돌려야 합니다. 이것이 지혜의 시작입니다.

- 장건익, 《철학의 발견》에서

　내 안과 내 바깥은 분리되어 있지 않습니다. 안과 밖은 둘이면서 하나로 연결되어 있으며, 이 둘은 늘 서로 조응합니다. 우리 삶의 모든 것이 철저히 영적인 일이라고 하는 것은 이 때문입니다. 내면의 부조화는 반드시 삶의 부조화로 나타납니다. 나의 삶에 풀리지 않는 부조화가 존재한다면, 그것은 나의 내면에 풀리지 않는 부조화가 존재하기 때문입니다. 때문에 내면의 부조화가 풀리지 않으면, 삶의 부조화 또한 해결되지 않을 것입니다.

　이것은 인간관계의 측면에서도 항상 그러한데, 그 중심 내용으로 부모와 자신과의 관계를 들 수 있습니다. 자신의 부모를 있는 그대로 받아들이고 사랑하지 못하면, 자동적으로 자신을 있는 그대로 받아들이고 사랑할 수가 없습니다. 그 결과 내면에 부조화가 생기게 되고, 그것은 삶의 다른 모습으로 반드시 드러나게 됩니다.

　만일 내가 다른 부모를 만났다면, 다른 사람이 되었을 것이다. 다른 부모를 원한다는 것은 마치 자신이 다른 누군가가 되기를 원하는 것과 같다. 항상 다른 사람이 되고 싶어 하면서 어떻게 마음이 평화로워질 수 있겠는가?

— 스바기토 R. 리버마이스터

나와 부모의 관계는 관계의 근원과 같아서, 내면세계의 중추적 역할을 합니다. 그리고 그 속성은 삶의 다른 관계와도 연결됩니다. 부모와의 관계는 자신의 내면 상태를 가늠해 볼 수 있는 바로미터 역할을 합니다. 아울러 부모 자식 간의 관계뿐 아니라, 모든 관계에는 자신의 내적 속성을 비추는 거울의 법칙이 고스란히 작용합니다. 스바기토는 그 점을 이렇게 지적하고 있습니다.

"관계를 다루는 모든 작업에서, 다른 사람과의 관계를 통해 우리는 자신에 대해 진정으로 배우게 된다. 타인은 우리가 전체로 통합해야 하지만, 아직 보지 못하고 있는 개인성의 측면을 보여 주는 거울이다. 그러므로 우리는 다른 사람을 통해서 우리 자신과 진정으로 관계하며 사랑을 배우고, 억눌리고 감춰지고 알지 못했던 내적 부분을 자기 것으로 만들 수 있다." 상대가 누구든 타인과의 관계는 나의 내면을 비춰 줍니다. 모든 관계가 결국 나를 발견하게 하는 거울인 것입니다.

인간의 커다란 착각은 자신의 의식 상태가 아니라, 다른 데 문제의 원인이 있다고 확신하는 것이다. — 네빌 고다드

무엇에 관련된 것이든 내면의 부조화는 삶의 부조화를 계속해서 만들어 냅니다. 내면에 '거부'되고 있는 것이 있으면, 그것은 삶의 어떤 측면으로든 거부하고 싶은 현실로 계속 나타납니다. 흔히 '저항하는 것은 지속된

다'고 하는 것도 이와 같은 맥락의 말입니다.* 언제나 삶의 모든 것은 안과 밖이 하나로 움직입니다. 행운도 불운도 실은 다 자신의 내면이 불러들인 것입니다.

> 지금 존재하는 물질, 우주의 모습은 전적으로 나의 책임이다. 병든 현실을 유발하는 병든 생각을 교정하는 것은 전적으로 나의 책임이다. 외부라는 것은 존재하지 않는다. 모든 것은 내 마음속에 생각으로 존재한다. - 이하레아카라 휴 렌

휴 렌 박사는 내 삶의 모든 것은 나의 책임이라고 합니다. 내 삶의 모든 것이 내 내면의 반영이라면, 모든 것은 나에게 일차적인 원인이 있으므로, 결국 모든 것은 나의 책임이라는 결론이 나옵니다. 이것은 지고의 삶의 비밀이자, 영적인 법칙입니다. 하지만 우리는 무의식 속에 축적되어 있는 내용이나 삶 속에 숨겨져 있는 많은 맥락들을 보지 못하기에, 자신의 책임을 온전히 인지하지 못할 때가 많습니다. 문제는 자신의 책임을 인지하지 못하고, 계속 거부하거나 방치하고 있으면 삶의 변화나 성장을 만들어 낼 수가 없다는 점입니다. 자신의 삶에 책임을 질 수 있는 사람은 오직 자신뿐입니다. 자신이 자기 삶의 주체가 되려면 자기 삶의 모든 것에 책임을 지는 길밖에 없습니다.

심리학자 칼 융은 "외부를 바라보는 자는 꿈을 꾸고, 내면을 바라보는 자는 깨어난다."고 했는데, 저는 이 말을 빌려 이렇게 이야기하고 싶습니다. "책임을 외부로 돌리는 이는 계속 헤맬 것이요, 책임을 자기 내부에서 찾는 이는 비로소 깨어나리라."

---

* 《시크릿》을 통해 널리 알려진 '끌어당김의 법칙'도 사실은, 안과 밖이 하나로 움직여 사랑만이 사랑을 낳고, 긍정과 수용만이 긍정적 현실과 삶의 조화를 낳는다는 영적인 진리를 내포하고 있는 법칙입니다.

휴 렌 박사는 외부는 존재하지 않는다고 했습니다. 왜냐면 외부와 내면은 언제나 하나로 연결되어 있는 것이기 때문입니다. 원을 반으로 가를 때 왼쪽과 오른쪽이 동시에 생길 뿐 아니라 서로 연결되어 있듯, '내 안/내 밖'은 언제나 하나로 연결되어 있습니다. 무의식의 세계와 거울의 법칙을 알지 못하고서는 인간도 알 수가 없고 삶의 실상도 알 수가 없습니다. 심지어 자신과 가장 가까운 '나'조차 제대로 알 수가 없습니다.

'내 인생이 생각의 거울이라면, 이 거울은 무슨 생각을 반영하는 것일까'라고 자신에게 물어야 한다. 무슨 일이 일어나길 바라는가? 인생의 거울에 생각이 반영된다면 어떤 생각이 원하는 일을 실현시킬 수 있을까? 그 생각을 새로운 생각으로 전환해야 한다. 새로운 생각을 선택하는 것과 그 생각을 유지하는 것은 별개의 문제이다.

– 데이비드 프라이드만, 권혜아 · 김소희 · 구영우 역, 《생각의 전환》에서

원인과 결과 사이의 연결성을 찾아내기 위해선 사색적 질문을 통해 그 연결성을 통찰해 내야 합니다. '내 안에 어떤 문제가 있길래, 이런 일이 일어나는 것일까? 이 일은 내게 어떤 메시지를 보내고 있는 것일까?' 그 무엇이든 일차적인 원인은 내면에 있습니다. 때문에 원인을 정확히 인식하는 것은 문제 해결의 첫 번째 열쇠가 될 것입니다.

답을 찾아 계속 우리 바깥을 헤매고 다니는 것은 참 안타까운 일이다. 우리는 종교와 의학, 과학적 연구, 책, 다른 사람들을 찾아다니며 답을 구하고 있다. 우리는 진실이 저기 바깥에, 손에 잡히지 않은 채로 있다고 생각한다. 그러나 그럴수록 우리는 더 길을 잃고 헤맬 뿐이다. 진정한 자신으로부터 더욱 멀어지기 때문이다. 온 우주가 우리 안에 있다. 바깥에서 일어나는 것처럼 보이는 모든 것은

내 안의 무엇인가를 일깨우기 위하여, 일깨워서 나를 확장시키고 진정한 자신
으로 돌아가게 만들기 위하여 일어나고 있는 것이다.

- 아니타 무르자니, 황근하 역, 《그리고 모든 것이 변했다》에서

모든 것에는 반드시 원인과 결과가 있습니다. 그리고 그 원인의 첫 출
발점은 반드시 우리 내면 속에 있습니다. 이것은 삶의 절대적인 법칙입니
다. 그래서 우리는 모든 답을 자신의 내면에서부터 찾아야 합니다. 언제나
현실은 자기 내면을 그대로 비춰주는 거울과 같으니까요. 그러므로 이 법
칙은 삶의 가장 중요한 '비밀'의 하나라고 할 수 있을 것입니다.

> 외부에서 원인을 찾아봤자 아무 소용이 없다. 해결의 열쇠는 '자기긍정'과 '자
> 기수용'뿐이다. - 루이스 L. 헤이

노구치 요시노리는 《거울의 법칙》에서 이렇게 말합니다. "살아가면서
닥치는 모든 문제는 뭔가 중요한 일을 깨닫게 하기 위해서 발생합니다. 그
리고 자신이 해결하지 못할 문제는 절대로 일어나지 않습니다. 자신에게
일어나는 문제는 자신이 해결할 능력이 있고, 그 해결을 통해 중요한 사실
을 배울 수 있기 때문에 생기는 것입니다." 이러한 시각 속에서 수용과 긍
정이 생깁니다. 그는 어떤 일이 발생했을 때 그 일을 통해 내가 배워야 할
것이 무엇인지 스스로에게 물어보라고 이야기합니다. 자기 내면을 향한
물음, 이 같은 물음을 던지는 것은 거울의 법칙을 통해 삶을 통찰하는 첫
걸음이 될 것입니다.
거울의 법칙은 모든 것에는 원인과 결과가 있다는 인과의 법칙과도 서
로 긴밀하게 맞물려 있습니다. 즉 모든 외부 세계의 결과들은 내면세계가
그 원인이며, 내면세계가 창조한 것이라는 '지고의 섭리'를 우리에게 알려

줍니다. 이것은 한 개인의 인생사뿐만 아니라, 전 인류의 모든 역사와 문화에 스며 있는 보편적이고도 절대적인 원리입니다. 예컨대 우리가 분단의 역사를 안고 있는 것도, 또 통일이 이루어지는 것도 모두 우리 '내면(집단 무의식)'과 관련이 있는 것입니다.

그러므로 항상, 이 두 법칙으로 '삶의 모든 것'을 관찰하고 그 실상을 사색하면, 누구나 삶의 이면까지 꿰뚫어 보는 '비상한 통찰력'을 얻게 될 것입니다. 이 두 가지 법칙에 대한 깊은 이해와 체득體得은 현자賢者가 되는 지름길이라고 할 수 있을 것입니다. 특히 이 두 가지 절대법칙을 제대로 체득하기 위해선, 현상과 내면의 연관성을 묻는 질문을 반복해서 던지는 것이 좋습니다.

실물이 바뀌면 그림자가 바뀌듯, 의식이 바뀌면 의식의 투사체인 이 세상은 자연히 바뀌게 되는 것이다. - 최민자

"모든 변화는 우리 내면으로부터 시작된다는 것을 잊지 말라."(루이스 L. 헤이) 우리가 믿어야 할 것은 신이 아니라, 우주와 삶의 절대적인 법칙과 섭리들입니다. 그러한 법칙과 섭리들을 아는 것은 지혜를 얻는 지름길이 될 것입니다.

인과의 법칙과 황금률

신의 질서 아래에서 인간은 조화롭게 평화를 누린다. 신의 질서를 어길 때 인간은 불안을 느낀다. 인과관계의 법칙에서는 옳고 그름이 중요하지 않다. 원인과 결과만 따질 뿐이다. - 리즈 부르보

앞에서 인과의 법칙을 간단히 설명했는데요, 인과의 법칙엔 좀 더 심오한 이치가 있습니다. 우리가 알든 모르든 모든 일에는 원인과 결과가 있습니다. 행복한 이에겐 행복의 원인이 있고, 불행한 이에겐 불행의 원인이 있습니다. 모든 사람 모든 일이 다 마찬가지입니다. 때문에 좋은 결과에는 좋은 원인이 있고, 나쁜 결과에는 나쁜 원인이 있습니다. 이를 한문으론 선인선과善因善果 악인악과惡因惡果라고 합니다.

> 현자賢者는 먼저 세상의 법칙들을 배우며, 그 이후에야 그의 소망은 실현 가능한 힘이 된다. - 루돌프 슈타이너

콩 심은 데 콩 나고 팥 심은 데 팥 나듯, 좋은 원인을 심어야 좋은 결과가 열리고 나쁜 원인을 만들지 말아야 나쁜 결과가 안 생깁니다. 만약 사과를 얻고 싶으면 사과 씨앗을 심어야 하듯, 선과善果를 얻고 싶다면 선인善因을 심어야 합니다. 우리는 삶에 악과惡果가 나타났다고 불평을 하지만, 그것은 실은 내가 언젠가 뿌린 악인惡因 때문에 일어난 일입니다.

그래서 좋은 결과만 얻고 싶다면 좋은 원인만을 만들어야 합니다. 이것이 인생을 가장 잘 사는 지혜입니다. 좋은 인생은 무엇으로 만들어질까요? 아마도 좋은 생각, 좋은 마음, 좋은 행동들로 이루어져 있을 것입니다. 생각과 마음과 행동은 원인이요, 인생은 그 결과인 것입니다. 이처럼 행복한 이들에겐 행복할 수밖에 없는 이유(원인)가 있고, 성공한 이들에겐 성공할 수밖에 없는 이유가 있습니다. 때문에 행복하고 싶으면 행복의 원인을 만들어야 하고, 성공하고 싶으면 성공의 원인을 만들어야 합니다.

나도 위하고 상대도 위하는 행동은 순조롭습니다. 그러니까 즐겁다고 볼 수 있습니다. 나에게는 이롭지만 남에게 해가 되는 행동은 저항을 불러옵니다. 그

너니까 괴롭다고 볼 수 있습니다. 항상 이렇게 진행됩니다. 이것이 바로 법칙입니다. 이것을 법칙화하기 위해 용어를 써서 정리하면, 나와 남 둘 다 이로운 것을 선善, 나는 이롭지만 남에게는 해가 되는 것을 악惡, 순조로운 것을 낙樂이라고 하고, 저항이 있는 것을 고苦라고 할 수 있습니다. 결국 선인락과善因樂果 악인고과惡因苦果입니다. 선한 원인에는 즐거운 결과가 있고 악한 원인에는 괴로운 결과가 있습니다. 이것이 법칙입니다. 이 법칙을 사회법칙 또는 윤리법칙이라고 합니다. (…) 우리는 나도 좋고 남도 좋은 길을 모색해야 합니다. 그 길밖에 없습니다. 부부간에는 남편도 좋고 아내도 좋은 것이 무엇인지 연구해야 합니다. 부모 자식 간에는 부모도 좋고 자식도 좋은 것이 무엇인지 찾아야 합니다. 직장 같으면 윗사람도 좋고 아랫사람도 좋은 것이 무엇인지 모색해야 합니다. 모든 대립적인 관계에서 서로 좋은 길을 찾아야 합니다. 앞에 누가 있더라도 항상 나도 좋고 그 사람도 좋은 길을 찾으려고 노력해야 합니다.

– 전현수, 《마음 치료 이야기》에서

인과의 법칙이 삶에 던지는 메시지는 아주 간단하고 분명합니다. 좋은 것을 받고 싶으면 오로지 좋은 원인만 만들라는 것입니다. 그런데 이런 인과의 법칙은 '주는 대로 받는다, 받고 싶은 대로 주어라.'라는 황금률과도 아주 밀접한 관련이 있습니다. '존중받고 싶으면 먼저 타인을 존중하고, 사랑받고 싶으면 먼저 타인을 사랑하고, 행복하고 싶으면 먼저 타인에게 행복을 주어라.'라고 하는 것이 황금률입니다. 예컨대 사랑을 주는 것은 원인이요, 사랑을 받는 것은 결과입니다. 즉 '좋은 것을 주면 좋은 것을 받게 된다.'는 황금률은 인과의 법칙에 있는 선인선과善因善果의 측면을 강조해서 말한 것입니다.

결론적으로 봤을 때 황금률과 선인선과善因善果는 표현만 다를 뿐 완전히 똑같은 이치를 가리키는 말입니다. 원인이 있어야만 결과가 있는 것처럼,

주어야만 받을 수 있습니다. 선과善果를 위해선 선인善因만 심어야 하듯, 좋은 것을 받고 싶으면 좋은 것만 주어야 합니다.

　　슬픔과 고뇌에 잠겨 있는 사람의 얼굴과 가슴에 희망과 환희와 기쁨과 웃음을 가져다 주십시오. 이것은 당신 영혼 속에 있는 신성한 사랑을 더욱 빛나게 만들 겁니다. - 에드가 케이시

이와 같은 법칙상, 오로지 좋은 것만 받고 싶으면 오로지 좋은 것만 주어야 합니다. 사람은 누구나 인생에서 좋은 것만 받고 싶어 합니다. 미움 대신 사랑을 받고 싶어 하고, 불행 대신 행복을 받고 싶어 합니다. 그러니 어찌해야 할까요? 사랑을 받고 싶으면 미움 대신 사랑만 주고, 행복을 받고 싶으면 불행 대신 행복만 주면 됩니다. 이처럼 인과의 법칙 속엔 어떻게 살아야 할지에 대한 분명한 정답이 담겨 있습니다.

인도의 성자 라마크리슈나는 "자만심을 버리고 자신이 행위자라는 생각을 버린, 진정 남을 위하는 마음으로 하는 행위는 사실은 자신에게 선을 행하는 것이다."라고 하였습니다. 뿌린 대로 거둔다, 주는 대로 받는다는 법칙 속에는 너와 나의 구분(이분법)이 사라집니다. 너에게 주는 것이 곧 나에게 주는 것이 되기 때문입니다. 인과의 자연스러운 순환 속에서, 고통을 주면 고통을 받을 것이고, 기쁨을 주면 기쁨을 받을 것입니다. 주는 자가 곧 받는 자입니다. 인과의 법칙엔 바로 이와 같은 신성한 이분법이 담겨 있으며, 위대한 사랑의 섭리가 깃들어 있습니다.

　　지상에 존재한다는 것은 곧 분리 속에서 존재하는 것이다. 그것을 피할 방법은 없다. 우리는 지상에서 분리된 채로 존재하는 동시에 일체성을 배워가고 있다. 스스로 선택한 결과를 짊어져야 하는 구조는 우리가 서로 분리되어 있다는

전제를 깔고 있지만, 그것은 우리 모두를 하나의 존재로 품는 신성을 발견하도록(분리라는 환상을 꿰뚫어 보게끔) 우리를 한 걸음 한 걸음 이끈다. 우리는 타인을 대접한 그대로 대접받는다. 이기심에 누군가를 해한다면, 그것은 사실 우리 자신을 해하는 것이다. 마찬가지로 누군가를 돕는다면, 그것은 우리 자신을 돕는 것이다.

– 크리스토퍼 M. 베이치, 김우종 역, 《윤회의 본질》에서

'좋은 것을 받고 싶으면 오로지 좋은 것만 주고, 사랑을 받고 싶으면 오로지 사랑만 주어라.'라고 하는 것은 '오로지 사랑으로 가득한 삶을 살라.'는 뜻이 됩니다. 사랑으로 가득한 삶, 사랑밖에 없는 사랑 그것이 무조건적인 사랑입니다. 무조건적인 사랑이 바로 영혼의 본질이요, 영적 성장의 완성입니다. 아울러 그것이 성인이 도달한 경지입니다. 성인은 오로지 사랑만 주는 사람 혹은 사랑밖에 줄 게 없는 사람입니다.

즉 우리는 바로 이 영혼의 완성이란 퍼즐을 풀기 위해서 살고 있는 것입니다. 이것이 지구별 인생에서 우리 모두가 풀어야 할 영혼의 숙제입니다. 나와 너의 이분법이 사라지고, 안과 밖의 구분이 사라져 오로지 모든 것을 치우침 없이 사랑하는 마음, 이러한 상태에 이르라고 하는 것이 바로 인과의 법칙 속에 깃들어 있는 신의 음성이요, 가르침입니다.

이러한 이치를 알기는 쉬워도 에고의 집착과 개체의식이 있기에 이를 온전히 실천하기는 쉽지 않은 일입니다. 아울러 이러한 인과의 법칙은 현생 차원에서만 이루어지는 것이 아니라 전생과의 관계 속에서도 이루어지는 까닭에 현실 삶의 다양한 모습 속에서 인과의 고리를 간파하는 것 또한 쉬운 일이 아닙니다. 다양하고 복잡한 인생 문제를 풀기가 쉽지 않은 이유는 이 때문입니다.

형제애를 실천하는 것은 카르마 순환의 물리적 영역에 적극적으로 개입하는 방법이다. 형제애를 영적 수행의 도구로 삼을 때, 우리는 일상 속에서 카르마의 고리를 무력화시키게 된다. 우리를 매몰차게, 부당하게, 교묘하게, 이기적으로 대한 사람들에게 똑같이 되돌려 주기를 거부함으로써 우리는 부정적인 카르마의 힘이 더 커지지 않도록 한다. 우리는 연약해 보이는 사랑이야말로 실로 우주 최고의 힘임을 확신하며 용서와 자비로써 부당한 상황을 헤쳐 나간다. 그로써 나쁜 카르마는 날마다 좋은 카르마로 대체된다. 만약 기도를 통해 용서와 사랑의 힘을 정신적 영역에서도 강화시킨다면 우리는 부정적 카르마를 더 빨리 해소할 수 있다.

– 크리스토퍼 M. 베이치, 김우종 역, 《윤회의 본질》에서

뿌린 대로 거둔다는 인과의 법칙은 '절대 정의正義'의 법칙입니다. 타인을 무시하고 괴롭히면 언젠가 다시 내가 그와 같이 무시당하고 괴롭힘 받을 것이요, 내 이익을 위해 타인을 해치면 언젠가는 내가 해침을 받을 것입니다. 때문에 영원한 강자도 영원한 약자도 없으며, 반드시 인과의 법률로 똑같이 처벌받을 것입니다. 시간이 다소 걸릴 뿐 정의는 반드시 실현되는 것이며, 이러한 섭리가 바로 그것을 집행하는 '조금도 치우침 없는 하늘의 법률'입니다.

다만 착한 사람이 아니라 나쁜 사람이 성공하는 듯 보이고, 별다른 덕 없이도 잘 사는 이가 많은 것 같고, 내 불행이 억울한 듯 보이는 것은 모두 현생 차원만을 보기 때문입니다. 우리 삶에는 어떤 일의 원인이 현생이 아니라 과거 생에 있을 때가 수없이 많은데, 그 연결 고리를 보통사람들은 볼 수 없기 때문에 마치 인과의 법칙이 제대로 작동하지 않는 듯이 보이는 것입니다.

하지만 하늘이 어찌 사람을 속이며, 하늘이 어찌 사람을 차별하겠습니

까. 하늘을 원망할 것은 조금도 없습니다. 스스로가 자각하지 못할 뿐, 삶의 모든 것은 내가 지은 원인대로 내가 받는 것이기 때문입니다. 이를 흔히 자업자득自業自得이라고 하는데, 이는 인생의 가장 중요한 비밀이 담긴 말일 것입니다.

때문에 태어나는 순간 인간은 전생의 업과를 성적표처럼 가지고 옵니다. 그 업과를 따라 인생 노선이 달라질 수밖에 없으며, 각자 치러야 할 숙제와 배워야 할 교훈이 다를 수밖에 없습니다. 인생 공부는 시험 문제가 저마다 다른 개별학습인 셈입니다. 전생에 지은 악인惡因이 많다면 현생에서 악과惡果로 다 돌려받아야 하니, 이는 인생에서 갚아야 할 빚이 많다는 뜻과 같습니다.

> 인생의 목적은 매 순간 사랑을 회복하는 것입니다. 이 목적을 달성하기 위해서는 각자 자신의 삶이 그렇게 된 데 대한 모든 책임이 본인에게 있음을 인정해야 합니다. - 이하레아카라 휴 렌

누구에게나 부정적인 카르마가 있고, 그것이 삶의 고통으로 작용하기 때문에 이러한 부정적인 카르마를 줄이는 것은 자신의 행복을 위한 최우선의 과제가 됩니다. 자신의 운명을 바꾸고 가장 잘 사는 길은 바로 악업을 줄이고, 선업을 늘리는 것입니다. 악업을 줄이고 선업을 늘리는 방법은 적극적으로 선행을 실천하는 것, 참회하고 용서하는 것입니다.*

수도관이 꽁꽁 얼어 있을 때 뜨거운 물을 부으면 그 얼음이 녹는 것처럼, 선업을 계속 지으면 악업이 선업을 지은 만큼 희석되거나 줄어듭니다.

---

* 운명에 대해 보다 상세한 비밀을 알고 싶으신 분은 로버트 슈워츠의 《웰컴 투 지구별》과 원요범의 《요범사훈》을 필히 읽어 보시기 바랍니다.

즉 악업이라는 빚을 선업으로 조금씩 갚는 것입니다. 인과의 법칙에 따라 카르마는 절대적으로 작용하는 것이라 피할 길이 없습니다. 오직 그 법칙에 따라 그저 적극적으로 대처할 수 있을 뿐입니다.

인간이 영원한 존재이고 또 그렇게 믿을 만한 수많은 증거와 역사가 있는데도 우리는 왜 스스로에게 이렇게 나쁜 짓을 저지르고 있습니까? 왜 개인적인 '이득'을 위해 남을 밟고 올라서서 배움을 내팽개치고 있는 것입니까? 우리는 비록 속도는 다르지만 궁극적으로는 모두 같은 곳을 향해 나아가고 있습니다. 어느 누구도 다른 사람보다 위대하지 않습니다.

교훈을 생각하십시오. 지성적으로 본다면 해답은 언제나 존재해 왔지만, 경험으로 현실화시키고 그 개념을 '가슴에 새기고' 실천함으로써 잠재의식 속에 각인을 영원한 것으로 만드는 것, 이것이 열쇠입니다.

사랑과 자애와 신뢰에 대해 읽고 말하기는 쉽습니다. 그러나 그것을 행하려면, 그것을 느끼려면, 변화된 의식 상태가 요구됩니다. 항구적인 상태는 지식과 이해를 통해 이를 수 있습니다. 그 상태는 육체적인 행동과 실천 행위를 통해 유지될 수 있습니다. 그것은 신비로운 어떤 것을 가까이 가져와 실천을 통해 친숙한 일상으로, 하나의 습관으로 만드는 일입니다. 특별히 더 위대한 사람은 아무도 없다는 것을 아십시오. 느끼십시오. 남을 도우십시오. 우리는 모두 한 배를 젓고 있습니다. 서로 협력하지 않으면, 우리는 풀잎처럼 외로운 존재가 될 것입니다.

– 브라이언 와이스, 김철호 역, 《나는 환생을 믿지 않았다》에서

이러나저러나 결국 삶의 길은 하나밖에 없습니다. 좋은 것을 받고 싶으면 좋은 것만을 끊임없이 주어야 하고, 카르마에 따라 내게 돌아올 불행을 줄이기 위해서도 타인과 세상에 좋은 것을 끊임없이 주어야 합니다. 오로지 사랑만 주고 사랑만 받으며 안팎이 지고지선의 조화로 하나되는 삶을

사는 경지에 이를 때까지, 삶의 숙제는 계속될 것입니다. 그것이 인생 게임의 룰이요, 영혼 퍼즐의 실체이니까요.

실은 이러한 이야기를 평생토록 설파한 이가 있습니다. 그가 바로 불교의 시조인 붓다입니다. 인류의 성인인 그가 아무 이유도 없이 이런 가르침을 남기지는 않았을 것입니다. 허나 이러한 가르침은 붓다만의 가르침이 아니라, 전 세계 깨달음 문명에서 공통적으로 존재하는 가르침입니다. 잘 알려져 있지 않았을 뿐 기독교 또한 마찬가지입니다.

영지주의 종파는 2세기에 교구로부터 이단 선고를 받았고, 4세기에는 콘스탄티누스 황제의 세력 아래 극심한 박해를 받았다. 553년 콘스탄티노플 공의회는 그리스도교 교리에서 한 영혼이 거듭 태어난다는 개념을 폐지했다. 이 때문에 그리스도교는 전능하고 은혜로우신 창조주가 악하고 불공평한 세상을 만드셨다는 극명한 모순을 안게 되었다. (…)

현대 그리스도교에는 윤회 신앙이 없지만, 초기의 교인들은 비슷한 믿음을 가지고 있었다. 성 제롬에 따르면, 윤회는 그리스도교에서도 선택된 엘리트들만 접할 수 있었던 비전秘傳의 가르침이었다. 1945년에 나그함마디에서 발견된 두루마리를 통해 잘 알려진 영지주의 그리스도교에서는 윤회 신앙이 절대적인 요소였다. 《신앙의 지혜》로 불리는 영지주의 문헌에서, 예수는 제자들에게 한 생에서의 실패가 어떻게 다음 생으로 이어지는지를 설명한다. 요컨대 다른 사람들에게 욕지거리했던 사람은 새로운 삶에서 "마음에 근심이 끊이지 않게" 되고, 거만하고 방자했던 사람은 불구로 태어나 다른 사람들의 경멸을 받게 되리라는 것이다.

영혼의 선재先在와 세상의 순환에 대한 탐구로 가장 유명한 그리스도교 사상가는 가장 위대한 교부敎父들 중 하나로 손꼽히는 오리게네스(186~253)이다. 그는 《원리론》을 저술하면서, 성서의 일부 구절들은 윤회 사상에 비추어 보아야만 설명될 수 있다는 견해를 밝혔다. 그의 가르침은 553년 유스티니아누스 황제가 개최한 제2차 콘스탄티노플 공의회에서 폐기되고 이단 교리로 선언되었다. 그 판결문은 다음과 같다. "터무니없이 영혼의 선재를 주장하고 그러한 끔찍한 교리에 따르는 자가 있다면, 그를 파문시킬지어다!" 하지만 일부 학자들은 성 아우구스티누스, 성 그레고리, 아시시의 성 프란체스코의 저술에서도 같은 가르침의 흔적을 발견할 수 있다고 믿는다.

— 스타니슬라프 그로프, 김우종 역, 《코스믹 게임》에서

제 지인 중에 일언지하로 '전생 따윈 없다'고 강하게 부정을 하는 이가 있었습니다. 그는 저처럼 전생에 대해서 오랫동안 깊이 있게 고민을 해보지도 않았고, 전생에 대한 숱한 책들을 섭렵해 보지도 않았고, 전생을 볼 수 있는 이들을 만나 전생 리딩을 여러 차례 받아 보지도 않았습니다. 단지 전생에 대한 자신의 신념만을 지닌 그와 저 중에서 누가 '전생'에 대해서 더 폭넓은 이해를 가지고 있을까요?

전생에 의한 의구심이 드는 이는 세상에 존재하는 전생 관련 책들을 두루 섭렵해 보시기 바랍니다. 그러면 저마다 다른 그 책들 속에서 공통적인 하나의 법칙이나 섭리를 발견할 수 있을 것입니다. 아울러 전생과 삶에 대한 이해의 폭과 깊이가 훨씬 더해질 것입니다. 전생이 '있다/없다'에 대한 판단을 그때 가서 해도 늦지 않을 것입니다.

내가 면담한 수천 명의 임사 체험자들은 빛 안으로 들어갔을 때 "얼마나 많은 사랑을 주고 또 받았는가? 얼마나 많은 봉사를 했는가?"라는 질문을 받았다고 회상했다. 말하자면 그들은 인생에서 가장 어려운 교훈, 그러니까 무조건적인 사랑을 얼마나 배웠는지 질문받았던 것이다.

— 엘리자베스 퀴블러 로스, 강대은 역, 《생의 수레바퀴》에서

9 깨달음과 영성사회에 대하여

정신과 의사인 엘리자베스 퀴블러 로스는 《사후생》에서 이렇게 말합니다. "세상에는 우리가 이해할 수 없는 수만 가지 일들이 있다는 것을 겸손하게 받아들여야 한다. 우리가 이해할 수 없는 것들을 단지 이해할 수 없다는 이유만으로 존재하지 않는다거나 실재하지 않는다고 말해선 안 된다."

만약 여러 전생 관련 책 중에서 최고의 책을 한 권만 읽는다면 크리스토퍼 M. 베이치의 《윤회의 본질》을 적극 권해 드리고 싶습니다. 이 책 하나만 제대로 읽어도 전생과 카르마가 없다는 소리를 쉽게 하지는 못할 것입니다. 어떠한 세계관을 가지고 사느냐는 저마다의 자유일 테지요. 다만 한 가지 확실한 사실은 '전생과 윤회의 비밀'을 모르는 이는 삶의 진짜 비밀을 끝내 알 수가 없을 것입니다.

아무리 소경에게 설명한들 빛을 느끼게 할 수는 없는 법이다. 카르마로 인해 영적인 눈이 어두워지면 존재의 근원인 투명한 빛을 인식할 수 없게 된다. 말하자면 영적인 통찰력 없이는 투명한 빛의 본질에 대한 인식이 불가능하다. 모든 인간 존재는 영성 계발을 위해 이 지구학교에 와 있는 것이다. 그런데 하라는 공부는 하지 않고 우주가 시키지도 않은 짓만 하고 있으니……
- 최민자, 《삶의 무늬》에서

깨달음의 퍼즐

모든 해답은 깨어남에 있다. 깨어남은 당신이 자신에게 줄 수 있는 가장 큰 선물이다. - 유성준

대부분의 사람들이 잘 모르는 삶의 가장 큰 비밀은 누구나 영혼의 퍼즐

을 완성하기 위해서, 깨달음을 얻기 위해서 태어난다는 사실입니다. 이것이 삶의 근본적인 이유요, 목적입니다. 이는 그 누구도 거역할 수 없는 영혼의 천명天命입니다!

술래를 찾기 위해선 술래가 먼저 숨어야 합니다. 또 퍼즐을 맞추기 위해선 퍼즐을 먼저 흩어 놓아야 합니다. 질서는 무질서 속에서 생겨나고, 능력은 무능력에서 탄생합니다. 밤에 별을 보기 위해선 어둠이 필요하듯, 빛을 체험하기 위해선 먼저 어둠 속에 있어야 합니다. 따뜻함을 체험하기 위해선 먼저 추위를 느껴야 하듯, 깨달음을 체험하기 위해선 먼저 무지 속에 있어야 합니다. 하나됨을 체험하기 위해선 먼저 둘로 나누어져야 합니다. 이것이 바로 사랑의 신성한 이분법입니다.

배부름을 체험하기 위해선 배고픔을 체험해 보아야 하듯, 사랑을 체험하기 위해선 사랑 아닌 상태를 체험해 보아야 하고, 행복을 체험하기 위해선 행복 아닌 상태를 체험해 보아야 합니다. 충족이란 부족이 있을 때만 존재할 수 있는 것입니다. 빛과 어둠이 늘 함께 따라다니듯, 작용과 반작용, 혼란과 조화, 변화와 불변, 생성과 소멸도 늘 함께 공존합니다. 이런 이해 속에서 모든 것에 대한 수용과 긍정이 생겨납니다.

사람들이 쉽게 착각하는 바는 자신이 원하는 방식으로만 일이 이루어지고, 원하는 사람만 만나며 사는 것을 행복이라고 생각한다는 점이다. 그러나 이렇게 살면 영혼의 자각과 진보는 이루어지지 않는다. 살아 있는 물고기는 물살을 역류한다. 그러나 물살을 타지 못하고 떠내려가기만 하는 물고기는 마침내 바다까지 밀려가고 말 것이다. (⋯)

인간은 좋고 싫음을 함께 수용할 줄 아는 성숙성을 가지게 될 때 존재의 중심에 가까워지게 된다. 중심이 없는 인생은 자기 발에 꼬여 넘어지거나 원심력에 의해 스스로 튕겨 나가는 삶을 살게 된다. 그런 사람은 영혼 없이 자기 자신과

이 세계의 변방을 떠도는 방랑자다. 그러나 가짜 나에 속아 살아온 삶으로부터 깨어날 때, 그는 자연스럽게 초연해지고 두려움으로부터 자유하게 된다. 즉 두려움과 자신을 동일시하는 미망迷妄, karma으로부터 깨어나게 되는 것이다.

— 이병창, 《에니어그램을 넘어 데카그램으로》에서

우리의 삶이 바로 깨달음을 위한 영혼의 퍼즐입니다. 에고라는 미망에서 빠져나와 신성의 빛으로 거듭나는 퍼즐이요, 이분법이라는 미궁에서 빠져나와 자타불이(자리이타)의 사랑으로 하나됨을 체험하는 퍼즐입니다. 우리가 에고의 무지 상태로 태어난 것은 하나됨과 깨달음을 체험하기 위한 필연적인 과정입니다. 무엇을 위해, 어떤 일을 하고 살든지 간에 모든 이의 '자아실현의 공통분모'는 바로 영적 완성에 있습니다.

때문에 삶에서 일어나는 크고 작은 모든 일들은 '신성한 영혼 퍼즐'을 맞추기 위한 작은 조각들입니다. 문제는 그 조각을 '신성 퍼즐'에 맞게 맞추느냐, 아니면 계속 시행착오를 거듭하느냐에 달렸을 뿐입니다. 이는 그 누구도 피할 수 없는 삶의 섭리이기에, 어느 쪽이든 삶의 모든 일은 그 나름의 이유와 가치가 있는 것입니다.

인생에 일어나는 모든 사건은 우리가 거기서 배움을 얻어야 할 교훈이고 성장할 기회입니다. 똑같은 사건이 다시 일어났을 때 그것은 우리가 얻은 교훈을 활용할 기회가 됩니다. 우연히 일어나는 일은 없습니다. 모든 변화와 사건에는 그것이 일어나는 영적인 이유가 있습니다. — 윌리엄 레이넨

어쩜 삶의 고통을 이겨내는 데 가장 소중한 교훈이 이 말 속에 담겨 있는지도 모릅니다. 모든 부조화와 크고 작은 고통 속에는 조화와 행복의 섭리가 담겨 있습니다. 우리는 모두 삶 속에서 그것을 찾아내는 '숨은그림찾

기'를 하고 있는 것입니다. 때문에 모든 부조화와 크고 작은 고통은 필연적인 것이며, 그 나름의 이유와 가치가 반드시 깃들어 있습니다.

진흙 속에 연꽃이 피어나듯, 번뇌 속에 깨달음이 피어납니다. 인생이라는 퍼즐은 이분법 속에서 사랑과 깨달음을 체득하는 퍼즐입니다. 때문에 이해와 수용과 용서와 사랑과 베풂과 무집착 등은 퍼즐을 맞추는 기본 공식인 셈입니다. 삶에 대해서 더 많이 이해할수록, 우리가 가야 할 길은 더욱 명료해집니다.

> 사랑을 알기 위해선 그대 자신이 사랑이 되어야 한다. 스스로 사랑이 되지 않고서 사랑을 이해하기란 불가능하다. 사랑은 그대가 얼음이 아니라 물임을, 물이 아니라 바다임을 가르쳐 준다. - 한바다

루이스 L. 헤이는 《나를 치유하는 생각》에서 이렇게 적고 있습니다. "삶 전체는 하나의 수업입니다. 매일 나는 마치 어린아이가 호기심에 가득 찬 눈으로 세상을 보듯, 정신과 마음의 문을 활짝 엽니다. 그리고 나는 새로운 통찰과, 새로운 사람들, 새로운 관점을 발견하고 나아가 삶이 어떤 식으로 펼쳐지는지 이해를 도와주는 새로운 사고방식을 발견합니다. 나는 이해를 확장해 가며 지구에서의 삶이라는 수업에서 경험하는 모든 변화를 좀 더 편안한 마음으로 받아들입니다. 나는 끊임없이 세상에 대한 이해의 범위를 확장해 나갑니다."

삶이라는 수업에서 우리는 누구나 영혼의 성장이라는 과목을 공부하는 학생들입니다. 우리가 배워야 할 교훈을 다 배울 때까지, 삶은 여러 측면에서 나를 일깨울 것이며 그것은 졸업을 할 때까지 계속될 것입니다. 졸업이란 에고의 완전한 소멸이자, 일체의식의 부활이요, 신과의 합일입니다.

"어떤 문제를 낳게 한 것과 동일한 사고방식으로는 그 문제를 해결할

수 없다."(아인슈타인) 이 말은 삶의 고통과 어려움 속에서 우리가 반드시 기억해야 할 금언일 것이니, 참으로 의미심장한 영적 진실을 우리에게 일깨워 주고 있습니다. 의식 수준이 높아지지 않으면, 그 수준에서 만든 삶의 문제를 결코 해결할 수가 없습니다. 우리가 진정한 행복과 성장을 위해 반드시 의식 성장을 해야 하는 이유가 바로 여기에 있습니다. 의식이 성장해야 삶의 고통과 매듭을 풀 수 있고, 영혼의 퍼즐을 맞춰 갈 수 있습니다.

> 모든 사람은 같은 근원에서 왔고 같은 근원으로 돌아간다. 우리는 모두 무조건적으로 사랑하고 사랑받는 법을 배워야 한다. 인생에서 만나는 모든 고난과 모든 악몽, 신이 내린 벌처럼 보이는 모든 시련은 실제로는 신의 선물이다. 그것들은 성장의 기회이며, 성장이야말로 삶의 유일한 목적이다.
>
> – 엘리자베스 퀴블러 로스

우리는 진리의 사도들이 전하는 메시지에 귀 기울여야 합니다. 우리는 우리의 삶의 목적을 분명히 알아야 합니다. 우리는 단지 자신의 소망을 이루기 위해 태어난 것이 아닙니다. 일신의 안락과 영화만을 추구하는 욕망이 아니라, 에고의 무지와 허물을 벗고 우리의 '본질'과 다시 하나되는 배움을 위해서 태어난 것입니다. 허나 그것은 고통의 길이 아니라 진정한 고통 소멸의 길이며, 행복을 피하는 길이 아니라 진정으로 행복을 구현하는 길입니다.

어떤 이가 에드가 케이시에게 "내 현생의 진정한 목적은 무엇입니까?"라고 묻자 그는 이렇게 답했습니다. "당신의 목적은 우리가 신이라고 부르는 창조력과 하나가 되는 것입니다." 이는 신과 나의 신성한 이분법을 말한 것입니다. 신과 나의 분리는 다시 하나됨을 위한 것이었습니다. 그는 이어서 이렇게 말합니다. "완전한 법칙이란 창조주와 하나가 되는 것을 말합니다. 태초에 주어진 창조주와의 동일성을 상실하지 말아야 합니다. 지구에 머무는 동안 창조주와 하나가 되어야 합니다.”

진리의 말, 깨달은 자들의 말은 어디를 가든 한결같이 똑같습니다.

“우리는 '죽기 전의 죽음'이 존재의 초월적 차원으로 가는 통로를 열어 주고 마침내는 참된 정체성을 발견하게 하는 여행으로 이끌어 준다는 사실을 알고 있다. 이런 과정 속에서 우리는 감정적·심령적 치유를 체험하고, 우리의 삶은 더욱 만족스럽고 확실해진다. 충분한 심령적 변성은 우리의 의식을 완전히 다른 수준으로 상승시키고 우리의 삶을 덜 고생스럽게, 그리고 더욱 보람되게 만든다.”(스타니슬라프 그로프)

그 누구든 삶의 진짜 비밀을 모르고서는 삶을 제대로 알 수도 없고, 삶에 대한 본질적인 이야기를 할 수도 없습니다. 깨어나기 전까지 우리는 누구나 영혼의 소경입니다. 우리는 모두 영혼의 퍼즐을 완성하기 위해 태어났고, 그것은 생과 생을 넘어 계속됩니다. 삶은 내 안의 신성을 찾아가는 신화입니다. 인생이란 자신만의 신화를 써 나가는 과정인 것입니다. 그런 측면에서 그 누구의 인생도 더 낫거나 더 나쁘지 않습니다. 모든 것은 그저 배움의 과정일 뿐이니까요.

그것은 마치 모든 사람 안에 든 커다란 다이아몬드를 찾아내야 하는 것과 같습니다. 한 자 폭의 다이아몬드가 있다고 합시다. 이 다이아몬드에는 천 개의 면이 있지만 그 면에는 먼지가 앉고 때가 끼어 있습니다. 그 하나하나의 면을 깨끗이 닦아서 표면이 반짝이고 무지갯빛을 반사할 수 있도록 하는 것이 영혼의 임무입니다.

오늘날 어떤 사람들은 많은 면을 닦아서 밝게 빛나고 있습니다. 어떤 이들은 몇 개밖에 닦지 않아 초라한 빛을 내고 있습니다. 그러나 그 먼지와 때를 벗기고 나면, 모두가 가슴속에 천 개의 면으로 찬란히 빛나는 다이아몬드를 소유하고

9 깨달음과 영성사회에 대하여

있습니다. 그 다이아몬드는 완벽해서, 단 하나의 흠도 없습니다. 사람들 사이의 유일한 차이는, 깨끗이 닦인 면의 수입니다. 그러나 모든 다이아몬드는 똑같으며, 모두 완벽합니다.

모든 면이 깨끗이 닦여 빛의 스펙트럼을 발하게 되면, 다이아몬드는 본래의 상태였던 순수한 에너지로 돌아갑니다. 빛은 남습니다. 그것은 마치 모든 압력이 풀려버린 상태에서 다이아몬드를 만드는 과정이 거꾸로 진행되는 것과 같습니다. 순수한 에너지는 빛의 무지개 속에 존재하며, 그 빛은 의식과 지식을 소유합니다. 모든 다이아몬드는 완벽합니다.

- 브라이언 와이스, 김철호 역, 《나는 환생을 믿지 않았다》에서

우리 안에 있는 천 개의 면으로 찬란히 빛나는 신성의 다이아몬드, 그 천 개의 면 중에 지금 몇 개가 깨끗이 닦여 있을까요? 삶을 논할 때 가진 것과 이룬 것 외에, 이 다이아몬드 닦기를 중심으로 삶을 이야기해 보는 것은 어떨까요? 우리가 나눠야 할 가장 중요한 이야기가 바로 이것일지도 모르니!

삶의 법칙과 섭리를 따라 사는 것이 가장 잘 사는 길이다.

SQ 천재독서플랜의
미래와 성취

"만 권의 책을 읽고, 만 리의 길을 다녀라."

- 고염무

"어떤 책은 맛만 볼 것이고,
어떤 책은 통째로 삼켜버릴 것이며,
또 어떤 책은 씹어서 소화시켜야 할 것이다."

- 프랜시스 베이컨

"당신에게 주어진 가장 큰 과제는
정신을 확장하는 것이다.
그것은 넓은 미개척지로 들어가는 것과 같다."

- 존 맥스웰

천재도서
전체 목록

　'SQ 천재독서플랜'의 전체 목록은 영성지능과 성공지능을 높이는 데 초점이 맞춰져 있으며, 이는 인간이 얻을 수 있는 최고의 지혜를 획득하는 데 목적을 두고 있습니다. SQ 천재독서플랜의 전체 목록은 다음과 같습니다. 책 순서는 대체로 읽기 쉬운 순서대로 배열한 것입니다.

〈SQ 천재독서플랜 전체 목록 107권〉

▷ **영성철학**

- 배재국, 《셀프힐링》=《사랑학 개론》
- 스티브 데일러, 윤서인 역, 《조화로움》
- 자니 킹, 김선미 역, 《가슴이 노래 부르게 하라》
- 킴 마이클즈, 편집부 역, 《빛을 향한 내면의 길》
- 마이클 A. 싱어, 이균형 역, 《상처받지 않는 영혼》

- 강병천, 《복본》

- 오쇼, 손민규 역, 《법구경 1 · 2》

- 오쇼, 류시화 역, 《도마 복음 강의》=《사랑의 연금술 1 · 2》

- 톨스토이, 박현석 · 박선경 역, 《위대한 인생》

- 누크 산체스 · 토마스 비에라, 황근하 역, 《에고로부터의 자유》

- 존 웰우드, 김명권 · 주혜명 역, 《깨달음의 심리학》

- 에크하르트 톨레, 노혜숙 · 유영일 역, 《지금 이 순간을 살아라》

- 에크하르트 톨레, 류시화 역, 《나우》=《삶으로 다시 떠오르기》

- 레너드 제이콥슨, 김상환 · 김윤 역, 《현존》

- 운 고쿠사이, 박재현 역, 《answer: 저 세상이 묻고 이 세상이 답하다》

- 데이비드 호킨스, 박찬준 역, 《놓아버림》

- 레스터 레븐슨, 《궁극의 자유를 위한 열쇠》*

- 비베카난다, 나종근 역, 《근원에 머물기》

- 페테르 에르베, 조경숙 역, 《우리는 신이다》

- 잭 콘필드, 이균형 역, 《깨달음 이후 빨랫감》

- 데니스 겐포 머젤, 추미란 역, 《빅 마인드》

- 곽내혁, 《내가 열리면 세계가 열린다》

- 베어드 T. 스폴딩, 정창영 · 정진성 역, 《초인들의 삶과 가르침을 찾아서》

- 닐 도널드 월시, 조경숙 역, 《신과 나눈 이야기 1~3》

- 닐 도널드 월시, 황하 역, 《신이 말해 준 것》

- 켄 윌버, 김철수 역, 《무경계》≒ 박정숙 역, 《의식의 스펙트럼》**

---

* 이 책은 아직 국내에 출간되지 않았으나 코리아천재독서플랜 카페(http://cafe.naver.com/ujuhanl) 자료실에 번역본 파일이 있으니 출력해서 제본으로 만들어서 보시기 바랍니다.

** 《무경계》는 《의식의 스펙트럼》의 축약본입니다. 두 책을 한 번씩 번갈아 함께 보기를 권합니다.

10 SQ 천재독서플랜의 미래와 성취

- 켄 윌버, 김명권 · 민회준 역, 《켄 윌버의 일기》
- 켄 윌버 외, 안희영 · 조효남 공역, 《켄 윌버의 ILP》
- 최민자, 《생명에 관한 81개조 태제》

▷ 영성과학 · 사회과학
- 톰 하트만, 김옥수 역, 《우리 문명의 마지막 시간들》
- 스티브 테일러, 우태영 역, 《자아폭발》
- 최민자, 《통섭의 기술》
- 김용호, 《제3의 눈》
- 제레미 리프킨, 이희재 역, 《소유의 종말》
- 린 맥타가트, 황선효 역, 《초생명 공동체》
- 브루스 립튼 · 스티브 베어맨, 이균형 역, 《자발적 진화》
- 프리초프 카프라, 강주헌 역, 《히든 커넥션》
- 다다 마헤슈와라난다, 다다 칫따란잔아난다 역, 《자본주의를 넘어》

▷ 영성철학과 성공학이 결합된 책
- 론다 번, 하윤숙 역, 《더 파워》
- 조셉 머피, 김미옥 역, 《잠재의식의 힘》
- 디팩 초프라, 김병채 역, 《성공을 부르는 일곱 가지 영적 법칙》
- 닐 도널드 월시, 《Happier than God》(미번역)*
- 랄프 왈도 트라인, 안희탁 역, 《인생의 문을 여는 만능열쇠》 = 류시화 역, 《나에게서 구하라》
- 제임스 앨런, 공경희 · 고명선 역, 《생각의 지혜》

---

* 천재독서플랜 카페 자료실에 이 책의 핵심 내용을 정리한 '요약 번역본'이 올려져 있습니다.

- 다릴 앙카, 류시화 역, 《가슴 뛰는 삶을 살아라》
- 데이비드 기칸디, 유택주 · 대흠 역, 《해피포켓》
- 린 맥타가트, 박중서 역, 《생각의 힘을 실험하다》

▷ **성공학**

- 레스 기블린, 노지양 역, 《인간관계의 기술》
- 데일 카네기, 강성복 · 권오열 역, 《인간관계론》(완역본)
- 데일 카네기, 강성복 · 권오열 역, 《자기관리론》(완역본)
- 하브 에커, 나선숙 역, 《백만장자 시크릿》
- Jacqueline Bascobert Kelm, 엄명용 역, 《삶을 바꾸는 기적의 질문》
- 칩 히스 · 댄 히스, 안진환 역, 《스위치》
- 지그 지글러, 이은정 역, 《정상에서 만납시다》
- 브라이언 트레이시, 홍성화 역, 《잠들어 있는 성공시스템을 깨워라》 = 《성공 시스템》=《성취심리》
- 보도 섀퍼, 임진숙 역, 《성공전략》
- 데이비드 슈워츠, 서민수 역, 《크게 생각할수록 크게 이룬다》
- 피터 드러커, 이재규 역, 《프로페셔널의 조건》
- 하이럼 스미스, 김경섭 · 이경재 역, 《10가지 자연법칙》
- 나폴레온 힐, 김정수 역, 《성공의 법칙》
- 스티븐 코비, 김경섭 역, 《성공하는 사람들의 7가지 습관》
- 스티븐 코비, 김경섭 · 박창규 역, 《원칙 중심의 리더십》
- 앤서니 라빈스, 조진형 역, 《무한능력》
- 앤서니 라빈스, 조진형 역, 《네 안에 잠든 거인을 깨워라》
- 짐 콜린스, 이무열 역, 《좋은 기업을 넘어 위대한 기업으로》

▷ 내면 치유와 명상(영성심리학)

- 최성애 · 조벽, 《청소년 감정코칭》
- 마셜 B. 로젠버그, 캐서린 한 역, 《비폭력 대화》
- 김덕성 · 정귀수 · 장서연, 《살려는 드릴게》
- 알마스, 박인수 역, 《늘 펼쳐지는 지금》
- 로먼 크르즈나릭, 김병화 역, 《공감하는 능력》
- 최인원, 《콕 찍어주는 인생과외》*
- 제프리 E. 영 · 자넷 S. 클로스코, 최영민 · 김봉석 · 이동우 역, 《새로운 나를 여는 열쇠》
- 너새니얼 브랜든, 김세진 역, 《자존감의 여섯 기둥》
- 마시 시모프 · 캐럴 클라인, 안진환 역, 《이유 없이 행복하라》
- 루이스 L. 헤이, 손혜숙 역, 《자신부터 사랑하라》 = 박정길 역, 《치유》
- 필 스터츠 · 배리 미첼스, 이수경 역, 《툴스》
- 브랜든 베이스, 박인수 역, 《치유 아름다운 모험》
- 스탠리 H. 블락, 캐롤린 블락, 박인재 역, 《내 마음에 다리 놓기》
- 김기태, 《지금 이 순간이 기회입니다》
- 마이클 브라운, 이재석 역, 《현존수업》
- 데비 포드, 신엽공동체 역, 《그림자 그리고》 = 도희진 역, 《삶의 빛을 찾는 사람들에게》
- 조지 베일런트, 이덕남 역, 《행복의 조건》
- 조 비테일 · 이하레아카라 휴 렌, 황소연 역, 《호오포노포노의 비밀》**

---

* 이 책으로 EFT가 충분히 이해되지 않는 분은 같은 저자의 《5분의 기적 EFT》를 참고하시기 바랍니다.

** 이 책은 아케미 카우라오히의 《하와이안 마나》와 함께 보시기 바랍니다.

SQ. 천재독서플랜

- 뤼디거 달케 · 토르발트 데트레프센, 염정용 역,《몸은 알고 있다》
- 이병창,《몸의 심리학》

▷ 인물 전기 · 자서전

- 간디, 박홍규 역,《간디 자서전》
- 오쇼, 김현국 역,《오쇼 라즈니쉬 자서전》
- 파라마한사 요가난다, 김정우 역,《요가난다 영혼의 자서전》

▷ 학습법/두뇌 계발

- 황농문,《몰입 두 번째 이야기》
- 윤홍식,《내 안의 창조성을 깨우는 몰입》
- 우젠광, 류방승 역,《다 빈치의 두뇌 사용법》
- 트와일라 타프, 노진선 역,《천재들의 창조적 습관》
- 데이비드 코드 머레이, 이경식 역,《바로잉》
- 로버트 루트번스타인 · 미셸 루트번스타인, 박종성 역,《생각의 탄생》
- 마이클 미칼코, 박종안 역,《100억짜리 생각》=《아무도 생각하지 못하는 것 생각하기》
- 조 디스펜자, 김재일 · 윤혜영 역,《꿈을 이룬 사람들의 뇌》

▷ 기타

- SBS 기획팀,《리더의 조건》
- 알렉산더 그린, 곽세라 역,《삶에서 무엇이 가장 중요한가》
- 박은미,《진짜 나로 살 때 행복하다》
- 장건익,《철학의 발견》
- 이진경,《삶을 위한 철학수업》

- 이진경, 《역사의 공간》
- 이인, 《생각을 세우는 생각》
- 장 보드리야르, 이상률 역, 《소비의 사회》
- 브라이너 파머 외, 신기섭 역, 《오늘의 세계적 가치》
- 앤서니 B. 앳킨슨, 장경덕 역, 《불평등을 넘어》
- 데이비드 본스타인, 박금자 · 나경수 · 박연진 역, 《사회적 기업가와 새로운 생각의 힘》

SQ 천재독서플랜은 목록의 전체 책을 각기 '세 번 정독하는 것'을 원칙으로 합니다.(세 번이 정 힘들면 최소한 두 번이라도 반복해서 읽어야 합니다.) 혹 책이 너무 많다거나 세 번 읽는 것이 너무 힘들다고 생각되시는 분은 시카고플랜을 이수했던 시카고대 학생들도 모두 이 정도 이상의 노력을 했다는 것을 상기해 보시면 좋을 듯합니다. SQ 천재독서플랜은 애초에 시카고플랜에 기준해서 만든 것입니다. 비슷한 노력을 들였을 때, 더 뛰어난 독서효과를 얻도록 만들어진 것이니까요.

위대한 생각을 스스로 기를 수는 없다. 집을 지으려고 해도 건축자재와 재료가 있어야 하기 때문이다. 당신은 어떤 집을 짓고 싶은가? 이층집을 지으려는 사람은 그 만큼의 재료가 있어야 하고, 63층 빌딩을 짓고자 하는 사람에게는 그 만큼의 재료가 있어야 한다. 독서를 많이 해야 하는 이유는 바로 이것이다. 독서를 많이 하여 사고와 의식의 수준이 향상되고 도약한 만큼의 인생을 우리는 살아가는 것이기 때문이다. - 김병완

《장자》에도 이와 비슷한 내용이 나옵니다. "괸 물이 깊지 않으면 큰 배를 띄울 힘이 없다. 물 한 잔을 방바닥 우묵한 곳에 부으면 그 위에 검불은

띄울 수 있지만, 잔을 얹으면 바닥에 닿아 버리고 만다. 물이 얕은데 배가 너무 크기 때문이다. 바람이 충분하지 못하면 큰 날개를 띄울 힘이 없다. 구만 리 창공에 오른 붕새는 큰 바람을 타야 푸른 하늘을 등에 지고 거침이 없이 남쪽 바다로 날아간다." 제가 좋아하는 '후적厚積'이라는 단어의 원 출전이 된 이야기입니다.

'나는 읽는 대로 만들어진다'는 말이 있습니다. 내가 읽는 것이 많으면 많을수록 나는 더 큰 식견을 가지게 될 것입니다. 천재독서법은 이층집이 아니라 높은 빌딩을 짓는 일이요, 작은 배보다는 큰 배가, 작은 새보다는 대붕이 되는 일입니다. 천재독서플랜은 바로 그러한 빌딩을 짓는 재료요, 큰 배를 띄우는 두터운 물이며, 붕새를 날게 하는 큰 바람입니다. 그러니 후적 없이 어찌 내가 크게 성장할 수 있겠습니까?

> 호박씨를 심어서 호박을 먹기까지는 불과 3개월밖에 걸리지 않는다. 그러나 도토리를 심어서 참나무 재목을 얻기까지는 족히 30년은 걸린다. 쉽게 얻은 호박은 한 끼 먹으면 그만이지만, 어렵게 얻은 참나무 재목으로 집을 지으면 백 년 이상이나 간다. 당신이 어떤 것을 소원하든, 그것을 성취하는 데는 반드시 과정이 필요하다. 더구나 자기의 소원이 원대한 것이라면 그 과정은 더욱 길어질 수밖에 없다.
>
> — 김양호, 《성공하는 사람들은 생각이 다르다》에서

옛말에 대기만성大器晚成이라 하였지요. 세상에 우뚝한 인물이 어찌 하루아침에 만들어지겠습니까. SQ 천재독서플랜은 세상에 '큰 재목'을 구하는 일입니다. 큰 그릇이 늦게 이루어지는 것처럼, 큰 재목이 되려면 그만한 노력과 인내가 있어야겠지요. 뜻을 세우고서, 인내를 가지고 꾸준히 하면 누구나 몇 년 안에 이 책들을 다 읽을 수 있을 것입니다.

제가 좋아하는 말 중에 '거거거중지 행행행리각去去去中知 行行行裡覺'이라는 구절이 있습니다. '가고 가고 가는 가운데 알게 되고, 행하고 행하고 행하는 속에 깨닫게 된다.'는 뜻입니다. 모든 배움의 이치가 이러하겠지만, 특히 천재독서플랜을 실행함에 있어 마음에 새겨 두기에 가장 적당한 말이 아닐까 합니다.

하루에 한 권씩 읽으면 전체 책을 세 번을 읽는 데 1년 정도가 걸리고, 이틀에 한 권씩 읽으면 전체 책을 세 번 읽는 데 2년 정도가 걸리고, 나흘에 한 권씩 읽으면 전체 책을 세 번 읽는 데 4년 정도가 걸립니다. 시간을 아껴서 책을 읽는다면 나흘에 한 권씩은 읽을 수 있을 것입니다. 늦어도 5년 인에는 책을 다 읽고서 천재독서플랜을 마치는 것이 좋을 듯합니다.

그냥 무계획적으로 막연하게 책을 읽기보다는, 며칠에 한 권씩 읽어서 정확히 언제까지 독서플랜을 마치겠다는 전체 실행 계획에 맞춰서 책을 읽는 것이, 자신의 실행력을 제어하는 데 훨씬 효과적일 것입니다. 일단 전체 목록을 1년 안에 1독 하는 데 목표를 두고서 책 읽기를 시작해 보시기 바랍니다.

나는 내가 만난 모든 존재들의 부분들로 구성된 하나의 전체이다. - 테니슨

저는 기본적으로, 천재독서 목록의 책 전체를 도미노 순환 독서법으로 읽기를 권합니다. 하지만 각자의 뜻에 따라, 다양한 방식으로 책을 읽어도 상관은 없습니다. 어떻게 하든 가장 중요한 점은 자신에게 가장 적당하고 효율적인 방식을 찾는 것이며, 책을 반복해서 읽어서 온전히 자기 것으로 만드는 것이니까요.

세상의 어떤 것도 끈기를 대신할 수 없다. 재능도 대신할 수 없다. 재능을 갖

고도 성공하지 못한 사람은 발에 채일 만큼 많다. 천재도 대신할 수 없다. 인정받지 못한 천재는 웃음거리에 불과하다. 교육도 대신할 수 없다. 세상은 교육받은 낙오자 투성이다. 끈기와 결심만이 모든 것을 이룰 수 있다. - 캘빈 쿨리지

가장 위대한 재능은 끈기라는 말이 있습니다. 세상에 끈기라는 재능이 없이 큰 성취를 이루는 이는 없습니다. 이 천재독서플랜을 끝까지 마치려면 상당한 끈기가 있어야 할 것입니다. 그런 점에서, 앞서 언급했듯 '시카고플랜'이라는 독서 프로그램의 가장 큰 장점은 강제성에 있는 듯합니다. 끈기나 동기부여가 없는 학생에게도 끈기와 실행력을 부여하게 만들었으니까요. 어렵고 힘들어도 끝까지 해야 하고, 하기 싫어도 끝까지 해야 하며, 자기 취향에 안 맞아도 다 소화를 해야 하니, 그 과정에서 뛰어난 독서력과 학습의 인내력이 생성된 것은 자연스러운 결과일 것입니다.

하지만 아쉽게도 SQ 천재독서플랜은 강제성이 없습니다. 오직 스스로의 의지와 끈기로 책 수련을 마쳐야 합니다. "성공한 사람이란 성공하지 못한 이들이 하기 싫어하는 일들을 한 사람이다."(알렉산더 그린) 진정한 공부는 오직 자신을 위해서 자발적으로 자기 주도하에 하는 것입니다. 그런 경우가 가장 효과가 많을 때이지요.

자신의 꿈이 성공적인 사업가가 되는 것이라고 가정해 보자.

결론을 먼저 얘기한다면 그 꿈을 이루기는 그리 쉽지 않다. 이윤을 내기까지는 사업을 구상하고 자본을 마련하며 적절한 장소를 물색해야 하는 등 많은 중간 과정들을 거쳐야 한다.

그러나 그런 힘든 역경 속에서도 꿈을 이루기 위한 신념을 지킬 수 있는 좋은 방법은 최종 결과를 시각화하는 능력을 기르는 것이다. 또 일이 잘 안 풀릴 때도 이러한 이미지를 가까이 두면 좋다.

이렇게 가까운 미래의 멋진 모습을 미리 볼 수 있다면 자기 일에 활력을 주고 계획과 목표를 조정하는 데에도 많은 도움이 된다. (…) 가는 길의 어려움보다 더 많은 즐거움이 기다리고 있다는 상상을 하는 순간, 이 여행은 그다지 어렵지 않으리라고 느껴지는 것이다. 이것이 바로 시각화의 힘이다. 다시 말해 시각화는 지도를 만들어 올바른 길을 가고 결국에는 목적지에 도달할 수 있도록 도와주는 힘인 것이다.

– 김정수, 《MCC 성공학 개론》에서

'목표가 성취되었을 때의 즐거움'을 상상하면 할수록, 그 과정에 집중할 수 있고 또한 즐거운 마음을 실행할 수 있을 것입니다. 내공을 축적한다는 마음으로, 자신의 독서력과 독서습관, 사고력과 통찰력, 영성지능과 성공지능이 비약적으로 높아질 모습과 자신의 비전을 상상하면서 책을 읽는다면 책을 읽는 마음 자체가 즐거울 것입니다. '내가 쌓은 내공은 절대로 나를 배신하지 않는다'는 것을 믿으면, 모든 노력 하나하나가 가치 있게 느껴질 것입니다.

당신이 몇 살이든, 어떤 환경에서 자랐든, 어떤 교육을 받았든, 당신의 대부분을 이루고 있는 것은 개발되지 않은 잠재력이다. – 조지 레오나르드

간혹 두꺼운 책을 읽은 것을 매우 부담스럽게 생각하는 경우가 있습니다. 두꺼운 책인 경우는, 단행본 책 두세 권이 합본된 것이라고 생각하면 읽는 데 부담이 다소 적을 것입니다. 실제로 두세 권짜리 책이 한 권으로 합본된 경우가 숱하게 있으며, 그 때문에 책값이 저렴해지는 경우가 많습니다. 두꺼운 책이라고 다 어려운 것은 결코 아니며, 오히려 두꺼움에 대한 심리적 부담 때문에 책 읽기가 버겁게 느껴질 때가 많으니, 분권을 연

SQ 천재독서플랜

속으로 읽는다는 마음으로 두꺼운 책에 대한 심리적 맷집을 길러 보시기 바랍니다.

비록 독서는 하지만, 쉽고 가벼운 책들만 보는 이들이 있습니다. 가벼운 아령으로는 자신의 근육을 높은 수준으로 단련할 수 없듯이, 그런 독서 습관으로는 자신의 독서력과 지적 수준을 높은 수준으로 향상시킬 수가 없습니다. 공부도 중·고등학교 공부에서 대학교, 대학원 공부로 점차 발전해 가듯이 독서도 또한 자신의 눈높이에 맞게 시작하되, 폭과 깊이를 더해 서서히 수준을 높여 가야 할 것입니다.

> 가능성을 믿을 때 마음은 실현 방법을 찾아낸다. 뭔가에 대해 우리가 불가능하다고 믿는다면 마음은 그것이 불가능한 이유를 입증하는 쪽으로 움직인다. 반면, 뭔가가 가능하다고 믿는다면 그리고 그것을 진심으로 확신한다면 마음은 그것을 실현하는 길을 찾는 데 도움이 되는 쪽으로 움직이게 된다.
>
> – 데이비드 슈어츠

뜻은 있으나 시간이 없다거나 혹은 또 다른 이유로 독서플랜을 실행하기 어렵다고 생각하시는 분은 데이비드 슈어츠의 조언에 귀 기울여 보시기 바랍니다. "가능하다고 믿는다면 해결책이 나오게 되어 있다." 뜻이 있는 곳에 길이 있다고 하였지요. 하겠다는 의지와 가능성에 대한 믿음이 있다면 할 수 있는 길이 찾아질 것입니다.

"인생은 짧다. 우리는 시간을 낭비해서 그것을 더 짧게 만들고 있다."(프랭크 티볼트) 이 멋진 명언을 가지고 자신의 삶을 꼼꼼히 검토해 본다면, 짧은 자투리 시간이라도 보태어 독서 시간을 더 늘릴 수 있을 것입니다.

새뮤얼 스마일즈는 자기계발서의 기원이 된 《자조론》에서 이렇게 말했습니다. "성공하기 위해서는 불굴의 의지로 일에 몰입하는 '대가'를 지불

10 SQ 천재독서플랜의 미래와 성취

해야 한다. 어느 분야에서든 뛰어나기 위해선 게으름과 담을 쌓아야 한다. 부지런한 손과 머리만이 부와 지혜, 성공을 가져온다."

이 책엔 아울러 이런 멋진 말도 있습니다. "현재의 나는 바로 내 자신이 만든 것이다. 결론적으로 최고의 수양은 학교나 대학에서 선생이 시켜 주는 것이 아니라 자신이 나이를 먹으면서 스스로 부지런히 자신을 교육함으로써 이루어진다." 우리 모두가 명확히 확인할 수 있는 확실한 사실은 스스로 계속 성장하는 사람은 '스스로 계속 자신을 교육하는 사람들'이라는 점입니다. 그런 점에서 '미래의 나를 만드는 것은 지금의 나'라는 사실엔 조금의 오류도 없을 것입니다.

> 아침이면 스털링 기념 도서관 열람실에 가서 알파벳 A부터 책을 읽기 시작해 학술지까지 모두 읽은 다음 알파벳 B로 넘어가곤 했지요. 알파벳 Z까지 닿는 데 대략 석 달이 걸렸는데, 그러고 나선 그 일을 처음부터 다시 반복했어요.
> – 에드먼드 펠프스(노벨 경제학상 수상자)

SQ 천재독서플랜을 실행하고자 하는 마음이 드시는 분은 그와 함께 그 결과나 효과에 대한 의문도 조금씩은 가질 것입니다. 또 혹자는 관심은 가지만 SQ 천재독서플랜의 효과에 의구심이 들어 독서플랜을 시작하지 못할지도 모릅니다.

앞서도 이야기했듯 시카고플랜의 성과가 단지 시카고플랜만으로 이루어진 것이 아니라, 각자의 전공에서 오랜 시간 실력을 쌓은 것이 더해져서 이루어진 결과이듯, 단지 SQ 천재독서플랜만으로 천재가 된다고 말할 수는 없습니다. 천재는 반드시 창조적 성과로 평가되는 것이니, 천재독서플랜과 함께 자신의 전공에서 오랜 시간 실력을 쌓아야 할 것입니다. 그렇게 한다면 SQ 천재독서플랜을 실행한 이들 중에서도 분명 뛰어난 창조적 성취를 이루는 이들이 많이 나올 것입니다.

　단지 SQ 천재독서플랜을 다 마친 직후의 효과를 이야기한다 해도, 많은 소득이 있을 것입니다. 독서력과 독서 수준이 많이 향상될 것이고, 사고력과 통찰력과 창의력, 영성지능과 성공의 지혜를 깊이 체득하게 될 것입니다. 즉 천재가 될 초석이 만들어지는 셈입니다. 사람마다 시작 시점의 의식 수준과 지적 수준, 독서력, 열의 등이 다르기에 효과 측면에서 결과도 다양하겠지만, 확실한 것은 누구든 천재독서플랜을 시작하기 전의 자신과 실천한 후의 자신을 비교해 본다면, 여러 면에서 비약적인 발전이 있을 것입니다.

　　내가 그 일을 함으로써 내게 그 일을 할 능력이 생긴다. - 마하트마 간디

　좋은 책들을 읽어서 손해 갈 것은 조금도 없으며, 어떤 책을 얼마큼 읽든 독서 내공은 자신에게 쌓이는 법이니, 책을 읽는 데 주저할 필요는 전혀 없을 것입니다. 가장 확실한 것은 자신이 직접 체험을 통해서 실험하고 검증해 보는 일이 아닐까 합니다. 다만 독서플랜을 다 마치기 전에 효과를 서둘러 예단하는 것은 금물일 것입니다. 이는 밥이 다 되기 전에 뚜껑을 열어 보고서 그 결과를 미리 저울질하는 것과 같을 테니까요.

　시카고플랜도 하다 말았다면 누구든 큰 효과를 거두지 못했을 것입니다. SQ 천재독서플랜을 시작하자마자 크고 작은 효과를 볼 수도 있지만, 독서 수준과 사고 수준과 의식 수준이 확실히 변화되는 임계점에 도달할 때까지, 변화의 기틀이 제대로 잡히지 않을 수도 있습니다. 마라톤을 완주한 이만이 마라톤 완주에 대한 소감과 생각을 이야기할 수 있는 것처럼, SQ 천재독서플랜의 효과 또한 오직 완주를 한 이만이 제대로 된 이야기를 들려줄 수 있을 것입니다.

　　　　　　　　　10 SQ 천재독서플랜의 미래와 성취

모든 지식에 장애가 되고 모든 논쟁의 원인이 되며 인간을 영원히 무지에서 벗어나지 못하게 하는 주범이 있다. 그것은 실험이 이루어지기도 전에 경멸하는 것이다. - 하버트 스펜

대학에서부터 대학원 박사 졸업까지 제가 학교에서 배워서 얻은 것보다, 이 SQ 천재독서플랜의 책들을 통해서 얻은 것이 훨씬 더 많았습니다. 웬만한 박사 공부보다 SQ 천재독서플랜이 더 나을 수도 있다는 뜻입니다. SQ 천재독서플랜은 그만한 깊이가 있고 그만한 가치가 있습니다. 이는 오직 저의 체험을 전제로 한 거짓 없는 소회입니다. 오히려 이런 공부를 좀 더 일찍 못한 것이 매우 아쉽습니다. 톨스토이가 지적했듯, 많이 아는 것보다 더 중요한 것은 '가장 중요한 것'을 먼저 아는 일이 아닌가 합니다. SQ 천재독서플랜을 만든 저의 목표 또한 그러했습니다.

모든 책은 빛이다. 다만 그 빛의 밝기는 읽는 사람이 발견하는 만큼 밝아질 수 있다. 결국 독자에 따라서 그것은 빛나는 태양일 수도 암흑일 수도 있다.
- 모티머 애들러

목록의 책에는 아쉽게도 국내 책보다 번역서들이 더 많습니다. 만일 원문을 볼 수 있다면 원서를 구해서 보는 것이 더 좋을 것입니다.* 다만 천재독서 목록으로 선정된 책들은 번역도 나름 무난해서 읽는 데 큰 무리는 없을 것입니다.(책은 좋으나 번역 때문에 목록에서 빠진 책들도 있습니다.) 아울러 영어 공부를 할 때도 영어 참고서가 아니라, 좋은 내용을 담고 있는 영어

---

* 데이비드 호킨스의 《놓아버림》에서 'surrender'라는 단어가 '항복하다'로 번역되었는데 제가 보기엔 '내맡기다'로 번역하는 것이 문맥을 이해하는 데 더 좋지 않을까 합니다.

원서로 공부하면, 영어 공부와 독서를 함께 할 수 있는 좋은 방법이 되리라 생각합니다.

천재독서 목록에는 입문서 역할을 하는 책도 있고, 본령에 해당하는 책도 있습니다. 목록을 선정할 때 숱한 고민과 망설임 끝에 목록에 넣은 책도 있고, 그러한 고민과 망설임 끝에 목록에서 아쉽게 빠진 책도 있습니다.* 책 권수를 일정 한도 이상으로 계속 늘릴 수는 없었기에, 책 선정에 많은 애를 먹었습니다. 베스트를 뽑고자 했으나 이 목록이 절대적인 것은 아니며, 그만큼 세상엔 좋은 책이 많다는 뜻이기도 합니다. 이 천재독서 목록은 제가 세운 하나의 기준일 뿐입니다.

이 책 외에도 천재를 만드는 데 도움이 될 책은 수없이 많습니다. 아울러 천재독서법과 상관없이 읽을 좋은 책도 너무나 많습니다. 그러니 천재독서플랜과 상관없이 자신의 뜻에 맞는 좋은 책을 많이 보기를 권하고 싶습니다.

> 힘들지만 나는 독서를 시작했다. 그리고 인간이 진정 무엇인가를 골똘히 연구하기 시작했다. 그 덕택에 나는 내 자신에 대해서 누구보다도 더 명확하게 알게 되었다. 나는 수백 권의 심리학, 자기 계발, 철학, 양자물리학, 종교학 서적을 탐독했다. 나는 인간에 대해 다른 방법으로 생각하기 시작했으며, 이 노력으로 인해 조금씩 변화하기 시작했다. 나 자신에 대해 더 관대해졌으며, 이 관대함으로 인해 모든 영역에서 빛을 더할 수 있었다. 내가 맡은 일, 인간관계, 내면의 세계, 그 모든 것에서 열심히 노력했다. 더 나아가 각종 세미나에 참석했으며 테이프를 듣고, 어머어마한 새로운 정보를 열심히 받아들였다.
>
> – 제임스 아서 레이, 유선인 역, 《성공은 과학이다》에서

---

* 이러한 책들과 어린이 천재독서와 청소년 추천도서에 대해선 천재독서플랜 카페에 올려놓았으니, 필요하신 분은 참고하시기 바랍니다.

성장하는 사람이란 자신에게 필요한 것을 적극적으로 탐구하고 배울 줄 아는 사람들입니다. 시간이 지나도 변하지 않는 사람과 변하는 사람의 확연한 차이는 바로 여기에서부터 비롯됩니다. 삶의 성장을 바란다면 우리는 기꺼이 배울 줄 알아야 합니다. 결코 정체되지 않는 사람이란 단지 끊임없이 배울 줄 아는 사람일 뿐입니다.

명나라 사상가 이탁오는 "친구가 될 수 없다면 진정한 스승이 아니고, 스승이 될 수 없다면 진정한 친구가 아니다."라고 하였습니다. 책도 이와 마찬가지일 터이니, 오래 읽어도 좋은 책이란 아마도 내게 스승이 되고 또 친구가 되는 책일 것입니다. 때문에 책을 대하는 마음은 때로는 좋은 친구처럼 때로는 좋은 스승처럼 여기는 데 있지 않을까 합니다. 세상에 우리를 기다리고 있는 양서는 수없이 많을 것이니, 다른 일에 골몰하느라 그러한 좋은 친구와 스승을 놓치는 일은 없어야 할 것입니다.

천재독서 단기 플랜 - 먼저 읽어야 할 책

배경지식에 의한 흡수율 때문에 책을 단계적으로, '쉬운 순서, 효과적인 순서'로 읽는 것은 독서 효과의 측면에서 매우 중요합니다. 똑같은 책을 10권 읽어도 어떤 책을 먼저 읽고 나중에 읽느냐의 독서 순서에 따라 이해와 습득의 효과는 상당한 차이를 지닙니다. 때문에 비슷한 주제의 책이라면 필히 더 쉬운 책을 먼저 읽는 것이 좋습니다. 먼저 기본적인 배경지식을 쌓고 그것을 포석으로 삼아, 읽는 책이 더해질수록 축적된 내공이 잘 전이될 수 있도록 해야 합니다.

접근하기 쉬운 순서와 먼저 읽어서 플랜 전체를 소화할 수 있는 포석이 될 만한 책을 꼽아서 단기 플랜을 짜보았습니다. 절대적인 것은 아니고,

단지 가이드 차원에서 활용해 보시면 좋겠습니다.

　SQ 천재독서플랜의 전체 책들 중에서 이 책들을 먼저 읽어 보시기 바랍니다. 전체 책을 읽는 데, 이해의 좋은 마중물이자 단탄한 기초가 되어 줄 것입니다.

- 마시 시모프 · 캐럴 클라인, 안진환 역, 《이유 없이 행복하라》
- 론다 번, 하윤숙 역, 《더 파워》
- 하브 에커, 나선숙 역, 《백만장자 시크릿》
- 조셉 머피, 김미옥 역, 《잠재의식의 힘》
- 황농문, 《몰입 두 번째 이야기》
- 윤홍식, 《내 안의 창조성을 깨우는 몰입》
- 장건익, 《철학의 발견》
- 이진경, 《삶을 위한 철학수업》
- 레스 기블린, 노지양 역, 《인간관계의 기술》
- 데일 카네기, 강성복 · 권오열 역, 《인간관계론》(완역본)
- 최성애 · 조벽, 《청소년 감정코칭》
- 마셜 B. 로젠버그, 캐서린 한 역, 《비폭력 대화》
- 로먼 크르즈나릭, 김병화 역, 《공감하는 능력》
- 알렉산더 그린, 곽세라 역, 《삶에서 무엇이 가장 중요한가》
- 스티븐 코비, 김경섭 역, 《성공하는 사람들의 7가지 습관》
- 칩 히스 · 댄 히스, 안진환 역, 《스위치》
- 너새니얼 브랜든, 김세진 역, 《자존감의 여섯 기둥》
- 루이스 L. 헤이, 손혜숙 역, 《자신부터 사랑하라》= 박정길 역, 《치유》
- 필 스터츠 · 배리 미첼스, 이수경 역, 《툴스》
- 최인원, 《콕 찍어주는 인생과외》

- 스티브 데일리, 윤서인 역, 《조화로움》
- 자니 킹, 김선미 역, 《가슴이 노래 부르게 하라》
- 김기태, 《지금 이 순간이 기회입니다》
- 마이클 A. 싱어, 이균형 역, 《상처받지 않는 영혼》
- 스탠리 H. 블락, 캐롤린 블락, 박인재 역, 《내 마음에 다리 놓기》
- 브랜든 베이스, 박인수 역, 《치유 아름다운 모험》
- 데이비드 호킨스, 박찬준 역, 《놓아버림》
- 데비 포드, 신업공동체 역, 《그림자 그리고》
- 레스트 레븐슨, 《궁극의 자유를 위한 열쇠》
- 강병천, 《복본》

이 책들은 전체 천재도서를 소화하기 위해, 먼저 읽으면 좋은 기본 포석에 해당하는 책들입니다. 그래서 이 책들을 읽고 나서 나머지 책들을 읽으면 이해하기가 한결 쉬워질 것입니다. 앞서 강조했듯 어떤 책을 읽든 내용과 내용을 연관적 사유로 읽기 바랍니다.

아울러 이를 단기 플랜으로 삼아, 이 책들만 반복해서 잘 읽어도 많은 정신적 성장을 이룰 수 있을 것입니다.(한 번씩 읽어서 3회독: 도미노 순환독서법 추천)*

단기 플랜은 SQ 천재독서플랜 전체를 점령하기 위한 작은 교두보와 같습니다. 일정과 계획을 세워 이 책들을 가능한 100일 안에 다 읽어 보시기 바랍니다. 다소 버거울 수도 있겠지만, 만일 100일 안에 단기 플랜 30여 권의 책에 대한 1독을 마친다면, 자신감과 독서에 대한 추진력, 독서습관

---

* 특히 대학생들은 방학을 이용해서 이 책들을 세 번 정도 반복해서 읽어 보시면, 자신의 의식수준을 단기간 내에 비약적으로 높일 수 있는 매우 뜻 깊은 〈천재독서 단기 플랜〉이 될 것입니다.

을 함께 얻게 될 것입니다.(세상엔 독서 고수들이 많습니다. 하루에 한 권씩 책을 읽는 사람들도 적지 않을 것이니, 방학을 맞은 대학생이라면 1일 1권에도 도전해 볼 만한 일이 아닐까 합니다.)*

당신의 주파수를 결정하는 것은 당신의 마음 상태 즉 생각과 감정이다. 자신이 원하는 꿈이 담긴 책을 읽으면 그 생각과 감정이 파동에너지 주파수를 만들고, 그 주파수의 파장이 우주에 전송되면 당신이 원하는 것이 담긴 우주에너지가 그 꿈이 담긴 주파수에 진동하게 되고 같은 주파수대에 있는 그 우주에너지는 끌어당기는 법칙에 의해 당신에게 오게 되는 것이다. 사람의 생각과 감정이 독서를 통해 우주 의식과 만나면 어떠한 꿈도 이룰 수 있는 무한한 능력의 힘이 된다.

– 정선광, 《氣명상 새로운 나를 만나다》에서

이 책들을 다 본 후에는, 전체 목록 중에서 더 쉬운 순서대로, 그리고 자신이 가장 읽고 싶은 순서대로 책을 읽으시기 바랍니다. 자신의 '흥미'가 가장 중요한 것이니까요. 제가 권하고 싶기로는, 성공학과 학습계발서를 먼저 읽고, 그 다음 심리치유에 대한 책을 읽고, 그 다음 영성책들을 읽었으면 합니다. 그것이 대체로 더 쉬운 순서요, 실용적인 효과를 빨리 볼 수 있는 순서이기 때문입니다.(기본 구도가 그렇다는 얘기일 뿐, 꼭 그렇게 해야 된다는 뜻은 아닙니다.)

---

* 빌 게이츠는 일주일에 다섯 권의 책을 읽는다고 합니다. 일본 최고 부자 중 한 명인 소프트 뱅크의 손정의 대표는 병상에서 2년간 3천 권을 읽었다고 합니다. 민들레영토의 지승룡 사장 또한 3년 동안 2천 권을 읽었다고 합니다.

10 SQ 천재독서플랜의 미래와 성취

주목하라. ― 당신의 영혼이 북극성 넘어 하늘 높이 날아오르는지, 아니면 저속한 것을 찾아 어둠 속에서 땅을 파헤치고 있는지. - 번스

천릿길도 한 걸음부터라고 했지요. 작은 노력이 쌓여서 큰 것이 이루어집니다. 반복과 지속이 내공을 만들고, 깊은 내공은 천재와 달인을 만듭니다. 우리는 반복과 지속을 통한 '누적 효과'를 믿어야 합니다. 이는 자신을 믿는 게 아니라 필연적인 법칙을 믿는 것입니다.

지속적인 성장을 위해선 늘 열린 마음과 탐구하는 자세로 읽어야 하고, 책 내용을 완전히 소화해서 '사언필思言筆'이 될 수 있도록 해야 하며, 더 나아가 '지사행일치知思行一致'를 이루어야 합니다. 아는 것과 생각하는 것과 행동하는 바가 일치되는 것이 우리가 궁극적으로 도달해야 할 지점이니까요. 그것이 가장 확실한 '이룸의 법칙'이니까요!

지사행일치가 안 되는 독서는 어떤 책을 읽어도 나를 바꾸지 못하고, 삶 또한 바꾸지 못한다는 것을 명심하시기 바랍니다. 임계점을 만드는 반복과 지속이 그토록 중요한 것은 바로 이 때문입니다!

모든 교육의 끝은 학식이 아니라 자기 훈련이다. - 찰스 엘리엇 (하버드 대학 총장)

실행과 성취의 시기

시카고플랜과 마찬가지로 SQ 천재독서플랜은 가능한 한 20대에 하는 것이 좋습니다. 인생은 바둑과 같아서 시간이 지날수록 선택과 가능성의 폭이 점점 더 좁아집니다. 때문에 가능한 천재독서플랜은 20대에 시작하는 것이 더 좋습니다. 여러 면에서 그쪽이 훨씬 더 유리하니까요. 다소 늦

더라도 적어도 30대 안에는 끝내는 것이 좋을 듯합니다.

하지만 40대나 50대에 하더라도 그 나름의 가치와 효과를 얻을 것입니다. 활동 시기를 70까지로 두고 본다면 아직 20~30년이나 도전의 시간이 남은 셈이니까요. 40대나 50대는 결코 자기 발전을 위한 노력을 멈출 때가 아닙니다. 아울러 20대보다 인생의 가능성 폭은 적지만 오히려 20대보다 더 유리한 면도 있습니다. 인생 경험의 축적과 지식의 축적 덕분에 어떤 책을 읽어도 20대보다 깊이 소화할 수 있는 안목과 역량이 있기 때문입니다. 이른바 경륜의 힘이 발휘되는 것입니다.

심지어 60대나 70대도 그 가치와 효과가 적지는 않을 것입니다. 영적 성장을 이룬다는 것은 일생을 통해서 이루어지는 일이며, 인생에서 가장 중요한 일이니까요. 아울러 천재독서플랜은 자기 발전을 위해서도 좋지만, 자신뿐 아니라 자녀의 교육을 위해서도 매우 가치가 있을 것입니다. 만일 부모와 자녀가 함께 천재독서플랜을 한다면, 다양한 독서 토론도 하면서 천재독서 교육을 부모가 직접 지도할 수도 있을 것입니다.

독서를 하는 데 있어 늦은 시기란 없습니다. 때문에 천재독서플랜을 실행하는 것도 이와 마찬가지일 것입니다. 《공부의 힘》의 저자 노태권 씨는 중졸 출신의 막노동꾼이었지만, 마흔세 살에 공부를 시작해 독학으로 5년 만에 수능 모의고사에서 만점을 받았고, 그 실력으로 자신이 직접 아들을 가르쳐 중졸이었던 아들을 서울대 장학생으로 입학시켰습니다. 만학도의 남다른 열정과 간절함과 집념이 만든 결과였습니다. 나이와 상관없이, 그분과 같은 열정과 노력으로 책을 읽는다면, 읽는 만큼 얻는 바가 있을 것이요, 누구든 놀라운 성과를 얻을 것입니다.(어느 세대든 그 분의 《공부의 힘》을 읽어 보신다면 여러 모로 좋은 자극을 많이 받지 않을까 합니다.)

요컨대 천재란 자기 분야의 최고 고수나 대가가 되는 일입니다. 그런 고수와 대가는 대개 혼이 깃든 노력과 오랜 세월이 낳습니다. 설령 나이를

10 SQ 천재독서플랜의 미래와 성취

많이 먹었다 해도, 자기 분야의 고수나 대가가 될 기회는 누구에게나 여전히 남아 있는 셈입니다.

창조성과 지혜는 피카소와 버나드 쇼, 미켈란젤로, 톨스토이를 비롯한 많은 장수한 천재들에게 죽을 때까지 영감을 불어넣어 주었다. 베르디는 대작 오페라 〈팔스타프〉를 80세의 나이에 작곡했다. 그리고 독일의 박물학자 알렉산더 폰 홈볼트는 걸작 《코스모스》를 89세 때 완성했다. 노년에 이룬 이들의 업적 속에는 무한한 아름다움과 품위가 배어 있다. 성 베드로 성당의 돔은 미켈란젤로가 90대에 설계했다는 사실 때문에 더욱 원숙미를 더한다.

- 디팩 초프라, 이균형 역, 《사람은 왜 늙는가》에서

지금의 시대를 흔히 100세 시대라고 합니다. 사실 아직은 100세가 보편화된 수준이 아니지만, 의학의 발전이나 수명이 점점 더 늘어나고 있는 지금의 추세를 보면 머지않아 100세 시대가 정말로 도래할 것 같다는 생각이 듭니다. 아무튼 인류의 평균 수명이 예전보다 훨씬 늘어났다는 것과 지금도 더 늘어가고 있음은 누구나 다 아는 사실이지요. 인생은 70부터라는 말까지 있을 정도입니다. 그 누구의 인생이든 끝날 때까진 끝난 것이 아닙니다.

경영학의 구루로 불리는 피터 드러커는 이런 말을 남긴 바 있습니다. "나의 전성기는 60세부터 90세까지 30년이었다." 늦었다고 생각하는 모든 이들에게 힘을 불어넣어 주는 말이 아닌가 합니다.

'아직 늦지 않았다!' 이 말은 어쩌면 이 책을 읽는 모든 독자에게 닿는 말일 것입니다. 인생 후반전에 새로운 일을 시작하거나, 인생 역전을 한 사람은 숱하게 많습니다. 일찍 전성기를 가지는 사람도 있지만, 늦게 전성기를 가지는 사람도 있습니다. 엠마뉴엘 칸트는 57세에 처음으로 철학에

관한 저서를 집필했으며, 윌 듀랜트는 83세에 역사 부문에서 퓰리처상을 획득했고, 프랭크 로이드 라이트는 90세에 구겐하임 미술관을 설계했다고 합니다.

배움과 성장에 대한 노력은 끝이 없는 법입니다. 파블로 카자스가 91세가 되어서도 날마다 꾸준히 첼로 연습을 하는 것에 대해, 제자가 왜 계속 연습을 하는지에 대해 묻자 "요즘도 조금씩 실력이 향상되기 때문이라네."라고 답했던 것은 이미 널리 알려진 이야기입니다.

> 여러 연구에 의하면 어린 시절 신동이 커서는 별다른 성공을 하지 못하는 경우가 매우 많다. 성인기에 이르러서까지 눈부신 발전을 한 요요마 같은 신동도 있지만 뛰어난 성취를 이루지 못한 많은 꼬마 신동들이 있다. 마찬가지로 여러 사람들이 어린 시절엔 별다른 재능을 보이지 못했으나 성인이 되어서야 뛰어난 능력을 발휘하였다. 예로서 코페르니쿠스, 렘브란트, 바흐, 뉴턴, 칸트, 다 빈치, 아인슈타인 등이 있다.
>
> 업적을 성취하는 시기가 사람마다 너무나 다른 현상을 상식적으로 이해하기 위해서는 단 하나의 설명만이 가능하다. 바로 재능은 과정이라는 것이다. 모든 개인은 제 각각의 생리적 특성을 가지고 있지만 그 누구도 미리 결정된 생물학적 운명을 타고나진 않았다. 모든 사람은 패트릭 베이트슨이 말하듯이 '여러 다양한 방향으로 발달할 수 있는' 가능성을 갖고 있다. 자신의 잠재력을 발견하려면 사랑과 인내를 주고, 아주 오랜 시간을 기다려라.
>
> - 데이비드 셴크, 조영주 역, 《우리 안의 천재성》에서

분명 업적을 성취하는 시기는 사람마다 다 다를 것입니다. 이른 시기에 대단한 성취를 이루는 이들도 있지만 인생 후반기에 재능을 꽃피우는 이도 있습니다. 허나 어느 분야든 세계적인 대가들은 일생 자기 발전을 위해

10 SQ 천재독서플랜의 미래와 성취

게으름을 피우지 않았던 열정가들이었습니다. 그러한 열정을 본받는다면 누구든 책을 읽는 데 늦은 사람이란 없을 것입니다.

남다른 성취는 오직 남다른 열정과 끈기를 지닌 이들이 이룬 것이다.

한국 교육의 문제점과
교육 혁명

폐허 수준의 책맹 교육

저는 우리나라 교육을 하늘 아래 최악의 교육이라고 생각합니다. 이 말이 다소 심하다고 느끼는 분들도 계시겠지만, 이렇게 비판하는 데는 나름의 이유가 있습니다. '청소년 자살률 세계 1위, 사교육비 세계 1위, 고등학교 공부시간 세계 1위, 청소년 행복지수 세계 꼴찌'라는 엄청난 희생을 치르고서 우리가 얻은 결과는 너무나 보잘것없기 때문입니다.

저는 대학 강단에서 5년 동안 수업을 하면서 할 말을 잃었습니다. 제 예상이나 기대와 달리, 대학 신입생들의 학습 능력이나 학습 태도 등이 너무 형편없었기 때문이었습니다. 대학 신입생들의 수준이 이렇다면, 과연 우리가 대학 입학을 위해 치른 그 엄청난 희생은 무엇을 위한 것인지 의문을 가지지 않을 수 없습니다.

21세기의 문맹자는 글을 읽을 줄 모르는 사람이 아니라, 학습하고 교정하고 재학습하는 능력(독서를 통해 공부하는 능력)이 없는 사람이다. - 앨빈 토플러

우리나라 교육의 문제점은 한두 가지가 아니겠지만, 가장 심각한 문제는 학생들을 책맹으로 만드는 바보 교육을 시키고 있다는 점입니다. 대학 신입생들에게 참고서 관련 책을 제외하고 고등학교 때 읽은 책이 10권 이상인 사람을 물어보면 100명 중에서 10명 정도가 손을 듭니다. 이 중에서 다시 소설책 빼고 10권 이상 읽은 사람을 물으면 두세 명 정도가 손을 듭니다.

사정이 이러하니 학생들의 독서력이 어떤 수준일지는 충분히 짐작할 수 있을 것입니다. 한마디로 대부분의 학생들의 독서력은 바닥 수준입니다. 독후감상문 과제를 내면 주구장창 나오는 소리가 '나는 책을 읽어 본 적이 없어서……'와 같은 말들이 과제 첫머리를 장식합니다. 책을 읽어 본 적이 없으니, 그다지 어렵지 않은 책인데도 어렵다고 불평하고 재미없다고 불평합니다. 책을 읽는 것 자체가 어색하고 생소한 학생들이 너무 많습니다.(게다가 표절은 또 얼마나 많이 속출하던지요!)

공부에서 가장 중요한 것이 '독서력'인데 이렇게 학생들의 독서력이 형편없으니, 단지 이것 하나만으로도 한국 교육이 얼마나 거대한 실패이고 엉망진창인지가 분명히 드러납니다. 학생들의 의식 속에는 독서와 공부가 한참 분리되어 있습니다. 교육이 잘못되어도 너무나 잘못된 것입니다. 제가 보기엔 우리 교육은 한심의 극치를 달리는 최악의 교육 그 자체입니다.

책맹을 양산하는 교육은 지식 무능력자를 양산하는 교육과 다를 바가 없습니다. 예를 들어 우리나라의 가장 유명한 위인인 세종대왕이나 이순신이 역사 교과서에 얼마나 나올까요? 기껏해야 1페이지 정도밖에 안 됩

니다. 그렇다면 세종대왕이나 이순신에 대한 책을 읽는다면 어떻게 될까요? 그 책이 만약 300페이지 정도라면, 1페이지와 300페이지의 차이이니 300배의 차이가 납니다. 만약 그런 책 10권을 읽으면 어떻게 될까요? 1 대 3,000의 차이가 나게 됩니다. 우리는 바로 그와 같은 300이나 3,000을 버리고 1을 택한 바보 교육을 시키고 있는 것입니다. 1을 택했을 뿐 아니라, 그 1 외에는 다른 것을 보지 못하도록 배움의 숨통을 막아 버린 교육을 시키고 있는 것입니다.

다른 과목들도 이와 마찬가지입니다. 문학을 예로 들자면, 학생들이 아는 윤동주 시는 고작 교과서나 참고서에 나오는 몇 편밖에 없겠지만, 만약 그의 시집을 읽는다면 윤동주 시 전편을 알게 될 것입니다. 다른 시인들의 시집까지 읽는다면 시의 편수는 금방 몇백 편 이상으로 늘어나겠지요. 시를 배우는 이유가 바로 시집을 읽고 감상할 줄 아는 사람을 만드는 데 있습니다. 그런데 우리는 정작 시험을 위해 몇 편의 시를 배울 뿐, 시집을 읽을 줄 아는 사람을 만드는 데는 완전히 실패한 것입니다.

책을 읽는 과정에서 많은 것을 보고 느끼고 생각하고 통찰하고 그 과정에서 배움의 기쁨과 가치를 체득하는 것이 공부의 기본입니다. 그런데 우리 교육에선 독서를 전적으로 배제하다 보니, 그 모든 과정이 다 빠져 있습니다. 그 결과 학생들에게 공부는 단지 시험을 위해 외우는 것에 지나지 않게 되었습니다. 독서를 통해 공부하는 법을 익히고, 스스로 느끼고 생각하고 탐구하는 과정에서 배움의 즐거움을 맛보아야 하는데, 우리 교육에는 그것이 죄다 사장되어 있거나 원천봉쇄되어 있습니다.

한국 학생들의 가장 심각한 문제점은 '지적 호기심'이 너무 없다는 점입니다. 달리 말해 '배움에 대한 자발적 욕구'가 너무 없습니다. 왜냐하면 배움의 즐거움과 성취감을 통해 공부의 가치를 제대로 인식한 적이 없기 때문입니다. 다들, 공부는 단지 입학과 출세를 위해서 고통스럽지만 억지

10 SQ 천재독서플랜의 미래와 성취

로 참고 하는 것이라고 여기고 있습니다. 공부가 심리적으로 '고통'과 연결되어 있는 것입니다. 공부가 가치 있고 보람된 것으로 받아들여지고, 배움의 즐거움과 연결되어 있어야 하는데 전혀 그렇지가 않은 것입니다.

그렇게 해서 대학을 왔으니, 배움에 대한 흥미나 지적 호기심이 턱없이 부족한 학생들이 공부를 얼마나 제대로 할 수가 있겠습니까. 또 그런 학생들을 데리고 하는 수업은 얼마나 수준이 있겠습니까. 수업을 할 때마다 정말 어렵고 답답할 때가 너무 많았습니다. 중·고등 교육의 참담한 실패는 대학 교육으로까지 이어질 수밖에 없으며, 이 같은 상황은 앞으로도 계속될 것입니다.(이 자리에서 다 말할 수는 없으나, 대학 교육의 문제점도 한두 가지가 아닙니다.)

제가 고등학생인 조카에게 책을 선물한 적이 있었는데 그때 누나가 하는 말이, 공부해야 하는데 왜 자꾸 애들에게 책 읽으라고 그러느냐며 화를 냈었습니다. 제가 어이가 없어 말문이 막혔었지만, 실은 이것이 우리나라의 교육의 현 실정입니다. '공부=독서'가 되어야 하는데, '공부≠독서'로 되어 있다 보니, '책 읽으라'고 하는 것이 '공부하지 말라'와 연결되는 것입니다.

독서와 혼자만의 시간을 가지고 새로운 일을 도모하라. - 스티브 잡스

독서력이 없다는 것은 배움의 불구자를 만드는 것이나 다름없습니다. 책을 읽어야 스스로 지식을 습득할 수 있을 텐데, 그런 능력과 습관이 길러지지 않았다는 것은 학습 능력 차원에서 최악의 사태인 것입니다. 아울러 책을 읽으면 다양한 자극을 통해 생각을 하게 되는데, 주어진 것을 외우기만 할 뿐 책을 읽지 않으니, 감수성과 사고력과 창의력의 발달을 근본적으로 가로막는 것과 진배없습니다.

SQ 천재독서플랜

게다가 교육 과정의 대부분이 철저히 학습 차원의 사실질문에만 초점이 맞춰져 있습니다. 생각을 하게 하는 사고질문은 부족한 게 아니라 아예 존재 자체가 전무한 상황입니다. 이는 학생들의 사고력 발전을 원천적으로 봉쇄한 것과 같으니, 학습 차원의 공부만 있을 뿐 '활용 차원의 공부'에 전망은 전혀 존재치 않는 것입니다. 때문에 한국에서 공부를 잘한다는 것은 고작 '암기를 잘하는 것'일 뿐, 다른 학습 능력은 제대로 길러지지도 또 제대로 평가를 받지도 못합니다. 이 때문에 우리 교육은 심각한 사고력 부재의 학생들을 양산했습니다.

공부엔 암기도 중요하지만 더 중요한 것은 사고력인데, 사고력을 기르는 데는 관심조차 없으니 이런 교육을 도대체 무엇이라고 불러야 할까요? 모든 공부가 학습 차원의 공부에로만 쏠려 있다 보니, 지식 활용과 문제 해결 능력이 중심이 되는 '활용 차원의 공부'는 심각하게 결여되어 있는 수준이라, 그 결과 학생들의 사고력과 창의력이 턱없이 부족할 수밖에 없습니다. 이는 학생들의 잘못이 아니라 순전히 교육의 잘못인 것입니다. 이는 독서력 부재와 함께 한국 교육의 가장 심각한 문제점일 것입니다.

이러한 점과 연관성이 매우 깊은, 한국 교육의 심각한 문제점의 또 하나는 '글쓰기 교육'의 부재에 있습니다. 글쓰기는 사고력 훈련에 가장 좋은 도구이며, 지식과 생각을 전달하는 최상의 루트입니다. 그래서 교육 선진국들은 어느 나라 할 것 없이 글쓰기 교육을 매우 중요시하며, 세계의 명문대들 또한 마찬가지입니다.

그런데 우리나라에선 '글쓰기 교육'이 거의 이루어지지 않고 있다 보니, 대학 신입생의 글쓰기 능력 또한 독서력과 마찬가지로 정말 너무 형편없는 수준입니다. 심지어 '단락 들여쓰기'조차 할 줄 모르는 신입생들이 적지 않습니다. '나는 글을 써본 적이 없어서……' 학생들 리포트에 항상 올라오는 말입니다. 참담했던 사항들을 지금 여기서 구구절절이 다 말씀드

10 SQ 천재독서플랜의 미래와 성취

릴 수는 없으나, 저는 학생들과 수업을 하기 전까진 우리나라 교육이 이토록 폐허 수준일 줄은 정말 꿈에도 몰랐습니다.

대학수학능력大學修學能力이란 대학에서 공부할 수 있는 기본 능력이라는 뜻인데, 대학수학능력의 핵심 세 가지가 무엇이냐고 물으면 정작 학생들도 학부모들도 심지어 선생님들도 무엇이 대학수학능력의 골자인지를 모르는 경우가 많습니다. 대학수학능력의 핵심 세 가지는 '읽기, 쓰기, 말하기'입니다. 즉 책을 읽는 독서력, 글을 잘 쓰는 문장력, 토론과 발표를 위한 커뮤니케이션 능력인 것입니다. 정작 대학을 가기 위해서 공부를 하고, 대학을 보내기 위해서 공부를 시키는데도 무엇이 대학수학능력인지조차도 모르고 있는 것입니다.

앞서 학생들의 읽기와 쓰기 능력이 엉망이라고 말씀드렸는데요, 그럼 수학능력의 세 번째 능력인 '말하기'는 어떠할까요? 학생들은 중·고등학교 내내 선생님 말씀에 귀 기울여야 하는 주입식 교육만을 받았기에, 발표나 토론을 익숙하게 해본 적이 없습니다. 대학 수업 시간에 학생들에게 질문을 해보면 대답을 제대로 하는 학생이 한 반에 두세 명 있을까 말까 한 수준입니다. 제 마음속엔 매번 '어쩜 저렇게 말 한마디 제대로 못할까' 하는 한탄이 쏟아져 나왔습니다. 수업의 장에서 자신의 생각이나 견해를 당당하게 말해 본 적이 거의 없으니, 발표와 토론 실력 또한 변변치 못한 것은 너무나 당연한 결과일 것입니다.

이렇게 놓고 보면 대학수학능력인 '읽기, 쓰기, 말하기' 이 세 가지 능력 모두가 엉망 수준인 것입니다. 혹독한 입시 지옥에서 그 많은 희생을 치르고 정작 우리가 얻은 것은 독서할 줄도 모르고 '수학修學 능력'까지 턱없이 부실한 학습 무능력자들인 셈입니다.(제가 유학생에게 듣기로는, 미국 대학에선 '읽기, 쓰기, 말하기'가 잘 안 되면 학교를 다닐 수도 없는 수준이라고 합니다.) 게다가 그 과정에서 학생들의 마음은 경쟁과 스트레스에 찌들어 있고, 배움에 대한 흥미나 즐거움 또한 갖질 못했습니다. 이런 수준이니 한국 교육을 폐허라고 하지 않으면 무엇이라고 하겠습니까. 이는 더 나아가 한국의 지적 수준과 학문 수준, 인재의 질과 양을 결정짓는 일이기도 합니다.

이 찬란한 폐허를 위해 우리의 학생들과 학부모님들은 얼마나 많은 고생을 했고 또 얼마나 많은 희생을 치러야 했던가요? 무엇이 이렇게 가슴 아픈 참담한 결과를 만들었을까요? 원인은 하나뿐이니 이는 모두 잘못된 교육 때문입니다. 이는 실로 통곡하고 또 통곡할 일입니다.

교육 혁명의 필요성

제가 보기에 한국의 거의 모든 불행은 잘못된 교육으로부터 시작되고 있습니다. 자살률 세계 1위는 기실 '청소년 자살률 1위'와 '청소년 행복지수 꼴찌'의 연장선상에서 비롯된 것입니다. 학생들만 불행하고 힘든 것이 아니라, 그들을 기르고 가르치는 부모님들도 너무 힘에 겹습니다.

OECD 국가들 대부분이 대학 입시를 위한 학원이나 과외와 같은 사교육을 전혀 시키지 않고도 정상적인 교육이 이루어지고 있으며, 단지 학교 교육만으로 대학을 보내고 있습니다. 그러면서도 그들의 학습 능력은 우리보다 뒤쳐지지 않으며, 그들의 대학 수준은 오히려 대부분 우리 대학보다 더 뛰어납니다. 사교육이 전혀 없이도 그렇게 하는데, 왜 우리는 그렇게 하지 못하는 것일까요?

우리는 자율학습이라는 이름으로 학생들을 저녁 10시 11시까지 학교에 붙잡아 두지만, 그들은 대부분 5시 이전에 학교 수업을 다 마치고 자유로운 활동을 합니다. 고등학교 시절을 떠올려 보면, 아침 일찍 학교 가서 하루 온종일 책상에 앉아 있다가 저녁 늦게 별 보고 돌아온 기억밖에 나

10 SQ 천재독서플랜의 미래와 성취

지 않습니다. 제가 대학원 다닐 때 우리나라에 유학 온 유학생에게 이런 이야기를 했더니 도무지 이해를 못했습니다. 저 또한 고등학교 수업이 오후 2시쯤에 끝난다는 그들의 말이 도무지 이해가 안 되었습니다. 다른 나라의 시각에서 보면, 우리는 이해조차 안 되는 교육을 시키고 있는 것입니다.

우리나라 학생들은 대체로 방학 때 학원을 전전하면서 공부에 붙잡혀 있습니다. 우리 학생들에게 방학이란, 방학이 아니라 다음 학기를 준비하는 전초전과 같습니다. 하지만 다른 나라들의 학생들에게 방학은 그야말로 공부를 쉬고 마음껏 자유로운 활동을 할 수 있는 시기입니다. 대체로 우리나라보다 방학 기간도 많지만,* 그 방학 내내 자기 하고 싶은 것을 실컷 하면서 신나게 놉니다. 방학 숙제도 없거나 아주 적습니다. '방학이 숙제다'라는 말 그대로 그들에겐 방학을 즐기는 것 자체가 숙제인 것입니다. 그래서 그들은 학창 시절의 추억이 정말 많다고 합니다. 그렇게 하고도 그들은 정상적인 교육을 받고 있으며 대학 진학 또한 정상적으로 이루어지고 있습니다. 우리만 왜 그렇게 하지 못하는 것일까요?

우리는 악착같이 등수에 집착하지만, 애초에 성적표에 등수 자체가 없는 나라가 더 많습니다. 예컨대 이탈리아도 그와 같은데요, 이탈리아의 청소년 자살률은 10만 명 기준 3명 정도라고 합니다. 우리는 같은 10만 명 기준에 30명 가까이나 됩니다. 학생들의 행복지수도 훨씬 뒤쳐집니다. 도대체 우리가 얻은 것이 무엇이길래, 이러고 있는 것일까요?

저는 지금 당장 중·고등학교 성적표에 등수를 완전히 없앴으면 좋겠습니다. 단지 그것만으로도 학생들의 스트레스와 자살률이 상당히 줄어들 것이고, 끊임없이 서로를 성적 기준으로 평가하고 바라보는 차별적이고 경쟁적인 대인 인식이 많이 줄어들 것입니다. 우리들의 자녀가 불행한

---

* 미국 같은 경우는 여름 방학이 석 달이나 됩니다.

데 그 부모가 행복할 리 없겠지요. 학생들의 고통과 불행은 학부모들의 고통과 불행으로, 또 사회 전체의 고통과 불행으로 이어져 있습니다.

　제 지인 중에 뉴질랜드로 이민을 가신 분이 있는데, 그분은 그곳에서 세 자녀를 키웠습니다. 세 자녀 모두 뉴질랜드에서 중·고등학교 시절을 보냈는데, 자녀들에게 학창시절이 어땠느냐고 물어보면 "재미있게 논 것밖에 기억이 안 난다."고 답한다고 합니다. 그러고도 그들 모두 한국 학생들보다 독서도 더 많이 했고 대학에도 다 진학했습니다. 뉴질랜드에선 흔히 학창 시절은 가장 즐거웠던 시절로 기억된다고 합니다. 저는 그런 내용이 이해도 잘 안 되었지만, 한편으론 너무 부럽고 한편으론 너무 속상했습니다. 제가 그랬던 것처럼, 한국의 학부모로서는 그런 세계가 있다는 것이 상상조차 하기 쉽지 않습니다. 왜, 무엇 때문에 우리는 조금도 그렇게 하지 못하는 것일까요?

　학업 스트레스에 찌들어 살았을 뿐 성장기인 학창시절에 행복 체험이 너무 적었기에, 그것은 성인이 된 이후의 우리의 의식과 삶의 방식에도 큰 영향을 끼치고 있습니다. 정작 배움의 실속은 너무 적은데, 경쟁지상주의와 출세지상주의밖에 모르도록 만든 교육으로 인해 우리 모두의 영혼이 찌들고 메말라 있습니다. 치열한 경쟁과 온갖 차별 속에 악만 남은 각박한 사회를 만든 것이 바로 이와 같은 교육으로부터 시작된 것입니다. 잃은 것은 너무 많은데 얻은 것은 너무 적은 교육이, 우리 모두를 불행하게 만들고 있는 것입니다. 이것은 사회 모든 문제와 연결되어 있는 것이기에, 우리나라의 거의 모든 불행은 근본적으로 교육의 불행, 교육의 실패에 있다고 해도 과언이 아닐 것입니다.

　우리는 실로 지구상에서 가장 불행하고, 가장 우매하고, 가장 비효율적인 교육을 시키고 있습니다. 그래서 저는 우리나라 교육 행정가들이 다들 학벌 좋은 바보들이 아니었던가 의심이 갈 때가 많습니다. 우리 교육이 이

　　　　　　　　10 SQ 천재독서플랜의 미래와 성취

토록 형편없고, 이토록 불행하기 짝이 없는 수준인데 이것을 몇십 년째 그대로 방치만 하고 있으니, 그들은 도대체 무엇을 한 것일까요? 오히려 본질적인 것은 바뀐 게 하나도 없는데, 별 가치가 없는 입시제도는 한두 해가 멀다고 계속 바뀌고 있습니다. 전 세계 그 어떤 나라도 이런 이상한 짓을 하는 나라는 없습니다.

노하우를 얻는 법은 크게 두 가지입니다. 하나는 자신이 스스로 탐구하거나 연구해서 노하우를 계발하는 것이고, 또 하나는 이미 노하우를 가지고 있는 이에게 배워서 전수받는 것입니다. 전 세계엔 교육 선진국들이 여러 나가가 있으며, 그들 나라엔 그들의 다양하고 뛰어난 교육 제도와 시스템이 있습니다. 우리 스스로 좋은 교육 제도와 시스템을 만들어 내지 못한다면, 그들의 뛰어난 교육 제도와 시스템을 배울 수도 있을 것입니다.

그런데 우리는 여태껏 좋은 교육 제도와 시스템을 스스로 만들어 내지도 못했고, 또 다른 나라들이 가지고 있는 여러 장점도 배우지 못했습니다. 결국 교육의 본질적인 변화를 위해 아무것도 하지 못한 것입니다. 어찌하여 다른 나라들의 그 많은 장점 중에 하나도 제대로 배우지 못할 것일까요? 저는 이토록 심각한 무지와 무능력을 도무지 이해할 수가 없습니다. 단지 교육 선진국의 제도와 시스템을 똑같이 100% 따라만 했어도 지금보다는 비교도 안 될 만큼 훨씬 더 나았을 것입니다.

학생들에게 공부와 책 읽기의 즐거움을 가르치지 못한 교육은 근본적으로 실패한 교육입니다. 국가의 공교육이 해야 할 가장 중요한 점이 이것이기 때문입니다. 단언하건대 우리의 교육에 대대적인 혁신이 이루어지지 않는 한 우리는 행복한 나라가 될 수도 없을 것이며, 선진국 또한 될 수 없을 것입니다. 교육은 그 나라의 성패를 좌우하는 가장 중요한 근간이기 때문입니다.

한국이 아직 선진국이 되지 못한 이유는 크게 세 가지 때문입니다. 첫째 교육이 잘못되었기 때문입니다. 둘째 교육이 많이 잘못되었기 때문입니다. 셋째 교육이 아주 많이 잘못되었기 때문입니다.* 우리 교육은 입시 지옥과 책맹들을 양산하는 데 뛰어났을 뿐, 노력한 것에 비해 효과가 너무 적었습니다.

세계 최고의 책맹 국가가 된 것도 이 때문이요, 한국의 학문 수준이 뛰어나지 못한 것도 이 때문이요, 뛰어난 인재를 많이 배출하지 못한 것도 이 때문이요, 학생들의 지적 성취가 뛰어나지 못한 것도 이 때문이요, 한국에 우수한 좋은 저서가 많이 나오지 않는 것도 이 때문이요, 삶이 각박하고 문화가 부족한 것도 이 때문이요, 국민들의 의식 수준과 지적 수준이 낮은 것도 이 때문이요, 좀처럼 정치 발전이 이루어지지 않는 것도 이 때문입니다. 교육의 실패는 모든 악순환으로 이어집니다.

국민들이 책을 보지 않으니 의식 수준과 지적 수준(교양)이 낮을 수밖에 없습니다. 만약 우리가 독서를 사랑하는 국민이었다면 지금보다는 훨씬 지적 수준과 의식 수준이 높았을 것이요, 그랬다면 선거를 통해 무능하거나 국민을 기만하거나 사리사욕을 탐하는 정치인이 정치판에서 이미 상당수 제거되었을 것입니다. 한국 정치는 아직도 우민화 수준을 못 벗어나고 있는 실정입니다. 이 말은 국민들이 그만큼 무지하고 무식하다는 뜻입니다.

인간은 교양을 갖춰야만 비로소 자유로워진다. - 호세 훌리안 마르티

---

* 교육이 잘못된 이유는 정치가 잘못되었기 때문이요, 정치가 잘못된 이유는 정치인들과 우리 국민이 아직 제대로 정신을 차리지 못했기 때문입니다. 필연적으로 교육 혁명은 정치 혁신이 선행되어야만 가능할 것입니다.

예부터 교육은 백년지대계百年之大計라고 했거니, 인재가 곧 그 나라 국력의 핵심입니다. 인재를 만드는 것은 교육이니, 교육이 그 나라의 국력을 결정짓는 셈입니다. 무엇을 배우든 결국 교육 역량에서 가장 중요한 요소가 '책을 읽는 것'이니, 국민들의 독서 수준이 바로 국가 경쟁력과 직결되는 것입니다. 선진국들은 죄다 국민 독서량이 세계에서 가장 많은 나라들입니다. 독서하지 않는 나라가 선진국이 될 수는 없습니다.

그런 점에서는 저는 안한상 저자의 《독서가 국가 경쟁력이다》를 우리나라의 모든 대학생과 학부모님과 교육자와 정치인들에게 권하고 싶습니다. 특히 정치인과 교육 행정가들은 반드시 읽었으면 좋겠습니다. 우리나라에 가장 시급한 문제는 독서하는 국민을 만드는 것이요, 교육을 혁신할 '교육 대혁명'을 이루는 것이기 때문입니다. ── 아울러 행복지수 1위 덴마크의 행복 비결을 탐구한 오연호 님의 《우리도 행복할 수 있을까》를 전 국민 필독서로 꼭 추천하고 싶습니다. 만일 우리나라 온 국민이 이 책을 읽는다면 10년 안에 엄청난 변화가 일어날 것입니다.*

그러한 교육 혁명으로 힘없는 3류 국가에서 국가 경쟁력 세계 1위, 교육 경쟁력 세계 1위로 거듭난 나라가 있습니다. 북유럽의 복지 선진국 핀란드가 바로 그 나라입니다. 핀란드는 교육 개혁과 국민독서운동을 통해 독해력 세계 1위, 인구당 도서관 비율 1위, 국민 1인당 장서수 1위, 도서관 이용률 1위의 나라를 짧은 시간에 이루어 냈습니다.

핀란드 아이들은 어려서부터 책 읽기가 생활화되어 있으며, 핀란드 10대 학생들은 세계에서 가장 책을 많이 읽는 것으로 알려져 있습니다. 학생들뿐 아니라 성인들 또한 책을 많이 읽기 때문에 국민들의 교양과 지적

---

* 온 국민 필독서를 몇 권 더 권하자면 SBS 기획팀이 쓴 《리더의 조건》, 박노자 교수의 《좌우는 있어도 위아래는 없다》, 김동춘의 《대한민국은 왜》를 추천하고 싶습니다.

수준 자체가 매우 높습니다. 그들의 모든 수업은 독서와 글쓰기와 토론이 중심이 되고 있습니다. 그러니 그들의 독서 능력과 글쓰기 능력, 토론 능력이 얼마나 뛰어날지 짐작해 보는 것은 어렵지 않을 것입니다.

초등학교부터 대학에 이르기까지 그들이 치르는 전 과목의 모든 시험은 오로지 주관식 글쓰기로 이루어집니다. 심지어 수학 문제조차도 왜 그렇게 문제를 풀었는지를 설명할 수 있어야 합니다. 그들에겐 객관식 시험이라는 것 자체가 없습니다. 단순 암기가 아니라 사고력과 문제 해결 능력에 초점이 맞춰져 있는 것입니다. 비단 핀란드뿐 아니라 다른 많은 교육 선진국들 또한 대체로 이와 같습니다.

> 제도 교육은 교과서나 참고서 같은 교재를 통해 가르친다. 문제는 이 교재들이 지적 호기심을 자극하기는커녕, 오히려 지적 탐구에 대한 열정을 불식시킨다는 점이다. 교재에는 많은 지식들이 무미건조하게 '교양의 차원'에서 개괄되어 있을 뿐이다. 교재에는 여러 지식인들이 애초에 가졌던 문제의식의 심각성과 진지함, 절박함이 소거되어 있다. 학생들은 지식의 뿌리인 '현실적 문제의식'과 '윤리적 호소'를 실감할 수 없게 된다. 학문에 대한 열정은 학위나 학점에 대한 열정으로 대체될 뿐이다.
>
> - 박민영, 《인문내공》에서

우리는 교과서가 절대적인 것이라 생각하지만, 핀란드뿐 아니라 교육 선진국 여러 나라들에선 아예 교과서라는 것 자체가 없습니다. 그 자리를 다양한 책들이, 다양한 독서 활동이 채우고 있는 것입니다. 잘못된 입시 교육과 함께, 교과서는 한국 학생들을 책맹으로 만드는 주범입니다. 앞서 말한 교과서와 책 읽기의 '1 대 3,000' 중에서 우리처럼 1이 아니라, 3,000을 지향하고 있는 것입니다. 그러니 여기서부터 학습 방식과 학습 능력,

10 SQ 천재독서플랜의 미래와 성취

여러 측면의 실력 차이가 엄청나게 날 수밖에 없습니다.

우리 교육은 군대식 교육에 가깝습니다. 사실 우리 근대 교육의 효시인 일제 강점기의 '국민학교' 교육이 바로 그러했습니다. 이런 교육은 전체주의 이념 아래 위에서 가르치는 것을 무조건 받아들이고 외우기만 하는 교육입니다. 그것에는 애초에 탐구와 사색과 다양성과 창의성, 비판적 담론 자체가 없습니다.(이러한 문제는 우리의 정치사와도 무관하지 않습니다.) 광복 후 반세기가 더 지나도록 우리는 여태 그와 같은 주입식 교육만 시키고 있는 실정입니다. 이런 교육으로는 더 이상 우리의 미래를 열어갈 수 없으니, 이제는 이러한 무식한 교육을 완전히 끝내고 교육 대혁명을 단행할 때가 된 것입니다.

> 좋은 책을 읽지 않는 사람은 책을 읽지 못하는 사람보다 나을 게 없다.
>
> - 마크 트웨인

글을 읽을 줄 모르는 것을 문맹文盲이라고 합니다. 책을 읽지 않는 것은 책맹冊盲이라고 합니다. 책맹은 문맹과 크게 다를 바가 없습니다. 글을 배우는 주 목적이 책을 읽기 위한 것이니까요. 한국은 문맹 국가에서는 벗어났지만, 아직 책맹 국가에서는 벗어나지 못했습니다. 한국 사회는 여전히 세계 최고의 책맹 사회입니다.

몇 해 전, 다국적 여론 조사 기관인 NOP월드가 세계 30개국을 대상으로 주간 독서 시간을 발표한 적이 있었습니다. 그 결과 한국 사람들의 주간 독서 시간은 3.1시간으로 30개국 평균인 6.5시간의 절반에도 못 미쳐 조사 대상국 중에서 꼴찌를 차지했습니다.

"2007년 우리 국민 중 책을 한 권도 읽지 않은 사람은 23.3퍼센트나 됐다. 만화나 잡지를 제외한 일반 도서 기준으로는 그 비율이 28.9퍼센트로 올라간다. 그나마 책을 읽는다는 응답자 중 37.2퍼센트의 하루 독서 시간은 30분 미만이었다. (…) 미국의 미디어학자 닐 포스트먼은 '책 읽기는 단순히 지식만을 얻는 데 그치는 것이 아니다. 독서하는 동안 논리, 객관성, 중립성 같은 다양한 가치를 체득하게 된다.'고 강조했다. 감각적·자극적 문화가 판을 치는 세상일수록 독서가 더 필요하다는 의미일 것이다."(이정환, "오거서 운동", 《한국경제》 2009년 12월 7일자)

한국은 OECD에서 평균 독서량으로 거의 항상 꼴찌를 독차지하고 있습니다. 제가 17살 시절에 우연히 신문에서 나라별 독서량에 대한 기사를 보게 되었는데, 그때도 우리나라 독서량이 꼴찌였으며 우리나라 평균 독서량이 일본이나 유럽 선진국의 절반에도 못 미친다는 기사를 보고 몹시 속상해한 적이 있었습니다. 그런데 그때로부터 무려 25년이나 지난 지금도 사정은 하나도 달라진 게 없습니다. 그러니 어찌 심히 서글프지 않겠습니까.

사교육비 세계 1위인 것은 물론이요, 세계에서 공부를 가장 많이 시키는 우리나라이지만, 정작 평균 독서량은 다른 나라에 절반도 못 미치는 수준이요, 1년이 가도 책 한 권 읽지 않는 책맹들은 주위에 차고 넘칩니다. 대학 가는 것을 그토록 중요하게 여기지만, 정작 대학 나온 책맹들은 또 얼마나 많은지요. 명문대를 나왔어도 책을 읽지 않으면 그는 명문대 나온 책맹에 지나지 않습니다. 책맹 사회에선 국민들의 교양과 지적 수준이 낮을 수밖에 없습니다. 책 안 읽는 국민들로는 결코 선진국을 만들 수가 없는 것입니다.

국민들이 책을 안 읽게 되면, 그 나라의 인재와 학문과 문화가 죽습니다. 왜 그럴까요? 책은 학문과 문화의 정수이기 때문입니다. 국민들이 책을 안 읽으면, 책이 죽고 그 책을 만드는 출판사와 저자가 죽고, 좋은 책을 쓰는 저자가 사라지면 연쇄적인 악순환으로 인재와 학문과 문화가 죽고 그러면 국력에 심각한 문제가 생길 수밖에 없습니다. 결국 국민들이 책을 읽느냐 읽지 않느냐는 그 나라의 학문과 문화와 국력을 결정짓는 일이 됩니다.

우리나라는 독서를 너무 안 하는 것도 심각한 문제지만, 독서의 수준이 매우 낮은 것도 문제입니다. 책을 많이 읽지 않다 보니, 그 결과 독서 수준 또한 낮은 것은 당연한 귀결일 것입니다. 기껏 책을 읽어도 쉽고 가벼운 책들만 읽는 경우가 많습니다. 그래서 우리나라 출판시장엔 깊이가 부족한 인스턴트 서적이나 졸속으로 만들어진 가벼운 책들이 넘쳐납니다. 이런 책에는 적공積功의 미덕이 없습니다. 하지만 심지어 그런 책이 베스트셀러가 되는 경우도 허다합니다.*

수요와 이윤 추구에 따라 출판사와 저자들도 그런 책들을 자꾸 쏟아 내기 때문에, 국내 서적 중에서 양질의 수준 높은 책들을 찾아보기는 쉽지 않습니다. 외국 서적의 아류 수준의 책들은 수도 없이 넘쳐나지만 정작 오랜 시간 절차탁마의 정성으로 빚은 양서나 홀로 우뚝이 원류나 일류가 될 만한 책은 극히 드뭅니다. 국민들이 워낙 책을 안 읽다 보니 여러 가지 악순환이 총체적으로 반복되고 있는 것입니다.

미국에서 베스트셀러가 되는 책과 우리나라에서 베스트셀러가 되는 책들을 비교해 보면 수준 차이가 너무 많이 나서 아쉬울 때가 한두 번이 아닙니다. 한국의 학문도 세계 수준에 비하면 여러 면에서 아직 아류 수준을 못 벗어나고 있습니다. 외국의 이론이나 콘텐츠를 수입하는 학자는 많아도, 당당히 자신의 이론이나 콘텐츠를 창출해서 외국에 수출하는 학자는 매우 드뭅니다. 학생과 학자들뿐 아니라 한국 문화 전반에 창의성과 자존

---

* 어려운 책으로 보일 수 있다는 이유로, 책 주석을 전부 뒤로 다 빼놓는 것도 우리 출판문화의 나쁜 습속일 것입니다. 그렇게 되면 주석 읽는 것이 너무 불편해져서, 결국 주석 읽기를 포기하게 됩니다. 저는 이 또한 우리의 독서 수준을 떨어뜨리는 아주 한심한 작태라고 생각합니다.

심이 부족합니다. 아류 천하로는 결코 세계를 선도할 수가 없습니다. 학생과 국민들이 책을 안 읽는 것, 독서 수준이 낮은 것, 좋은 책과 저자가 부족한 것, 학문이 융성하지 못하는 것. 이 모든 원인이 오로지 교육의 실패 때문입니다.

- 나는 모든 도움을 책에서 받았다. - 오프라
- 제가 가장 좋아하는 것은 책과 초밥입니다. - 스티브 잡스
- 책을 읽는다는 것은 많은 경우 자신의 미래를 만든다는 것과 같은 뜻이다. - 에머슨
- 단 몇 권의 책만을 읽을 순 없다. 나는 도서관에 있는 책을 몽땅 다 읽었다. - 에디슨
- 책 읽는 습관을 기르는 것은 인생에서 모든 불행으로부터 스스로를 지킬 피난처를 만드는 것이다. - 서머싯 몸
- 어떤 책을 읽는다는 것은 자신을 발견하고 고양시키는 것을 뜻하며 그러한 도구로 책보다 더 좋은 것은 없다. - 클리프톤 데이디먼
- 한 권의 책을 읽음으로써 자신의 삶에서 새 시대를 본 사람이 너무나 많다. - 헨리 데이비드 소로

북유럽의 힘없는 나라였던 핀란드는 독서 중심의 '교육개혁'으로, 고작 10년 만에 세계 교육 경쟁력 1위, 국가 경쟁력 1위라는 기적의 신화를 이루었습니다. 독서의 힘이 얼마나 무서운 것인지 잘 보여 주는 이 사례는, 우리에게 '독서야말로 진정한 국가 경쟁력임'을 깊이 시사합니다. 우리나라에 지금 가장 시급한 일은 교육 혁명을 통해 독서가 중심이 되는 교육을 만드는 일일 것입니다. 그리하여 세계에서 가장 독서 잘하는 학생과 국민을 키워 내는 일일 것입니다.

리더는 좋은 대학을 나오고 고액 연봉을 받고 고급 차를 타는 사람이 아닙니다. 리더는 자기 자신에게나 타인에게나 새로운 길을 보여 주는 사람, 새로운 미래를 보여 주는 사람입니다. 그와 함께 있으면 '새로운 세상이 존재하는구나. 그것이 가능하겠구나.' 생각하게 하는 사람입니다. 그 사람이 나의 리더고 스승입니다.

– 엄기호, 《사생활의 천재들》에서

저는 교육 혁명을 통해 한국을 불행의 늪에서 구원해 줄 위대한 리더가 나타나 주기를 학수고대해 온 지 오래입니다. 그런데 어찌하여 지금껏 우리나라 정치 리더들 중에는 이런 심각한 문제를 피 토하듯 성토하는 이가 한 명도 없는 것일까요. 정치인은 그 누구보다 시대의 문제점을 잘 파악해야 하고, 올바른 비전을 제시해야 하는 자임을 모르는 것일까요. 정치인들이 가장 열심히 해야 하는 일 중에 하나가 '좋은 정책을 위한 치열한 공부'라는 것을 모르는 이가 너무 많은 듯합니다. 제발 우리 국민들이 더 이상 그런 정치인은 단 한 명도 뽑지 말았으면 좋겠습니다.

리더는 생각지도 못한 생각지도를 그리는 사람이다. – 유영만

그러나 저는 계속 믿고 싶습니다. 덴마크 교육 중흥의 영웅 그룬트비가 그랬던 것처럼, 언젠가는 한국 교육을 뿌리째 혁신하고, 세계 최고의 책맹 국가에서 세계 최고의 독서 국가로 거듭나게 할 위대한 지도자가 나올 것임을, 그러한 영웅이 나와서 역사의 새로운 물꼬를 열어 줄 것을! 아울러 온 국민들 또한 힘을 모아서 그러한 대업이 성사되도록 담론을 형성하고 모든 지혜와 마음을 하나로 모아야 할 것입니다. 모든 이들이 염원을 모은다면 우리 또한 핀란드처럼 교육 혁명의 기적을 이룰 수 있을 테니까요.

한국이 천재의 나라가 되는 길

앞서 너무 눅눅한 이야기만 했는데요, 그 눅눅한 상황을 뒤집고 한국의 찬란한 미래를 열 길이 있습니다. 한국이 전 세계를 선도하는 천재의 나라가 되는 길, 그 길이 아주 단순한 법칙 속에 있습니다. 단지 두 가지 요소가 잘 갖춰지면 그렇게 될 수가 있습니다.

첫째, 세계에서 독서를 가장 많이 하는 나라, 독서를 가장 잘하는 독서 강국이 되어야 합니다. 그러려면 무엇보다 핀란드가 그러했던 것처럼 독서 중심의 대대적인 '교육 개혁'이 이루어져야 하고, 아울러 전 국민적 독서운동을 통해 독서하는 국민을 만들어야 합니다. 때문에 학교 수업은 물론이요 입시제도 자체를 독서에 중점을 두고, 독서를 가장 많이 하는 학생이 성적이 가장 좋게 나오도록 유도해야 합니다. 주지하다시피 한국은 세계 최고의 교육열을 가지고 있습니다. 그러니 교육 개혁과 함께 단지 그 엄청난 화력을 독서 쪽으로 몰기만 한다면 단시간 안에 핀란드 못지않은 독서 강국이 될 수 있을 것입니다.

둘째, 이 책에서 누누이 강조했듯, 영성지능이 높은 사회가 되어야 하고 영성지능이 높은 인재들을 많이 배출해야 합니다. 그러려면 여러 면에서 사회 전체에 영적 깨달음에 대한 이해가 보편화되어야 하고, 명상을 많이 하는 나라가 되어야 할 것입니다. 그렇게 되면 양질전환의 법칙에 따라 영성지능이 높은 사람 즉 깨달은 사람들이 점점 더 많아질 것입니다. 또 그들이 사회와 문화를 이끄는 각 분야 리더가 되면 그런 선순환은 점점 가속화될 것입니다.

한국이 천재의 나라가 되는 기본 맥락은 아주 간단하고 명료합니다. 무엇보다 수준 높은 독서와 명상을 통해 집단적인 의식 수준과 지적 수준이 상승되어야 합니다. 그러면 그 결과로 사회적 통념과 분위기가 바뀔 것입니다. 아울러 지성과 영성을 함께 갖춘 인재와 리더들이 많이 배출될 것이며, 그 연쇄작용으로 모든 이들이 더불어 잘살 수 있도록 정치와 사회 구조가 혁신될 것입니다. 작은 변화가 모여서 큰 성취를 이루듯 독서와 명상으로 국민 전체의 의식 수준과 지적 수준이 향상된다면 그러한 변화는 반드시 도미노처럼 일어날 것입니다.

진정 독서와 명상을 세계에서 가장 잘하는 나라, 독서와 명상이 삶과 하나가 되는 나라가 되면 절로 그렇게 될 것입니다. 지성과 영성을 함께 갖춘 나라가 진정으로 인류의 문제를 해결하고 세계를 선도할 나라이기 때문입니다. 이것을 저는 천년을 두고서도 장담할 수 있습니다. 그럴 수밖에 없는 필연적 이치가 그러하기 때문입니다.

아울러 명상을 가장 잘하는 나라가 되면 '성자의 나라, 깨달음의 나라'가 될 것입니다. 세계에서 깨달음을 얻은 사람이 가장 많이 나올 테니까요. 그렇게 한국이 성인의 나라가 되면, 자연히 인류 문화를 선도하는 정신적 스승의 나라가 되지 않을 수가 없을 것입니다. 그야말로 인류의 빛과 같은 나라가 되는 것입니다.

그런 점에서 제 목표는 한국을 천재의 나라로 만드는 것이자, 성인의 나라로 만드는 것, 이 두 가지 다인 셈입니다. 혹자는 이런 것이 허황된 망상에 가깝다고 여기겠지만, 한국이 그런 나라가 되리라는 것을 저는 믿어 의심하지 않습니다. 이러한 이치를 아는 사람이 앞으로 점점 더 많아질 테니까요!

사과 씨앗은 하나지만 그 씨앗을 통해 얻어질 열매는 수백이 넘는 것처럼, 하나의 진실된 메시지는 수많은 메아리를 불러올 것이요, 언젠가는 그것이 세상에 빛나는 오롯한 진실이 될 것입니다.

내가 먼저 걸어가면 길이 된다. 나는 생각했다. 희망이란 것은 있다고도 할 수 없고, 없다고도 할 수 없다. 그것은 마치 땅 위의 길이나 마찬가지다. 원래 땅 위에는 길이란 게 없었다. 걸어가는 사람들이 많아지면 그게 곧 길이 되는 것이다.

- 루쉰

뛰어난 교육은 뛰어난 인재를 키우는 최선이다.

EPILOGUE
에 필 로 그

다른 사람들이 우리의 모범을 따른다면 바로 이 땅이 천국이 될 수 있는, 그런 자세로 우리가 살아가야 한다는 게 내 생각입니다. 모든 사람이 세상에 선을 행하기 위해 노력해야 합니다. - 라마크리슈나

이 책의 메시지가 널리 알려져서, 우리의 영성지능과 성공지능이 많이 높아진다면 한국은 분명 천재의 나라, 성인의 나라로 변모해 갈 것입니다. 왜냐하면 법칙과 원리는 속일 수가 없는 것이요, 그 원인과 결과의 인과관계가 명확하기 때문입니다.

정녕 우리나라에 천재와 성인이 많아진다면, 건강하고 행복하고 지혜로운 나라가 될 뿐 아니라 전 인류를 선도하는 리더의 나라, 스승의 나라가 될 것입니다. 저는 그런 나라를 꿈꾸며 'SQ 천재독서플랜'을 만들었습니다. 이것은 바로 그런 나라를 만들기 위한 저의 '꿈 프로젝트'입니다. 이러한 저의 꿈이 널리 퍼져 이제 우리 모두의 꿈이 되었으면 합니다.

인간을 구원해 줄 것은 첫걸음을 떼는 일이다. 그리고 그 다음 걸음을 떼는 것이다. 언제나 같은 걸음이지만 당신은 그 걸음을 떼야만 한다. - 생텍쥐페리

달에 첫발을 내딛은 닐 암스트롱은 이런 말을 남겼습니다. "한 인간에게는 하나의 작은 발자국이지만 인류에게는 하나의 거대한 도약이다." 이 책은 실로 제 인생에 아주 특별했던 하나의 발자국과 같습니다. 하지만 이 발자국이 하나의 발자국에서 끝나는 것이 아니라 수많은 발자국으로 계속 이어지기를……, 또 세상을 변화시키는 하나의 도약이 되기를 소망합니다.

세상을 변화시키는 모든 뜻깊은 발자국에 하늘의 축복이 깃들기를! 그리고 그 발자국과 함께 하는 이들에게도 늘 그러하기를!

— 이 책을 끝까지 다 보신 분은 책 내용에 대해 사언필이 되시는지를 스스로에게 물어보십시오. 만일 저자처럼 생각하고 말하고 쓸 수 있는 수준이 안 되신다면 이 책을 적어도 한 번은 더 보시기 바랍니다. 그래야 'SQ 천재독서플랜'을 제대로 이해하고 또 실행도 할 수 있을 테니까요.

실행력이 능력과 성취와 행운을 잡는다.